SHAKESPEARE UND DAS DEUTSCHE THEATER im XX. Jahrhundert

Wilhelm Hortmann

Shakespeare und das deutsche Theater
im XX. Jahrhundert

Mit einem Kapitel
über Shakespeare auf den Bühnen der DDR
von Maik Hamburger

Henschel

Mit
freundlicher Unterstützung der
Adolf Würth GmbH & Co. KG

Sie können uns 24 Stunden am Tag erreichen unter:

http://www.dornier-verlage.de
http://www.henschel-verlag.de

Die Deutsche Bibliothek – CIP-Einheitsaufnahme
Ein Titeldatensatz für diese Publikation ist bei Der Deutschen Bibliothek erhältlich.

ISBN 3-89487-374-4

Titel der englischen Originalausgabe: Shakespeare on the German Stage. The Twentieth Century
Originalverlag: Cambridge University Press, Cambridge
© 1998 by Wilhelm Hortmann

Die Übersetzung stammt vom Autor, die des Kapitels »Shakespeare auf den Bühnen der DDR«
von Maik Hamburger

© der neu bearbeiteten deutschen Ausgabe by Henschel Verlag in der
Dornier Medienholding GmbH, Berlin 2001

Lektorat: Stefan Pegatzky
Umschlaggestaltung: Designbureau Di Stefano, Berlin
Titelbild: Montage unter Verwendung einer Fotografie von Oda Sternberg (*Troilus und Cressida*,
     in der Inszenierung von Dieter Dorn in den Münchner Kammerspielen vom 16. März 1986;
     hier Troilus: Tobias Moretti, Pandarus: Peter Lühr, Cressida: Sunnyi Melles)
Gestaltung und Satz: Typografik & Design – Ingeburg Zoschke
Printed in Slovakia

Gedruckt auf alterungsbeständigem Papier mit chlorfrei gebleichtem Zellstoff

Für Ingeborg v. Kaler

Inhaltsverzeichnis

VORWORT

Haruns Dilemma in Salman Rushdies *Harun und das Meer der Geschichten* ist dem Theaterhistoriker wohlbekannt. Er begibt sich auf eine scheinbar klar umgrenzte Suche, und ehe er sich's versieht, ist er auf einer Zauberreise und hat auch schon Schiffbruch erlitten. Und so wie Raschid Khalifas Zuhörer entdeckt er, wie phantastisch sich die vielen Geschichten untereinander verquicken und mit der großen Geschichte verbinden – und daß es nicht nur *eine* Story zu erzählen gibt, und nicht nur *eine* Geschichte, die geschrieben werden muß. Das war auch meine Erfahrung bei der Arbeit an diesem Buch, das nicht beanspruchen kann, mehr als nur die Skizze *einer* (nicht *der*) Geschichte Shakespeares auf der deutschen Bühne des 20. Jahrhunderts zu sein. Der Grund für den so moderaten Anspruch ist leider nicht eigene Bescheidenheit, sondern der Umfang und die Komplexität des Themas.

Fast während des ganzen Jahrhunderts war Shakespeare in Deutschland der am häufigsten aufgeführte Dramatiker mit durchschnittlich ein- bis zweihundert Inszenierungen pro Jahr. Insgesamt ergab das manchmal bis zu zweitausend Vorstellungen und mehr. Diese rekordverdächtigen Zahlen, einerseits erfreulicher Beweis für ein blühendes Theaterleben und die andauernde Beliebtheit des englischen Dichters, sind ein wahrer Horror für den Historiker: Die circa neuntausend Inszenierungen während des gesamten Untersuchungszeitraums lassen sich unmöglich von einem einzelnen auch nur annähernd mit der gebotenen Gründlichkeit erforschen. Hier hilft nur Mut zur Lücke. Zieht man jedoch von vornherein weniger als ein Zehntel des Materials in Betracht, wie für dieses Buch geschehen, dann wird aus dem Mut zur Lücke sträflicher Übermut.

In qualitativer Hinsicht war die Aufgabe noch schwieriger. Eine Theatervorstellung ist ein Gesamtkunstwerk, das Schauspieler, Regisseure, Dramaturgen, Bühnen-, Kostüm- und Maskenbildner, Maler, Musiker, Beleuchter, Tontechniker und andere zu einer gemeinsamen Anstrengung vereint. Solange sie sich nur in konventionellen Bahnen bewegen, ist die zu erzählende Geschichte noch relativ einfach. Wenn sie aber Meister ihres Fachs sind – und nur solche können in einem Überblick dieser Art Aufnahme finden – dann ist es gänzlich unmöglich, den individuellen und gemeinschaftlichen Leistungen so vieler hervorragender Künstler gerecht zu werden. Der Bericht über sie wird dann schmerzlich unangemessen, bleibt als

Aufgabe aber faszinierend und komplex. Er muß nämlich Auskunft darüber geben, wie und warum das Theater sich wandelte: einmal unter dem Stil- und Ausdruckswillen der Theaterkünstler selbst, dann unter dem Einfluß von technischen Neuerungen innerhalb des Mediums (etwa in den Bereichen Ton, Beleuchtung, Projektion), vor allem aber unter dem Druck der aktuellen geschichtlichen Entwicklungen und dadurch bedingter Horizontverschiebungen im Weltbild der Künstler wie der Zuschauer, das heißt in der Reaktion auf den Zeitgeist. Und wenn Geist und Zeit so revolutionär und explosiv sind, wie sie es im 20. Jahrhundert waren, dann steigert sich der Druck, dem das Theater ausgesetzt ist, und die Verbindungen zwischen Theater und Politik intensivieren sich bis zu dem Punkt, wo die Geschichte des Theaters von der der Nation nicht mehr zu trennen ist und folglich auch nur in stetem Rückbezug auf diese geschrieben werden kann.

Eine solche Verbindung würde für Frankreich nur sehr bedingt zu postulieren sein, noch weniger für England, und überhaupt nicht für die USA. Für Deutschland ist sie jedoch zentral. Seit Schillers fatalem Diktum von der Schaubühne als der moralischen Anstalt der Nation hat das Theater ausgesprochen oder unausgesprochen einen Bildungsauftrag wahrgenommen, der von den ›theatertragenden‹ Städten und Ländern als selbstverständlich vorausgesetzt und nach Kriegsende mit früher undenkbaren Subventionen honoriert wurde – ein Zustand, der seit den 60er Jahren zu erstaunlichen Freiheiten von kommerziellen und auch von bildungsbürgerlichen Rücksichtnahmen geführt hat. Das Theater als relativ unabhängige bewußtseinsbildende Instanz konnte und wollte der Auseinandersetzung mit den ethischen Kernfragen der Nation nicht ausweichen, die sich den Deutschen in diesem Jahrhundert mit einer Brisanz stellten wie nie zuvor. Und wo es auswich, war dies selbst schon ein Politikum – oder wurde es kurze Zeit später.

Das Theater als Faktor in der politischen Öffentlichkeit, als Vorkämpfer und Vordenker in Sachen Freiheit, Aufklärung, Gerechtigkeit – diese Idealvorstellung gilt sicher nicht für den gesamten Zeitraum. Vor dem ersten Weltkrieg war die Verzahnung von Politik und Theater (außer allerdings in der Form von behördlicher Zensur) kaum ausgeprägt, sie hat sich auch seit Mitte der 80er Jahre wieder merklich abgeschwächt. Im dazwischenliegenden Zeitraum jedoch – und unter den Auswirkungen der vier traumatischen Erschütterungen des deutschen Selbstverständnisses (1918/19, 1933, 1945 und 1968, Daten, denen für die ehemalige DDR noch die Ereignisse von 1953, 1961 und 1989/90 hinzuzurechnen sind) – standen Theater und Politik in enger und oft antagonistischer Beziehung.

Ihren klarsten Ausdruck fand diese Auseinandersetzung im Ringen um das klassische Erbe. Revolutionäre Neudefinition oder bewahrende Klassiker*pflege*? Das war die Frage, und sie war mehr als ein Bagatellstreit unter Kulturbeflissenen. Den klassischen Kanon neu zu definieren, hieß nämlich, Bewährtes in Frage zu stellen, Werte und Haltungen zu verändern – ein eminent politischer Akt. Ebenso war auch das Ringen um neue ästhetische Formen nicht nur eine bloße Stilfrage, sondern hatte einen deutlich erkennbaren ideologischen Hintergrund. Shakespeare kam dabei eine zentrale Rolle zu. Seine Bedeutung für die Entwicklung der deutschen Literatur im 18. Jahrhundert und ihre Befreiung von französischen Vorbildern war unumstritten und aufs engste mit den geistigen Biographien der großen Klassiker verbunden. Seit den 40er Jahren des 19. Jahrhunderts wurde er auch zunehmend auf dem Theater heimisch und – durch die Schlegel-Tieck Übersetzungen – zum dritten deutschen Klassiker. Er eignete sich hervorragend für traditionstreue Klassikerpflege, doch ebenso gut auch für ihr Gegenteil. Spätestens zu Beginn des Jahrhunderts war klar: An ihrer Eignung für eine adäquate Bühnenrealisation der Shakespearedramen würden sich alle Theaterformen und -reformen messen lassen müssen. Und der ›große Kontinent Shakespeare‹ hieß alle willkommen: die unterwürfigen Traditionalisten und die großen Neuerer, die kühnen Entdecker und die sorgfältigen Kartographen, die genialen Eroberer und die mutwilligen Zerstörer. Für die deutschen Regisseure und Dramatiker war Shakespeares Welt großer Kontinent und Schwarzes Loch in einem. Hier warteten hellste Erleuchtungen und dunkelste Einstiege in finstere Triebnatur. Für Brecht und Heiner Müller war Shakespeare schöpferischer Ansporn und Trauma zugleich. Müllers kryptische Schlußfolgerung »Wir sind nicht bei uns angekommen, solange Shakespeare unsere Stücke schreibt« kündet von resignierender Einsicht und Respekt; sie deutet jedoch auch auf eine unbestimmte, aber als quälend empfundene Insuffizienz, die keineswegs persönlich ist, sondern eher auf ein generelles Problem weist, auf ein deutsches Dilemma, in Theater wie Politik.

Man kann nicht umhin, beides zueinander in Beziehung zu setzen, wenn man über den deutschen Shakespeare schreibt. Deshalb geht es in diesem Buch um Geschichte in doppeltem Sinne. Es berichtet von wichtigen Bewegungen und Theaterleuten, meist Regisseuren und Schauspielern, und beschreibt bedeutsame Inszenierungen. Aber der Hintergrund, vor dem dieses Tableau aufgezogen wird, ist die geistige und politische Geschichte Deutschlands im 20. Jahrhundert. Das mag man als unzulässige Verengung eines viel ausgedehnteren, ›rein‹ ästhetischen Blickfeldes sehen, die Fokussierung schien jedoch geradezu geboten angesichts der schmerzhaften Prozesse nationaler Selbsterkundung, mit denen das deutsche Theater fast die ganze Untersuchungsperiode hindurch befaßt war. Vom Beginn der Weimarer Republik bis zum Ende der DDR siebzig Jahre danach war das Theater unvermeidlich eingebunden in den politischen Diskurs, in dem es oft selbstbewußt Stellung bezog. Davon legt auch Maik Hamburgers Beitrag zu diesem Buch »Shakespeare auf den Bühnen der Deutschen Demokratischen Republik« (S. 393–460) beredtes Zeugnis ab.

Das Wort »deutsch« im Titel sollte österreichische und Schweizer Leser nicht schrecken. Es wird primär im Sinne von deutschsprachig verwandt, allerdings nicht ausschließlich, denn es war nicht die österreichische oder schweizerische, sondern die unheilvolle deutsche Geschichte, die den ideologischen Rahmen für das Theaterleben absteckte. Die Verwendung des Terminus »deutsch« ist somit in der Sache begründet und selbstverständlich frei von irgendwelchen verkappten Hegemonialismen. Mit Ausnahme der Nazizeit und mit gewissen Einschränkungen bezüglich der DDR bildeten die drei Länder eine gemeinsame Theaterlandschaft, mit regem Austausch von Personal hin- und herüber, der selbst in Zeiten der politischen Entfremdung nicht völlig zum Erliegen kam. Die Formen und Inhalte der Aneignung Shakespeares differierten nur, wenn die politischen Differenzen unüberwindlich waren. Das wird besonders augenfällig beim <u>Vergleich des Umgangs mit Shakespeare im Zürcher Schauspielhaus mit der gleichzeitigen Präsentation seiner Stücke im Berlin der Nazizeit</u> (siehe Kap. 3) oder beim Studium der sozialistischen Aneignung Shakespeares in der DDR (siehe Kap. 7).

Wenn man die Arbeit an einem Buch abschließt, denkt man mit reuigem Bedauern an all seine Unzulänglichkeiten. Mich schmerzt vor allem, daß so viele engagierte Künstler und Ensembles aus Platzgründen nicht aufgenommen werden konnten. Es fehlen einige hoch verdienstvolle Namen. Sie hier aufzulisten, würde die Sache nur schlimmer machen. Ihnen allen gilt meine bedauernde, wenn auch an der Unterlassung nichts ändernde Bitte um Verständnis.

Mein Dank gilt zuerst all jenen Freunden, Kollegen und Shakespeare-Experten, die schon die Entstehung der vorangegangenen englischen Ausgabe mit Ermutigung, Rat, Kritik und aktiver Hilfe unterstützt haben: Ingeborg Boltz, Klaus Börner, John Russell Brown, Elmar Buck, Ulrike Dibbelt, Kurt Dörnemann, Günther Erken, Willi Erzgräber, Dominique Goy-Blanquet, Frank Günther, Lawrence Guntner, Dietmar Haack, Werner Habicht, Andreas Höfele, Peter Holland, Russell Jackson, Christa Jansohn, Dennis Kennedy, Dieter Mehl, Renate Möhrmann, Markus Moninger, Ingrid Nowel, Manfred Pfister, Heinrich F. Plett, Jo Rippier, Marvin und Mary Rosenberg, Ingrid v. Rosenberg, Christa Schuenke, Zdenek Stribrny, Ulrich Suerbaum, Christian W. Thomsen, Katharina Ullmer, Günter und Eva Walch, Simon Williams und Sibylle Wirsing. Mit sicherem Blick haben Claus Clemens, Erhard Manfred Gaul und Kuno Schuhmann bei ihrer Lektüre des Manuskripts schiefe Beurteilungen aufgespürt und sie ebenso freundschaftlich wie bestimmt zurechtgerückt; Maik Hamburger verdanke ich, neben seiner Bereitschaft zur Mitarbeit, die nachsichtige Korrektur meiner anfangs doch allzu vereinfachenden und westlich geprägten Vorstellungen des ostdeutschen Kultursektors. Sehr um die Sache verdient gemacht hat sich auch Sarah Stanton von der Cambridge University Press: Die Langmut, mit der sie während der zehnjährigen Vorbereitungszeit mehrere vertraglich nicht vorgesehene Verlängerungen konzedierte, war bewundernswert. Und schließlich sei auch der vielen unbekannten Zuschauer gedacht, die nach umstrittenen Vorstellungen in spannungsreichen Diskussionen mit den Theatermachern um das ›richtige‹ Theater rangen. Es waren belebende, immer höchst engagiert geführte Auseinandersetzungen, aus denen ich für meine Arbeit das Gefühl (oder die Illusion) von Relevanz zog.

Die deutsche Ausgabe unterscheidet sich von der englischen im wesentlichen durch den neu hinzugekommenen Schlußteil *Zur Jahrhundertwende: Die Kultur des*

Hybriden und ein Konzentriker sowie durch notwendige Ergänzungen zum Zürcher Schauspielhaus und der Theatersituation in der Schweiz: Hierfür gestattete mir Christian Jauslin mit selbstloser Bereitwilligkeit, von seiner hervorragenden Sach- und Personenkenntnis zu profitieren. Auch auf die übrigen Kapitel warf er sein theaterhistorisch wachsames Auge. Die Erstellung der deutschen Fassung gestaltete sich aufwendiger als vermutet. An der Erstfassung beteiligt waren Xenia Osthelder, Birgit Smieja und Tochter Stefanie. Es folgten mehrere Überarbeitungen – an die vielen anstrengenden, aber auch stets amüsanten und bereichernden Sitzungen mit Ingeborg v. Kaler und unsere gemeinsame Suche nach dem *mot juste* denke ich mit Freuden zurück. Dennoch blieb Raum für weitere Korrekturdurchgänge, Regi Schnepper und Theo Symalla sei dafür gedankt, und schließlich unterzog Bettina Rutsch das Ergebnis all dieser Bemühungen einer detaillierten und unbestechlichen Schlußrevision.

Teile der Kapitel 5, 6 und 7 enthalten Material aus früher veröffentlichten Rezensionen und Aufsätzen. Den Herausgebern und Verlegern von *Shakespeare Survey*, *Shakespeare Quarterly*, *Shakespeare-Jahrbuch*, von *Anglo-amerikanische Shakespeare-Bearbeitungen des 20. Jahrhunderts*, hg. Horst Prießnitz (Darmstadt, 1980), *Shakespeare. Didaktisches Handbuch*, hg. Rüdiger Ahrens (München, 1982), *Images of Shakespeare*, hg. Werner Habicht, D.J. Palmer und Roger Pringle (Newark, London und Toronto, 1986), *Shakespeare and Cultural Traditions*, hg. Tetsuo Kishi, Roger Pringle und Stanley Wells (Newark, London und Toronto, 1991) und *Foreign Shakespeare*, hg. Dennis Kennedy (Cambridge, 1993), sei an dieser Stelle für die Genehmigung zur Wiederverwendung dieses Materials gedankt.

Die Fotorecherche wurde durch die kenntnisreiche Unterstützung einer Reihe von Fachleuten zu einer erfreulichen Entdeckungsreise. Gabriele Jäckl (Deutsches Theatermuseum, München), Dagmar Wünsche, Peter Ullrich und Stephan Dörschel (Stiftung Archiv der Akademie der Künste, Berlin), Anja Hellhammer und Gerald Köhler (Theaterwissenschaftliche Sammlung, Köln-Wahn), Ursula Zangerle (Theatermuseum Düsseldorf), Haris Balic (Österreichisches Theatermuseum, Wien), Bärbel Reißmann und Lothar Schirmer (Stadtmuseum Berlin) ebenso wie zahlreiche Theaterfotografinnen und -fotografen halfen bereitwillig und in bewundernswerter Weise.

Zu großem Dank verpflichtet bin ich auch für finanzielle Unterstützung aus verschiedenen Quellen: Christa und William E. Roach gewährten ein generöses Reisestipendium, Brigitte Seebacher-Brandt (Kulturstiftung der Deutschen Bank) und C. Sylvia Weber (Museum Würth) vermittelten namhafte Spenden, die der fotografischen Ausstattung des Bandes zugute kamen. Und – last but not least – geht mein Dank an den Henschel Verlag und Herrn Stefan Pegatzky für die großzügige und reibungslose Betreuung dieser Publikation.

Zitiert wird, der leichteren Orientierung wegen, nach Schlegel-Tieck (in der von Levin Schücking betreuten sechsbändigen Ausgabe in *Die Tempel Klassiker*), nicht nach den jeweiligen Bühnenfassungen. Die notwendigen Ausnahmen davon sind eigens vermerkt. Gleiches gilt für die Stücktitel und die Namen der Figuren, auch hier wird die gebräuchlichste Form verwendet. Klammern mit Ziffern hinter Shakespearezitaten, etwa (3.6.), beziehen sich auf Akt und Szene. Übersetzungen aus dem Englischen, außer im Fall von Shakespearezitaten, stammen von mir oder, in Kapitel 7, von Maik Hamburger.

Die Bildlegenden zu den Szenenfotos vermerken jeweils Titel, Jahreszahl oder Premierendatum, Stadt bzw. Theater, Regisseur, Bühnenbildner und Fotografen, soweit bekannt. Die Bezugsquellen der Fotos sind am Ende des Abbildungsverzeichnisses aufgelistet. Alle erdenkliche Mühe wurde darauf verwandt, die Inhaber des Copyrights ausfindig zu machen und die Genehmigung zum Abdruck einzuholen. Wo sich verbliebene Lücken schließen lassen, bitte ich um nachträgliche Benachrichtigung.

Verzeichnis der Abkürzungen in den Bildlegenden
R   Regisseur
B   Bühnenbildner
K   Kostümbildner
F   Fotograf

Kapitel 1

Tradition und Fortschritt

›Unser‹ Shakespeare oder: *Hamlet* im Tornister

Der Kriegsausbruch am 1. August 1914 erschütterte auch die Theaterwelt. Viele Bühnenarbeiter, aber auch zahlreiche junge Schauspieler, wie Erwin Piscator und Alexander Granach, wurden eingezogen. Andere, wie Alexander Moissi und Heinrich George, meldeten sich freiwillig, und viele Schauspielerinnen stellten ihre Arbeitskraft Lazaretten und Hilfsorganisationen zur Verfügung. Die Spielzeit begann ein oder zwei Monate später als sonst. Das lag jedoch nicht nur am reduzierten Personal, sondern auch an gegensätzlichen Auffassungen von Funktion und Rolle des Theaters zu Kriegszeiten. Die später so genannte »Kriegstheaterdebatte«[1] begann 1914 mit hastig anberaumten Beratungen der Hoftheater über die Frage, ob man Autoren feindlicher Nationen noch aufführen solle. Wenige gingen so weit wie der Intendant des Königlichen Schauspielhauses in Dresden, der eine Aufführungssperre für alle nichtdeutschen Dramatiker forderte. Die Mehrzahl begnügte sich mit dem Kompromiß, ausländische Klassiker auf dem Spielplan beizubehalten und nur auf die Aufführung zeitgenössischer Autoren feindlicher Nationen zu verzichten. Generelle Richtlinien wie im Zweiten Weltkrieg, als die berüchtigte Abteilung T (für Theater) in Joseph Goebbels' Propagandaministerium über die Bühnen bestimmte, gab es damals nicht. Während des Ersten Weltkrieges durften die Theater frei über ihren Kriegsbeitrag entscheiden. Stadttheater nahmen Rücksicht auf Wünsche und Stimmung der Öffentlichkeit, Hoftheater waren sich allerdings der ganz Europa umspannenden verwandtschaftlichen Beziehungen ihrer Fürsten bewußt.

Zu Beginn des Krieges überwog das Gefühl, daß die fröhliche Belanglosigkeit vieler Komödien dem Ernst der Stunde nicht angemessen sei. Doch jeder Tag, den der Krieg länger dauerte, als die Optimisten mit ihrem »Wiedersehen an Weihnachten« vorausgesagt hatten, verstärkte das Gegenargument, die Menschen brauchten einen Ausgleich für ihre drückenden Sorgen. Da es nur wenige gute patriotische Stücke gab und auch sonst kaum Mittel und Wege, die deutsche Sache direkt zu fördern, veranstalteten viele Theater im Taumel der ersten Siege »Vaterländische Abende«, die mit Wort, Musik und Gesang den emotionalen Bedürfnissen der Zeit Rechnung trugen. Diese primär propagandistischen vaterländischen Veranstaltungen dürfen nicht mit den anspruchsvollen sonntäglichen »Morgenfeiern« verwechselt werden, die sich nun wachsender Beliebtheit erfreuten. Engagierte Theaterintendanten hatten diese Form der moralischen und ästhetischen Erneuerung lange vor dem Krieg ins Leben gerufen, um das Niveau ihres Publikums zu heben. Morgenfeiern boten erlesene Programme aus Poesie und Prosa, Musik und kurzen Ansprachen zu Themen von künstlerischer oder ethischer Bedeutung. Diese Veranstaltungsform ließ sich leicht den sich wandelnden Stimmungen im Land anpassen. Als der Krieg sich hinzog und von den Theatern immer leichtere Unterhaltung verlangt wurde, kam den Morgenfeiern die Rolle eines Gegengewichts zu. Sie rechtfertigten den Schillerschen Anspruch des Theaters, die »moralische Anstalt der Nation« zu sein, und gaben vielen Menschen Orientierung und Trost.[2]

Daß Shakespeare weiterhin auf dem Programm stehen sollte, war selbstverständlich. Seit fast 150 Jahren, mit Sicherheit aber seit der einzigartigen Schlegel-Übersetzung an der Wende des 18. zum 19. Jahrhundert, galt Shakespeare als deutscher Dramatiker. Fast alle Schriftsteller des Sturm und Drangs, der Klassik und der Romantik hatten sich so nachhaltig mit Shakespeare auseinandergesetzt, daß er zu einem zentralen Bestandteil der deutschen Geistesgeschichte geworden war. Viele denkwürdige Sätze aus seinen Dramen, vor allem aus *Hamlet*, hatten in die Alltagssprache Eingang gefunden. Die Liste von Shakespearezitaten in Büchmanns *Geflügelte Worte* ist länger als die aller anderen ausländischen Autoren. Im Verlauf des 19. Jahrhunderts waren Shakespeares Stücke auch auf dem Theater immer beliebter geworden. Mittlerweile wurde kein deutscher oder fremdsprachiger Autor so oft gespielt wie Shakespeare. Eine besondere Herausforderung war die unklassische Struktur seiner Dramen. Sie hatte zu wichtigen Theaterreformen geführt, die von neuen dramaturgischen Ansätzen bis zu Veränderungen der Bühnenarchitektur reichten. Zu Beginn des zwanzigsten Jahrhunderts konnte Shakespeare also mit Fug und Recht ein fester Bestandteil der deutschen Kulturgeschichte genannt werden, sein Werk, seine Gestalten, seine Zitate waren aus dem geistigen Leben der Nation nicht mehr wegzudenken.

Man muß die Auseinandersetzung um Shakespeare in Kriegszeiten vor dem Hintergrund seiner unstreitigen Bedeutung für das deutsche kulturelle Selbstverständnis sehen. Selbst den Chauvinisten, die ihrem Unmut über Albions Verrat mit dem Gruß: »Gott strafe England!« Luft machten, galt er als deutscher Autor. Dennoch war Shakespeares Nationalität ein Problem, und es zeigt, wie sehr die Atmosphäre vergiftet war, daß selbst Gerhart Hauptmann es für nötig hielt, seine Festrede vor der Shakespeare-Gesellschaft im Jahre 1915 mit der brutalen Frage zu eröffnen: »Ist der Kultus des Dichters, den eine englische Mutter geboren hat, fortan noch erlaubt?«[3] Er sprach von den »unvergänglichen Werken der Wissenschaft, bildenden Kunst und Literatur« und sagte: »Kein Deutscher von Einsicht wird wider sie Krieg führen«,[4] ohne zu ahnen, daß einige seiner eigenen Werke zwanzig Jahre später auf der schwarzen Liste stehen würden. Seine Argumentation gipfelte in dem Anspruch, der später immer wieder zu hören war:

Es gibt kein Volk, auch das englische nicht, das sich ein Anrecht wie das deutsche auf Shakespeare erworben hätte. Shakespeares Gestalten sind ein Teil unserer Welt, seine Seele ist eins mit unserer geworden: und wenn er in England geboren und begraben ist, so ist Deutschland das Land, wo er wahrhaft lebt.[5]

Die Vorstellung, Shakespeare sei ein deutscher Autor, war für viele eine unbefragte Selbstverständlichkeit. Ein Professor Hans Hecht erklärte in einem Brief von der Front, daß

selbst jetzt, da wir erfahren haben, daß Deutschland keinen erbitterteren Gegner hat als die Nachkommen unseres Dichters ... auch in unserer Mitte keiner ist, der in der Leidenschaftlichkeit der Stunde seinen Ruhm verkleinern wollte ... Und [wir] glauben, daß wir Deutsche echtere Erben seines Geistes sind als seine Landsleute, die ihre Stammesgenossen um materiellen Gewinnes willen verraten haben ...[6]

Ein Jahr später lieferte die Wienerin Helene Richter in ihrem Aufsatz »Shakespeare im Zeichen des Krieges« einen weiteren Grund, warum man gerade jetzt nicht auf Shakespeare verzichten dürfe: »Wenn wir seit alten Zeiten das Kronjuwel eines Volkes fest in Händen haben, werden wir es bei ausbrechender Feindschaft doch nicht feierlich ausliefern. Wir werden es im Gegenteil nur desto sorglicher hüten und uns seines Besitzes freuen.«[7]

Helene Richter stand mit ihrem Anspruch nicht allein. Der Dramatiker Ludwig Fulda spielte sogar mit dem Gedanken, die geistige Aneignung oder »Nostrifizierung« in eine offizielle Beschlagnahmung zu verwandeln. Vielen deutschen Shakespeareanern erschien seine Argumentation durchaus logisch. Lediglich seine Schlußfolgerungen mögen dem einen oder anderen ein wenig extravagant vorgekommen sein.

... Und nun gar Shakespeare! Er wird während eines Jahres in Deutschland häufiger gespielt als während eines Jahrzehntes in seinem Vaterland. Ja, was noch wichtiger ist, er wird unvergleichlich viel besser gespielt als dort, unvergleichlich viel besser verstanden als dort. Unser Shakespeare! So dürfen wir ihn nennen, wenn er auch versehentlich in England zur Welt kam. So dürfen wir ihn nennen, mit dem guten Recht der geistigen Eroberung. Und falls es uns glückt, England niederzuzwingen, dann meine ich, wir sollten in den Friedensvertrag eine Klausel setzen, wonach William Shakespeare auch formell an Deutschland abzutreten ist.[8]

Wie die Begründungen auch lauteten, sie hatten stets ein Ziel: Inbesitznahme, denn Shakespeare gehört uns. Ein Jahrzehnt später sollten Brecht und Herbert Ihering die fatale deutsche Neigung geißeln, künstlerische Leistungen als Nationaleigentum zu betrachten und Kultur als Ware, die man ›besitzen‹ könne. Laut Ihering hatte das deutsche Bildungsbürgertum[9] seine ursprüngliche emanzipatorische Aufgabe, Standesdefizite durch Bildung und Kultur zu überwinden, längst überlebt. Es habe inzwischen den Prozeß umgekehrt und seine materialistische Einstellung auch auf kulturelle Dinge übertragen und – ganz im Sinne seines imperialistischen Herrn und Meisters, Wilhelm II. – Kultur sozusagen als deutschen Besitz annektiert.[10] An eine solch radikale Gegenposition, die sich anfangs der zwanziger Jahre bildete, bald auch von marxistischen Kritikern wie Georg Lukács aufgegriffen und theoretisch untermauert wurde, dachte natürlich noch niemand, als Gerhart Hauptmann und andere während des Krieges Shakespeare naiv-unschuldig für Deutschland reklamierten. Was ihnen vorschwebte, hatte Friedrich Gundolf 1911 in seiner monumentalen Studie *Shakespeare und der deutsche Geist* zusammengefaßt, einem Bestseller der Literaturgeschichtsschreibung.

Eine subtilere Aneignung

In seiner Analyse löste Gundolf die unfruchtbare Opposition von Klassik und Romantik auf, die die deutsche Literaturgeschichtsbetrachtung lange geprägt hatte. Die leidenschaftliche Bemühung um Shakespeare, besonders während der zweiten Hälfte des achtzehnten Jahrhunderts, war für ihn die zentrale Auseinandersetzung der deutschen Geistesgeschichte. So überzeugend war diese allen gebildeten Deutschen vertraute Epoche noch nie interpretiert worden. Laut Gundolf hatte Goethe im entscheidenden Augenblick erkannt, daß seine persönliche Entwicklung als Dichter, aber auch die der deutschen Dichtung im allgemeinen, davon abhing, zwei falsche Vorstellungen von Shakespeare zu überwinden: die erste, daß Shakespeare ein ungebildetes »Kraftgenie« sei, das keine Schranken kannte; die zweite, daß Dichtung, wie es das Poesieverständnis der deutschen Romantik wollte, eine Hieroglyphe der Wirklichkeit sei, wobei Shakespeare die Rolle des genialsten und subtilsten Kryptographen zukam. An dem ersten Mißverständnis trug Goethe selbst Schuld, da er während seiner Sturm und Drang-Periode Shakespeare als Inbegriff der elementaren Schöpferkraft der Natur gefeiert hatte. Er hatte bald die darin liegende Gefahr erkannt und versucht, den impulsiven dichterischen Schöpferdrang durch Anbindung an »Prinzipien innerer Gesetzlichkeit und … Gestaltung« zu zügeln.[11] Im Verlauf dieser poetologischen Umkehr wurden die Sturm und Drang-Vorstellungen von kreativem Furor und von Natur als vitalem Chaos, die Goethes trotzigen Tribut an Shakespeare in Gestalt des grob gemeißelten *Götz von Berlichingen* (1773) hervorgebracht hatten, gezähmt. Mit *Torquato Tasso* und *Iphigenie auf Tauris*, den Dramen seiner nächsten, weniger als zehn Jahre später liegenden Periode, hatte »die Kultur, ja die Gesittung, der Hof … sich den Raum geschaffen: Hain und Garten«.[12] Natürlich waren bei diesem Sinneswandel Verluste unvermeidlich. Zu jener Zeit, sagt Gundolf, habe Goethe die »unbarmherzige Gewalt Shakespeares, die mitleidslose Wucht mit der Shakespeare das Ganze seiner Geschöpfe auswirkt ... nicht sehen, oder wenn er sie sah, nicht zeigen wollen«.[13]

Kaum hatte Goethe die Dichtkunst von der eruptiven Unberechenbarkeit des Naturgenies abgerückt, als eine gleichermaßen heimtückische Gefahr am Horizont heraufzog – die von den Romantikern propagierte nebulöse poetische Metaphysik. Gundolf brachte die daraus resultierende Auseinandersetzung auf die Formel »Gestalt kontra Bewegung«. Für die Romantiker, die Leben mit Bewegung gleichsetzten und die Welt mit allen ihren Erscheinungsformen als die kryptische Handschrift einer geheimnisvollen verborgenen Macht verstanden, sei der Auftrag des Dichters »die Hervorlockung des geheimen Weltsinnes, die Befreiung der in Hieroglyphen, d. h. Wirklichkeiten, verhafteten Bewegung der Welt, die Erlösung des Weltsinnes aus den Banden der Dinge ...«[14]. Diese Aufgabe habe Shakespeare in einzigartiger Weise erfüllt. Goethe bekämpfte den mystischen Shakespeare der Romantiker im Namen einer Kunst, in der Geschichte, Moral und Klarheit der Aussage ihren Platz haben müßten. Er bemühte sich, »Grenzen aufzurichten gegen das Grenzenlose, Gestalt zu schaffen gegenüber dem Bewegten, Maß zu setzen wider das Maßlose«.[15] Shakespeare überspanne und vereine, wie Gundolf feststellte, diese Gegensätze. Er umfasse beides, den Traum der Romantiker und die Wirklichkeit Goethes. Er sei »ganz Gestalt und ganz Bewegung«. Die Schlegelsche Übersetzung sei zwar romantisch, doch gebändigt durch die von Goethe neugeschaffenen, maßvolleren Formen des poetischen Ausdrucks.

»Shakespeares Urerlebnis [konnte] einfach noch nicht deutsches Spracherlebnis werden«, in dieser Aussage gipfelt die Argumentation Gundolfs, »ehe eine Universalseele wie Goethe das deutsche Wort gereift hatte zum ungefähren Ausdruck des Shakespeare als eines Ganzen.«[16] Es sei allein diesem glücklichen Zusammentreffen von Persönlichkeiten und Einflüssen zum richtigen Zeitpunkt zu verdanken, daß in Schlegels Übersetzung ein absolut neues Phänomen in der Übersetzungsgeschichte entstanden sei, nämlich die »Wiedergeburt Shakespeares als eines deutschen Sprachganzen«.[17] Shakespeare sei nicht allein ein Teil der deutschen Geistesgeschichte, er sei zum Bestandteil des deutschen Geistes selbst geworden, und dieser Assimilationsprozeß habe um 1800 seinen Abschluß gefunden. Danach, so Gundolf, kamen die Bemühungen der Philologie und der Bühne. Wenn bei der Symbiose von Shakespeare und dem deutschen Geist noch etwas fehle, dann »der Wille zur Wirklichkeit, Shakespeares tiefster Instinkt«.[18] Diese Eroberung der Wirklichkeit war laut Gundolf eine der Aufgaben, die in Zukunft zu leisten waren.

Es ist leicht nachvollziehbar, daß sich die Deutschen angesichts solch scheinbar unwiderlegbarer Beweise berechtigt fühlten, Shakespeare als ihren ureigenen Dichter anzusehen. Selbst Goebbels muß unter dem Einfluß von Gundolfs überzeugender und für deutsche Leser so überaus schmeichelhafter Argumentation gestanden haben, als er 1936 die Schlegel-Tiecksche Übersetzung zur einzig rechtmäßigen erklärte und Rothes theatergerechtere, aber auch sehr eigenwillige Version verbot.[19] Die provozierende Pose der Deutschen als Verteidiger des wahren Shakespeare

gegen unzulässige Übergriffe leitete sich direkt oder indirekt aus der großartig ver-
stiegenen Idee Gundolfs ab, derzufolge Shakespeare und der deutsche Geist eine
unlösbare Verbindung eingegangen waren.

Aus ihr erklärt sich sowohl die Herablassung gegenüber den Versuchen anderer
und bedauernswerter Nationen, die Engländer nicht ausgenommen, Shakespeare
gerecht zu werden, als auch der missionarische Eifer der Deutschen in Sachen
Shakespeare. Die anderen hatten schließlich nur Shakespeare, sie aber Shakespeare
und den Deutschen Geist. Und »Geist« als deutsches Prärogativ[20] war auch in der
Stunde der Niederlage Balsam für die deutsche Seele, bis der barbarische Ungeist
Hitlers und Himmlers auch dieser Selbsttäuschung endgültig die Basis entzog.

Traditionelle Inszenierungsstile:
Shakespeare auf der Bühne des Stadttheaters

Shakespeare war nicht nur zu einem Bestandteil der deutschen Literaturgeschichte
geworden, er war auch dem Theaterbesucher wohlbekannt. Zwischen 1900 und
1914 wurden von etwa 200 Schauspieltruppen durchschnittlich 24 seiner Stücke mit
1100 bis 1600 Vorstellungen pro Jahr aufgeführt. *Hamlet, Othello, Ein Sommernachtstraum, Was ihr wollt* und *Der Kaufmann von Venedig* waren dauerhafte Publikums-
favoriten. Am anderen Ende der Skala rangierten, was nicht überrascht, *Die beiden
Veroneser, Liebes Leid und Lust, Ende gut, alles gut* und *Titus Andronicus. Wie es euch
gefällt* wurde erstaunlicherweise mehrere Jahre überhaupt nicht aufgeführt, doch
dann setzte die neue Texteinrichtung von Eugen Kilian (1916) den Klagen über die
Unaufführbarkeit der Komödie ein Ende und verhalf ihr in den Jahren 1918 und
1920 sogar zu einem kometenhaften Aufstieg auf den ersten Platz.[21]

Die große Zahl von Theatercompagnien bedarf der Erläuterung. Es gab 31 Hoftheater, einige in so bedeutenden Kulturzentren wie München oder Dresden, andere an so abgelegenen Orten wie Neustrelitz oder Sondershausen. Viele waren allein
auf den traditionellen Geschmack der örtlichen Adelsfamilien und des gehobenen
Bürgertums eingestellt. Es gab Ausnahmen. So wie in den 1870er und 1880er Jahren die legendären Meininger den Aufführungsstil der Klassiker revolutioniert hatten, gehörten nach der Jahrhundertwende das Großherzogliche Theater in Darmstadt und das Hof- und Nationaltheater Mannheim zu den führenden Vertretern
der Avantgarde und straften das traditionelle Bild vom Hoftheater Lügen, demzu-
folge dort nur leere Rhetorik, Beschränktheit und Prüderie zu finden seien. Die
große Mehrzahl der Theater waren Stadttheater. Sie wurden in der Regel von
Schauspieler-Prinzipalen geleitet, an die das Schauspielhaus der Stadt verpachtet
wurde. Die Stadttheater wurden, trotz ihres Namens, von der Stadt entweder überhaupt nicht subventioniert oder lediglich in Form eines teilweisen oder völligen
Pachterlasses. Die Gagen und Gehälter mußten auf jeden Fall vom Kartenverkauf
bestritten werden. Neben den Hof- und Stadttheatern gab es auch noch private

1. *Julius Cäsar* 1874 Berlin. Georg II., Herzog von Sachsen-Meiningen war Produzent, Regisseur, Bühnen- und Kostümbildner in einer Person. Diese Inszenierung (Zeichnung von Johannes Kleinmichel nach einer Skizze des Herzogs), die auf ausgedehnten Tourneen in ganz Europa bewundert wurde, läßt das sorgfältig choreographierte Arrangement der Massenszenen und die Vorliebe des Regisseurs für genaue historische Details erkennen.

2. Georg II. von Meiningen

Unternehmen wie das Düsseldorfer Schauspielhaus, das 1905 von seinen Direktoren Gustav Lindemann und Louise Dumont ausdrücklich als »Kulturtheater« konzipiert wurde. Es sollte den Geschmack des Publikums heben, das schauspielerische Niveau und die künstlerische Qualität der Aufführungen verbessern und so ein Gegengewicht zum banalen und seichten Angebot des Düsseldorfer Stadttheaters bilden, das ein reines »Geschäftstheater« war. Eine ähnliche Situation bestand in Frankfurt.[22] In Städten mittlerer Größe war das Stadttheater häufig ein Dreispar-

tentheater (Oper/Operette, Ballett und Sprechtheater); kleinere Städte teilten sich
oft eine Theatertruppe; elegante Badeorte hielten sich Sommertheater; das flache
Land mußte sich mit den zweifelhaften Segnungen von Tourneetheatern begnügen.
Ein Theaterbesuch war jedoch ein Vergnügen, das keinesfalls nur den Wohlhabenden vorbehalten war. Plätze im Parkett hatten zwar ihren Preis, doch Stehplätze auf
den Galerien kosteten nur ein paar Groschen. Außerdem hatte die deutsche Arbei-
terbewegung 1890 im Rahmen ihrer Bemühungen um die kulturelle Emanzipation
der Arbeiterklasse eine Einrichtung ins Leben gerufen, die dem Volk das Theater
als Kunstform nahebringen sollte. Anfänglich beschränkt auf den verbilligten Kauf
von Eintrittskarten, wuchs die Volksbühnenbewegung durch die Bildung von ge-
werkschaftlichen Theatervereinen in vielen Städten zu einer machtvollen Organisation heran, deren Arbeit 1914 durch die Eröffnung eines eigenen Theaterbaus[23],
der Volksbühne am Bülowplatz in Berlin, ihren krönenden Abschluß fand.

Deutschland war vor dem Ersten Weltkrieg zwar reich an Theatern, die Qualität
der Aufführungen stand jedoch auf einem anderen Blatt. Beinahe alle Bühnen
arbeiteten nach dem Repertoiresystem und mußten Unterhaltung und Bildung in
einem Verhältnis anbieten, das vom Publikumsgeschmack und den Bestrebungen
des Prinzipals und seinen Gönnern abhing. Der Arbeitsdruck war groß:

> Damals hatte ein Provinztheater, wie z. B. das in Nürnberg, wöchentlich drei
> Premieren: Dienstag das moderne Problemstück, Donnerstag die Komödie
> und Samstagabend den Klassiker. Für diesen stand nur eine Probe zur Verfü-
> gung, am Samstagvormittag, in der der Regisseur Auf- und Abgänge mit den
> Schauspielern im Klassiker-Einheitsbühnenbild besprach. Alle Schauspieler
> mußten bei dieser Produktionsweise die klassischen Texte ihres Rollenfaches
> ›drauf‹haben.[24]

Unter solchen Bedingungen wurde die Probenarbeit oft als Farce empfunden. Die
Schauspieler, so wird berichtet, leierten ihre Texte herunter oder markierten nur
und verließen sich für den angemessenen persönlichen Ausdruck auf die Atmosphäre des Aufführungsabends. Monologe wurden überhaupt nicht geprobt. Eduard von
Winterstein kennzeichnet sowohl die eigenen Erfahrungen vor seinem Eintritt in
das Reinhardt-Ensemble wie auch die weiterhin übliche Praxis an vielen Stadttheatern, wenn er sagt: »Auf den Durchschnittsbühnen war die Darstellung der
Klassiker in einer eisernen Konvention erstarrt, die sich bis auf die Stellungen
erstreckte.«[25] Die Bedeutung der Klassiker war anscheinend ein für allemal von
Kritikern, Professoren und Gymnasiallehrern festgelegt worden. Ständig warnten
sie die Regisseure, ja nicht die geheiligten Traditionen anzutasten. Viele wählten
deshalb den Weg des geringsten Widerstandes: »In den Hof- und Stadttheatern
wurden die ›schönen‹ Stellen zu einer blendenden Zitatenkette aneinander-
gereiht.«[26] So erfüllte man die Erwartungen des Publikums mit einer Art idealem
Stereotyp, d. h. zum einen bestimmte der Konsens über die Aussage des Stückes die

Form der Darstellung, zum andern verstärkte und bestätigte die Form der Darstellung diesen Konsens.

Bei soviel Übereinstimmung über die Bedeutung der einzelnen Szenen, über Eigenschaften und moralischen Status der Charaktere, blieb für den Regisseur wenig Interpretationsspielraum. Seine Stellung war noch nicht gesichert. Ein Regisseur mit künstlerischen Ambitionen führte einen Zweifrontenkrieg. Zum einen wurde er – wie der Schweizer Regisseur Richard Révy 1917 klagte – von einem »doktrinären Element literarischer Idealisierung« behindert, das die Zuschauer – die sich angewöhnt hatten, die Bühne gemäß Schillers Definition als moralische Anstalt zu betrachten – dazu brachte, klassische Schauspiele mit der Verbreitung idealistischer Haltungen und ethischer Werte gleichzusetzen. Zum anderen sah er sich Schauspielern gegenüber, Stars, die ihre Rollen beherrschten, beim Publikum in hoher Gunst standen und wenig Neigung zeigten, Anweisungen des Regisseurs entgegenzunehmen. Noch herrschte auf der Bühne der Schauspieler. Der Erfolg einer Vorstellung hing ab von Verkörperung und Darbietung, nicht vom »Konzept«. Révys Behauptung, Aufgabe des Regisseurs sei es, »den geistigen Schwerpunkt«[27] der Stücke aufzudecken, wäre von den Schauspielgrößen des vorausgehenden Jahrzehnts nur mit amüsierter Skepsis aufgenommen worden. Wie Josef Kainz zu Hermann Bahr sagte: »Wenn er [Max Reinhardt] mich kriegt, macht er sich doch damit selber überflüssig … Mir glaubt das Publikum den Hamlet, auch wenn ich im Frack bin«[28] und er fuhr fort, Reinhardt ziehe schwächere Schauspieler vor, die von ihm als Regisseur erst aufgebaut werden müßten. Angesichts von Reinhardts unbestrittener Leistung ein typischer Fall von Schauspielereitelkeit. Doch zeigt er, wie eng die Verbindung von Rolle und Star war. Das bestätigt der damalige Schülerwitz »Hamlet ist, wenn Kainz kommt.« Auch scheint es völligen Konsens über die Auffassung der jeweiligen Rollen gegeben zu haben. Das bekräftigt Eduard von Winterstein in seinen Memoiren:

> Ich habe unzählige Hamlets gesehen, darunter unsere größten und berühmtesten Schauspieler: Mitterwurzer, Kainz, Bassermann, Ferdinand Bonn und Alexander Moissi. Gewiß waren sie alle verschieden in ihren schauspielerischen Mitteln, verschieden in der Kunst der Sprache. Aber ich habe nie, auch im Entferntesten nicht, entdecken können, daß einer eine besondere ›Auffassung‹ der Hamletrolle gezeigt hätte, die von der des anderen abgewichen wäre.[29]

Die Virtuosentradition war zählebig. Berühmte Mimen aus Wien oder Berlin machten in den Sommermonaten das Provinzpublikum mit anderer und besserer Schauspielkunst bekannt, doch die Virtuosen alten Stils, gewöhnlich Schauspieler der zweiten Garde, verdienten ihren Lebensunterhalt als Gastschauspieler, mit häufig nicht mehr als einer oder zwei Rollen, die sie perfekt beherrschten. Gern gewählt wurden Hamlet und Shylock, Paare bevorzugten Macbeth und Lady Macbeth. Damit gingen sie auf Tournee, ähnlich wie gefeierte Opernstars mit bekannten Nummern ihres Repertoires. Es wurde allgemein kritisiert, daß die Virtuosen maßlos übertrieben und sich in deklamatorischem Pathos gefielen. Die ortsansässigen Schauspieler begegneten den illustren Gästen mit gemischten Gefühlen, weil die Ehre, neben einem Virtuosen auftreten zu dürfen, häufig dadurch geschmälert wurde, daß der Gaststar den heimischen Schauspieler völlig an die Wand spielte. Doch wie nachteilig sich auch immer das Virtuosentum auf die Ensemble-Idee und die einheitliche künstlerische Qualität einer Aufführung auswirkte, der Virtuose und seine Darbietungsweise hatten eine wichtige Rolle bei der Bildung des Publikumsgeschmacks. Er hatte feste Erwartungen geprägt und den allgemeinen Konsens über die Bedeutung des Stückes und seine Hauptfiguren bekräftigt. Mit dem Ende dieses Konsenses trat auch der Virtuose von der Bühne ab.[30] Damit erlosch eines der Glanzlichter des alten Theaters.

Inszenierungen blieben sehr lange im Repertoire, ohne daß Texteinrichtung, Kostüme oder Bühnenbild verändert wurden. Es war

3. *Was ihr wollt* 1907 Berlin. R: Max Reinhardt. Paul Biensfeld als Malvolio und typische Verkörperung des puritanischen Spielverderbers. Stich von Schlippenbach.

nicht ungewöhnlich, daß ein Schauspieler dieselbe Rolle 10, 15 oder selbst 20 Jahre lang spielte, bei vielleicht nur zwei oder drei Vorstellungen pro Spielzeit. Er hatte folglich Zeit, sein Spiel zu perfektionieren (wobei Klagen über alternde Mercutios und gichtige Romeos natürlich nicht ausblieben), aber ebensogut konnte er seine Rolle auch immer nachlässiger behandeln. Publikum und Kritiker hatten so die Gelegenheit, seine jetzigen mit früheren Darstellungen und auch mit denen seines Vorgängers zu vergleichen. Ein guter Kritiker konnte aus einer solchen Gegenüberstellung zu profunden Einsichten in die Möglichkeiten einer Figur kommen, wie beispielsweise Siegfried Jacobsohn in seiner Kritik von *Richard II.* (13. November 1909 am Königlichen Schauspielhaus in Berlin). An diesem Theater war die Rolle König Richards Adalbert Matkowski vorbehalten gewesen, und er spielte sie auch bis zu seinem Tod im Alter von 51 Jahren. Josef Kainz, sein gleichaltriger Nachfolger, spielte sie anders:

Nach Matkowskis Auffassung von Richard dem Zweiten war es psychologisch unanfechtbar, daß auf den himmelstürmenden König ein elegischer Gefangener folgte, wie es für Kainz natürlich ist, die leichtsinnige Blasiertheit und den unbe-

kümmerten Hohn mit einer tiefsinnigen Ironie und einer abwehrenden Lebens-
bitterkeit zu vertauschen.[31]

Da grundsätzliche Neuinterpretationen undenkbar waren, stand einer Doppelbesetzung nichts im Wege. Ganz im Gegenteil. Wenn man zwei so berühmte
Schauspieler wie Bassermann und Schildkraut an aufeinanderfolgenden Abenden
den Shylock spielen sah, konnte man Einsicht in die Spielweise zweier verschieden-
artiger artistischer Temperamente gewinnen, die zu anderen und dennoch gleichermaßen gültigen Lösungen derselben poetischen Aufgabe gelangten.

Ausstattung und Bühnenbild hingen selbstverständlich vom verfügbaren Geld
und dem jeweils vorhandenen Fundus ab. Den Königlichen Schauspielhäusern in
Berlin oder Dresden standen für diesen Bereich ganz andere Mittel zur Verfügung
als den Stadttheatern Mainz oder Heidelberg. Sowohl gut als auch weniger gut
dotierte Theater hatten sich jedoch dem Realismus als ihrem ästhetischen Credo
verschworen, was sich vor allem auf die Gestaltung des Bühnenbildes auswirkte. Da
die Handlung eher real als symbolisch aufgefaßt wurde, mußte sie in Bühnenbildern
stattfinden, die eine topographische Wirklichkeit widerspiegelten. Das machte
häufige Bühnenumbauten nötig. Um ihre Zahl so gering wie möglich zu halten,
wurden Texte gekürzt, Szenenabfolgen verändert und das dramaturgische Gleichgewicht der Stücke so für eine Scheinrealität geopfert. Das Publikum empfand
diese Eingriffe seit langem als störend. Literaturwissenschaftler protestierten und
verlangten den echten Shakespeare statt verstümmelter Bühnenfassungen, die Zuschauer ärgerten sich über die umständlichen Umbauten hinter geschlossenem
Vorhang, die den Handlungsfluß unnötig unterbrachen und die Stimmung zerstörten.

Neuanfänge

Zahlreiche Versuche wurden unternommen, diesem Übel beizukommen. Das neue
Jahrhundert brachte eine Fülle neuer Ideen, Initiativen und Experimente. Sie begannen häufig als Teilreformen oder rein technische Erneuerungen, am Ende befreiten sie das Theater jedoch aus dem Würgegriff des Realismus und ebneten den
Weg für die radikale Neuorientierung der Theaterästhetik, die dann in den zwanziger Jahren zum vollen Durchbruch kam. Die Reformen lassen sich drei wesentlichen Anliegen zuordnen:

– im erklärten Gegensatz zum kruden Materialismus der Zeit eine höhere Form
  des Theaters, ein Kulturtheater zu schaffen,
– Raum zu gewinnen für das neue, vergeistigte Drama von Neoromantikern
  oder Symbolisten wie Hofmannsthal, Maeterlinck, Strindberg und Yeats, in deren Stücken nicht länger historisch und gesellschaftlich definierte Charaktere

Machtkämpfe und Wortgefechte austrugen, sondern sich <u>Welten des Traumes, der Schönheit und der Poesie</u> eröffneten,
– eine schlichtere, weniger überladene Bühne zu schaffen, entweder für einen rascheren Handlungsablauf oder für eine nicht-illusionistische Darbietung und stilisiertes Spiel, und so schließlich ein neues Konzept des szenischen Raums zu entwickeln.

Diese Reformbemühungen waren nicht deutlich voneinander getrennt, sondern gingen häufig ineinander über. Sie werden hier allein aus Gründen der Übersichtlichkeit getrennt abgehandelt: die ideologischen und inhaltlichen Fragen im Abschnitt »Kultur und Kulturtheater«, die formalen Aspekte unter »Bühnenreformen«.

Kultur und Kulturtheater

<u>Anfang des Jahrhunderts</u> wurde der Begriff <u>Kulturtheater</u> für sehr unterschiedliche Formen des Theaters verwandt. Im weitesten Sinne stand er für das Bestreben, den Anteil von reiner Unterhaltung im Repertoire zu reduzieren, um dem Bereich der <u>Bildung</u> mehr Geltung zu verschaffen. Mehr zeitgenössische Problemstücke sollten aufgeführt und die Klassiker von der alten aufgeblähten Pathetik befreit werden, letzteres im Rahmen allgemeiner Bemühungen um *mehr* Realismus. Die Einrichtung sogenannter »freier«, »unabhängiger«, »Kunst«- oder »Künstler«theater (das Théâtre Libre in Paris, 1887; die Freie Bühne in Berlin, 1889; das Independent Theatre in London, 1891; das Moskauer Künstlertheater, 1898, und – in Deutschland zu Beginn des Jahrhunderts – eine Anzahl ähnlicher Unternehmungen in Städten wie Düsseldorf, Hamburg, Frankfurt und München) bezeugt den Willen, die alten schauspielerischen Gleise zu verlassen und neue künstlerische Bereiche zu erschließen.

Gleichzeitig stand der Begriff Kulturtheater für eine ganz andere und ebenfalls neue Tendenz des Theaters, nämlich <u>Vergeistigung.</u> Realismus sollte hier gerade *ausgeschlossen* und das Theaterereignis in reine Kunst verwandelt werden. »Eine Betrachtung des Theaters als höchsten Kultursymbols« lautet der vielsagende Untertitel von <u>Peter Behrens</u> *Feste des Lebens und der Kunst*. Diese 1900 erschienene, kleine, aber einflußreiche Schrift war ein hochgesinnter Appell an die junge Generation, sich von der »Lust zum Nichtigen« und der »Albernheit im Niedrigen« abzuwenden und nach einem neuen Stil zu streben. Denn »Stil ist das Symbol des Gesamtempfindens, der ganzen Lebensauffassung einer Zeit und zeigt sich nur im Universum aller Künste.«[32] Der Stil, um den es Behrens ging, war eindeutig nicht-realistisch. »Nicht Natur soll illudiert werden, sondern die Erhabenheit über die Natur: Kultur heißt diese Illusion.«[33] Vom Schauspieler eines Theaters, das auf einem solchen Programm fußt, fordert er: »Der Schauspieler stehe über seiner Rolle,

4. *Hamlet* 1905 Düsseldorf. Modell von Peter Behrens für Akt 4, Szene 5: Hamlet beobachtet den
Vorbeimarsch der Truppen des Fortinbras. Die Abstraktheit der Szenerie erinnert an ähnliche
Tendenzen in den gleichzeitigen Entwürfen Edward Gordon Craigs.

er verdichte sie, bis alles Pathos ist und Pose.«[34] Aus dem glühenden Idealismus
dieser Deklaration spricht das Bestreben, die Materie zu transzendieren, um zur
reinen Form zu gelangen, ein Bestreben, das zur Zeit der Jahrhundertwende viele
künstlerische Neuanfänge inspirierte: Es findet sich im Jugendstil wie in den Stilisierungen des Symbolismus, es steht hinter Yeats' Suche nach einer leidenschaftlichen Dichtung »von der Reinheit des Feuers«, einer *poésie pure*, und es enthält
auch den Keim der expressionistischen Abstraktion.

   In Deutschland war dieser <u>überhöhte »Wille zur Kultur«</u> häufig mit politisch
reaktionären Ideologien verbunden. Hohe Kultur diente nämlich auch als Bollwerk
gegen den Aufstieg des Proletariats. Sie galt als eine Art nationaler Besitz, der <u>mehr
der ethischen Läuterung denn der Veränderung der gesellschaftlichen Verhältnisse</u>
zu dienen habe. Ihr könne man sich eigentlich nur im Geiste eines apolitischen,
bürgerlichen Patriotismus nähern. Mit diesen drei Forderungen hatten die Kultur-
liebhaber der unteren Schichten natürlich ihre Schwierigkeiten. Die Geschichte
der Volksbühnenbewegung bietet ein aufschlußreiches Beispiel für das Dilemma:
Die Traditionalisten wollten den Massen die Teilhabe am überlieferten nationalen

Kulturerbe sichern, die Aktivisten traten für einen Spielplan mit proletarischen oder zeitgenössisch-politischen Stücken ein. Die Kontroverse führte zu einer Reihe von Spaltungen und wurde nie endgültig beigelegt. Den Status eines wirklich proletarischen Forums erreichte die Volksbühne in Berlin nur selten, und dann lediglich für kurze Zeit, zum Beispiel zwischen 1924 und 1927, als Erwin Piscator einer ihrer Regisseure war. Meistens wurde das Repertoire nach den Gesichtspunkten eines konservativen Kulturverständnisses zusammengestellt.

Die (un)heilige deutsche Allianz zwischen Kultur und Bildung schien die Klassiker für die gebildeten Schichten zu reservieren. Sechzig Jahre vor der Eröffnung der Volksbühne am Bülowplatz in Berlin beklagte Theodor Fontane die offensichtliche Unfähigkeit seiner Landsleute, ein echtes Volkstheater zu schaffen. Er habe im Standard Theatre in Shoreditch *Antonius und Kleopatra* gesehen und zwischen einem Londoner Hafenarbeiter und einem schottischen Grenadier gesessen, denen die Aufführung sichtlich Vergnügen bereitete. Shakespeare in Deutschland hingegen, der unter dem Einfluß von Schulmeistern und Professoren »kastriert« worden sei, »taugt freilich nicht für's Volk« und werde nur »für die Gebildeten« gespielt.[35] Der »unkultivierte«, derbe, populäre Shakespeare, den er im East End gesehen hatte, sollte für weitere hundert Jahre und länger keinen Platz auf der deutschen Bühne finden.

Zu Beginn des Jahrhunderts wurde die hohe Kultur außerdem als Damm gegen die Flut der modernen »Unkultur« gesehen, also gegen die seichte Unterhaltung von Kino und Varieté, gegen die Sensationsgier der Regenbogenpresse und gegen die Produkte der amerikanisierten Massenkultur. Dergleichen Tendenzen nachzugeben, wurde als Senkung des Niveaus und Kapitulation vor dem Massengeschmack empfunden. Theater und Oper hingegen waren eine Art Gottesdienst und durften nicht durch Anbindung an irgendwelche praktischen Zwecke entweiht oder durch den Kontakt mit den populären Genres besudelt werden. Als Piscator und Brecht diese stillschweigende Übereinkunft brachen und der eine Filmstreifen zum Einsatz brachte und der andere Varietéelemente in ernsthafte Stücke einmontierte, stockte den Traditionalisten der Atem. Allerdings hatte die Idee des »Kulturtheaters« bis Mitte der zwanziger Jahre bereits an Leuchtkraft verloren. Es sollte dennoch überleben und zeitweilig sogar florieren, bis weit in die sechziger Jahre. Seine vitalste und kämpferischste Periode lag jedoch vor dem Ersten Weltkrieg, als es von der allgemeinen optimistischen Überzeugung getragen wurde, Teilnahme am kulturellen Leben habe eine ausgleichende und humanisierende Wirkung auf die Gesellschaft. Ohne auch nur den leisesten Selbstzweifel zu empfinden, hätte die Mehrzahl der Deutschen zu jener Zeit behauptet, Kultur sei der innerste Kern ihrer nationalen Identität.

Dieses ungetrübte Selbstbewußtsein erlitt eine traumatische Erschütterung, als die Deutschen 1914 gleich nach Ausbruch der Feindseligkeiten als ›Barbaren‹ an den Pranger gestellt wurden. Sie waren im Sendungsbewußtsein ihrer kulturellen Mission in Europa in den Krieg eingetreten – nach den Worten des Philosophen

Adolph Lasson: »Wir Deutschen repräsentieren das Letzte und Höchste, was europäische Kultur überhaupt hervorgebracht hat; darauf beruht die Stärke und die Fülle unseres Selbstgefühls.«[36] Und nun traf sie eine nie für möglich gehaltene Anklage mit fürchterlicher Wucht. Henri Bergson, der angesehene Präsident der Académie des Sciences et Morales, erklärte den Krieg gegen Deutschland zum »Kampf der Zivilisation gegen die Barbarei« und bezeichnete Deutschlands Invasion des neutralen Belgien als einen brutalen und zynischen Akt, der »in seiner Verachtung jeder Gerechtigkeit und Wahrheit einen Rückfall der Deutschen in den Zustand der Wilden« aufzeige.[37] Bergsons Anschuldigungen wurden sofort von zahlreichen deutschen Künstlern und Universitätsprofessoren entrüstet zurückgewiesen. Ihrer Meinung nach war Deutschlands Position völlig mißverstanden worden. Sie hegten den Verdacht, hier werde letztlich ein Krieg um ganz andere Fragen geführt. Dies sei ein Kampf der rationalen, mechanistischen, westlichen Zivilisation gegen deutsche, vergeistigte Kultur, deren organische Wurzeln tief in der Seele und Phantasie der Nation verankert seien, ein Krieg gegen die Kultur, ein veritabler »Kulturkrieg«.[38]

Die unterschiedlichen Einstellungen führten zu einer längeren, erbitterten Debatte. Sie trieb ihre Kontrahenten, Thomas Mann nicht ausgenommen, in extreme Positionen und zerriß das feingesponnene Gewebe europäischer geistiger und kultureller Gemeinsamkeiten. Die Auseinandersetzung zeigt den hohen Stellenwert, den die Deutschen damals der Kultur beimaßen, sie illustriert aber auch den fatalen Bruch zwischen kulturellem Anspruch und politischer Moral. Es war für die deutsche Intelligenz offenbar kein großes Problem, die Unmoral der imperialistischen Realpolitik mit ihrer Vorstellung von sich als Kulturnation in Einklang zu bringen – weder damals noch dreißig Jahre und einen weiteren Weltkrieg später. 1944 veröffentlichte Heinz Kindermann, der bald zum einflußreichsten Theaterwissenschaftler der deutschsprachigen Universitäten aufrücken sollte, ein Buch über *Die europäische Sendung des deutschen Theaters*, in welchem er (1944!) davon schwärmte, wie das »deutsche Theater seine Botschaft vom deutschen Menschen« zu den Menschen von »Paris und vom Haag bis Wilna und Lublin, von Drontheim bis Athen« trage.[39] Seine atemberaubende Schlußfolgerung lautete:

> es ist überall der gleiche Eindruck: wie einst im Zeitalter der Klassik ist auch heute wieder das deutsche Theater daran, ganz Europa auf die friedlichste Weise der Welt von der tiefen Menschlichkeit des deutschen Weltbildes und von der hohen Sittlichkeit des deutschen Lebensideals zu überzeugen.[40]

Soweit Kindermann 1944. Zu der Zeit, die hier untersucht werden soll, ahnte man nichts von solch eklatanten Widersprüchen. Die Bestrebungen, aus »Geschäftstheatern« Kulturträger zu machen, erfreuten sich allgemeiner Unterstützung. Es war undenkbar, daß Deutschland je der Barbarei verfallen würde. Kulturtheater entsprachen den höchsten moralischen Prinzipien. Doch auch ihnen haftete die fatale Schwäche des deutschen Kulturbegriffs an: die Kluft zwischen Ideal und tatsächlichem Handeln und die Furcht vor Berührung mit der Politik. Auf diese Weise konnten sie ihre Ideale zwar bewahren, aber der Preis war hoch.

Die bewußte Distanzierung vom aktuellen politischen Geschehen erklärt auch die große Bedeutung, die man dem Stil beimaß. Bei Künstlern, die freiwillig in einem gesellschaftlichen Niemandsland lebten und von einem »Deutschland der Seele« oder gar einem »Weltreich des deutschen Geistes« träumten, konnte Stil leicht eine bloß formale, dekorative oder rein ästhetische Qualität annehmen.[41] Stilbewegungen und Kunstrichtungen, ja sämtliche Modelle zur Erneuerung des kulturellen und nationalen Lebens änderten sich jedoch so rasch, und die unterschiedlichen Einflüsse während dieser lebendigen und widerspruchsreichen Periode waren so intensiv, daß die meisten Künstler mehreren Gruppierungen gleichzeitig zugeordnet werden müssen. Bezeichnend war etwa Peter Behrens' Wandlung vom kultischen Idealisten der *Feste des Lebens* zu einem Architekten, der für funktionale Objektivität eintrat, nachdem er sich 1913 bei seinem Entwurf für die deutsche Botschaft in St. Petersburg in einen etwas düsteren Monumentalismus verrannt hatte.

Im Düsseldorfer Schauspielhaus wurde die Idee des Kulturtheaters lebendige Wirklichkeit. Louise Dumont, die Hohepriesterin dieses Kunsttempels, verkündete: »Die ganze farbige Vielheit, so bunt und reich als nur immer möglich, darf nur um ein festes Zentrum schwingen, das krystallisch unverrückbar gleichsam das Tabernakel des Geistes ist.«[42] Offenbar das Programm eines durch und durch literarischen Theaters, dem hohen Dichterwort verpflichtet und dem Genius der deutschen Sprache. Des Theaters Aufgabe: das »Zentralfeuer des neuerweckten Wortes« zu entzünden. Dieses Ideal eines Theaters der inneren Form entsprach ihrer eigenen kompromißlosen Ernsthaftigkeit als Schauspielerin und bestimmte den Lehrplan ihrer Akademie, deren berühmtester Schüler Gustaf Gründgens war. Als Schauspielerin wie als Regisseurin strebte Louise Dumont den höchsten sprachlichen Ausdruck an. Ihr Verlangen, jedes Stück neu zu erschaffen, es zu einem rhetorischen Kosmos zu formen, in dem die inneren Gesetze der deutschen Sprache sich verkörpern sollten, machte sie für den ekstatischen Stil und die visionäre Exaltation der frühen Expressionisten empfänglich. Als leidenschaftliche Pazifistin unterstützte sie deren idealistische Botschaft vom universalen Frieden uneingeschränkt. Selbst im fortgeschrittenen Alter soll sie in expressionistischen Rollen Triumphe gefeiert haben.[43]

Louise Dumonts Düsseldorfer Kulturtheater ruhte noch auf einer zweiten Säule: dem Ensemble. Es setzte sich aus Schauspielern und Schauspielerinnen zusammen, die von ihrer strengen Prinzipalin ebenso sorgfältig ausgebildet wie mißtrauisch ob etwaiger moralischer Fehltritte überwacht wurden. Berthold Viertel, Dichter und Schriftsteller, der zwei Spielzeiten lang an ihrem Theater Dramaturg war, bevor er in Ungnade fiel, beschreibt den Unterschied zwischen der Theaterarbeit in Berlin und in der Provinz:

5.
Macbeth 1906 Düsseldorf.
R: Gustav Lindemann.
Louise Dumont, eine berühmte
Ibsen-Darstellerin, als Lady
Macbeth in statuarischer Pose
und halborientalischem
Gewand, hier noch ganz im
Stil der walkürenhaften
Heroine des 19. Jahrhunderts.

Die Arbeit in Berlin gleicht stürmischen Überfällen und gewagten Handstreichen, die Arbeit am Düsseldorfer Schauspielhaus einem beharrlichen und geduldigen Dienst an einem Friedenswerke. In Berlin der Einsatz der großen Temperamente, die, nicht selten zerstörend, ihre krisenhaften, gewaltsamen und auch gewaltigen Steigerungen erreichen, auf Kosten vieler suchender Talente, die zu einer seelisch und physisch unterernährten Komparserie herabgedrückt werden; am Düsseldorfer Schauspielhaus die Gleichmäßigkeit eines Ensembles und der Kunst zugewendeter Menschen, darunter große Begabungen, deren Physiognomien aber eine tiefbegründete Familienähnlichkeit aufweisen.[44]

Auch die Kulturbemühungen von Theatern in etlichen anderen Städten hätten gleichermaßen differenziertes Lob verdient. Das Besondere an Düsseldorf war der hohe moralische und künstlerische Anspruch seiner Prinzipalin. Ihre künstlerischen

Visionen standen im Einklang mit der hochtönenden Spiritualität der pathetischen Verkündigungen Felix Emmels in *Das ekstatische Theater* (1924), einer etwas nebulösen Absage an den Realismus. Dumonts »innerste Neigung« war laut Brües, vom »zeitgebundenen Werk zum überzeitlichen Fest- und Weihespiel, von der Nötigung alltäglichen Theaters zum außerordentlichen Bühnen-Ereignis«[45] vorzudringen. Das waren die Voraussetzungen, unter denen der von Gustav Lindemann, Louise Dumonts Ehemann und Kodirektor des Schauspielhauses, inszenierte *Macbeth* (1906) den Realismus überwand und symbolische Bedeutung gewann. Erreicht wurde dies, zumindest in einigen

6.
Gustav Lindemann
im *Volksfeind*

Szenen, mit visuellen Mitteln; Vorder-, Mittel- und Hinterbühne waren durch verschiedenfarbige Vorhänge getrennt, die wirkungsvoll mit den Farben der Gewänder kontrastierten. Verstärkt wurde der Eindruck noch durch den sparsamen Gebrauch von Requisiten. Im Zentrum stand eindeutig Louise Dumonts Herausarbeitung und Darstellung der Tiefenschichten von Lady Macbeths Charakter. Dennoch wurde das Ensemblespiel nicht vernachlässigt.[46] Die Schwierigkeit, einerseits eine psychologisch überzeugende Charakterstudie als auch allgemeine, überindividuelle Bedeutung zu erzielen, mit anderen Worten, Realismus und Abstraktion zu verbinden, wurde im Düsseldorfer *Macbeth* nur teilweise gelöst. Weder die Darsteller selbst noch das Publikum und die Kritiker waren ausreichend auf eine so weitreichende Veränderung vorbereitet. Das Verhältnis von Realismus und Symbolisierung mußte außerdem bei jeder Inszenierung aufs neue ausbalanciert werden, und es bedurfte auch in den anderen Künsten noch vieler Schritte in Richtung Abstraktion, bevor sich die neue Vision zum Stil entwickelte und sicher gehandhabt wurde.

Bühnenreformen

Zur Zeit der Jahrhundertwende experimentierten viele künstlerische Reformbewegungen mit Stilisierung und Abstraktion, um zu Ergebnissen zu gelangen, die mit naturalistischen oder illusionistischen Formen der Darstellung unerreichbar waren. Am radikalsten veränderte sich die Sichtweise im Bereich von Malerei und Skulptur. Im Theater war der Paradigmenwechsel vorerst noch weniger augenfällig, machte sich aber bald in einer neuartigen Dramatik bemerkbar. Die neuen Stücke tragen verschiedene Stiletiketten: symbolistisch, neo-romantisch, lyrisch oder ›kultisch‹; wie auch ihre Autoren, Maurice Maeterlinck, Hugo von Hofmannsthal, W. B. Yeats und – mit einigen ihrer Stücke – auch Wilde, Strindberg und Hauptmann, unterschiedlichen Traditionen und Kontexten verpflichtet sind. Die Gemeinsamkeiten sind jedoch unübersehbar. Die Figuren in diesen Dramen sind nicht länger psychologisch voll ausgeprägte Charaktere, sondern Elemente in einem symbolischen Muster oder Typen in einer allegorischen Konfiguration. Die Handlung wird im Rahmen einer generellen Entmaterialisierung auf ein Minimum beschränkt, welches die konkrete geschichtliche und gesellschaftliche Realität ausschließt. Atmosphäre und Stimmung sind wichtiger als dramatische Situationen. Man sucht mehr die ästhetische Form denn die dynamische Handlung. Berthold Vallentin, Mitglied der elitären Jüngerschar um den symbolistischen Dichter Stefan George, verkündete, das Theater solle entweder kultisch, mystisch, heroisch oder pathetisch sein.[47] Stefan Georges »Weihespiele« waren exklusive, undramatische Dichtungen, esoterische, sakrale Botschaften an die Erwählten, die durch öffentliche Aufführung entweiht worden wären. Deshalb hatten sie keinerlei Einfluß auf die aktuelle Theaterpraxis. Andere Schauspiele der Symbolisten wie Wildes *Salome*, Hauptmanns *Hanneles Himmelfahrt* und *Die versunkene Glocke* oder Maeterlincks *Pelléas et Mélisande* waren erfolgreich und wurden meist auf intimeren Bühnen aufgeführt, für die Max Reinhardt den Begriff »Kammerspiele« prägte.

Das symbolistische Drama war eine außerordentliche Herausforderung für das Theater; es konventionell zu inszenieren wäre sein Tod gewesen. Um seine Wirkung zu entfalten, durfte es auf keinen Fall realistisch dargeboten werden, man mußte ganz bewußt eine devitalisierte und künstliche Formensprache einsetzen: langsame Bewegungsabläufe, stilisierte Gestik, poetisch bedeutsames Sprechen statt volltönender Deklamation. Bühnenbilder und Kostüme mußten ebenfalls vereinfacht werden. Das neue Drama brauchte keine realistisch detaillierten optischen Zurüstungen, sondern sozial und historisch unspezifische Symbole für die Vermittlung der außerordentlichen menschlichen Konstellationen und Seelenzustände. Konkret bedeutete das: ausdrucksstarke Farben, abstrakte Linien, historisch nicht festgelegte Kostüme, sowie lediglich stilisierte Darstellungen von Landschaften, Häusern oder Interieurs (soweit man nicht ganz auf sie verzichten wollte), einen nicht-gegenständlichen Prospekt und möglichst wenig Requisiten. Das Licht diente unter solchen Bedingungen nicht länger der Ausleuchtung eines detaillierten Bühnenbildes, sondern erhielt einen eigenen suggestiven, symbolischen Wert.

Stilisierung und Abstraktion, gegen Ende des zwanzigsten Jahrhunderts so weitverbreitet und selbstverständlich, waren hundert Jahre zuvor offenbar eine schwer zu erlernende Formensprache. Das zeigt sich deutlich am wechselhaften Geschick der »Stilbühnenbewegung« und ihren diversen Bemühungen, einfache und nichtrealistische, aber dennoch ausdrucksstarke Szenographien für das neuartige Büh-

7. Stilbühne. Ludwig v. Hoffmanns (allerdings nicht realisierter) Entwurf für Max Reinhardts
Inszenierung von Maurice Maeterlincks *Aglavaine und Sélysette* (15. April 1907, Kammerspiele
des Deutschen Theaters) zeigt deutliche Anklänge an Symbolismus und Jugendstil.

nenereignis zu schaffen. Die Frage, die sich allen reformwilligen Theaterleuten
stellte, nämlich wieviel und welche Art Illusionismus, wieviel und welche Art Abstraktion und in welcher Mischung oder Verbindung für welche Art von Schauspiel
oder Oper, ließ sich nicht generell klären. Sie konnte nur so beantwortet werden,
wie es Reinhardt und Stanislawski taten, die davon ausgingen, daß jedes Schauspiel
seiner eigenen, spezifischen visuellen Realisierung bedurfte. Bevor dies die Regel
wurde und man erkannte, daß eine Inszenierung das Produkt jeweils neu aufeinander abzustimmender Kunstformen sein mußte, war noch manche Lektion zu lernen.

Möglicherweise bezog die Stilbühnenbewegung ihre stärksten Impulse aus der
Unzufriedenheit mit der Guckkastenbühne für die Aufführung von Shakespeare-
stücken und aus den verschiedenen Initiativen, die man bereits ergriffen hatte, dieser mißlichen Situation abzuhelfen. Entsprechende Reformbemühungen lassen sich
bis zu den Romantikern zurückverfolgen, deren Verständnis der komplexen Struktur der Dramen Shakespeares deutlich werden ließ, daß die zeitgenössische Bühne
für die Wiedergabe solch »regelloser« Stücke völlig ungeeignet war. Friedrich
Schinkel, der große Architekt des klassizistischen Berlin und Erbauer des Königlichen Schauspielhauses (1818–1821), verwahrte sich gegen »übertriebene Aus-
schmückung«. Eine Bühne, die zuviel illusionistisches Dekor anstrebe, gleiche
»mehr einer Trödlerbude als einem Raum für künstlerische Darstellung«. Dagegen
pries er die Antike: »Eine symbolische Andeutung des Ortes, in dem die Handlung
gedacht war, (…) war vollkommen hinreichend, der produktiven Phantasie des

8. Jocza Savits dekorationslose Shakespearebühne. Viel adaptiert und viel gescholten, wurde sie bald wieder vollgerümpelt.

Zuschauers … eine Anregung zu geben.«[48] Während des gesamten 19. Jahrhunderts wurden zahlreiche Versuche unternommen, Shakespeares Dramen auf einer schlichteren Bühne aufzuführen,[49] die schließlich in der ersten Shakespeare-Bühne im Münchner Hoftheater (1889) konkrete bühnenarchitektonische Gestalt annahmen. Die hier gefundene Lösung wurde mehrfach nachgeahmt und abgewandelt, wie etwa in der reformierten oder »neuen« Shakespeare-Bühne im Münchner Künstlertheater (1908), der Mannheimer Idealbühne von 1906 oder der Düsseldorfer Einheitsbühne (1905).

Shakespeare-Bühne und Stilbühne existierten für eine Weile Seite an Seite und wurden oft von denselben Leuten mit sich überschneidenden Argumenten propagiert. Die Befürworter der Stilbühne wollten den billigen Realismus des durchschnittlichen Bühnenbildes überwinden und die schrillen stilistischen Dissonanzen zwischen den einzelnen Bühnenbildern in ein und demselben Stück vermeiden. Die Mittel zu diesem Zweck: weniger häufige Szenenwechsel, schlichtere und zweckmäßigere Bühnenarchitektur sowie eine vereinfachte Dekoration von einheitlichem Stil – daher der Name Stilbühne. Vertreter der Shakespeare-Bühne hatten sich demselben Ziel verschrieben, da es versprach, *ihr* wichtigstes Anliegen zu fördern, nämlich Shakespeares Text unadaptiert (wenn auch noch nicht ungekürzt) aufzuführen und vor allem in dem Rhythmus, der von den Worten und der Handlung

9. *König Lear* 1890 München. Eröffnungsvorstellung der Shakespearebühne. Die Kargheit des
Modells (Abb. 8) ist durch dekorative Elemente des Portals, der Aufbauten und des naturalistischen
Schlußprospekts aufgelockert, die eigentliche Spielfläche, der Heideszene angemessen, jedoch frei
von Requisiten.

auf der Bühne diktiert wurde und nicht vom Zeitlupentempo der Kulissenschieber
dahinter.

In einem Kommentar über seine *Hamlet*-Inszenierung von 1908 auf der Mannheimer Idealbühne formulierte Carl Hagemann die drei gemeinsamen Ziele von
Shakespeare-Bühne und Stilbühne:

> das Stück ohne jede Pause abzuspielen, ... dem Bühnenrahmen auch die *male-
> rischen* Werte zu verleihen, die wir moderne Menschen heute von der szenischen
> Wirkung verlangen, und vor allem durch eine gewisse *Größe* und *Einfachheit* der
> szenischen Anordnung die richtigen Symbole für die großzügige Kunst unserer
> Klassiker zu zeigen.[50]

Das Bühnenbild schlicht zu halten, war äußerst wichtig, denn ein unadaptierter
Hamlet machte achtzehn Bildwechsel erforderlich, wie der Architekt Fritz Schumacher überrascht feststellte, als er im gleichen Jahr das Stück am Dresdener Hoftheater inszenierte.[51] Offenbar wagten die Regisseure noch nicht, die Handlung
ganz von der Topographie zu lösen, mochten sie sie auch noch so schwach andeuten. Auch die kürzlich eingeführte Drehbühne war keine große Hilfe. Statt Einfachheit und Tempo zu fördern, verführte sie oft zum Gegenteil, wie zum Beispiel

10. *Hamlet* 1912 München. R: Dr. Eugen Kilian, Dekoration gemalt von Richard Finter.
Die »Neue Shakespearebühne« konnte offenbar nicht ohne den Kulissenmaler auskommen.
Hier die Ausstattung für die Friedhofszene (5.1.)

1914 in Mannheim bei der Aufführung von *Macbeth* an Shakespeares Geburtstag.
Die schweren naturalistischen Bühnenbilder verursachten ein solches technisches
Chaos, daß bereits die Morgenblätter mit der Besprechung der ersten Hälfte an den
Türen verkauft wurden, als die Vorstellung sich schließlich lange nach Mitternacht
zu ihrem sehnlichst erwarteten Ende durchgekämpft hatte.[52]

»Einen Spielplatz zu schaffen, der in seiner Monumentalität und Simplizität
einen adäquaten Hintergrund für die abrollende gewaltige Handlung der Tragödie
geben kann« beziehungsweise »mit weniger Wirklichkeit mehr Wirkung auf der
Bühne zu erzielen«,[53] das war das Problem. Seine technische Lösung erscheint
rückblickend relativ einfach. Üblicherweise bestand die Stilbühne entweder aus
Vorderbühne und Hauptbühne oder aus Vorderbühne, Mittelbühne und Hinterbühne, je nachdem wie das Theater gebaut war. Oftmals konnten die jeweiligen
Bühnenteile angehoben oder abgesenkt werden, so daß ein zwei- oder dreistufiger
Spielraum entstand. Diese vertikale Gliederung scheint Regisseure und Bühnenbildner weniger beschäftigt zu haben als die Frage, wie die Handlungsorte der traditionellen Textausgaben den zwei oder drei Spielbereichen zuzuordnen seien, und
vor allem, wie das Publikum Innen- und Außenszenen unterscheiden sollte, was
anscheinend zu jener Zeit unabdingbar war. Die am häufigsten verwendete Lösung
stammte von dem Wiener Bühnenbildner Alfred Roller. Er hatte dreieckige Türme

erfunden, von deren drei Seiten immer nur eine für das Publikum sichtbar war. Sie flankierten die Vorder- oder Hauptbühne und waren so gestaltet oder bemalt, daß sie unterschiedliche Szenerien darstellten. Da diese massiven Bauten aber auf einem Zapfen standen, ließen sich durch bloßes Drehen rasche, unaufwendige Szenenwechsel bewerkstelligen.[54] Solche Rollertürme oder ihre Adaptionen in der Form von Pfeilern oder Säulen, um die zwei bzw. drei Spielbereiche voneinander abzugrenzen, gehörten zur Standardausstattung der Shakespeare-Bühne als »Stilbühne«. Hinzu kamen Vorhänge – einfarbig oder mit heraldischen oder abstrakten Mustern geschmückt – sowie Prospekte mit stilisierten Landschaften für Außenszenen oder Wandteppiche für Innenszenen. Zusammen mit den Fortschritten in der Beleuchtung (bewegliche Spots, Dimming und Farbe) waren nun die Grundelemente vorhanden, um aus dem Theater eine höchst ausdrucksstarke Raumkunst zu machen.

Dennoch waren Shakespeare-Aufführungen auf diesen »reformierten« Bühnen nicht so häufig, wie man meinen sollte. Das Publikum änderte seine visuellen Erwartungen nur langsam, die Schauspieler fühlten sich auf diesen Bühnen exponiert und ohne die vertrauten Requisiten verloren. Auch die Kritiker taten sich schwer damit. Julius Bab zum Beispiel, der berühmte Theaterhistoriker der ersten Jahrzehnte des 20. Jahrhunderts, gab nicht dem Bühnenbildner, sondern dem Schauspieler den Vorzug. Er habe erlebt, wie Shakespeare selbst im geschmacklosesten dekorativen Unfug zum Leben erweckt worden sei: »Wenn Adalbert Matkowski über die Bühne ging, dann war Shakespeare da«.[55] Man war sich offenbar nicht mehr sicher, ob Shakespeares Stücke noch die unbestrittene Domäne der Schauspieler waren, oder ob die Dramen als Gesamtkunstwerke zu inszenieren seien. Letzteres hätte bedeutet, die schauspielerische Leistung der ästhetischen Gesamtwirkung der Aufführung unterzuordnen. Es schien, als entwickele sich die Shakespeare-Bühne, die in ihren Anfängen die Aufführungspraxis näher an den Text heranbringen wollte, unter dem wachsenden Einfluß der weitergreifenden Ästhetik der Stilbühne zu einer Regisseur- und Bühnenbildnerbühne, bei der Literatur und bildende Künste gleichrangig waren. Die Guckkastenbühne, obwohl überall noch in Gebrauch, galt fortschrittlichen Geistern als passé.

Max Martersteig, der im Verlauf seiner langen Laufbahn als Schauspieler und Regisseur an den Theatern von Mannheim, Riga, Berlin, Köln und Leipzig reichlich Erfahrung mit traditionellen und modernen Bühnenbildern sammeln konnte, plädierte für einen funktionsfähigen Kompromiß und undogmatisches Vorgehen. Bei gewissen Auftritten, behauptete er, etwa in der Absetzungsszene in *Richard II.* oder beim Auftreten der französischen Gesandten in *Heinrich V.* könne es durchaus sein, »daß die Verwendung einer großzügig komponierten Illusionsbühne den Inhalt der Dichtung erst in seiner dynamischen und rhythmisch-architektonischen Gewalt zur Geltung bringt«.[56] Doch er konnte sich auch die Entwicklung einer nicht-realistischen Bühnenpräsentation vorstellen. Dabei müsse man »an die Stelle der Illusionsbühne eine Szene wohlerwogener Raumkunst setzen, in der durch Farbe und Licht der innere und äußere Gestus des Dramas ... so gehoben wird, daß der Wirklichkeitscharakter dieses Raumes gar nicht mehr in Frage kommt.«[57]

Die Stilbühnenbewegung krankte jedoch an einem unlösbaren Widerspruch. Vorangetrieben von Künstlern und Anhängern des Jugendstils, der zugunsten der zweidimensionalen, dekorativen Form auf Tiefe verzichtet, wurde die Stilbühne oft in eine Reliefbühne umgewandelt. In vielen Fällen bedeutete das eine Beschränkung der Spielfläche auf den schmalen Streifen des Proszeniums, um den Eindruck eines Flachreliefs oder Bildes zu schaffen; oft wurden besonders bedeutsame Posen Gemälden alter Meister nachgestellt. Wenn jedoch die ganze Bühne benutzt werden mußte, bemühte man sich, denselben tableauhaften Effekt zu erzielen, indem man die drei Bühnensegmente in ansteigenden Stufen anordnete.[58] Auf der Reliefbühne mußte im Profil und ziemlich statuarisch gespielt werden, weshalb Max Reinhardt wenig damit zu tun haben wollte. Auch für den Tanz, der sich eines neuen Interesses erfreute, war sie wenig geeignet. Sie war jedoch ein probates Mittel zur Bekämpfung des Realismus. Sie stellte die späte Vollendung der Auffassung Goethes und Schinkels von der Bühne als Bild dar, in dem der Schauspieler die Staffage macht, sie bedeutete den Sieg der Fläche über den Raum, des malerischen Prinzips über das bildhauerische, des Tableaus über die Bewegung. Ihr Erfolg sollte nicht lange dauern, denn der wahrhaft entscheidende Fortschritt des Theaters kam erst mit der Eroberung des dreidimensionalen Raumes.

Appia und Craig

Zu Beginn des Jahrhunderts hielten neue Erfindungen und Ideen die Szenographie in ständiger Bewegung. Alle Reformer wollten einen neuen Bühnenraum schaffen, doch nur zwei Visionäre unter ihnen, der Schweizer Adolphe Appia (1862–1928) und der Engländer Edward Gordon Craig (1872–1966) trieben die Entwicklung bis zu dem Punkt, wo eine radikale Neudefinition der Theaterästhetik nötig wurde. Aus diesem Grund ist die Revolutionierung der Szenographie des zwanzigsten Jahrhunderts vor allem mit ihren Namen verknüpft. Obwohl sie unabhängig voneinander arbeiteten, sind ihnen wichtige Aspekte gemeinsam. Beide entdeckten den Raum als unabhängige ästhetische Komponente für plastische und dynamische Effekte. Beide sahen in der Beleuchtung ein entscheidendes Element, um räumliche Beziehungen herzustellen; beide waren Pioniere der szenischen Abstraktion, und beide waren der Meinung, daß das Theater sich von der Dominanz der Literatur befreien müsse.

Appia wollte Beleuchtung nicht nur für verschiedene Helligkeitsgrade oder Farbschattierungen einsetzen. Licht sollte vielmehr ein dynamisches Element sein. Er benutzte es als fließend-flüchtiges, variantenreiches Mittel, um Plastizität und räumliche Form zu suggerieren. In diesem Zusammenklang ästhetischer Wirkungen kam dem Schauspieler eine neue Bedeutung zu. Er war nicht länger nur Ver-

11.
Tanzvorführung in Hellerau
bei Dresden, 1911. Leitung:
Émile Jacques-Dalcroze.
B: Adolphe Appia. In der
Abkehr vom malerischen
und erzählerischen Prinzip
werden Bühnenaufbauten
zu abstrakten, plastischen
Raumvolumina, und die
Bühnenhandlung gewinnt als
nicht-narrative tänzerische
Gruppierung von Körpern
eigenständige formal-rhyth-
mische Ausdruckskraft.

körperung eines Charakters oder einer Persönlichkeit, sondern wurde zu einer phy-
sischen, plastischen Präsenz und Form, die mit dem abstrakten Raumvolumen und
dem beweglichen Licht in Beziehung trat. Appias eurhythmische Experimente in Zusammenarbeit mit Émile Jacques-Dalcroze in Hellerau bei Dresden erforschten den
Ausdruckswert des menschlichen Körpers und dienten der Erprobung von Appias
Vorstellung von »rhythmischen Räumen«.[59] Laut Denis Bablet wurden diese mit
Hilfe von »Plattformen, Rampen, Treppen, Kompositionen aus Treppenabsätzen,
Säulen und Flächen geschaffen, wo schattige Bereiche mit beleuchteten abwechsel-
ten. Die so entstandene Bühnenarchitektur betonte die Gegenüberstellung von
menschlichen Körpern und den realen Volumina des Bühnenraumes.«[60] Appia ging
keine Kompromisse ein. Seine Entwürfe nahmen der Bühne jeglichen dekorativen
und malerisch-bildhaften Charakter und verwandelten sie in einen plastisch-archi-
tektonischen Spiel-Raum.

　　Edward Gordon Craig ging bei seinen Versuchen, aus dem Theater eine eigenständige Kunstform zu machen, sogar noch weiter. Er lehnte sowohl die für ihn hybride Form des Sprechtheaters im Dienst der Literatur wie auch des Musiktheaters
im Dienst der Musik und des Gesanges ab. Für ihn lag der Ursprung des Theaters im
Tanz; um endlich zu seiner wahren Gestalt zu finden, müsse es sich verstärkt seinen

spezifischen Mitteln zuwenden, also dem Tanz, der Bewegung und der Gestik. Um diese abstrakte Ausdruckskraft zu erreichen, bedürfe das Theater eines großmeisterlichen Allround-Künstlers, der die Fähigkeiten des Regisseurs, Bühnenbildners und Beleuchters in sich vereine, um eine neue Form von Theaterereignis oder *Gesamtkunstwerk* zu schaffen.

Das war für die Zeit keineswegs ein ungewöhnliches Ziel. Richard Wagner hatte mit seinen musikdramatischen Schöpfungen ein machtvolles Vorbild geliefert und mit den Erörterungen in *Oper und Drama* (1851) eine generelle Diskussion um die Synthese der Künste angestoßen. Das Gesamtkunstwerk wollten viele, aber unter welchen Vorzeichen sollte es angestrebt werden? Sollte die Dichtung vorrangig sein, wie Louise Dumont forderte, der Tanz (Craig), die Musik (Wagner), oder sollte sogar zwischen Leben und Kunst eine Brücke geschlagen werden, wie im Jugendstil, und zwar durch eine alle Gegenstände des bürgerlichen Lebensbereichs umfassende Stilisierung? Appia entwickelte in seinen theoretischen Schriften zur Inszenierung von Wagner-Opern richtungweisende Vorstellungen vom Zusammenspiel von Raumgestaltung, Licht, Bewegung und Musik, aber es war Max Reinhardt, dessen Arbeiten durch ihre stets neuartigen Verschmelzungen der Künste die beflügelnde Vision des Gesamtkunstwerkes auf dem Theater am phantasievollsten realisierten.

Craig war ein kompromißloser Gegner des Naturalismus. Er spielte sogar mit dem Gedanken, den menschlichen Schauspieler ganz abzuschaffen, weil dessen individuelle Subjektivität den Zuschauer von der künstlerischen Reinheit der idealen Aufführung ablenke. Statt dessen sollte das Drama zu seinen Uranfängen zurückkehren, die in Craigs Vorstellung nicht von einem menschlichen Schauspieler, der eine Rolle spielte, bestimmt wurden, sondern von einem »göttlichen Automaten«,

12.
Adolphe Appias Bühnenentwurf für *König Lear*, Akt 1 und 2 (1926). Die wuchtige Pfeilerkonstruktion zitiert Edward Gordon Craigs massige Entwürfe zwanzig Jahre zuvor. Hier kann nur noch der Mythos inszeniert werden. Bezeichnenderweise wurden Appias Konzepte mehr im Musiktheater als auf der Sprechbühne realisiert.

13.
Adolphe Appias Bühnen-
entwurf für *König Lear*, Akt 3
(1926). Die von dem Gegensatz zwischen den geometrisch
exakten Treppen und der
drohend hängenden Decke
bestimmte Bühne gestaltet
den Raum in entschiedener
Absage an Naturalismus und
Dekoration. Die existentielle
Exponiertheit der Figuren in
der Heideszene kommt auf
dieser kahlen Spielfläche klar
zum Ausdruck.
Appias Betonung der Raum-
qualitäten verlangt nach Denis
Bablet »eine Neuorganisation
der körperlichen Beziehung
zwischen Publikum und
Dramenhandlung«.

der »Übermarionette«, die einen Tanz aufführte. Oskar Schlemmer verwirklichte in
den zwanziger Jahren mit seinen Studenten am Bauhaus einige dieser Vorstellungen
in dem berühmten »Triadischen Ballett«. (Abb. 15) Es zeigt Kunstfiguren, die keine »Charaktere« mehr darstellen. Große Wirkung übten Craigs Bühnenbilder für
Hamlet, *König Lear* und *Macbeth* aus, die nicht länger den Handlungsort vorstellen,
sondern die symbolische Bedeutung des Dramas ausdrücken sollten. Sie stellten abstrakte, unbestimmbare Räume dar, in denen hohe Pfeiler, übergroße Säulen, und
massive, bedrohliche Mauern eine <u>abstrakte Geometrie von gigantischen Proportio-
nen</u> schufen. »Sie verkleinerten die Figuren und gaben dem Drama so eine stärker
ins Universale zielende Bedeutung.«[61] Craigs Bühnenbildentwürfe sprechen die in-
humane Sprache der Größe; sie symbolisieren das metaphysische Dilemma des Menschen. Die historische und gesellschaftliche Situation des Individuums spielt in ihnen
keine Rolle. Craigs Bühne nähert sich der mythischen Qualität, die wir mit dem griechischen Drama verbinden. Vom Schauspieler fordert sie extreme Stilisierung. Craig
hatte selten Gelegenheit, seine Ideen umzusetzen. Die Bühnenbilder, die er 1911/12
für seine Inszenierung des <u>*Hamlet* am Moskauer Künstlertheater</u> schuf, zeigten die
neue, vom Menschen abstrahierende Bühnensprache in ihrer ganzen Kompromißlo-
sigkeit; doch die Schauspieler, von Stanislawski ausgebildet, waren auf den diametral
entgegengesetzten »Naturalismus« ihres Meisters eingeschworen, das heißt sie hatten sein »System« der Assimilation von Rollen verinnerlicht, nach welchem der Spieler in die darzustellende Gestalt eintauchen und mit ihr verschmelzen sollte. Craig
und Stanislawski konnten verständlicherweise zu keiner Übereinstimmung gelangen.

14. Holzschnitt von Edward Gordon Craig »Hamlet heißt die Schauspieler willkommen«. Die Idee von der entindividualisierten »Übermarionette« gab dem Künstler die Möglichkeit, in Hamlets Geste den Inbegriff des Willkommens darzustellen.

15. Oskar Schlemmer, *Triadisches Ballett*, in der Revue *Wieder Metropol* im Metropoltheater. Berlin 1926. F: Ernst Schneider (Ullstein Bilderdienst)

16.
Hamlet. Edward Gordon Craigs Entwurf aus dem Jahr 1907: das von allen historischen Konnotationen befreite abstrakte Bühnenbild mit seinen über Menschenmaß hinausgehenden Dimensionen vermittelt eine Ahnung von metaphyischem Raum.

Appia und Craig begründeten zwar keine der wichtigen neuen Bewegungen des modernen Theaters, übten aber durch ihre radikale Rückbesinnung auf die Grundlagen der szenischen Darstellung und ihre kühne Idee einer Sprache der Raumbeziehungen einen nachhaltigen Einfluß aus. Die meisten bedeutenden Bühnenbildner Europas, und vor allem Deutschlands, standen und stehen noch in ihrer Schuld. Robert Wilson, Erich Wonder, Wilfried Minks und Gilles Aillaud erkundeten in den siebziger und achtziger Jahren Dimensionen, die zuerst von Appia und Craig eröffnet wurden.

Max Reinhardt

Der Mann, in dessen Person und Werk die stürmische Entwicklung des Theaters jener Zeit seinen stärksten Ausdruck fand, war Max Reinhardt. Dieses vielseitige Genie war der größte Neuerer des deutschen Theaters in den ersten beiden Jahrzehnten des zwanzigsten Jahrhunderts. Als er 1920 Berlin verließ, um nach Wien zu gehen, hatte er so gut wie alle wichtigen europäischen Dramatiker inszeniert, er hatte den um Anerkennung ringenden jungen Bühnenautoren Gehör verschafft, den Klassikern zu neuem Aufschwung verholfen, Probenarbeit, Schauspielkunst und Regieführung auf ein neues Niveau gehoben, die visuelle Darbietung der Aufführungen verändert und viele wichtige Erneuerungen eingeleitet.

17.
Max Reinhardt

Reinhardt zwang das Theater, die alten Gleise zu verlassen und verwandelte es in ein aufregendes Abenteuer, das die Phantasie und Neugier des Publikums, seinen Sinn für Spiel und Spaß ansprach. Zu seinen Schauspielern sagte er, das Theater sei »der seligste Schlupfwinkel für diejenigen, die ihre Kindheit heimlich in die Tasche gesteckt und sich damit auf und davon gemacht haben, um bis an ihr Lebensende weiterzuspielen«.[62] Seine Vorstellung von Spiel konnte jedoch nur durch harte Arbeit verwirklicht werden. Er probte ausgiebig und häufig, nicht nur mit den Haupt- und Nebenrollen, sondern auch – was für die Zeit ziemlich ungewöhnlich, jedoch bereits vom Herzog von Meiningen mit seiner Truppe praktiziert worden war – mit den zahlreichen Statisten. Reinhardts Kunst der Massenregie war für ihre orchestrierten stimmlichen Wirkungen ebenso berühmt wie für ihre Choreographie; unter seiner Hand verwandelten sich Statistenschwärme zu klar geformten Massenskulpturen und lösten sich in geordneter rhythmischer Bewegung wieder auf. Vor Probenbeginn hatte er jedes Detail der Inszenierung in seinen Regiebüchern genauestens ausgearbeitet, und dennoch war er immer bereit, auf Vorschläge der Schauspieler einzugehen. Ebenso gab er jungen Regisseuren Gelegenheit, ihre eigenen Ideen auszuprobieren, selbst wenn sie seiner eigenen Praxis widersprachen.[63] Er konnte sich das leisten, weil er sich der eigenen Meisterschaft sicher war und weil er sich nicht auf einen Stil festgelegt hatte. Bei Reinhardt wurde aus dem Eklektizismus eine Tugend. Jede neue Inszenierung war ein Abenteuer, seine Experimentierlust war grenzenlos. Er spielte auf kleinen Bühnen und in riesigen, arenaähnlichen Räumen, etwa in der Musikfesthalle in München, dem Zirkus Schumann in Berlin oder in der Olympia Hall in London. Seine Bühnen konnten sparsam oder opulent ausgestattet sein, das Dekor illusionistisch oder abstrakt. Er arbeitete nicht nach nur einer Formel, sondern experimentierte mit vielen Formen und zog die berühmtesten Schauspieler und viele bedeutende Bühnenbildner und Maler in seinen Bann. Mit diesem superben künstlerischen Potential gelangen ihm einzigartige Inszenierungen, unter anderem auch deshalb, weil er seine Arbeit auf die einleuchtende Annahme gründete, <u>Theatererfolge beruhten auf der Übereinstimmung von Darstellern und Publikum</u> darüber, welche Fiktionen zu verwenden seien. Sein Theater zielte nicht, wie das der Meininger, auf historische Faktentreue, noch wollte er, wie die Naturalisten, einen penetranten Faktenrealismus auf die Bühne zerren. <u>Reinhardts Aufführungen wollten künstlerisches Ereignis sein</u>, nichts anderes. Sie gewannen ihre Bedeutung nicht durch Botschaft oder Aussage, sondern von den vielen flüchtigen Augenblicken, die seine Kunst zum Ausdruck geformt und lebendig gemacht hatte. Stimmige Atmosphäre und liebevoll ausgestaltete, impressionistisch verführerische Einzelszenen waren ihm wichtiger als jede appellative Aussage. Bei Reinhardt war das Medium die Botschaft.

18. *Ein Sommernachtstraum* 1913 Berlin. R: Max Reinhardt, B: Ernst Stern. Stern stellt Oberon, Puck und einen Faun als harmlose Naturgeister vor. Die von ihnen verursachte sexuelle Verwirrung kann nicht sehr beunruhigend gewesen sein.

19.
Otto Brahm

Doch es sollte ein total erneuertes Medium sein. »Was mir vorschwebt, ist ein Theater, das den Menschen wieder Freude gibt. Das sie aus der grauen Alltagsmisere über sich selbst hinausführt in eine reine und heitere Luft der Schönheit.« (1901)[64] Es sollte von der pedantisch genauen historischen »Authentizität«, der sich die Meininger verschrieben hatten, gleichermaßen entfernt sein wie vom deprimierenden Naturalismus und den angestrengten Bemühungen des Bildungstheaters mit seiner kulturellen Zielsetzung. Reinhardts Vision des Theaters war viel umfassender. Arthur Kahane berichtet, wie ihn der 29 Jahre alte Reinhardt, kurz vor seinem spektakulären Bruch mit Otto Brahm,[65] während einer längeren Sitzung im Café Monopol als Dramaturgen engagierte. Dabei hatte Reinhardt ihm sein Gesamtkonzept geschildert, wie es dann tatsächlich in der nahen Zukunft mit dem Erwerb dreier Spielstätten Gestalt annehmen sollte, einer kleinen, einer mittleren und einer riesigen: für moderne und experimentelle Stücke, für klassische Schauspiele und für große, spektakuläre Festspiele. Die Aufführungsstile sollten keiner Beschränkung unterliegen, und es sollte viel experimentiert werden, nicht um des Experimentierens willen, sondern im Dienst »eines Theaters der Freude«.[66] Das junge Genie hatte, wie Kahane feststellte, seine Vision bereits bis in alle Einzelheiten ausgearbeitet. In den nächsten drei Jahrzehnten würde er daran nur wenig verändern müssen.

Shakespeare war für Reinhardt ein Göttergeschenk an die Menschheit, ultimatives Beweisstück in einer künstlerischen Theodizee. Gottähnlich erschien er ihm in seiner Schöpferkraft: »Shakespeares Allmacht ist unendlich, unfaßbar. ... Er selbst schwebt wie eine Gottheit« über seinen Geschöpfen.[67] Reinhardts unvergleichliches Verdienst um Shakespeare beeindruckt allein schon zahlenmäßig. Er hat 22 von 37 Stücken inszeniert, viele von ihnen in mehreren, unterschiedlichen Inszenierungen mit ungewöhnlich langen Laufzeiten, was sich zu Tausenden von Vorstellungen addiert. Da er meistens mehrere Theater zur Verfügung hatte – seine Gegner nannten das den Reinhardt-Betrieb, -Trust oder das Reinhardt-Imperium –, konnte er sich erlauben, eine Inszenierung en suite zu spielen und dennoch ein variationsreiches Repertoire anzubieten. Inszenierungen wurden je nach Bedarf einfach von einem Theater zum anderen verlegt oder, was noch häufiger geschah, einzelne Schauspieler und ganze Besetzungen wurden ausgewechselt, wenn er sie anderweitig brauchte.[68] Den Komödien Shakespeares gehörte sein ganzes Herz. Ihre romantische Bejahung des Lebens, der Liebe und der Freude (sie waren von Jan Kott noch

20. Gustav Kninas legendärer Wald für Max Reinhardts *Sommernachtstraum* 1905, die erste von
vielen sehr unterschiedlichen Realisationen des Athener Waldes für Reinhardts Inszenierungen
des *Sommernachtstraums* (s. Abb. 21 und 22).

nicht durch den psychoanalytischen Säuretest verätzt worden) und ihre phantasievolle Verspieltheit entsprachen seiner eigenen Lebensanschauung und seinen
künstlerischen Neigungen. Diese Seelenverwandtschaft befähigte ihn, Aufführungen zu schaffen, die reich waren an Farbe und Bewegung, burlesker Farce und Spaß,
die mit geistreichen Überraschungen aufwarteten und durch ihren Humor entzück-
ten. Im Rückblick erscheinen sie uns als ein letzter Sieg der Kunst über die Wirklichkeit.

Der legendäre Wald auf der Drehbühne des Neuen Theaters in Berlin – sie setzte sich am 31. Januar 1905 zum erstenmal in Bewegung – war ein origineller Abschied vom Naturalismus und allen herkömmlichen Inszenierungsformen. Eine
neue Ära des deutschen Theaters hatte begonnen. Dieser Wald bezauberte Publikum und Kritiker gleichermaßen. Sie waren noch nie so einfallsreich und brillant
unterhalten worden. Noch nie war der Bühnentechnik, der Drehbühne, eine so
direkte, geradezu für sie geschaffene dramaturgische Funktion zugekommen wie
in jenem Augenblick, da der Wald selbst, gleichsam als solle Oberons magische
Herrschaft bekräftigt werden, zum Tanz anhob. Am Ende der Laufzeit, nach mehr
als zweihundert Aufführungen, war Reinhardt in ganz Europa berühmt. Er hatte
inzwischen die Leitung des angesehenen Deutschen Theaters übernommen und

machte sich daran, die geschäftlichen Fundamente für den Theaterbetrieb zu legen, den er Kahane drei Jahre zuvor geschildert hatte.

Ein Sommernachtstraum war Reinhardts populärstes Stück und auch sein Lieblingsdrama, das er in den folgenden drei Jahrzehnten in über einem Dutzend verschiedener Inszenierungen herausbrachte. Was ihn immer wieder zu diesem Text hinzog, war nicht, wie bei späteren Regisseuren, die Möglichkeit neuer Interpretationen oder gar die Aufdeckung verborgener Subtexte. Reinhardt war ein werktreuer Regisseur, der sein Genie ohne Vorbehalte in den Dienst des Dichters stellte. Was ihn faszinierte, war die Herausforderung, den Stoff in neuen Aufführungsstätten und Umgebungen szenisch unterschiedlich umzusetzen und dabei auch wechselnde Bühnenbildstile zu erproben, vor allem aber reizte ihn die Arbeit mit neuen Schauspielern. Sein Regiekonzept veränderte sich nicht, bis hin zur berühmten Filmversion von 1935: der Wald von Athen als Traumsphäre voll magischer Verzauberung, ausgelassenem Treiben und neckischem Spott, wo freundliche unsterbliche Wesen das Zepter schwingen. Das Bühnenbild der Inszenierung von 1905 überwältigte die Zuschauer durch die märchenhafte Darbietung einer realistischen Waldlandschaft mit moosigen Winkeln und Kuhlen im hügeligen Waldboden, mit Buschwerk und Farnen, in denen sich die Elfenschar verstecken konnte – das Ganze im Schatten »echter« Bäume, der Athener Wald als eigene Welt, als Universum einer anderen Ordnung und von anderen Gesetzen und Mächten regiert. Dieser Eindruck wurde zum einen durch die stimmungsvollen Lichteffekte erzielt, die den wechselnden Gemütslagen Rechnung trugen, zum anderen durch die ständige Bewegung unter den Feen und ihrem kauzigen Gefolge von Gnomen, Trollen, koboldartigen Waldwesen, ganz mit ihrem eigenen Leben beschäftigt, einander neckend, lachend, hüpfend und tanzend, selten ganz außer Hör- oder Sichtweite, belustigte Zeugen des Dilemmas der Liebenden – hauchzarte singende Elfen und tanzende Kobolde oder, wie Gertrud Eysoldts zottiger Puck, vom Schalk getrieben – was sogar eine dicke Baumwurzel anregte, sich dem fröhlichen Treiben anzuschließen und den Handwerkern ein Bein zu stellen.[69]

Ein solches alle Register ziehendes Illusionstheater war völlig unmöglich, als Reinhardt 1909 den *Sommernachtstraum* ins neu eröffnete Künstlertheater nach München brachte. Dessen Reliefbühne (nur sechs Meter nutzbare Tiefe bei zehn Metern Breite unter dem Proszeniumsbogen, die Erfüllung von Georg Fuchs' Reformideen) machte eine in allen Teilen realistisch ausgestaltete Szenerie unmöglich. Andeutungen mußten genügen: vier Baumstämme auf einer Erhebung, einige gemalte Bäume auf dem Prospekt, eine Vertiefung in der Hinterbühne, aus der die Feen hervorkommen konnten. »Gegenüber der Berliner Vollillusion trat die größtmögliche Vereinfachung ein. … Trotzdem wurde die Illusion eines Geisterreiches im schimmernden Mondlicht erzeugt. Stimmen tönten aus dem ›Wald‹ von irgendwoher, das Laub raschelte, und die Äste knackten; die Illusion war vollkommen.«[70] Wieder war es Reinhardts »Bewegungsregie«, die Art und Weise, wie er die Bühne sichtlich mit Leben füllte – oder durch Geräusche unsichtbares Leben und Treiben

21.
Ein Sommernachtstraum
1913 Berlin.
R: Max Reinhardt.
»Die Birke«.
Beeinflußt vom
Jugendstil hat der
verzauberte Wald
menschliche Formen
angenommen.

erahnen ließ – die den Eindruck von Totalität vermittelte. Ganz andere, aber ebenso eindrucksvolle Darstellungen des Athener Waldes boten seine späteren Inszenierungen des Sommernachtstraums in Berlin. (Abb. 21 und 22). Und die New Yorker
bezauberte er 1927 im Century Theatre in dem ersten Gastspiel einer deutschen
Truppe nach dem Krieg mit einem *Sommernachtstraum*, bei dem vor allem das
tänzerische Element hervorstach, mit Wladimir Sokoloff als akrobatischem Puck
und zwei weiteren hinreißenden Tanzkünstlern. Der Kritiker von *The Commonweal*
jubelte:

> wo hat man in den Jahren je etwas glänzenderes gesehen als den Tanz der beiden
> Waldkobolde von Tilly Losch und Harald Kreutzberg, ihre Bewegungen ver-
> mischt in ein verschwindendes Licht und aufsteigend in jene sternenbeleuchte-
> ten Räume, die lieblich den Zauberhain überschirmen ...[71]

Theater als wahrhaft »orchestrale Kunst«, wie Reinhardt formulierte, in der es auf
das erlesene Zusammenklingen aller Einzelinstrumente ankomme, war jenseits des
Atlantik eine Seltenheit.

>Impressionistisch< und >suggestiv< waren die Bezeichnungen, die man auf Rein-
hardts frühe Arbeiten am häufigsten anwandte. Seine Gegner warfen ihm vor, sein

22. *Ein Sommernachtstraum* 1930 Berlin. R: Max Reinhardt. Der Wald ist auf einige schmale, flatternde
Bänder reduziert. Die pummeligen Feenkinder früherer Inszenierungen sind gewachsen und haben
sich in langbeinige Zeitgenossinnen von Josephine Baker und den Tiller Girls verwandelt, Berlins
neueste Attraktionen. Der Alterungsprozeß geht weiter: fünfzig Jahre später werden die Feen von
Greisinnen dargestellt. (s. Abb. 122)

Talent an Äußerlichkeiten zu verschwenden, doch dann gerieten sie immer wieder
in den Bann seines Einfallsreichtums und seiner Phantasie. Im *Kaufmann von
Venedig* (9. November 1905 im Deutschen Theater) schuf er ein farbenprächtiges,
musikerfülltes, prall lebendiges Venedig der Masken, des Tanzes und Lachens mit
den allgegenwärtigen Geräuschen einer Stadt, die sich auf einen ausgelassenen Karneval vorbereitet. Aus der Ferne erklangen Gitarren und Lieder. Selbst der heim-
kehrende Shylock summte eine Melodie, als er Jessica rief, um ihr eine fröhliche
Schilderung seines Abendessens mit den Christen zu geben, sodann ihren Namen
verwundert wiederholte, erstaunt, beunruhigt, erschreckt und schließlich entsetzt,
seine Verluste entdeckte – eine herzzerreißende, bei Shakespeare nicht vorhandene
Sequenz, die für den Schauspieler reich an gestalterischen Möglichkeiten war. Sogar Fritz Kortner wollte in seiner Fernsehfassung von 1969 nicht darauf verzichten.
Reinhardt ließ Szenen gern mit einer Pantomime beginnen. Beispielsweise erfand
er eine bis ins Lächerliche stilisierte Ankunftsszene für den stolzen Arragon und

sein prächtiges Gefolge, mit übertriebenen Verbeugungen, gezierten Posen und der
großspurigen Zurschaustellung von Geschenken, eine wortlose Steigerung der
Fallhöhe für Arragons komischen Sturz. Er wußte aber auch, wie man nur mit Pausen und Ausrufen atemberaubende Effekte erzielt. Auf Shylocks Satz »Ein Eid! ein
Eid! ich hab 'nen Eid im Himmel«, folgte ein ungläubiges, tödliches Schweigen und
dann ein empörtes Stimmengewirr, als sei den leichtlebigen Venezianern erst jetzt
aufgegangen, daß Shylock es tatsächlich ernst meinte. Winterstein, der den Bassanio spielte, berichtet von einer weiteren eindrucksvollen Pause: Porzia gebietet dem
blutrünstigen Shylock in der letzten Sekunde Einhalt mit den Worten »Wart noch
ein wenig: eins ist noch zu merken. Der Schein hier gibt dir nicht ein Tröpfchen
Blut, die Worte sind ausdrücklich, ein Pfund Fleisch«. Danach sei eine Pause von
einer vollen dreiviertel Minute eingetreten, sie endete in einem tumulthaften
Schrei der Befreiung und jubelnden Erleichterung, in den das Publikum freudig
einstimmte.[72]

Für Reinhardt hatte das Theater zwei sich ergänzende Forderungen zu erfüllen:
Als Gemeinschaftsritual hatte es dem Anspruch auf Totalität gerecht zu werden,
und als Ausdruck festlicher Vitalität mußte es Leben in seiner ganzen Fülle und Bewegtheit, in Reichtum und prallem Detail vorführen. Der Mann, der von sich sagte:
»Ich muß mir immer (und ich habe das von Jugend an getan) eine vollkommene
Aufführung vorstellen und aufbauen, mit allen schauspielerischen, malerischen und
musikalischen Elementen«, konnte sich das Schauspiel nicht wie die ekstatischen
Expressionisten als abstrakte Konstruktion vorstellen. Texte waren Partituren, die
darauf warteten, durch die Kunst des Regisseurs orchestriert zu werden, doch »das
eigentliche Material meiner Arbeit ist naturgemäß nicht das Aufgezeichnete, nicht
der Buchstabe, nicht die Note, sondern der lebendige Mensch ...«[73] Reinhardt war
ein stets höflicher, immer ermutigender und nie ermüdender Lehrer; Sicherheit
vermittelte auch seine Gewohnheit, »Striche erst während der Proben zu machen
und an dem gesprochenen Wort zu hören, ob es lebendig wirkt oder nicht. Das
zufällige, nicht zu belebende, fällt dann von selbst ab. Jede Zeit, jeder Raum, jeder Schauspieler fordern immer wieder eine neue Texteinrichtung.«[74] Welch ein
Unterschied zu der ein für allemal festgelegten Praxis der Klassikerinszenierung
der Vergangenheit!

Reinhardt war kein Purist. Sein Regiebuch für *Macbeth* weist eine enorme Zahl
kleiner Veränderungen und Kürzungen auf, die das Verständnis erleichtern sollten.
Seine fortlaufenden Anmerkungen zum Text legen aufs genaueste die vom Regisseur gewünschten Reaktionen der Schauspieler fest. So sollte der Darsteller bei
Macbeths grüblerischem Monolog »Das so zu sein, ist nichts: Doch sicher so
zu sein.« (3.1.) die folgenden Bewegungen und Gefühle zeigen: »grübelnd; voll
Neid; unerschrocken; erkennend; sich warnend; dreht die Krone in seiner Hand;
verzerrt; verächtlich die Krone in seinen Händen drehend; bitter; voll Haß; voll
tiefer Bitterkeit; lacht verzweifelt; logisch; scharf; schmerzlich; durchdringend, sich
selbst peinigend und verhöhnend; wild; fährt auf, späht hinaus (rechts Vorder-

23.
Hamlet 1909 Berlin. R: Max Reinhardt.
Alexander Moissi als Hamlet läßt einen
romantischen Traum wahr werden –
und lädt zur Karikatur ein (s. Abb. 24).

bühne) ...«[75] J. L. Styan hat eine plastische Beschreibung der Bankettszene gegeben, die sich eng an Reinhardts Notizen des Regiebuches hält, und kommt zu der folgenden Schlußfolgerung:

> Vieles an dieser Gestik und Mimik erscheint heute als exzessiv. Sie wurde natürlich im aufgeblähten klassischen Stil der Zeit dargeboten. Was jedoch die Einheitlichkeit seiner Charakterzeichnung betraf, die Wiederholung von charaktertypischen Eigenschaften und Verhaltensweisen, sein waches Auge für wiederkehrende Worte, Sätze oder Handlungsmotive, seine Wahrnehmung eines Rhythmus oder einer Form im Drama als Ganzem: hier erwies sich Reinhardt den Anforderungen der Shakespeareschen Tragödie durchaus gewachsen.[76]

Das war lange bezweifelt worden, nicht nur von seinen ständigen Kritikern Herbert Ihering, Alfred Kerr und Karl Kraus, sondern auch von Wohlgesonnenen wie Siegfried Jacobsohn, der nur Reinhardts dritten *Hamlet* (24. November 1910) überzeugend fand. Dessen Erfolg war teilweise das Verdienst der kraftvollen Unmittelbarkeit von Albert Bassermanns Spiel (»wild *und* zerrissen, eruptiv *und doch* gebrochen«)[77], der sich dadurch vorteilhaft von Alexander Moissis femininer Grazie abhob (Abb. 23 und 24). Seltsamerweise war für Jacobsohn aber das »Hauptmerkmal des Moissischen Hamlet nicht Schwermut, sondern Trotz« gewesen.[78] In den beiden ersten *Hamlet*-Inszenierungen hatte Reinhardt die stilisierten Bühnenbilder von Fritz Erler verwendet, die ursprünglich für die Aufführung im Münchner Künstlertheater entworfen worden waren. Doch erst in der letzten Inszenierung setzte er sich über die Einschränkungen von Erlers dekorativem Konzept hinweg und verwirklichte seine Vorstellung von einer Raumbühne. Er ließ den Orchestergraben und die drei ersten Reihen des Parketts im Deutschen Theater überbauen, um eine topographisch unbestimmte Vorbühne zu schaffen, und er arbeitete mit einem System von Vorhängen und wenigen Requisiten, um Wechsel der Handlungsorte anzuzeigen: eine fast neutrale und dennoch suggestive Bühne. Schloß Helsingör und seine Zinnen – jetzt nurmehr eine Mauer, an der der Geist entlangschreiten wird, abgesetzt vor dem Rundhorizont; oder, in einer späteren Szene, ein Grabstein, auf der ansonst leeren Bühne, gegen die Wand gelehnt: Reinhardt war mit Riesenschritten auf dem Weg zur Abstraktion. Dennoch unterschied sich sein *Hamlet* laut Braulich trotz allem von Craigs berühmter Moskauer Inszenierung aus dem Jahre 1911/12. »Bei aller Stilisierung und Abstraktion blieb Reinhardt einer gegenständlichen Kunstauffassung verbunden. Requisiten und Versatzstücke waren exakt als das erkennbar, was sie in der Wirklichkeit darstellten.«[79] Reinhardt war völlig frei von Craigs Verlangen, seinem *Hamlet* einen symbolischen, szenographischen oder interpretatorischen Überbau aufzusetzen. »Bei Reinhardt stieg das Gleichnis aus der Figur selbst empor. Das Phänomen Hamlet war zunächst nichts als es selbst und bedeutete zugleich mehr als es selbst. So wurde für Reinhardt der Mensch Hamlet der zentrale Punkt der Inszenierung.«[80]

Der dritte *Hamlet* bezeichnete einen wichtigen Punkt in Reinhardts Karriere. Er konnte nun über die besten Schauspieler verfügen, und seine szenischen Vorstellungen waren gereift und vielfältiger geworden. In gewisser Weise hatte sich das ganz natürlich ergeben. Er hatte mit vielen seiner Inszenierungen in Wien, Prag, Budapest, Moskau, St. Petersburg, Stockholm, Brüssel und an zahlreichen anderen Orten im In- und Ausland gastiert. Kein Regisseur der Welt hatte Reinhardts Erfahrung, Aufführungen unterschiedlichsten Bedingungen anzupassen. Er war geradezu süchtig nach der Herausforderung, die neue Spielstätten mit sich brachten. Ob es die intimen Kammerspiele waren oder die öffentliche Zirkusarena, vor allem im Zirkus Schumann, wo er (zwei Wochen vor dem *Hamlet* im Deutschen Theater) am 7. November 1910 *Oedipus Rex* inszenierte (den wiederum hatte er weniger als einen Monat vorher mit ungarischen Schauspielern im Zirkus Beketors in Budapest aufgeführt): Reinhardt konnte weder der Verlockung widerstehen, seine Fähigkeiten aufs neue zu erproben, noch eine Chance auslassen, die Entfaltungsmöglichkeiten des Theaters zu erweitern, um ein größeres Publikum anzusprechen. Kein

24.
Hamlet 1909 Berlin.
Alexander Moissis
femininer Hamlet in
Hans Rewalds
Karikatur.

Wunder, daß er seine Kritiker hinter sich ließ. Mit durchschnittlich zwanzig Inszenierungen je Saison in den ersten fünfzehn Jahren (die sich in der Saison 1916/17 auf die unglaubliche Zahl von 48 steigerten), blieb es nicht aus, daß es genug hastige Arbeit zu kritisieren gab. Nur der Vorwurf, er wiederhole sich, war selten. Seine Experimentierfreudigkeit kannte keine Grenzen. Und seine Pläne, den Aktionsradius des Theaters zu erweitern, auch nicht. Es dauerte nicht lange, und er leitete internationale Mammutproduktionen wie *Sumûrun* von Friedrich Freksa (Berlin 22. April 1910, New York 16. Januar 1912, Paris 25. Mai 1912) und Karl Vollmoellers *Das Mirakel* (*The Miracle*, London 1911), eine religiöse Legendenshow aus Musik, chorischen Reden, Hymnen und Prozessionen, die zu einem großen Erfolg wurde, als sie 1924 am Century Theater in New York wiederaufgeführt wurde

und anschließend überall in den Vereinigten Staaten auf Tournee ging.[81] Doch dieses Genie konnte mehr als nur große Spektakel inszenieren, was man ihm zwar bereitwillig zugestand, gleichzeitig aber auch vorwarf. Seine großartigen Shakespeare-Inszenierungen bezeugen seine lebenslange Bemühung um seinen Lieblingsdramatiker. Manche von ihnen präsentierten sich in wahrhaft aufsehenerregender Form, so etwa *Hamlet* (17. Januar 1920) und *Julius Cäsar* (25. Mai 1920) im Großen Schauspielhaus, dessen ungewöhnlicher Innenarchitektur und riesiger Kapazität übrigens viel von der psychologischen Finesse zum Opfer fiel, die für Reinhardt-Schauspieler typisch war. Reinhardt konnte machen, was er wollte, die mehr ideologisch ausgerichteten Kritiker konnte er nicht zufriedenstellen. Die verlangten Tiefe und Bedeutung, Reinhardt gab ihnen Charaktere, geistvolle Erfindung und szenische Innovation. Die großen Regisseure der Zukunft waren politisch engagiert, nicht so Reinhardt. Mit seinem Werk verteidigte er, ohne das ausdrücklich zu propagieren, das Recht des Theaters auf Freiheit vom Zwang zur Ideologie. Er setzte auf Witz, Phantasie, Rhythmus und Harmonie: ein Zusammenspiel lebenswichtiger, aber volatiler Eigenschaften, das in jedem Stück neu geschaffen

werden mußte. Viele Kritiker und Theaterhistoriker haben versucht, das Wesen der
so überaus vielfältigen Leistungen Reinhardts auszuloten. Hermann Bahr, Schriftsteller und zeitgenössischer Beobachter, fand für die scheinbaren Widersprüche,
nämlich daß der Meister – gleichsam zwischen Kammertheater und Zirkus rochie-
rend – nahezu gleichzeitig elitäre Dramen und populäre Shows herausbrachte, eine
überzeugende Erklärung. Er stellte Reinhardts Arbeit in die Tradition des Barock-
theaters:

> Gewiß hat er damals nicht gewußt, daß er sich dabei nur die wesentlichen Ele-
> mente des alten Barocktheaters zusammensuchte, dessen ungeheure Kraft eben
> darin lag, ein Hoftheater für das ganze Volk zu sein … Barocktheater war ein
> Fest … ein Fest, in dem sämtliche Künste mit dem Aufgebot ihrer höchsten
> Kräfte vereint das gesamte Volk erstaunten, erschütterten und erheiterten, ein
> Fest auf offenem Markt für jedermann.
>
> …
>
> Von diesem Barocktheater hat Reinhardt in seiner Kunst noch einen letzten
> Strahl eingefangen. Es ließ ihm auch deshalb keine Ruhe, bis er mit ihr auf offe-
> nen Platz unter freiem Himmel kam … Darum ging Reinhardt nach Salzburg
> und führte den »Jedermann« auf dem Domplatz auf.[82]

Seiner Sicht vom Leben als Fest, die Reinhardt in seinen gefeierten Produktionen
zum Ausdruck brachte, setzte der Krieg ein abruptes Ende. 1915 erklärte Reinhardt
in Stockholm: »Die Kunst ist ein wahrhaft neutrales Land und ihre Güter sollten
jederzeit ohne Rücksicht auf Nationalität ein- und ausgeführt werden.«[83] Und er
handelte entsprechend. Abgesehen davon, daß Shakespeare ohnehin die erste Stelle
in seinem Repertoire einnahm, brachte er vom 4. bis 20. April 1916 einen weiteren
Shakespeare-Zyklus zum 300. Todestag des Dichters heraus (die Theater in Frankfurt und Dresden setzten ähnlich positive Zeichen). Er führte mehr Molière, Gorki
und Tolstoi auf als je zuvor. Von 1917 an organisierte sein Theaterverein »Das junge Deutschland«, den er gegründet hatte, um die strikten Zensurbestimmungen zu
umgehen, geschlossene Vorführungen junger expressionistischer Autoren. Den Anfang machte am 23. Dezember Johannes Sorges Der Bettler, bei dem Reinhardt
selbst Regie führte. Am 3. März 1918 folgte, nach einer scharfen Auseinandersetzung mit der Zensurbehörde, Reinhard Goerings pazifistische Seeschlacht. Reinhardt überließ die Regie der meisten anderen expressionistischen Autoren, die an
einem seiner Theater debütierten, jüngeren Regisseuren, etwa Heinz Harald, Ludwig Berger oder, wie im Falle Oskar Kokoschkas, dem Autor selbst. Es war nicht
sein Weg, den das deutsche Theater unter dem Einfluß des Expressionismus ein-
schlug. Dessen schrille Obsessionen und kompromißlose Schroffheit waren seinem
artistischen Temperament zutiefst zuwider, das auf Schöpfertum und Kunst zielte,
statt auf Schrei und Kritik, und das zudem sein Wiener Erbe nie verleugnet hatte.
Er hatte geholfen, der aufkommenden Bewegung neue Horizonte zu erschließen,

25. *Julius Cäsar* 1920 Berlin. R: Max Reinhardt, B: Ernst Stern. Sterns Skizze zeigt die Dynamik von
Reinhardts choreographierten Massenszenen. Angefangen von der Inszenierung des *Julius Cäsar*
1874 durch die Meininger bis zur Inszenierung Peter Steins in Salzburg (1992, siehe Abb. 251)
war die Choreographie der Massen in der Forumsszene eine bereitwillig angenommene Herausforderung und Bewährungsprobe für die Regie.

das war genug. Obwohl es ihm schwerfiel, längere Zeit von Berlin fern zu sein, verlagerte Reinhardt seine Tätigkeit immer mehr nach Österreich. 1922 übernahm er
die Leitung des Theaters in der Josefstadt in Wien. 1923 organisierte er die ersten
Salzburger Festspiele und führte Hofmannsthals *Jedermann* auf dem Domplatz auf.
Hier konnte er seiner Vorliebe für das große Festspiel freien Lauf lassen. Und
in Salzburg erwarb der fast zwei Jahrzehnte lang unbestrittene Monarch des
deutschen Theaters eine fürstliche Rokoko-Residenz, das entzückende Schloß Leo-
poldskron. Im Unterschied zu anderen deutschen Fürsten hatte Reinhardt die
Demokratisierung seines Reiches vorbereitet und hatte sogar den Bewegungen, die
auf ihn folgen sollten, den Weg bereitet. Leopold Jeßner, der neue Intendant des
Staatstheaters, Reinhardts Nachfolger als Hauptfigur des Berliner Theaterlebens,
war eingetragenes Mitglied der sozialdemokratischen Partei.

KAPITEL 2

SHAKESPEARE-THEATER IN DER WEIMARER REPUBLIK (1919–1933)

Der politische Hintergrund

Im Blick zurück über das Trümmerfeld des Zweiten Weltkriegs und das Wüste Land der autoritären Ideologien der dreißiger Jahre erscheinen die »Goldenen Zwanziger« als eine Zeit legendärer künstlerischer Leistungen und befreiender Debatten. Das gilt in besonderem Maß für Deutschland und Rußland, wo der Zusammenbruch der alten Ordnungen lang aufgestaute Energien freisetzte und eine Fülle von sensationellen Experimenten hervorbrachte. Neue Formen erschienen beinahe über Nacht, neue Stile schossen wie Pilze aus dem Boden, und viele gewagte Ideen und Visionen tauchten auf, die erst mehr als eine Generation später in der Kunst und Wissenschaft der sechziger und siebziger Jahre zu voller Blüte kommen sollten.[1]

Die wirtschaftliche und soziale Lage war jedoch so bedrückend wie nie zuvor. Die enorme Aufgabe, aus den Ruinen Kaiserdeutschlands eine lebensfähige Republik aufzubauen, hätte nicht unter schlechteren Vorzeichen stehen können. Bei Kriegsende lagen die materiellen wie die moralischen Grundlagen der Nation in Trümmern. Die Verluste an Menschenleben waren riesig: Fast zwei Millionen junge Männer waren gefallen, vier Millionen verwundet, mehr als eine halbe Million war für den Rest ihres Lebens verstümmelt. Die Wirtschaft erholte sich nur langsam. Einschneidende Beschränkungen des Außenhandels und die gewaltigen Reparationsleistungen des Versailler Vertrags von 1919 stürzten das Land in eine galoppierende Inflation. Bei dem schwindelerregenden Kurs von 2500 Milliarden Mark pro Dollar im November 1923 kam die Wirtschaft zum Erliegen. Der Mittelstand wurde im allgemeinen Bankrott ausgelöscht. Der ungleichmäßige und stockende Aufschwung, der nach der Annahme des Dawes-Plans von 1924 einsetzte, endete 1929 mit dem Börsenkrach an der Wall Street. In den nächsten drei Jahren stieg die Arbeitslosigkeit drastisch an und erreichte 1932 die dramatische Zahl von sechs Millionen. Das daraus entstehende Elend, die Verzweiflung und die sich verschärfenden politischen Unruhen machten das Land reif für die Machtübernahme durch die Nazis im Januar 1933.

Die moralischen und politischen Folgen des Krieges waren womöglich noch schlimmer als die wirtschaftlichen. Vor dem Krieg war für die meisten Deutschen die Dreieinigkeit von Kaiser, Heer und Vaterland eine patriotische Selbstverständlichkeit. Nun aber war der Kaiser nach Holland geflüchtet, oder desertiert, wie es vielen schien; auch hatte er versäumt, einen ehrenhaften Frieden abzuschließen, solange es noch möglich war. Das »im Felde unbesiegte« Heer war doch besiegt worden, und eben nicht durch den sozialistischen »Dolchstoß in den Rücken«. Und das Vaterland hatte die Opfer und Leiden des Volkes ganz offenbar schlecht vergolten. War allgemeines Elend der Lohn für Treue und Patriotismus?

Niemand hatte ein Konzept für die Zukunft. Als der Kaiser am 9. November 1918 abdankte, zerbrach die zentrale Stütze eines halb-feudalen patriarchalischen Systems; altehrwürdige, für unverrückbar gehaltene Autoritäten lösten sich auf. Soldaten- und Arbeiterräte übernahmen in den meisten Großstädten die Macht, und die kommenden Monate erschienen den fassungslosen Bürgern im Rückblick als eine Zeit fieberhafter politischer Agitation, offener Gewalt und chaotischer, bürgerkriegsähnlicher Zustände. Die Umwandlung Deutschlands von einem Bund erblicher Monarchien in eine demokratische Republik unterwarf die Nation einer schmerzlichen Zerreißprobe, bei der sich bereits die Ursachen des späteren Untergangs abzeichneten. Die große Mehrheit der Sozialdemokraten befürwortete die parlamentarische Demokratie. Ihr unabhängiger linker Flügel, aus dem bald die KPD hervorgehen sollte, lehnte solche halben Maßnahmen ab und kämpfte für die Einführung des sowjetischen Systems der Revolutionsräte. Diese Vorstöße wurden abgewehrt, aber erst, nachdem es in vielen Städten zu Blutvergießen und brutalen politischen Morden gekommen war. In Berlin wurden am 15. Januar 1919 die Revolutionsführer Rosa Luxemburg und Karl Liebknecht von ultrarechten ehemaligen Armeeoffizieren erschlagen. Diese Morde führten zu landesweiten Aufständen, welche das Heer oder örtliche Warlords mit ihren Freikorps nur zu gern erstickten. In München wurde Bayerns sozialistischer Ministerpräsident Kurt Eisner erschossen. Er war ein bekannter Schriftsteller, ebenso wie Gustav Landauer, auch er ein Revolutionsführer (und geachteter Shakespeareforscher), der am 2. Mai 1919 im Gefängnis ermordet wurde, als die Truppen der Zentralregierung die bayerische Hauptstadt zurückeroberten. Ein häßliches Geburtsmal verunstaltete die junge Republik: Sie hatte den reaktionärsten Teil der Gesellschaft, das Militär, dazu benutzt, wahrhaft revolutionäre Entwicklungen zu stoppen und tiefgreifende Veränderungen zu verhindern. Unter den damaligen Umständen war kein anderer Kurs möglich, aber die sich daraus ergebende Polarisierung sollte sich als verhängnisvoll erweisen.[2]

Die parlamentarische Demokratie hatte nur wenige überzeugte Anhänger. Die Kommunisten und Unabhängigen Sozialisten (USPD) verachteten sie als lauen Kompromiß; die konservativen Nationalisten (DNVP) befürworteten die Rückkehr zu einer anti-egalitären (wenngleich nebulösen) Ordnung und machten die Republik für die ›Schmach von Versailles‹ verantwortlich: Durch ihre Unterschrift unter den ›Schandvertrag‹ habe sie die Lüge von der alleinigen Kriegsschuld Deutschlands anerkannt; auf der extremen Rechten träumten frustrierte Militaristen von einer effizienten Diktatur, doch ihre Staatsstreiche (so der Kapp-Putsch im März

26.
März 1920, Kapp-Putsch.
Posten der Roten Armee
gegenüber dem Rathaus
Dinslaken. Jahre der Not
und des Elends haben aus
dem kaisertreuen Arbeiter
von einst den Leiter einer
kommunistischen Zelle
gemacht.

1920 und der »Marsch auf die Feldherrnhalle« am 9. November 1923 von Hitler
und General Ludendorff) mißglückten kläglich. So trieb die Republik, ungeliebt
und ungeachtet, von Radikalen der Rechten wie der Linken offen angegriffen, auf
ihrem Schlingerkurs dahin; schwache Regierungen, die von wechselnden Koalitionen abhingen (zwanzig Kabinette in vierzehn Jahren), mühten sich vergeblich, die
überhandnehmenden Probleme zu lösen. Gegen Ende wurde der Extremismus so
stark, daß Reichskanzler per Notverordnung regieren mußten. Doch selbst damit
war die eigentliche und größte Gefahr, Hitler, nicht zu bannen. Seit den Juliwahlen
von 1932 war er Führer der stärksten Partei. Trotz Einbußen bei den Wahlen im
November gelangte er wenige Monate später an die Macht. Millionen glaubten seinen Versprechungen, er werde die nationale Einheit, nationale Ehre und sozialen
Frieden wiederherstellen und den Menschen »Arbeit und Brot« geben.

Theater in schwerer Zeit

Es ist eines der Wunder jener Jahre, daß das Theater unter solch ungünstigen Bedingungen florierte. Die katastrophale wirtschaftliche Lage und das rauhe politische Klima hätten eigentlich jede ernsthafte Theaterarbeit unmöglich machen müssen. Doch das Gegenteil war der Fall. Zehn aufregende Jahre lang, von 1919 bis 1929, präsentierte das deutsche Theater Aufführungen von solcher Vielfalt und Originalität, daß Weimardeutschland weltweit als Zentrum der Theaterinnovation galt.

Die Revolution und die Errichtung der Republik hatten auch für das Theater unmittelbare Konsequenzen. Die Zensur wurde abgeschafft, bisher verbotene Stücke und unterdrückte Ideen kamen nun zu Gehör. Hoftheater wurden in den Besitz der öffentlichen Hand überführt: Bei Übernahme durch die neuen Provinzregierungen wurden einige zu Staatstheatern, die übrigen wurden Stadttheater und damit städtischer Aufsicht unterstellt. Ihre reaktionären und oft adligen Leiter wurden durch Männer von demokratischer Gesinnung ersetzt. Es gab sogar schon Versuche, ein Mitspracherecht der Schauspieler und des Bühnenpersonals bei künstlerischen, politischen und finanziellen Entscheidungen einzuführen. Die meisten Experimente solch gemeinsamer Entscheidungsfindung scheiterten jedoch schnell, ganz wie ihre zweite Auflage fünfzig Jahre später, als im Gefolge der Studentenrevolte der sechziger Jahre viele Theater Mitbestimmungsmodelle erprobten. Die ironische Folge in beiden Fällen: Etliche Regisseure und Theaterleiter, die mit Leib und Seele bei der Sache gewesen waren, traten unter Protest zurück, und trotz aller Demokratisierungsbemühungen wurde doch nur die Macht der Intendanten gestärkt.

Abseits von den Kulturzentren entstand ein neuer Typ Tourneetheater, die sogenannten Landesbühnen, die manchmal ihre mobile Existenzform kühn mit dem älteren Etikett »Wanderbühne« versahen. Das waren meist junge Schauspieler, deren Ideal, gutes Theater in die kulturell benachteiligten ländlichen Regionen zu bringen, auch Teil des Kulturprogramms der Republik war. Gleichzeitig konnten sie hier, wenn auch schlecht bezahlt, dem Konkurrenzdruck, der im privaten Sektor herrschte, ausweichen. Die meisten Theater der damaligen Zeit erhielten keine Subventionen. Häuser unter öffentlicher Trägerschaft waren jedoch von der Vergnügungssteuer befreit. Das war eine einseitige Bevorzugung, gegen die Besitzer von Privattheatern wie Max Reinhardt mehrfach erfolglos protestierten. Das heutige Subventionssystem, vom Ausland immer wieder neidvoll bestaunt, entwickelte sich nur langsam. Oft mußten die selbst ums wirtschaftliche Überleben kämpfenden Stadtverwaltungen ihre Mittel bis zum Äußersten strecken, um die unvermeidlichen Defizite ihres Theaters zu decken. Sie hätten es als Schande empfunden, wenn ihr Gemeinwesen nur Kino und Varieté zu bieten gehabt hätte. Stadtväter, die etwas auf sich hielten, schätzten das Theater als Vermittler von Bildung und Kultur, wofür Opfer zu rechtfertigen waren. Aufstrebende Industriestädte wie Bochum im

27.
»Beine, Beine,
nichts als Beine.«
Die in der Berliner
»Scala« mit großem
Erfolg auftretenden
Jackson-Girls
auf einer
Werbe-Tournee
durch Berlin.

Ruhrgebiet, wo es keine Theatertradition gab, gingen sogar das Risiko ein, neue Häuser zu gründen. Sie waren erfolgreich, wenngleich man sich in mageren Jahren mit Nachbarstädten zusammenschließen mußte, um die schwere Last von Theater, Oper, Ballett und Symphonieorchester tragen zu können. Solche zeitlich begrenzten oder dauerhaften Zusammenschlüsse, seit langem typisch für die deutsche Theaterlandschaft, haben auch nach der Wiedervereinigung im allgemeinen Sparzwang der öffentlichen Hand einer Reihe von Theatern in Ost und West das Leben gerettet.

Geld war auch in den zwanziger Jahren das Hauptproblem. Nicht wenige Theater gingen in Konkurs. Zum Teil war das inflationsbedingt und eine Folge der allgemein unsicheren wirtschaftlichen Lage; Zusammenbrüche hatten ihren Grund aber auch in der rasanten Verbreitung konkurrierender Unterhaltungssparten. Das Publikum hatte die Wahl zwischen der Melodramatik und Komik des Kinos, dem erotischen Kitzel und Glamour der Revuen amerikanischen Stils wie der Tiller Girls (»Oft kopiert – nie erreicht!«, 1924 in Berlin in Hermann Hallers Revue *Noch und noch*) und der spannungsgeladenen Atmosphäre bei den gerade in Mode kommenden Sportereignissen wie Sechstagerennen und Boxkämpfen. Ein Kulturtheater war keine sichere Kapitalanlage mehr. Max Reinhardt hatte noch gehofft, daß sich die Massen der Kultur zuwenden würden, als er 1919 ein Vermögen darauf verwandte, den Zirkus Schumann zum Großen Schauspielhaus umzubauen. Ein weiteres Vermögen verschlangen die wenigen – wenn auch hochgelobten – Inszenierungen, die er dort herausbrachte. Erik Charell dagegen, der nächste Hausherr,

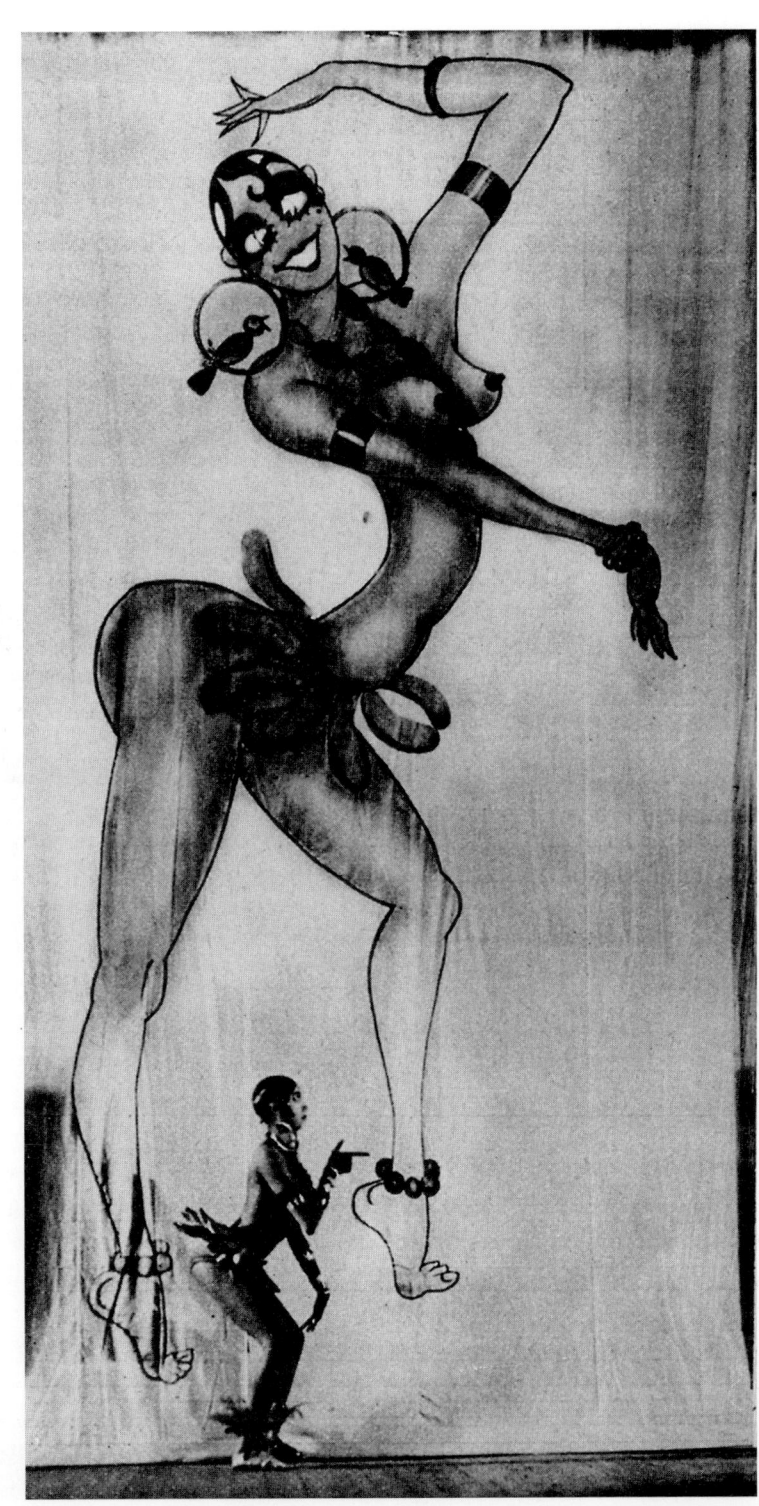

28.
Josephine Baker, die
»Unerreichte«, hier in
ihrem berühmten
Bananenkostüm vor
einem überdimensionalen
Plakatentwurf für ihren Auf-
tritt im Theater des Westens
1928. Berlins neureiche
Schickeria klatschte lüstern
Beifall, die Provinz hatte
ihren Beweis für das
Sündenbabel Berlin, und die
rechte Presse beklagte die
»Verniggerung«
der deutschen Kultur.

verdiente am gleichen Ort Millionen mit üppigen Revuen. Erwin Piscator verbrauchte unglaubliche Summen, die ihm seine kapitalistischen Gönner zur Verfügung stellten, für die wenigen antikapitalistischen Propagandastücke, die Theatergeschichte machen sollten. Auch die Filmindustrie war ein ständiger Anlaß zur Sorge. Sie sicherte schlechtbezahlten Schauspielern zwar ein zweites Einkommen und hielt hungrige Komparsen für eine Weile über Wasser, störte aber auch den Probenbetrieb, weil die Schauspieler tagsüber für Aufnahmen in den Ufa-Studios oder am Drehort gebraucht wurden. Die Stars beider Medien verlangten (und erhielten) exorbitante Gagen. Eine 1925 getroffene Übereinkunft der Berliner Theaterleitungen, diesem Mißstand ein Ende zu setzen, wurde sofort gebrochen. In den Provinzstädten, wo es keine konkurrierende Filmindustrie gab, war die Situation etwas besser. 1926 war die finanzielle Lage der meisten Berliner Theater so verzweifelt, daß sie im »System« der Gebrüder Rotter Rettung suchten. Die Rotters schossen dringend benötigtes Bargeld vor, kauften ganze Vorstellungen auf und gaben die Eintrittskarten zum Schleuderpreis von einer Mark ab – mit dem Ergebnis, daß das Publikum Theater mit normalen Preisen mied. Max Reinhardt, Viktor Barnowsky und Eugen Robert, die zusammen sechs bedeutende Berliner Theater kontrollierten, erkannten die Gefahr und begegneten ihr mit einem eigenen System verbilligter Eintrittskarten, dem »Reibaro«. Auf Dauer war weder das eine noch das andere ein Geschäft.[3]

Nach dem Börsenkrach von 1929 kämpften die Theater nur noch ums Überleben. Als Leopold Jeßner, der Leiter des Preußischen Staatstheaters, 1930 durch politische Machenschaften aus seinem Amt verjagt wurde, hatte seine Truppe bei mehr als einer Gelegenheit vor fast leerem Haus spielen müssen. In einer der letzten Vorstellungen kam ein Kritiker auf ganze sieben zahlende Zuschauer. Das Staatstheater war mit seinen Finanzen wie mit seinem Konzept am Ende.

Der künstlerische Hintergrund

Im Klima der zwanziger Jahre mußten sich alle Kunstgattungen der Gegenwart stellen. Die meisten Künstler erkannten, daß man nicht in die Zeit vor der europäischen Katastrophe zurückgehen und mit den abgenutzten Formeln weiterarbeiten konnte. Dabei zeigte sich: die Entwicklung neuer Ausdrucksstile und das Ringen um ein neues Ethos ließen sich nicht voneinander trennen, sie waren in Wirklichkeit nur verschiedene Seiten ein und desselben Prozesses.

Eingesetzt hatte dieser Prozeß schon lange vor dem Krieg mit der großen Wende zur Moderne, zu der Einstein und Freud ebenso gehörten wie Picasso, Kafka und Joyce. Nach deren Erkenntnissen war Wirklichkeit nur unter den Aspekten von Relativität, Diskontinuität und Perspektivität zu begreifen. Die Konsequenz für die Kunst lautete: Realität war mit den Mitteln des konventionellen Realismus nicht länger zu erfassen. Visionäre Avantgardisten hatten diese paradoxe Auffassung

29. Die »Tropfsteinhöhle«. Innenraum des Großen Schauspielhauses, des »Theaters der Dreitausend« (Architekt Hans Poelzig).

schon seit der Jahrhundertwende vertreten. Nun gewannen sie Anhänger, denn nach der Katastrophe des Weltkrieges war klar, daß auch die noch so detaillierte und kunstvolle Beschreibung der Oberfläche der Dinge nichts Wesentliches über eine Welt aussagen konnte, die so offenkundig absurd und fremd geworden war. Dadaisten und Surrealisten waren die ersten, die daraus Konsequenzen zogen und die totale Zerstörung aller herkömmlichen Ausdrucksformen forderten. Die postimpressionistische Kunst lehnte prinzipiell jede illusionistische Wiedergabe von Wirklichkeit ab, sie verformte und entstellte ihre Gegenstände entweder durch Abstraktion oder Verzerrung. Kubisten, Konstruktivisten, Futuristen und Expressionisten verabscheuten die einschmeichelnde Sinnlichkeit der früheren Kunst und setzten statt dessen auf nackte Struktur oder metaphysische Leidenschaft. Ihr Verhältnis zur Natur war nicht länger, wie Arnold Hauser es ausdrückte, das einer einfühlenden Vereinigung, sondern der Vergewaltigung.[4]

Der Wille, zu letzten Beweggründen vorzudringen, zum »Wesen der Dinge« vorzustoßen und die Bereitschaft, für die künstlerische Erneuerung notfalls auf die

Primärformen von Material und Mitteln zurückzugehen, waren die zentralen Impulse der Moderne und die bestimmenden Kräfte in der Kunst der zwanziger Jahre. Sie kennzeichneten auch, in anderem Zusammenhang, die beiden einflußreichsten Denkrichtungen der Zeit, Psychoanalyse und Marxismus. In orthodoxen Zirkeln galten sie als unvereinbar, viele Künstler fanden sie jedoch gleichermaßen faszinierend.

Die Suche nach dem Wesentlichen war zwar ein generelles Phänomen, doch darüber, was es letztlich sei, bestanden fundamentale Meinungsunterschiede. Jede Gruppierung oder Partei, ob progressiv oder reaktionär, deutete »Wesen« oder »Wesentlichkeit« anders. Das galt für die Politik wie für die Künste. Für die Nazis beispielsweise bedeutete es »Blut und Boden« und die Vorherrschaft der »germanischen« Rasse. Für die Kommunisten beinhaltete es Klassenkampf, Herrschaft des Proletariats, Niedergang des Kapitalismus und den siegreichen Marsch der Geschichte unter der Führung der allwissenden Partei. Für beide Ideologien galt der absolute Vorrang der Masse vor dem Individuum. Für die Expressionisten hieß »wesentlich sein« Rückzug auf die radikale, subjektive Wahrheit des Künstlers und Erfüllung des Auftrags, dem Schrei des verwundeten Subjekts Ausdruck zu verleihen. Für die Konstruktivisten: Primärfarben und einfache geometrische Formen. Für die Futuristen war der Kern der Dinge Energie, nackt und ungezähmt, in irrwitziger Verbindung von Vision und Maschine. Für künstlerische Propagandisten wie Meyerhold und Piscator war das Essentielle eine Mischung aus Technologie, gesellschaftlicher Revolution und Neuerschaffung des (sozialistischen) Menschen. Ein inspirierender Gedanke – Meyerholds Mörder Stalin verwandelte ihn in die geistlose Formel vom Schriftsteller als Ingenieur der menschlichen Seele.[5]

Allen diesen Bewegungen gemeinsam ist der revolutionäre Eifer, einen neuen Menschen, eine neue Gesellschaft, eine neue künstlerische Sprache zu schaffen. Nach Krieg und Zusammenbruch galten die überkommene Gesellschaft ebenso wie die traditionelle Kunst als nicht reformierbar. Man würde sie niederreißen und nach einem besseren Plan neugestalten müssen, eine verlockende Aussicht, die im politischen wie im künstlerischen Bereich enorme Energien freisetzte. Die konservative Mehrheit trauerte dem einstigen Schönheitskanon nach, forderte »zeitlose Werte« und wollte eine affirmative und wohlgefällige Kunst. Diese Barriere mußten neue Konzepte und Stile erst einmal überwinden. Der Kampf zwischen Konservativen und Progressiven wurde mit grimmiger Entschlossenheit geführt. Es schien fast so, als ob der Revolution, die an der politischen Front fehlgeschlagen war, nun auf dem Gebiet der Kunst zum Sieg verholfen werden sollte.[6]

Rückblickend fällt der schrille Ton vieler künstlerischer Programme und Debatten auf. Das ist nicht verwunderlich. Die Bemühungen, neue Arten des Sehens und der Darstellung einzuführen, waren in gewissem Sinne auch politische Aktionen. Die Künstler sahen ihre Arbeit als Teil einer größeren gesellschaftlichen oder ethischen Neuorientierung. Konservative Kreise fürchteten die Abschaffung traditioneller Werte und waren entschlossen, das Land gegen jede Art von »Kulturbolschewismus« zu verteidigen. Für sie waren Kultur und linke Politik unvereinbare Gegensätze. Unter solchen Vorzeichen empfand man kulturelle Umwertungen als Erschütterung der Gesellschaftsordnung; ein Stilwechsel wurde als Angriff auf die Gesellschaft interpretiert – was er in vielen Fällen auch sein sollte.

Die Fronten waren aber alles andere als klar. Es kam zu den merkwürdigsten Koalitionen. Liebhaber moderner Kunst gehörten hauptsächlich zur wohlhabenden Intelligenz oder zum fortschrittlichen Bürgertum. Arbeiter, mit wenigen Ausnahmen, bevorzugten Traditionelles. Proletarisches Theater sprach nicht an erster Stelle die Proletarier an. »Auf der Bühne Piscators wurde der Kommunismus inszeniert, und im Parkett raste Berlin in Smoking und Abendkleid vor Begeisterung.«[7] Widerstand gegen modernistische Experimente kam nicht nur von kleinbürgerlichen Reaktionären, allen voran den Nazis, sondern auch von ihren konservativen Gegnern und von Bildungsbürgern, deren Traditionalismus tiefere Wurzeln hatte. Es ist deshalb schwierig, ein klares Bild zu zeichnen, zumal viele Darstellungen dieser Epoche unübersehbar tendenziös sind.[8]

Im Theater war der »Kampf um Shakespeare« Teil einer generellen Auseinandersetzung um den Wert des klassischen Erbes. Sollte es aktualisiert werden oder in seiner historischen Gestalt erhalten bleiben? Drei Hauptrichtungen oder Standpunkte lassen sich ausmachen:

– Shakespeare expressionistisch: Die Stücke dienten als Material für expressionistische Bühnenkunst, die direkt und schnörkellos zum innersten Kern oder der gestaltenden Idee jeden Werkes vordringen wollte. Der entscheidende Antrieb hinter diesen Verwandlungen war entweder eine ästhetische Vision oder eine Ideologie, gelegentlich beides.

– Shakespeare ›ästhetisch‹: Gemäßigte Moderne: damit verknüpft, zum Teil sich überschneidend, aber nicht an ein Programm gebunden, muß die Arbeit talentierter Regisseure wie Jürgen Fehling, Ludwig Berger und Otto Falckenberg gesehen werden, die, besonders in den Komödien, zu einer Wiederentdeckung des romantischen Shakespeare führte. Ihre Produktionen waren frei vom Reinhardtschen Impressionismus, weniger wohltönend und harmonisch, dafür stürmischer, erdverbundener, ohne Furcht vor scharfen Brüchen und Kontrasten. Die treibende Kraft hinter derartigen Inszenierungen war fast ausschließlich ästhetisch: Die Regisseure formulierten Shakespeare neu unter dem Eindruck neuer Kunststile oder neuer Gedanken zum Zusammenwirken der unterschiedlichen Künste im Rahmen einer Theaterproduktion.

– Shakespeare als Bildungstheater: Der Trend, Shakespeare dem zeitgenössischen Klima in Politik und Kunst anzupassen, war nicht unumstritten. Es gab viele Regisseure wie etwa Saladin Schmitt, die ihre Aufgabe anders interpretierten. Getreu Goethes damals vielzitiertem Ausspruch »Was du ererbt von deinen Vätern hast, erwirb es, um es zu besitzen«, waren sie wohl geneigt, solche Veränderungen vorzunehmen, die sie für nötig erachteten, um Shakespeare als lebendiges

Kulturgut zu bewahren; Änderungen nur um der Neuheit willen waren ihnen jedoch ein Greuel. Schon gar nicht waren sie bereit, mit dem ihnen anvertrauten »heiligen Erbe« um vergänglicher *coups de théâtre* willen zu experimentieren. Ihr Antrieb war erzieherisch, ihr Ideal das Bildungstheater. In einer Zeit rapiden Wandels und sensationeller Umwertungen sahen sie sich als Hüter des klassischen Kanons. Ein großer Teil dessen, was vom traditionellen Publikum übriggeblieben war, bevorzugte diesen gemäßigt konservativen Umgang mit den Klassikern und unterstützte ihre hingebungsvollen Bemühungen, die als »Shakespearepflege« von der Kritik je nach Standpunkt entweder gefeiert oder verdammt wurden.

Die drei skizzierten Richtungen, die expressionistische, die ästhetische und die erzieherisch-bildende, traten natürlich nie in reiner Ausprägung auf, sondern überschnitten sich häufig. Alle ihre Verfechter fühlten sich verpflichtet, den »echten« Shakespeare für ein zeitgenössisches Publikum zu bewahren oder neu zu entdecken. Was sie trennte, waren grundsätzliche Differenzen über die Rolle des Theaters in einer weltanschaulich drastisch veränderten Situation. Daraus ergaben sich weitreichende Folgen für Dramaturgie, schauspielerische Darstellung, Inszenierung und Text. Waren die alten Schlegel-Tieck-Versionen in ihrem Ebenmaß und Wohlklang das richtige Werkzeug für die neue Aufgabe? Hans Rothe bezeichnete in seinem Rückblick aus dem Jahr 1935 seine Bemühungen, die eigenen Übersetzungen und Bühnenfassungen zu etablieren, als »Kampf um Shakespeare«. Viele hielten seinen Umgang mit Shakespeares Texten für zu radikal. Der eigentliche Rebell jedoch war Brecht, der behauptete, die Klassiker seien nichts weiter als »Material«. 1924 strich er Christopher Marlowes *Edward II.* so brutal zusammen, daß nur noch hemmungslose Leidenschaft und niederste Motive übrigblieben. Damit warf er allen Vertretern des zeitgenössischen Theaters, ob progressiv oder konservativ, den Fehdehandschuh hin. Hier wurde ein Programm skizziert, dessen Potential erst die Bilderstürmer der sechziger und siebziger Jahre ganz ausloten sollten.[9]

Der expressionistische Shakespeare
(Jeßner, Weichert, Berger, Fehling)

Den Expressionismus zeitlich festzulegen, ist schwierig. Literaturwissenschaftler setzen die Jahre von 1910 bis 1920 als das expressionistische Jahrzehnt an und haben dabei Dichter wie Johannes R. Becher, Georg Trakl und Gottfried Benn im Blick oder Bühnenautoren wie Walter Hasenclever, Georg Kaiser und Ernst Toller. Theaterhistoriker dehnen den Zeitraum bis auf die Mitte der zwanziger Jahre aus. Sie registrieren einen ersten Höhepunkt um 1917, als nahezu gleichzeitig expressionistische Stücke von Kaiser, Johst, Kokoschka und Wedekind – vor allem in regionalen Zentren wie Frankfurt, Darmstadt und Dresden – aufgeführt wurden, eine

30.
Richard III. 1920 Berlin.
R: Leopold Jeßner,
B: Emil Pirchan. Emil Orliks
ausdrucksvolle Skizzen von
Kortner als königlichem
Bösewicht im Bann seiner ver-
brecherischen Leidenschaften.

zweite Phase von 1919 bis 1923 mit berühmten, heftig umstrittenen Inszenierungen in Berlin und einen letzten Aufschwung 1926 mit Stücken von Bronnen, Brecht, Barlach und Jahnn.

Nicht nur die Datierung ist problematisch. Fast von Anfang an spaltete sich die Bewegung in zwei immer weiter voneinander abrückende Parteien: den »ekstatischen« Expressionismus, dessen idealistisch gesinnte Anhänger die Erneuerung durch eine allgemeine mystische Vereinigung predigten, und den »schwarzen« Expressionismus, für dessen Gefolge von pessimistischen Materialisten die Welt nichts als ein Schlachthaus war, bestialisch und unerlösbar.[10] Verbunden war man durch starke antipatriarchalische Ressentiments. Ihre Ablehnung der etablierten Ordnung richtete sich sowohl gegen den verhaßten Archetyp des Vaters als auch gegen die anonymen Kräfte einer Gesellschaft, von deren Gestaltung sie ausgeschlossen waren. Die Wirklichkeit in ihren traditionellen Ausprägungen, präziser:

die Übermacht der »objektiven Kultur« (Simmel), der Banken und Konzerne, galt
ihnen als der Widersacher schlechthin, und Expressionisten aller Lager bekämpften
die Ansprüche dieser Realität aus Gründen einer höheren Moral. Ihre Reaktionen
waren jedoch völlig verschieden: Die visionären jungen Männer in den Stücken von
Toller und Kaiser sprechen in Tönen leidenschaftlicher Exaltiertheit von ihrer
Hoffnung auf eine neue Menschheit, die – vom Bösen befreit und in Brüderlichkeit
vereint – bereit ist für die Wiedergeburt im Geiste. »Meine Generation!« rief Gottfried Benn aus, »Hämmert das Absolute in abstrakte harte Formen: ... Es war eine
belastete Generation: verlacht, verhöhnt, politisch als entartet ausgestoßen – eine
Generation jäh, blitzend, stürzend, von Unfällen und Kriegen betroffen, auf kurzes
Leben angelegt.«[11] Ihre inbrünstigen Appelle überstiegen alle traditionellen Normen von Psychologie, Vernunft und selbst Grammatik und versuchten, in klischee-
sprengender, glühender Sprache, manchmal spannungsgeladen zum allbedeutenden
Schrei komprimiert, eine endgültige Botschaft zu vermitteln. Auch bei den Vertretern des anderen Extrems war für menschliche Normalität kein Platz. In Benns Ge-
dichten ballen sich Bilder von Verfall, Krankheit und Verwesung. Die Dramen des
frühen Brecht schildern eine Welt voll Selbstsucht, Gier und Lust, einen Dschungel
skrupelloser Amoralität. Den gleichen Eindruck vermitteln die Gemälde von Max
Beckmann, Ernst Ludwig Kirchner und Otto Dix oder die Karikaturen von George
Grosz und die Fotomontagen von John Heartfield, auf denen die Menschheit, ausgebeutet und im Stich gelassen, nur zwischen tierischer Verrohung oder Verbrechen wählen kann.[12] (Abb. 30)

   Ekstatische wie schwarze Expressionisten wollten die Schichten der bürgerlichen Selbsttäuschung durchstoßen, um zur »eigentlichen« Wahrheit vorzudringen. Dazu bediente man sich unterschiedlicher Mittel. Sie reichten von kühler Abstraktion zu ungehemmtem Primitivismus, von schriller Sinnlichkeit zu gesucht
schlichter Symbolik. Die spürbare Angestrengtheit dieser Bemühungen zeigt den
Zwang, unter dem die expressionistischen Künstler standen, alle verfügbaren Energien zu bündeln: Es galt, die innere Bedeutung herauszupressen. Ein zutiefst anti-
mimetisches Konzept, aber offenbar eins, nach welchem die extreme Zeit verlangte.
Als Karl Heinz Martin 1919 auf der kahlen Bühne des Charlottenburger Theaters
»Die Tribüne« seine erste kurze Saison im Zeichen des Expressionismus eröffnete,
verkündete er kategorisch einem noch skeptischen Berlin: »Wir wollen kein Publikum, sondern ... eine Gemeinde, keine Bühne, sondern eine Kanzel ... Dieses
Theater ohne Betrieb und Technik ... kann unabgelenkt und unbeschränkt infolge
seiner Unmittelbarkeit Seele und Gesinnung offenbaren ...«[13] Für Arnold Zweig,
der an den kompromittierten Institutionen von Kirche, Universität und Schule
verzweifelte, war allein das Theater in der Lage, »das Selbstgericht der Nation« zu
repräsentieren, die nötige »Einkehr, Umkehr und Erneuerung des deutschen We-
sens« zu bewirken und »die verletzte und zerstörte Menschlichkeit wiederherzustellen«.[14] Und Walter Hasenclever verdammte den Kuschelrealismus rosiger
Sonnenuntergänge und rauschender Wälder und verlangte, daß das Theater von

morgen »Ausdruck und nicht Spiel« werden und die Forderung erfüllen müsse: »Verändert die Welt um uns herum!«[15]

Die vehemente Aufbruchstimmung führte nicht nur zu einer Flut ungewöhnlicher Stücke, die den »ekstatischen« Schauspieler verlangten, um ihren geballten Drang zur Wahrheit zu vermitteln, sie revolutionierte auch die Aufführungspraxis der Klassiker. Dabei ging es jedoch nicht nur um Stilfragen, etwa um schrill-schräge Bühnenbilder und abrupte, maschinenmäßige Gestik. Das waren Standardmittel von Regisseuren geworden, die sich an der neuen Freiheit berauschten. Im Gegensatz zu ihnen arbeitete der wahre Expressionist von innen nach außen, mühte sich, die zentrale Idee oder den Kern des Stücks zu finden und gestattete sich erst dann, die Formen zu suchen, mit denen seine einmalige Vision zu verkörpern war. Diese Formen setzten sich aus Stilelementen zusammen, die für geringere Geister leicht zu imitieren waren. Die Vision selbst war jedoch keinesfalls beliebig; sie schien sich Theatermachern, die im Einklang mit der Zeit standen, wie von selbst zu erschließen. Regisseure wie Leopold Jeßner und Richard Weichert mußten ihre sensationellen Neuinterpretationen nicht erfinden, sie fühlten sich dazu getrieben.

Leopold Jeßner

Und ein neuer Begriff ist entstanden: Theaterpolitik! Politisch orientiert sein heißt das Gesicht der Zeit haben. In diesem weltanschaulichen Sinne ist das Theater politisch und kann sich dem nicht entziehen.[16]

31.
Leopold Jeßner

Leopold Jeßner, der es sich zur Aufgabe gemacht hatte, das Königliche Schauspielhaus in ein Theater für die Republik zu verwandeln, ließ keinen Zweifel an seiner Position aufkommen. »So wuchs mit der gleichen Notwendigkeit, mit der aus tiefgreifenden und umwälzenden Erschütterungen heraus das Gesicht der Zeit sich verwandelt hatte, auch dem Theater ein neues Gesicht«[17], erklärte er kategorisch. »Nachdem aber Krieg und Revolution der Zeit ihr Siegel aufgedrückt hatten ... [wurde] die Welt des Scheins durch die Attacken der Wirklichkeit zerstört. Die schillerndste Farbe wurde durch die Vision vergossenen Blutes überboten, die klingendste Melodie durch den Schrei der Straße übertönt.«[18] Das neue Theater sollte nicht der sinnlichen Opulenz des alten Theaters nachtrauern, sondern, spartanisch und asketisch, »den unverhüllten Tatbestand der Dinge« in Angriff nehmen.[19]

Eine Aufgabe, die Mut erforderte, aber Jeßner hielt Wort. Seine erste Saison am Staatstheater begann mit einem gewaltigen Skandal. Schillers *Wilhelm Tell*, dem Publikum wegen seines biederen Patriotismus und der malerischen Schweizer Szenerie lieb und teuer, wurde von allen sentimentalen Nebentönen und vertrauten Zitaten befreit. Gespielt wurde auf einer abstrakten Bühne aus Rampen und Treppen; auf dem Rundhorizont im Hintergrund nur ein geometrisch kalter Gebirgszug zwischen schwarzen Vorhängen. Jeder geographische und historische Realismus war getilgt worden, »um das zentrale Thema des Stücks, den Schrei nach Freiheit, in die Mitte zu rücken.«[20]

Jeßners Programm, »den unverhüllten Tatbestand der Dinge« wiederzugeben, führte zu äußerst verdichteten Inszenierungen. Viele ältere Zuschauer fühlten sich von der kompromißlosen Kahlheit abgestoßen, in der sie nichts als mutwillige Zerstörung des kulturellen Erbes sahen.[21] Den meisten Kritikern war jedoch klar, daß hier Theatergeschichte gemacht wurde. Und die fortschrittlichen Theaterfreunde hatten ihren Spaß an den alljährlichen Krächen im Reichstag, wenn das Staatstheater wieder einmal mit einer skandalösen Inszenierung die Traditionalisten herausgefordert hatte.[22] Die besten Kritiker stellten sich auf Jeßners Seite. Für einige wenige Inszenierungen schien sogar die notorische Gegnerschaft zwischen Herbert Ihering und Alfred Kerr aufgehoben. In seiner Beschreibung der berühmten Inszenierung von *Richard III.*, deren Premiere am 5. November 1920 stattfand, reizte Kerr seinen epigrammatischen Stil bis an die Grenze des Erträglichen aus.

> Was gibt Jeßner? Statt der Vorgänge des Richard-Stückes gibt er … einen Abglanz ihres Inhalts. Statt aller Wirklichkeiten gibt er … ihren Widerschein. Statt vieles Tatsächlichen gibt er … seinen Extrakt. Statt einer Außenwelt gibt er … eine hypothetische Welt des Wortes. Statt einer Bilderfolge gibt er … eine Ballung. Statt einer Farbenreihe gibt er … eine Wucht. Statt einer Aufzählung gibt er … ein Symbol. Statt eines Umrisses gibt er … den Kern; den Kern; den Kern. Sein Ganzes bleibt eine große Kühnheit. Das Gesammeltste, was die neuere Bühne gezeigt. Nicht Limonade, sondern Quintessenz. Die Guten grüßen ihn. (Nein: er grüßt die Guten.)[23]

Ausnahmsweise stimmte Ihering mit Kerrs Beurteilung überein und griff sogar den Stil seines Gegners auf, als er zusammenfassend feststellte: »Er gab keine Historie: er gab Menschen als rhythmische Exponate wirkender Kräfte. Jeßner gab nackte Dynamik.«[24] Fritz Engel schrieb über den *Othello* vom 11. November 1921: »Jeßner bringt kaum mehr das Drama. Er gibt die Essenz. … Jeßner will nur den Herzschlag des Dramas geben, so wie er ihn empfindet.«[25]

Extrakt, Wucht, Symbol, Dynamik, Herzschlag, Essenz: Wie waren sie auf der Bühne realisierbar? Der erste Schritt, die intuitive Erfassung der Kernaussage durch den Regisseur, wurde als Akt der kreativen Wahrnehmung verstanden, als »Vision einer Künstlerpersönlichkeit« und mußte, wie Richard Weichert wenig

32. *Hamlet* 1926 Berlin. R: Leopold Jeßner, B: Caspar Neher. Die Mausefallenszene. Claudius und Gertrude in Wilhelminischer Gala. In einer Nachbildung der (ehemaligen) Kaiserloge am anderen Ende des Zuschauerraums nehmen sie die Huldigung ihres Hofstaats entgegen.

später forderte, »wie jede visionäre Eingebung geachtet werden, auch vom Dichter!«[26] Doch sie war aus dem Werk selbst abzuleiten und durfte keine willkürliche Konstruktion sein. Leopold Jeßner bemühte sich deshalb, den divinatorischen Prozeß der Werkinterpretation mit der realen Welt und ihren objektiven Erscheinungen zu verknüpfen. Authentizität der Vision könne nur erreichen, wer aufs engste in das zeitgenössische Leben eingebunden sei. »Ich sage, man ist entweder selbst Ausdruck der Zeit und schöpft dann aus ihrem Atem – oder man ist nicht Ausdruck der Zeit und spürt ihren Atem nie.«[27]

War erst einmal die Kernaussage oder der »Regiegedanke« (ein Begriff, den Jeßner einführte) gefunden, konnten dramaturgische Entscheidungen getroffen werden. Das bedeutete, historischer Ballast und überflüssige Einzelheiten mußten über Bord geworfen und realistische Festlegungen auf Zeit und Milieu entfernt werden: alles, was von der beabsichtigten Idee und Leidenschaft des Stückes ablenken konnte, mußte verschwinden. Jeßner hatte eine klare Vorstellung von den zentralen Themen, die er herausarbeiten wollte: In *Wilhelm Tell* den Ruf nach Freiheit; in *Richard III.* den Marsch zur Macht über Leichen und Gewalt; in *Othello* nicht allein Eifersucht, sondern Verhängnis; in *Macbeth* eine klaustrophobische Welt des Blutes und in *Hamlet* nicht den Seelenzustand des Prinzen, sondern die Verderbtheit des

Staatswesens. War die zentrale Perspektive einmal in solcher Weise festgelegt, hatte das tiefgreifende dramaturgische Konsequenzen. Um »ein ewig gültiges Dichtwerk vom Blickpunkt einer gewandelten Weltanschauung aus zu geben«[28], sagte Jeßner, »… wird es sich ergeben, daß oftmals radikale Textänderungen, sprachliche Umschichtungen und sogar Textergänzungen vonnöten sind, die in das Gebiet des Dichterischen fallen.«[29] Jeßners Eingriffe in den Text waren gewagt, doch, wie Bernhard Minetti sagte, gerechtfertigt: »Jeßner konnte streichen: Von allen Regisseuren, die ich kenne, hat er in den klassischen Stücken die genialsten und objektiv richtigsten Striche gemacht.«[30]

Bearbeitet hatte man Texte schon früher, doch so konsequent noch nie. Reinhardt legte beispielsweise Wert auf Vielfalt und Abwechslung, auf das impressionistische Spiel von Licht und Farbe, Atmosphäre und Tempo, um der »Nervenschauspielerei« von Stars wie Kainz und Moissi entgegenzukommen. Seine Dramaturgie zielte auf ein ausgeglichenes Zusammenspiel gegensätzlicher Elemente und Stimmungen. Es wäre ihm nie in den Sinn gekommen, Gertruds poetische Klage über Ophelias blumenbekränzten Tod im »weinenden Gewässer« zu streichen. Jeßner tat genau das. Das verrottete Dänemark konnte und durfte nicht mit schönen Versen überglänzt werden. Die Welt hatte sich verändert, ehedem Wichtiges war irrelevant geworden.

> Was konnte uns heute noch … die Psychologie der Hamlet-Figur interessieren? Die Grammophonplatte von ›Sein oder Nichtsein‹ ist ausgewalzt. Die Melancholie des Dänenprinzen ist sprichwörtlich und somit Klischee geworden.[31]

Worauf es jetzt ankam, war Regie, deutliche Aussage und starke, notfalls grelle Effekte (Abb. 32), nicht eine Palette kultivierter Schattierungen und Abstufungen. Wie Reinhardt zwang Jeßner alle Theaterkünste in seinen Dienst. Anders als Reinhardt verpflichtete er sie nur einem einzigen Ziel, die Kernaussage herauszuarbeiten. In einem Theater solcher Prägung waren radikale Veränderungen in Schauspielkunst und Bühnenbild unumgänglich. Farbe, Form und Bewegung dienten nicht mehr der illusionistischen Suggestion, jetzt wurden sie ausgewählt, um etwas zu bedeuten oder zu symbolisieren. Das verblüffend Neue war eben diese unerbittliche Fokussierung – alle traditionellen Aufführungsgepflogenheiten wurden ausgemerzt, es sei denn, sie leisteten einen Beitrag zum zentralen Ziel und zur zentralen Wirkung. Idealiter bedeutete dies: In jedem Einzelfall war ein neues Gesamtkunstwerk zu schaffen, oder, anders ausgedrückt, für jede Inszenierung mußte nicht nur eine neue optische Zurüstung gefunden, sondern das Medium selbst mußte neu erfunden werden. Wenige Regisseure waren in der Lage, auf Dauer einer solchen Anforderung gerecht zu werden, ohne Kompromisse einzugehen. Deshalb meinen einige Kritiker, es habe überhaupt nicht mehr als ein Dutzend wahrhaft repräsentativer expressionistischer Inszenierungen gegeben,[32] unter ihnen auch die einiger Shakespearedramen.

In *Richard III.* (1920) führte Jeßner die expressionistische Inszenierungskunst zu ungekannten Höhen. Jede Spur von historischem Realismus war getilgt. An seine Stelle trat eine durchgehende Symbolisierung, um den neuen, wie er ihn nannte, »programmatischen Aufführungstyp« hervorzubringen.

> Die neue programmatische These verlangte nicht mehr die Illusion, sondern das Symbol des Darzustellenden. London und der Tower, d. h. nun: über einer grauen, schicksalhaft sich erhebenden Mauer ein blutiger Himmel ... und jene Atmosphäre von Mord und Hinrichtung als Merkmale der Geschehnisse ist ins Bildhafte umgesetzt.[33]

In finsterem Graugrün gehalten, mit einem Tor, das eine dahinter liegende Vertiefung freigab, die je nach Bedarf als Gefängnis oder Palastkammer diente, beherrschte die Mauer die erste Hälfte des Stücks mit ihrer Aura von Bedrohung und unbestimmter Feindseligkeit. Die berühmte Jeßner-Treppe erschien im vierten Akt. (Abb. 33) Dabei handelte es sich um eine massige Stufenpyramide, die Gloster, flankiert von katzbuckelnden Höflingen, im Triumph hinaufschritt, eine Erhöhung, die er erst am Ende aufgab, wenn er sich hinabstürzte, um kämpfend in den Speeren seiner Feinde zu sterben. Fast die gesamte Handlung der zweiten Hälfte spielte sich auf dieser Treppe ab. Richard stand immer höher als die anderen und verteidigte diese Position bis zum Schluß. Wie Buckingham und die anderen in seiner Gunst standen, konnte von ihrem jeweiligen Platz auf dieser Skala der Hierarchie abgele-

33. *Richard III.* 1920 Berlin. Die berühmte Jeßner-Treppe, die in der Folge immer wieder nachgeahmt wurde. Emil Pirchans Skizze zeigt Richard im Augenblick seines Triumphes.

34.
Richard III. 1920 Berlin.
R: Leopold Jeßner, B: Emil
Pirchan. Fritz Kortner als
Richard, Rudolf Forster als
Buckingham. Wenn gestische
Übertreibung sinntragend
wird wie hier, wo sie Richards
maligne Herrschaft über
Buckingham ausdrückt, ist das
Ideal der expressionistischen
Körpersprache erfüllt.
Die Nähe zu den
Stummfilmen der Zeit ist
nicht zu übersehen
(siehe auch Abb. 30).

sen werden. Gab Richard sich wohlwollend, schritt er eine oder zwei Stufen nach
unten; in Augenblicken des Zorns zeigte sich sein königliches Mißfallen dadurch,
daß er die Treppe wieder hinaufstieg und die Distanz zu seinem Gesprächspartner
vergrößerte. Eine einfache, aber wirkungsvolle Symbolik.

Es mag eine Weile gedauert haben, bis die Zuschauer die Bedeutung der räumlichen Beziehungen durchschauten, unmittelbar verstanden jedoch wurde die programmatische Verwendung von Farbe und Licht. Im Augenblick seines Triumphes
stand Gloster auf der obersten Stufe, und sein scharlachfarbenes Gewand schien die
blutrote Treppe mit dem blutroten Himmel zu verbinden, der verbrecherische
Herrscher gewissermaßen als letztes Glied in einer Kette des Bösen. Richards Farben waren schwarz und rot, die der unschuldigen Prinzen weiß; wenn sie auftraten,

war die Bühne heller erleuchtet. Die Kostüme der anderen Figuren waren blau, grün, gelb, braun und violett. Richmond jedoch erschien in Weiß, der Farbe der Unschuld, wie auch seine Krieger in der letzten Schlachtszene. Die Begegnung der feindlichen Armeen, nur von ein paar symmetrisch rechts und links von der Treppe plazierten Soldaten dargestellt, wurde zu einer stilisierten Bewegungsabfolge roter und weißer Figuren, wobei Richmonds Truppen zeitweilig auch in ein siegreiches Blau getaucht waren.

Solch plakativer Schematismus wechselte mit (ebenfalls kalkulierten) Ausbrüchen schierer Dynamik. So stürzten die Mörder von Clarence an die Rampe, um dann jäh innezuhalten, ein Rampenscheinwerfer warf die Schatten ihrer gekrallten Hände in gigantischer Verzerrung auf eine Leinwand, so wurden ihre teuflischen Absichten überdeutlich. Fritz Kortner als Richard schreckte ebenfalls nicht vor grotesken Übertreibungen zurück. Er hatte keine Hemmungen, »ein Plakatscheusal hinzupflanzen, die Zähne zu fletschen, teuflische Blicke zu schießen und diabolisch zu lachen ...«[34] Doch erlaubte er sich solche Ausflüge in die Melodramatik selten; meist waren seine Bewegungen streng kontrolliert und seine Gestik sparsam (Abb. 34). Der abrupte Wechsel zwischen exzessiver Bewegung und starrer Unbeweglichkeit ließ eine gefährliche Ambivalenz in Richard ahnen, kennzeichnete ihn als dämonischen Zwitter, nämlich »Höllenhund und Mann«[35] oder, in Walter Kiaulehns Deutung, »das Gespenst der neuen Zeit, der Diktator, der Mann der Masse, die große Verführung zum Selbstmord«.[36]

Kortners Umgang mit der Sprache war eine Offenbarung. Er zog alle Register der Rhetorik und erzielte allein mit der Modulierung von Ton und Lautstärke eine Skala von Effekten. Abgesehen von seiner rein dramatischen Wirkung erzeugte Kortners Vortrag, der manchmal unglaublich schnell und manchmal bewußt langsam erfolgte, eine Art intellektueller Spannung und eine geradezu tektonische Qualität: Kortner errichtete »Wortkathedralen«, wie ein begeisterter Kritiker schrieb.[37]

In *Othello* (11. November 1921) bestätigte und modifizierte Jeßner seinen programmatischen Stil. Die Treppe, die zum Stadtgespräch geworden war und an Provinztheatern endlos kopiert wurde, kam in ihrer ursprünglichen, kompromißlosen Form nicht wieder zum Einsatz. In *Richard III.* hatte sie das Regiekonzept symbolisiert, den Aufstieg zur Macht. Tatsächlich aber hatte sie zuviel Agieren im Profil erfordert. Für *Othello* entwarf Emil Pirchan deshalb ein günstigeres Bühnenbild, eine vierstufige, ovale Plattform, die auch Auftritte aus dem Bühnenhintergrund und, sofern dieser erhöht war, gewissermaßen »von oben herab« erlaubte, wodurch Othello eine fürstlich erhabene Ankunft in Zypern ermöglicht wurde. Pirchan arbeitete mit verhaltenen Andeutungen: einige Säulen und eine Reihe Stühle für den Dogenpalast; ein einziger, bezeichnenderweise instabiler Mittelpfeiler für die Szenen, in denen Othello durch seine Eifersucht das Gleichgewicht verliert; acht Kissen für Desdemonas Kammer und für die Schlußszenen ein monumentales weißes Bett auf der im übrigen leeren und abgedunkelten Bühne. Wieder erhielten

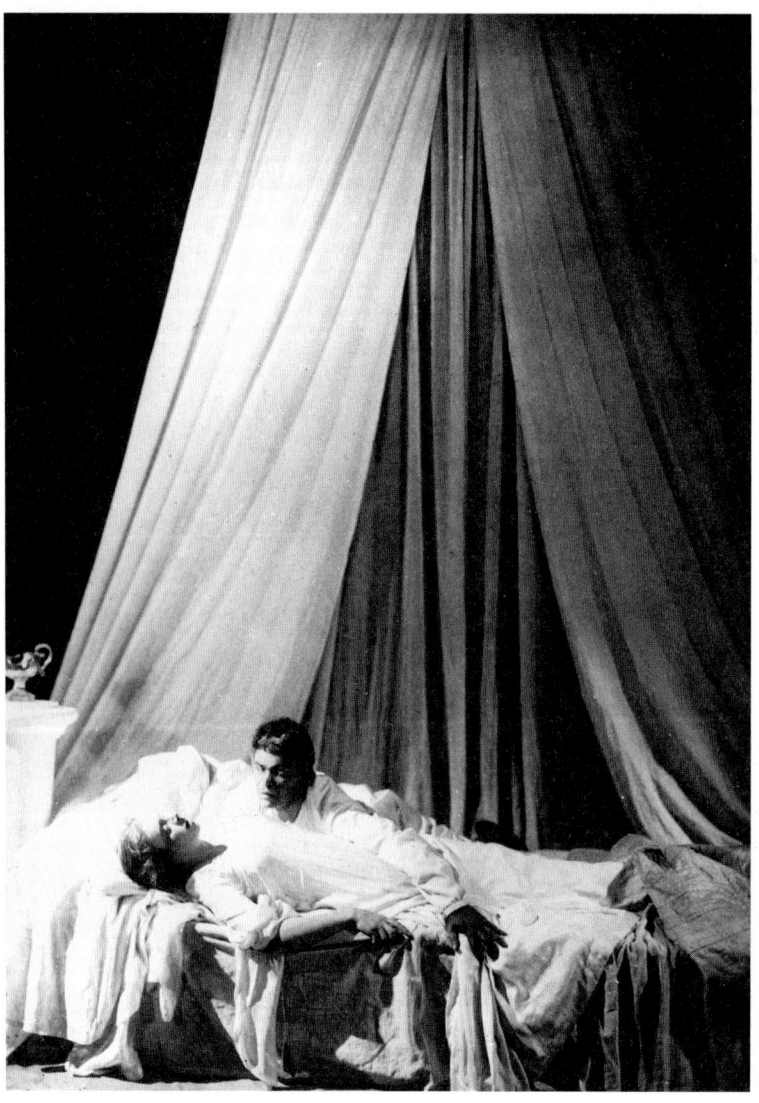

35.
Othello 1921 Berlin.
R: Leopold Jeßner,
B: Emil Pirchan.
Othello (Fritz Kortner) und
Desdemona (Johanna Hofer,
Kortners Frau) in einem
tragisch-edlen Tableau.
Zukünftige Desdemonas
werden weniger elegant zu
Tode kommen.
(siehe Abb. 121 und 132).

Farbe und Licht symbolische Funktionen. Jago erschien am Ende umflossen von
den »Feuerfarben der Hölle«[38], bei Othellos Tod dräute Jagos schwarzer Schatten –
auf eine Leinwand projiziert – über der von ihm verursachten Tragödie. Dieser Effekt entsprach der expressionistischen Neigung, die Figuren eines Stückes zu über-
höhen und gleichzeitig zu entmaterialisieren.

Dessen ungeachtet war das visuelle Element für Jeßner nur dienend, nicht dominant. Was er das »geistige Sprachdrama« nannte, sollte auf keinen Fall auf ein bloß
theatralisches »Spieldrama«[39] reduziert werden. Verhindern ließ sich das nur, wie
er wußte, durch eine überzeugende Interpretation und den richtigen Schauspieler,
um sie umzusetzen. In *Othello* hatte er beides. Kortners Erscheinung – unschön,

sinnlich, finster brütend – machte das Motiv von Othellos ethnischer Minderwertigkeit, dem »Makel seines Blutes« glaubwürdig. Es brauchte deshalb auch nicht allzu deutlich ausgespielt zu werden, blieb aber immer dicht unter der Oberfläche. Dieses Motiv gab den Liebesszenen »etwas von Madonnenverehrung und vom Kultus einer fremdartigen Schönheit, die einem selbst versagt ist«[40], ebenso wie es, Othello einmal bewußt geworden, Jagos infamen Unterstellungen Beweiskraft verlieh. Es indizierte einen dunkel geahnten Untergang oder, in Jeßners Worten »die Einsamkeit, die rassenmäßig dieser Figur als eine große Melancholie ... innewohnte.«[41] Um dies wirkungsvoll wiederzugeben, mäßigte Kortner die expressionistische Vortragsweise, das atemlose Stakkato und das Sprechen in Ausrufezeichen. Die Kritiker sprachen von seinem lyrischen Ton und bebenden Wohlklang als neuen Qualitäten seines Repertoires.[42] Hatte Jeßner diesen Wandel angestoßen? Unter seiner Regie und auf sein Drängen, urteilte er später, habe Kortner »den erste[n] große[n] Schritt zur Verinnerlichung dessen [getan], was bisher mit immer neubekundeter Absicht sich dem Auge und Ohr des Zuschauers einhämmern wollte ...«[43] Kortner hingegen behauptet in seiner Autobiographie, daß er es war, der Jeßner dazu überredete, den lauten und überemphatischen Stil früherer Inszenierungen abzumildern.[44] (Abb. 35)

Man begann zwar schon hier und da, den Expressionismus abzuwandeln, sein Ende war aber noch lange nicht gekommen. An manchen Provinztheatern hatte er gerade erst begonnen. Am Staatstheater in Berlin verdankte er seine starke Wirkung der <u>intensiven Zusammenarbeit von Jeßner, Pirchan und Kortner. Aus den wenigen Inszenierungen, in denen ihr Können zu einer Einheit verschmolz, ging ein deutlich erkennbarer Stil hervor: intellektuell herausfordernd in Fragen der dramatischen Konzeption, nicht-naturalistisch, in Geste und Vortrag kontrolliert (dennoch gelegentlich wohlkalkulierte Raserei zulassend), rigoros antipittoresk in seiner architektonischen Strenge, symbolisch in seiner Verwendung von Farbe und Beleuchtung.</u>

Verglichen mit dieser großen Leistung waren expressionistische Shakespeare-Inszenierungen in anderen Städten meist wenig überzeugend. Das galt selbst für Wien, wo Albert Heine als Chef des Burgtheaters versuchte, den Klassikern mit Hilfe des neuen Stils Leben einzuhauchen. Aber wo keine neue gehaltliche Vision das darzustellende Material erhellte und formte, neigte der szenische Expressionismus dazu, sich zu verselbständigen; er wurde zum Tummelplatz für avantgardistische Bühnenbildner und für Schauspieler, die mit der traditionellen Schauspielkunst unzufrieden waren. Es kam aber auch vor, daß expressionistische Regisseure, wie etwa Heine, sich einer zu starken Publikumsopposition gegenübersahen und auf halbem Weg aufgeben mußten (Abb. 36). – <u>Die einzige andere expressionistische Hochburg neben Berlin war Frankfurt, wo Richard Weichert und sein Bühnenbildner Ludwig Sievert vergleichbare Erfolge feierten.</u>

36.
Richard III. 1910 Wien.
F: Franz Xaver Setzer. Albert Heine
in der Titelrolle, die er bis 1917
spielte. Das Rollenporträt aus den
zwanziger Jahren mit der immer
noch traditionellen Kostümierung
des königlichen Bösewichts zeigt,
welche Widerstände am Burgtheater
zu überwinden waren, bevor der
Expressionismus auch nur
andeutungsweise sichtbar wurde.

Richard Weichert

Julius Bab behauptete, Jeßners frühe Inszenierungen im Staatstheater hätten nicht
nur den Expressionismus auf der Bühne eingeführt, sondern seien »(vielleicht mit
einigen Leistungen Fehlings und Ludwig Bergers zusammen) auch bereits seine
Höhepunkte, über die die Entwicklung kaum hinausgehen konnte«.[45] Das ist das
typische Vorurteil eines Berliner Kritikers. In Wirklichkeit hatte das expressionistische Drama zuerst in der Provinz reüssiert; auch der »szenische« Expressionismus
hatte sich rasch ausgebreitet: Bühnenbilder, die expressionistischen Gemälden mit
ihren Abstraktionen und Verzerrungen nachempfunden waren, sowie expressionistischer Spielstil waren bald an den unerwartetsten Orten anzutreffen. Richard

Gsells Inszenierung von *König Lear* (1922) im Bochumer Stadttheater – sonst eine konservative Hochburg – übertrumpfte seine Berliner Konkurrenten mit seiner ausgefallenen Farbsymbolik: Goneril erschien »in brandrotem Haar, giftgrünem Kleid und karmesinrotem Mantel«, Cordelia »in gretchenhaftem Blondhaar in weißem und hellblauen Gewand«, und »auch die Gesichter einiger Figuren waren phantastisch geschminkt, flammengelb, blutrot, grün usw.«[46] Vielleicht waren solch schrille Neuerungen der Grund für Jeßners und Weicherts wiederholte Warnung vor leeren und sinnlosen Übertreibungen, die geeignet seien, den neuen Stil in Mißkredit zu bringen.

37.
Richard Weichert

Weicherts Arbeit am Frankfurter Schauspielhaus, dessen Leitung er von 1920–1929 innehatte, erreichte natürlich eine viel geringere Presseresonanz als die Jeßners. Dieser stand im Rampenlicht als Leiter jenes Theaters, über das noch zehn Jahre zuvor der Hof bestimmte und wo Seine Majestät höchstpersönlich und kategorisch dem Gewandmeister modischen Rat in Uniformfragen bei historischen Stücken zu erteilen pflegte. Außerdem war Weichert politisch nicht so engagiert wie Jeßner, doch Theaterhistoriker sehen seinen Beitrag inzwischen als ebenso wichtig an.[47]

Seine Regie des *Macbeth* (26. Oktober 1923) gilt allgemein als ein Triumph expressionistischer Inszenierungskunst. Ein Jahr zuvor hatte Jeßner mit demselben Stück nur mäßigen Erfolg. Kritiker hatten sich beklagt, die Anfangsszenen seien zu schnell und zu intensiv gespielt worden. Das habe alle späteren Versuche, die Wirkung zu steigern, in die Nähe der Hysterie gebracht. Kein Wunder also, daß Kortners explosive Dynamik einige Rezensenten diesmal pathologisch anmutete.[48] Zwar räumte man ein, das Bühnenbild im Stil Craigs mit den massigen Mauern seines Zentralbaus unter der geisterhaften Beleuchtung sei eindrucksvoll gewesen, anderes jedoch sei vom Publikum als verwirrend und unnötig empfunden worden, vor allem, daß sich die Regie offen über jegliche Wahrscheinlichkeit hinwegsetzte, indem beispielsweise der Mord an Banquo laut angekündigt wurde.

Es ist durchaus möglich, daß Richard Weichert Jeßners *Macbeth* gesehen hat. Er reiste oft nach Berlin und in andere Theaterstädte, um auf dem laufenden zu bleiben. Die Erkenntnisse solcher Erkundungsfahrten fanden sich dann in seinen Regiebüchern wieder, die er von einer Inszenierung eines Stückes bis zur nächsten weiterführte. So wurden sie im Lauf der Jahre zu umfangreichen Dokumentationen der dramaturgischen Möglichkeiten eines Stückes und zu einer wahren Fundgrube

für Theaterhistoriker.[49] Weicherts Werk wird zwar oft mit dem von Jeßner verglichen, es gibt im Fall des *Macbeth* jedoch keine Anzeichen dafür, daß Weicherts
Inszenierung als Kommentar oder Erwiderung auf Jeßner beabsichtigt war. Was ein
Vergleich allerdings zutage fördert, ist der große Unterschied im Ansatz der beiden
Regisseure. Jeßner war immer dann in seinem Element, wenn er ein hieb- und
stichfestes Konzept eines Stückes erarbeitet und über die Botschaft, die er vermitteln wollte, Klarheit erlangt hatte. Bei einem Stück, das wie *Macbeth* auf Doppelsinn
und Ambivalenz beruht, mußte diese Technik der Fokussierung und Konzentration
versagen. Wie üblich nahm er drastische Kürzungen vor. Die einschneidende Wirkung seiner früheren Eingriffe blieb jedoch aus, so daß er den Schauspielern das
Äußerste abverlangen mußte, um zu kaschieren, was er in seiner Stückanalyse nicht
hatte klären oder verdeutlichen können. Und natürlich lagen so radikale Vereinfachungen von Motivation und geistigem Hintergrund, wie sie hinter der Neufassung
des *Macbeth* eines Ionesco oder Heiner Müller stehen, noch in weiter Ferne; sie waren zu jener Zeit einfach undenkbar.[50]

    Jeßners Dramaturgie zielte darauf ab, die Grundidee zu entdecken, die ihm er-
laubte, alles Periphere wegzulassen. Weicherts Dramaturgie zielte darauf ab, szeni-
sche Metaphern zu entdecken, die ihm erlaubten, möglichst viel vom gedanklichen
Gehalt des Textes auch bildnerisch auszudrücken. In *Macbeth* waren dies visuelle
Formen oder bildliche Vorstellungen, die an Abstieg, Fall, Zusammenbruch und
Hinuntergezogenwerden denken ließen und in der Bühnenarchitektur sowie durch
Beleuchtung und Choreographie realisiert wurden.

> Eine schräg nach unten fallende Ebene mit seitlichen Hügeln, die aufklappbar
> und verstellbar waren, wurde zum Hauptspielraum. Eine Vorbühne sprang in
> spitzem Winkel ins Parkett vor. Schräg abfallende Wände, die wie in einem
> Trichter zusammenstürzten, engten die Bühne auf beiden Seiten ein. So fällt die
> Handlung wie von selbst durch die betonte Richtung der Schräge, die ins Herz
> des Publikums vorstößt, und durch die chaotisch zusammenfallenden Seiten-
> rahmungen nach unten.[51]

Trotz des kargen, abstrakten Bühnenbildes spielten die meisten Szenen noch an
spezifischen Orten, die sich jedoch oft nur durch ein einziges Erkennungszeichen
unterschieden. Das beeindruckendste war ein schauriges Fallgatter, eingerahmt von
»Pfeilern, die wie mit geronnenem Blut bedeckt waren«, für Duncans Eintritt in
Macbeths Burg (Abb. 38); es schloß sich hinter ihm »wie eine Mausefalle. Im gleichen Moment erstarb dahinter die Sonne«.[52] Carl Niessen beschreibt, wie Sievert
und Weichert durch Beleuchtung Atmosphäre schufen. Für den Mord an Banquo
verlangte Weichert »fahle Beleuchtung, wie bei einer Sonnenfinsternis«. Die Bankettszene war in ein Dämmerlicht getaucht, das die Konturen auflöste. »Man ahnte
aus … der Nebelsphäre die nordische riesenhafte Burg«, in der »unheimliche Phantastik« erstehen konnte.[53] Diese angedeuteten Stimmungen ließen das Publikum

38.
Macbeth 1923 Frankfurt.
R: Richard Weichert,
B: Ludwig Sievert.
Sieverts Vorstellung
von Duncans Einzug in
Inverness: Pilger, die
ihrem Untergang
entgegenschreiten.

nur etwas vermuten, »ohne etwas Bestimmtes zu greifen«.[54] Als Kontrast wurden
für die Malcolm-Szenen helles Licht und leuchtende Farben eingesetzt. Sie symbo-
lisierten seine Stellung als rechtmäßigen Erben in einer Welt archaischer Düsternis
und dunkler Ahnungen.

Das Spezifische an Weicherts Arbeit wurde gewöhnlich mit dem Begriff Raumsymbolik bezeichnet. Sie nahm nicht nur im Bühnenbild Gestalt an oder in zei-
chenhaften Arrangements (beispielsweise wurde ein Vorhang so drapiert, daß er wie
ein Hexenkessel wirkte, an dessen Grund sich Macbeth befand); sie erschien auch in
der bedeutsamen Zuordnung des Raumes zu bestimmten Handlungen. Morde fanden alle am erhöhten Ende der Bühne statt, Monologe ganz vorn, am äußersten
Punkt der spitz zulaufenden Vorderbühne, das heißt die tiefsten Geheimnisse wurden in direkter Berührung mit dem Publikum ausgesprochen, hier vollzog sich die
innere Handlung. Der kühne symbolische Einsatz von Raum, Licht, Farbe und Bewegung versetzte Weichert in die Lage, über den Realismus hinauszugehen und
dem Stück eine neue Dimension zu geben, die Dimension der Schicksalstragödie,
in der die bisher im Vordergrund stehenden Fragen von Psychologie und persönlicher Schuld sekundär wurden. Die Kritiker griffen unweigerlich auf so vage Ter-
mini wie »gigantisch« und »halb-barbarisch« zurück oder sprachen von der »rhyth-
misierenden Kraft« und »Musikalität« der Inszenierung, um ihre Erfahrung dieses

expressionistischen Gesamtkunstwerks, das sie nicht recht einordnen konnten, zu umreißen. Es ließ sich nicht auf eine Formel reduzieren. Anscheinend hatte Weichert überzeugende symbolische Korrelate für jene andere und weit über das Menschliche hinausreichende Sphäre dämonischer Doppeldeutigkeit gefunden, die seine Interpretation als bewegende Kraft im Macbeth-Mythos erkannt hatte. Deshalb konnte er darauf verzichten, Macbeth als dämonischen Charaktertyp darzustellen.

Was Weichert unter Raumsymbolik verstand, ist am besten seinen Regiebüchern zu entnehmen. Sie enthalten nicht nur genaue Analysen jeder einzelnen Szene eines Stückes, sie skizzieren den beabsichtigten Eindruck oder die Stimmung und erörtern auch die visuellen Mittel, mit denen sie erreicht werden sollen. Die szenische Metapher, die Weichert für *Othello* erdachte, war die Spirale. Indem er den Argwohn zum zentralen Thema machte (bei Jeßner war es das rassische Anderssein gewesen), sah er die dramatische Handlung »als dramatische Kreisbewegung, die sich totläuft – in großen Schwungbewegungen einsetzt, dann verringert sich die Weite der Kurve, schwingt immer enger und enger und erlöscht schließlich im Endpunkt der Spirale«. Mißtrauen, einmal gesät, bleibt.

> Othello umkreist Desdemona in immer enger werdendem Radius und erstickt sie (im Mittelpunkt des imaginären Kreises). Er ist im Kreis gefangen, er kann nicht zurück, nur vorwärts, es gibt keinen Ausweg, darum muß er auch in der konzentrischen Mitte sterben, in die das Bett gestellt ist.[55]

Das Motiv der Spirale wiederholte sich in bühnenbildnerischen Details wie den Schneckensäulen, aber auch in der Choreographie, etwa in den einkreisenden Bewegungen des Jägers um seine Beute (Jago um Othello und Rodrigo, Othello um Desdemona). Eine »Dissonanz und Asymmetrie des Raumes« durchbrach jedoch die Gleichförmigkeit des Kreisprinzips und symbolisierte so die Zerstörung der Ordnung.

Ob der schließlich 1928 in Frankfurt inszenierte *Othello* alle diese Ideen umsetzte, ist fraglich. Die Skizzen von Leo Pasettis Bühnenbild belegen jedoch noch einen weiteren Aspekt der Weichertschen Vision, den Kontrast zwischen der erhabenen Größe Venedigs und der brütenden Schwere, die seiner Meinung nach die Handlung in den Szenen auf Zypern bestimmt, »In dieser dunklen Welt Desdemona als einzige helle Gestalt, alle anderen in gebrochenen Farben.«

> Auch hier muß man den Eindruck haben, man ist im Bauch einer weiträumigen, lichtlosen, nur von künstlichem Licht erhellten, finsteren Zitadelle – ein Raum, in dem die Spinnen des Argwohns an den Wänden sitzen und ihr Opfer einkrallen, der Raum muß so sein, daß er den Menschen beeinflußt, lichtscheue Gedanken nisten hier und schleichen sich in den Blutkreislauf ein, was in einem luftigen Schloß nicht möglich wäre, ist hier möglich.[56] (Abb. 39)

39. *Othello* 1928 Frankfurt. R: Richard Weichert, B: Leo Pasetti. Pasettis Vision des Mordes an Rodrigo.

Objekte oder Bildhaftes als szenische Metaphern (Kessel, Trichter, enger werdende Wände für *Macbeth*; Spirale, Zitadelle für *Othello*) lassen eine schwerfällige Symbolik und langsame Aufführungsweise vermuten. Nichts könnte in Weicherts Fall weniger zutreffen. Eine szenische Metapher war für ihn kein starrer Rahmen, sondern ein lebendiges Organisationsprinzip für Inszenierungen, in denen Tempo und schneller Wechsel unverzichtbar waren. Bei ihm stand der Held nicht, wie bei Jürgen Fehling, minutenlang unbeweglich in schweigendem inneren Tumult »mit geballten Fäusten und knirschenden Zähnen ... mit unsichtbarem Schaum vor dem Mund«.[57] Weicherts bevorzugte Tempi waren *brio* und *furioso*. Deshalb lenkte, lockte, trieb und spornte er seine Schauspieler, bis sie den erforderlichen Grad an Geschmeidigkeit und Reaktionsfähigkeit erreicht hatten. Diese Eigenschaften traten bei seiner gefeierten Inszenierung von *Romeo und Julia* im Jahre 1924 (Romeo: Norbert Schiller, Julia: Kundry Sievert) voll in Erscheinung.

Weicherts Vision des Stücks lehnte »die übliche Erotik« und alles »offen Sinnliche« ab. Es blieb auch kein Raum für eine sentimentale Lesart. *Romeo und Julia* war für ihn »die Tragödie von herber Süßigkeit und jugendlicher Leidenschaft«. Sie sollte nicht als romantisches Gedicht dargeboten werden, sondern als leidenschaft-

liche Handlung: ein Wirbel von Haß, Selbstsucht und unbekümmertem Draufgängertum, in seiner Mitte das unberührbare Einssein der jungen Liebenden. Das erforderte einen Rhythmus, in dem Augenblicke der Stille und des emotionalen Innehaltens die obsessive Dynamik der restlichen Handlung unterbrachen. Weichert
entwarf viele solcher kontrapunktischer Sequenzen. So sagte er beispielsweise von
der ersten Szene: »Man muß sofort in die Atmosphäre hineingerissen werden, wilde triebhafte, grausame Renaissance, in der die Instinkte herrschen, das Blut, die
rohe Kraft – die ganze Szene als Auftakt impetuos.« Monumental und statuarisch
dagegen sollte das Ende der Szene sein, wenn der Prinz den rohen Aufruhr mit
strengem Urteil zum Stillstand bringt. Oder, ein anderes Beispiel: Auf die Rede
über Frau Mab, die »unerhört poetisch« war, folgte eine bacchanalische Szene, das
Fest im Hause Capulet, und dieser festliche Tumult sollte in Totenstille erstarren
für den langen Augenblick des Kusses, Julia »blüht hinweg«.[58]

Indem er Dynamik und Ruhe abrupt aufeinander folgen ließ, gelang es Weichert, die Darstellung über den Realismus hinaus in Ausdrucksextreme zu treiben.
Absichtlich überzeichnete er Figuren, um Kontraste herauszuhämmern. Lady Capulet wurde zur Medea, als sie für den Tod des Neffen nach Rache schrie. An ihrer
eigenen Tochter wurde sie zur gefühllosen Verräterin. Capulet führte sich auf »wie
ein Tier im Käfig … im pathologischen Ausbruch eines Cholerikers sich zur Siedehitze steigernd«[59], wenn etwas nicht nach seinem Willen ging. Bruder Lorenzo
hingegen stand vollkommen unbeweglich, als er seinen rettenden Plan entwickelte.
Das Bühnenbild unterstützte diesen alternierenden Rhythmus. Ludwig Sievert hatte ein System beweglicher Quader und Plattformen entwickelt; um sie herum tobten furiose Aktionen; auf ihnen wurden die Rededuelle der jungen Leute ausgetragen. Mit Anlauf und Sprung gelangten die Schauspieler hinauf; auf den Plattformen
jedoch war ihre Bewegungsfreiheit eingeschränkt, und sie konnten nur noch demonstrative Posen einnehmen.

Am Beispiel Weicherts wird klar: Um den Expressionismus wirkungsvoll auf
klassische Stücke zu übertragen, genügte es nicht, mit ein paar formalen Änderungen gegen die alten Traditionen anzugehen, vielmehr mußte der ästhetische Kanon
insgesamt neu formuliert werden, und alle beteiligten Künste hatten sich selbstlos dem neuen Entwurf zu unterwerfen. Wo das gelang wie in Frankfurt, war das
Publikum begeistert und gebannt; wo nicht, blieb es auf Distanz, war verwirrt und
verärgert.

Berger und Fehling

Der szenische Expressionismus war alles andere als eine einheitliche Bewegung. Es
gab weder ein gemeinsames Programm noch eine einzige Methode oder einen generell gültigen Stil. Was seine Anhänger verband, war die Entschlossenheit, die verkrusteten Konventionen zu durchbrechen, um bis zu dem vorzustoßen, was sie den

Kern, die Essenz oder die zentrale Wahrheit nannten. Kern, Essenz, Wahrheit waren jedoch schwer greifbare Qualitäten, weder auf bloße intellektuelle Ideen reduzierbar, noch einfach durch ästhetische Schocktechniken herbeizuzwingen, zudem waren sie höchst persönlich und individuell geprägt. Wieweit sich solche subjektiven Visionen auf der Bühne umsetzen ließen, war eine andere Sache.[60] Deshalb muß man bei expressionistischen Inszenierungen die Absicht ebenso in Betracht ziehen wie die tatsächlich realisierte Form der Aufführung. Viele Regisseure erlagen der Versuchung zu ungehemmter Subjektivität. Nur wenigen gelang es, gerade durch den Einsatz ihrer Subjektivität auch objektive Bedeutungsstrukturen freizulegen. Ludwig Berger und Jürgen Fehling verfügten über diese seltene Gabe.

Ludwig Berger

40.
Ludwig Berger

Für einen Menschen wie Berger, musikalisch hochbegabter Sohn einer wohlhabenden rheinischen Kaufmannsfamilie und ausgebildeter Kunsthistoriker, dessen Götter, wie er sagte, Shakespeare und Mozart waren, war der Expressionismus sicherlich nicht die angeborene Ausdrucksweise. So äußerte er sich beispielsweise kritisch über den missionarischen Eifer der »Tribüne«. »Dort wurde in irren Synkopen Weltgeschichte zelebriert. Ereignisse, die längst hinter uns lagen, wurden noch einmal heraufbeschworen. Kaiser und Könige wurden monatelang allabendlich abgesetzt, und die Skelette der in Drahtverhauen Gestorbenen trieben als Kabarettfiguren ihr gespenstiges Unwesen.«[61] Außerdem schreckte seine kultivierte Sensibilität vor grellen Effekten zurück. Und doch war er es, der dazu beitrug, den Expressionismus auf dem Berliner Theater einzuführen, unter anderem mit Inszenierungen von Shakespeares *Maß für Maß* an der Volksbühne (14. September 1918) und *Cymbeline* (10. Oktober 1919) am Deutschen Theater unter Max Reinhardt.

Wo Jeßner nach dem »Grundmotiv« forschte und Weichert die zentrale Bildmetapher aufspürte, bemühte sich Berger um die »Grundmelodie« oder »Musik« eines Stückes. Shakespeares Stücke, schrieb er, sind »absolut komponiert ..., in sich selbst gehalten, weil bei ihm im Gegensatz zur Schillerschen Milieuveränderung, die Umschaltung im inneren Tempo genügt.«[62] Dieses Umschalten stellte er sich als ein Wechseln vor »aus der halb noch gedanklichen Aufnahme-Bestätigung ... in die Welt der losgelöst schwingenden Seelenkurven«, als eine Bewegung vom Rationalen zum Lyrischen, die Shakespeare bewirke: »wie der Musiker durch Dur und Moll, durch Klang und Rhythmus und [er] balanciert so durch den betonten Stimmungsgehalt alle Gefahren der Allzu-Gedanklichkeit, die ›das Wort‹ als geformter Begriffskomplex nun einmal bringt.«[63] Die deutlichsten Anzeichen für solche Tonartwechsel bei Shakespeare seien die Lieder und hochpoetischen Passagen. Laut Berger verlangen sie eine Reaktion der Regie entweder direkt in Form von Musik und Gesang, durch bewußt melodiöses Sprechen oder durch eine entsprechende Choreographie. Auch Reinhardt hatte einen Sinn für »Shakespeares Poesie jenseits des Wortes«, die er oft visuell übermittelte, in subtil faszinierenden oder großartig festlichen Impressionen. Ludwig Berger war in dieser Hinsicht spartanisch. Noch vor Jeßner und Weichert verkündete er, die Bühne müsse ein neutraler Raum sein, am besten nur aus kahlen Wänden bestehen. Nur so könnten Fluß und Rhythmus eines Stückes sich ungestört entfalten und seine musikalische Struktur voll zur Geltung kommen.[64]

In *Maß für Maß* erreichte er dies auf zweierlei Art. Erstens durch eine nur noch rudimentäre Dekoration, bestehend aus wenigen, abstrakten Hinweisen: ein Gefängnisgitter, ein gotisches Fenster im Hintergrund, violette oder goldene Vorhänge. Zweitens durch einen Spielstil, bei dem Sprache und Bedeutung Rhythmus und Tempo bestimmten, nicht, wie es gelegentlich bei Reinhardt geschah, umgekehrt. Berger sah sehr wohl, daß seine Arbeit ein Protest gegen den herrschenden Geschmack des Berliner Theaterpublikums war: »Die schöne Bühne war ernst und keusch geworden … für die Symphonie, die sich kühn über Raum und Zeit hinwegsetzte.«[65] Was die Dekoration betraf, war dies sicher armes Theater, doch wie Siegfried Jacobsohn sagte, »in dieser Armut, welche Fülle, welche Fülle des wahrhaft Shakespearischen Geistes! Max Reinhardt dekoriert und kostümiert immer noch wie in den üppigsten Tagen des wilhelminischen Barock.«[66] Und dennoch hatte Reinhardt keine Bedenken, einen so andersgearteten Künstler aufzufordern, bei ihm zu arbeiten. Er stellte ihm seine besten Schauspieler zur Verfügung und verzichtete auf jede Einmischung, so daß der junge Mann die erste Shakespeare-Inszenierung in sämtlichen Reinhardt-Theatern seit 1905 herausbringen konnte, bei der nicht der Meister selbst Regie führte.

Die Wahl von *Cymbeline* für sein Debüt am Deutschen Theater war eine bewußte Herausforderung. Reinhardt hatte das Stück gemieden. Die letzte Aufführung des Werks in Berlin lag dreizehn Jahre zurück. Darin hatten einige Schauspieler mitgewirkt, die nun unter Berger ihre Kunst teilweise neu erlernen sollten. Was die Berliner in Reinhardts eigenem Theater in der Schumannstraße sahen, brachte Berger den Ruf ein, ein »Anti-Reinhardtianer« zu sein. Das ging vor allem auf Siegfried Jacobsohn zurück, der in seiner langen Besprechung in der *Weltbühne* den »Augenmenschen« Reinhardt dem »Ohrenmenschen« Berger gegenüberstellte. Außerdem lieferte er auch eine ironische Beschreibung der goldenen Märchenseligkeit, die Reinhardt in dem Stück entdeckt hätte. Berger sei ein Vertreter des neuen hohlwangigen Zeitalters, ein strenger Reformator, der es nicht länger dulden werde, »daß Shakespeare für die Bühne bearbeitet wird. Man bearbeite, umgekehrt, die Bühne für Shakespeare!«[67] Alle Kritiker fühlten das Neue der Inszenierung, für jeden drückte es sich jedoch anders aus. Für Monty Jacobs bestand es in der imaginativen Art, mit der die Choreographie Handlungsimpulse gab, anstatt die Handlung nur zu begleiten; Norbert Falk war von der geisterhaften Intensität einiger Szenen überwältigt; Herbert Ihering zufolge führte die besondere Verbindung von optischer und akustischer Anziehungskraft dazu, daß »die innere Melodie erklang. Die geistige Atmosphäre leuchtete auf.« Berger gehe aus »vom Klang, der diese geistige Atmosphäre über den logischen Sinn stellt.«[68] Das wichtigste Mittel, das zu erreichen, war für ihn die Verknüpfung von seelenvoller Pantomime mit dem Wort, das stumme Spiel im Wechsel mit dem Dialog. Dieser »Expressionismus der Stille«[69] drückte sich beispielsweise in der Art aus, wie Berger den Schlachtenlärm in lautlose Bewegung übersetzte, ein Hinweis auf seine spätere Arbeit als Stummfilmregisseur. Ihering kommt der Umschreibung des »Klangs«, der in allen Rezensionen erwähnt wird, am nächsten. Anderen Beobachtern fiel es offenbar leichter, das neue musikalische Prinzip, nach dem Berger arbeitete, in visuellen Begriffen auszudrücken. Reinhardts Stars wie Paul Wegener, Eduard von Winterstein und Helene Thimig ließen sich nur bis zu einem gewissen Grad auf Bergers Experiment ein; vor allem zögerten sie, den sprechtechnischen Forderungen des jungen Regisseurs nachzukommen. Die fortschrittlichen Kritiker bedauerten diesen Konflikt der künstlerischen Prinzipien, die Mehrzahl der Zuschauer war wahrscheinlich für die etwas behutsamere Einführung in den neuen Stil dankbar, der bei Jeßner wenige Monate später schrill, schonungslos und dogmatisch auftreten sollte. Julius Bab sah sogar einen Vorteil in dem Kompromiß. »Vielleicht liegt eine dauernde Lebensmöglichkeit des theatralischen Expressionismus überhaupt nur in dieser Brechung seiner Stiltendenzen in ursprünglicher Schauspielkunst.«[70]

Jürgen Fehling

»Ich habe im Grunde die letzten dreißig Jahre meines Lebens ... nichts anderes getan, als für die Inkarnation der Wahrheit und der Leidenschaft auf der deutschen Bühne gekämpft«[71], schrieb Jürgen Fehling 1948. Beide waren ihm gleich wichtig, Wahrheit ohne Leidenschaft existierte für ihn nicht. Deshalb mußte sein Versuch, mit Brecht zusammenzuarbeiten, fehlschlagen. Ihre gemeinsame Inszenierung von Brechts *Leben Eduards des Zweiten von England* (Berlin, 4. Dezember 1924) führte denn auch nur zu einem unausgewogenen Ergebnis – (Brecht wollte das Stück als Moritat, Fehling als großen Klassiker) – und darüber hinaus zu einer anhaltenden Abkühlung ihrer Beziehung. Ein analytischer Kopf wie Erich Engel war besser geeignet, Brechts destruktive Geschichtslektionen auf die Bühne zu bringen. Fehlings barockes Temperament brauchte Raum, Fülle, Kraft. Er liebte spannungsgeladene Proben, mochte es dabei auch zeitweilig zugehen wie im Tollhaus, denn nur in solch schöpferischer Siedehitze kam für ihn die leidenschaftliche Verwandlung zustande, die er seinen Schauspielern abverlangte. Er forderte absolute Unterwerfung unter seinen Willen und seine Vision. Er konnte die Schauspieler zur Verzweiflung treiben, doch seine Energie und sein absolutes Vertrauen trieben sie auch zu Leistungen, in denen sie über sich hinauswuchsen. Auf den Proben wurden sie unbarmherzig geschunden, doch sie liebten das Feuerwerk seiner witzigen Sprüche, um die sich bald unzählige Anekdoten rankten. Im Theater, sagte er, gibt es »kein Überzeugen, es gibt auch kein Belehren und Bilden ..., es gibt

41.
Jürgen Fehling

nur Zaubern und Vergewaltigen durch die Kraft der Talente«.[72] Gelang dieser alchemistische Schmelzvorgang, waren Publikum und Drama verwandelt. Einer seiner größten Erfolge an der Volksbühne, die sich nach zwei durchgefallenen Inszenierungen Friedrich Kayßlers in Schwierigkeiten befand, war *Antigone*. »Nein, ohne Pause, drei Stunden«, ordnete er an, zum größten Mißfallen Kayßlers (und des Restaurantpächters), auch wollte er keinerlei Belehrungen im Programm. »Und ob Ismene ein Fleckwasser ist oder eine Königstochter, wußte keiner von denen da unten ... aber es war die Leidenschaft und die Elektrizität da.«[73] Darauf reagierten die 2000 Zuschauer (achtzig Prozent, wie er schätzte, stramme Kommunisten, und nicht wenige, »wie man so sagt, Metallschläger«) mit spontaner Begeisterung, und so wurde aus Sophokles' Antigone ein Lieblingsstück der Berliner Arbeiterschaft.

Es gab vieles am Expressionismus, das ein künstlerisches Temperament wie Fehling anzog, die Neigung zu Exzeß und Absolutheit oder der Wunsch nach einer Wandlung von innen. Doch durch ein Programm ließ ein Fehling sich nicht einschränken, ohne Bedenken paßte er den Expressionismus seinen eigenen künstlerischen Zwecken an. Das war auch der Grund, warum er ihn Mitte der zwanziger Jahre nicht wie eine überholte Mode ablegen mußte. Selbst als diese Kunstrichtung bereits verfemt war, konnte er in seinen großen Inszenierungen von *Richard II.*, *Richard III.* und *Julius Cäsar* gegen Ende der dreißiger und Anfang der vierziger Jahre einige typische expressionistische Charakteristika und etwas vom Geist der Anfangszeit bewahren.[74]

Fehlings Inszenierung der *Komödie der Irrungen* (28. Januar 1921) an der Volksbühne und von *Viel Lärm um Nichts* (31. Dezember 1923) im Staatstheater räumte mit dem weitverbreiteten Glauben auf, Expressionismus und Komödie seien unvereinbar. Da *Komödie der Irrungen* zusammen mit *Das Postamt* von Rabindranath Tagore an einem Abend gezeigt wurde, mußte komprimiert werden, ein für Fehling ungewöhnliches Verfahren, aber *Komödie der Irrungen* gewann dadurch. Die Aufführung im Stil einer Groteske war reich an akrobatischen Effekten und mutwilligen Späßen über die vertauschten Paare und deren Doppelgänger in ihren bizarren Kostümen und bizarren Situationen. Die kräftigen Breughelfarben hatten ihren Ursprung nicht in einem imaginären Illyrien oder Italien, sondern, wie Herbert Ihering anmerkte, »in der gerbenden Luft und den Stürmen der niedersächsischen Küste«.[75] Fehling, gebürtiger Lübecker, verleugnete nie seine norddeutsche Herkunft, um, wie etwa Gründgens, Kosmopolit zu werden. Seine natürliche Verbundenheit mit dieser Landschaft und ihren Menschen gab seinen berühmten Inszenierungen norddeutscher Dramatiker wie Friedrich Hebbel und Ernst Barlach ihre besondere Atmosphäre. Seine Vorliebe für den Norden hatte nichts mit dem Germanenkult gemein, der bald von den Nazis propagiert wurde, sondern beruhte auf anderen Elementen der norddeutschen Tradition, protestantischer Mystik und heidnischer Naturverehrung. Für ihn waren Tragödie und Komödie keine Gegensätze, sondern existierten eine in der anderen, wie Hans Mayer schrieb, der diesem Sproß einer Patrizierfamilie eine natürliche Eignung für die »plebejische« Tradition der volkstümlichen Komödie und ländlichen Posse bescheinigte.[76]

»Große Geister lieben Raum ... nicht Mobiliar«[77], lautete Fehlings Motto für die Schaffung einer Spielfläche. *Komödie der Irrungen* wurde auf einer vollständig leeren Bühne aufgeführt, auf der ein großes, weißes, kreisförmiges Zelt stand, dessen vordere Hälfte offen war. Die gleiche Anordnung, in Verbindung mit der hier erstmals eingesetzten runden Schräge, wurde in *Viel Lärm um Nichts* verwendet. Eine Bühne ohne Kulissen bedeutete zu jener Zeit Stilisierung in *décor* und Spiel. Was aber unter Fehlings Regie auf der leeren Bühne Gestalt annahm, stellte sich zu Herbert Iherings Überraschung als »erst recht kräftig und volkstümlich heraus«.[78] Der Grund: Fehling war es gelungen, Theater zu einem körperlichen und geistigen Ereignis zu machen; die Körper der Schauspieler wurden zu lebenden Statuen oder, alternativ, zu Marionetten in einer Hochgeschwindigkeitspantomime, während ihr Umgang mit der Sprache den Zuschauern ein ganz neues Hörerlebnis bescherte. Für *Viel Lärm um Nichts* mied Fehling die gefälligeren modernen Übersetzungen und wählte die etwas ungeschmeidigere Version von Baudissin. »Selten hatte man ein Lustspiel Shakespeares so aus der Sprache erlebt, hier türmten sich die verschlungenen und verpackten, die gequaderten und geschichteten Sätze. Wortgewitter des Humors, Wortorkane der Komik. ... Fehling fängt da an, wo die meisten aufhören.«[79] Im Grunde hatte das wenig mit der absichtlichen Schaffung von Effekten zu tun, Fehling arbeitete intuitiv. Laut Bernhard Minetti war er immer offen für Improvisationen und die Inspiration des Augenblicks. Sein Ziel: »keine Sinngebung«, sondern »Kampf des Lebens, Schmerz und Lust«.[80] Sein Antrieb, ein dionysischer Schöpferimpuls. Bei Fehling, sagt Minetti, wurde Theater sinnliche Gegenwart, Prozeß und Fluß, im Gegensatz zu Jeßner, der das Drama in intellektuellen Rhythmus und architektonisches Konstrukt verwandelte.

Daß zwei Männer wie Berger und Fehling, die nach Vision, Temperament und Gestaltungsweise so verschieden waren, fast zehn Jahre lang Seite an Seite im selben Theater arbeiten konnten, beweist das Geniepotential und den legendären Geist des Staatstheaters. Es zeigt auch, daß der Expressionismus, und sei es auch nur für kurze Zeit, Künstler aus allen Bereichen des Spektrums aufnehmen und inspirieren konnte.

»Der Kampf um Shakespeare«:
Debatten, Übersetzungen, Bearbeitungen
(Brecht / Piscator / Ihering / Gundolf / Rothe / Hauptmann)

Unter den Bemühungen, sich Shakespeare neu anzueignen, waren die expressionistischen sicher die radikalsten. Doch es gab noch viele andere experimentierfreudige Geister, die bereit waren, ihr Glück zu versuchen und neue Ideen auszuprobieren. Selbst wenn sich die Mehrzahl der Inszenierungen im Rahmen des Bildungstheaters bewegte, herrschte Aufbruchstimmung, und es fehlte nicht an Neuerungen, die im Rummel um die nächste Provokation schnell wieder vergessen wurden. Der Volksmund versah alle diese Modernisierungen mit dem Etikett »Hamlet im Frack«.[81] Doch selbst aufgeschlossene Kritiker hatten Mühe, mit den rasch wechselnden Moden und Programmen Schritt zu halten.

Die offensichtlichsten Brüche mit der Tradition waren visueller Art. Aufführungen in moderner Kleidung gab es häufig. Wahre Modernität erforderte jedoch – wie Theatermacher überrascht feststellten – mehr, als Cleopatra in Abendkleid und Pumps zu stecken. Daß sich die Kritiker während des gesamten Jahrzehnts durch moderne Kleidung irritieren ließen, zeigt, wie stark man die Klassiker noch mit der Vergangenheit verknüpfte. Moderne Kostüme waren jedoch nur ein Mittel von vielen, diese Verbindung zu durchtrennen. Unter dem Einfluß des Russen Aleksander Tairow, der ein Theater ohne Bindung an die Literatur gefordert hatte, (»Entfesseltes Theater«) ging Berthold Viertel über solch bloße Kostümwechsel hinaus, als er dem *Kaufmann von Venedig* 1923 ein kubistisches Bühnenbild überstülpte und die ebenfalls kubistisch kostümierten Schauspieler zu Marionetten in einer modernistischen Scharade reduzierte. 1931 wurde ein kubistischer *Hamlet* in Essen aufgeführt, 1929 in Jena *Wie es euch gefällt* auf einer von der Neuen Sachlichkeit inspirierten Bühne. Die Verlegung von *Maß für Maß* in die österreichische Hauptstadt anstelle von Shakespeares imaginärem Vienna (unter Erich Ziegel in Hamburg und Iwan Schmith in Wien, beide in der Saison 1930/31), gab dem Stück zwar ein gewisses Lokalkolorit, eröffnete jedoch keine neue Dimension. Auch in *Der Widerspenstigen Zähmung* (Nationaltheater Weimar, 1931) wurde nur eine spaßige Aktualität erreicht, als Petruchio, in einer Straßenszene mit radfahrenden Kindern und Litfaßsäulen, seine Katharina in einem Automobil entführte. Die Garrick Players hatten 1927 in New York schon denselben Gag benutzt. Der entgegengesetzte Trend, mit exotischem Primitivismus Aufsehen zu erregen, war auch nicht viel besser. Karl Heinz Stroux' Inszenierung der *Komödie der Irrungen* (Volksbühne in Berlin, 1931)

42.
Viel Lärm um Nichts 1920 München.
R: Otto Liebscher,
B: und K: Fritz Schäfler.
Der »szenische Expressionismus«
bewährte sich auch bei den Komödien.
Hier eine gewagte Lösung,
für Alfred Mensi-Klarbach,
einen zeitgenössischen Kritiker,
jedoch »ganz unmöglich« und »die
ärgste Versündigung an dem Dichter.«

als eine Art afrikanischer Dorfburleske mochte insofern noch hingehen, als sich darin die allgemeine Begeisterung für farbige Jazzbands spiegelte; Othello als »Negerhäuptling« jedoch – so interpretierten viele Heinrich Georges Verkörperung der Rolle im Staatstheater 1932 – ging entschieden zu weit.[82] Es gab Dutzende ähnlicher Versuche, die ausgetretenen Pfade zu verlassen, so etwa die Mode, Shakespeares Komödien mit Elementen der Posse und Burleske aufzupeppen. Dann aber beklagten die Kritiker die Einbußen an philosophischer Tiefe und Romantik. *Troilus und Cressida* mußte oft für pazifistische Bekenntnisse herhalten, in denen Heroismus und Krieg angeprangert oder lächerlich gemacht wurden; eine Aussage, der oft durch passende optische Signale Nachdruck verliehen wurde. Einige Regisseure kannten offenbar keine Hemmungen, wenn es darum ging, die Klassiker aus

43. *Viel Lärm um Nichts* 1920 München. Kurt Stieler als Benedict und Käte Bierkowski als Beatrice. Hier habe die Tendenz, »die natürliche Komik Shakespeares ins Maßlose zu steigern ... wahre Orgien» gefeiert. (*Shakespeare-Jb.* 1921, S. 150)

der Sterilität zu erretten, die sie ihnen vorher unterstellt hatten. Das eigentlich Skandalöse an solchen Inszenierungen waren nicht die visuellen Schocks, die sie beim Zuschauer auslösten. Viel beunruhigender war der Verdacht, die überkommenen ästhetischen Werte seien nur Versatzstücke in einem Spiel, dessen Regeln von Lust und Laune diktiert wurden. Wie hätte man sonst um eines flüchtigen *succès de scandale* willen mit einem »heiligen Gut« so drastisch herumexperimentieren können? Durfte sich die Regie wirklich alles herausnehmen?

1929 versuchte die Theaterzeitschrift *Die Scene* dieser Frage auf den Grund zu gehen.[83] Wie zu erwarten, kamen die heftigsten Reaktionen von den äußersten Enden des Spektrums. »Shakespeare hat Shakespeare, Goethe hat Goethe zu bleiben«,[84] forderte Hans Knudsen, kräftig von Fritz Engel unterstützt, der die Regisseure beschuldigte, die »klassischen Werke zu Sensationen für Snobs [zu] machen« und »das Bleibende ins Augenblickliche zu verkleinern«. »Auch in der dramatischen Kunst gibt es einen Denkmalschutz oder es sollte ihn geben.«[85] Peter Buch, der Jeßners Position vertrat, fiel es nicht schwer, dies als den Versuch anzuprangern, das Theater in ein Museum zu verwandeln. Dabei zog er den Gedanken des traditionellen »Kulturtheaters« ins Lächerliche: »Man stellt sich das gewissermaßen als die höchste, sinnfälligste Steigerungsstufe der bloßen Lektüre vor«, und er fuhr fort, das Theater sei kein Ort, »wo Kultur *studiert*, sondern wo sie *geschaffen* wird«.[86] »Wir wollen ihn [den klassischen Dichter] als Lebenden unter uns haben, nicht als Mumie!«[87] Gemäßigte Kritiker und Regisseure wie Monty Jacobs und Gustav Lindemann konnten mit ihren vernünftigen, aber zahmen Kompromiß-vorschlägen nicht durchdringen: »Ihr lieben Theaterleute, ihr mögt den Tonfall des Dichterworts getrost unserer Zeitenmode anpassen. Aber seinen Sinn sollt ihr achten.«[88] Sie fanden »jede Bearbeitung begrüßenswert, die in vollkommener Ein-fühlung in das Wesentliche des Werkes bei höchstem Verantwortungsgefühl des Bearbeiters« erfolge.[89] Radikale Meinungen wurden in eindrucksvollere Formulie-rungen verpackt. So plädierte Ludwig Marcuse für Straffungen und Umdeutungen, denn anders sei »das Ziel der Enthistorisierung, der Einschmelzung in die Substanz der Zeit, nicht zu erreichen«.[90] Die besten Argumente hatte Erwin Piscator. Der Regisseur könne keinesfalls nur »Diener am Werk« sein, was gewöhnlich von ihm verlangt werde, und zwar schon deshalb nicht, weil sich die Werke durch ihre Re-zeption verwandelten – ein frappierender Gedanke, der aber noch weitere fünfzig Jahre unbeachtet bleiben sollte.[91] Auch zum Thema der Modernisierung von klas-sischen Stücken bezog Piscator eindeutig Stellung. Das Theater solle die Massen ansprechen, nicht eine erlesene Minderheit. Krieg und Revolution seien »die gro-ßen Umgestalter unseres Erlebens, unserer Erfahrung, unserer Weltanschauung«. Eine Generation, »von dem hydraulischen Druck der Geschehnisse an die Wand gepreßt«, dürfe nicht davor zurückschrecken, »die stahlharten, im Gebrüll der Kanonen erprobten Erkenntnisse« zu formulieren.[92] Der Regisseur müsse sich ent-scheiden, er müsse einen Standpunkt einnehmen. »Er kann artistisch oder welt-anschaulich bestimmt sein. Nur im letzteren Falle wird jenes Verhältnis zum Kunst-werk gefunden, das über den Einzelfall hinaus für die Träger der werdenden Zeit zwingend ist. Der artistische bleibt dagegen nicht nur äußerlich, sondern muß sich in willkürlichen Kombinationen verlieren.«[93]

Wahre Modernität müsse sich in der Sache oder Substanz statt nur im Stil aus-drücken. Herbert Ihering, einer der einflußreichsten Kritiker und Anführer der fortschrittlichen Fraktion, hatte das Problem gerade in einem dreißigseitigen Essay mit dem Titel *Reinhardt, Jeßner, Piscator oder Klassikertod?* erörtert. Reinhardt, so Ihering, sei mehr damit beschäftigt, Effekte zu erzielen, als sich mit dem Problem des Dramas auseinanderzusetzen.[94] Seine großen Leistungen waren »einmalige Er-eignisse, rauschvolle Verzückungen«, aber ausgerichtet »auf ein vorher feststehen-des Resultat ...: auf das geschmäcklerische Reiztheater«.[95] Reinhardt habe das Illu-sionstheater bis in die zwanziger Jahre am Leben gehalten. Jeßner hingegen sei in seinen frühen expressionistischen Inszenierungen eine revolutionäre Kraft gewe-sen. Allerdings verurteilte Ihering dessen berüchtigten *Hamlet* von 1926 streng. Beim Publikum hatte das Erscheinen von Claudius in der Mausefallenszene als Ver-körperung von Wilhelm II. mit seinem verkrüppelten Arm einen Sturm der Entrü-stung ausgelöst. Für Ihering waren das »billige Serenissimus-Karikaturen ... Das Ganze blieb ein artistisches Experiment, das Substanz vortäuschte«.[96]

Wenn Ihering sogar einen verdienstvollen Regisseur wie Jeßner mit so scharfer Kritik bedachte, hatte er für »Regiefeldwebel«[97] wie Iwan Schmith und Heinz Hil-

44.
Piscator-Bühne 1927.
Lichttransparente
Etagenbühne
(für Simultanspiel) zu
Hoppla, wir leben!
von Ernst Toller mit
Silhouette Piscators
(Montage Sascha
Stone).

pert nur Verachtung übrig. Sie gaben sich seiner Meinung nach nur mit Äußerlichkeiten ab und faßten »das Beben unseres gesamten intellektuellen und politischen Daseins ... als eine Kostüm- und Modeangelegenheit« auf.[98] Ihering befand: »Wenn die inhaltlichen und geistigen Probleme nicht zur Diskussion gestellt werden, sondern nur Stilnuancen, ist jede Änderung und Bearbeitung eine Frechheit.«[99]

Brecht und der Materialwert der Klassiker

Iherings Helden waren Piscator und Brecht. In Brechts Neufassung von Marlowes *Eduard II.*, einem Verfahren, für das Ihering den Begriff »Ummontierung« prägte, sah er das Vorbild, dem alle folgen sollten. (Abb. 46) Menschliche Größe, einst eine lebendige Idee, sei problematisch geworden. Viele Regisseure seien damit beschäftigt, diese Tatsache entweder hinter realistischen Details oder einer ekstatischen, hymnischen Spielweise zu verstecken. Doch das nütze nichts. Menschliche Größe sei ein obsoleter Begriff:

> Brecht setzte für Größe: Distanz. Das ist seine theatergeschichtliche Tat. Er verkleinerte die Menschen nicht. Er atomisierte die Figuren nicht. Er entfernte sie. ... Er forderte Rechenschaft über die Vorgänge. Er verlangte einfache Gesten. Er zwang zu klarem, kühlem Sprechen. Keine Gefühlsmogelei wurde geduldet. Das ergab den objektiven, den ›epischen‹ Stil.[100]

Der epische Stil war laut Brecht der einzige zeitgenössische Stil, »der den wirklichen, nämlich den philosophischen Gehalt Shakespeares zur Wirkung« bringe.[101]

Anstatt kritische Distanz zu ermöglichen, tue das zeitgenössische Theater alles, um auf das Publikum »Hypnose auszuüben«; es befasse sich mit »geistigem Rauschgift-handel«.[102]

> Die Menschen gehen ins Theater, um mitgerissen, gebannt, beeindruckt, erho-ben, entsetzt, ergriffen, gespannt, befreit, zerstreut, erlöst, in Schwung gebracht, aus ihrer eigenen Zeit entführt, mit Illusionen versehen zu werden. All dies ist so selbstverständlich, daß die Kunst geradezu damit definiert wird, daß sie befreit, mitreißt, erhebt und so weiter.[103]

Brecht befand sich in einem unlösbaren Dilemma. Seine politischen Überzeugun-gen verlangten ein Theater, das auf das neue Ideal der kollektiven Solidarität aus-gerichtet war, ein Theater, das bereit war, »die Welt so darzustellen, daß sie be-herrschbar wird«.[104] Mit der Überwindung des aristotelischen Prinzips würden die theatralischen Künste aus dem Stadium, »in dem sie die Welt interpretieren helfen« übertreten »in das Stadium, in dem sie sie verändern helfen«.[105]

45.
Bertolt Brecht

Leider verstießen die Klassiker ge-gen alle diese schönen Forderungen. Sie zeigten auf der Bühne Menschen, die »als ganz unabänderbare, unbe-einflußbare, ihrem Schicksal hilflos ausgelieferte dargestellt sind«.[106] Und für jemanden, der überzeugt war, daß »vom Standpunkt der Einzelpersön-lichkeiten aus ... die entscheidenden Vorgänge unseres Zeitalters nicht mehr begriffen, durch Einzelpersönlichkei-ten ... nicht mehr beeinflußt werden [können],«[107] war die Erkenntnis be-trüblich, daß in den meisten klassischen Dramen das heroische Individuum und der asoziale Einzelgänger im Mittel-punkt stehen, die – von Solidaritätsgefühlen weit entfernt – bei der rücksichtslosen Verfolgung ihrer Ziele den eigenen Untergang und das allgemeine Verderben in Kauf nehmen.

Macbeth, König Lear und Coriolanus sind die von Brecht am häufigsten zitier-ten Beispiele für solch destruktive Charaktere und für Stücke, die nicht mehr auf-geführt werden sollten, solange man nicht wisse, wie man den Zuschauer davon abhalten könne, moralisch so zweifelhafte Helden zu bewundern und sich mit ihnen zu identifizieren. Von Brecht vorgeschlagene dramaturgische Eingriffe, die verhin-dern sollten, daß das Publikum etwa Lears Zorn teilte[108] oder mit Romeo sympa-thisierte – zum Beispiel solle gezeigt werden, wie Romeo einen Pächter ruiniert, um

46. Brechts Bearbeitung von Marlowes *Edward II.*, Kammerspiele München, 18. März 1924.
R: Bertolt Brecht, B: Caspar Neher. Dieses wahrhaft revolutionäre, nicht-illusionistische Bühnenbild verweist bereits auf Brechts ausstellendes statt des traditionellen mimetischen Theaters.

ein Abschiedsgeschenk für seine Freundin Rosalinde zu kaufen – [109] überzeugten
nicht. Brecht brach die Arbeit an *Julius Cäsar* ab, und in seiner Analyse von *Macbeth*
(1927) kam er zu dem Schluß, daß »die ganze Klassik … ohne eine Umwertung der
wesentlichsten Ideenkomplexe gar keine Existenzmöglichkeit hat«.[110] Das einzig
Tröstliche für ihn war, daß Shakespeare »reiner Stoff« – Materie, Material, Mythos – sei.

Natürlich war Brechts Theorie vom »Materialwert der Klassiker« ein Ärgernis.
Der Gedanke, der höchste Wert der Klassiker bestehe darin, Rohmaterial zu sein,
»etwa die grobe Handlung«[111], ein Steinbruch, den man plündern dürfe wie die
Vandalen einst das antike Rom[112], stieß alle traditionellen Kulturfreunde vor den
Kopf. Ihnen wurde nun klar, daß dieser junge Mann es ernst meinte, wenn er von
sich behauptete: »Ich bin ein Raubtier und benehme mich auf dem Theater wie im
Dschungel. Ich muß etwas kaputtmachen, ich bin nicht gewohnt, Pflanzen zu fressen.«[113] Um ihre geliebten Klassiker hätten sie sich dennoch keine Sorgen machen
müssen. Das schockierende Konzept »Materialwert« hatte vorerst wenig Einfluß
auf die Theaterpraxis. Abgesehen von Piscator und Ihering wollte sich niemand
darauf einlassen. Selbst Erich Engel, der *Coriolanus* am Lessingtheater in direkter
Zusammenarbeit mit Brecht (Abb. 47) herausbrachte (27. Februar 1925), hütete
sich, die Idee vom »Materialwert« wörtlich zu nehmen. Er wies Kortner als Coriolanus an, sich von seiner Rolle zu »distanzieren«, um zu verhindern, daß Krieg oder

Heldentum idealisiert würden[114], sah aber keine Notwendigkeit, auch alle übrigen Reduktionsmöglichkeiten, die im Konzept des »Materialwerts« steckten, auszuschöpfen. Die These half Brecht jedoch, sein Verhältnis zur dramatischen Tradition zu definieren. Alle anderen fragten sich, wie ihre Arbeit den Klassikern dienen könne. Nur Brecht wagte es, den Spieß umzukehren und zu fragen, wie die Klassiker seiner Arbeit dienlich sein könnten. »Materialwert« wurde für ihn auch zum Test, an dem sich die wahren Revolutionäre von den Simulanten schieden.

Anfangs hatte Brecht Jeßner, dessen »wohlüberlegte Amputationen« vom »Materialwert der Stücke«[115] bestimmt würden, noch als Mitstreiter beim notwendigen Vandalismus begrüßt. Nicht viel später beurteilte er Jeßners Arbeit als »harmlos« und »Kunstgewerbe«, als »Gips«, nicht Marmor, und zum »Theater der Internationale der Verkalkung« gehörig.[116] Damit wollte sich der frischgebackene Marxist weniger vom Sozialdemokraten Jeßner abgrenzen, als seine Überzeugung zum Ausdruck bringen, daß es keine Allianz geben könne zwischen dem kompromißlosen Propagandisten des antimimetischen Prinzips und einem Regisseur, der allen nicht-realistischen Elementen seines Regiestils zum Trotz die mimetische Grundlage der dramatischen Kunst nicht aufgeben wollte.

47. *Coriolanus* 1925 Berlin. R: Erich Engel und Bertolt Brecht, B: Caspar Neher. Fritz Kortner als Coriolanus auf einer Abwandlung der Jeßner-Treppe (siehe auch Abb. 73).

48.
Der Wald (von
Alexander Ostrowski)
1924 Moskau.
R: Wsewolod Meyer-
hold, B: V. Fedoroff.
Im Zeichen von
Abstraktion und rigoro-
sem Anti-Illusionismus
wird die Bühne
Funktionsmodell und
Laboratorium.

Brechts und Iherings Programm der Klassikerverfremdung, des »Ummontie-
rens« von einzelnen Bestandteilen und des »Auskältens«[117] durch absichtliche
Brüche, das der Neigung der Schauspieler zum Aufheizen mit billiger Theatralik
entgegenwirken sollte, hatte das Ziel, »die Vorgänge hinter den Vorgängen« zu
enthüllen.[118] Das hieß vor allem, den Helden als Mitglied eines gesellschaftlichen
Gefüges und einer Klasse zu zeigen und nicht als einmaliges, alle Schranken spren-
gendes Individuum. Es sollte dreißig Jahre dauern, bis Brecht schließlich mit seiner
Bearbeitung des *Coriolanus* für das Berliner Ensemble seine These beweisen konnte.
In der Fassung von Manfred Wekwerth und Joachim Tenschert (1964) war das
Stück dann auch auf der Bühne erfolgreich. Zu Brechts Lebzeiten hatte es primär
als Bearbeitungsmodell gedient, an dem die Assistenten des Meisters ihre analytische Ausbildung erhielten. Die Theaterrevolution der sechziger und siebziger Jahre verdankte ihren nun wesentlich freieren Umgang mit den kanonischen Texten
zum großen Teil dem vom Theater am Schiffbauerdamm ausgehenden Anstoß.
Eine ganze Generation zukünftiger Regisseure und Dramaturgen hatte in langwie-
riger Arbeit am *Coriolanus* das Thema der Klassikerbearbeitung und Textmanipula-
tion von allen Seiten durchleuchtet. Sobald sie selbständig arbeiten konnten, vollzogen sie auch den naheliegenden Schritt, der von Ihering erstaunlicherweise
übersehen worden war, und machten sich an die Königsdramen. Hier fanden sie
hervorragend geeignete Beispiele, an denen sich »die Ereignisse hinter den Ereig-
nissen« offenlegen ließen. Auch auf diesem Feld war Brecht mit seiner Bearbeitung
von Marlowes Historienstück *Eduard II.* (1924) der Wegbereiter, aber in seinen
nachfolgenden theoretischen Kommentaren zu Shakespeare befaßte er sich fast
ausschließlich mit den Tragödien. Dabei waren diese gegen Brechts Bearbeitungs-

versuche nicht nur in der Praxis, sondern auch theoretisch resistent. Durch die bewußte Verkleinerung von Hamlet, Lear, Othello und Romeo wird nämlich nichts gewonnen. Sie werden in den Stücken ohnehin um ihre Größe gebracht. Eine Gesellschaft aber, die solche Helden weder brauchte noch hervorbrachte – Brechts utopische Vision und Hoffnung – schien zwar in den zwanziger Jahren in Rußland kurz am Horizont aufgetaucht zu sein, existierte nirgends auf der Welt. Die Veränderungen des Theaters, wie Brecht sie sich vorstellte, gehörten zum Konzept einer Kulturrevolution, für die die gesellschaftliche Revolution ausstand. Vorerst lag das Tagesgeschäft der Klassikerbearbeitung für das faktisch existierende Theater und für die gegenwärtige Gesellschaft noch in den Händen gemäßigterer Geister.

Übersetzungen

Die Diskussionen der zwanziger Jahre über den klassischen Status Shakespeares wirkten sich nicht nur auf die optische Darbietung aus, sie hatten ebenso gravierende Folgen für den Umgang mit dem Text. Auch in diesem Punkt gaben sich Progressive und Konservative kein Pardon. Im Nachhinein erscheint Brechts Wahl von *Eduard II.* als eine kluge Entscheidung, denn von diesem Stück gab es keine Schlegel-Tieck-Übersetzung, mit der er hätte in Konkurrenz treten müssen. So konnte wenigstens niemand seine absichtlich trockenen Formulierungen, steifen Rhythmen und syntaktischen Eigenheiten (in Wirklichkeit jedoch eine revolutionäre Neuschöpfung des Blankverses) als Vandalismus an geheiligten Traditionen brandmarken. Bei Shakespeare lagen die Dinge anders. Die Schlegel-Tieck-Fassung hatte den Status eines Originals erlangt, sie war »der deutsche Shakespeare« schlechthin und wurde als Literatur gelesen. Im Laufe des 19. Jahrhunderts hatten die Herausgeber viele (meist kleinere) Veränderungen und Korrekturen vorgenommen, diese jedoch nicht ausdrücklich gekennzeichnet, damit das so entstandene Konglomerat aus vielen unterschiedlichen Federn noch als »Schlegel-Tieck« durchgehen konnte. Ein wenig befriedigender Zustand. Das Bedürfnis nach einer endgültigen Fassung wuchs. In seiner zehnbändigen Ausgabe von 1897 (Meyers Klassiker) stellte Alois Brandl die ursprünglichen Texte von August Wilhelm Schlegel, Ludwig und Dorothea Tieck und Wolf Graf Baudissin wieder her. In dieser beliebten Ausgabe, 1922/23 neu aufgelegt, waren die Veränderungen in den Anmerkungsteil am Schluß verbannt, was die zahlreichen Schlegel-Puristen befriedigte. Deren Einstellung hatte der Wiener Sprachkritiker Karl Kraus unmißverständlich auf den Punkt gebracht: »Ein Schlegel'scher Irrtum im *Hamlet* ist wertvoller und dem Original gemäßer als die tadelloseste Übersetzung, in der er beseitigt erscheint.«[119]

Das war gegen Friedrich Gundolf gerichtet, der zwischen 1908 und 1922 überarbeitete Schlegel-Fassungen herausbrachte, von denen er behauptete, sie seien »eine poetische Erneuerung Shakespeares in der deutschen Sprache«. Die Reaktion auf diese Ausgabe war gemischt. Der schöne Druck und die mit einem Schmuckrahmen verzierten Seiten befriedigten den Wunsch nach einer auch äußerlich gefälligen Neuaneignung des geliebten Autors. Überraschenderweise brachte Gundolf jedoch viele Fehler Schlegels, die vorher unauffällig beseitigt worden waren, wieder in Umlauf. Die Meinung über die poetischen Prinzipien, die dieser Revision zugrunde lagen, war geteilt. Gundolf hatte sich geweigert, die Reduktionen und Verschiebungen im Vokabular des Durchschnittslesers zu berücksichtigen, die im Lauf der Zeit eingetreten waren. Er machte auch keine Konzessionen an die mit den Texten im Verlauf ihrer Aufführungsgeschichte im Theater gewonnenen Erfahrungen. Gundolf wollte »die ganze deutsche Sprachfülle greifen«[120], die vergangene und die gegenwärtige. Von ihm wieder eingeführte archaische Wendungen wurden zwar als altmodisch empfunden, da jedoch erkennbar war, daß er sie absichtlich verwendete, auch als Teil eines poetischen Programms begriffen. Es verlangte, wo immer möglich, zu den sprachlichen Wurzeln zurückzukehren und, bei idiomatischen Wendungen, so eng am Original zu bleiben, daß der Leser stutzte und sie mit neuen Augen sah. Der Nachteil: Gundolfs Sprache entbehrte nicht einer gewissen Preziosität und Gestelztheit. Doch das war ein Preis, der von allen Dichtern des Georgekreises gern entrichtet wurde. Ihre Ideale des edlen Ausdrucks, der imaginativen Welterfassung und der Erhebung über die schnöde Alltäglichkeit waren anders nicht zu verwirklichen.

Gundolfs Übersetzung war für Leser, nicht für Schauspieler gedacht. Ihre Verdienste offenbart sie erst bei verweilender Lektüre, ihre lyrischen Qualitäten nur der richtig eingestimmten Sensibilität. Auf der Bühne sind ihre exquisiten Überraschungen weitgehend verschwendet. Es war die letzte Übersetzung, die sich speziell an Leser richtete. Alle nachfolgenden suchten ihre Inspiration beim Theater.

Die bekannteste und kontroverseste unter diesen war die von Hans Rothe, der als Dramaturg in Leipzig und Berlin arbeitete und auch selbst Stücke schrieb. Rothe kannte das Theater also genau. Die Freiheiten, die er sich mit Shakespeares Texten herausnahm, waren für die damalige Zeit unerhört und wurden von den Literaturwissenschaftlern streng kritisiert. Die Theaterleute hingegen griffen seine Übersetzungen begierig auf. »Die Neufassungen ... u. a. einige vernachlässigte Komödien wie *Zwei Herren aus Verona*, *Komödie der Irrungen*, *Falstaff in Windsor* und *Ende gut, alles gut*, die dadurch ›spielbarer‹ gemacht wurden, daß sie sie in die Nähe der Burleske und des Schwanks rückten, erfreuten sich bei den Theatern bald großer Beliebtheit ...«.[121] Bis 1936 waren sie an etwa dreitausend Abenden aufgeführt worden,[122] sie erlebten einen zweiten Aufschwung nach dem Krieg, als Goebbels' Spielverbot nicht mehr bestand, und hatten in der Zwischenzeit auch in der Schweiz viele Anhänger gefunden. Rothes Übersetzungen waren leichter sprechbar, er beseitigte altmodische Elisionen und ungewöhnliche Inversionen, vereinfachte die Syntax und benutzte ein modernes Vokabular. Manchmal waren seine Übersetzungen ein eindeutiger Fortschritt gegenüber früheren Fassungen. Oft jedoch erlahmte sein poetischer Elan, und gelegentlich ließ ihn auch sein kritisches

Urteilsvermögen im Stich, so daß er banale oder fast bedeutungsleere Zeilen hervorbrachte.

In seiner Eigenschaft als Übersetzer allein hätte Rothe nicht soviel Aufregung verursacht. Es gelang ihm aber, zuerst sich selbst, dann dem altehrwürdigen Professor der Germanistik und Phonetik Eduard Sievers, und schließlich einem großen Teil der Öffentlichkeit einzureden, Shakespeares Stücke seien in erheblich korrupterer Form überliefert, als allgemein angenommen. Im Globe Theatre seien Shakespeares Manuskripte mehr oder weniger wie Filmskripte in der heutigen Zeit entstanden.[123] Sie seien mit Hinzufügungen von fremder Hand übersät, und die großen Abweichungen zwischen einigen Quartos und der Folio-Ausgabe seien nicht so sehr ein Beweis für den verzweifelten Kampf Shakespeares oder der Folio-Herausgeber mit den Raubdruckern, als vielmehr für die lässige Art und Weise, in der elisabethanische Theaterbetriebe mit ihren Manuskripten umgingen. Wie aber könne man die korrupten Passagen erkennen? Mit Hilfe von Intuition und Wissenschaft. Die Intuition, gestützt von Argumenten, die auf einem erfahrenen Theaterverstand basierten, stammte von Rothe; die Wissenschaft, d. h. phonetische Analyse, von Professor Sievers, einer Autorität auf diesem Gebiet, mit dem Rothe angeblich seit Jahren zusammenarbeitete, um seine Ergebnisse zu bestätigen oder zu korrigieren. Rothes Ausgabe, die zu guter Letzt 31 Stücke umfaßte, trug den Titel »Der elisabethanische Shakespeare« und erhob den Anspruch, die Dramen von nicht-authentischem Material befreit zu haben. Dazu gehörten nicht nur diejenigen korrupten Zeilen und zweifelhaften Stellen, die die frühere Shakespeare-Forschung entdeckt hatte, sondern auch vollständig neue, bisher unverdächtige Teile, von denen er behauptete, ihr Stil sei nicht der Shakespeares. Unter dieses Verdikt fielen nicht nur die berüchtigten Wortspiele, sondern ganze Szenen und Akte.[124] Rothe eliminierte auch das, was er für dramaturgische Unbeholfenheiten hielt: Entsprechende Passagen seien entweder nicht von Shakespeare oder Shakespeare habe sie bei dem mörderischen Arbeitstempo im Globe übersehen. Indem er Fabians Part in *Was ihr wollt* auf Feste übertrug, und Festes elegische Liebesklage »Komm herbei, Tod« von Viola/Cesario singen ließ, folgte er nur dem eigenen Theaterinstinkt und einer schon damals üblichen Bühnenpraxis. Seine Änderung des Schlusses von *Macbeth* wurde jedoch als Akt barbarischer Gefühllosigkeit empfunden. Die abschließende Rede zu Ehren des im Kampf mit dem Tyrannen gefallenen jungen Siward ist gestrichen, ebenso die versöhnlichen Worte des jungen Königs Malcolm mit dem Versprechen einer besseren Zukunft für sein leidendes Land. Bei Rothe endet das Stück mit dem Tod Macbeths unter dem Schwert des Rächers Macduff.

Die Kontroverse um Rothe dauerte bis in die fünfziger Jahre an. Immer wieder ließen sich Shakespeareforscher zu neuen, scharf formulierten Widerlegungen der unhaltbaren Prinzipien dieses unbelehrbaren Unruhestifters hinreißen. Sein Erfolg auf der Bühne ist weniger schwer zu erklären. Er lieferte den Regisseuren wirklich theatergerechte Übersetzungen und verschaffte ihnen obendrein noch ein gutes Gewissen. Früher mußten sie wegen jeder Textänderung einen Spießrutenlauf zwischen Professoren und Kritikern befürchten, jetzt konnten sie den Text gefahrloser manipulieren. Hatte Rothe die Akademiker nicht mit ihren eigenen Waffen geschlagen und »bewiesen«, daß die Grundlage ihrer Arbeit, der authentische Text, gar nicht so authentisch war? Rothes ›elisabethanischer‹ Shakespeare gab den Regisseuren das, was sie brauchten, einen modernen, angeblich originalen Text *und* die Freiheit, ihrem Theaterinstinkt zu folgen. Daß Rothe seinen Feldzug im Namen der Authentizität führte, zeigt, wie stark der Glaube an das Originalgenie und seine einzigartigen Schöpfungen immer noch war.

Bearbeitungen

Von der Übersetzung zur Bearbeitung war es nur ein Schritt. Späteren Generationen von Regisseuren und Dramaturgen fiel er leicht. In den zwanziger Jahren jedoch hielt das Charisma von Shakespeares Werk als unantastbarem Kulturgut potentielle Bearbeiter noch immer zurück oder trieb sie zu mehr oder weniger weit hergeholten Rechtfertigungsversuchen. Der einfachste Ausweg war, die Echtheit einiger Teile von Shakespeares Werk zu bestreiten, indem man die von der Shakespeareforschung geweckten Zweifel an der Zuordnung fraglicher Stellen überbetonte und darauf verwies, daß auch die Quarto- und Folioausgaben voneinander abwichen und deshalb nur bedingt zuverlässig seien. Auch Rothe brauchte für seine Eingriffe noch eine Legitimation, die er sich mit pseudo-wissenschaftlichen Argumenten verschaffte. Nur Brecht lehnte solche Verschleierungstaktiken ab. Außer ihm war niemand bereit, sich ohne Absicherung an einem Originaltext zu vergreifen. Spielfassungen für Aufführungen waren eine andere Sache, aber gravierende Veränderungen in den veröffentlichten Texten wurden nur vorgenommen, wenn die Bearbeiter sich zuvor eingeredet hatten, daß der Text (wenigstens teilweise) nicht authentisch sei. Die Erkenntnisse der Text- und Editionskritik wurden dabei nur in höchst selektiver Form zu Rate gezogen, ein Regelverstoß, den die akademischen Shakespeareliebhaber nicht leicht verziehen und den man nur einem Dramatiker vom Format Gerhart Hauptmanns nachsah, als dieser sich den *Hamlet* vornahm.

Hauptmann mußte sich mit einem übermächtigen Vorläufer auseinandersetzen. Goethe hatte Hamlet als zarten Renaissance-Prinzen definiert, den der barbarische Racheauftrag erdrückt. Diese Sicht schmeichelte den empfindsamen Seelen, bis Ferdinand Freiligrath in einem galligen Gedicht »Deutschland ist Hamlet« (1844) einen bitteren Vergleich anstellte zwischen der politischen Wirkungslosigkeit des schwankenden Träumers und den liberalen deutschen Intellektuellen: Auch sie ignorierten den Ruf des Geistes (der ermordeten Freiheit) und könnten sich nicht zur Tat aufraffen. Von da an war eine politische Interpretation zumindest möglich[125], selbst wenn eskapistische Hamlets im Geiste Goethes weiterhin die Bühne beherrschten. Die Hamlets von Moissi und Raoul Aslan litten an Weltschmerz, und

ihre formvollendete elegische Darbietung etablierte das Bild von Hamlet als Bluts-
bruder Werthers bis weit in die dreißiger Jahre. Schauspieler wie Kortner, der Jeßners politischer Auffassung des Stückes folgte, konnten daran nichts ändern. Hamlet, der sensible Künstler und idealistische Philosoph, war eine unwiderstehliche
Identifikationsfigur, die zudem das Siegel von Goethes Zustimmung zu tragen
schien. Hatte dieser nicht einen Gutteil seines halb autobiographischen Theater-
romans *Wilhelm Meisters Lehrjahre* darauf verwendet, seine Auffassung der Tragödie
herauszuarbeiten?

Für jemanden, der so offensichtlich Goethes Fußstapfen folgte wie Gerhart
Hauptmann (Kaiser Wilhelms böses Etikett »Gewerkschafts-Goethe« enthielt ein
unbequemes Körnchen Wahrheit), war es nur eine Frage der Zeit, bis auch er sein
Hamlet-Erlebnis hatte. Wie so viele deutsche Intellektuelle rang er um eine Selbst-
definition durch die Auseinandersetzung mit dem *Hamlet*-Stoff. Länger als zehn
Jahre mühte er sich daran ab. Das Ergebnis waren zwei Bearbeitungen (1927 und
1930), ein eigenständiges Stück mit dem Titel *Hamlet in Wittenberg* (1935) und der
Roman *Im Wirbel der Berufung* (1936).

Eine Rekonstruktion des *Ur-Hamlet* war, wie Hauptmann sehr wohl wußte, unmöglich, aber eine Annäherung konnte man immerhin versuchen. Hauptmann mißfiel Shakespeares skizzenhafte Darstellung der sich auf Norwegen und England
beziehenden Handlung sowie der ganze 4. Akt, »ein Trümmerfeld«; er wollte das
Verhältnis zwischen Hamlet und Ophelia klären und aus Hamlet eine mannhaftere
Figur machen. In seinen Aufzeichnungen heißt es dazu: »Ich beginne mit den
Worten Fortinbras', ›er hätte, wäre er zum Thron gelangt, sich höchst königlich
bewährt‹.«[126] Alle Szenen, die er einfügte, tragen dazu bei, aus dem Drama ein
Historienstück zu machen. Der alte Norweg hofft, seine verlorenen Gebiete
wiederzuerlangen und verachtet König Claudius ebenso wie Hamlet, »ein Muttersöhnchen ... ein Bänkedrücker, Bücherwurm«; Claudius empfängt einen englischen
Gesandten, der den Vorschlag macht, den melancholischen Prinzen nach England
zu schicken; Fortinbras marschiert durch Dänemark, ein junger Engländer unterhält ihn dabei mit der Geschichte, wie der alte Norweg Cornelius und Voltemand
hinters Licht führte. Hauptmann wollte zeigen, daß Hamlet aktiv an diesem historischen Konflikt teilnahm. Dafür brauchte er seinen Helden frei von Schuld: Rosenkranz und Güldenstern werden folglich von Bernardo und Marcellus getötet,
nicht aber durch die von Hamlet heimtückisch abgeänderte Order zur plötzlichen
Hinrichtung verurteilt. Auch sollte er weniger zu Selbstvorwürfen neigen; der
Monolog »Wie jeder Anlaß mich verklagt« ist gestrichen. Tatkräftiger sollte er erscheinen: Nicht Laertes, sondern Hamlet steht an der Spitze des Aufstands gegen
den König und fordert Rache für den eigenen Vater, den von Claudius gemordeten
alten Hamlet. Um ihren rasenden Sohn abzulenken, läßt Gertrud Ophelia holen.
Bei ihrem Anblick wird Hamlet, das Racheschwert in der Hand und kurz vor dem
Ziel, den Thron zu gewinnen, vom Bewußtsein seiner Schuld überwältigt, hat er
doch das unschuldige Kind verführt und in den Wahnsinn getrieben. Die Gelegen-

heit zum Staatsstreich bleibt ungenutzt. Es folgen Reflexionen über Tod und Schuld, und der Monolog »Sein oder Nichtsein« wird passenderweise näher ans Ende gerückt und erst nach der Totengräberszene gesprochen.

Die Reaktion der Kritik auf die Uraufführung in Dresden (8. Dezember 1927) war entschieden kühl.[127] Hauptmann habe durch die Klärung der Motive dem Stück und der Figur die Vielschichtigkeit genommen und beide weniger interessant gemacht. Niemand bearbeitet *Hamlet* ungestraft. Brecht wußte das: »Wir können den Shakespeare ändern, wenn wir ihn ändern können.«[128] Hauptmann konnte es offenbar nicht.

Die reservierten Besprechungen hielten ihn nicht von weiteren Versuchen ab. »Es hat mich gelockt, mir den weltberühmten Dänenprinzen und seine Sturm- und Drangzeit in der Stadt Luthers vorzustellen«[129], sagt Hauptmann im Vorwort zu *Hamlet in Wittenberg* (Uraufführung in Dresden, 19. November 1936). Wieder einmal hatte er sich zuviel vorgenommen. Hamlet darf nicht nur eine *éducation sentimentale* mit einer verführerischen Zigeunerin, Hamida, absolvieren, er braucht auch noch fröhliche Kumpane bei Studentengelagen nach Art des verjüngten Faust in Leipzig; nicht fehlen darf auch ein geheimnisvoller Spanier, eine mephistophelische Figur (ein weiterer Verweis auf Goethe), Don Pedro genannt, der, obwohl Hamlets Gegenspieler, ihn letztlich doch dazu bringt, sein Schicksal und seine Verpflichtungen als Kronprinz anzunehmen. Damit nicht genug, Hamlet muß außerdem noch dem humanistischen Gelehrten und Praeceptor Germaniae Melanchthon seine zutiefst pessimistische Lebensphilosophie vortragen dürfen, und schließlich wird dieser Hamlet, den seine Freunde zu Recht Proteus nennen, als Verfasser, Regisseur und Mitspieler in einem symbolischen Historienspiel zur Erlöserfigur. »Alle Menschen aller Stände, aller Bekenntnisse hat er unter sein mildes Szepter gebeugt, unter das Szepter freier und befreiter Menschlichkeit.«[130] Hauptmanns Hamlet ist ein theatralischer, manisch-depressiver Studentenprinz, eine Kreuzung zwischen Romeo und Timon, das Stück selbst nicht mehr als eine historische Maskerade. Es präsentiert dem Zuschauer Pappfiguren in künstlich herbeigeführten Situationen, und man ist peinlich berührt, wenn man feststellt, daß Hauptmanns Hamlet Shakespeares Zeilen spricht, wozu ihn nur sein Name, aber nichts in seinem Charakter berechtigt.

Mit ähnlichem Befremden registriert man die zahlreichen Analogien zu Goethes *Wilhelm Meister* in Hauptmanns Roman *Im Wirbel der Berufung*. Was in Goethes Roman eine erregende Erkundung freierer Formen des Lebens und der Liebe war, Ausdruck eines beherzten, die Klassen- und Ständeschranken überschreitenden Humanismus sowie die Entwicklung neuer ästhetischer Ideen bei der Interpretation und Inszenierung von *Hamlet*, wirkt merkwürdig privat, veraltet und sinnlos, wenn es 140 Jahre später in Hauptmanns Roman von einem Erasmus Gotter nachgelebt wird. Daß dieser Versuch überhaupt unternommen wurde und einen großen Schriftsteller so viele Jahres seines Lebens beschäftigte, läßt ermessen, welch magische Anziehungskraft Shakespeare und Goethe ausübten und zeigt, in welche

Gefahr diejenigen gerieten, die sich von den großen Vorbildern nicht freimachten. Historische Kulturgüter neu zu »erwerben«, indem man sie bearbeitete, sie näher an die Gegenwart holte oder Vorläufer erfand – wie Hauptmann es getan hatte – konnte ohne ein klares ideologisches Ziel nur zu Epigonentum führen. Liebe und Enthusiasmus allein reichen offenbar nicht aus. Der Bearbeiter muß modernisieren wollen, also Defizite aufspüren, verändern oder das Stück notfalls sogar ganz gegen den Strich bürsten. Den Bilderstürmern der sechziger und siebziger Jahre war das klar. Sie hatten sowohl das ideologische Fundament als auch den Willen, das klassische Erbe auf den Prüfstand zu stellen. Es bedurfte des metaphysischen Nihilismus eines Ionesco und des pessimistischen Geschichtsverständnisses von Heiner Müller, damit Klassikerbearbeitungen für sich stehen konnten und zu überzeugender Literatur wurden. Doch selbst dann schienen Bearbeitungen ein zweifelhaftes Genre zu bleiben. Heiner Müller, der tiefstgreifende und erfolgreichste aller Bearbeiter, muß das gespürt haben, als er zu dem Schluß kam: »Wir sind nicht bei uns angekommen, solange Shakespeare unsere Stücke schreibt.«[131]

Gerhart Hauptmanns Bearbeitungen waren rückwärtsgewandte Hommagen an den großen Meister. Weder inhaltlich noch formal konnten sie als Modernisierungen gelten. Er war nicht der einzige, der auf diesem Gebiet versagte. Deshalb überrascht es nicht, daß die Bearbeitung eine dramaturgische Kategorie geblieben und keine literarische Gattung geworden ist. Die große Mehrheit billigte nur die behutsame Anpassung eines Textes an die Erfordernisse der Aufführung oder an die geistigen Bedürfnisse der Zeit, mehr stand dem Theater nicht zu. Auf dieser Basis beruhte die Mehrzahl der deutschen Shakespeare-Inszenierungen bis weit in die fünfziger Jahre. Daß auch sie ausreichende Variationsmöglichkeiten bot, wird die folgende Vorstellung so verschiedener Regietemperamente wie Saladin Schmitt in Bochum und Otto Falckenberg in München zeigen. Sie leisteten ihre interessanteste Arbeit in den zwanziger Jahren, wirkten aber bis in die vierziger Jahre hinein. Mit Schmitt und Falckenberg, deren Namen stellvertretend für viele andere stehen müssen, betreten wir die Domäne der bewußten Shakespearepflege, das heißt der Vermittlung seines Werks im Sinne einer kulturellen Verpflichtung.

Saladin Schmitt: Kulturpolitik in der Provinz

Während in Berlin und sporadisch auch in anderen Städten wie Darmstadt, Dresden und Frankfurt der Kampf um die Moderne tobte, waren abseits davon völlig andere Tendenzen wirksam. Die bemerkenswerteste Erfolgsstory ist die von Bochum, wo es dem Genie und der Energie eines Mannes gelang, mit der Unterstützung eines ihm ergebenen Ensembles und einer treuen Anhängerschaft dieser trostlosen Industriestadt einen festen Platz in der deutschen Kulturlandschaft zu sichern. Dr. Saladin Schmitt (1893–1951) war fünfunddreißig Jahre alt, als er das neugegründete Stadttheater in Bochum übernahm. Aus Brüssel, wo er ein Theater für die deutsche Besatzungsmacht geleitet hatte, brachte er eine Gruppe Schauspieler, seinen Komponisten Emil Peters, seinen Bühnenbildner Johannes Schröder und feste Überzeugungen von der Rolle des Theaters in einem Gemeinwesen mit. Diese leiteten sich zum Teil von seinem Lehrer Max Martersteig her, dem Intendanten des Schauspielhauses in Köln, der von einem Nationaltheater schwärmte, einem »Bayreuth des Dramas«, wie er es nannte. Das deutsche Nationaltheater war ein lang gehegter Traum. Seit Lessings leidenschaftlichem Eintreten für eine solche Institution im Jahre 1769 hatte er nichts von seinem Reiz verloren. Das Ideal mochte außer Reichweite sein, viele Anläufe waren gescheitert, das war aber kein Grund, es nicht dennoch zu versuchen. Saladin Schmitts Repertoire in Bochum sowie das des Opernhauses in Duisburg, das er von 1919 bis 1934 ebenfalls leitete, war auf die Wahrung etablierter Kulturwerte ausgerichtet und enthielt sämtliche Werke, die man von einem Nationaltheater erwartete. Das verlangte ein gebildetes Publikum, und wenn es – wie in Bochum – fehlte, mußte es eben herangebildet werden. Schmitts Überlegungen waren einfach und, im Vergleich zur hochgestochenen Kulturdebatte in Berlin, geradezu altväterlich.

49.
Saladin Schmitt

> Jedwedes Volk nennt ein ganz bestimmtes Kulturgut sein eigen, ... das ebenso Wissenschaft wie Dichtung, bildende Kunst wie Musik umschließt. ... Fühlung mit diesem Kulturganzen, lebendiges Einssein mit diesem kulturellen Allgefühl, wird auch Voraussetzung jeglicher Vermittlung kultureller Güter, kultureller Erträgnisse sein ... Eine Vermittlung, in die sich Schule und Universität, Konzertsaal und Museum, Gotteshaus und Schaubühne teilen müssen.[132]

Das Theater müsse über den Parteien und Ideologien stehen, es dürfe nicht an Konfession oder Klasse gebunden sein. Ohne dieses Trennende zu negieren, hätten die Bühnen

> ... doch irgendwie den Gesamtwillen einer Gemeinde zum Ausdruck zu bringen. Das ist am ersten zu erreichen, wenn eine Theaterleitung ... sich als behördliche Vermittlung der dramatischen Kulturgüter aller Völker und Zeiten ansieht und dem Ziel zustrebt, diese Werke in ihrer imponierenden Gesamtheit, verteilt auf so und soviel Spielzeiten, dem Publikum zu bieten.[133]

Er glaubte, eine »systematische Heranziehung des gesamten dramatischen Gutes müßte in rund zehn Jahren ein Bild der dramatischen Weltliteratur« vermitteln, und bei richtiger Planung müsse sich auch die historische Reihenfolge einhalten lassen. So ließe sich vermeiden, »*Medea* vor den *Argonauten* zu bringen« oder »*Heinrich V.* vor *König Richard II.*«[134]. Damit umriß er ein Programm, das fast ausschließlich den Klassikern gewidmet war, bei denen er gern selbst Regie führte. Dieses traditionsverhaftete Repertoire stellte eine bewußte Herausforderung des in der Hauptstadt praktizierten Theaterkonzepts dar. Es dauerte auch nicht lange, bis sich Berlin mit der Stimme Herbert Iherings zu Wort meldete. »Im Industriebezirk dem Arbeiter das Zeittheater zu geben, das ihn angeht«,[135] predigte Ihering, sei eine der wichtigsten Aufgaben der Kulturpolitik. In Bochum habe man das noch nicht einmal versucht. Zwei Jahre später, 1928, glaubte Ihering deutlicher werden zu müssen. Er räumte ein, Saladin Schmitt habe zwar ein bemerkenswertes Niveau erreicht und gehalten, aber: »kunstgewerbliches Theater, also Verzierung, Schmuck, Ornament, vor einem Publikum, das täglich stärker als irgendein anderes in Deutschland inhaltlich, sachlich, wirklich erlebt, heißt: die Bühne von einer Notwendigkeit auf ein Luxusgebiet abzulenken.«[136] Ihering sah den Arbeiter als Mitglied des Proletariats und potentiellen Revolutionär. Deshalb brauche er ein modernes, aktuelles Theater. Schmitt sah den Arbeiter (sofern überhaupt) als potentiellen Bürger, der traditionelle Kultur brauche; man dürfe ihm keine Bildungsmöglichkeiten vorenthalten, das *embourgeoisement* müsse mit allen Mitteln gefördert werden. Zwischen dem revolutionären und dem melioristischen oder pädagogischen Standpunkt gab es keine Brücke. Was die Bedingungen im Ruhrgebiet betraf, hatte Saladin Schmitt die besseren Argumente.

Die krönenden Ereignisse des Bochumer Theaterlebens waren die Festwochen, die dem Werk einzelner Dramatiker gewidmet waren, Goethe, Schiller, Hebbel, Kleist, Grabbe und vor allem Shakespeare. In einer Woche wurde ein beträchtlicher Teil, wenn nicht das Gesamtwerk, des gewählten Autors aufgeführt. Bei jedem Festspiel gab es eine oder zwei echte Premieren, die übrigen Aufführungen waren Wiederaufnahmen früherer Inszenierungen. So ein Programm war nur bei langfristiger Planung durchführbar. Bei der damals üblichen Arbeitsbelastung von rund dreißig jährlichen Inszenierungen, die für ein abwechslungsreiches Repertoire nötig waren, brauchte man drei Jahre, um eine Festwoche vorzubereiten.

Die berühmteste (11. bis 17. Juni 1927) war Shakespeares Königsdramen gewidmet. Zyklen der Königsdramen waren schon früher inszeniert worden (nach Erkens Zählung bis 1914 mehr als vierzig)[137]. Den Anfang bildete 1864 Franz Dingelstedts Aufführung der Tetralogien am Hoftheater in Weimar. Saladin Schmitt, seiner Neigung zur großen Panoramaschau folgend, führte zum erstenmal alle zehn Stücke auf. Drei davon (*Heinrich V.*, *Heinrich VI.* und *Heinrich VIII.*) waren Premieren zu Ehren der zahlreichen illustren Gäste: die Schriftsteller, angeführt von Gerhart Hauptmann und Herbert Eulenberg; die Gelehrten, vertreten durch die Präsidenten mehrerer wissenschaftlicher Vereinigungen, eingeladen von der Deutschen

Shakespeare Gesellschaft, die sich zum erstenmal außerhalb ihres Sitzes Weimar versammelte; die Politiker mit Außenminister Gustav Stresemann sowie dem britischen und dem amerikanischen Botschafter an der Spitze, gefolgt von Würdenträgern der Kirche, des Staates und anderer Lebensbereiche. Eine solche Parade glanzvoller Namen hatte die Region nie zuvor erlebt. Berlin – so schien Saladin Schmitts unausgesprochene Botschaft zu lauten – mochte leichtfertige Gemüter mit sensationellen Neuerungen beeindrucken, aber es gab noch immer ein anderes Deutschland, wo solide gearbeitet und große Leistungen vollbracht wurden. Die Festwoche war ein Bekenntnis zum Ruhrgebiet und zu konservativer Kulturpolitik.

Niemand bezweifelte die Größe der Arbeitsleistung. Daß ein mittleres Ensemble über sieben Schauspieler verfügte, welche die verschiedenen Könige mit gleicher Kompetenz zu spielen in der Lage waren, zeigt das hohe Ausbildungsniveau. Selbst die Komparsen waren perfekt gedrillt. Schmitt brauchte keine Gäste zu engagieren. Seine Schauspieler blieben meist lange bei ihm. Nur das machte die Gesamtpräsentation früherer Arbeiten bei den Festwochen möglich. Texte wurden vorzugsweise ungekürzt gegeben, aber das war für Schmitt kein Dogma. In *Heinrich VI.* strich er die Pucelle-Handlung aus Zeitgründen; in *Heinrich V.* verzichtete er, um eine dichtere dramatische Struktur zu erzielen, auf den Chorus zwischen den Akten.

Die Festwochen brauchten anscheinend keine programmatische Rechtfertigung. Schmitt, der nicht gern die eigenen Inszenierungen erläuterte, überließ die Kritiker auch diesmal ihren Vermutungen. Wolfgang Stroedel meinte: »Es ging hier um die ... Ausbildung eines Staatsgedankens, der eine Weltmacht beseelte.«[138] Carl Arns hingegen glaubte, der Zyklus entspringe einem rein künstlerischen Theaterimpuls.[139] In der Tat fand niemand einen Kerngedanken oder eine Kernaussage, wie sie für Jeßner typisch waren. Das verbindende Element war die Tatsache der Sequenz selbst, als historische Abfolge und Kontinuität. Jedes Stück war mit den voraufgehenden und den nachfolgenden verbunden. Nicht nur wurde Bolingbroke von demselben Schauspieler wie Heinrich IV. gespielt oder der Herzog von Gloster, aus *Heinrich VI, Teil 3*, vom zukünftigen Richard III.; es gab noch viele andere Verknüpfungen: von Anspielungen in Gestik und Kleidung bis zum Farbschema und leitmotivisch eingesetzter Musik. Auch das Bühnenbild, selbst wenn es von Stück zu Stück variierte, ließ Ähnlichkeiten erkennen. Stilisierung und historischer Naturalismus wurden abwechselnd als optische Reize eingesetzt:

> Die besondere Note in *König Johann* war ein hartes Grau-Düster, um das Primitiv-Frühe der Zeit und ihrer Leidenschaften hervortreten zu lassen; ... *In Richard II.* kam trotz der Einfachheit der Umrisse das üppige höfische Treiben auch sinnfällig in äußerer Apparatentfaltung zur Geltung; ... in *Heinrich IV.* wurde der charakteristische, reichgemusterte Goldhintergrund der Zeit gewählt ... Im Bühnenbild *Heinrichs VIII.* lebte die englische Hochrenaissance farbenreich und üppig auf, besonders die mit allem katholischen Zeremoniell ausgeführte Taufe war von pomphaftem Gepränge ...[140]

50.
Richard II. 1927 Bochum.
R: Saladin Schmitt,
F: Sammlung Kurt Dörne-
mann. Eine Studiofotografie
von Willi Busch als Richard,
der in Kostüm und Pose die
üppige Bildhaftigkeit von
Schmitts »heraldischem Stil«
widerspiegelt.

Johannes Schröder bezog seine Inspiration aus Manuskriptilluminationen, Mi-
niaturen und Gemälden, wie etwa Holbeins Porträts von Heinrich VIII. Er verwendete große Sorgfalt darauf, die Kostüme historisch möglichst korrekt wiederzugeben und überaus prächtig erscheinen zu lassen. Heute fällt uns an ihnen vor allem
das Moment willentlicher Übertreibung auf, ein Hang zum Exzessiven, der in der
schauspielerischen Darstellung jedoch keine Entsprechung fand. Bernhard Diebold, der den Zyklus für die *Frankfurter Zeitung* besprach, war der Meinung, dies
treffe auch für andere Aspekte zu. In seinen Augen war da trotz Schmitts makello-
sem Stilgefühl zuviel Zeremonie und Staatspomp, zuviel untermalende Musik und
zuviel stimmungsvoll gedämpfte Farbe bei Bühnenbild und Beleuchtung:

Und die Riesenarbeit lohnte sich dramatisch keineswegs. Die vielen Schlachten und politischen Konferenzen wiederholen sich bis zum Verwechseln. Ein Heinrich gleicht sich nach und nach dem anderen Heinrich an. Die Charaktere sind wohl verschieden, aber sie stehen immer in der gleichen sinnlichen Atmosphäre und sagen uns immer die gleichen weltentfernten Königsdinge ... So wurde uns viel weniger die momentane ... Theaterschau zu unserer stärksten Wirkung als die Gesamt-Impressionen in unserer Rückerinnerung ... Es war eine historische Revue. ... Ein halbes Dutzend Thronsäle immer wieder neu zu füllen – und wirklich mit Fahnen, Baldachinen und Emblemen so zu ›füllen‹, daß auch der Reliefcharakter solcher Gruppenbilder beseitigt und oft die Tiefen- und Höhen-Dimensionen der Bühne ganz konkret und ›räumlich‹ werden – das gehört zu den besten Leistungen der szenischen Architektur.[141]

Was Diebold mit verquerem Lob zu verurteilen schien, bezeichnete Carl Niessen, der Gründer des berühmten Kölner Theaterarchivs, als Saladin Schmitts »heraldischen Stil«. Gegner benutzten den Begriff kritisch, um das allzu Prunkende, die »heraldischen« Posen und Attitüden und die Überfütterung des Publikums mit illustrativen Bildern und Musik anzuprangern. Andere lobten das »Saladin-Theater« aus eben diesen Gründen, weil es nämlich Elemente von Kunstgalerie, Historienspiel und Oper aufwies, das heißt eben weil es »heraldisch« und nicht aktuell oder politisch war. (Abb. 50) Der später sogenannte »Bochumer Stil« (synonym für Präzision, sorgfältigen Umgang mit Sprache und Reim, Achtung vor der Tradition, Streben nach einem Gesamtkunstwerk für Auge und Ohr) wurde von den Nazi-Kritikern angegriffen. Er eigne sich nicht für die aufwühlende Gegenwart, die bewegende Zeit des großen Umbruchs. Schmitt kümmerte das wenig. Der nächste Shakespeare-Zyklus (9. bis 15. Oktober 1937) war den Römerdramen gewidmet. Er war so prunkvoll und zeremoniös wie eh und je und wieder eine Augenweide. In *Antonius und Cleopatra* kontrastierten die üppigen Farben und fließenden Formen eines dekadenten Ägypten wirkungsvoll mit der Schwarzweißgeometrie des kriegerischen Rom. Die anderen Stücke des Zyklus waren optisch vielleicht eine Spur zurückhaltender, konnten aber nicht verleugnen, dem gleichen ästhetischen Impuls entsprungen zu sein: Saladin wollte idealtypische Verkörperungen der Stücke präsentieren. Dafür war ein gewisses Maß an historischem Naturalismus nötig und der völlige Verzicht auf alle idiosynkratischen Abweichungen. *Titus Andronicus* war ein Problem. Die gehäuften Grausamkeiten des Dramas waren nichts für ein Festspielpublikum. Schmitt riskierte keine Pause. Selbst seine Anhänger wären wohl nicht zu ihren Plätzen zurückgekehrt. So tief war der Schock, den die nichtendenwollenden Scheußlichkeiten auslösten.[142]

Die »Ära Saladin« ging zu Ende, als das Theater 1943, und 1944 noch einmal, ausgebombt und der Fundus zerstört wurde. Als die wertvollen Kostüme in Flammen aufgingen, verschwand die materielle Basis von Schmitts »Bild-Statik«.[143] Sie hatte nach dem Krieg keine Chance mehr. Was blieb, waren Erinnerungen, die mit

51.
Titus Andronicus 1937
Bochum.
R: Saladin Schmitt,
B: Johannes Schröder.
In seiner kahlen Strenge
steht dieser Entwurf in
merkwürdigem Gegensatz
zu den pittoresken
Kostümen und den
opulenten Requisiten
von Saladin Schmitts
tatsächlichen Shakespeare-
Inszenierungen. (Samm-
lung Kurt Dörnemann)

der Zeit und der Veränderung des Theaters immer rätselhafter wurden. Sollte etwa der Kritiker Walter Thomas recht behalten, der schon 1933 von Saladin Schmitts Manier gesagt hatte: »Statt Leidenschaft Stil, statt Herz Form, statt Bewegtheit Farbe«?[144] Albert Schulze-Vellinghausen, ein einflußreicher Nachkriegskritiker kam 1966 zu dem Urteil: »Vieles an jener Epoche ›Saladin‹ war allzu salbungs- voll, stilisiert, dekoratives Kostümgehabe (ich war als Kind schon abonniert, Vor- miete C, 4. Reihe links – und erinnere mich an manch gähnendes Bühnenzeremo- niell).«[145] Er wußte aber auch, daß dies nicht alles war.

Saladin Schmitts »Schauspieltheater als Bildungs- und Kunstvermittlungs- institut«, so Henning Rischbieter, habe »sein [Ruhrgebiets-]Publikum zum Respekt vor der ›Kunst‹ erzogen.«[146] Von der Warte der sechziger Jahre aus war das beson- dere Flair des Theaters von Saladin Schmitt nur noch schwer einzufangen. Der kenntnisreiche Historiker des Bochumer Theaters Kurt Dörnemann zitiert zeit- genössische Stimmen, die sich über das eintönige Klassikermenü beklagen. »Immer wieder Shakespeare, Shakespeare – Shakespeare steht uns zum Halse. Wir arbeiten schwer, wir brauchen viel mehr Unterhaltung. Und immer wieder *Iphigenie*.«[147]

Kein Wunder, daß sie nach mehr Unterhaltung verlangten. Humor war nicht Schmitts starke Seite. Sogar sein Falstaff zeigte Würde und Zurückhaltung. Selbst über ihn sollte der Zuschauer nicht lauthals lachen.

Das Bedürfnis des Deutschen zum Theater ist eben etwas tiefer Wurzelndes, et- was tiefer Haftendes als der Wunsch zur Ablenkung ... man geht wohl nicht fehl, wenn man als tiefstes Ziel jeden deutschen Theaterbesuchers den Wunsch nach ethischer Bereicherung unterstellt ... von der Bühnendarbietung ergriffen und gepackt zu werden, sich an dem Theatererlebnis aufzurichten, das Theater erhoben und in sich selber gestärkt zu verlassen ... Mag unser Publikum sich gelegentlich auch an einem Unterhaltungswerke erfreuen ...[148]

Es war nur natürlich, daß er die Regie moderner Problemstücke, Volkskomödien oder Burlesken Jüngeren überließ. Sein Ressort waren die Klassiker, und hier herrschte, nach späteren Berichten zu urteilen, Ernsthaftigkeit. Zeitgenössische Zuschauer empfanden das nicht so stark. Sie waren stolz darauf, Mitglieder von »Saladins Gemeinde« zu sein, wie er sie nannte. Es machte ihnen nichts aus, wenn er sie in einer Broschüre mit dem Titel »Zehn Gebote für Theaterbesucher« zur Ordnung rief. Sie hielten es für richtig, daß er Erik Reger, einen ständig mäkelnden Kritiker, von der Polizei hinauswerfen ließ, und sie waren begeistert, als ihr Herr Direktor – der Geräuschpegel war kurz vor Ende der Pause, bevor das Stück (*Torquato Tasso*) weiterging, ein wenig hoch – mit den Worten vor die Bühne trat »Sollte sich im Haus Amüsierpöbel befinden ...«[149] Er brauchte nicht weiterzureden. Sein (inzwischen) gebildetes Publikum erinnerte sich an die berühmte Anekdote über Goethe, der, verärgert über die, wie er meinte, unpassende Heiterkeit während einer Aufführung, ein tadelndes »Man lache nicht!« aus seiner Loge gedonnert hatte.

Saladin und sein Publikum verstanden einander. Als die Nazis ihn zwangen, eine Woche mit Hitlerjugend-Dramatik anzusetzen, schob er Dramen von Schiller und Grabbe ein, und jeder wußte, was das bedeutete. Für die Hebbel-Festwoche nahm er auch *Herodes und Mariamne* sowie *Judith* ins Programm, obwohl ihm klar war, daß die jüdischen Themen Anstoß erregen würden – was sie auch taten. Die Titel wurden gestrichen, und jeder wußte, warum. Der einzige Star in dem ansonsten starlosen Ensemble (abgesehen von Willi Busch, einem erfahrenen Haudegen) war der junge, ›arisch‹ aussehende Horst Caspar, der aber ›Vierteljude‹ war. Schmitt hatte ihn von Berlin nach Bochum geholt, wo er nur Hauptrollen spielte und von wo aus er – mit spezieller Ausnahmegenehmigung von Goebbels – nach München, Wien und Berlin ging und dort der beliebteste jugendliche Held wurde. Als Horst Caspar 1939 in Bochum in der Rolle von Richard II. seine Abschiedsvorstellung gab, ehrten kaum glaubliche, aber überlieferte 108 Vorhänge einen Star und seinen Mentor. Der Beifall bestätigte auch Saladin Schmitts große Konzeption eines gemeinschaftlich festlichen Theaters und ein Bildungsverständnis, von dem alle profitiert hatten. Die besondere Eigenart des Bochumer Publikums ist geblieben; so unterschiedliche Regisseure wie Schalla, Zadek, Peymann, Steckel und Haußmann haben es erfahren. Sein Geschmack hat sich zwar im Lauf der Zeit stark gewandelt, geformt wurde er zuerst von Saladin Schmitt.

Otto Falckenberg und die Münchner Kammerspiele

52.
Otto Falckenberg

Ganz anders lagen die Dinge in München. Während in Bochum erst einmal die kulturellen Rahmenbedingungen geschaffen werden mußten, war München unter königlichem Mäzenatentum schon längst zu einem farbenfrohen Kunstzentrum erblüht. Die romantischen Exzesse Ludwigs II. (1864–1886) hatten zwar die Staatskassen geleert, aber Stadt und Staat geschmückt. Die unausgesprochene Philosophie der bayerischen Monarchen, daß man für Schönheit wohl einmal auf Liquidität verzichten könne, wurde von vielen ihrer Untertanen geteilt. Das Theater florierte seit Jahrhunderten, und wer sich mit Shakespeare einen Namen machen wollte, mußte sich mit bedeutenden Vorgängern auseinandersetzen: mit Franz Dingelstedt, der hier von 1852–1857 als Intendant des Hoftheaters gewirkt hatte und für seine sogenannten Mustervorstellungen bekannt geworden war; mit Jocza Savits und Karl Lautenschläger, den Begründern der deutschen Shakespeare-Bühne (die von vielen Städten adoptiert und adaptiert worden war) und so begabten Regisseuren wie Eugen Kilian oder Richard Révy, die noch aktiv waren, als Falckenberg 1917 die Kammerspiele übernahm. Es gab nicht nur eine bemerkenswerte Shakespeare-Tradition vor Ort, auch gastierende Truppen nahmen gern die Herausforderung an, in München zu spielen. Selbst Max Reinhardt konnte sich nicht rühmen, das Münchner Publikum mit gleichbleibendem Erfolg umworben zu haben. So muß als ungeheure Leistung gewertet werden, daß es Falckenberg gelang, das Hoftheater zu überbieten und aus einer eher kleinen Truppe die zweitwichtigste Bühne des Reiches zu machen.[150]

Selbst Zeitgenossen fanden es schwierig, diese Leistung zu beschreiben. Herbert Ihering etwa sagte von Falckenberg: »Ein Verliebter in die Bühne im spätesten Augenblick, als es eben noch möglich war, mit Zuneigung, Hingabe, Bildung, Wissen und Phantasie ohne technische Virtuosität und geschichtliches Bewußtsein schöpferische Aufgaben zu erfüllen.«[151] Es war jedoch dieser »Amateur«, dem es angeblich an geschichtlichem Bewußtsein mangelte, der als erster Brechts *Trommeln in der Nacht* (1922) herausbrachte und den Autor 1924 einlud, seine Marlowe-Bearbeitung *Leben Eduards des Zweiten von England* zu inszenieren; der dafür sorgte, daß andere moderne Dramatiker wie Kaiser, Bronnen, Johst, Friedrich Wolf und Klaus Mann aufgeführt wurden; der sein Theater ohne allzuviele Kompromisse durch die Nazizeit steuerte. Und doch war Iherings Charakterisierung nicht völlig falsch. Falckenberg selbst gab zu, durch und durch Romantiker zu sein.[152] Er hielt Liebe und Phantasie für verläßlichere Führer als analytischen Scharfsinn. »Ein Kunstwerk verstehen, heißt: sich ihm hingeben. Gib dich, und du besitzest. Laß dich ergreifen und du begreifst.«[153]

Das hätten auch Max Reinhardt und Saladin Schmitt unterschreiben können. Falckenbergs einfühlsamer, von doktrinären Ansprüchen und Theorien unbeschwerter Zugang eignete sich für viele Arten von Theater. Von ihm aus führte jedoch kein Weg zu der revolutionären Programmatik, mit der Jeßner, Brecht und Piscator die Tradition herausforderten. Diese Künstler hatten zwar einen ideologischen Fokus gewonnen, allerdings um den Preis einer gewissen Eindimensionalität. Das war ein Kurs, auf den ein Mann von Geist und Eleganz wie Falckenberg nicht einschwenken konnte. Warum sollte ein kultivierter Künstler wie er auch ein so einschränkendes Programm übernehmen, solange noch ohne Leugnung der Vergangenheit reizvolle Entdeckungen zu machen waren? Falckenberg zeigte, daß die Arbeit im Rahmen der Tradition weder zu dem etwas unbeugsam pädagogischen Theater Saladin Schmitts führen mußte noch zu einer Imitation Reinhardtscher Modelle.

Auf den ersten Blick scheinen Falckenberg und Reinhardt vieles gemeinsam zu haben. Im selben Jahr (1873) geboren, wandten sich beide aus einer romantischen Veranlagung heraus gegen den Naturalismus, beide traten eine Zeitlang in einem literarischen Kabarett auf, für das sie auch Texte schrieben (ein wichtigerer Aspekt für Falckenberg, der auch Dichter und Dramatiker war); als Regisseure hatten beide eine Vorliebe für die Komödie und standen modernen Dramatikern aufgeschlossen gegenüber. Sie waren begabte Lehrer für Generationen von Schauspielern und, obwohl äußerst erfolgreich, gaben sie sich nie mit einer einmal gefundenen Formel zufrieden.

Die Unterschiede sind ebenso bezeichnend. Falckenberg arbeitete nie auf großen Bühnen. Er trug kein Verlangen nach Reinhardtschen Großveranstaltungen und grandiosen Effekten. Beide gestalteten wiederholt frühere Inszenierungen um, taten dies aber aus unterschiedlichen Gründen. Reinhardt machte sich häufig an Überarbeitungen früherer Inszenierungen, wenn eine neue Bühne neue Anforderungen stellte. Er inszenierte auf großen und kleinen Bühnen, solchen ohne und mit Dekor, auf Freiluft- und Rundbühnen, sogar *in loco* an den historischen Stätten der Stücke. Er liebte Experimente und neue visuelle Umsetzungen, mit denen er das Publikum überraschte und begeisterte. Er fand besondere Inspiration in der Malerei, Falckenberg hingegen mehr in den Schwesterkünsten Musik und Tanz. Seine Überarbeitungen erfolgten nicht aus äußeren Anlässen, sondern waren wiederholte Entdeckungsreisen ins Herz der Stücke: Versuche, das Geheimnis ihres Aufbaus zu verstehen und die innere, energiespendende Kontrapunktik bislang ungelöster (vielleicht auch unlösbarer) Widersprüche oder nicht assimilierten Materials aufzudecken.

Falckenbergs Arbeit an *Wie es euch gefällt* ist dafür ein gutes Beispiel. Seine erste Inszenierung (21. Januar 1917) sicherte der Komödie einen festen Platz im deutschen Repertoire. Zuvor gab es die erwähnenswerten Bemühungen von Alfred

Reucker (1916 im großen Haus des Stadttheaters Zürich) und Eugen Kilian (1911 in München). Mit wechselnden Schauspielern und verschiedenen Bühnenbildern (von Leo Pasetti und, 1933, Eduard Sturm) wurde das Stück mehr als 180mal aufgeführt. »Ein szenischer Frühlingsreigen«[154], dessen burleske Elemente einer pastoralen Idylle zuliebe gedämpft wurden, die allein aus Poesie, Musik und Tanz bestand: Spielerisch und phantasievoll übernahm und überbot diese Inszenierung Reinhardts leichten, impressionistischen Aufführungsstil. Leo Pasettis geniales Bühnenbild, bestehend aus völlig unrealistischen Baumstämmen, die aus dem Schnürboden herabgelassen wurden, schuf eine Illusion der Tiefe in den beengten Raumverhältnissen, aber die Andeutung reichte aus, das Bild einer Waldeszuflucht hervorzuzaubern, eines verwunschenen Ortes, der – nachdem sich die letzte Szene »völlig in Musik, Tanz, Jubel« aufgelöst hatte[155] – von einem unirdischen, elfischen Tänzer für den unsichtbaren Gott Pan und seine Geister wieder in Besitz genommen wurde.[156]

In den darauffolgenden Inszenierungen (23. Oktober 1920 und 5. September 1933) erkannte Falckenberg nicht nur, daß die von Hermann Zilcher für die erste Aufführung komponierte Musik einen Teil ihres Zaubers eingebüßt hatte – seiner Meinung nach, weil sich Geschmack und Stimmung der Zeit inzwischen gewandelt hatten –, er interpretierte auch das mokante Liebesspiel zwischen Rosalinde und Orlando auf eine für seine tiefschürfende Lektüre bezeichnende Weise neu.

> Denn das ist das Geheimnis dieses Stückes: Orlando erkennt seine Rosalinde in ihrem Männerwams, Rosalinde weiß sich, trotz ihrer Hosen, voll Scham und Glück erkannt von Orlando. Nicht, daß sie sich nicht erkennen, wie man bisher glaubte, sondern daß sie einander ihre Erkennung nicht zu erkennen geben, ist der Sinn dieser Dichtung. So schafft die Verkleidung Raum, weit wie der Wald, für ein Spiel voll Wagnis und Entzücken. Eros der befreite wandelt sich in Pan.[157]

Diesen Raum nutzten seine Rosalinden, Annemarie Seidel, Elisabeth Bergner und Käthe Gold, die beiden letzteren am Anfang einer großen Karriere, offenbar mit Begeisterung voll und ganz aus.

Falckenberg war ein hellsichtiger Kritiker des eigenen Werks. Selbst begeisterte Zustimmung machte ihn nicht blind für Mängel. So war er mit dem *Wintermärchen* nicht zufrieden, obwohl es beide Male (29. September 1917 und 5. Januar 1935) gut aufgenommen worden war.[158] In der ersten Inszenierung hatte er zu viele opernhafte Elemente zugelassen und zuviel Burleske in der zweiten, wie er rückblickend feststellte. Doch die Kammerspiele waren nun einmal die Heimat großer musikalischer und komischer Talente (Carl Wery, Walter Lantzsch, Heinz Rühmann, Ingeborg Fröhlich), die immer unter Kontrolle zu halten nicht leicht gewesen sein mag. Vielleicht hatte er sich bei diesem Stück auch nicht genügend von der durch Reinhardt geprägten Form freigemacht.[159]

53. *Ein Sommernachtstraum* 1925 München. R: Otto Falckenberg, B: Otto Reigbert.
Athener Handwerker, die den Figuren im österreichischen Volkstheater von Johann Nepomuk
Nestroy (1801–62) nachempfunden sind. Heinz Rühmann (Flaut und Thisbe) Dritter von links,
Felix Gluth (Zettel und Pyramus) rechts außen.

Überraschenderweise war das beim *Sommernachtstraum* nicht der Fall. (Abb. 53)
Die drei Inszenierungen (19. Juni 1920, 20. Dezember 1925, 18. November 1940)
waren Publikumserfolge, aber Falckenberg fand wieder Grund zur Selbstkritik. Im
Nachhinein wurde ihm klar, wie sehr die Mendelssohnsche Begleitmusik die Dichtung überwältigte. Auch dürfe die Bühne nicht mit Bäumen vollgestellt sein, wenn
Pucks Drohung, die Handwerker und die Liebenden umherzuscheuchen, wahrge-
macht werden sollte.[160] Für die zweite Inszenierung löste er das szenische Problem,
indem er einen einzigen, mit Gaze behangenen Baum mitten auf die Bühne stellte.
Auch entschied er sich mit Alexander Laszlo für einen anderen Komponisten und
wählte schließlich die etwas rauhere Übersetzung von Rudolf Alexander Schröder,
die die zeitgenössische Auffassung »von einem viel unheimlicheren, viel härteren,
viel elementareren Shakespeare« vermitteln könne.[161] Ohne es sich selbst ganz einzugestehen, war Falckenberg, der letzte Vertreter der Romantik auf der Bühne, auf
der Suche nach einem entromantisierten *Sommernachtstraum*.

Vielleicht könnte man sagen, Schlegels ›Sommernachtstraum‹ ist ein märchenhaftes Sinnspiel, hell und beschwingt, musikalisch und beglückend, ein Sich-
verlieren in unendlichen mondbeschienenen Landschaften des Traums, – die
Dichtung Shakespeares dagegen ist ein gefährliches Spiel mit den dunklen unbe-

wachten Kräften der menschlichen Natur, ein Spiel des Eros und des Pan, das zu spielen kein Wesen sich erkühnen darf, ohne Schaden an seiner Seele zu nehmen ...[162]

Wieviel von diesem Konzept tatsächlich verwirklicht wurde, ist schwer zu sagen. Puck wurde noch von einer Frau gespielt. Carl Orff, mit dem Falckenberg häufig über musikalische Probleme diskutierte und dessen Komposition für das Stück als posthume Huldigung an den verehrten Meister gedacht war, berichtet, daß Falckenberg wußte, daß er die richtige Lösung noch nicht gefunden hatte.[163] Dennoch, die Vision eines entromantisierten *Sommernachtstraums* war bei ihm vorhanden. Jan Kotts alptraumhafte Sicht des Stückes war noch einen Weltkrieg und zwei Jahrzehnte entfernt, und Falckenberg hätte mit Sicherheit Kotts obsessive Einseitigkeit abgelehnt. Seine eigenen Vorstellungen für eine vierte (aber nie realisierte) Inszenierung des Stücks gingen in eine andere Richtung. Er stellte sich eine Stärkung der dämonischen Unterströmung des Stückes vor und einen akustischen Hintergrund, der weniger von Musik als von Naturlauten bestimmt war. »Diese vierte Inszenierung müßte ganz ohne Dekorationen spielen, wie das etwa bei den großen dramatischen Dichtungen der Inder oder Japaner geschieht.«[164] Otto Falckenberg hätte sicher einige seiner Visionen in Peter Brooks revolutionärer Behandlung des *Sommernachtstraums* von 1970 und in Ariane Mnouchkines innovativen und poetischen Umsetzungen Shakespeares verwirklicht gefunden.

Falckenberg streifte nur gelegentlich die dunklen Seiten der Romantik. Es gab Zeiten, da wählte er absichtlich Stücke von überschäumender Leichtigkeit, vor allem solche, die noch keine Bühnentradition hatten wie *Komödie der Irrungen* und *Liebes Leid und Lust*. Beide wurden zu überwältigenden Erfolgen. An *Komödie der Irrungen* (15. Februar 1933) lobte die Kritik, daß die im Stück durchaus angelegte Derbheit in Lebhaftigkeit und Tanz aufgelöst worden sei. Augenscheinlich hatte Falckenberg mit einem »südlich leuchtenden Ephesus voller Treppen und Brücken ... ein wahres Wunder der Umsetzung des Trivialen ins Anmutige und Groteske« vollbracht.[165] *Liebes Leid und Lust* (5. November 1927) muß die perfekte Verkörperung von Falckenbergs Genie gewesen sein. Ekstatische Kritiker verfielen in Superlative, priesen den Tanz der Masken im fünften Akt als den Höhepunkt einer Vorstellung, die sich durch ihre »ausgewogene Bewegungskomposition« und »schwerelose Heiterkeit«[166] auszeichne und jubelten über »die Wirkung dieser musikerfüllten und von duftiger Poesie überströmenden Szenen«.[167] Es war eine Aufführung von erlesener Künstlichkeit, in der es Kurt Horwitz als Don Armado gelang, »sich im präziösesten Manierismus der Liebe eines alten Spaniers« zu ergehen;[168] Holofernes (Walter Lantzsch), Dumm (Ferdinand Martini) und Schädel (Heinz Rühmann) wurden von erstklassigen Komödianten gespielt, jeder ein Meister seines Rollenfachs. Wie ein Kritiker stammelte, dem es offenbar vor Begeisterung die Sprache verschlagen hatte: Falckenberg habe das Stück »Nicht nur ... zum Leben erweckt, er hat es unübertrefflich geweckt!«[169]

54. *Troilus und Cressida* 1936 München. R: Otto Falckenberg, B: Eduard Sturm.
Der Bühnenbildner hatte sich offensichtlich von griechischer Vasenmalerei inspirieren lassen,
die szenische Umsetzung war eine andere Sache (siehe folgende Abb.).

Hamlet (6. November 1930 und 30. Oktober 1939) und *Othello* (13. Februar 1942) waren die einzigen Shakespearetragödien, bei denen Falckenberg Regie führte. Zum einen gehörten sie ohnehin traditionellerweise zum Repertoire der beiden Staatstheater Münchens, dem Prinzregententheater und dem Residenztheater, zum anderen fehlte Falckenberg die Veranlagung für das Düstere und Bedrückende. *Hamlet* wurde beide Male gut aufgenommen, aber er hatte das Gefühl, das Stück sei für ihn »ein ungelöstes Problem« geblieben.[170] In *Othello* fühlte er sich seltsamerweise mehr zu Nebenfiguren hingezogen als zum Titelhelden. Bianca, »die parfümierte Katze«, »deren kleines wildes Schicksal die Schöpferhand Shakespeares wie Mitleid in das Meer des Grauens und der Bitterkeit gegossen«, und auch Rodrigo, keine komische, sondern eine »tragische oder zumindest aufregend traurige« Figur, der »Hund einer unglückseligen lasterhaften Liebe«[171] waren meistens übersehen worden. Falckenberg erlöste sie aus ihrem Schattendasein und zeigte, daß sie Mitleid verdienten. Vierunddreißig Jahre später wird Peter Zadek das mit grausigem Humor herausbringen: Seine Bianca hält am Ende Cassios abgehacktes Bein umklammert, die einzige Beute, die sie aus der allgemeinen Katastrophe gerettet hat. Die Theaterästhetik des Jahres 1942 jedoch hinkte weit hinter der blutigen Realität des Kriegsjahres 1942 hinterher und gestattete es damals selbstverständlich nicht, eine solche Schlächterei auf der Bühne zur Schau zu stellen. Falckenberg ahnte jedoch das versteckte Potential dieser Figuren.

Eine weitere Neuerung betraf Jago und seine Monologe. Sie wurden direkt ans Publikum gerichtet, nach der Art der allegorischen Figur des ›Vice‹ oder ›Lasters‹ aus spätmittelalterlichen Stücken wie dem *Jedermann*, in denen die beliebte Figur des ›Vice‹ einen abgefeimtenVersucher darstellt, der die Zuschauer zu seinen Komplizen macht. Falckenberg entdeckte für sich die Möglichkeiten dieser Figur in seiner dramaturgischen Analyse. Nicht alle Monologe, behauptete er, entsprängen einer »Entzweiung des Ich«. Jagos Monologe seien anders. »Mir scheint es nicht glaubwürdig, daß ein so gerissener Schuft wie Jago sich mit sich selbst über die kalte Technik seiner Schurkerei unterhält«.[172] Deshalb müsse gezeigt werden, wie er »unmittelbar mit dem Zuschauer Fühlung« nehme.[173] Shakespeare läßt

> den Jago der Othello-Handlung gleichsam aus sich selbst heraustreten und – ganz in der Manier des Narren, von dem er viel diabolische Komik geliehen hat – sich dem Publikum explizieren.[174]

Falckenberg verband die Figur des ›Lasters‹ aus den allegorischen Spielen des Spätmittelalters, den sogenannten Moralitäten, mit dem Konzept eines Jago als Verkörperung des Bösen an sich, der nur für den Zweck des Dramas Menschengestalt annehme. Jagos »motivlose Bösartigkeit«, die »motiveless malignity«, die seit Samuel Taylor Coleridge allen ein Rätsel geblieben war, wurde auf diese Weise überzeugend erklärt.

Falckenberg machte eine ähnlich weitreichende Entdeckung in bezug auf die Gestalt des Thersites in *Troilus und Cressida* (4. Juni 1925 und 17. Oktober 1936). Thersites und Pandarus wurden in der Regel als Clowns gesehen, verständlich in einer obrigkeitshörigen Zeit, in der man sich durch Odysseus' große Rede (in 1.3.) über »Rang«, Disziplin und Gehorsam zutiefst bestätigt fühlte und sich an deren noblem Pathos berauschte. Falckenberg kürzte die Rede, zum Leidwesen der Kritiker, machte aus Ajax einen Schwachkopf, verringerte den moralischen Abstand zwischen Hektor und Achill, ließ von Anfang an einen leisen Zweifel an Cressidas Tugendhaftigkeit aufkommen und widerstand »der Versuchung, über den tiefen Ernst des Schauspiels hinwegzugleiten und nur in der grotesken Komik sich auszutoben…«.[175] Der Epilog des Pandarus wurde gestrichen, das Spiel endete mit »Hektor ist tot! Hier endet jedes Wort!« Am beeindruckendsten war die Interpretation von Thersites als »scharfsinnig …, unheimlich fledermaushaft«, eine Gestalt »von überraschender Schärfe der Zeichnung und von großartiger Dämonie des Niedrigen«.[176] In der zweiten Inszenierung waren die kritischen Konturen von Thersites noch verstärkt, was dem Ganzen mehr Härte gab. Zeitgenössische deutsche Besprechungen konnten 1936 nur auf Äußerlichkeiten eingehen und lobten das großartige Zusammenspiel des Ensembles. Der Kritiker von *The Times* wurde deutlicher:

55.
Troilus und Cressida 1936 München.
Troilus, Pandarus und Cressida in
altmodisch-hausbackenem
Erscheinungsbild auf einem nicht
identifizierten Foto.
Max Reinhardts »verflixte
Theatergriechen« lassen grüßen.

Der Prolog wurde von einer behelmten, roboterartigen Gestalt gesprochen, die
ihren Text mit blecherner Monotonie und gleichbleibender Lautstärke deklamierte, nach Art der Nazisprecher im Radio ... Thersites war ein zutiefst des-
illusionierter Mensch ... fast eine tragische Gestalt.[177]

Und Hans Schweikart, der die Aufführungen von 1925 und 1936 verglich, resümierte: »An diesem Abend haben wir gehaßt, was wir auf der Bühne sahen ... Aus
anmutiger Ironie war die nackte Verachtung geworden, aus einem Spiel das Gericht
über die Gegenwart.«[178]
   Unter den politischen Bedingungen der Nazizeit erhielten klassische Stücke
manchmal eine unvermutete Aktualität. Mit Sicherheit war das Publikum hellhöri-
ger geworden. Inwieweit es sich dabei nur um eine unterschwellige Sensibilisierung
oder bereits um eine bewußte Wahrnehmung handelte, läßt sich nicht genau sagen.
Der optische Eindruck der Inszenierung scheint jedenfalls nicht außergewöhnlich
gewesen zu sein. (Abb. 54 und 55) In Falckenbergs Fall gibt es auch keinen Grund
zu der Annahme, daß er bewußt eine politische Aussage machen wollte. Wie viele

andere hielt er sich von Politik fern. Sein Hauptinteresse galt ästhetischen und pädagogischen Überlegungen. Pädagogisch allerdings nicht im Sinne Saladin Schmitts, der seinem Publikum erst noch kulturelle Grundkenntnisse vermitteln mußte, sondern als Freund und künstlerischer Berater seiner Schauspieler. Dutzende brillanter Schauspieler profitierten von seinem Unterricht. Von ihm lernten sie: »Das mimische Kunstwerk ist persönlich, oder es ist gar nicht. Der Schauspieler kommt nicht daran vorbei, seinen Text selbst zu ›komponieren‹. Kein anderer macht ihm die Musik zu seiner Rolle.« Ständig warnte er sie gegen die »Falschmünzerei« dessen, was er als »Oper« bezeichnete, die Versuchung, sich »an eine vorgegebene Gestaltung des Rollentextes, an eine irgendwie festgelegte, jedenfalls fremde Komposition« zu halten.[179] Was macht der Schauspieler, der Romeo spielen soll, aber nichts empfindet? Ihm bleibe nur »der verzweifelte Ausweg der künstlichen Erhitzung. Damit rettet der junge Mann natürlich nicht Romeo, sondern sich selbst ... Er tastet die Oberfläche der Rolle ab ..., bringt das Pathos der Deklamation zum leeren Tönen, läuft sich in virtuoser Rhetorik heiß ...«.[180] Der berühmte Geist der Kammerspiele, das intellektuelle Klima und der Teamgeist, der sich unter Falckenbergs begnadeter Unterweisung entwickelte, mag seinen Schauspielern geholfen haben, solche Fehler zu vermeiden, ihr Wissen um sich selbst zu vertiefen und ihre Kunst zu vervollkommnen. In Reinhardts Theatern wurden die Schauspieler häufig ausgelaugt, in den Kammerspielen wurden sie zur höchsten Entfaltung gebracht.

Das kann als direkte Folge von Falckenbergs Ästhetik gesehen werden. Er war intellektuell unabhängig, keinen Moden unterworfen und arbeitete mit einem nur kleinen Team von Dramaturgen, Bühnenbildnern und Komponisten zusammen, denen er voll vertraute. Stetiger Erfolg verlieh ihm Schwung, und das selbstbewußte kulturelle Ambiente der bayerischen Hauptstadt trug ihn. Deshalb stand er nicht unter dem Druck, etwas Sensationelles bieten zu müssen, sondern hatte Raum und Muße, zu spezifischen Lösungen zu kommen, ohne auf Ausgewogenheit und Harmonie zu verzichten. Gemessen an den Standards von Avantgardisten wie Brecht oder Kott erscheinen Falckenbergs Entdeckungsreisen in Shakespeares Werk zaghaft; aus dem Blickwinkel des Nichtavantgardisten jedoch waren sein geduldiges und wiederholtes Suchen nach der *mise-en-scène juste* und seine Art, die Charaktere, Dramaturgie und Bedeutung der Stücke neu zu durchdenken, faszinierende Rechtfertigungen der traditionalistischen Haltung. Shakespeare in den Kammerspielen bedeutete Witz, Humor, Intelligenz und Schönheit. Formeln wurden gemieden, nichts war museal oder altmodisch. Tradition wurde hier nicht, wie in Berlin, um sensationeller Effekte willen verramscht noch wurde sie, wie in Bochum, als Antiquität konserviert. In München war Tradition vielmehr Ausgangspunkt und Anstoß für Veränderung, auch wenn diese sich für heutige Augen nur langsam und graduell vollzog. In späteren Jahrzehnten gingen Veränderungen schneller vonstatten, doch die Kammerspiele sind ein besonderes Theater von eigenem ästhetischen Reiz geblieben.

KAPITEL 3

SHAKESPEARE IM DRITTEN REICH (1933–1945)

Nationalsozialismus und Kultur – eine unheilige Allianz

Der lange Todeskampf der Weimarer Republik endete mit der nationalsozialistischen Machtübernahme am 30. Januar 1933. Kaum einen Monat später ging der Reichstag in Flammen auf – ein symbolisches Ereignis, wie schon damals viele empfanden, und von unmißverständlicher Bedeutung. Bis Juni waren alle Parteien außer der NSDAP entweder verboten – wie im Fall der Kommunisten und der Sozialdemokraten – oder zur Auflösung gezwungen worden. Per Notverordnung wurde alle Gewalt auf »legalem« Weg auf die neuen Herrscher übertragen, die sich umgehend daranmachten, den Staat und das gesamte öffentliche Leben unter ihre Kontrolle zu bringen. Kommunisten, Juden und Sozialdemokraten wurden aus ihren Ämtern entfernt und durch Parteimitglieder ersetzt. Die Gewerkschaften wurden aufgelöst und in der Nationalsozialistischen Arbeitsfront zusammengefaßt. Opposition wurde brutal unterdrückt. Allerdings war die Vorstellung von verfassungsmäßiger Opposition und parlamentarischer Demokratie nie fest verwurzelt gewesen. Jetzt, im Zeichen des »Aufbruchs« und im Vergleich zum Führerprinzip mit seinem zündenden Programm von nationaler Einheit, rassischer Überlegenheit und sozialer Gerechtigkeit, erschien sie erst recht als überholt und irgendwie abwegig.

Auch im kulturellen Bereich wurde die Gleichschaltung schnell und unnachgiebig vorangetrieben.[1] Das erklärte Ziel war, den »Kulturbolschewismus« zu stoppen und den jüdischen Einfluß auf die deutsche Kultur auszuschalten. In der Praxis hieß das, politisch oder ›rassisch‹ Belastete – sofern sie nicht schon bei der Machtübernahme der Nationalsozialisten geflohen waren – wurden aus kulturpolitisch einflußreichen Stellungen entfernt, die Pressefreiheit wurde aufgehoben und jeder Zugang zu unzensierten Informationen versperrt. »Undeutsche« Bücher kamen auf die schwarze Liste und wurden aus den Bibliotheken entfernt; linksgerichtete Zeitungen und Zeitschriften durften nicht mehr erscheinen; freie Meinungsäußerung und selbständiges Denken waren verpönt, Diskussion und kritischer Gedankenaustausch wurden als typische Merkmale von entwurzelten, verwestlichten, »klügelnden« jüdischen Intellektuellen verspottet. Ein flammendes Signal für diese Veränderungen war die von den nationalsozialistischen Studenten der Friedrich-Wilhelm-Universität zu Berlin durchgeführte Bücherverbrennung am Abend des 10. Mai 1933.[2]

56.
Bücherverbrennung in Berlin und anderswo. ›Undeutsche‹ Bücher und Schriften werden von nationalsozialistischen Studenten eingesammelt und zum Scheiterhaufen transportiert. Das feierlich-pompöse Autodafé auf dem Opernplatz war ein nach Art der Sonnwendfeiern durchorganisiertes Massenspektakel. Das Brandmaterial besorgten die vielen einzelnen.

Die Machtübernahme durch die Nazis hatte auch für die Theater tiefgreifende Folgen. In den ersten Wochen des Terrors flohen die meisten der prominenten jüdischen und kommunistischen Schauspieler und Regisseure ins Ausland. Sie alle – mit sehr wenigen Ausnahmen – standen bei den Nazis auf der schwarzen Liste. Wer im Lande blieb, schwebte in Lebensgefahr: Der kommunistische Schauspieler Hans Otto wurde erschlagen; ein anderer, Wolfgang Langhoff, schwer mißhandelt und in ein Konzentrationslager gebracht. Von dort konnte er nach 13monatiger Haft während einer vorläufigen Entlassung in die Schweiz flüchten.[3] Auch außerhalb Deutschlands war keine absolute Sicherheit gewährleistet: Alfred Rotter, einer der jüdischen Gebrüder Rotter, wurde bei dem Versuch, ihn in Liechtenstein zu kidnappen, umgebracht. Die Verfolgung von Theaterleuten aus ideologischen oder rassistischen Gründen hielt die gesamte Nazizeit an, später allerdings meist in weniger gewaltsamen Formen. So wurden Schauspieler unter Druck gesetzt, sich von ihren jüdischen Frauen zu trennen; »Halb-« und manchmal auch »Viertel-Juden« wurden entlassen; Mißliebige wurden mehrfach verhört und mit KZ bedroht. Private Theater in jüdischem Besitz wurden geschlossen oder konfisziert. Um einer

Enteignung zuvorzukommen, vermachte Max Reinhardt seine Theater »dem deutschen Volk«, verlagerte seine Tätigkeit ins Ausland und übersiedelte schließlich in
die USA.[4]

Goebbels brauchte die Theater für seine Kulturpropaganda.[5] Zwang wurde
daher nur als äußerstes Mittel angewandt. Als Parteimitglieder, die zu kommissarischen Leitern verschiedener Theater ernannt worden waren, einen Reinfall nach
dem anderen produzierten, änderte man die Strategie und stellte wieder Fachleute
ein. Deren Weigerung, in die Partei einzutreten, konnten die Machthaber gelassen
hinnehmen, denn die zumeist abgegebene Erklärung der Betroffenen, sich nicht für
Politik zu interessieren, war völlig glaubwürdig, galt es doch immer noch als bürgerliche Tugend, unpolitisch zu sein. Die Besetzung wichtiger Posten durch Nicht-
Parteimitglieder konnte von den Nazis zudem propagandistisch ausgewertet werden, da sie den Anschein einer gewissen Toleranz erweckte. Die Spielpläne mußten
jedoch dem »Reichsdramaturgen« zur Prüfung vorgelegt werden. Diese mit Dr.
Rainer Schlösser besetzte Position verband die Aufgaben des Zensors mit denen
eines Animateurs. Schlösser war weder auf dem einen noch auf dem anderen Gebiet sonderlich erfolgreich. Kritische Stücke waren natürlich verboten, desgleichen
Werke jüdischer Autoren sowie Musik jüdischer Komponisten. Doch *wie* gespielt
wurde, war nicht so leicht zu kontrollieren. Hier waren gegebenenfalls politische
Anspielungen möglich. Allerdings fanden die Regisseure erst später den Mut,
diesen Freiraum zu nutzen. Noch weniger erfolgreich waren die Bemühungen des
Reichsdramaturgen, Goebbels' Programm einer »stählernen Romantik« umzusetzen. Stücke, die diesem dreisten Selbstwiderspruch hätten Gestalt geben können,
gab es einfach nicht. Auch die Nazi-Dramatiker konnten sie nicht liefern. Günther
Rühle hat ihr Dilemma aufgezeigt: Bei dem Versuch, die einander ausschließenden
Anforderungen zu erfüllen, landeten sie unweigerlich bei der Darstellung begeisterter junger Idealisten, die sich für eine große nationale Sache aufopfern.[6] Das
war nicht die Kost, an der sich verwöhnte Theatergänger lange delektieren konnten. Auch mit den Anstrengungen, für die vielen Freilichtbühnen eine neue Art von
chorischem Gemeinschaftsdrama zu schaffen, war wenig Begeisterung zu wecken.
Diese sogenannten »Thingspiele«, Machwerke von schlichtem Aufbau, national-
mythischem Gehalt, rituellem Duktus und allegorischer Form, konnten sich trotz
großen Aufwandes nicht etablieren und wurden nach wenigen Jahren fallengelassen.[7] Die Vorstellung, sie seien die Wiedergeburt des »Things«, der Ratsversamm-
lung der alten Germanen, war denn doch zu offensichtlich absurd. Dem Propagandaminister lag ohnehin mehr am Glanz der Film- und Theaterwelt Berlins
(inklusive der Verehrung seiner weiblichen Stars) als an hehrem Getue und Germa-
nenspielen im Wald und auf der Heide.

Obwohl die Theater von Berlin kontrolliert wurden und verpflichtet waren,
Schauspielwochen für die Hitlerjugend oder, während sogenannter Reichstheater-
wochen, Festspiele mit vorwiegend patriotischen Stücken zu veranstalten, behielten
sie dennoch ein gewisses Maß an Unabhängigkeit. Der revolutionäre Impuls der

57. »Unter den Linden«, Berlins Prachtstraße im Regierungsviertel, als Bühnenbild für Mussolinis
    Besuch 1937. Die theatralische Regie der Parteiveranstaltungen und die propagandistische
    Kulissenhaftigkeit dieses Arrangements (passenderweise von Bühnenbildner Benno von Arendt
    entworfen) ist oft bemerkt worden.

nationalsozialistischen ›Bewegung‹ und ›Erhebung‹ verebbte bald nach der Machtübernahme, das Ziel hieß jetzt: Konsolidierung, und die Theater profitierten von
der neuen Strömung. Ihre Aufgabe war nun, Schaufenster deutscher Kultur und
nicht mehr bloß Propagandawerkzeug zu sein, wie auch Opern-Ensembles und
Symphonieorchester das hohe Niveau der deutschen Kunst demonstrieren sollten.
Das bedeutete aber auch: Mit dem richtigen Mann an der Spitze – nur eine einzige
Frau, Hermine Körner, hatte von 1920 bis 1929 renommierte Häuser in München
und Dresden geleitet – konnte ein Theater einen Kurs steuern, der den Nationalsozialismus einigermaßen auf Distanz hielt.

Goebbels war sich des mangelnden Enthusiasmus seiner Theaterintendanten
durchaus bewußt, als er sie am 8. Mai 1933 einbestellte, um ihnen seine Auffassung
vom Verhältnis der neuen Regierung zu den Künsten darzulegen. Der Künstler
könne unpolitisch sein, solange »Politik nichts anderes darstellt als schreiende Dia-
dochenkämpfe zwischen parlamentarischen Parteien. In dem Augenblick aber, in
dem die Politik ein Volksdrama schreibt, in dem eine Welt gestürzt wird, in dem
alte Werte sinken und andere Werte steigen, in dem Augenblick kann der Künstler
nicht sagen: Das geht mich nichts an. Sehr viel geht es ihn an.«[8] Doch Goebbels
Vision von einer »stählernen Romantik« konnte die Theatermacher nicht entflam-
men. Sie hatten andere Sorgen und andere Ideale. Die besten von ihnen waren in

58. Hakenkreuzparade. Das Düsseldorfer Stadttheater und Opernhaus feiert 1934 sein
    hundertjähriges Jubiläum zu Ehren seines verstorbenen Gründers, des Dramatikers und
    Theatererneuerers Karl Immermann (1796–1840). F: Martin Knauer. (Abb. 90 zeigt die Folgen)

der Tradition eines liberalen Humanismus ausgebildet und hofften, diesen Geist an
ihren Häusern zu bewahren. Goebbels fand die Filmindustrie leichter zu manipulieren. Die Theater hingegen erwiesen sich, wenn auch in unterschiedlichem Maße,
als relativ unzugänglich für die Nazi-Ideologie. Aus ihrem Selbstverständnis als
Hüter von Geist und Kultur resultierte so etwas wie eine schweigende Renitenz, die
schwer aufzubrechen war. »Ein Konzentrationslager auf Urlaub« nannte Goebbels
das Theater in der Josefstadt in Wien, eine Drohung – und gleichzeitig eine Auszeichnung –, die auch andere Theater verdienten.[9]
   Es wäre aber falsch, sich die Theater als Widerstandsnester oder Keimzellen von
Antifaschismus vorzustellen. Schon die Begriffe Widerstand und Antifaschismus
waren innerhalb Deutschlands so gut wie unbekannt, mit Sicherheit waren sie nicht
Allgemeingut. Sie bezeichnen Haltungen, die instinktiv gemieden wurden, weil
man damit in allzu enge Berührung mit aktiver Politik geraten wäre und Stellung
hätte beziehen müssen, wofür es wiederum keine öffentliche Ausdrucksform gab.
Auch die Einstellung regimeferner Regisseure war kaum von Gedanken an bewußte
Opposition bestimmt, eher von Treue zu alten Werten und vom Wissen um geistige Alternativen. Später, als alles vorbei war, stellte man die Prinzipien dieser Männer in Frage und übte Kritik an ihrer Tätigkeit. Hatten sie das Verbrecher-Regime
nicht indirekt unterstützt, ihm kulturellen Glanz verliehen und ihm gestattet, sich

mit Leistungen zu schmücken, die dessem Wesen völlig fremd waren?[10] Die lange
Nachkriegsdebatte über den Anteil der Theater an der allgemeinen Schuld hat die
Gemüter erhitzt, doch wenig Erhellung gebracht. Die starren Fronten blieben.
Schauspieler und Regisseure, die gezwungenermaßen oder freiwillig ins Exil gegangen waren, verdächtigten verständlicherweise ihre daheim gebliebenen Kollegen,
unverantwortliche Kompromisse eingegangen zu sein, während diese, wiederum
verständlicherweise, überzeugt waren, daß niemand, der die Nazizeit nicht tatsächlich in Deutschland verbracht hatte, auch nur eine Ahnung davon haben könne, wie
die Dinge wirklich lagen. Im günstigsten Fall resultierten solche wechselseitigen
Mißverständnisse nur aus den unterschiedlichen Erfahrungshorizonten von Emigranten und Daheimgebliebenen. Oft jedoch waren die Fronten aus anderen Gründen verhärtet. Dann kam es zu Verunglimpfungen wie denen, die Klaus Mann in
seinem Roman *Mephisto* über seinen ehemaligen Schwager Gustaf Gründgens verbreitete oder zu unglaublichen Verdächtigungen von Remigranten als Vaterlands-
flüchtige und Nestbeschmutzer.

Wer unter den herrschenden Bedingungen arbeiten wollte, ohne die eigenen humanistischen Prinzipien zu kompromittieren, mußte einen schwierigen Balanceakt
vollbringen. Viele Regisseure versuchten, so lange wie möglich nicht in die Politik
hineingezogen zu werden. Das mußte künstlerische Konsequenzen haben. Oskar
Wälterlin, der an verschiedenen deutschen Opernhäusern gearbeitet hatte, bevor er
1938 in die Schweiz zurückkehrte, um die Leitung des inzwischen zur antifaschisti-
schen Hochburg avancierten Zürcher Schauspielhauses zu übernehmen, hat das Dilemma der Künstler beschrieben, die versuchten, auf Distanz zu bleiben.

> Aber auf die Dauer konnte es nicht befriedigen, ein Sonderdasein zu führen in
> einer Katakombe … Die Oper wurde zu einem sinnlosen Spiel der Ablenkung,
> zu einem artistischen Handwerk ohne Wurzel und Ziel. … Immer mehr zeich-
> nete sich der Wunsch ab, einzugreifen, mitzureden, wenn auch nur in Bildern
> und Gleichnissen. Das Theater mußte sich mit dem Leben verbinden. Das
> konnte es aber nur mit dem gesprochenen Wort im Schauspiel.[11]

Das volle Maß der Auswirkungen zeigte sich erst nach dem Krieg. Es waren die
heimkehrenden Emigranten, die aus ihrer völlig anderen Perspektive klarer beur-
teilen konnten, wie sich das deutsche Theater in den vergangenen zwölf Jahren entwickelt hatte. Vorerst aber hatten die Theater dringendere Sorgen: Sie mußten
Lücken in ihren Ensembles füllen, den Behörden Freistellungen für ›nicht-arische‹
Schauspieler und anderes Personal abluchsen, Stücke finden, die dem wachsamen
Reichsdramaturgen unverfänglich oder politisch akzeptabel erschienen, kurz, es
galt einen permanenten Drahtseilakt zwischen Erfolg und Denunziation. Das war
dann weniger problematisch, wenn etablierte Ensembles unter bekannten und
erfolgreichen Intendanten wie Saladin Schmitt in Bochum oder Otto Falckenberg
an den Kammerspielen München von einem gemeinsamen humanistischen Ethos

59.
Das Herrnfeldtheater in
der Kommandantenstraße
in Berlin, Heimstätte
des Jüdischen
Kulturbundes, Zentrale
des Reichsverbandes
jüdischer Kulturbünde

getragen wurden. Andere Theater ließen sich widerstandslos gleichschalten.[12] Alle
machten, freiwillig oder unfreiwillig, Konzessionen.

Das traurigste Kapitel von allen ist das der jüdischen Künstler, die ihre Arbeit
verloren und im Land blieben, teils, weil sie nicht berühmt genug waren, um im
Ausland ein Engagement zu finden, teils, weil sie auf eine Besserung der Lage hofften. Etwa ein Viertel von ihnen fand eine vorläufige Zuflucht im »Kulturbund deutscher Juden«, der bald gezwungen wurde, auf das Wort »deutsch« in seinem Titel
zu verzichten und sich »Jüdischer Kulturbund« nennen mußte. Hinter der Gründung des Kulturbundes steckte die Absicht, für die Juden ein eigenes kulturelles
Leben zu schaffen. Von den zweiundneunzig Zweigstellen erfüllten jedoch nur die
in Frankfurt und Hamburg und vor allem die Zentrale in Berlin ihren Zweck. Hier
unternahm der Kulturbund unter ständiger Überwachung durch die Gestapo und
unter der Oberaufsicht von Dr. Hans Hinkel, einem hochrangigen SS-Offizier, der
für das jüdische Personal und die »Arisierung« (im späteren brutalen Klartext des
Nazi-Jargons: die »Entjudung«) der deutschen Kultur verantwortlich war, den mu-
tigen Versuch, seinen Mitgliedern eine Teilnahme am kulturellen Leben zu ermöglichen. Allein im ersten Jahr brachte der Kulturbund zehn Schauspiele, vier Opern
sowie ein Ballett heraus und veranstaltete zwölf Konzerte und über hundert Vorträge. Kurt Singer und sein jüdischer Verwaltungsrat bemühten sich, die Verbindung
zur deutschen Kultur aufrechtzuerhalten, doch Dramen von Goethe, Schiller und
Kleist waren ihnen verboten, wie auch – nach 1936 – die Musik Beethovens, mit
weiteren Aufführungsverboten für die Werke von Bach, Mozart, Schubert und
Schumann in den nächsten zwei Jahren.

Theater im Februar

„Das Wintermärchen"
von WILLIAM SHAKESPEARE

Text: Nach der Schlegel-Tieckschen Uebersetzung bearbeitet von Julius Israel Bab.

Musik: aus Werken von Carl Goldmarck.

Regie: Fritz Israel Wisten.

Musikalische Leitung: Rudolf Israel Schwarz.

Bühnenbild und Kostüme entworfen von Egon Israel Marcus.

Bühneneinrichtung und technische Leitung: Hans Israel Sondheimer.

Mitwirkende: Alfred Israel Berliner, Jenny Sara Bernstein, Wolfgang Israel Bernstein, Martin Israel Brandt, Erna Sara Cohn, Ruth Sara Condell, Max Israel Ehrlich, Fritz Israel Grünne, Walter Israel Herz, Steffi Sara Hinzelmann, Werner Israel Hinzelmann, Georg Israel Jacobsohn, Lilli Sara Kann, Gerda Sara Klein, Helene Sara Körner, Hans Israel Lüpschütz, Jenny Sara Marba, Rudolf Israel Müller, Willy Israel Prager, Fritz Israel Ritter, Ernst Israel Rosenbaum, Hanskarl Israel Rosenberg, Heddie Sara Siedner, Ben Israel Spanier, Fritz Israel Tachauer, Sally Urias.

60.
Das Wintermärchen 1939 Berlin. Besetzungszettel der vorletzten Shakespearepremiere im Herrnfeldtheater. Nach dem am 17.8.1938 erlassenen Gesetz mußten alle Jüdinnen und Juden ihren Vornamen den Namen Sara oder Israel hinzufügen.

Der Jüdische Kulturbund kämpfte gegen unüberwindliche Schwierigkeiten. Seine Mitglieder verlangten nach der Kultur, in der sie zu Hause waren, und das war die deutsche. Hinkel drängte auf einen größeren Anteil an jüdischen Komponisten und Dramatikern, doch das Interesse der Mitglieder an der Entwicklung einer spezifisch jüdischen kulturellen Identität war begrenzt. Finanziell hielt sich der Kulturbund knapp über Wasser, seine größten Probleme entstanden durch den Ausfall von Künstlern, die entweder plötzlich verhaftet wurden oder auswanderten, was günstigstenfalls bis Anfang 1941 noch möglich war. Kurt Singer, Fritz Wisten, Julius Bab und andere für die Organisation Zuständige schwankten zwischen Befriedigung darüber, daß wieder ein Künstler den Klauen der Nazis entkam und der Bestürzung darüber, daß eine weitere Lücke entstanden war und die Qualität unter den Notlösungen litt. Die sechs Shakespeare-Inszenierungen, die der Kulturbund während der Zeit seines Bestehens von 1933 bis 1941 herausbrachte (*Othello*, 1933; *Was ihr wollt*, 1934; *Ein Sommernachtstraum*, 1936[13]; *Viel Lärm um Nichts*, 1938; *Das Wintermärchen*, 1939; *Der Widerspenstigen Zähmung*, 1940; alle außer den beiden ersten von – laut Programmheften – Fritz Wisten inszeniert), sollten deshalb nicht primär unter künstlerischen Gesichtspunkten bewertet werden. Organisa-

61.
Fritz Wisten

tion und Geschichte des Kulturbundes sind ungewöhnlich gut dokumentiert[14], doch Theaterkritik im üblichen Sinn gab es nicht mehr. Die wenigen jüdischen Publikationen, die noch erscheinen durften, konnten es sich unter diesen Umständen nicht leisten, in ihren Besprechungen allzu kritische Maßstäbe an ein Theater anzulegen, das gegen solche Widerstände anzukämpfen hatte. Diese Inszenierungen müssen deshalb in erster Linie als nachdrückliche Erklärung eines Anspruchs auf Teilhabe an der deutschen Theatertradition verstanden werden, auch wenn nicht-jüdische Deutsche von den Vorstellungen ausgeschlossen waren. Umgekehrt war Juden seit dem 12. November 1938, das heißt drei Tage nach der Reichspogromnacht, der Besuch von »Theatern, Lichtspielunternehmen, Konzerten, Vorträgen, artistischen Unternehmen, Tanzvorführungen und Ausstellungen kultureller Art« verboten – danach blieb ihnen nur noch das Haus in der Kommandantenstraße. Hinkel hatte befohlen weiterzuspielen, als die Synagogen noch rauchten.

Theaterstadt Berlin

Die Berliner Situation unterschied sich in vielerlei Hinsicht von der in anderen Städten. Jahrzehntelang hatte die Berliner Unterhaltungsbranche eine unwiderstehliche Anziehungskraft auf Schauspieler und Sänger ausgeübt. Ein Erfolg bei dem erfahrenen Publikum der Hauptstadt und ihren brillanten Kritikern war der Traum eines jeden Künstlers. Einige dieser kritischen Stimmen waren von den Nazis zum Schweigen gebracht worden. Alfred Kerr war nach England emigriert, Alfred Polgar und später auch Julius Bab gingen nach Amerika. Auch Herbert Ihering durfte schon bald nicht mehr als Kritiker tätig sein. Im November 1936 verbot Goebbels Kunstkritik überhaupt: Aus ihr spreche der alles zersetzende jüdische Intellektualismus. An die Stelle von negativer Kunstkritik sollte »Kunstbetrachtung« treten, womit eine weniger urteilende als beschreibende und »volksnahe« Besprechung von Aufführungen oder Kunstwerken gemeint war. Die ins Exil getriebenen Kritiker hinterließen eine spürbare Lücke, Goebbels neue Verordnung jedoch zeigte nicht die beabsichtigte Wirkung. Sie zwang die Kritiker lediglich dazu, mehr *zwischen* den Zeilen auszusagen und – ein positiver Nebeneffekt für den Theaterhistoriker – das, was sie sagen wollten, aber nicht durften, in besonders exakten Beschreibungen wenigstens durchscheinen zu lassen. Bernhard Minetti bestätigt die wichtige Rolle der Kritik für Berlins Theaterleben. »Was Theaterkritik sein konnte und sollte, ist hier, maßgebend für das ganze Jahrhundert, formuliert und eingeübt worden. Theater war ohne Kritik hier gar nicht denkbar.«[15]

Welche Beschränkungen man den Rezensenten auch auferlegte, das wache Berliner Publikum bewahrte sich seinen kritischen Verstand. Seine Erwartungen waren hoch, mittelmäßige Aufführungen und halbe Erfolge hatten keine Chance. In einer Stadt, wo jahrelang die Reinhardt-Bühnen und das Staatstheater miteinander gewetteifert und Spitzenqualität geboten hatten, genügte es nicht, sich bedeckt zu halten. In der Provinz mochte diese Taktik den Regisseuren helfen, die ersten schwierigen Spielzeiten zu überstehen, in Berlin kam dergleichen nicht in Frage. Jahrelang hatte die nationalsozialistische Presse das Deutsche Theater unter Max Reinhardt als »verjudet« und das Staatstheater als »kulturbolschewistisch« beschimpft. Nun mußten die Nationalsozialisten beweisen, daß sie es besser konnten, zumal beide Theater unter den von den Nazis eingesetzten kommissarischen Leitern zur Mittelmäßigkeit absanken. Eine Radikalkur war angesagt. Hermann Göring, dem als preußischem Innenminister die drei Staatstheater Preußens (in Berlin, Kassel und Wiesbaden) unterstanden und der dieses Privileg eifersüchtig gegen Übergriffe des Propaganda-Ministeriums hütete (dem alle anderen Theater unterstanden), übertrug Gustaf Gründgens die volle Verantwortung für das Berliner Staatstheater. Das war ein kühner Schritt, denn Gründgens war erst vierunddreißig und ohne Erfahrung als Theaterleiter, außerdem wurden ihm homosexuelle Neigungen und linke Sympathien nachgesagt. (In den Zwanzigern war er in Hamburg zusammen mit Erika Mann, mit der er kurze Zeit verheiratet war, in einem politischen Kabarett aufgetreten). Doch Gründgens' brillanter Erfolg in seinem neuen Amt rechtfertigte Görings Wahl. Wenn Goebbels nicht das Gesicht verlieren wollte, mußte er auch die Leitung *seiner* Prestigebühne, des Deutschen Theaters, einem bewährten Könner anvertrauen. Hierfür kam offenbar nur Heinz Hilpert in Frage, obwohl er in Goebbels' Augen durch seinen unverhohlenen Humanismus ›vorbelastet‹ war. Diese beiden Ernennungen sicherten Berlin für weitere zehn Jahre die Vorrangstellung unter den deutschen Theatern. Die Leistung dieser beiden Männer und wie es ihnen gelang, von allen Seiten überwacht und bespitzelt, ihren eigenen Weg zu gehen, gefährdete Kollegen vor Verfolgung zu schützen, Infiltration abzuwehren und Konzessionen an das Regime gering zu halten, sind Legende geworden und werden inzwischen generell als ehrenhaftes Verhalten unter bedrohlichen und sogar gefährlichen Umständen gewürdigt. Eine schillernde Figur wie Gustaf Gründgens war besonders exponiert und brauchte alle Protektion, die Göring ihm geben konnte, und mußte oft all seine diplomatischen Fähigkeiten aufbieten, um das Staatstheater, wo aufbegehrende Regisseure wie Jürgen Fehling sich politisch riskante Eskapaden erlaubten, vor ernsthaften Schwierigkeiten zu bewahren.[16] Goebbels ließ Hilpert am Deutschen Theater viel weniger Spielraum und beobachtete auch die Arbeit von Regisseur Erich Engel und Bühnenbildner Caspar Neher, beide suspekt wegen ihrer früheren Verbindung zu Brecht, mit Mißtrauen, konnte aber nicht verhindern, daß Hilperts stiller und unbeirrbarer Humanismus das Renommiertheater des Propagandaministers prägte.

Wie es ihnen gefiel und was sie wollten: Komödien

Zu Beginn der Saison 1933/34 hatten die Nazis mit ihrer Neubewertung Shake-speares gerade erst angefangen. Übereifrige Jungakademiker griffen Goebbels' bei-läufige Bemerkungen auf und machten sich – von wissenschaftlichen Skrupeln ungeplagt – daran, Shakespeare als germanisches Kulturgut zu reklamieren, den nordischen Charakter Hamlets nachzuweisen und die heldischen Züge Richards III. und Macbeths herauszustellen.[17] Ihre kuriosen Bemühungen hatten keinerlei Aus-wirkung auf die Theaterpraxis und nur sehr geringe auf die offizielle Kulturpolitik. Shakespeares Stücke unterlagen noch keinen Aufführungsbeschränkungen. Die sollten erst während des Krieges ausgesprochen werden. 1941 wurden die Königs-dramen mit ihren zahlreichen Beispielen für den verdienten Untergang von Despo-ten für inopportun erklärt, aus nicht genannten, jedoch auf der Hand liegenden Gründen. *Troilus und Cressida* fiel in Ungnade als zu unheroisch und *Othello* aus ›ras-sischen‹ Gründen. Dergleichen Beschränkungen wurden jedoch nicht immer streng gehandhabt, zudem gingen auch die einzelnen Regionen unterschiedlich vor. Der letzte *Othello* war 1944 zu sehen, ausgerechnet am Deutschen Theater in Berlin. Zu Beginn der Nazi-Ära fehlten offizielle Direktiven. Dennoch scheinen es viele Theaterleitungen vorgezogen zu haben, kein politisches Risiko einzugehen. Wäh-rend der ganzen Zeit waren die Komödien so beliebt wie nie zuvor. *Komödie der Irrungen* und *Der Widerspenstigen Zähmung* nahmen merkwürdigerweise während der ersten Jahre eine Spitzenstellung ein, dicht gefolgt von *Was ihr wollt*; frühere Favoriten wie *Ein Sommernachtstraum* und *Wie es euch gefällt* wurden deutlich weni-ger aufgeführt, rangierten aber immer noch vor den Königsdramen und Tragödien. Die einzige Ausnahme bildete *Hamlet*, der aus Gründen, auf die später eingegangen wird, von 1937 bis 1939 an erster Stelle stand. In den anderen Jahren lagen die Komödien, zumindest statistisch, vorn und standen oft auch im Mittelpunkt des Interesses. Es gab einige Inszenierungen anderer Gattungen, wie etwa Fehlings *Richard II.* und *Richard III.* oder *Coriolanus* unter Erich Engel, die sowohl aus künst-lerischen wie ideologischen Gründen zu besonderem Ruhm gelangten. Die Lei-stungen im Bereich der Komödien waren jedoch, auch wenn sie vielleicht weniger Zeitbezug hatten, gleichermaßen bedeutend.

In den zwanziger Jahren hatten die Komödien einiges aushalten müssen. Die verschiedensten Stile waren ihnen übergestülpt worden, von der jazzigen Synko-pierung und den schrillen Kontrasten des Expressionismus bis zur nüchtern-kargen Neuen Sachlichkeit des Bauhauses. Das hatte die Komödien nicht nur erfolgreich entromantisiert, sondern auch spürbar vergröbert. Kritiker und Publikum prote-stierten oft gegen die billige Sensationsgier der Regisseure und warfen ihnen vor, um ausgefallener und grotesker Effekte willen jeder neuen Mode nachzulaufen. Offenbar besäßen sie kein Gespür mehr für die subtile innere Balance der Shake-speareschen Kunst.

Mit der neuen Maßgabe, Kunst fürs Volk zu machen, genauer: für das deutsche Volk als Rasse und Nation, war für derlei Experimente kein Raum mehr. Der Bannfluch gegen die Moderne als ›entartet‹ zielte primär auf die bildende Kunst und die neue Musik, wirkte sich aber auch auf das Theater aus. Viele Bühnenbildner hatten sich in der Vergangenheit intensiv mit dem Kubismus, Expressionismus oder Surrealismus befaßt und mit ihren szenographischen Arbeiten die künstlerischen Möglichkeiten von Abstraktion, Verzerrung und Phantastik ausgelotet. Im Verlauf dieses Prozesses hatte sich der Schwerpunkt vom Wort auf die visuellen Komponenten des Theaters verlagert. Nun pendelte sich das Ganze wieder ein. Das war möglicherweise sogar weniger die Folge des Drucks von oben als einer selbstauferlegten Mäßigung. Konservative Kritiker registrierten diesen Umschwung mit Erleichterung. Ernst Leopold Stahl wollte nach nur zwei Jahren Naziregime sogar einen neuen Stil entdeckt haben, einen »Darstellungsstil, der sich langsam herauszubilden beginnt und der gleichweit von reizlosem Historismus wie von einem ekstatischen Expressionismus oder von einer theatralisch ebenso unfruchtbaren Gefühlssachlichkeit entfernt ist«.[18]

Ob nun neuer Stil oder nicht, das Beschneiden der bühnenbildnerischen Freiheiten scheint sich positiv ausgewirkt zu haben. Provinztheater mögen die Gelegenheit genutzt haben, zu traditionellen Formen zurückzukehren, an den Spitzentheatern wurde die Beschränkung als Herausforderung empfunden. Da sensationelle Neuerungen oder avantgardistische Extravaganzen offiziell nicht erwünscht waren, strebte man nun danach, das Theaterereignis durch hohe Qualität *und* durch Exemplarik einmalig zu machen – eine schwierige Verbindung. Für das eine bedurfte es der Starbesetzungen, welche nur die Berliner Theater aufbieten konnten; für das andere mußte das Gleichgewicht zwischen Texttreue und dem Wunsch des Theaters gefunden werden, durch Witz, Einfallsreichtum oder Leidenschaft eigene Akzente zu setzen und den Text zu verwandeln. Natürlich ging jede Truppe ihren eigenen Weg, diese Verschmelzung zu erreichen. Doch selbst am Staatstheater, wo so unterschiedliche Regisseure wie Gustaf Gründgens, Jürgen Fehling und Lothar Müthel arbeiteten, war eine gemeinsame Basis feststellbar. Richard Biedrzynski urteilte: »Das Rätselhafte und Bestechende der denkwürdigsten Inszenierungen in diesem Hause ist vermutlich die Art, wie sich hier höchste Abstraktion und visuelle Anmut restlos decken«.[19] Auf das Deutsche Theater wäre diese Formel nicht anwendbar gewesen. Hier entwickelte Heinz Hilpert – zwar nicht unter gleicher Hochspannung wie seine Kol-

62.
Lothar Müthel

legen am Staatstheater und auch ohne Geschick für deren Drahtseilakte – vor allem
in den Komödien einen Stil schwereloser Leichtigkeit und rhythmischen Fließens.
Wiederum völlig anders waren die Inszenierungen Heinrich Georges am Schillertheater, dessen Energien sich aus untergründigen Feuern speisten, und der machtvolle Verwandlungen schuf, anscheinend einzig und allein aus der vulkanischen
Kraft seines ungezügelten, urwüchsigen Ichs.

Nach dem Krieg, als das Kartenhaus der Nazis zusammengestürzt war und all
die honorigen Bemühungen des Theaters, ein Mindestmaß an Integrität zu bewahren, angesichts der Leichenberge und Trümmerhaufen ihre klägliche Unzuläng-
lichkeit offenbart hatten, versuchten viele Theater, auf den Stil der wenigen großen
Leistungen der jüngsten Vergangenheit zurückzugreifen. Ihre Anstrengungen kamen den Heimkehrern aus dem Ausland seltsam substanzlos vor. »Reichskanzleistil« lautete das bittere Urteil, das Berthold Viertel 1947 über das Nachkriegstheater fällte, ein Ausdruck, mit dem er die leere Gestik, das Pathos und das
Imponiergehabe in Hitlers Reichskanzlei heraufbeschwor. Der Begriff machte un-
glücklicherweise Karriere. Theaterhistoriker übernahmen ihn, um damit generell
den Spielstil der fünfziger Jahre zu kennzeichnen. Wahrscheinlich bestand schon zu
dieser Zeit nicht viel Berechtigung für dieses abfällige Etikett, und es paßt schon
gar nicht für die besten Leistungen der Berliner Theater in dem Zeitraum, der hier
zur Diskussion steht. »Großes Berliner Theater« ist der Titel, den Heinz Ruppel,
Theaterkritiker der *Kölnischen Zeitung*, seiner Sammlung von Besprechungen aus
jener Zeit gab. In diesem Sinne soll auf die nun folgenden Inszenierungen eingegangen werden.

Heinz Hilpert

Die Rivalität zwischen dem Staatstheater und dem Deutschen Theater
bestand seit langem. Unter Jeßner und
Reinhardt standen sie für grundverschiedene Kunstauffassungen. Die Unterschiede hatten sich in der Interims-
periode nach Jeßners Entlassung 1930
und Reinhardts gleichzeitigem Weggang von Berlin verwischt. Als Gründgens und Hilpert 1934 ihre Ämter
übernahmen, erwarteten Presse und
Öffentlichkeit, daß die aufregende Rivalität erneut aufflackern würde. Sie
machte sich in der Tat wieder bemerkbar, aber in anderer Form. Zum einen

63.
Heinz Hilpert

hatten beide Männer unter Reinhardt gearbeitet, und sie standen sich auch in ihren politischen Anschauungen viel näher als Reinhardt und Jeßner ein Jahrzehnt zuvor. Zum andern erlaubten die Zeiten keine extremen Gegnerschaften in ästhetischen Fra-gen mehr. Bestehende Unterschiede mußten ihren Ausdruck in subtilerer Form finden.

Hilpert, der ältere der beiden, galt in den zwanziger Jahren als experimenteller Regisseur. Seine Komödieninszenierungen an der Volksbühne und anderen Häusern hatten ihm den zweifelhaften Ruf eingebracht, unbekümmert Stile zu mischen und Konventionen zu brechen, um lebendig-humorvolle und derb-spaßige Burlesken zu schaffen. Sein unbeschwerter Eklektizismus mied alles Gravitätische und Tiefsinnige. Komödien sollten sinnlich pralles Leben vorführen oder romantisch festliche Feiern der Liebe sein – frei von allen Schatten der Tragödie. Sein Berliner Realismus liebte starke Wirkungen und deutliche Linienführung. Die Klarheit seiner Dramaturgie wurde auch später noch bewundert, als der Aktionismus seiner

64. *Ein Sommernachtstraum* 1940 Berlin. R: Heinz Hilpert, B: Caspar Neher, F: Willy Saeger.
Thisbe trauert um Pryamus in einem harmonisch-heiteren Tableau.
Eine Studie in Symmetrie, typisch für Hilperts Stil während der letzten Jahre des Naziregimes.

Anfänge durch sein wachsendes Gefühl für die lyrisch-poetischen Elemente in Shakespeares Komödien gedämpft und ausgeglichen wurde.[20]

Mit der Verdunklung des politischen Horizonts wurde diese Veränderung markanter. Seine Theaterkonzeption nahm zudem präzisere, philosophische Konturen an und machte eine deutliche Wendung zu Klarheit und Ordnung. (Abb. 64) 1936 plädierte er für ein Theater »der stillen und zärtlichen Heiterkeit«[21] neben der offiziell propagierten Heldenverehrung. 1942 ging er noch weiter und erklärte, alles große Theater, ob komisch oder tragisch, sei im tiefsten religiös. Sein Wesen sei: »in erster Linie ein Menschenhaus« zu sein, sein »Grundthema: … der Mensch, der ganze Mensch, der Mensch mit seinen ewigen Gesetzen«; seine Aufgabe: »In dieser erbarmungslosen Zeit … unseren … leidenden und suchenden Brüdern wieder das totale Bild des Menschen zu geben.«[22] Als ein Jahr später bekanntgegeben wurde, daß Max Reinhardt in New York gestorben sei, unterbrach Hilpert spontan seine Probe im Theater in der Josefstadt in Wien, um den im Exil verstorbenen Meister zu ehren. Kein Wunder, daß Hilpert auf Goebbels' Liste derjenigen stand, die nach dem ›Endsieg‹ auszuschalten seien.

Der Widerspenstigen Zähmung (6. November 1933) an der Volksbühne war noch in Hilperts altem Stil inszeniert: »Shakespeare auf Flämisch sozusagen: … saftig und … derb«[23]: Er »packt kräftig zu … Er hat den Zug ins Groteske und verbietet so jede Bedenklichkeit … Seinem Petruchio glauben wir, weil er kein Problem lösen will, sondern einen Fastnachtsscherz betreibt.«[24] Oder: »laut und poltrig, derb und burlesk, grotesk und possenhaft. Er trieb die Spieler in eine Harlekinade statt in ein Märchen.«[25] Andere Kritiker erkannten jedoch, Hilpert habe den potentiell brutalen Unterwerfungsprozeß durch die wichtige dramaturgische Idee menschlicher gemacht, daß Petruchio sich auf den ersten Blick in Käthchen verliebt. Was dann folgte, war also kein echter Machtkampf mehr, sondern das lustvolle Rollenspiel zweier Liebender. Da die »Zähmung« ganz offensichtlich nur Schein war, konnte sie schauspielerisch bis ins letzte ausgereizt werden, ohne den geringsten Anstoß zu erregen.

In *Wie es euch gefällt* (10. September 1934), seiner ersten Inszenierung als Intendant des Deutschen Theaters, wählte Hilpert einen anderen Weg, das Spiel leicht und beschwingt zu halten. Er verlegte die Komödie ins achtzehnte Jahrhundert – mit Rokoko-Kostümen, musikalischer Untermalung mit Mozartstücken sowie durch die klassische Symmetrie des Bühnenbildes für die höfischen Szenen – und gab so dem romantischen Kern der Komödie den Charakter eines pastoralen Divertissements für die höfische Gesellschaft. Jaques (Theodor Loos), mit Puderperücke, ein Abbild von Molières Menschenfeind; ein bunter Reigen von Schäfer-, Tanz- und Liebesszenen; und keinen Augenblick lang durften die finsteren Absichten von Herzog Friedrich und Oliver das Rokoko-Idyll des verbannten Herzogs und seines Gefolges überschatten. Für Rosalinde und Orlando hatte Hilpert zwei Stars aus München geholt, Angela Salloker und Albin Skoda. Deren Temperament und Spiellaune bildeten einen effektvollen Kontrast sowohl zur elegischen fürstlichen

Gesellschaft wie zu den komischen Figuren mit ihren superb dargebotenen Possen-stückchen, ein Dreiklang »der romantischen Aufgelöstheit« in einem unbedroh-lichen Ardennerwald »mit Burgruine und Schäferklause«.[26] Einsichtigere Kritiker wie Ihering und Ruppel spürten, daß mit der Verschiebung von der Renaissance zum Rokoko etwas Elementares verloren gegangen war. Doch Hilpert war noch nicht bereit zuzugeben, daß die Stücke Material enthielten, das nicht in sein Har-moniekonzept paßte. Fünf Jahre später zeigte seine Interpretation von *Was ihr wollt*, daß er einen Weg gefunden hatte, Widerständiges zu assimilieren und Unter-schwelliges anzudeuten, ohne die Atmosphäre des romantischen Gedichts, als das er die Komödie auffaßte, zu stören.

Die Tatsache, daß Hilpert nur zwei Jahre nach Gründgens' durchschlagendem Erfolg *Was ihr wollt* dem Berliner Publikum erneut vorzusetzen wagte (7. Oktober 1939), ist ein Zeichen für seine Unabhängigkeit und sein Selbstvertrauen. Gründ-gens' Inszenierung am Staatstheater hatte die Kunst des jungen Meisters von ihrer elegantesten Seite gezeigt. Das Bühnenbild hatte eine Atmosphäre südländischer Romantik ausgestrahlt, und die exquisite Gestelztheit der adligen Liebenden hatte ihren Kontrapunkt in den brillant ausgeführten komischen Szenen gefunden – eine nicht zu überbietende Leistung. Hilpert dagegen ging von einem völlig anderen Blickwinkel aus. Laut Ruppel, dessen sorgfältige Besprechung noch immer die be-ste Beschreibung der Inszenierung enthält, deutete er das Stück als eine Studie über das Werben; das Werben um Liebe, um Freundschaft, Werben in jeder Form: von nobler Idealität, dabei zugleich von wehmütiger Melancholie überschattet bei Viola (Gisela v. Collande), Olivia (Eva Lissa), und Orsino (Albin Skoda); sinnlich und real bei Junker Tobias (Paul Dahlke) und Maria (Helen Krüger); grotesk bei Junker Christoph (Wilfried Seyferth), bei Malvolio (Theodor Loos) närrisch, aber in allen Fällen komisch. In dieser Welt der Narren und Liebenden wird Feste, der offizielle Narr, zur entscheidenden Figur: »Seine Glossen und Anmerkungen bilden das kri-tische Regulativ des erkennenden Verstandes gegen die verkennenden Antriebe des Gefühls.«[27] Feste, für Hilpert ein radikaler Skeptiker, trug seine Lieder mit schar-fer Aggressivität vor.

> Es ist unmöglich, die revolutionäre Drohung dieses Tons zu überhören … so durchzieht die ganze Aufführung, ohne daß sie zeitlich ins achtzehnte Jahrhun-dert transportiert wäre, der Unterton fernen Grollens und Bebens, und über Olivias Gärten … hängen die Schatten einer Zeitenwende, die allem Spiel des Schwärmens, der süßen oder tollen Betörung, der innigen oder närrischen Ver-liebtheit ein Ende macht.[28]

Ruppel fragt sich, ob die Wolken an dem für gewöhnlich strahlend blauen Himmel Illyriens sich für den Regisseur aus Shakespeares Biographie erklären ließen. Wahr-scheinlich aber reagierte Hilpert auf viel näher liegende Verdüsterungen und ak-tuelle Bedrohungen und bemühte sich – was zuletzt den Liebenden auch gelingt –, die Gefahren, von der die Idylle bedroht war, durch menschliche Wärme zu kompensieren. Denn, so kommentierte Rüppel: »Aus diesem Malvolio könnte ein Robespierre werden«, Bleichenwang ist »ein bösartiger Dümmling, den sein ständig lauerndes Mißtrauen in ständig schlechte Laune versetzt« und »der Narr Otto Wernickes verkörpert schon in der gedrungenen Erscheinung die innere Wucht eines materialistischen Weltbildes, das die empfindsame Olivia-Welt mit ihren zarten Seelenfarben auslöschen wird, wenn seine Zeit gekommen ist«.[29]

1943 mußte selbst Ihering, der in den zwanziger Jahren Hilpert hart kritisiert hatte, dem Regisseur ungewöhnliche Charakterstärke und Mut zugestehen. Er fragte sich allerdings, ob die Wandlung von einem ehemaligen Meister der Komödie zu einem Anwalt von Klarheit und schlichter Größe nicht zu weit in Richtung auf Nüchternheit, Mäßigung und Diskretion fortgeschritten sei.[30]

Gustaf Gründgens

Untertreibung war nicht die Gefahr, vor der Gustaf Gründgens sich hätte hüten müssen. Was er auch unternahm, sein Stil war unverkennbar. Als Schauspieler ging er von Erfolg zu Erfolg. Als Mephisto in Goethes *Faust* hatte er Berlin im Sturm erobert, und seine Gestaltung dieser Rolle war der perfekte Ausdruck seines Stils: Kühl, ironisch schneidend, konnte er das Publikum mit seiner metallischen Stimme in vibrierende Spannung versetzen und gleichzeitig auf Distanz halten, ein Schauspieler von hoher Intelligenz und nervöser Intensität, ein brillanter Darsteller distinguierter Scharlatane und Snobs, aber auch ein begabter Charmeur und Chansonnier der leichten Muse in Operetten und Filmen. Er verlangte perfekte Beherrschung des schauspielerischen Handwerks, denn sie sei unabdingbar für das Erreichen von Stil und Form. Auf viele wirkte er kalt und maniert. »Man kann mir viel nachsagen, aber wenn einer von mir sagen würde, ich wäre ein ›natürlicher‹ Schauspieler, so würde er mich wirklich kränken.«[31] So Gründgens 1937 in einem Vortrag. Paul Fechter gegenüber gestand er, daß er sich »das Recht zum unmittelbaren ungeformten Leben nicht gestatte.«[32] Diese eiserne Selbstkontrolle kam ihm als Intendant des Staatstheaters zustatten, da er seine wachsende Entschlossenheit, gefährdete Mitarbeiter zu schützen, hinter unpersönlicher und undurchdringlicher Distanziertheit verbergen mußte.

Stil und Form waren auch die besonderen Merkmale des Regisseurs Gründgens. In den zwanziger Jahren hatte er für die Reinhardt-Bühnen Boulevardstücke und Sittenkomödien inszeniert, was ihm den Ruf eingetragen hatte, eine leichte Hand für »die leis modernen und parfümierten Nebenkünste« zu haben.[33] Für seine Arbeit mit den Klassikern verließ er sich auf so anerkannte Vorläufer wie Gotthold Ephraim Lessing und Heinrich Laube, um seine sehr konventionelle Zielsetzung zu rechtfertigen, »vom Dichter Geschautes und Gewolltes in einer Aufführung zu verdeutlichen und zu steigern ..., die Stärke eines Dramas herauszubringen, aber zugleich auch seine Schwäche.«[34] Der bescheidene, allgemeine Charakter dieser Ansprüche ist typisch für Gründgens' Neigung, theoretischen Definitionen und Diskussionen aus dem Weg zu gehen. Er arbeitete ohne Regiebuch und änderte selten etwas an den Streichungen, die er beim ersten Lesen gemacht hatte, hielt die richtige Besetzung für die wichtigste Aufgabe des Regisseurs, und da er sich mit Schauspielern umgab, die ihre Kunst verstanden und wußten, was er wollte, gab es wenig zu erklären oder zu besprechen. »Es schien vielen unbegreiflich, daß Gründgens' Klassikerinszenierungen nicht das Ergebnis einer umfassenden literarischen Bildung und eines überragenden Intellekts waren, sondern ein Ergebnis aus Instinkt, künstlerischer Erfahrung und Kunstverstand.«[35] Mochte der theoretische Hintergrund seiner Inszenierungen auch anspruchslos sein und Gründgens noch so wenig bewußte Reflexion auf sie verwenden, waren sie dennoch Wunder an Brillanz, Stil und Schönheit.

Was ihr wollt (9. Juni 1937) war ein solches Wunder. Das Bühnenbild – zwei architektonisch reizvolle Landhäuser an der sonnigen Meeresküste eines mediterranen Illyriens – schuf mit seiner Suggestion von romantischer Eleganz und ästhetischer Ordnung den Eindruck einer Welt für sich. Traugott Müller nutzte die Drehbühne für zwei verschiedene, aber aufeinander bezogene Spielorte: Orsinos zweistöckige Villa mit hohen Bogenfenstern und Olivias Landhaus mit einem in Terrassen angelegten, zum Meeresstrand abfallenden Garten. Dort war eine Gondel vertäut, in der Olivia Cesario ihre Liebe gesteht. Eine leichte Drehung, und das Bühnenbild offenbarte weitere Spielorte: ein Tempelchen mit Kuppel auf einem braunen Felsen für Olivias und Sebastians Trauung; einen Platz mit Brunnen vor Olivias Haus für die Duelle; und einen Pavillon, wo die Rüpel singen und saufen und mit Maria Ränke schmieden, in dem schließlich auch der düpierte Malvolio gefangengesetzt wird. Szenenwechsel wurden von musikalischer Untermalung begleitet. Mark Lothars Kompositionen für Harfe, Oboe und Cellos enthielten leitmotivische Melodien für Olivia, Viola und Maria und halfen mit, den romantischen oder humorvollen Charakter der Handlung zu akzentuieren.

Für die zentrale Liebesgeschichte und die idealtypische Verkörperung der Dreieckskonstellation stützte sich Gründgens auf seine hervorragend ausgewählten Protagonisten: Orsino (Wolfgang Liebeneiner) zutiefst in die Liebe verliebt; Olivia (Maria Bard), eingehüllt in Weltschmerz und elegantes Schwarz, jedoch strahlend in leuchtendem Weiß für ihr Stelldichein mit Cesario; Viola, zaghaft burschikos im Schutz der Hosenrolle, aber dahinter ganz zitterndes Mädchen mit liebesschwerem Herzen – Marianne Hoppe in einer ihrer schönsten Rollen. (Abb. 65) Die Zuschauer waren begeistert und gerührt. Doch seine größte Aufmerksamkeit hatte Gründgens den komischen Partien angedeihen lassen. Mit Szenenbeifall bedachte Höhepunkte waren das nächtliche Gelage, die Briefszene und das Duell zwischen Viola und Bleichenwang. Viktor de Kowa als Junker Christoph durfte sich besondere Freiheiten in zusätzlichen komischen Nummern herausnehmen: Er spielt auf dem Gartentor wie auf einer Harfe; mondsüchtig und betrunken riskiert er seinen Hals

65. *Was ihr wollt* 1937 Berlin. R: Gustav Gründgens, B: Traugott Müller, Marianne Hoppe als
Viola/Cesario, Maria Bard als Olivia.

auf dem Dach des Pavillons, singt und jault, reckt sich, um Malvolio ins Bein zu
beißen und hält – als Junker Tobias ihn herunterzuziehen versucht – ein lebendiges
Kaninchen in der Hand. Das kläglich-komische Duell zwischen den beiden Angst-
hasen Christoph und Viola/Cesario wurde auf ähnliche Weise durch Possen belebt
und darüber hinaus durch einen gekonnten Fechtkampf zwischen Junker Tobias
und Antonio glorios kontrastiert. Theo Lingen, zu der Zeit schon ein berühmter
Filmkomiker, reizte Malvolios Affektiertheit und Eigenliebe bis zum letzten aus, er
gab der Figur sogar einen Anflug von Tragik, konnte aber nicht verhindern (und
wollte es vielleicht auch gar nicht), daß die Zuschauer mit ihrem Lachen weniger
auf Malvolio als auf ihren Kinoliebling reagierten.[36]

Atmosphäre, Eleganz, Esprit und meisterhafte Regieführung kennzeichneten
Gründgens' Inszenierungen der Shakespeare-Komödien. Er versuchte nicht, sie zu
aktualisieren, im Gegenteil, er achtete darauf, sie nicht allzu genau in einer bestimmten historischen Zeit anzusiedeln. Er vermied aktuelle Anspielungen und
alles, was das Publikum in irgendeiner Weise davon abgelenkt hätte, seine Inszenierungen als vollendete Kunstprodukte zu genießen. In *Wie es euch gefällt* (5. Septem-

ber 1940) hatte er anfänglich die Schauspieler auf Jaques de Bois' Bericht von der wundersamen Bekehrung des tyrannischen Herzogs mit dem Ausdruck von Ungläubigkeit und ironischem Zweifel reagieren lassen. Nach der Premiere strich er die Szene ganz. Wozu sich Ärger einhandeln? Außerdem fügte sie sich nicht in den beabsichtigten Charakter der Inszenierung. Allein durch die Poesie Shakespeares sollte eine bukolische Idylle geschaffen werden, ein heiteres Maskenspiel in einer für die Politik gänzlich unerreichbaren Welt, deren Leben sich nur aus den leidenschaftlichen Gefühlen der Liebenden speist und deren Tiefe aus der relativistischen Weltsicht von Jaques und der pragmatischen Philosophie von Probstein herrührt. Aribert Wäscher, ein berühmter Charakterdarsteller, spielte den Jaques:

> Zum erstenmal sahen wir diese Gestalt aus Shakespeares nächster Lebens- und Geistesnähe von der Rolle entweder eines misanthropischen Höflings oder eines sentimentalen Weisen, in die sie fast immer gedrängt wird, befreit und an die zentrale Stelle gerückt, die ihr in der dichterischen und dramaturgischen Ordnung des Ganzen zukommt, nämlich am Platz des unbefangen fühlenden und frei denkenden Weltbeobachters ...[37]

Käthe Gold als Rosalinde war die zweite große Stütze der Inszenierung. Ihr Ganymed erregte Bewunderung, weil sie

> ohne wechselndes Pointieren ihrer Knabenrolle und ihres Mädchenseins Schein und Sein transparent macht, wie sie nicht gespielte Forschheit und echte Zaghaftigkeit nebeneinanderstellt, sondern in der Forschheit das Zaghafte, im Kekken das Ängstliche mitklingen läßt, entzückt und gequält von dem Widerspruch zwischen ihren spöttischen Worten und ihrem leidenschaftlichen Gefühl ...[38]

Es ist nicht zu übersehen, wie konservativ Gründgens in seinen Interpretationen war. Sein Ruhm als Regisseur gründete sich denn auch nicht auf kühne Innovationen, sondern auf Perfektion und Ausgewogenheit, Voraussetzungen für Form und Stil, seine persönliche Antwort auf das offizielle Programm von »Blut und Boden«. Nichts blieb dem Zufall überlassen oder der Inspiration des Augenblicks. Der Zauber, den er – so Kritiker und Publikum unisono – mit Shakespeares Komödien ausübte, beruhte auf seinem künstlerischen Instinkt für die Harmonie des Ganzen und seiner beharrlichen Konzentration auf die Details von Aufführung und Darstellung. Trotz dieser Verzauberung war dem Zuschauer keinen Augenblick gestattet zu vergessen, daß er etwas selten Kostbares erleben durfte, und daß die Schönheit, die sich ihm bot, untrennbar verbunden war mit einer durchaus intendierten Künstlichkeit, die bald als Gründgens' Markenzeichen galt.

Gründgens' Stilisierung führte selbst dort zu außergewöhnlichen Ergebnissen, wo die Textvorlage so schwach war wie bei *Die lustigen Weiber von Windsor* (30. Dezember 1941). Der magere Gehalt der Komödie gab ihm größere Freiheit, szenische

Arabesken zu erfinden, die es den Schauspielern gestatteten, die ganze Bandbreite ihres Könnens vorzuführen. Alles Derbe wurde sorgfältig gemieden, die »Parterre-späße wurden durch das Haarsieb eines äußerst sublimen Frohsinnes hindurch-gefiltert«.[39] Damit gingen natürlich bewährte Wirkungen verloren. Sie wurden wettgemacht durch Erfindungsreichtum im Detail und eine humane Gesamtsicht. Gründgens ließ Will Dohm als Sir John so spielen, daß unter dem »Wall von Fett und Speck« die Erinnerung an ein besseres Selbst sichtbar wurde – »als eine gewin-nende Mischung von Lebensart, Großzügigkeit, Freiheit des Geistes, Galanterie und Witz, überglänzt von der leuchtenden Arglosigkeit und Gutgläubigkeit des un-verzagten Optimisten«.[40] Sein Ensemble mit Gustav Knuth als Evans und Walter Franck als Doktor Cajus, Käthe Gold und Marianne Hoppe als die lustigen Weiber und Paul Bildt und Otto Wernicke in der Rolle der eifersüchtigen Ehemänner ver-fügte über ausreichend komisches Potential, um aus der Burleske mit ihren derben Typen wenigstens andeutungsweise eine Charakterkomödie zu machen, mit einzel-nen glanzvollen Virtuosennummern, wobei das Ganze immer vom Stil- und Form-willen des Regisseurs bestimmt blieb.

Heinrich George

Heinrich George, der Intendant des Schillertheaters, war in vielerlei Hinsicht das genaue Gegenteil von Gründgens. Massig von Statur, stiernackig und grobgesich-tig, ein mächtiger Zecher mit einem Hang zu legendären Wutausbrüchen, war po-litische Klugheit seine Stärke nicht, und so war er eine leichte Beute für Goebbels und dessen Propaganda. Doch als Schauspieler war er einzigartig, unvergeßlich als Boll in Ernst Barlachs *Der blaue Boll* (1930) und auch als Metzger Hans Biermann in Friedrich Grieses *Mensch aus Erde gemacht* (1933). Das waren Rollen, die genau die Mischung aus Dickköpfigkeit, heftiger Leidenschaft, jovialem Überschwang und Seelentiefe verlangten, die George besonders lag. Fehling arbeitete bevorzugt mit George in solchen Rollen, deckte sich hier doch das spezielle Genie eines Schau-spielers mit dem Wunsch des Regisseurs, die irrationalen und dämonischen Tiefen der menschlichen Psyche auszuloten und die Verbindungen zwischen dem Men-schen und seiner natürlichen, mehr noch als seiner gesellschaftlichen Umwelt zu studieren.

Heinrich George war der Mittelpunkt jeder Vorstellung, bei der er mitwirkte. Er machte aus dem Falstaff in *Heinrich IV.* (3. September 1937 unter Ernst Legal) einen mächtigen Antagonisten im Kampf um Prinz Heinz' Seele, er setzte die Freu-den des gewöhnlichen Lebens gegen die Ansprüche der Politik in der kalten Welt König Heinrichs – und triumphierte in der Schlachtszene mit seinem Lebenswillen über den Machtwillen der anderen Kämpfer. Georges besondere Wirkung war den Kritikern ein Rätsel. Paul Fechter meinte, George habe einen Weg gefunden, das Wesentliche direkt, ohne den Umweg über das Wort, zu vermitteln. »Die stumme

66.
Heinrich George
als Hans Biermann in *Mensch aus Erde
gemacht* von Friedrich Griese.
Staatstheater Berlin, 1933.

Substanz der schauspielerischen Energie ist ... fast ... das Eigentliche der Leistung.« Die Worte seien »Begleitung, nicht tragende Melodie ... sie werden getragen von etwas viel Stärkerem, vom verwandelten Leben ... von der erfüllten Wirklichkeit Falstaff, die da an Stelle des Schauspielers George grinsend, schmatzend,
fluchend, wüst und traurig, leer und melancholisch über die Szene wandert.«[41]

Auch für *Ein Sommernachtstraum* hatte George eine prägnante Lösung. Viele Inszenierungen des Stückes gehen fehl, weil der Regisseur offenläßt, welche Macht im
Athener Wald herrscht. Heinrich George, der das Stück 1937 für eine Freilichtauf-
führung im Naturtheater Friedrichshagen am Stadtrand von Berlin inszenierte,
lenkte die Aufmerksamkeit nicht auf die höfischen Liebenden, die in seinen Augen
nur hübsche Marionetten waren. Alle Macht konzentrierte er auf Oberon, den Gott
der Liebe im Wald von Athen, Pan in seiner ganzen Majestät, mit weißem Geweih,
silbergeschminktem Gesicht, silbernem Umhang und schwarzen Beinkleidern, halb
Mensch, halb Tier; seine Stimme beherrschte jeden Wechsel vom jubelnden Jauch-
zen zum heiseren Bellen, vom sanften Gelispel bis zum hellen Trompetenklang; er
bewegte sich, wie nur er es konnte, tänzelnd trotz seines enormen Umfangs, den

67.
Ein Sommernachtstraum
1926 Heidelberg.
R: Gustav Hartung.
Das Foto zeigt Heinrich
George als Oberon, in
Kostüm und Maske nahezu
identisch mit den 1937 in
Friedrichshagen getragenen.

Boden tretend wie ein scheuendes Tier. Diesen Oberon konnte nur ein einziger
Schauspieler darstellen, Heinrich George selbst, der allein durch seine überwältigende Präsenz und den Urzauber seines Körperspiels diese neue Deutung verkörperte und rechtfertigte. Sein Oberon herrschte noch nicht über ein Kottsches
Bestiarium der Lüste, dirigierte aber auch nicht mehr die lebhaften Scherzos, die
bei Max Reinhardt gespielt wurden. Als Regisseur tat sich Heinrich George kaum
sonderlich hervor, als Schauspieler aber verfügte er über die Gabe, Stücke ganz in
den Bannkreis seiner Persönlichkeit zu ziehen; in entsprechenden Rollen bewirkte
er Wunder der Verwandlung. Sein Oberon im Friedrichshagener Naturtheater ent-
zückte mehrere Jahre lang tausende Berliner.

Sonderfall Shylock

Der Kaufmann von Venedig war seit je eine beliebte und vielgespielte Komödie. Während der Naziherrschaft fiel die Zahl der Aufführungen jedoch drastisch. Der frühere Durchschnitt von zwanzig bis dreißig Inszenierungen pro Jahr mit etwa zweihundert Vorstellungen sank nach 1933 auf weniger als ein Drittel; 1939 waren es nur drei Inszenierungen mit insgesamt 23 Vorstellungen. Die schmeichelhafteste Erklärung dafür wäre, daß die meisten Theaterleitungen durch ein Gefühl der Scham davon abgehalten wurden, die realen Opfer des Regimes auch noch auf der Bühne zu beleidigen. In Berlin gab es während der ganzen Zeit anscheinend nur eine einzige Inszenierung.[42] Wahrscheinlich lagen noch andere Gründe vor, das Stück nicht aufzuführen. Antisemitische Propaganda ließ sich einfacher mit *Der Jude von Malta* von Christopher Marlowe machen. *Der Kaufmann von Venedig* barg eine doppelte Gefahr: Wäre das jüdische Thema den Behörden genehm und wie sollte man es aufführen? Als *Stürmer*-Karikatur[43], was viele Regisseure als geschmacklos ablehnten, oder als Plädoyer für Shylock, was selbstmörderisch gewesen wäre? Sollte man Shylocks Reden in 3.1. (»Hat nicht ein Jude Augen?«) und in 4.1. (»Welch Urteil soll ich scheun, tu' ich kein Unrecht?«) ihr volles Gewicht geben oder sollte man ihre Wirkung durch Kürzungen einschränken und ihren moralischen Ernst durch eine entsprechende Vortragsweise lächerlich machen? Sowohl Textänderungen wie die Art der Aufführung konnten politisch ausgelegt werden. In dieser Situation führten die Regisseure das Stück entweder als reine Komödie auf und unterdrückten so weit wie möglich alle tragischen und aktuellen Anspielungen oder sie bekannten sich offen zu ihrer nationalsozialistischen Überzeugung und inszenierten das Drama rassistisch.

Die übelste dieser Inszenierungen hatte am 15. Mai 1943 am Burgtheater in Wien Premiere und wurde viele Dutzend Male aufgeführt.[44] Der Regisseur, Lothar Müthel, zum damaligen Zeitpunkt Leiter des Burgtheaters, und Werner Krauß, der den Shylock spielte, kamen aus Berlin. Nach dem Krieg beriefen sich beide darauf, auf direkten Befehl von Hitlers Statthalter in Wien, Baldur von Schirach, gehandelt zu haben. Doch beide waren Parteimitglieder, absolute Stars, und wahrscheinlich hatte ihnen der Gedanke Spaß gemacht, in sicherer Entfernung vom kritischen Berliner Publikum einmal alle Hemmungen abzulegen. Eben das hatte Krauß kurz zuvor in Veit Harlans berüchtigtem *Jud Süß* getan, einem Film über den korrupten jüdischen Financier eines bestechlichen Fürsten des achtzehnten Jahrhunderts. Neben der Titelrolle hatte Krauß noch fünf weitere Juden verkörpert. Den Shylock hatte er schon vorher häufig gespielt, und seine spätere Behauptung, sein Wiener Shylock sei nicht anders gewesen als der Shylock, den er zwanzig Jahre zuvor unter Reinhardt in Berlin gespielt habe, mag durchaus ein Körnchen Wahrheit enthalten haben. Doch angesichts der Judenverfolgung, die in Wien gerade ihren Höhepunkt erreicht hatte und nach den vorausgegangenen Hetzkampagnen gegen wehrlose Opfer mußte dem Dümmsten klar sein, daß *Der Kaufmann von Venedig* nicht länger

68.
Der Kaufmann von Venedig
1943 Wien.
Die »Schacherjuden« unter
sich: Werner Krauß (Shylock)
und Ferdinand Mayerhofer
(Tubal). Beide Schauspieler
bedienten antisemitische
Klischees.

dasselbe Stück war wie früher. Bestimmt aber grenzte es ans Verbrecherische, den
Shylock so zu spielen, daß man über seine Darstellung sagen konnte: »dies alles eint
sich zum pathologischen Bild des ostjüdischen Rassentyps mit der ganzen äußeren
und inneren Unsauberkeit des Menschen bei Hervorhebung des Gefährlichen im
Humorigen.«[45] Auch nach dem Krieg sah Werner Krauß nicht ein, daß er gefehlt
hatte. Er war der Meinung, er habe nichts weiter getan, als großen (zugegebener-
maßen antisemitischen) Rollen sein ganzes schauspielerisches Talent zu widmen
und hielt das mehrjährige Spielverbot, das wegen seiner judenfeindlichen Darstellungen gegen ihn verhängt wurde, für ungerecht.[46] Zu seiner Verteidigung führte
er an, die Aufgabe des Schauspielers sei nun einmal zu spielen, er sei grundsätzlich
ein neutrales und deshalb unschuldiges Instrument. Dieses Argument, während
der Entnazifizierung häufig von belasteten Schauspielern vorgebracht, überzeugte
nicht. Auch Krauß' Kollegen am Staatstheater in Berlin hätten es nicht gelten
lassen.

Macht, Politik und Moral:
Shakespeare am Staatstheater unter Jürgen Fehling

Die Rivalität zwischen Göring und Goebbels und ihre Eitelkeit, *ihr* jeweiliges Theater als das beste im Lande gefeiert zu sehen, trieb seltsame Blüten. So war Geld anscheinend kein Thema. Walter Th. Andermann berichtet, wie nach dem Anschluß Österreichs im Jahre 1938 die Berliner Behörden die Budgets der Wiener Theater um enorme Beträge aufstockten, teils um ihre österreichischen Vettern zu beeindrucken, teils um sie auf ihre Seite zu ziehen.[47] Gründgens in Berlin trug dennoch Sorge, sein Budget nicht zu überschreiten, war er doch in anderen Punkten angreifbar. Auch scheint berühmten Theatern stillschweigend ein gewisser Freiraum konzediert worden zu sein, wenngleich Goebbels oft gegen die »liberalistischen« Abweichungen des Deutschen Theaters unter Hilpert wetterte. Dennoch wurde Hilpert zu späterem Zeitpunkt auch mit der Leitung des Theaters in der Josefstadt in Wien betraut. Auch hier beeindruckte er durch seinen unmilitanten, aber auf eine unangreifbare Weise selbstverständlichen Humanismus.

Der Mann, der sich die gewagtesten Freiheiten herausnahm, war Jürgen Fehling. Sein Fall zeigt sowohl, was unter günstigen Umständen gerade noch möglich war (siehe *Richard III.*, 1937), als auch die geistigen und ideologischen Beschränkungen der Zeit, ein Netz, in dem Nazis und Antinazis gleichermaßen gefangen waren (siehe *Julius Caesar*, 1941). Für Goebbels und seine Spießgesellen war Fehling ein »Kulturbolschewik«, sein Umgang mit Texten, Schauspielern und Bühnenbild war jedoch so kraftvoll und elektrisierend, daß andere Inszenierungen viel von ihrem Glanz verloren, wenn man sie mit seinen einzigartigen und durchdringenden Darstellungen verglich. Seine Theaterbesessenheit hatte von Anbeginn etwas beinahe Skandalöses. Schon als junger Mann, der in der Theaterwelt noch kaum Fuß gefaßt hatte, ließ er sich bei seinen Regieentscheidungen von nichts und niemand beeinflussen. Es sah ganz danach aus, als wollte er auch für die Nazis keine Ausnahme machen.

Richard III.

Theaterhistoriker bezeichnen seine Inszenierungen von *Richard III.* (2. März 1937), *Richard II.* (5. Mai 1939) und *Julius Cäsar* (27. April 1941) als pointierte Kommentare zur politischen Situation. Es ist allerdings nicht klar, ob man ihre Aussage als direkte Provokation wertete oder eher unterschwellig registrierte. Da die Zeitläufte eine klare Sprache verboten und Fehling so gar keine Begabung für die behutsame Andeutung hatte, waren seine Inszenierungen explosive Mischungen. Die von *Richard III.* ist am besten dokumentiert und gilt als Meilenstein in der Theatergeschichte des Dritten Reiches und danach.

Jürgen Fehling war einer der berühmtesten deutschen Theaterregisseure ... Von seinen Inszenierungen sprach ganz Berlin, aber keine erwartete man ungeduldiger, als seinen Richard III. Fehling, der ein leidenschaftlicher Anti-Nazi war ..., wußte, wieviel Haß und Eifersucht zwischen Göring und Goebbels bestand, und es machte ihm daher ein teuflisches Vergnügen, aus dem letzten König des Hauses York ein Abbild des klumpfüßigen Propagandaministers zu machen, mit all seinen Lügen, Tücken und Schürzenjägereien.[48]

John Newmark, der kanadische Pianist und Komponist, der fünfzig Jahre später die Inszenierung beschrieb, war als Beobachter in einer einzigartigen Position. Fehling hatte den arbeitslosen jüdischen Musiker, damals noch Hans Neumark, engagiert, um die Hintergrundmusik zusammenzustellen und zu arrangieren. Außerdem sollte er die Klavierbegleitung zum Marsch der Armeen im fünften Akt spielen. ›Arische‹ Soldaten zu der Musik marschieren zu lassen, die ein jüdischer Pianist spielte, war ein ausgemachter Affront, den Gründgens sogleich verhinderte, als er davon erfuhr. Gründgens hatte weiterreichende Konsequenzen zu bedenken und war nicht willens, für Fehlings gefährliche Bravourstücke unnötige Risiken einzugehen. Die Inszenierung barg ohnehin genug politischen Sprengstoff. Besonders heikel waren zwei Dinge: Die Mörder von Clarence trugen Uniformen im Stil der SA, Richards Leibwächter erinnerten an die gefürchtete SS, und der Kanzleischreiber sprach seine kurze Rede von der Rampe direkt ins Publikum. Beides erregte sofort Ärgernis – oder Entzücken. Die Berichte variieren, was auf Unterschiede bei den einzelnen Vorstellungen schließen läßt. Einige Zuschauer erinnerten sich, daß man unter den Umhängen der Mörder nach der Tat für einen kurzen Moment Uniformen im Stil der SA habe sehen können; anderen zufolge legten die Mörder ihre Umhänge ab und falteten sie sorgfältig zusammen, bevor sie den Mord in ihrer Berufsuniform begingen.[49] Auch über des Kanzleischreibers Rede »Wer ist so blöde und sieht nicht diesen greiflichen Betrug?« unmittelbar vor der Pause wird zum einen berichtet, daß sie spontanen Applaus auslöste, zum anderen, daß ihr eine »unheimliche Stille« folgte.[50]

Werner Krauß als Gloster setzte seine ganze Kunst ein, aus Richard ein Monster an Rücksichtslosigkeit und gefährlichem Charme zu machen, »der lebensgefährlich liebenswürdige Komödiant, der sich mit Wollust in der Macht aalt, ... eine geschmeidig hinkende und hüpfende Bestie«.[51] Er trug ein riesiges zweihändiges Schwert, das er streichelte, mit dem er spielte, das er wie ein Krieger schulterte und nur einmal fallen ließ, als seine eigene Mutter ihn verfluchte. »Das Requisit wird in der Hand des genialen Schauspielers zum Mitspieler, zum Deuter seiner Stimmungen, Launen und Anwandlungen, ja sogar zum Aussprecher von Gedanken, für die seine Lippen noch nicht geöffnet sind.«[52]

Die Schlußszene enthielt drei ungewöhnliche Elemente, von denen jedes darauf abzielte, die Aussage des Stücks zu verstärken. Als die Uhr eins schlug, verschüttete Richard den Wein, den er gerade trank, über sein weißes Nachtgewand und schien

69. *Richard III*. 1937 Berlin. R: Jürgen Fehling, B: Traugott Müller, F: Willy Saeger. Der Usurpator
(Werner Krauß) und sein Helfershelfer Buckingham (Bernhard Minetti) im Augenblick des
Triumphes. Sie posieren vor einem Wandschirm, dessen Panele an russische Ikonen erinnern,
und bilden das unheilige Mittelstück eines finsteren Triptychons.

einen Moment lang blutüberströmt zu sein, bevor ihn die Geister der Erschlagenen
bedrängten. Die Opfer, zum Teil in zerfetzten, blutdurchtränkten Kleidern, wurden
hell angeleuchtet, während ihr Mörder im Dunkeln blieb. »Für die zwei kleinen
Prinzen hatte Fehling nicht zwei Kinderschauspieler ausgesucht, sondern zwei
Soprane von dem berühmten Hedwigskirchen-Knabenchor. Er ließ sie ihren Fluch
singen ... gleichwie in gregorianischer Psalmodie. Es sind nur vier Sätze, die mit
dem berühmten: ›Verzweifl' und stirb!‹ aufhören, aber ich werde sie nie vergessen.«[53] Die Wirkung der Geister war anscheinend so erschütternd, daß Fehling sich
das übliche Kampfgetümmel Shakespearescher Bühnenschlachten in der Todesszene sparen konnte. Nur Richard und Richmond standen einander auf der Riesen-
bühne gegenüber. Richmond brauchte nur sein Schwert zu heben, und schon fiel
Richard wie vom Blitz getroffen. »Er stirbt, weil er sterben muß, weil er reif ist,
ausgelöscht zu werden, weil die göttliche Weltordnung wieder in ihre Rechte treten
will.«[54] Das Schlußbild brachte eine weitere Steigerung. Marcel Reich-Ranicki, der
als junger Mann kurz vor seiner Ausweisung und Verfolgung die Premiere besuchen
konnte, beschreibt es so:

Großartig und verblüffend war das Finale: Nach den Worten »Das Feld ist unser und der Bluthund tot« wurde es vollkommen dunkel auf der Bühne und im Zuschauerraum. Nach wenigen Augenblicken gingen alle Lichter plötzlich an, auch im Zuschauerraum. Die Soldaten auf der Bühne sanken in die Knie und stimmten ein gewaltiges Tedeum an, das von allen Seiten des Saales zu hören war.[55]

Damit waren auch die Zuschauer in die hymnische Befreiung eingeschlossen. Die meisten Kritiker dieser buchstäblich atemberaubenden, wenngleich fünfstündigen Inszenierung spürten das Provokante an dem, was sie soeben gesehen hatten, konnten es aber selbstverständlich nicht kommentieren. Eine direkte Analogie zwischen Richard und einem der Nazipotentaten zu ziehen, wäre zu riskant gewesen. Doch Gloster, der sich am Anfang des Stückes die Zeit nahm, aus der Tiefe der Hinterbühne bis nach vorn ins Rampenlicht zu humpeln, um seine bevorstehenden Untaten anzukündigen, wurde von vielen als Anspielung auf Goebbels empfunden. Dieser war natürlich wütend. Er ließ Fehlings Paß einziehen (so daß dieser seine ehemalige jüdische Partnerin, die inzwischen in London verheiratete Lucie Mannheim, nicht mehr besuchen konnte), und auch Göring war ernsthaft verstimmt. Die Inszenierung war jedoch weit mehr als nur eine tollkühne Provokation, die sich leicht hätte verbieten lassen. Bernhard Minetti, der den Buckingham spielte, hat wahrscheinlich recht, wenn er sagt »daß die Erfüllung eines Kunstwerkes (von den Formaten, mit denen Fehling sich beschäftigte) eine Weltsicht gab, der das Regime nicht gewachsen war«.[56] Die Inszenierung machte Theatergeschichte – nicht als Agitationsversuch, sondern als künstlerisches Ereignis. Die Verschmelzung von politischem Bewußtsein und ästhetischer Durchdringung hatte wirkungsvolle Lösungen und eine neue Bildersprache hervorgebracht.

Für die meisten Kommentatoren war Fehlings Beherrschung des szenischen Raums das entscheidende Moment dieser Inszenierung. Er versuchte erst gar nicht, das riesige Ausmaß der Bühne zu kaschieren. Im Gegenteil. Weiße, stellenweise schräg zulaufende Wände und die deutliche Segmentierung der Decke durch Soffitten spiegelten eine unendliche Tiefe vor, während der sparsame Gebrauch fast abstrakter Requisiten ein Gefühl der Leere aufkommen ließ. »Der leere Raum als Spielort«, sagte Bernhard Minetti, »ist lange vor Peter Brooks Deklaration durch Traugott Müller praktiziert worden.«[57] Eine schiefe Steinreihe markierte die Straße, auf der Lady Anna den Leichenzug ihres toten Gatten anführt; eine Bank, drei freistehende Stahlrahmen als Türen und ein Gitter – den Tower andeutend; horizontale Baumstämme voll gefährlich aussehender Stacheln im Hof von Baynards Schloß; kahle Stahlrohrsessel für den Konferenzsaal – die Abstraktion hätte kaum weiter getrieben werden können. Doch es war nicht nur »Abstraktion *von*, sondern *zu* etwas«.[58] Siegfried Melchinger interpretierte das Bühnenbild von Traugott Müller als Beispiel für Anti-Illusionstheater. Es sei vielleicht weniger spektakulär als Piscators Maschinenästhetik, aber insgesamt produktiver. Seiner Meinung nach war es sogar die szenische Umsetzung von Husserls Existenzphilosophie der Greifbar-

und Sichtbarmachung lebensnotwendiger Essenz. Fehling und Traugott Müller »abstrahierten durch Weglassen, indem sie sich das Wesen einbildeten und als Vision konkretisierten«.[59] Übrig blieben »Chiffren der *Konzentration*«. Sie zeigten an, daß die Handlung aus dem historisch definierten Raum-Zeit-Kontinuum in das Reich des Symbolischen gehoben worden war. Offensichtlich hatten Fehling und Müller keine Bedenken, sich auf ihrer Suche nach grundlegenden optischen Mitteln sowohl aus dem Arsenal des Expressionismus wie der »Neuen Sachlichkeit« zu bedienen. Die von ihnen erzielte Gesamtwirkung war jedoch eine ganz andere: die »Auflösung des Bühnenbildes bis zum fast abstrakten Raum ..., bis zu der radikalen Vereinfachung dieser puritanischen Shakespeare-Bühne. In ihr hat das Drama die Urkraft des Mythos. Jedes Wort, jeder Schritt des Darstellers, der allein diesem Riesenraum gegenübersteht, gewinnt Bedeutung.«[60]

Laut Ruppel konnte ein solch hohes Maß an Abstraktion, ohne das Theater seiner sinnlichen Wirkung und Unmittelbarkeit zu berauben, nur mit einem Ensemble erzielt werden, wie es Fehling im Staatstheater zur Verfügung stand. Richard Biedrzynski vermutet, daß »die Vision Fehlings von dem spukhaft bösen Geist eines titanischen Verbrechers«[61] einen Schauspieler wie Werner Krauß brauchte, der die Titelrolle mit »absoluter Reuelosigkeit ... [und] satanischem Humor« verkörperte. »Doppelt grotesk sind deshalb seine katzenhaften Sprünge und das hüpfende, lüsterne Schreiten des Hinkenden! Dies sind die Einfälle einer dämonischen Phantasie, die den Tiefen einer heillosen, aber noch im Bösen und Ruchlosen großartigen Existenz nachspürt.«[62] Er geht allerdings fehl, wenn er folgert, daß die Verschmelzung von abstraktem Bühnenraum und Vollblutschauspielerei »den Siedepunkt der Leidenschaft« erfordere, um erfolgreich zu sein. Fehling gestattete seinen Schauspielern keine expressionistische Theatralik. Sie war auch nicht nötig. Bei einem Publikum, dessen politische Wahrnehmung durch die aktuelle Entwicklung geschärft war, brauchte der Zeitbezug nicht besonders hervorgehoben zu werden. Was vermittelt werden mußte, war ein Gefühl für die Größe und Bedeutung der Ereignisse. Dafür fanden Fehling und Müller überzeugende Metaphern. Die Kritiker reagierten mit Begriffen wie mythisch, dämonisch, besessen, zeitlos oder elementar, die übrigens auch bei den Nazis in hohem Ansehen standen, um den einmaligen und prophetischen Charakter der Inszenierung anzuzeigen. Da es ihnen nicht erlaubt war, auszusprechen, wofür die Inszenierung stand, mußten sie Begriffe aus dem Vokabular des Irrationalismus zu Hilfe nehmen, um wenigstens die Macht der symbolischen Darstellung anzudeuten, deren Zeuge sie geworden waren.[63]

Richard II.

In *Richard II.* (5. Mai 1939) war der politische Unterton gedämpft. Bei einem Protagonisten wie Gründgens konnte auch ein Fehling als Regisseur dem Stück keinen unmittelbaren Gegenwartsbezug mitgeben. Die Dialektik der Titelrolle, König

70. *Richard II.* 1939 Berlin. R: Jürgen Fehling, B: Traugott Müller, F: Willy Saeger.
Gustaf Gründgens als Richard auf der Zugbrücke von Flint-Burg.

Richard, ganz hoher Fürst und zugleich ganz Schauspieler, enthielt genau jenes komplexe Sujet der seelischen Spannung einer gespaltenen Persönlichkeit, mit dem Gründgens sich so leidenschaftlich gern befaßte. Richards schmerzliche Suche nach Selbsterkenntnis führte ihn von den Posen eitler Selbstverliebtheit zu Verzweiflung, bitterer Selbstironie und schonungsloser Selbstanalyse. Gründgens' facettenreicher Vortrag behielt immer eine gewisse Schärfe, selbst seine meisterhafte lyrische Modulation war davon nicht ausgenommen. »Das Spitze wird zwiefach spitz in seinem Munde. Jedes Wortspiel wird zu einer geistigen Kostprobe.«[64] Ruppel bescheinigt sowohl Gründgens als auch Minetti (Bolingbroke) eine metallische Einfärbung der Stimme, »aber während bei Gründgens immer etwas Instrumentales mitschwingt, fallen die Worte bei Minetti wie die Schläge eines Schwertes«.[65]

Traugott Müllers Bühnenbild für *Richard II.* stand dem für *Richard III.* in nichts nach. Vielleicht war der Einsatz einzelner Requisiten und bezeichnender Hinweise sogar noch kühner. So symbolisierte ein einzelner rostiger Pflug in Erdfurchen auf der Hinterbühne den Handlungsort an der walisischen Küste, den desolaten Zustand des von Richard und seinen Kriegen heruntergewirtschafteten Landes und die Einsamkeit des von seinen Truppen verlassenen Königs. Richard antwortet Bolingbroke vor Flint-Burg von einer primitiven Zugbrücke aus, die über zugespitzten Palisaden schwebt, eine reichlich kriegerische Plattform für einen höchst unkriegerischen Herrscher, aber wie geschaffen für die großen Gesten und die eitlen Posen, die Richard hier zum letzten Mal einnehmen kann. (Abb. 70). Für die Abdankungsszene hatte Müller ein großes Metallgitter diagonal auf die Bühne gestellt, dahinter der Londoner Mob, der schattenhaft und reglos im flackernden Fackelschein stand, »eine wahrhaft unheimliche Schauplatzvision, halb Tribüne, halb Käfig, für Richards große Szene der trunken genossenen Schmach.«[66] Im Bühnenbild verbanden sich wieder einmal Abstraktion und Konzentration. Seine archaisch anmutenden Formen schienen zunächst dem psychologischen Raffinement des Stückes zu widersprechen. Tatsächlich aber bildete dieser schon fast brutale optische Rahmen einen höchst wirkungsvollen Kontrast zum Narzißmus und zur elegischen Introspektion der Hauptfigur. Es war wie eine schmerzliche und drohende Erinnerung an den konkreten Hintergrund von Real- und Machtpolitik, vor dem Richards glanzvolle Selbstinszenierung versagen und die fein abgestufte Psychologie seines Absturzes und Sterbens zunichte werden muß.

Julius Cäsar

Zeitgenössischen Beobachtern blieb nicht verborgen, daß die Dramen der Klassiker politisch von erstaunlicher Aktualität sein konnten.[67] Für die Forderung des Marquis Posa »Geben Sie Gedankenfreiheit!« in Schillers *Don Carlos* gab es fast immer spontanen Beifall. Die zahlreichen Rufe nach Freiheit in Schillers *Wilhelm Tell* und Tells nach gründlicher Überlegung getroffene Entscheidung, den Tyrannen zu töten, führten 1942 zum Verbot des Stückes. Auch einige von Shakespeares Stücken ließen solche aktuellen Umdeutungen zu. Als Oberst Claus von Stauffenberg nach dem Attentat auf Hitler am 20. Juli 1944 verhaftet wurde, lag auf seinem Schreibtisch ein bei *Julius Cäsar* aufgeschlagener Band Shakespeare, in dem die entsprechenden Reflexionen des Brutus über den Tyrannenmord unterstrichen waren.[68] Doch Fehlings Inszenierung des Stückes (24. April 1941) am Staatstheater kann auch anders verstanden werden. Minetti deutet das an mit seiner Feststellung, »Das war das Merkwürdige, Besondere im ›Dritten Reich‹: Wenn die großen Stücke ›legitim‹ inszeniert wurden – wie dieser *Julius Cäsar* –, wurden sie politische Stücke.«[69] Andererseits stimmen die Rezensionen darin überein, daß der Regisseur mit allen Mitteln Cäsars Rolle gestärkt habe, um ihn als den Mann der Zukunft herauszustellen. Sein Sturz mußte deshalb als eine historische Katastrophe erscheinen, und seine Ermordung als ein Verbrechen mythischen Ausmaßes. Bei einem Brutus, von dem sich sagen ließ, ihm »fehlt schon vor der Tat der Glaube an sie und ihre Notwendigkeit. Er suchte mit seinen Worten sich selbst zu überzeugen und sah ih-

71. *Julius Cäsar* 1941 Berlin. R: Jürgen Fehling, B: Traugott Müller, F: Willy Saeger.
Werner Krauß, mit cäsarenhafter Herrschergeste und die römischen Senatoren in dekorativen
Posen und Gewändern.

nen melancholisch und ungläubig nach«,[70] war es klar, daß dies nicht eine Aufführung war, die den Geist des republikanischen Roms und seiner alten Tugenden aufleben lassen sollte. Wohl hatte Bernhard Minetti große Augenblicke in der Nacht-szene vor dem zweiten Akt, »wenn er … den Kampf zwischen den Zweifeln seines Gefühls und den Einsichten seiner republikanischen Redlichkeit durchkämpft«[71], doch Fehlings Geschichtsauffassung und sein Verständnis des Stückes wiesen in eine andere Richtung: Er betonte die Tragödie von Cäsars Sturz. Fehlings Faszina-tion für den Machtmenschen Cäsar ist nicht zu übersehen. (Abb. 71) Geschichte – nach einem damals vielzitierten Ausspruch des Historikers Heinrich von Treitschke von (großen) Männern gemacht; Cäsar – Inbegriff von Größe, an der Schwelle zu einem neuen Zeitalter, der gerade durch seinen Sturz die historische Veränderung bewirkt und die Regierungsform herbeiführt, für die er ermordet wird: Für Fehling war das eine unwiderstehliche Kombination. Erich Engels analytischer Verstand wäre dem Cäsar-Mythos vielleicht nicht erlegen, vor dem Fehlings anarchische Seele erbebte. Cäsar »ist sehr viel revolutionärer als seine Gegner, die ihn im Na-men der Freiheit als Tyrannenmörder niederstoßen. Sie handeln … aus blindem Idealismus, … da sie … Cäsars Griff in die Zukunft nicht verstehen … und alle sind ausnahmslos die Opfer der untergehenden Republik, die Cäsar überwand.«[72] Den Untergang der Republik hatten alle Zuschauer selbst miterlebt. Und dennoch,

Cäsars Ermordung auf dem Kapitol überwältigte selbst einen so klarsichtigen Kritiker wie Ruppel, der die Wirkung der Tat auf die Verschwörer beschreibt.

> Der Saal ist leer, ein kaltes, kalkiges Licht erfüllt den Raum mit einer bösen, erbarmungslosen Helle, in der das Opfer zerfetzt und blutend vor den Augen der Täter liegt. Da schleicht sich langsam, fürchterlich, ein eisiges Entsetzen in ihre Adern, würgt ihnen den Atem und bannt ihnen den Blick. Die Zungen sind gelähmt wie die Hände ..., die Beine versagen den Dienst, das Gehirn wird leer. Einer stützt sich an die Mauer, ein anderer sinkt auf den Treppenstufen nieder, ein dritter kauert erstarrt in einem leeren Senatorensessel: Es ist der Augenblick des äußersten Grauens, der Augenblick, in dem eine Welt zusammenbricht und das Schicksal denjenigen, die sie zum Einsturz brachten, die Medusenmaske des Chaos vorhält.[73]

Es war wohl kaum möglich, diese Inszenierung als Aufforderung zum Tyrannenmord zu sehen. Im Gegenteil, die Erinnerung an diese Szene war dazu angetan, jeden potentiellen Verschwörer von seinem Vorhaben abzubringen. Fehlings ausgeprägte Neigung zu »Tiefbohrungen«[74] (Minetti) ließ, wenigstens in diesem Fall, rationale Analyse nicht zu. Völlig wesensfremd war ihm Theater als Mittel zum Zweck; eine didaktische, ideologische oder auch nur eine allgemein aufklärerische Zielsetzung für das Theater lehnte er ab. Weder in seinem persönlichen noch in seinem theatralischen Kosmos war die Welt ein System von Ursache und Wirkung. Seine Welt war vielmehr bestimmt von dynamischen Kräften, von ausgeprägten Charakteren, die ihrem »daimon« oder Schicksal im Sinne Goethes folgten, nicht von Rationalismus oder Propaganda. Brecht, erklärte er 1953 vor einer schockierten Zuhörerschaft von Dramaturgen, sei ein »Rattenfänger ... Merken Sie denn nicht, wie der schummelt? Wie dieser begabteste Fassadenkletterer seit dreißig Jahren sich nichts Neues hat einfallen lassen? Seine ersten Sachen sind ja zehnmal so potent, wie alles, was er heute schreibt!«[75] Und in einem Rückblick auf seine eigenen legendären Erfolge, erklärte er, das Publikum in Deutschland sei »ideal für Theater. Und es ist eine Verleumdung dieses blödsinnig jungen, ewig noch in den Sümpfen des Teutoburger Waldes herumschwimmenden Volkes ..., daß dieses Volk nicht platzte vor Neugierde und Leidenschaft für wirkliches, lebendiges, allerdings nicht ›Brechtsches‹, sondern bewußt pathetisches Theater.«[76]

Es liegt auf der Hand, daß jemand, der so sehr darauf aus war, die irrationalen Ursprünge von Charakter und Tat zu ergründen, nur begrenzte Sympathie für Brutus' penible Gewissenserforschung aufbringen konnte. Statt dessen begeisterten Fehling die Leidenschaft und Impulsivität, die er in der Rolle Mark Antons sah. Er legte die von Gustav Knuth verkörperte Figur so an, daß jede Spur bewußten Planens und Intrigierens verschwand. Mark Anton sollte als der gute, offenherzige Freund erscheinen, der arglos und fast gegen seinen Willen in die Politik hineingezogen wird. Doch dann wird er zu einer durch nichts aufzuhaltenden Kraft.

Der Mark Anton Gustav Knuths wirkt dagegen ganz durch die mitreißende Leidenschaft seines aufgewühlten Gefühls und seines tosenden Wehs – es ist gleichsam die Inspiration des Schmerzes, die ihm die Gliederung und Steigerung der
Rede … eingibt. … absolut benommen aber entfaltet sich der ganze wunderbare
Reichtum seiner schauspielerischen Natur, wenn er tränenüberströmt neben
dem blutenden Stückchen Erde, das Cäsar war, am Boden liegt und die furchtbare Prophezeiung des nun beginnenden Bürgerkrieges hinausschreit – der ekstatische Seher und Künder des neuen Cäsar-Mythos, geschüttelt von allen
Schauern der Zukunftsahnung, wie Brutus der schwermütige letzte Rhapsode
des alten Rom-Mythos ist, erfüllt von der namenlosen Trauer eines alles überblickenden Vergangenheitswissens.[77]

Geschichte im Werden begriffen, von willensstarken Protagonisten zur Anarchie
oder Ordnung getrieben, Menschen glühend vor Leidenschaft oder im Bann eines
unabwendbaren Geschicks – das war die Dimension der Themen und Charaktere,
die Fehling im Blick hatte: »Cäsar bemächtigt sich erst durch seinen Tod der
Zukunft! Fehling aber erhebt die Katastrophe zu einer Totenklage der Natur, zu

72. *Julius Cäsar* 1941 Berlin. F: Willy Saeger. Die Bühne für das schicksalhafte Treffen von Antonius,
Octavius und Lepidus (4.1), ein Ort kühler Abstraktheit, noch rätselhafter durch die kreisrunde
Öffnung in der Deckenmitte: Anspielung auf das Pantheon oder himmlisches Spähloch, von dem
aus ihre Mordpläne beobachtet werden?

einem mythischen Augenblick, in dem ... ›die Welt den Atem anhält‹.«[78] Also, in Fehlings eigenen Worten, »bewußt pathetisches Theater«. Und mit seinem vorzüglichen Ensemble, seinen genialen Bühnenbildnern und den großzügigen materiellen Bedingungen am Staatstheater war er in der Lage, seine Vision in eindrucksvoller Weise zu realisieren. (Abb. 72)

Die Frage stellt sich, ob eine so geartete Inszenierung des *Julius Cäsar* überhaupt eine aktuelle Botschaft enthielt oder eine politische Wirkung zeigte. Vom Agitationstheater Piscators in den zwanziger Jahren trennten sie Welten, und sie war sicher ebenso weit entfernt von der politischen Didaktik, die Brecht in jenen Jahren dramatisch gestaltete. Fehling war in den Grenzen seines Ansatzes gefangen: nämlich das klassische Kulturgut zu bewahren und es sich neu anzueignen, seine Wirkung zu erhöhen, ihm neues Leben einzuhauchen, aber nicht, es zu übersteigen und zu überwinden. Etwaige politische Relevanz mußte mit rein theatralischen Mitteln geschaffen werden. Sie mußte selbstverständlich unterhalb der Ebene des rationalen Diskurses bleiben – und blieb wahrscheinlich sogar unterhalb des Horizonts bewußter Wahrnehmung. Fehling glaubte an die kathartische Wirkung des Theaters und bemühte sich nach Kräften, Emotionen zu wecken und die Herzen seiner Zuschauer zu erschüttern. Hätte er das Publikum belehren sollen? Aufklärung, so nötig sie war, stand in den vierziger Jahren nicht hoch im Kurs. Die Arbeit des Künstlers – so die damalige Anschauung – bezog sich mehr auf emotionale und spirituelle Werte als auf rationale. Fehlings Geschichtsauffassung war pan-dämonistisch. Der Gedanke eines mechanistischen Universums war ihm ein Greuel. Phantasie, Einbildungskraft, Intuition waren die Kräfte, die sein Leben und seine Arbeit bestimmten. Seine Kreativität speiste sich aus elementaren Quellen. Diese unabdingbaren Voraussetzungen begründeten seine einzigartigen künstlerischen Leistungen. Gleichzeitig setzten sie ihm Grenzen, die er nicht übersteigen konnte.

Klarheit und Ordnung:
Shakespeare am Deutschen Theater unter Hilpert und Engel

> Was wollte also Heinz Hilpert? Nichts mehr und nichts weniger als die Erziehung eines neuen Schauspieler-Typus, der die Kraft hat, aus der Anonymität seiner Existenz zu wirken. Deshalb war nicht das Theater der Prominenten sein Ziel, sondern das Theater der Namenlosen.[79]

Die Schauspieler am Deutschen Theater können kaum als namenlos bezeichnet werden, noch hätte die Beschreibung auf das Ensemble von Hilperts anderem Theater in der Josefstadt in Wien gepaßt. Und dennoch trifft sie Hilperts Ideal. Walter Thomas, ehemaliger Dramaturg Saladin Schmitts, von Goebbels für die Koordination des Wiener Kulturlebens ausgewählt, selbst jedoch kein Nazi und mehrfach mit KZ bedroht, setzt in seinen Memoiren Hilperts stillem Heldentum ein bewegendes Denkmal. Er kannte Hilpert von gemeinsamen Arbeiten und Projekten, die dem Trend der Zeit zuwiderliefen, und bewunderte dessen pädagogisches Reformprogramm, das den damaligen Starkult vermied und das glitzernde Berliner Show Business ablehnte. Für Walter Thomas waren Hilpert und Fehling in Motivation und Stil diametral entgegengesetzt, obwohl beide gleich weit entfernt vom ›Zeitgeist‹ waren.

> Hilpert wollte ein Menschenhaus schaffen. Fehling ein dämonisches Panoptikum. Hilpert versuchte das leidende und lachende Antlitz des Menschen von aller Verstellung freizumachen. Fehling zeigte die Fratze, das gorgonisch verzerrte Traumgesicht, den Spuk: Hilpert strebte in die menschliche Stille. Fehling in die expressive, manisch übersteigerte Gebärde. Seine szenische Besessenheit überschlug sich in ihrer Hybris.[80]

Es ist offensichtlich, daß so divergierende Zielsetzungen das Publikum inhaltlich und formal völlig verschieden ansprachen. Der bereits erwähnte Unterschied zwischen dem Staatstheater und dem Deutschen Theater offenbarte sich vor allem in den Inszenierungen Erich Engels, von denen im folgenden zwei kurz vorgestellt werden sollen.

Erich Engel: Coriolanus *und* Othello

Rationalität, Klarheit, Kühle, Präzision und Objektivität sind die Eigenschaften, die Engels Arbeit am häufigsten zugeschrieben werden. »Der äußerste Gegensatz zu Jürgen Fehling ist Erich Engel ... alles Verhängte, Chaotische, Stürmische, Schweifende ist ihm fremd.«[81] Sein Umgang mit dem Text schien Ihering wie von einer wissenschaftlichen Methodik geprägt, er gehe analytisch und präzise vor, sei allergisch gegenüber bloßen Lyrismen, verbalen Schnörkeln und allem Verwischten oder Verschwommenen

73.
Erich Engel

abhold.[82] Engel durchforstete die romantischen Übersetzungen, entfernte unverständliche und erhellte dunkle Stellen, beseitigte jeden Anflug von Sentimentalität und modernisierte vorsichtig die allzu poetischen Passagen der erlaubten Übersetzungen. Kritiker fragten sich, ob seiner Abneigung gegen falsches Gefühl und lyrische Unbestimmtheit nicht manchmal auch wahrhaft Poetisches zum Opfer

74. *Coriolanus* 1937 Berlin. R: Erich Engel, B: Caspar Neher, F: Willy Saeger. Eine klare Trennung zwischen oben und unten, traditionell und einheitlich gewandete Römer, ganz anders als die individualisierten Proletarier in Engels Inszenierung zwölf Jahre zuvor. (s. Abb. 47). Auch den römischen Gruß von 1937 sieht man heute nicht mehr unbefangen.

gefallen sei. Doch das konnte den früheren Mitarbeiter Brechts nicht erschüttern. War er doch Zeuge geworden, wie Marlowes *Eduard II.* bei weitem mehr Federn hatte lassen müssen. Der Verlust von ein paar Lieblingszitaten und wohlklingenden Poetizismen war leicht zu verschmerzen.

Engel hatte 1925, zwölf Jahre zuvor, mit Kortner in der Titelrolle den *Coriolanus* inszeniert, nach Brecht eine Produktion von entscheidender Wichtigkeit für die Entwicklung des epischen Theaters.[83] Brechts Urteil überrascht nicht, da – falls wir Bohaumilitzky trauen dürfen – Engel eine Schar grauer Proletarier auf die Bühne brachte und die Verherrlichung des Krieges umging, indem er die entsprechenden Stellen einfach strich. Außerdem hatte er Kortner angewiesen, die Rolle so verfremdend-distanziert zu spielen, daß sich die Zuschauer nicht mit ihr identifizierten. Es heißt, dies habe der Aufführung den Charakter einer Parabel gegeben: Coriolanus' Tod sei nicht, wie üblich, als »eine Apotheose, ein Wegtragen der Leiche mit Trauermarsch« dargestellt worden, sondern als »der Fall eines gemeuchelten Tieres« erschienen.[84]

Ob die Inszenierung am Deutschen Theater (26. März 1937) direkt an die frühere anknüpfte, erscheint zweifelhaft. (Abb. 74). Die Fotografien zeigen Gestalten in klassischen Gewändern und Posen. »Edel, ja erhaben in der Erscheinung, von der feierlich schönen Haltung einer Feuerbachschen Römerin«, heißt es über die von Mary Dietrich gespielte Volumnia, und Ewald Balsers Coriolanus soll »wunderbar in seiner männlichen Schamhaftigkeit«[85] gewesen sein, ein Kommentar, über den ein Fritz Kortner vor Scham in den Boden gesunken wäre. Tatsache scheint zu sein, daß Engel unter den herrschenden Umständen nicht mehr tun konnte, als die Erinnerung an das Stück wachzuhalten, und zwar durch eine Inszenierung, die es gleichermaßen vermied, die Plebejer zu verleumden und Coriolanus übermäßig zu heroisieren. Man könnte sogar argumentieren, daß Engel – jetzt ohne Brecht und dessen klassenkämpferische Vorstellung vom *Coriolanus* – keinen rechten interpretatorischen Zugang zum Stück mehr fand. Andrerseits zeigen die Überlegungen, die er 1936 in seinem Essay »Zweimal *Coriolan*« anstellte, immer noch eine gewisse Ähnlichkeit mit Brechts distanziertem und kühl analytischem Vorgehen. »Ästhetische Übung. Eine Dramengestalt idealisiert ansehen, nur das Gute herausheben, und dieselbe Gestalt mit dem bösen Blick sehen, beides restlos bis zur Maske treiben. Dann den Durchdringungsversuch beider Gestalten vornehmen.«[86]

Daß die Inszenierung besser war, als diese doch etwas akademisch anmutende Annäherung erwarten ließ, lag an Engels Weigerung, sich auf die offiziell sanktionierte Verherrlichung Coriolans als Vollblutkrieger und willensstarken, kompromißlosen Führer einzulassen. Statt dessen zeigte Engel eine Fallstudie, kennzeichnete deutlich die Wendepunkte im Handlungsverlauf und gab den Charakteren Kontur, indem er ihre Motivation klar herausarbeitete. Seiner rationalen Dramaturgie und dem Können der Schauspieler des Deutschen Theaters gelang es sogar, eine solch ›idealtypische‹ Inszenierung zu einem Theaterereignis zu machen. Der Beifall der Kritiker galt dabei nicht so sehr einer spezifischen interpretatorischen Neuerung in Regie oder optischer Darbietung, als der Tatsache, daß die »phrasenlose Kunst« von Ewald Balsers Coriolan und das Stück als Ganzes »die Summe der menschlichen Wahrheit« ergeben hatten.[87] Mit derartig allgemeingültigen Umsetzungen, die darauf abzielten, den Konsens über den geistigen Kern des jeweiligen Stückes zu bestätigen, errang Engel in den folgenden Jahren zunehmenden Respekt.

In *Othello* (5. Mai 1939) verkörperte Ewald Balser den königlichen Mohren – stolz, mannhaft, sich seines Wertes und Ranges bewußt –, ein Held ohne Arg und Zweifel, und deshalb um so leichtere Beute für den niederträchtigen Jago Ferdinand Marians, den »kältesten Virtuosen der Ruchlosigkeit. ... ein Stratege der Lüge ... [Er] handelt ... rasch, elegant und mit einer fast graziösen Tücke«.[88] Ein »levantinischer« und »mephistophelischer« Jago, der das Eifersuchtsthema (3.3.) auf unnachahmliche Art einfädelte und fortspann. Die gleiche Szene war aber auch ein großer Triumph für Balsers Kunst:

Wenn Jago die ersten Lügenexperimente an ihm macht, hält dieser Othello das Haupt schräg wie ein Tier, das den Kopf neigt, um die Stimme seines Herrn besser zu vernehmen. Von nun an folgt er der falschen Spur des Mißtrauens mit einer aufsässigen Verblendung … Zwischen ihm und Desdemona beginnt jener Zustand einer entsetzlichen Entzweiung, ja Entfremdung, die … durch die bloße Aufklärung eines Irrtums nicht mehr gutzumachen ist.[89]

Balsers Othello schien weniger von seiner instinkthaften Natur als von seinem Gefühl für Gerechtigkeit angetrieben: Wenn Desdemona einem so großen und edlen venezianischen General untreu sein kann, dann ist das kein individuelles Vergehen mehr, dann ist die Zeit aus den Fugen. »Seine Tat erscheint unter dieser Voraussetzung nicht als Racheakt, sondern als Vollzug des Richteramtes, um Recht und Gesetz wieder herzustellen.«[90] In mehreren Besprechungen wird angedeutet, Othello wirke wie ein Soldat, der seine Pflicht erfülle – so als handele er nach einem selbstgegebenen Befehl, den er mit dem wiederholten »Die Sache will's« bekräftigte. Nachdem der Entschluß einmal gefaßt war, so Biedrzynski, handelte er »rapid und sicher, mit einer operativen Unerschrockenheit«.[91] Das habe eine Todesszene von großer Einfachheit und Würde ermöglicht. Die Kritiker klangen erleichtert, daß ihnen peinliche Exzesse erspart blieben, die unvermeidbar waren »wenn Othello als ein rasender, von Blut- und Rachedurst gepeinigter Gorilla oder als amokläuferischer Wilder gespielt wird«.[92]

Zerrbilder wie diese hatten in den zwanziger Jahren zweitklassige Expressionisten und später die nationalsozialistischen Rassisten auf dem Gewissen. Im Deutschen Theater, das von Hilperts Humanismus geprägt war, waren sie undenkbar. Hilperts Entschlossenheit, menschliche Wahrheit zu offenbaren und ein unverzerrtes Bild des Menschen zu zeigen, hielt alle, die mit ihm arbeiteten, zur Zurückhaltung an.

Als Engel fünfundzwanzig Jahre später mit seinen Assistenten aus marxistischer Perspektive über das Stück diskutierte, sah er Othellos eigentlichen Beweggrund in dessen Gefühl ›rassischer‹ Minderwertigkeit, »da er als Neger in diesem Staat hochgekommen war. Er sieht das als Glücksfall an, nicht als Notwendigkeit … Für den Senat ist Othello ein Gebrauchsgegenstand.«[93] 1939 hingegen, als der Rassismus der Nazis sich ungehemmt austobte, unterdrückte Engel jegliche Anspielung auf rassische Unterlegenheit; im Gegenteil, er betonte den Adel des Mohren und leitete Balser an, »den Zusammenbruch einer adligen Natur, nicht den Ausbruch mörderischer Triebe« zu spielen.[94] Deshalb mußte auch die Beziehung Othello-Desdemona auf einer allgemeinen, nicht-individualisierten Ebene stehenbleiben. So kontrolliertes Spiel trotz Leidenschaft und Eifersucht führte naturgemäß zur Abschwächung der erotischen Wirkung. Diesen Preis zahlte Engel bereitwillig, und die Reaktion des Publikums rechtfertigte seine Entscheidung. Seine Zuschauer wurden nicht wie bei Fehling in die Katharsis hineingepeitscht, sondern erhielten die Ereignisse klar und objektiv dargeboten. Bei Fehling wurden ihre Ge-

fühle aufgewühlt und erschüttert. Bei Engel konnten sie die Handlungsfolge nachvollziehen und die emotionale Logik einer tragischen Konstellation verstehen
lernen. Brechtsche Verfahren und Brechts Geist in Berlin, auf dem Höhepunkt der
nationalsozialistischen Macht? Er war auch im Werk eines anderen ehemaligen
Mitstreiters lebendig.

Caspar Nehers Bühnenbilder

Herbert Ihering wies schon 1943 darauf hin, wie sehr Engels klare und rational auf-
gebaute Inszenierungen von den Bühnenbildern Caspar Nehers getragen wurden.
Engel verlange vor allem »nützliche Räume. Sie orientieren den Schauspieler und
geben ihm Anhalt für seine Gänge und Handhebungen … Aber es sind, wenn Caspar Neher sie geschaffen hat, zugleich aggressive Dekorationen, deren skizzierte
Halbwirklichkeit etwas Gefährliches hat, und der düster gezackte Hintergrund ist

75. *Der Sturm* 1938 Berlin. R: Erich Engel, B: Caspar Neher, F: Willy Saeger.
Die Harpyien-Szene. Ein wahrhaft angsteinflößendes Bühnenbild für Ariels Anklage gegen
die »drei Sündenmänner«.

es, von dem sich die vernünftige Klarheit der Diktion abhebt.«[95] Engel, für den oberflächlichen Betrachter ein »rätselloser Regisseur«, gebe »der aufgeklärten und vernünftig motivierten Handlung ... mit Caspar Neher die Drohung Goyascher Bilder zurück.«[96] In *Der Sturm* (25. Februar 1938) zeigte sich dies auf höchst eindrucksvolle Weise. Für die Harpyien-Szene hatte Neher eine überdimensionale, apokalyptische Vogelskulptur geschaffen, von deren Kopf herunter Ariel den verschreckten Höflingen in metallenem Ton ihre Sünden vorhielt. Unter den ausgebreiteten Flügeln der Harpyie standen zwanzig in verschiedenen Haltungen modellierte Krieger und starrten die Schuldigen aus drohenden Masken an. (Abb. 70)

Caspar Nehers Bühnenbilder und Entwürfe bildeten somit ein Gegengewicht zu den klaren dramaturgischen Linien, welche die Inszenierungen am Deutschen Theater auszeichneten. Seine Arbeiten öffneten die Stücke für Mythos und Transzendenz, also für Bereiche, die nur durch Imagination und Intuition erfaßbar sind. Verschränkten und ergänzten sich das Visuelle und Verbale wie im *Sturm*, dann hob die so entstandene Einheit die Inszenierung über die ursprüngliche Konzeption hinaus. Es geschah jedoch auch, daß eine solche Verschmelzung nicht gelang. Dann kam das Ergebnis nicht über die Ebene des bloß humanistisch diesseitigen Diskurses hinaus: In solchen Fällen erreichte die Darstellung zwischenmenschlicher Konflikte oder persönlicher Tragödien nicht den Status einer symbolischen Aussage über die *conditio humana* und ihre Einbindung in die kosmische Ordnung. Die revolutionäre proletarische Qualität seiner Entwürfe für die frühen Brechtstücke in den zwanziger Jahren konnte Neher im politischen Klima der dreißiger Jahre ohnehin nicht aufrechterhalten.

Heinz Hilpert: König Lear *und* Antonius und Cleopatra

Auch in Hilperts Inszenierung von *König Lear* (9. März 1940) scheint eine solche Verschmelzung nicht stattgefunden zu haben, wenn man K. H. Ruppel folgt. Sowohl Ruppel wie Ihering waren sich der Intentionen Hilperts wohl bewußt, die er im übrigen schriftlich bekanntgegeben wie auch in seinen vielbeachteten Morgenfeiern immer wieder verkündet hatte: menschliche Werte hochzuhalten, in den Theatern unter seiner Leitung den in Berlin besonders grassierenden Geniekult zu unterbinden, selbst wenn das bedeutete, auf gewisse Wirkungen oder sogar Dimensionen zu verzichten, und alle großen Dramen letztlich als religiöses Theater zu sehen. Ruppel und Ihering standen voll hinter Hilperts unzeitgemäßem Humanismus, schreckten jedoch vor den Konsequenzen für das Theater zurück. Ihering fand Hilperts späteres Werk zu nüchtern und hielt das zurückgenommene Spiel, das Hilpert oft von seinen Schauspielern verlangte, für eigentlich unangemessen:

Hilpert wollte an den Platz eines verwüstenden Individualismus die Gesetze der Kunst stellen, aber er löschte damit oft auch den souveränen Künstler aus.[97]

Der Geniekult war offenbar tief verwurzelt. Wenn selbst Ihering, der in den zwanziger Jahren Brecht und das epische Theater mitsamt seinen Verfremdungstechniken propagiert hatte, sich plötzlich bemüßigt fühlte, die künstlerische Autonomie des Schauspielers zu verteidigen, erstaunt es nicht, daß andere noch viel bereitwilliger der Versuchung erlagen. So würdigte Ruppel in seiner Beschreibung von *König Lear* zwar Hilperts Bemühungen, die menschliche Seite der Tragödie Lears herauszubringen. Er lobte die visuelle Exposition des Zentralthemas – der Narr auf dem Thron, der seinen Platz nur dem König räumt, dessen Töchter sich am Ende der Szene respektlos und besitzergreifend auf dem verlassenen Symbol der Autorität niederlassen. Er war auch beeindruckt von der Neuerung, den Narren zu Lears Füßen sterben zu lassen, seiner Meinung nach überzeugend, weil »der Dialektiker ... kein Mentor mehr für den Wahnsinnigen« sein könne.[98] Er räumte sogar ein, daß die Schlußszenen »das ungemeine Erlebnis einer schließlichen religiösen Ergriffenheit« bewirkten.[99] Doch diese Verdienste verblaßten vor der Sehnsucht nach irgendeiner höheren spirituellen Einsicht und tieferen kathartischen Erfahrung. »Die Tragödie Lears fraß sich in Hilperts Inszenierung mit brennendem Schmerz bis auf den Grund der Seelen durch. Aber es fehlte ihr der eschatologische Widerschein, die apokalyptische Flamme, die das Firmament in Brand setzt.«[100]

Balser war laut Ruppel kein »dämonischer« Schauspieler und konnte deshalb die »metaphysische Qualität« des Stückes nicht wiedergeben. Die Tragödie überschreite aber die rein menschliche Sphäre. Das zeige sich in Lears Versuch, in der Heideszene die elementare Natur selbst herauszufordern, die hier «in ihrer riesigsten und furchtbarsten Gestalt, als Pandämonium« erscheint.[101] Nachdrücklich forderte Ruppel für *König Lear* »die Darstellung des Chaos mit den Mitteln strengster szenischer Polyphonie«.[102] Ruppels Terminologie (bei der auch die häufige Verwendung von Begriffen wie Mythos, kosmische Katastrophe, Allerschütterung und Elementarbereiche auffällt) spricht Bände. Sie zeigt das tief eingewurzelte Verlangen nach ekstatischem Verzücken oder spiritueller Erschütterung – oder, in Fehlings Worten, nach bewußt pathetischem Theater. Daß Hilpert *absichtlich* einen nicht-»dämonischen« Schauspieler für Lear vorgezogen haben könnte, kam den Kritikern nicht in den Sinn. Es war anscheinend zu jener Zeit schwer einzusehen, daß ein Regisseur sich mit humanen Dimensionen begnügte und nicht nach Übermenschlichem gierte. Nicht einmal kritische Geister wie Ruppel und Ihering schienen die fatale Parallele wahrzunehmen zwischen ihrem apolitisch-ästhetischen Wunsch nach Entgrenzung und Dämonie auf der Bühne und den Auswirkungen des Dämonischen in der gleichzeitigen Politik. Dabei stand das Menetekel längst auf der Wand zu lesen, entzifferbar war es offenbar nicht.

Im Fall des *König Lear* scheint das Bühnenbild Caspar Nehers die vom Kritiker vermißte transzendentale Dimension nicht erbracht zu haben. Bei *Antonius und Cleopatra* (11. Februar 1943), Hilperts letzter Shakespeare-Inszenierung, bevor die Theater im September 1944 endgültig geschlossen wurden, war das anders. Ruppel würdigt Hilperts Leistung gebührend, maß sie aber wieder an den Bedeutungsbereichen, die die Inszenierung nicht verwirklichte. Er sieht in *Antonius und Cleopatra* »die Tragödie der Götterdämmerung«.[103] Zum letzten Mal üben die Naturgottheiten des Ostens ihren berauschenden Zauber aus, bevor sie den neuen römischen Idolen der Ordnung und des Staatsgedankens weichen müssen:

> Wie Hilpert seinerzeit in seiner Lear-Inszenierung die Elementarvision unenthüllt ließ, so verbarg er hier die Göttervision. Die Steigerung ins Mythische, dargestellt in dem orgiastischen Liebesbund der Isis-Cleopatra und des Bacchus-Antonius, unterblieb.[104]

Es scheint, als sei die fehlende Dimension – die vorhandenen Fotografien liefern keinen eindeutigen Beweis – durch Nehers Bühnenbild kompensiert worden:

> Es ist noch von den Bühnenbildern Caspar Nehers zu sprechen, sie waren es, in denen sich Shakespeares Vision in dieser Aufführung enthüllte. Sie gaben ihr in den großartig projizierten Hintergründen die regionale Weite des Weltreiches, und sie hatten die geistige Tiefe des Welttheaters. Durch sie wuchsen die Schauplätze des Dramas zu … Sinnbildern einer dichterischen Weltschau. Ein Höhepunkt: das Bild der Schlacht bei Aktium … Unter einer zerborstenen Schrifttafel ragt ein Wald von gebrochenen Masten über Schiffstrümmern in einen fahlen Himmel wie Ausrufezeichen einer kosmischen Katastrophe. Aus den Bühnenbildern Caspar Nehers leuchtete die dunkle Glut einer Weltwende …Zeichen … der versinkenden Welt.[105]

Hilpert selbst teilte die Wagnerianische Endzeitvision seines Kritikers nicht. Auf die Frage eines Zuschauers »Warum gerade jetzt *Antonius und Cleopatra*?« pries er die vitale Kraft des Stückes und Shakespeares Auffassung vom Leben, die Begriffe wie wert und unwert transzendiere (eine mutige Aussage, wenn man bedenkt, daß die offizielle Schandpolitik der »Ausmerzung unwerten Lebens« damals auf ihrem Höhepunkt angelangt war). Hilpert benutzte die Gelegenheit seiner Replik auf die Zuschauerfrage zu einem Bekenntnis zu Shakespeare, das seine eigenen humanistischen Überzeugungen noch einmal zusammenfaßt:

> Alle Menschen in diesem Stück haben ihre Moral in sich – gute und schlechte! Aber Shakespeare hat keine Moral über sie hinaus! – Sie sind ihm – wie die Geschöpfe dem Schöpfer – alle gleich liebe Kinder.
> Er öffnet nicht das Tor zu Wert und Unwert – zu Klein und Groß; – sondern zum *ganzen* Leben.

Die Herausforderung an das Theater ist somit klar, ihr gerecht zu werden jedoch schwer:

So etwas wird, auf die Bühne gebracht, immer nur ein bescheidener Versuch sein können. Aber trotzdem: nur Zeiten, die so hart am Tode sind wie die unsere, sind so aufgerissene Furche für die verschwenderische Samenfülle solchen Lebens. Deshalb spielen wir *Antonius und Cleopatra*.[106]

Sonderfall Gründgens – Mephisto als Hamlet

Als Paul Fechter Gustaf Gründgens' Leistung in dieser Rolle für das *Shakespeare-Jahrbuch* 1941 besprach, war der *Hamlet* des Staatstheaters seit seiner Premiere am 20. Januar 1936 fast 200mal aufgeführt worden. Das entsprach ungefähr einem Drittel aller Aufführungen der circa zwanzig Inszenierungen des Stücks zwischen 1936 bis 1939. Der »Gründgens-Hamlet« wurde bejubelt als »eine Zäsur im Berliner Schauspiel«; sie gehöre »zu den großen Daten des deutschen Nationaltheaters.«[107] Regisseur Lothar Müthel habe »ein Gebilde entstehen lassen, das die Einheit der Dichtung stärker als die Einzelleistung der Schauspieler zur Geltung bringt.«[108] Es kann aber kein Zweifel daran bestehen, daß es Gründgens' Auffassung und Umsetzung der Rolle war, welche die Massen anlockte und die Kenner begeisterte (und teilweise auch abstieß).

Was war die besondere Faszination, die Gründgens' Hamlet ausübte? Zum Teil ist sie einfach zu erklären. Ein Star, auf dem Gipfel seines Könnens in Shakespeares Starrolle, in der Kainz und Moissi brilliert hatten – das mußte zu Vergleichen herausfordern. Gründgens hatte den Hamlet schon in Hamburg mit beträchtlichem Erfolg gespielt; er hatte sich die Rolle am Staatstheater vertraglich zusichern lassen, wollte er doch lieber als Hamlet denn als Mephisto im Gedächtnis bleiben, und nun war der Augenblick gekommen: Das machte die Spannung begreiflich.

Eine weitere Erklärung ist, daß Gründgens die Rolle neu interpretierte. Er lehnte die traditionelle Auffassung von Hamlet als einer zartbesaiteten, romantisch-melancholischen Seele ab und vertrat einen energischen, aktiven Hamlet. Gründgens' Hamlet war nicht mehr der überempfindliche Renaissance-Prinz, der schwer an dem Gewicht eines barbarischen Schicksals trug; er war nicht länger das manisch-depressive Nervenbündel, das sich in zwanghaftem Raisonnieren Luft machen muß, sondern »ein neuer Hamlet war geboren, den es bis dahin nicht gab. Ein Hamlet voller Verantwortung, ein Hamlet, bereit zu handeln, und ohne Angst davor, Komödie zu spielen.«[109]

Für die Berliner Kritiker war soviel Handlungsbereitschaft und Tatkraft bei Hamlet ein Novum, das auf der Volksbühne unter Eugen Klöpfer mit Werner Hinz in der Titelrolle alsbald seinen Nachfolger finden sollte. In der Provinz jedoch hatte es schon seit 1933 ein halbes Dutzend aktiver Hamlets gegeben, zum Beispiel in Weimar (Januar 1934): »Als Hamlet wußte Hans König – unter der Regie Kruses – einen heroischen Grundton festzuhalten ..., der alle Schwierigkeiten der Deutung vergessen ließ«.[110] Oder in Leipzig (Februar 1934): Peter Stanchina »spielte den

Dänenprinzen nicht als … haarspalterischen Melancholiker, sondern als einen in die Größe seiner übermenschlichen Aufgabe tragisch verstrickten, wahrhaft königlichen Heldenjüngling.«[111] Oder in Karlsruhe (März 1934): wo man den Hamlet unter der Regie von Felix Baumbach in der gleichen neuen Auffassung wie in Leipzig »als heldenhaft ringenden Menschen, den sein Gewissen zum Kampf gegen eine verworfene Umwelt treibt« erleben konnte.[112] Und nur wenige Tage vor der Premiere in Berlin gab Willy Birgel im Mannheimer Nationaltheater die bisher überzeugendste Fassung der neuen nicht-melancholischen Hamlets, »einen strengen, herben, innerlich gespannten, ohne äußere Betonung fühlbar nordischen Hamlet«.[113]

Nazi-Philologen hatten schon seit längerem versucht, Hamlet vom Odium des zögernden und wankelmütigen Schwächlings zu befreien. Nur mit abenteuerlichen Hilfskonstruktionen gelang es ihnen, die offensichtlichen Widersprüche in Hamlets Charakter mit dem Idealbild einer nordischen Heldenfigur in Einklang zu bringen.[114] Daß die Theatermacher der gewundenen Argumentation der Nazi-Interpreten folgten, ist kaum anzunehmen. Die Neuinterpretation des *Hamlet* war einfach fällig. Eine Ausnahme war Horst Caspar, der in Bochum unter Saladin Schmitt (15. Juni 1935) mit seiner einzigartigen Wiedergabe der Rolle als »abgründig verschwärmter Hamlet«[115] die alte Tradition noch einmal aufleben ließ, doch Horst Caspar wurde von vielen ohnehin als die unzeitgemäße Wiedergeburt des feurigen, edelmütigen Jünglings aus dem Zeitalter des Idealismus empfunden.[116] Selbst 1945 sollte er am Deutschen Theater in Berlin unter Gustav von Wangenheim die Rolle noch einmal in bewährter Manier geben. (Siehe dazu S. 395 f.) Die Hamlets der Gegenwart waren aus härterem Stoff. Die Hindernisse auf ihrem Weg zur Tat lagen weniger in ihrer subjektiven Seelenverfassung als in den objektiven politischen Zuständen. Der Hamlet Gustaf Gründgens' war der aktivste von allen. In ihm verband sich angespannteste körperliche und geistige Energie mit der melancholischen Überzeugung, daß der Menschheit im allgemeinen – und Dänemark im besonderen – nicht zu helfen sei.

Hamlet als zielstrebig Handelnden darzustellen, stößt auf Schwierigkeiten im Text. Erklärungsbedürftig sind in diesem Zusammenhang etwa Hamlets spitzfindig begründete Weigerung, den König beim Gebet zu töten, oder seine unheldisch klarsichtigen Reflexionen zum Polenfeldzug des Fortinbras (4.4.) und die ihnen folgenden Selbstanklagen. Gründgens strich in Schlegels Text Verse, die einen passiven Hamlet nahelegen; die vierte Szene im vierten Akt wurde ganz gestrichen, einschließlich des Monologs »Wie jeder Anlaß mich verklagt!«, in dem Hamlet sich zu seinem Nachteil mit dem jungen Helden Fortinbras vergleicht. Und den König beim Gebet zu ermorden, verwirft Hamlet als allzu leichte Gelegenheit, sein Ziel zu erreichen. »›Bella vendetta‹ – das ist die süße, die ausgekostete, die schreckliche Rache. Sie setzt unchristliche, ungebrochene, ungezähmte Naturen voraus«, wie ein Kritiker, von germanischen Visionen überwältigt (und Gründgens' Absicht peinlich mißverstehend), es ausdrückte.[117] Alle Kritiker erwähnten die rastlose Energie und federnde Agilität des Darstellers, wenn er wie ein stets zum Ausfall bereiter Fechter sich geschmeidig über die Bühne bewegte, ganz und gar besessen von seiner Aufgabe.

Eine dritte Erklärung für die Faszination, die von dieser Inszenierung ausging, stammt von Curt Riess. Hamlet wie Gründgens hätten sowohl ein berufliches wie auch existentielles Interesse an der Kunst des Schauspielens gehabt: Ihr politisches und physisches Überleben hing nämlich von der gekonnten und eisern durchgehaltenen Verstellung ab. »Er spielte Hamlet als einen Mann, der handeln mußte – er mußte ja auch handeln, um sich selbst zu retten, jeden Tag, jede Stunde, um die Menschen zu retten, die ihm anvertraut waren. Für andere Hamlets mochte sich die Frage stellen: sollten sie handeln oder sollten sie nicht handeln? ... Es ist nicht leicht, sich selbst zu spielen, und es war für ihn doppelt und dreifach schwer – für ihn, der handeln, aber insgeheim handeln mußte.«[118]

Riess sah es so: Gründgens hatte beschlossen, seine Nazi-Vorgesetzten zu täuschen, und daraus ergab sich alles andere. Vor allem seine Einsamkeit. Nur sehr wenige Menschen wußten zu jener Zeit von der aktuellen politischen Bedeutung seiner Interpretation,[119] aber viele stellten fest, dieser rastlose Hamlet, der anderen so aktiv vorkam, »lebt völlig isoliert in seiner Umwelt« und hatte keine emotionale oder persönliche Beziehung zu irgendjemand, »nicht einmal Horatio«.[120] Was sollte man von der Hofszene halten, wo Hamlet, ein »unheimlicher Gast« am langen Tisch, wie aus tranceähnlicher Starre erwacht und schon mit seinem ersten Satz, »Ja, gnäd'ge Frau, es ist gemein«, eine eisige Distanz schafft?[121] Es war eine Szene von großer und kalkulierter Wirkung. Aber trotz des darauf folgenden (echten?) Ausbruchs tiefen Abscheus für eine Welt »des allzu schlechten Fleisches« konnten die Zuschauer das Gefühl nicht loswerden, daß Gründgens/Hamlet »das eigene Tun schon jetzt als Rolle empfindet: die Verpflichtung zum Schauspiel eines wahrhaft großen Lebens ist über ihm und beherrscht bereits diese Szenen des ersten ausbrechenden Gefühls.«[122]

Was die Zuschauer offensichtlich verstörte, war der hohe Grad von Bewußtheit, mit dem Gründgens seinen Hamlet ausstattete. (Abb. 76). Sein Hamlet war nicht nur ein ausgezeichneter Analytiker der eigenen Impulse und der moralischen Verfassung der Welt, er war sich auch vollkommen der Tatsache bewußt, daß er eine Rolle spielte: Er beherrschte gewissermaßen die Dramaturgie des eigenen Schicksals. Das schuf die häufig erwähnte eisige Ambivalenz oder das »Mephistophelische« in Gründgens' Darbietung der Rolle. »So nimmt er zwei Seiten an – eine virtuos komödiantische ... daneben eine tragische, die unberührbar, verrätselt und unzudringlich bleibt.«[123] Die Rezensenten beschrieben, was sie gesehen hatten, konnten es sich aber nicht recht erklären. Paul Fechter bringt als Beispiel für seine ambivalenten Eindrücke die Mausefallenszene: »zuletzt schnellt er auf, greift zu und steht, schon wieder skeptisch, hastig atmend da, das eigene Drama retardierend und sich zugleich in eine Art Tatfieber steigernd, das auch wieder Schauspiel wird.«[124] Gründgens hebe »die Momente des Handelns überall heraus, nur daß er ebenso immer wieder die Selbstkontrolle vom Bewußtsein her sichtbar macht«.[125]

76.
Hamlet 1936 Berlin.
R: Lothar Müthel.
Gründgens als Hamlet.
Eine der besten Studien, die
Rosemarie Clausen von
ihrem Lieblingsschauspieler
in seiner Lieblingsrolle
machte.

Natürlich habe der »Virtuose« auch als solcher erscheinen wollen, so etwa in der Geisterszene, wenn er seine Kameraden zu schwören bittet und »wie der überlegene Zauberer des mitternächtigen Spuks, der flüsternde Meister der Dämonen« wirkte.[126] Das ging soweit, daß Fechter die leise Vermutung äußerte, Gründgens sei in die eigenen Effekte verliebt. Diese kühle Überlegenheit hatte auch seinen Mephisto ausgezeichnet. Viele waren davon angetan, einige fanden sie unerträglich maniert. Will Quadflieg, ein junger Schauspieler, der damals schon von sich reden machte, empfand die Szene bei Hofe als »raffiniert und klug – doch eben etwas zu klug und ausgedacht«. Gründgens' »manierierte Sprachmelodie« irritierte ihn,[127] und er bedauerte die »ausgekühlte Formalität« von Gründgens' Darbietung. »Dieser Stil enthüllte, wie ich meine, einen Mangel an spontaner Gefühlskraft. ... Im Schiller-Theater flüchteten wir nicht in den Stil. Dort suchten wir direkte Lösungen.«[128]

Für Gründgens gab es keine direkten Lösungen, nur das bewußte Annehmen der Verstellung, zu der ihn die politische Situation zwang. Dabei bestand die Gefahr, gründlich mißverstanden zu werden, selbst von Menschen, auf deren Urteil er Wert legte. Erst als Paul Fechter einen zusammenfassenden Aufsatz über seine Darstellung des Hamlet im *Shakespeare-Jahrbuch* (1941) veröffentlichte, fühlte sich Gründgens aufgerufen, den Eindruck von Theatralik zu korrigieren:

Ich glaube, sagen zu sollen: Wenn der Vorhang aufgeht, will ich den Hamlet nicht spielen, sondern ich will nach Wittenberg zurück. Wider meinen Willen wird mir eine Aufgabe aufgehalst, der ich mich nicht entziehen kann, und die durchzuführen mir ebensoviel Qual wie äußerste Verantwortung auflegt. Es ist wirklich ein Fluch, zu denken, daß ich geboren bin, die aus den Fugen geratene Zeit wieder einzurenken. Und mein Zögern und mein immer wieder Überlegen ist die Sorge, einer Aufgabe, die für mich zu groß ist, in weitestem Sinn des Wortes, gerecht zu werden. ›Der Geist, den ich gesehen, kann ein Teufel sein.‹ Deshalb kommt es zum Schauspiel. Ich will handeln, aber ich muß wissen, weil ich sonst nicht handeln könnte, und mir ist der Impuls, mit dem ich in einem Moment der höchsten Erregung in der Szene mit der Königin die Stimme hinter der Tapete höre, und aus dem heraus ich blind handele und den Falschen treffe, eine bedeutende Warnung. Und so geht der gefährliche Weg mit verdoppelter Selbstkontrolle, wie Sie schreiben, weiter.[129]

Curt Riess sieht in Gründgens' Hamlet eher eine kryptische Analogie zu dem gefährlichen Doppelspiel, das er mit den Nazis und gegen sie spielte. In der Rückschau räumt auch Will Quadflieg ein: »Gründgens hatte eine Last auf sich geladen, die für einen einzelnen kaum zu tragen war. Die dauernde Hochspannung und der politische Druck mochten ihn in diese Überkontrolle getrieben haben. Damals·dachte ich nicht so weit.«[130] Auch die meisten seiner Zeitgenossen nicht.

Dennoch bleibt Gründgens' Stil ein Problem. Gewiß, sein Hamlet wurde legendär, aber Bernhard Minetti ist der Auffassung, daß von den tragischen Rollen nicht der Hamlet, sondern Richard II. Gründgens' reifste Leistung gewesen sei. Als Hamlet wie als Orest habe er zu bewußt Wirkung statt Wahrheit angestrebt. Alfred Kerr hatte einst für die frühe Gründgensmanier das treffende Bonmot geprägt, dem Schauspieler habe für eine perfekte Wiedergabe des Orest nur noch das »Monocle« gefehlt. Minetti vergleicht Gründgens mit Horst Caspar, dessen »Hingabe an dieses Schicksal, das man zu erdulden hat, ganz rein und unmittelbar erscheint. Er lebte das Schicksal …, eine unbedingte, reine, idealistische Seele. Da sie so leiblich existent war, hatte sie für mich eine hohe Wirklichkeit«.[131] Das habe, so Minetti, Caspars Auftritten eine fast heilige Aura gegeben, wohingegen die Aura von Gründgens stets von »Attitüde« durchsetzt sei. Letztlich war kein Kompromiß möglich zwischen der Entfremdung und Distanz, die Gründgens durch Stilisierung und Formstreben bewirkte, und jenen anderen, ebenfalls legitimen Forderungen nach mehr Unmittelbarkeit und schauspielerischer Hingabe. Schauspieler wie Emil Jannings und Heinrich George mit ihrem Hang zum Naturhaften und Ursprünglichen, zu unreflektierter Originalität des Temperaments und instinkthaftem Wollen, mochten Gründgens' Leistung bewundern, empfanden seine Art jedoch als kalt. Gründgens wies ihre Annäherungen aus politischen Gründen zurück. Sein Stil hatte auch Schutzfunktion. Aufmerksame Zeitgenossen wie Minetti spürten das schon damals, doch selbst das brachte ihre künstlerischen Zweifel nicht zum Schweigen. Eine Lösung dieses Dilemmas war damals in Deutschland nirgends in Sicht. Sie fand sich an einem Theater, wo man es am wenigsten vermutet hätte, dem »Pfauentheater« in Zürich.

77. Das Zürcher Schauspielhaus, auch bekannt unter dem Namen »Pfauentheater«, nach dem
Gebäude, in dessen Hinterhaus das Theater steht; sein Portal ist von zwei Pfauen geschmückt.

Das Zürcher Schauspielhaus:
Schweizer Bollwerk gegen Hitler

Als Oskar Wälterlin am Eröffnungsabend der Saison 1944/45 mit der Ankündigung
vor den Vorhang trat, daß in Deutschland alle Theater bis zum Ende des Krieges
geschlossen worden seien, verstand das Publikum sehr wohl, was das bedeutete: Ihr
Theater im Herzen von Zürich mit seinem Ensemble von weniger als dreißig
Schauspielern war – abgesehen von den wenigen schweizerischen Dreispartenthea-
tern – die einzige professionelle Sprechbühne des deutschsprachigen Raumes, die
noch in Betrieb war.

Das Zürcher Schauspielhaus war in vielerlei Hinsicht ungewöhnlich.[132] Die
Truppe setzte sich aus bekannten Schauspielern und Regisseuren zusammen, die
Mehrzahl von ihnen jüdische oder kommunistische Emigranten aus dem national-
sozialistischen Deutschland, die nach 1933 in Zürich Zuflucht gefunden hatten.
Der »Anschluß« 1938 brachte einen weiteren Zustrom aus Österreich. Nach der
Machtübernahme hatte Ferdinand Rieser, der jüdische Direktor, den Gefährdeten
großzügig geholfen, den Klauen der Nazis zu entkommen, indem er sie einlud, an
seinem Theater zu arbeiten. In einigen Fällen war das reine Fiktion, da weder die
Kapazität noch die knappe Kasse dieses Privattheaters so viele Schauspieler verkraf-

ten konnte. Waren die Flüchtlinge erst einmal in Sicherheit, konnten sie in andere Länder auswandern. Von denen, die blieben, hatten etliche schon eine vielversprechende Karriere in Deutschland vorzuweisen: Leopold Lindtberg als Regisseur und Schauspieler in Berlin und Düsseldorf; Leonard Steckel als Schauspieler unter Piscator und an verschiedenen Theatern in Berlin; Wolfgang Langhoff als Schauspieler in Hamburg und Düsseldorf. Karl Paryla und sein Bruder Emil Stöhr kamen 1938 aus Wien, die berühmte Therese

78.
Gustav Hartung

Giehse von Falckenbergs Kammerspielen in München und der Bühnenbildner Teo Otto, der rasch zum gefeierten Zauberkünstler werden sollte, vom Berliner Staatstheater. Sie waren von Kurt Hirschfeld zusammengebracht worden, dem einstigen Dramaturgen Gustav Hartungs[133] am Landestheater in Darmstadt. Hirschfeld und Hartung waren in der allerersten Rede des hessischen Gauleiters öffentlich aus ihren Ämtern entlassen worden. Nachdem Hirschfeld von Rieser angestellt worden war, machte er ihn sofort auf die besten verfügbaren Talente aufmerksam. So kam es, daß Ferdinand Rieser, dem gelernten Weinhändler und ungelernten, aber nicht erfolglosen Prinzipal, wenige Monate nach Hitlers Machtergreifung ein einzigartiges Team von handverlesenen Schauspielern zur Verfügung stand, bei dem es sich praktisch um ein rein deutsches Ensemble handelte. Das war selbst in der Schweiz ungewöhnlich, wo besonders in der Oper deutsches Personal große Teile der Besetzung stellte. Andrerseits arbeiteten auch Schweizer Schauspieler und Schauspielerinnen häufig in Deutschland. Die berühmte Käthe Gold beispielsweise blieb bis zur Schließung des Staatstheaters in Berlin, danach ging sie ans Zürcher Schauspielhaus[134].

Das neue Team am Schauspielhaus war jung, gut ausgebildet und politisch hellwach. Die jüngsten Erlebnisse hatten seine Mitglieder von jeder Illusion befreit, die sie vielleicht noch gehabt hatten. Sie hatten Deutschland entweder freiwillig oder gezwungenermaßen verlassen und standen politisch viel weiter links als dem kapitalistisch eingestellten Rieser lieb sein konnte. Er haßte es, sein Theater von der rechten Schweizer Presse als »Bolschewikenhöhle« angeprangert zu sehen oder das Ziel wiederholter Interventionen seitens der deutschen Gesandtschaft zu sein. Doch er war auch stolz auf seinen wachsenden Ruhm. 1926 hatte er sein Vermögen in das »Pfauentheater« (so genannt nach dem Portalschmuck des Gebäudes, in dessen Hinterhaus das Theater steht) gesteckt, um der feinen Zürcher Gesellschaft eine verschwenderisch ausgestattete Lokalität für leichte und gehobene Unterhaltung zu bieten. 1930 hatte er sein gänzlich unsubventioniertes Theater mit Mühe vor dem

79.
Ferdinand Rieser

Konkurs bewahren können. Nun sah er sich plötzlich von einem Team von Schauspielern und Ratgebern umgeben, das einen größeren Anteil an ernsthaftem, zeitgenössischem und politischem Drama (sogenannte Zeitstücke) verlangte und bereit war zu beweisen, daß auch Klassiker die Kassen füllten.

Rieser, mit dem Sinn des Geschäftsmanns für Veränderungen am Markt, stellte sich schnell um, diktierte aber die Bedingungen. Doch weder seine extreme Pfennigfuchserei noch die unglaubliche Belastung von einer Premiere pro Woche konnten den Elan der Truppe bremsen. Als Rieser 1938 verkaufte und selbst nach Amerika emigrierte, übernahm Oskar Wälterlin ein Theater, das sich seiner politischen Sendung bewußt und gewillt war, seinen Teil zur ›geistigen Landesverteidigung‹ beizutragen und dem Druck der Nazis, die mit einem weiteren ›Anschluß‹ drohten, zu widerstehen.[135]

Rieser eröffnete die erste Saison mit dem neuen Ensemble mit *Maß für Maß* (8. September 1933). Die Stückwahl war keineswegs zufällig. Der Regisseur Gustav Hartung, der aus seinem Haß auf die Nazis nicht den geringsten Hehl machte,[136] hatte die Analogien zwischen Angelo und Hitler so herausgearbeitet, daß sie nicht zu übersehen waren:

> Schon während der Proben hatten die Mitwirkenden mit wachsendem Erstaunen feststellen müssen, wie wahr und weise die Worte Shakespeares über die Brutalität der Gewaltherrscher sind. Eine Erkenntnis, die sich in den folgenden Jahren bei jeder neu inszenierten Shakespeare-Aufführung vertiefen sollte. ... Jetzt, 1933, begriffen alle, die begreifen wollten: Shakespeare hatte nicht übertrieben.[137]

Doch seine erste wirklich bedeutende politische Aussage machte das Zürcher Schauspielhaus nicht mit Shakespeare, sondern mit dem Drama eines Exilanten, das den ersten einer ganzen Reihe von Theaterskandalen auslöste. Im Lauf der Jahre wurde das Schauspielhaus zur bekanntesten Bühne für deutsche und österreichische Dramatiker, deren Stücke nicht länger in Deutschland aufgeführt werden durften. Auch anderweitig wurden Versuche unternommen, dem Drama im Exil Gehör zu verschaffen, so etwa in Paris, den Niederlanden, der Sowjetunion, Prag und Jerusalem, aber in der Schweiz war das deutsche Drama ohnehin zu Hause, hier hatten deutsche Schriftsteller schon oft Asyl gefunden.

Unter Rieser als Eigentümer und Direktor brachte das Schauspielhaus neunzehn Stücke von deutschen und österreichischen Exildramatikern heraus[138], unter ande-

80.
März 1933. Rechtsanwalt
Dr. Michael Siegel wird
von SA-Leuten durch die
Straßen von München
getrieben.
Er hatte bei der Polizei
gegen die Verhaftung
eines Mandanten
protestiert.

rem Ferdinand Bruckners *Die Rassen*, Friedrich Wolfs *Professor Mamlock*, Hermann Brochs *Denn sie wissen nicht, was sie tun* und Carl Zuckmayers *Katharina Knie*. Die beiden ersten erregten das meiste Aufsehen. Ihre Rezeption ist bezeichnend für das politische Klima der Zeit und für die Atmosphäre, in der die Shakespeareinszenierungen, die später zur Sprache kommen werden, stattfanden.

Die Rassen, ein einfaches Thesenstück über einen jungen ›arischen‹ Studenten, der in der ersten Begeisterung für die Nazis mit seinem jüdischen Freund Siegelmann und seiner jüdischen Freundin Helene bricht, jedoch von seinen eigenen Kameraden ermordet wird, als er Helenes Verhaftung verhindert, hätte ohne die brennende Aktualität des Themas nicht eine solch überwältigende Aufnahme gehabt. In den Worten von Curt Riess über Ernst Ginsberg, der die Rolle des jüdischen Opfers spielte:

> Erst während der Proben wurde ihm klar, das war keine Rolle, die er spielte, das war Wirklichkeit. ›Sein‹ Siegelmann – das war ja der Münchner Rechtsanwalt Siegel, den man in der Tat mit abgeschnittenen Hosen … durch die Stadt getrieben hatte. (Siehe Abb. 80) Siegelmann spielen hieß nicht nur Theater spielen, das bedeutete Verantwortung dem Leben, der Zeitgeschichte gegenüber.[139]

Der erste Abend war »das, was man früher in Berlin eine ganz große Premiere genannt hätte. Alles war da, was in Berlin nicht mehr dabei sein konnte oder wollte. Thomas Mann und Franz Werfel, Leonhard Frank und Bruno Walter, Max Pallenberg und Alexander Moissi, Ernst Deutsch und Grete Mosheim, und viele bekann-

te emigrierte Zeitungsmänner.«[140] Die Zuschauer sahen in den Geschehnissen auf
der Bühne eine unmittelbare Spiegelung der Ereignisse in Deutschland. »Dadurch
entstand jene spannungsgeladene Atmosphäre zwischen Bühne und Zuschauern, in
der auch weniger bedeutende Werke große Leidenschaft und spontane Anteilnah-
me im Publikum hervorzurufen vermögen.«[141] Ernst Ginsberg erinnert sich an die
unerträgliche Spannung: »Und dann kam eine Stimme von der Galerie; es war, wie
ich später erfuhr, ein junger Schweizer, dem es unfaßlich erschien, daß einer solches
mit sich geschehen ließ. Er rief, er flehte mich an: ›Siegelmann, Siegelmann, so hilf
dir doch!‹ Es war der Einbruch der Zeit ins Theater.«[142]

Das Zürcher Schauspielhaus eröffnete seine neue Ära also mit einer deutlichen
Stellungnahme, die, fast genau ein Jahr später, am 8. November 1934, mit Friedrich
Wolfs *Professor Mannheim* noch markanter ausfiel. Das Stück, ursprünglich vom
Verfasser unter dem Titel *Professor Mamlock* für die damals im französischen Exil
arbeitende »Truppe 1931« Gustav von Wangenheims bestimmt und von Rieser mit
dem Zusatz »Ein Schauspiel aus dem Deutschland von heute« angekündigt, machte Theatergeschichte. Künstlerisch war *Professor Mannheim* indes kaum bedeu-
tender als Bruckners *Die Rassen*, doch es war ideologisch pointierter. Wolf, ein
kommunistischer Arzt aus Stuttgart, hatte Sketche und Propagandastücke für
halbprofessionelle Truppen geschrieben und war der Verfasser eines häufig aufge-
führten Problemstücks gegen die offizielle Abtreibungspolitik mit dem Titel *Cyan-
kali*. In *Professor Mannheim* geht es um das Schicksal eines jüdischen Arztes, dessen
Glaube an den Humanismus und an die deutsche Kultur ihn unfähig machen, eine
Kette von demütigenden und entwürdigenden Vorfällen zu begreifen und angemessen zu reagieren. Er wird zuletzt in den Selbstmord getrieben. Einem jungen
kommunistischen Arbeiter aus Berlin (bei der deutschsprachigen Erstaufführung in
Zürich mit Wolfgang Langhoff ideal besetzt) fällt die dankbare Rolle zu, den
Hintergrund der bestürzenden Ereignisse vom Standpunkt des klassenbewußten
Antifaschisten zu erläutern.

Das Stück war ein unmittelbarer Erfolg, seine propagandistischen Appelle wurden spontan beklatscht. Es gab aber auch beträchtlichen Widerstand. Schweizer
Nazis, die ›Frontisten‹, organisierten Demonstrationen, und als das Stück für ein
paar verbilligte Aufführungen ins Stadttheater verlagert wurde, mußte bewaffnete
Polizei die Schauspieler vor den Krawallen schützen und fast hundert Verhaftungen
vornehmen. Das Zürcher Schauspielhaus hatte es geschafft. Kein anderes deutsch-
sprachiges Theater in Europa konnte mit so brisanten Stücken aufwarten und hat
sich so tapfer geschlagen. Die Tage, als die Gründer des Stadttheaters vor genau einem Jahrhundert gehofft hatten, »das hiesige Theater zu veredeln und ... auf solch
eine Stufe zu bringen, daß es mit den ersten Theatern dritten Ranges in Deutschland rivalisieren könne«, lagen weit zurück.[143]

Inszenierungen, die solch spektakulären Erfolg hatten, waren seltene Ausnahmen. Mit Shakespeare war dergleichen nicht zu erreichen. Das Schauspielhaus war
in erster Linie ein kommerzielles Theater. Sein Besitzer, heißt es, bevorzugte ei-

81.
Mutter Courage und ihre Kinder
1941 Zürich.
R: Leopold Lindtberg.
Brechts weltberühmtes Stück
aus der Sicht seines ersten
Bühnenbildners Teo Otto, die
Vision eines Künstlers vom
menschlichen und materiellen
Elend des Dreißigjährigen
Krieges.

82.
Uraufführung von Brechts
Mutter Courage und ihre Kinder
1941 Zürich.
R: Leopold Lindtberg,
B: Teo Otto. Therese Giehse
(Courage), Erika Pesch
(Kattrin), Karl Paryla
(Schweizerkas) und Wolfgang
Langhoff (Eilif).

gentlich aus finanziellen Gründen leichte Komödien, aber es ist faszinierend zu beobachten, wie im Lauf weniger Jahre immer mehr Klassiker, moderne Klassiker und zeitgenössische Problemstücke ins Repertoire genommen wurden. Dieser Trend verstärkte sich unter Oskar Wälterlin, der unterhaltende Stücke nur annahm, wenn sie auch literarischen Wert hatten. Er spielte auch Kaiser und Brecht, die in Zürich noch nicht aufgeführt worden waren. Brechts *Mutter Courage* erlebte seine Weltpremiere am 19. April 1941 an diesem Theater. (Abb. 82)

83.
Julius Cäsar 1941 Zürich.
R: Leopold Lindtberg,
B: Teo Otto.
Von links: Ernst Ginsberg als
Cassius, Wolfgang Langhoff
als Brutus, Leonard Steckel
als Cäsar.

Shakespeare war der am häufigsten inszenierte Dramatiker.[144] Von 1933 bis Ende der Saison 1944/45 wurden dreiundzwanzig Stücke herausgebracht, davon sieben (*Othello, Heinrich IV., Richard III., Julius Cäsar, Der Widerspenstigen Zähmung, Maß für Maß* und *Viel Lärm um Nichts*) in zwei Inszenierungen. Eine vergleichbare Shakespearepflege war nur noch in Bochum und München zu finden. Die Inszenierungen scheinen hinsichtlich Interpretation und Darbietung nicht über das Übliche hinausgegangen zu sein. Es war auch nicht nötig, zusätzliche ideologische Akzente zu setzen, etwa in den Königsdramen. Anders als in Berlin konnte *Richard III.* (17. Mai 1934, Regie: Gustav Hartung) hier vom Blatt gespielt und dennoch als Parabel auf die Verbrecherclique verstanden werden, die auf der anderen Seite der Grenze an der Macht war. Hinzu kamen ganz zufällige Faktoren. Der betagte Albert Bassermann, einer der großen Meister der realistischen Schauspielkunst, der er während seiner langen Laufbahn unter Brahm, Reinhardt und selbst unter Jeßner treu geblieben war, spielte den Richard. Bassermann hatte Deutschland verlassen, weil seine jüdische Frau Else, die ebenfalls Schauspielerin war, nicht mehr auf deutschen Bühnen auftreten durfte. In Zürich also spielte das Nazi-Opfer Bassermann den

84.
Richard III 1942 Zürich.
R: Leopold Lindtberg,
B: Teo Otto.
Karl Paryla als Buckingham,
Leonard Steckel in der
Titelrolle. Steckel zitiert
(und mildert) Kortners
expressionistische Herr-
schaftsgeste. (Siehe Abb. 34)

Gewaltherrscher Richard, dessen gegenwärtige Reinkarnation ihn ins Exil getrieben hatte – die Widersprüche waren zu offenkundig und schmerzlich, um noch besonders betont werden zu müssen.[145] 1942 wurde das Stück für einen geplanten,
aber nicht vollendeten Zyklus der Königsdramen wiederaufgenommen. Zu jenem
Zeitpunkt, als die Parallelen zwischen Richard und Hitler noch viel klarer waren,
»betonte Steckel in seiner Darstellung das Elementare dieser von einer dämonischen Energie besessenen Mördergestalt der Weltliteratur«.[146] Vor *Richard III.*
(19. März 1942, Regie: Leopold Lindtberg) wurden in derselben Saison *König
Johann* (18. September 1941, Regie: Oskar Wälterlin) und *Heinrich IV.* (13. Dezember 1941) gespielt, dessen beide Teile Steckel zu einer Vorstellung zusammengezogen hatte. Leonard Steckel war inzwischen neben Lindtberg und Wälterlin zu
einem der drei wichtigsten Regisseure geworden.

Die Eröffnung des Zyklus mit
König Johann hatte einen künstlerischen wie weltanschaulichen
Grund. Einmal mußte es der Zürcher Theaterleitung verdienstvoll
erscheinen, den noch nie gespielten *König Johann* an den Anfang
zu stellen und zum anderen erfuhr das politische Abenteurer-
tum im europäischen Geschehen
jener Tage in Shakespeares Dichtung eine für die Gegenwart sym-
bolhaft wirkende Gestaltung.[147]

85.
Leopold Lindtberg

86. *König Johann* 1941 Zürich. R: Oskar Wälterlin, B: Teo Otto. Eine phantasievolle Skizze der Schlachtszenen, die mehr an Albrecht Altdorfers Gemälde *Die Alexanderschlacht* (1529) erinnert als an eine auf dem Zürcher Theater auch nur entfernt realisierbare Szene.

Tatsächlich mußte der ganze Zyklus, wie Schoop darlegt, »als das von einer welt-anschaulichen Aufklärungsabsicht getragene Vorhaben der Theaterleitung erschei-nen«.[148] Das war aber nicht Wälterlins übliches Vorgehen. In der Regel mied er offenkundig politische Stücke und hatte auch Vorbehalte, klassische Schauspiele mit aktueller Bedeutung zu befrachten. Dennoch war die markanteste Umwand-lung eines Shakespeare-Dramas in einen politischen Kommentar ihm zu verdanken. *Troilus und Cressida* (1. September 1938), mit dem Wälterlin seine erste Saison als Leiter der Neuen Schauspielhaus GmbH eröffnete, soll nach dem Zeugnis mehre-rer Beobachter eine unmißverständliche Botschaft enthalten haben:

> dieser Ajax, er drischt noch immer seine lebensgefährlichen Phrasen, er will noch immer bis zum letzten Blutstropfen der anderen kämpfen, er lebt jenseits der Grenze, er ist Hitler, ist Göring, ist Goebbels, ist Mussolini. Um das zu unterstreichen, läßt Regisseur Wälterlin einen Schauspieler in Mussolini-Maske auftreten … Wie aktuell ist doch das Gleichnis des Todes von Hektor. Er, der den Krieg nicht wollte, wird erschlagen, aber nicht in ehrlichem Kampf, sondern just in dem Augenblick, da er die Waffen abgelegt hat. Also: Tod dem Waffen-losen![149]

Hans Mayer, Kenner und Chronist der deutschen und europäischen Literatur, sah die Aufführung als junger Gelehrter im Schweizer Exil. Vor allem beeindruckte ihn »die Stimme von Maria Becker als Kassandra: ›Weint, Troer, weint!‹ Das hatte man inzwischen verstanden.«[150] Als er fünfzig Jahre später auf sein »Leben mit Troilus und Cressida« zurückblickte, fiel ihm ein weiterer Aspekt des Todes von Hektor auf: »Achill braucht sich nicht schmutzig zu machen, oder gar blutig. Dafür hat man seine Leute. Myrmidonen gibt es immer, die den Fall erledigen, wenn man die Macht hat.«[151]

Hans Mayers Standpunkt 1987 war der des desillusionierten Pazifisten. 1938 hatte Oskar Wälterlin das Stück als Warnung aufgeführt. Das war, wie Riess anmerkt, ein Jahr, bevor die Schweiz am Vorabend von Hitlers Einmarsch in Polen die allgemeine Mobilmachung verkündete.[152] Mit *Troilus und Cressida* verkündete das Schauspielhaus, was aus dem Stück zu lernen sei, und warnte die Schweiz, sich nicht wie Hektor unbewaffnet überraschen zu lassen. Frenetischer Beifall während der Vorstellungen zeigte, daß man die Botschaft verstanden hatte. Werner Mittenzwei weist darauf hin, erst nach der ernüchternden Erfahrung von Chamberlains Besuch in München am 29. September 1938 hätten die Schweizer die aktuelle politische Bedeutung von klassischen Stücken, so wie sie im Schauspielhaus inszeniert wurden, richtig begriffen. In Goethes *Götz von Berlichingen* gab es gewöhnlich bei dem Wort »Es lebe die Freiheit!« Beifall. Während der Premiere am 22. Oktober 1938 blieb das Publikum ruhig und wartete auf die Fortsetzung »und wenn die uns überlebt, können wir ruhig sterben«; dann unterbrach stürmischer Beifall die Vorstellung.

> Mit der Götz-Inszenierung datiert die neue Linie des Zürcher Schauspielhauses. Sie wurde nicht durch einen neuen Inszenierungsstil, nicht durch sensationelle theatralische Lösungen und auch nicht allein durch überragende künstlerische Leistungen bewirkt, sondern durch das intensive Bekenntnis des Publikums zu der humanistischen Sendung der klassischen Dichtung. Gerade weil sich der Protestwille der Schweizer Bevölkerung noch nicht eindeutig politisch artikulierte, wurde die klassische Dichtung zu einer Position des Widerstands.[153]

Wenige Tage nach Kriegsausbruch bekräftigte Wälterlin die Position seines Theaters, als er im Programm schrieb: »Bereitschaft sollte die Losung sein für unsere neue Spielzeit. Wir bleiben dieser Losung treu, wenn wir unbeirrt durch die Ereignisse den Weg gehen, den uns unsere Pflicht vorschreibt.«[154]

Direkte Appelle wie diejenigen, die man mit *Troilus und Cressida* oder *Götz von Berlichingen* ans Publikum richtete, waren die Ausnahme. Wälterlin war ein einfühlsamer Regisseur; ihm gelang es vorzüglich, Atmosphäre zu schaffen und Impressionen wiederzugeben. Der Expressionismus lag ihm nicht. Seine Schauspieler – auch unter günstigeren Umständen eine eigenwillige und temperamentvolle Truppe und immer noch von Riesers Ausbeuterpraktiken und krankhafter Kleinlichkeit verletzt

87.
Oskar Wälterlin

und gereizt – beeinflußte er mehr durch Vorschläge, psychologisches Verständnis und unerschütterliche Höflichkeit als durch selbstherrliche Leitung. Sein Inszenierungsstil wird als lyrisch, intim, intuitiv und taktvoll beschrieben. Er mied dramatisches und schauspielerisches Pathos und neigte zu psychologischer Ausgewogenheit und Realismus, selbst in Inszenierungen von Schiller, dessen Einladung zur großen Geste und deklamatorischem Pathos die Regisseure im Reich nur zu gern nachkamen.[155] Als Wälterlins Einfluß im Schauspielhaus wuchs, wurden appellative Aufführungen seltener. Mittenzwei, der die Arbeit des Zürcher Schauspielhauses vom marxistischen Standpunkt aus betrachtet, bemerkt leicht bedauernd, daß sich »die operative Ästhetik des Widerstands«, die sich in den ersten Jahren entwickelt hatte, zu einer allgemeinen Verteidigung menschlicher Werte gewandelt habe:

> Dieses Programm bot die Möglichkeit, die durch unterschiedliche Beweggründe hervorgerufenen antifaschistischen Aktivitäten und Initiativen zu vereinen. So erreichte das Schauspielhaus unter der Direktion Wälterlins ein größeres weltanschauliches Gewicht, obwohl weniger direkte antifaschistische Aktionen zustande kamen als unter Rieser.[156]

Mittenzwei beklagt des weiteren, daß die »Operativität«, die das deutsche Theater während der Weimarer Republik erreicht hatte, in Zürich durch Wälterlins weniger ziel- und zweckgerichtetes ästhetisches Programm verwässert wurde, auch wenn seine »nüchternen, entzauberten« Produktionen im Vergleich »zum bombastischen Theater des Dritten Reiches« sich hätten sehen lassen können.[157]

In der Rückschau gibt das Zürcher Schauspielhaus Rätsel auf. Es stimmt, daß es in ganz Europa kein Theater gab, das ein so breitgefächertes Programm bot, von den Griechen bis zu zeitgenössischen Dramatikern, und die Liste der Autoren, die am Zürcher Schauspielhaus aufgeführt wurden, liest sich wie eine Ehrentafel. Und doch waren die Bedingungen, unter denen die Stücke herausgebracht wurden, fast skandalös. Jede Woche eine neues Stück aufzuführen (unter Rieser) oder selbst alle vierzehn Tage (unter Wälterlin) bedeutete, daß für eine genauere Analyse oder gründliche dramaturgische Vorbereitung keine Zeit blieb. Daß das gnadenlose Tempo nicht zu schlampiger Arbeit führte, ist ein Wunder.

Der Grund ist wohl in folgendem zu sehen: Zum einen bestand das Ensemble aus qualitätsbewußten Schauspielern, und zum anderen war es die einzigartige Hingabe, das Engagement und die Kameradschaft unter Schicksalsgefährten, die das Unmögliche möglich machten. Aus der Not eine Tugend zu machen, war eine Kunst, die man am Schauspielhaus perfekt beherrschte. Teo Otto mußte die genialen Entwürfe zu seinen Bühnenbildern mit einem Budget von 500 Franken umsetzen, manchmal sogar mit weniger. Die Schauspieler hatten kaum ihre Rolle gelernt, als sie schon wieder eine neue erhielten, nicht als kompletten Text, dazu war angeblich nicht genug Geld da, sondern wie zu Shakespeares Tagen als Rollenauszüge mit den Stichwörtern. In vielen Fällen hatten die Schauspieler vor der ersten Probe keine Gelegenheit, das ganze Stück kennenzulernen; zu dem Zeitpunkt sollten sie aber schon große Teile ihres Textes auswendig können. Selbst wenn man davon ausgeht, daß nicht alle Schauspieler in jeder Inszenierung mitwirkten, waren dies ungünstige Bedingungen für große Kunst. Gelegentlich passierte es, daß eine Vorstellung vollkommen aus dem Ruder lief, wie bei *Macbeth* (26. Februar 1938), oder daß die bravourösen Improvisationen sich überschlugen und Chaos auslösten.[158] Verglichen mit den genau durchgeplanten und disziplinierten Inszenierungen Shakespearescher Stücke als szenischer Gesamtkunstwerke an den deutschen Spitzentheatern machte sich am Schauspielhaus die Hektik bemerkbar, die alles bestimmte: Die Ergebnisse zeigten gelegentlich Anzeichen flüchtiger Arbeit, und für profunde Überlegungen und zeitraubende Debatten zur Konzeption der Stücke fehlte einfach die Muße. Wie Gustaf Gründgens später in anderem Zusammenhang sagte: »Man kann wohl aus der Not eine Tugend, aber doch keinen Stil machen.«[159]

»Stil« *à la* Gründgens gab es am Zürcher Schauspielhaus ganz sicher nicht, und das Ensemble setzte alles daran, ihn gar nicht erst aufkommen zu lassen. Manchmal jedoch wurden seine Bemühungen, einen neuen realistischen Ansatz durchzusetzen und die Zuschauer von den alten Erwartungen abzubringen, sabotiert. So konnte es geschehen, daß ein Gastschauspieler und Star wie Leopold Biberti (für die Titelrolle im *Othello*, 15. Januar 1944) in seinen eigenen prächtigen Gewändern aufkreuzte und dann die Bühne für ein, zwei Wochen beherrschte: »Er gurgelte nur so seine Arien herunter«[160]. Die Zuschauer waren begeistert, so daß Wolfgang Heinz zu dem pessimistischen Schluß kam, »wir haben auf dieser Bühne zehn Jahre umsonst Theater gespielt«.[161] Doch die mörderischen Bedingungen, unter denen die Schauspieler arbeiteten – junge Kollegen, die zu ihnen stießen, waren innerhalb von Wochen ausgebrannt, und nur eine einzige Neue, Maria Becker, konnte Schritt halten –, hatten auch ihre Vorteile. Sie verhinderten »Stil« und zwangen die Schauspieler, den direkten Zugang zu finden und Schnörkel zu meiden. Das wurde rasch zum Markenzeichen ihrer Inszenierungen. Weder für kalkulierte Stilisierungen noch für Starkult reichte die Zeit. Sie waren alle Stars oder jedenfalls Schauspieler, die ihr Metier beherrschten. Klaus Mann, der 1937 das Theater erneut besuchte, bestätigte, daß die Kunst der Schauspieler gereift sei; sie habe an Ausdruckskraft gewonnen, neue Facetten erworben und alte Fehler abgelegt.[162] In Zürich mußten Schauspieler auch nicht hofiert, ihre Eitelkeiten nicht im Zaum gehalten werden. Geniegehabe, wie es in Deutschland an den besten Theatern, vor allem aber in Ber-

88. *Othello* 1944 Zürich. R: Leopold Lindtberg, B: Teo Otto. Wolfgang Heinz als Jago über seinem
Opfer Othello, Gaststar Leopold Biberti, in seinem bewunderten (und kritisierten) Prachtgewand.

lin grassierte und von prominentensüchtigen Feuilletonisten gefördert wurde,
konnte sich in Zürich gar nicht erst entwickeln. Schon Rieser hatte viele Schauspieler ermuntert, sich als Regisseure zu versuchen, so daß neben Wälterlin, Lindtberg
und Steckel sechs weitere, nämlich Wolfgang Heinz, Kurt Horwitz, Ernst Ginsberg, Robert Trösch, Karl Paryla und Wolfgang Langhoff mehr oder weniger häufig Regie führten. Das bedeutete auch, daß jeder sich immer wieder in der Rolle des
anderen fand und schon deshalb kein Interesse daran haben konnte, als Schauspieler mit Starallüren dem Regisseur das Leben schwer zu machen.

Daß es so viele Schauspieler gab, die gleichzeitig Regieaufgaben übernahmen, ein typisches Merkmal von eng miteinander verbundenen Ensembles, die unter besonderen Bedingungen arbeiten, wirkte sich positiv aus – die Bremer Shakespeare Company ist ein Beispiel aus der Gegenwart. Die Dramaturgie konzentrierte sich vor allem auf solche Wirkungen, die allein durch die Kunst des Schauspielers erzielt werden konnten. Viel anderes hatte das Theater auch nicht einzusetzen. Teo Ottos Bühnenbilder, von denen man sagte, daß sie nicht nur den sozialen, sondern auch den geistigen Raum des Stückes erfaßten, konnten nicht mit dem Aufwand konkurrieren, womit das Staatstheater in Berlin oder das Burgtheater in Wien glänzten. Und Pomp und Pracht der Bochumer Kostümschauen wären völlig außerhalb ihrer Möglichkeiten gewesen, selbst wenn man sie gewollt hätte. Auch die Musik spielte keine große Rolle. So gesehen war das Zürcher Theater armes Theater. Reich war es nur in einer Hinsicht – der Kunst des Schauspielers. Das war das Pfund, mit dem die Regisseure auf unterschiedliche Weise zu wuchern wußten. So heißt es von Leonard Steckel, er sei von einer »mimischen Vision«[163] inspiriert gewesen und habe eine Neigung zum »Explosiven, Expressiven, Komödiantischen«[164] gehabt; im Gegensatz zu Lindtberg, der die Sprache betont und sich auf den geistigen Horizont konzentriert habe, der vom Wort geschaffen wurde. »Man kann ohne Vorhang und Dekoration spielen, aber nicht ohne Ideen.«[165] Die verschiedenen künstlerischen Temperamente und Ansätze ergänzten einander und schufen die Form, die Kurt Hirschfeld später als »humanistischen Realismus« bezeichnete: Markenzeichen und »Stil« des Zürcher Schauspielhauses. Hans Mayer beschreibt das Phänomen so:

> Es wurde weder geflüstert, noch geschrien, sondern gesprochen. Verse wurden nicht zelebriert, sondern vom Inhalt und vom Geiste her verstanden und neu geordnet, ohne doch in Prosa zu verfallen. Die Dekorationen waren sachgemäß, vom Sinn her aufgebaut. Man gab die richtigen Bühnenbilder zum *Faust*, aber man gab nicht nur Bühnenbilder in einer *Faust*-Aufführung. Hinter diesem Stil, der durchaus nicht naturalistisch oder eintönig war, sondern die ausgelassenste Heiterkeit und Grazie Goldonis, der spanischen Komödie oder der österreichischen Volkskomödie in sich einschloß, stand im Grunde ein deutliches Bekenntnis zur Humanität und zum Menschen als dem Maß einer neuen Gesellschaft.[166]

Wie Hans Mayer später sagte,[167] hätte es keinen größeren Gegensatz geben können als den zwischen dem Theatertypus, den Gründgens am Staatstheater zur Vollendung gebracht hatte, und dem Zürcher Schauspielhaus. Gründgens pflegte ein Theater des edlen Stils und der glänzenden Form, der bewußten Künstlichkeit und der Trennung von Politik und Kunst – das Zürcher Schauspielhaus kennzeichnete selbstbewußter Realismus, direkter Zugriff und entschlossener Antifaschismus. Als der Krieg zu Ende war und das deutsche Theater wieder aufgebaut werden mußte, standen sich diese beiden Traditionen fremd gegenüber. Sie ließen sich nur schwer verbinden. Die Gründgenstradition erlebte einen erneuten Aufschwung während der Restauration der Nachkriegszeit und wurde schließlich Ende der fünfziger Jahre aufgegeben. Die Zürcher Tradition des politisch aktivistischen Theaters wurde schnell in Ostdeutschland heimisch. Der unter solchen Mühen und Kämpfen erworbene Realismus des Zürcher Schauspielhauses bereicherte dann jedoch das deutsche Theater auf beiden Seiten des Eisernen Vorhangs.

Nach dem Krieg löste sich das Ensemble bald auf, dadurch wurden die Erfahrungen rasch an andere Theater weitergegeben. Kurt Horwitz leitete von 1946–1950 das Schauspiel in Basel und war von 1953–1958 Intendant des Bayerischen Staatstheaters (Residenztheater) in München. Kurt Hirschfeld war ein Jahr lang dramaturgischer Berater von Gustaf Gründgens in Düsseldorf und verteidigte dort dessen »Düsseldorfer Manifest« von 1952. Leopold Lindtberg wurde einer der maßgeblichen Regisseure am Burgtheater Wien. Wolfgang Langhoff leitete 1945–1946 das Düsseldorfer Schauspiel und 1946–1963 das Deutsche Theater in Ost-Berlin. Wolfgang Heinz und Karl Paryla leiteten in Wien 1948–1956 das von der Sowjetischen Besatzung geförderte Neue Theater in der Scala. Teo Ottos Bühnenbilder sollten bald in Deutschland und Österreich, aber auch in anderen Ländern, nicht wenige Shakespeare-Inszenierungen unterstützen.[168]

KAPITEL 4

SHAKESPEARE AUF DER NACHKRIEGSBÜHNE – KONTINUITÄT ODER NEUBEGINN?

Die Stunde Null

Am 30. April 1945 beging Hitler Selbstmord, acht Tage später erfolgte die bedingungslose Kapitulation der deutschen Streitkräfte, das tausendjährige Reich hatte aufgehört zu existieren, der Spuk war vorbei, und Deutschland lag in Trümmern. Seine Städte Schutthaufen, seine Industrieanlagen gespenstische Stahlruinen, die Verluste an Menschenleben unvorstellbar, allein beim Militär dreimal so hoch wie im Ersten Weltkrieg, doch nun waren auch noch zwei Millionen Zivilisten umgekommen, bei Luftangriffen oder auf der Flucht vor der Roten Armee. Die Überlebenden waren wie betäubt und erstarrt. Die militärische Niederlage hatte sich zwar seit längerem abgezeichnet, aber ein solcher Sturz in den Abgrund, wie er sich unter dem wütenden Bombenhagel der letzten Kriegsmonate und dem Ansturm der Sowjetarmee vollzog, war ohne jedes Vorbild, raubte alle Hoffnung und lähmte den Lebenswillen. Und wer geglaubt hatte, die eigene, deutsche Katastrophe sei unübertroffen, mußte jetzt voll Entsetzen erfahren, daß andere Nationen noch schlimmer gelitten hatten: In Polen waren allein sechs Millionen Juden ermordet worden, die Sowjetunion hatte fast zwanzig Millionen Tote zu beklagen. Allerdings drang der Holocaust – der Begriff stand damals noch nicht zur Verfügung – nicht sogleich ins allgemeine Bewußtsein. Zu unglaublich erschienen vielen die bloßen Fakten dieses undenkbaren Verbrechens, ganz zu schweigen von den abertausend anderen Schandtaten, deren sie sich als Volk schuldig gemacht hatten. Es sollte Jahre dauern, bis dieser Komplex historiographisch aufgearbeitet, und Jahrzehnte, bis er zumindest juristisch gesühnt worden war. Die Auseinandersetzung mit der Vergangenheit war damit nicht abgeschlossen. Die deutsche Schuld als komplexes Bewußtseinsphänomen, als unabweisbares Gewissens- und Identitätsproblem auch und vor allem für die Nachgeborenen blieb ein bestimmender Faktor der deutschen Politik und ein entscheidendes Element im geistigen Leben der Nation.[1]

Der tagtägliche Kampf ums nackte Überleben ließ viele überhaupt nicht zur Besinnung kommen. Daß Deutschland die schrecklichste politische und moralische Katastrophe seiner Geschichte erlebt hatte, war den meisten nur dumpf bewußt. Andere fühlten nichts als Erleichterung, daß der Alptraum vorüber war und wollten so rasch wie möglich zu den Werten aus der Zeit vor dem Nationalsozialismus zurückkehren. Eine dritte Gruppe, die das volle Ausmaß nicht nur der materiellen,

89. Staatstheater und Staat in Trümmern. Das Schauspielhaus am Gendarmenmarkt in Berlin kurz nach dem Ende der Kampfhandlungen 1945.

sondern auch der geistigen und seelischen Verheerungen erkannte, glaubte, daß nur ein vollständiger Neubeginn die Not wenden könne. Nicht oberflächliche Reformen, sondern radikale Veränderungen seien jetzt gefordert, wenn Faschismus und Militarismus dauerhaft überwunden werden sollten. Wenn es in der Geschichte der Nation je eine Zäsur gegeben habe, dann hier und jetzt.

Die »Stunde Null« lautet der Begriff, der für die mit dem schicksalhaften Datum von 1945 verbundene Mischung aus Haltungen, Gefühlen und Erwartungen geprägt wurde. Doch traf er die Sache nur ansatzweise und eignete sich zudem für unterschiedliche Zwecke und Strategien. So sahen die einen in der Stunde Null die Chance für ein neues Deutschland auf der Basis eines christlichen oder (in Ostdeutschland) sozialistischen Humanismus; andere gebrauchten den Begriff negativ. Er verkörperte ihre düstere Überzeugung, der deutsche Nationalcharakter habe sich hier endlich in seiner wahren Gestalt gezeigt, denn auf diesen Tiefpunkt sei die deutsche Geschichte unvermeidlich zugesteuert, seit militärische Hybris nach dem Sieg über Frankreich 1871 zur Gründung des Kaiserreiches geführt, den Nationalstaat verabsolutiert und die deutsche Außenpolitik in verhängnisvoller Weise bestimmt habe. Solch radikale Skeptiker konnten den konservativen Geist des Wiederaufbaus in Westdeutschland nur verurteilen; sie klagten, begleitet von Beifall aus dem Osten, die schicksalsträchtige Stunde sei ungenutzt verstrichen.

Theaterhistoriker sind geteilter Meinung, ob das, was sich in den Jahren unmittelbar nach dem Krieg in den Theatern abspielte, zum Stunde-Null-Syndrom gehört oder nicht. Markierte das Jahr 1945 einen endgültigen Bruch oder nur eine zeitweilige Unterbrechung? Beide Sichtweisen lassen sich begründen. Zeitgenössische Beobachter wie Vietta und Luft waren vor allem von der Neuheit der Situation beeindruckt und betonten die Veränderungen. Aus späterer Sicht schreibende Autoren wie Rühle, Daiber oder Karasek registrieren vor allem die Elemente der Kontinuität, sowohl im Stil als auch in der geistigen Einstellung.[2]

Es ist erstaunlich, wie schnell das Theater wieder auflebte, in Berlin vor allem unter der aktiven Förderung von Oberst Dymschitz, dem früheren Kulturattaché bei der sowjetischen Botschaft und jetzt zuständig für Umerziehung und kulturelle Angelegenheiten. Zwei Wochen nach Beendigung der Kriegshandlungen öffnete das Renaissancetheater, das der Zerstörung entgangen war, seine Pforten mit dem unverwüstlichen *Raub der Sabinerinnen* von Schönthan. Noch vor Jahresende hatten allein in Berlin sechs Theater ihre Arbeit wieder aufgenommen, wenn auch von einem regelmäßigen Spielbetrieb noch keine Rede sein konnte. Die Umerziehungsprogramme der amerikanischen, britischen und französischen Besatzungsmächte in ihren jeweiligen Zonen (und von Mitte Juli an auch in ihren jeweiligen Berliner Sektoren) liefen langsamer an. Dennoch wurde in fast allen deutschen Städten nach kurzer Zeit wieder Theater gespielt. In den Jahren danach entstanden buchstäblich Hunderte neuer Truppen, viele von Schauspielern gegründet, die es in eine neue Umgebung verschlagen hatte und die nicht wieder in ihre Heimat zurückkehren konnten oder wollten. Ein Kritiker zählte allein für Niedersachsen achtundzwanzig Tourneetheater und begrüßte es, daß nach der Währungsreform von 1948 diese »Pest« verschwunden sei.[3] Friedrich Luft, der im Februar 1946 mit dem Auto durch die Ruinenlandschaft Berlins fuhr, registrierte verwundert völlig gegensätzliche Eindrücke:

> Man ist an die Trümmer seiner Umwelt, seines Weges zur Arbeit, seines Bezirks gewöhnt. Aber da wurde mir einmal bewußt, wie wenig von Berlin noch da ist. Ich fragte mich, ob wir uns eigentlich nicht nur etwas vormachen. Ich fuhr an einer Litfaßsäule vorbei, die beklebt war mit unzähligen Ankündigungen von Theatern, Opern, Konzerten. Ich sah nachher im Inseratenteil der Zeitung: an fast 200 Stellen wird Theater gespielt. Tatsächlich. Überall. In allen Bezirken. Täglich findet mindestens ein halbes Dutzend Konzerte statt. In allen Bezirken. Zwei Opernhäuser spielen ständig – welche Stadt der Welt hat das noch?[4]

Dieser plötzliche Theaterboom hatte natürlich nichts mehr mit dem Berliner Show Business der zwanziger und dreißiger Jahre gemein. Die Hälfte aller Theater war völlig zerstört, die andere Hälfte mehr oder weniger stark beschädigt. Wenige wa-

90.
Das Düsseldorfer
Stadttheater 1943
(S. auch Abb. 54)

ren verschont geblieben. Gespielt wurde in provisorischen Sälen in den wenigen
Kostümen und Kulissen, die man gerettet hatte, und im Winter saßen die hungri-
gen Zuschauer in dicke Mäntel und Schals gehüllt. Die neuen Gruppen bemühten
sich in der Regel gar nicht erst, dem etablierten Theater nachzueifern. Sie nannten
sich »Junge Bühne«, »Studiobühne«, »Zimmertheater« oder sogar »Kellertheater«
(meist mit dem Zusatz des Namens der Stadt oder des Gründungsjahrs) und spielten an allen zur Verfügung stehenden Stätten – in Scheunen, Sälen, Klassen-
zimmern, Speichern und Kellern. Im Winter erwartete man, daß jeder Zuschauer
ein in Zeitungspapier gewickeltes Braunkohlebrikett mitbrachte, um wenigstens
die schlimmste Kälte vertreiben zu können. Hier war Theater auf das absolute Minimum beschränkt, doch es erfüllte ein tief empfundenes Bedürfnis. Zwölf Jahre
lang waren die Menschen von einem beträchtlichen Teil ihrer eigenen kulturellen
Tradition und von ausländischer Literatur nahezu ganz abgeschnitten gewesen.
Jetzt trieb es sie, die junge Generation vor allem, die verlorene Zeit wettzumachen,
ausländische Literatur kennenzulernen, eine neue Geisteskultur zu entwickeln, eine
Stimme zu finden. Carl Zuckmayer, einer der ersten Emigranten, die aus Amerika
zurückkehrten und der als Beauftragter der amerikanischen Militärregierung
Deutschland bereiste, bezeugt diesen Lernwillen:

Da war etwas wie ein geistiger Heißhunger ausgebrochen, ein kaum stillbares
Verlangen nach Klärung und Erkenntnis, ein Durst nach innerer Erneuerung,
Auferstehung, eine chiliastische Hoffnung ... Es war, bei allem Jammer, auch
eine großartige Zeit. Was an geistiger Nahrung von draußen kam ... wurde mit
leidenschaftlicher Begierde aufgesogen. Immer und überall waren die ungeheiz-

ten Theater überfüllt, von Menschen, die oft stundenlang hatten laufen müssen, um sie zu besuchen, von Menschen in ärmlicher Kleidung und mit der gelblich-fahlen Hungerfarbe im Gesicht, aber mit brennenden Augen, zu voller Aufgeschlossenheit, zu Erschütterung wie zum Denken bereit.[5]

Die Spielpläne der neuen Theatertruppen waren keineswegs revolutionär und hingen sogar, zumindest in der Anfangszeit, von den zur Verfügung stehenden Texten ab. Auch der Aufführungsstil der jungen Ensembles bot nichts revolutionär Neues; viele Vorstellungen konnten nur als dramatische Lesungen gegeben werden. Zudem existierten die meisten Truppen nur kurze Zeit. Aber dennoch war die Gesamtwirkung enorm. Ihre Texte waren häufig intellektuell anspruchsvoll, die Arbeitsbedingungen gestatteten kein Chargieren, und die räumlichen Verhältnisse hoben die Schranken zwischen Schauspielern und Publikum von selbst auf. Die in diesen Notjahren gemachten Erfahrungen waren ein Ferment, das noch weiter wirkte, als das Theaterleben in der Zeit des Wirtschaftswunders in den frühen 50er Jahren sich wieder normalisierte.

Auch für das etablierte Theater herrschten unmittelbar nach dem Krieg harte Zeiten. Neben der heute unvorstellbaren materiellen Not war die Personalsituation außerordentlich schwierig. Abgesehen von den Verlusten in den letzten Kriegstagen und unmittelbar danach (Friedrich Kayßler, Harry Liedke und Heinrich George sind die prominentesten Berliner Beispiele), starb vor 1950 auch die alte Garde von Schauspielern und Regisseuren (unter anderen Paul Wegener, Otto Falckenberg, Karl Heinz Martin). Andere wurden von den Entnazifizierungsbehörden mit (meist zeitlich befristeten) Spielverboten belegt, und die meisten Ensembles waren in alle Winde zerstreut. Entwurzelung, innere Desorientierung, Verlust von ehemals selbstverständlichen Übereinkünften und Standards – diese Destabilisierung und Unruhe zeigt sich an vielen Inszenierungen der damaligen Zeit ebenso wie am rastlosen Ortswechsel von zuvor wohletablierten Schauspielern und Regisseuren. Im besten Fall war dies eine Zeit der Suche nach neuen geistigen Normen und der Beginn einer vorerst noch zaghaften Gewissenserforschung. In anderen Fällen begnügte man sich mit weniger und bot Notbehelf: im geistigen Anspruch ebenso wie in Spiel, Regie und Bühnenbild.

Es ist aufschlußreich, den mühseligen Wiederanfang nach dem Zweiten Weltkrieg mit der erstaunlichen Entwicklung des deutschen Theaters nach dem Ersten Weltkrieg zu vergleichen. 1918 machte Deutschland geradezu einen Sprung in eine neue Dimension der Theaterkunst. 1945 bedurfte es verbissener Anstrengungen, wenn das Theater überhaupt überleben sollte. Die Selbstsicherheit der zwanziger Jahre war dahin. Die deutschen Dramatiker mochten sich unter der Naziherrschaft in die innere Emigration zurückgezogen haben, doch die Flut ihrer »für die Schublade« geschriebenen Stücke, die nun angeblich die Bühnen überschwemmen sollte, entpuppte sich als bloßes Rinnsal. Hellmuth Karasek nennt in seinem Überblick nur drei Stücke, die sich mit der unmittelbaren Vergangenheit befaßten und in den

91. *Draußen vor der Tür* 1948 Düsseldorf. Bühnenbildentwurf von Walter Gondolf.

ersten Nachkriegsjahren starken Einfluß ausübten: Günther Weisenborns *Die Illegalen*, Wolfgang Borcherts *Draußen vor der Tür* und Karl Zuckmayers *Des Teufels General*.[6] Tiefer schürfende Auseinandersetzungen mit der Vergangenheit wie *Die Ermittlung* von Peter Weiss folgten erst später. Es gab aber viele sogenannte »Gewissensstücke«, die versuchten, die Nazizeit anhand von Einzelschicksalen darzustellen, ohne dabei jedoch über die konventionelle Dramaturgie von Gewissenskonflikten beziehungsweise einen oberflächlichen Reportagerealismus hinauszugelangen.[7] Später fragte man sich, warum das Theater der ersten Nachkriegsjahre politischen Themen aus dem Wege ging. Friedrich Luft zitiert einen Londoner Kritiker, der vermutete, daß ein Übermaß an Schicksal dem deutschen Künstler vorerst die klare, gedachte, geformte Aussage unmöglich zu machen scheine. Nur das moderierte Erlebnis könne damit rechnen, gültig umgesetzt zu werden.[8] Das eigene Leid, die Ungeheuerlichkeit der Verbrechen und die Last der Kollektivschuld verschlug den Autoren die Sprache. Die schändlichsten Aspekte der jüngsten Vergangenheit schmerzten noch zu sehr und wurden verdrängt. Was die Menschen in den Theatern suchten, wie auch in den damals überfüllten Kirchen, war seelischer Halt und geistige Orientierung, Selbstvergewisserung und Hoffnung, aber nicht die (damals noch) unerträgliche Konfrontation mit dem Undenkbaren und Unsagbaren. Das deutsche Theater nach 1918 war revolutionär und stolz darauf. Nach 1945 suchte es sein Heil in der Rückkehr zum Konservativen.

Später verspottete man diese Entwicklung als Beitrag des Theaters zur Adenauer-Restauration, damals schien die Rückkehr zu einem konservativen Ethos logisch. Und immer, wenn ein Theater mit Lessings *Nathan der Weise* wiedereröffnet wurde und zu Versöhnung, Toleranz und Vergebung aufrief, ging es nicht wie in den zwanziger Jahren um revolutionäre Erneuerung, sondern um den Versuch, an die verlorene humanistische Tradition anzuknüpfen. Nach einer Formulierung von Günther Rühle war »restitutio hominis«[9] die neue Aufgabe des Theaters, die Wiedergewinnung eines wahrhaft humanen Bildes vom Menschen, in bewußtem Gegensatz zu den fratzenhaften Entstellungen, die es hatte erdulden müssen und die nun immer deutlicher erkannt wurden.

Die viel gescholtene Restauration der fünfziger Jahre war unvermeidlich, zumindest in Westdeutschland. Woher hätte Erneuerung auch kommen sollen? Kommunistische oder andere Utopien, die das politische Theater der zwanziger Jahre beflügelt hatten, waren im Zeichen von Berlinblockade und Kaltem Krieg nicht länger gefragt. Erneuerung, meinte man, könne nur auf dem Fundament derjenigen Werte und Institutionen erfolgen, die unter dem Nationalsozialismus am wenigsten in Verruf geraten waren, nämlich Christentum und klassische abendländische Tradition. Der christliche Humanismus als Leitideologie der Zeit erklärt auch die zahlreichen Aufführungen von T. S. Eliot, Christopher Fry, Thornton Wilder, Paul Claudel, Jean Anouilh, Max Frisch und Friedrich Dürrenmatt sowie der wenigen deutschen Vertreter derselben Weltanschauung wie etwa Stefan Andres. Zudem: Ethos diktierte Stil. Das deutsche Nachkriegstheater versuchte weder, die revolutionäre Ästhetik von Piscator und Brecht aufzugreifen, noch den »Jeßnerstil« zu beleben; für beide fehlte das ideologische Korrelat. Statt dessen versuchte es, inhaltlich und formal an scheinbar unkompromittierte Leistungen der dreißiger Jahre anzuknüpfen. Daran nahmen die heimkehrenden Emigranten Anstoß. Schon 1947 prägte Berthold Viertel dafür die Formel »Reichskanzleistil«, und 1948 vermerkte Brecht, »Weitermachen ist eine Parole. Es wird verschoben, es wird verdrängt. Alles fürchtet das Einreißen, ohne das das Aufbauen unmöglich ist.«[10]

Bernhard Minetti will dem nicht widersprechen, formuliert aber den Standpunkt derjenigen, die in Deutschland geblieben waren:

> Wir haben ›weitergemacht‹, wie das Theater nach allen Katastrophen bisher weiterging, weitermachte. Es war genug eingerissen, wir suchten, froh, dem Druck der Ideologie entronnen zu sein, nach dem, was wir ihm retten, bewahren und als Substanz wieder vorzeigen konnten. … Neuer Humanismus. *Iphigenie*, *Nathan*: das waren damals die notwendigen Erinnerungen an die sittliche Kraft des Theaters.[11]

Es sollte noch fast zwei Jahrzehnte dauern, bis Brechts Wunsch nach »Einreißen« in Erfüllung ging, und dann auf eine Art, die er wohl nicht durchgängig gutgeheißen hätte. Vorerst klammerte man sich an die alten Formen und die sakrosankten

Texte. Aber war deren Sprache nicht auch beschädigt worden? Sie hatte sich von und unter den Nazis problemlos benutzen lassen. Vielleicht schwang in der Wahl neuer und härterer Übersetzungen in den Fünfzigern auch die Ahnung mit, daß der Wohllaut von Schlegel-Tieck sich allzu willfährig in den gewissenlosen Kulturbetrieb der braunen Jahre eingefügt hatte und ersetzt werden mußte. Unmittelbar nach Kriegsende war für dergleichen subtile Bedenklichkeiten kein Platz. Jedem war klar, daß es die wichtigste Aufgabe des Theaters sei, einen Beitrag zur sittlichen Erneuerung eines geschlagenen und kompromittierten Volkes zu leisten. Leopold Lindtbergs Forderung steht für viele ähnliche Äußerungen: »Dem kulturellen Aufbau stellt sich ein einziges, ein brennendes Problem: die Erziehung. Nie war die sittliche Aufgabe des Theaters bedeutsamer«,[12] schrieb er 1945 noch vor der Rückkehr aus dem Exil. Es gelte, das deutsche Volk aus dem Chaos herauszuführen.

Hier war sie wieder, die Idee Schillers vom Theater als moralischer Anstalt der Nation. Sie bestimmte die Wahl der Stücke und die Art der Darstellung, denn die auf der Bühne erteilten Lektionen mußten die Sache sowohl treffen wie verhüllen. Die Schocktechnik des Frontalangriffs, wie sie später in Stücken von Heinar Kipphardt, Rolf Hochhuth oder Peter Weiss praktiziert wurde, wäre in jenen ersten Nachkriegsjahren unerträglich gewesen. Die Botschaft mußte in allgemeiner Form, als Allegorie oder Parabel, vorgetragen werden; sie mußte einen metaphysischen Bezugsrahmen haben und durfte nicht als direkte, historisch konkrete Anschuldigung formuliert sein. Solche allgemeingültigen Lektionen (die zudem unspezifisch genug waren) fanden sich in den Stücken von Wilder, Eliot, Fry, Giraudoux, Anouilh, Sartre, Dürrenmatt und Frisch. (Priestleys *Ein Inspektor kommt* lief jahrelang). Zusammen halfen sie den Zuschauern, ihre Erfahrungen zu deuten und ihren Platz in einer einsehbaren moralischen Weltordnung zu finden, ohne sofort am Pranger stehen zu müssen.

»Was heute auf dem Theater zu interessieren vermag, ist das Typische, das Gültige. Unsere Form ist das Gleichnis.«[13] Oscar Fritz Schuh war nur eine Stimme von vielen, welche die zeitlose Gültigkeit der Kunst priesen. Hannes Razum, bis 1969 Intendant des Schloßtheaters in Celle, sah die Bühne als »metaphysischen Raum, in dem das Geistige sichtbar gewordene Realität ist«[14], und für Gustav Rudolf Sellner, den berühmten Verfechter der Abstraktion während seines Darmstädter Jahrzehnts von 1951–1961, hatte das Theater »funktional« zu sein, worunter er verstand, daß es wesentliche Wahrheiten offenbaren müsse. Wieder einmal wurde in beängstigendem Maß »Geist« beschworen, aber es war nicht mehr der »deutsche Geist«, den Gundolf zu Beginn des Jahrhunderts stolz als nationales Vorrecht proklamiert hatte. Der neue »Geist« war nicht länger exklusiv. Im Gegenteil, er mußte so umfassend sein, daß er alle Menschen, die guten Willens waren, Deutsche inbegriffen, einschloß. Je abstrakter, existentieller und weniger deutsch dieser Geist war, desto besser. Das dem entsprechende »Theater der existentiellen Vergeistigung« zeigte sich am deutlichsten in den Stücken der oben genannten Autoren. Der Trend hatte auch Folgen für die Inszenierung der Klassiker.

Auf der Suche nach Aussage und Stil

Eine Untersuchung der Inszenierungen an den westdeutschen Theatern von 1955 bis 1975 ergibt, daß Shakespeare mit 35 Stücken, die zusammen 36 979 Aufführungen erlebten, unbestritten an erster Stelle stand, gefolgt von Schiller (24 988) und Shaw (19 126), wohingegen Brecht, mit 43 Stücken und 17 901 Aufführungen an vierter Stelle rangierend, Shakespeare erst ab 1971 langsam überholt. Die Angaben für das Jahrzehnt von 1945 bis 1955, obwohl unvollständig, erlauben die Schätzung, »daß die Werte bei Shakespeare zwischen 800 und 1200 pendelten ... und Brecht kaum je über 150 Aufführungen (und das nicht in allen Spielzeiten) hinauskam.«[15] Die Komödien wurden doppelt so häufig gespielt wie die Tragödien, die Königsdramen waren nach dem Krieg wenig gefragt. *Was ihr wollt*, *Ein Sommernachtstraum* und *Der Widerspenstigen Zähmung* waren die beliebtesten Komödien, *Hamlet* der Favorit unter den Tragödien.

Die Gründe für Shakespeares unverminderte Popularität liegen auf der Hand. Er verkörperte »Kontinuität«. Laut Hannes Razum war Kontinuität die große Hoffnung des deutschen Theaters, als es 1945 seine Arbeit wieder aufnahm. Viele Schauspieler waren erfahrene Shakespearedarsteller, und viele ältere Regisseure hatten mit Shakespeare ihre größten Erfolge erzielt. »Was Wunder, daß man nach dem Krieg es für die einfachste, zugleich ergiebigste Sache von der Welt hielt, Shakespeare weiterzuspielen«[16], insbesondere da eine Reihe deutscher Klassiker (etwa Schillers *Wilhelm Tell* oder Kleists *Prinz von Homburg*) verboten waren, weil Inhalt und Gesinnung als allzu patriotisch und militaristisch galten. Gegen Shakespeare hatten die auf pazifistische Umerziehung erpichten alliierten Behörden

92.
Das neue Düsseldorfer Schauspielhaus, eröffnet 1970, in seiner geschwungenen Eleganz vor dem »Dreischeibenhaus« der Hauptverwaltung der Thyssen AG.
Die Verbindung von Kunst und Kommerz wurde häufig als bezeichnend für Düsseldorfs Nachkriegsgeschichte gesehen.
(F: Lore Bermbach)

nichts einzuwenden. *Heinrich V.* wurde aus offensichtlichen Gründen (Krieg und Heldenverehrung) über zehn Jahre lang nicht aufgeführt, *Heinrich VI.* und *Heinrich VIII.* fast ebenso lange nicht. *Coriolanus* wurde gemieden, und war – weil zu undemokratisch – in der amerikanischen Zone sogar verboten; *Titus Andronicus* erinnerte zu sehr an die blutigen Zeiten, die gerade zu Ende gegangen waren, und *Der Kaufmann von Venedig* war wegen der Verbrechen gegen die Juden vorerst überhaupt nicht aufführbar. Wie man den *Kaufmann* spielen konnte, ohne die jüdischen Opfer zu kränken, war ein Problem, das erst von großen jüdischen Darstellern des Shylock wie Ernst Deutsch und Fritz Kortner gelöst wurde, und auch das erst viel später. (siehe S. 271 ff.)

Während Shakespeares Komödien Gelegenheit boten, Theater wieder als Fest erleben zu lassen, soweit die Nachkriegsbedingungen das zuließen, stillten die Tragödien ein tieferes Bedürfnis, nämlich zu verstehen, was geschehen war, wobei es weniger um Fragen von Ursache und Wirkung ging als um die spirituelle Dimension. Deshalb lösten Inszenierungen von *Macbeth* und *Richard III.*, die mehr oder weniger explizit Parallelen zu Hitler zogen, Befremden aus. *Macbeth* (12. Oktober 1945), das erste Stück, das nach dem Krieg in den Kammerspielen in München zur Aufführung gelangte, ist dafür ein Beispiel. »In der Weltliteratur dürfte es kaum eine zweite Tragödie geben«, hatte Wolfgang Petzet auf der Rückseite des aus einem einzigen Blatt bestehenden Programms erklärt, »die mit gleicher visionärer Kraft das Wesen jenes Infernos offenbart, das wir in den letzten zwölf Jahren durchschritten haben und aus dem wir, unsere Bühne und ihre Zuschauer, in wunderbarer Weise errettet wurden.«[17] Doch ob die Inszenierung selbst das Wesen dieses Infernos offenbarte, scheint fraglich. Sie endete mit einem bei Erich Engel unvermuteten, ängstlich-frommen Schluß, einem Kirchenlied, intoniert von einem Knabenchor. Die Zeit der kühnen dramaturgischen Zuspitzungen war noch nicht gekommen. Dennoch fühlten sich einige Kritiker veranlaßt, davor zu warnen, die aktuellen Anspielungen zu übertreiben. E. L. Stahl hoffte, dies möge ein einmaliger Fall von Textänderung bleiben, um »eine Shakespeare-Tragödie durch Retuschen und Umdichtungen näher an die Gegenwart heranzurücken. ... Bis zum Macbeth mit der Hitlerlocke ist dann nur noch ein Schritt. Shakespeare trägt seine ewige Zeitgemäßheit, seine ›Aktualität‹ in sich und bedarf nicht ihrer äußerlichen Bestätigung.«[18] Mochten die Regisseure auch die Komödien modernisieren, indem sie eine Jazzband auf die Bühne brachten oder Petruchio Fahrrad fahren ließen,[19] so waren doch die Tragödien noch sakrosankt. Sie wurden, wie Hannes Razum 1955 ausführte, aus ganz spezifischen Gründen gebraucht:

> Ein Zeitalter, das wie das unsere den Zusammenbruch des überlieferten Bildes vom Menschen erlebt hat, das an der dämonischen Abgründigkeit unserer Existenz ... nicht mehr vorbeigehen kann, muß zu dem großen Menschengestalter ein anderes Verhältnis haben als unsere Väter. Es ist der schicksalhafte, dämonische, apokalyptische Shakespeare, der uns unmittelbar nahe ist und den wir aus

der Not unserer Zeit um Rat und Hilfe befragen. Und wenn wir die Werke
Shakespeares unserer Gegenwart darstellen, so müssen wir alle Türen öffnen,
durch die wir in die Erkenntnis des menschlichen Schicksals und der existentiellen Situation des Menschen eintreten können. Selten waren die Schicksale der
Menschen so exemplarisch, so unmittelbar auf den Grund des Daseins gestellt
wie heute, selten haben die exemplarischen Schicksale Hamlets, Macbeths, Prosperos, Richards und Lears eine solche Aktualität besessen wie heute.[20]

Das hätte auch zehn Jahre früher geschrieben worden sein können. Die hier vorge-
brachten Ansichten waren in der Tat in den verflossenen Jahren häufig geäußert
worden und sollten noch eine Zeitlang geltend gemacht werden. Der demütige Ton
täuscht. Indem man das deutsche Schicksal in dem der Shakespeareschen Helden
gespiegelt sah und so eine Verwandtschaft mit Shakespeare beanspruchte, verdrängte man die nagende Scham an der geschichtlichen Situation und transponier-
te die belastende Schuld aus dem konkreten in den spirituellen Bereich. Nur in der-

93.
Ein Sommernachtstraum
München, Residenz-
theater, 1953. F: Rudolf
Betz. Die keuschen
fünfziger Jahre:
Elfriede Kuzmany als
Titania und Hans
Hermann Schaufuss als
Zettel. In den Sechzigern
und Siebzigern würden
geile Zettels und esels-
brünstige Titanias den
Zuschauern vorführen,
was Sache ist.

artig allgemeiner, »existentieller« Form konnten die Deutschen sich dem moralischen Problem stellen und die kathartische Erschütterung der Tragödien zulassen.

All dies wurde erst in der Retrospektive klar. Die Zeitgenossen empfanden die
Darstellungen auf dem Theater als tiefschürfende Analysen der *conditio humana* und
durchschauten die abpolsternde Wirkung nicht, die von der Transponierung ins
Allgemein-Menschliche ausging. Die Nach-1968-Kritik neigt dazu, jene Zeit
wegen ihrer ausweichenden Haltung und ideologischen Unbestimmtheit zu verdammen. Sie war jedoch weniger einheitlich und monolithisch, als behauptet wird.
Georg Hensel, der 1987 auf seine Anfänge als Theaterkritiker zurückschaute, sieht
die Bühnen der fünfziger Jahre

> opulent beliefert mit neuen Stücken von Paul Claudel, Jean Cocteau, Jean-Paul
> Sartre, Albert Camus, Arthur Adamov, Eugène Ionesco, Samuel Beckett, Jean
> Giraudoux, Jacques Audiberti, Jean Genet, John Millington Synge, Sean O'Ca-
> sey, Brendan Behan, John Osborne, Harold Pinter, T.S. Eliot, Christopher Fry,
> Federico Garcia Lorca, Hans Henny Jahnn, Bertolt Brecht, Max Frisch, Fried-
> rich Dürrenmatt, Peter Hacks – so langweilig können die fünfziger Jahre nicht
> gewesen sein, und in den sechziger Jahren kamen mindestens noch einmal so
> viele Autoren, freilich nicht mehr ganz diesen Ranges, hinzu. … Den Theatern
> stand ein ausgedehnter zeitgenössischer Parnaß zur Verfügung. Durch ihre
> Stücke wurde man beschäftigt mit dem Marxismus, der kommunistischen und
> sozialistischen Variante, mit existentialistischen und katholischen, mit evange-
> lischen, agnostischen und nihilistischen Debatten.[21]

Mit dieser Vielfalt würden spätere Jahrzehnte nicht konkurrieren können.

Kontinuität – aber welche?

Die mannigfaltigen Versuche der Theatermacher, wieder eine Tradition aufzubauen und – trotz des alles überschattenden Traumas – Sinn zurückzugewinnen und
dafür die entsprechende Form zu finden, sorgten für ein lehrreiches Kapitel der
Theatergeschichte. Christiane Vielhaber analysiert in ihrer Untersuchung *Shakespeare auf der westdeutschen Bühne von 1945 bis 1975* vier »beispielhafte Inszenierungen« und zeigt an ihnen die wichtigsten Trends im Umgang mit den Klassikern in
den ersten Nachkriegsjahrzehnten. Folgende Inszenierungen werden vorgestellt:
Zwei Herren aus Verona (Gustaf Gründgens, Düsseldorf, 15. September 1948) als
Beispiel für das »Theater der Form«; *Ein Sommernachtstraum* (Gustav Rudolf Sellner, Darmstadt, 30. Januar 1952) für das »Theater des Geistes«; *Richard III.* (Hans
Schalla, Bochum, 23. September 1953) für die Neigung zu Abstraktion und Stilisierung, und Karl Heinz Stroux' *Hamlet* (Recklinghausen, 13. Juni 1955) als Beispiel
für Festspieltheater. Keine dieser Kategorien war neu: Form, Geist, Stilisierung

und Abstraktion waren seit den zwanziger Jahren und sogar noch früher Lieblings-begriffe der deutschen Theaterästhetik. Der Theaterhistoriker Siegfried Melchin-ger setzt gar 1910 als den entscheidenden Wendepunkt an:

> Die Zäsur war 1910 – das war die fällige Stunde, der Kairos. 1945 war nichts fällig.
> Wessen sollte man 1945 müde geworden sein? Die Epoche des Antiillusionismus hatte eben erst begonnen. Die Entwicklung war verhängnisvoll gestört worden. Wir mußten vieles nachholen, um die Kontinuität sicherzustellen. Waren Modelle des Neuen angeboten? Die Antwort ist: nein.[22]

Melchinger war bereits 1956 hellsichtig genug, um zu erkennen, daß aus theater-ästhetischer Sicht das Jahr 1945 nicht das entscheidende Datum war. Allgemein anerkannt wurden diese Zusammenhänge erst nach der kulturellen Wende der sechziger Jahre, als das Theater wieder öffentliches Forum und Plattform intellek-tueller Auseinandersetzungen geworden war. So war es in den zwanziger Jahren ge-wesen, woran sich Melchinger mit Wehmut erinnert: »Welche Schlachten wurden früher um Schauspieler, Regisseure und Intendanten geschlagen! Was für Leiden-schaften entfesselten noch die Premieren des Expressionismus!« Das Publikum der fünfziger Jahre erscheint ihm dagegen »reserviert, isoliert, nivelliert ... gesell-schafts- und klassenlos. Es ist demokratisiert.«[23] Das gesittete Nachkriegspublikum wollte Bestätigung und Synthese, nicht Provokation und widersprüchliche Dialek-tik; es wollte ästhetische Standards nicht in Frage stellen, sondern zurückgewinnen.

Das offenkundige Bedürfnis nach Kontinuität wurde natürlich am ehesten von den »alten« Regisseuren befriedigt, Männern von wohlverdientem Ruf zwischen vierzig und fünfzig, die im westdeutschen Theater noch an die zwanzig Jahre ton-angebend sein sollten. Gründgens beispielsweise erlebte weitere Glanzperioden in Düsseldorf (1947–1955) und Hamburg (1955–1963). Die Kritik feierte seine Insze-nierungen von Eliot, Sartre, Cocteau, Giraudoux und Pirandello, doch seine Ein-stellung zu den Klassikern änderte sich nicht. Im »Düsseldorfer Manifest gegen Regiewillkür« von 1952 bekennt er sich noch einmal zum selbstlosen Dienst am Dichter und seinem Werk, der schon immer seine Arbeit bestimmt hatte. Auch be-harrte er wie früher auf Stil und Form. »Das Geheimnis der Kunst entschleiert sich leichter in der strengen Form«, schrieb er 1948. »Und in der sachlichen Interpre-tation wird das Wunder des Geistes am ehesten transparent«.[24] Unter solchen Vor-zeichen konnten die wenigen Shakespeare-Inszenierungen, die er in Düsseldorf, Hamburg und Salzburg herausbrachte, kein neues Terrain erschließen. *Ende gut, alles gut* (30. Mai 1954) löste zwar einen weiteren Schrei der Empörung gegen die Rothe-Übersetzung aus, doch Gründgens sah das Stück, ähnlich wie seine Inszenie-rung von *Zwei Herren aus Verona*, vor allem als Möglichkeit, das komödiantische Potential des Theaters zu aktivieren: Er kreiert turbulente Unordnung, setzt Pan-tomime und Akrobatik ein und gibt den Schauspielern Gelegenheit zu virtuosen

94. Hans Schalla   95. Karl Heinz Stroux   96. Oskar Fritz Schuh

Solonummern. Das unterschied sich nicht sehr von seiner Verwendung von komischen und burlesken Elementen in *Die Lustigen Weiber von Windsor* (1938), und wie damals merkten die Kritiker an, daß »die ›Entfesselung‹ zugleich stilistisch gebunden« bleibe. »Hier liegt das künstlerische Geheimnis von Gründgens, der absolut souveräne Rang seiner Inszenierung, die an Phantasie ihresgleichen sucht«.[25] Der Meister beherrschte anscheinend noch immer die Kunst der Verzauberung – und seine Kritiker die Kunst des Schmeichelns. Selbst sein Hamlet blieb sich gleich. Noch in Berlin hatte er den Wunsch geäußert, die Rolle »noch einmal ganz neu zu spielen«[26], doch aus dem Hamlet, den er anläßlich seines fünfzigsten Geburtstags (22. Dezember 1949) darbot, sprach die alte Distanziertheit, und einigen Kritikern kam er sogar kalt und manieriert vor. Was 1936 als eine durch die politische Situation erzwungene Reserviertheit und Distanz interpretierbar gewesen war, wirkte nun wie bloße schauspielerische Virtuosität. Auch der *Hamlet*, den Gründgens in Hamburg mit Maximilian Schell in der Hauptrolle herausbrachte (14. April 1963), war kein Aufbruch zu neuen Ufern. Es schien Schell an der richtigen Art von Intensität zu fehlen. Bei Gründgens hatten die Monologe – atemberaubende Drahtseilakte – vor innerer Spannung gebebt. Die neue Schauspielergeneration war nicht länger willens, das dazu notwendige Feuer aus bloßer Gedanken- und Nervenspannung zu entfachen, wie Gründgens es getan hatte – und viele seiner Vorgänger ebenso. Die jungen Schauspieler mußten erst einen neuen Zugang zu der Rolle finden. Sie waren Skeptiker, und es quälte sie weniger – wie Generationen von Hamletdarstellern zuvor – ihr eigener Seelenzustand als der desolate Zustand ihres Dänemark. Erst wenn sie – wie Jan Kott es 1964 ausführen sollte – ihre Verzweiflung über das, was faul war im Staate, in ihre Rollengestaltung einbringen konnten, brachten sie auch die emotionale Energie auf, die Rolle neu zu füllen. Vom Hamburger *Hamlet* sagte Joachim Kaiser: »Die Aufführung ernüchterte, wenn auch auf hohem Niveau. … In Hamburg bot Gründgens nur einen resignierten Ausklang.«[27] Positiv ausgedrückt zeichneten sich Gründgens' Nachkriegsinszenierungen von Shakespeare durch gleichbleibende Qualität, Sorgfalt im Detail, formale Geschlossenheit und Werktreue aus, Eigenschaften, die dazu beitrugen, den Geschmack breiter Zuschauergruppen zu bilden und von vielen als ideal empfunden wurden.

Es gibt noch weitere Gründe, warum sich viele Theater der fünfziger Jahre dem Prinzip Kontinuität verschrieben und nicht der revolutionären Erneuerung und Umgestaltung. Ältere Regisseure und Schauspieler versuchten, ihren früheren Ruf wiederzuerlangen, indem sie sich an bewährte Rezepte hielten; Stadtverwaltungen, die sagenhafte Summen für den Wiederaufbau der zerstörten Gebäude ausgaben, hielten das Theater für eine auch in ideologischer Hinsicht sichere Investition, einen Ort kultureller Integration und gesellschaftlicher Harmonisierung. Für das wachsende Abonnentenpublikum (gemischte Abonnements für Schauspiel, Oper, Ballett und Symphoniekonzerte waren beliebte Geburtstagsgeschenke) war der Theaterbesuch gesellschaftliches Statussymbol, Anknüpfen an bürgerliche Gewohnheiten und Ausweis ihres kulturellen Anspruchs. Die gebündelte Wirkung all dieser Interessen verstärkte den auch auf anderen Gebieten herrschenden restaurativen Geist. Es überrascht nicht, daß er sich auch in der Theaterarchitektur niederschlug, besonders in den ersten Nachkriegsjahren. Später entstandene Theatergebäude vermitteln eine andere Botschaft. (Abb. 92) Rückkehr zur Normalität war jedoch, wie später deutlich werden wird, bei weitem nicht das einzige Ziel.

Kontinuität am Burgtheater

Die Wiederherstellung der früheren Zustände oder wenigstens ein Rückgriff auf die vorherige Praxis lag bei traditionsbewußten Theatern wie dem Burgtheater nahe. Ausgezeichnete Schauspieler, von der Sympathie ihrer Bewunderer getragen, hatten dem Wiener Publikum ein qualitativ hochwertiges, wenn auch intellektuell nicht immer anspruchsvolles Theater geboten. Feststehende Rollenkonzepte und überkommene Vorstellungen, was sich auf der Bühne gehöre und was nicht, hatten in Verbindung mit einem merkwürdigen Vertragssystem, das den Schauspielern Exklusivrechte an bestimmten Rollen garantierte, den Regisseuren Schranken gesetzt. Selbst der Expressionismus, den Albert Heine in den zwanziger Jahren in einigen Inszenierungen mutig ausprobierte, hatte nur geringe Wirkung gezeigt. Harald Kunz charakterisierte das Burgtheater als

> Vertreter eines gehobenen, ausgewogenen, traditionell bewährten Stiles; im Spielplan werden oft kühne Versuche unternommen, in Regie, Dekoration und Kostüm ist man dagegen revolutionären Neuerungen abhold. Regisseure und Schauspieler mit Namen von internationalem Klang kultivieren die Kunst des Sprechens und der ausgeglichenen Bewegung.[28]

97. *Viel Lärm um Nichts* 1953 Wien. R: Leopold Lindtberg. Teo Ottos Ausstattung für 4.1.,
die Szene in der Kirche: eine ebenso elegante wie sparsame Formgebung.

Das Burgtheater der vierziger und fünfziger Jahre hatte diese Beschreibung wahrscheinlich verdient. Der Neubeginn erfolgte wie bei vielen anderen Truppen in einem Behelfsquartier. Man gab *Viel Lärm um Nichts* (16. Juni 1945, wahrscheinlich
die erste Shakespeare-Inszenierung nach dem Krieg überhaupt) mit Guido Török
als Mönch, der, gerade aus dem Konzentrationslager entlassen, von den dort erlitte-
nen Mißhandlungen noch stotterte. Schon bald wurden Tradition und Qualität wieder die Markenzeichen des Burgtheaters. Sein Erfolg basierte zum einen auf einer
Mischung von Ensemble- und Starsystem und zum anderen darauf, daß die aus dem
Exil zurückgerufenen Regisseure wie Berthold Viertel und Leopold Lindtberg dafür sorgten, daß man nicht nur in die alten Gewohnheiten zurückfiel.

Lindtberg wußte sehr wohl, daß der unter den außergewöhnlichen Bedingungen
des Zürcher Schauspielhauses entwickelte Ansatz auf Wien nicht übertragbar war.
Mit dem Wiener Publikum mußte man behutsamer umgehen. Außerdem hatten
sich die Zeiten geändert, auf politische Anspielungen waren die Zuschauer nicht
mehr eingestimmt. In *Hamlet* (15. Juni 1947) betonte er deshalb nicht die Korruption der Macht, sondern die Tragik eines Charakters, der den willkürlichen Regun-
gen seiner selbstzerstörerischen Phantasie ausgeliefert war. »Hamlets Gegner«,
schrieb er,

sind ohne jede Dämonie. Hier gibt es keinen Richard, keinen Jago, keine Lady, aber auch keinen Falstaff und nicht einmal einen Caliban. Hier ist ein schmieriger, feiger Mörder und ein Gefolge von Schwächlingen. Ihr Verbrechen ist Dumpfheit. ... Und doch ist der *Hamlet* ein Stück voll von dämonischen Kräften. Nur liegen diese Kräfte in dem Helden selbst und in seinem frivolen Spiel mit der Vernunft – und nicht nur mit der eigenen. Hamlet ... spielt seine Rolle mit der wahren Besessenheit des großen Komödianten.[29]

Die Kritiker merkten an, daß Lindtberg keine neue Interpretation geliefert habe, sondern eine Auffassung des Stücks, die verschiedene Schauspieler übernehmen und sich zu eigen machen konnten. Das Burgtheater hatte immer noch einige seiner Inszenierungen fünf Jahre und diesen *Hamlet* noch länger im Repertoire, so daß Albin Skoda, Stephan Skodler und Alfred Lohner der Titelrolle ihren persönlichen Stempel aufdrücken konnten. Mochte die Interpretation auch nicht spektakulär sein, so zeigte sich in der Besetzung der Haupt- wie auch der Nebenrollen (Heinz Moog als Erster Schauspieler und Wilhelm Heim als Totengräber) die Vorliebe des Burgtheaters für vollblütige Präsenz anstelle von skizzenhafter Andeutung. Das war eines der Erfolgsgeheimnisse Lindtbergs und des Burgtheaters. In *Viel Lärm um Nichts* (20. Juni 1953) vereinte er die Stars des Burgtheaters (unter anderen Attila Hörbiger und Judith Holzmeister als Benedikt und Beatrice, Josef Meinrad und Otto Fressler als Holzapfel und Schlehwein) in einer Inszenierung, die durch »das bis in die kleinste Nebenrolle ausgefeilte Ensemblespiel« glänzte.[30] Zu jener Zeit hatte Lindtberg seine Zuschauer auch schon daran gewöhnt, daß das Bühnenbild bei offenem Vorhang gewechselt wurde.

»Lindtberg inszenierte die Komödie zur Musik von Purcell als einen schwerelos graziösen Tanz, in den sogar die Bühnenarbeiter einfielen, wenn sie die luftigen Dekorationsphantasien, die Teo Otto vom Schnürboden schweben ließ, bei offenem Vorhang umbauten.«[31] (Abb. 98) Bei den Zuschauern in Wien, Zürich und Berlin, Lindtbergs Hauptwirkungsstätten bis zu seinem Tod im Jahr 1984, galten seine Inszenierungen als »modern«, doch gehörte er nicht eigentlich zur Avantgarde. Sein vielbesprochener Historienzyklus am Burgtheater (18. bis 22. Juni 1964) zu Ehren von Shakespeares vierhundertstem Geburtstag, der krönende Abschluß einer vierjährigen Vorbereitung, fiel gerade noch in die Zeit vor der Theaterrevolution der sechziger Jahre. Er könnte sogar, wie Christian Jauslin meint, Giorgio Strehlers und Peter Palitzschs Arbeit mit den Königsdramen beeinflußt haben. »Lindtberg scheint überhaupt in mancher Hinsicht zum Vorläufer bestimmt zu sein.«[32] Seine Bedeutung für das Theater der fünfziger Jahre wurde von Friedrich Torberg so gewürdigt. Lindtberg, schreibt er,

konnte auf überraschungslose Sicherheiten verzichten, ohne deshalb gleich zu experimentieren. Der konnte Pathos so bändigen, daß es weder zu dröhnendem Leerlauf noch zu läppisch unterspieltem Konversationston mißriet, sondern als

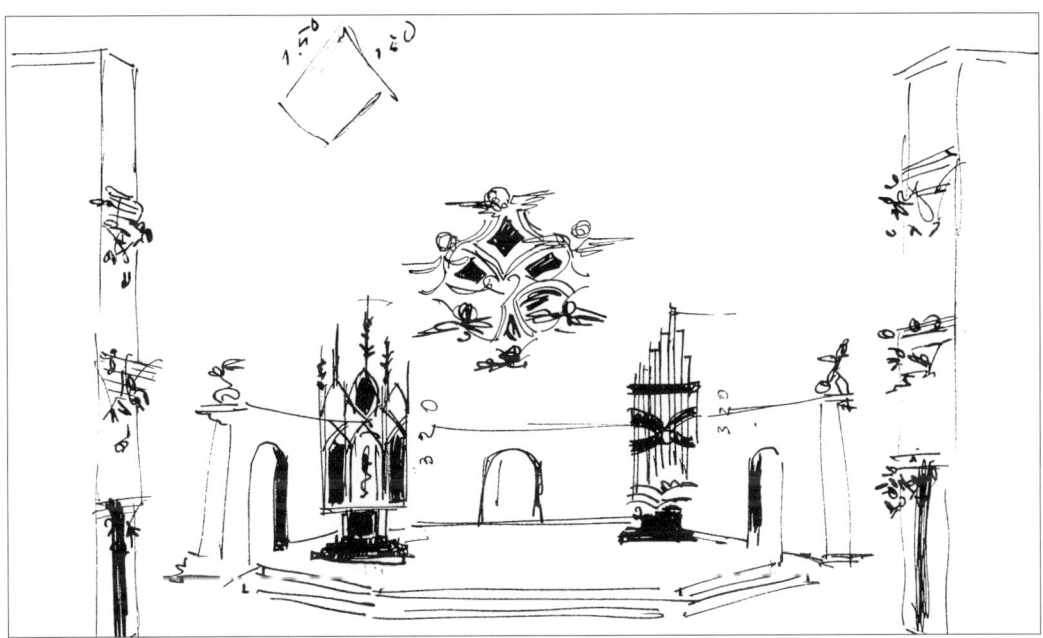

98. *Viel Lärm um Nichts* 1967 Zürich. Teo Ottos Entwurf für dieselbe Szene 14 Jahre später unterscheidet sich in nichts von der in Wien verwendeten Ausstattung. Einmal für gut befundene und leicht adaptierbare Lösungen wurden über eine lange Zeit beibehalten.

99. *Viel Lärm um Nichts* 1953 Wien. Teo Ottos phantasievolle Dekoration für die Gartenszene spricht für die leichte Hand des Bühnenbildners und eine ungetrübte festliche Auffassung der Komödie.

reine, klassische Substanz spürbar wurde. Und noch etwas konnte er: aus Nebenrollen Hauptrollen machen und aus Schauspielern ein Ensemble.[33]

Solche Fähigkeiten waren in den fünfziger Jahren mehr und mehr gefragt, als Routine überhandnahm und die von Torberg genannten Fehler gehäuft auftraten. Im Burgtheater selbst fiel das nicht so auf, weil allein schon die Qualität der Schauspieler einen gewissen Erfolg garantierte. Wenn ein Trio begabter Darsteller wie Raoul Aslan, Ewald Balser und Albin Skoda (als Cäsar, Brutus und Mark Anton) zur Besetzung gehörten, lohnte es sich in jedem Fall, die Vorstellung zu besuchen, mochte die Interpretation des Regisseurs sein, wie sie wollte. Josef Gielen arbeitete, verständlicherweise, den Gegensatz von Demokratie und Diktatur als ideologischen Kern seiner Inszenierung heraus (19. März 1949), doch das Stück erzielte seine Wirkung nicht als Regie-, sondern als Schauspielertheater. Das wurde noch offensichtlicher, sobald der unbestrittene Meister der chamäleonhaften Verwandlung, Werner Krauß, die Bühne betrat. Ernst Deutsch sagte von ihm, bezogen auf seine Nazivergangenheit: »Zugute halten darf man ihm ein Negativum, nämlich daß es ihn eigentlich gar nicht gab, wenn er nicht auf der Bühne stand: ein menschliches Vakuum war auszufüllen mit einer Rolle. Hatte er eine erborgte Gestalt, dann konnte er grandios sein, oder aber furchtbar, ja widerlich, je nachdem.«[34] Sobald Krauß' Spielverbot aufgehoben war, begann er eine zweite Karriere als Gastschauspieler und war überall hochbegehrt, am liebsten aber spielte er in Wien. Im Beitrag des Burgtheaters zu den Salzburger Festspielen spielte er den Malvolio (*Was ihr wollt*, 1. September 1950). »Die Tragikomik eitler, selbstgefälliger Dummheit und törichter Wichtigtuerei wird mit einer bis in die tiefsten Tiefen des Charakters eindringenden Seelenanalyse bis an den Rand ausgespielt.«[35] In *Othello* (25. Dezember 1951) verkörperte er bis zur Perfektion Berthold Viertels Vision von Jago als dem Triumph des Bösen: »Werner Krauß, in erschreckend häßlicher, abstoßender Maske, war hier ein vom Gestank der Lagunen umwehter, angefressener, lasterhaft gewöhnlicher Schuft«.[36] Als König Lear machte er so tiefen Eindruck, daß einige Regisseure sich weigerten, das Stück herauszubringen, wenn sie nicht Krauß für die Titelrolle verpflichten konnten.[37] »Man denkt, Krauß spielt den geistig gesunden Lear als sei er irre, den irren, als sei er gesund, bis einem klar wird, daß Irrsinn und gesunder Sinn sich hier bei Shakespeare überschneiden, daß Krauß genau die Schnittstelle gibt.«[38]

Das war geniales Schauspielertheater, das jedoch einzig und allein vom Niveau und Ruhm des Mimen abhing. Virtuose Schauspielkunst war aber nicht das Prinzip, dem die Zukunft gehörte. Deshalb konnte Fritz Kortner mit seiner ausgeprägten Abneigung gegen Starkult und seinen festen Vorstellungen von einer Reform des Theaters durch konsequenten Realismus nicht mit Krauß zusammenarbeiten, selbst wenn er, weniger nachsichtig als seine ebenfalls jüdischen Kollegen Deutsch und Viertel, über Krauß' nationalsozialistische Vergangenheit hätte hinwegsehen können.

Dennoch konnte Schauspielertheater, vor allem mit einem Vollblutdarsteller wie Krauß, oder mit einem Ensemble von höchstem Niveau, wie häufig im Burgtheater, noch immer als Ideal gelten. Wenn dabei die Selbstherrlichkeit der Stars unter Kontrolle gehalten wurde, gelang es dem Schauspielertheater, die allgemeine Bedeutung der Handlung und die idealtypische Spezifik der Charaktere herauszuarbeiten. Auf diese Weise verband sich das Schauspielertheater, zumindest oberflächlich, mit einer ganz anderen Ausprägung des deutschen Nachkriegstheaters, dem Theater der Abstraktion. Vor allem aber befriedigte es das wachsende Verlangen nach Festspieltheater.

Shakespeare auf dem Festspieltheater

Schon bald herrschte große Nachfrage nach Shakespeare in festlichem Rahmen. Städte, die den Schutt weggeräumt und ihre Theater wiederaufgebaut hatten, wollten das Ereignis mit einer festlichen Inszenierung feiern. *Was ihr wollt* und *Ein Sommernachtstraum* waren beliebte Eröffnungsvorstellungen. Hans Schalla in Bochum hingegen eröffnete das neue Schauspielhaus mit *Richard III.* (29. September 1953), und diese »gewagte« Entscheidung löste etliches Murren aus. Schalla hatte die Stimmung seines Publikums falsch eingeschätzt.[39] Shakespeare zu festlichem Anlaß bedeutete unproblematischen Shakespeare. Das hieß zwar nicht nur Komödien und schon gar nicht leichte Unterhaltung, doch die Inszenierungen sollten bei solchen Gelegenheiten affirmativ und harmonisierend sein, nicht kritisch und beunruhigend. Innerhalb kurzer Zeit entwickelten sich die Theaterfestspiele zu einem blühenden Geschäft. Einige waren in etablierten Spielstätten wie Salzburg oder Heidelberg beheimatet, andere in Ferienorten wie Bad Hersfeld und Schwäbisch Hall oder selbst im industriellen Herzen des Ruhrgebiets, in Recklinghausen. 1947 hatten Hamburger Schauspieler im Austausch für Kohle Freivorstellungen für die Bergarbeiter gegeben; »Kunst für Kohle« hieß das Motto. Die Anfänge waren bescheiden (Abb. 100), doch sie setzten in Gang, was sich zum wichtigsten Beitrag der deutschen Gewerkschaftsbewegung zu Schauspiel und Oper entwickeln sollte. Die meisten der um die Mitte der fünfziger Jahre gegründeten Festspiele bestehen noch. Sie sind auf die Sommersaison beschränkt und wandten sich anfangs an ein konservatives Mittelschichtpublikum. Das hat sich später teilweise geändert. Doch während die jüngeren Theaterfestspiele wie das Berliner Theatertreffen oder die Mülheimer Theatertage entweder die fortschrittlichsten Inszenierungen oder die besten deutschen Schauspiele auswählen und entschieden die Avantgarde auszeichnen, setzten die Festspiele in den Kurorten auf berühmte Namen und nicht-experimentelle Inszenierungen. Die Erwartungen des Publikums und das große Aufgebot an Gaststars für die wenigen Festvorstellungen ließen keinen Raum für eigenwillige Interpretationsleistungen des Regisseurs. Eine Art »neutrales Verhalten dem Drama gegenüber«[40] mußte dabei zwischen den angereisten Solodarstellern vermitteln

100. »Kunst für Kohle« – Gewerkschaftsfestspiele in Recklinghausen 1951. Der Ortssekretär der
    Gewerkschaft Willi Heussner und sein Empfangskomitee. Das Foto fängt den naiven kleinbürger-
    lichen Charme des frühen Wiederaufbaus nach dem Krieg ein, als die Schauspieler nichts dabei
    fanden, bei einheimischen Familien untergebracht zu werden. Zehn Jahre später waren die ideolo-
    gischen Unterschiede so groß geworden, daß die Gewerkschafter sich geweigert hätten, Seite an
    Seite mit Mädchen in ihren Erstkommunionskleidern aufzutreten. (F: Hermann Pölking)

und versuchen, deren unterschiedliche Begabungen soweit unter einen Hut zu bringen, daß zumindest der Anschein von Einheitlichkeit und Ensemblespiel gewahrt
wurde. In der Regel führte das zu ziemlich statuarischen Vorstellungen, in denen
die »Ästhetik eines Frontalstils«,[41] lange totgeglaubt, wieder zum Leben erweckt
und rehabilitiert wurde. *Hamlet* (13. Juni 1953) in Recklinghausen mit Will Quadflieg als Hamlet, Walter Richter als Claudius und Elisabeth Flickenschildt als Gertrud soll allein durch rhetorische Meisterschaft und das deklamatorische Pathos der
Protagonisten in den Monologen das Publikum in »pure Atemlosigkeit« versetzt
haben.[42] Über Karl Heinz Stroux' Inszenierung hieß es: »Weder eine politische
Interpretation, welche die als Chaos erlebte Welt zur jüngsten Vergangenheit in
Beziehung setzte, noch die Psychologisierung als Tragödie einer Mutterbindung
waren geboten. Auch die Rache geriet zum Randmotiv.«[43] Stroux stellte sich ganz
in den Dienst der großen Schauspieler, und ermöglichte ihnen »höchst suggestive
Effekte«[44] ihrer Kunst. Die Kritiker waren nicht ganz zufrieden – »geneigten
Hauptes« habe Stroux *Hamlet* inszeniert,[45] murrte ein Rezensent – aber das Publi-
kum war begeistert und überzeugt, es habe die zeitlose Essenz der Tragödie erlebt.
(Abb. 101)

    Nicht alle Festspielregisseure waren so bescheiden. Es stimmt zwar, daß Insze-
nierungen in Bad Hersfeld meist den konservativen oder neutralen Weg einschlu-

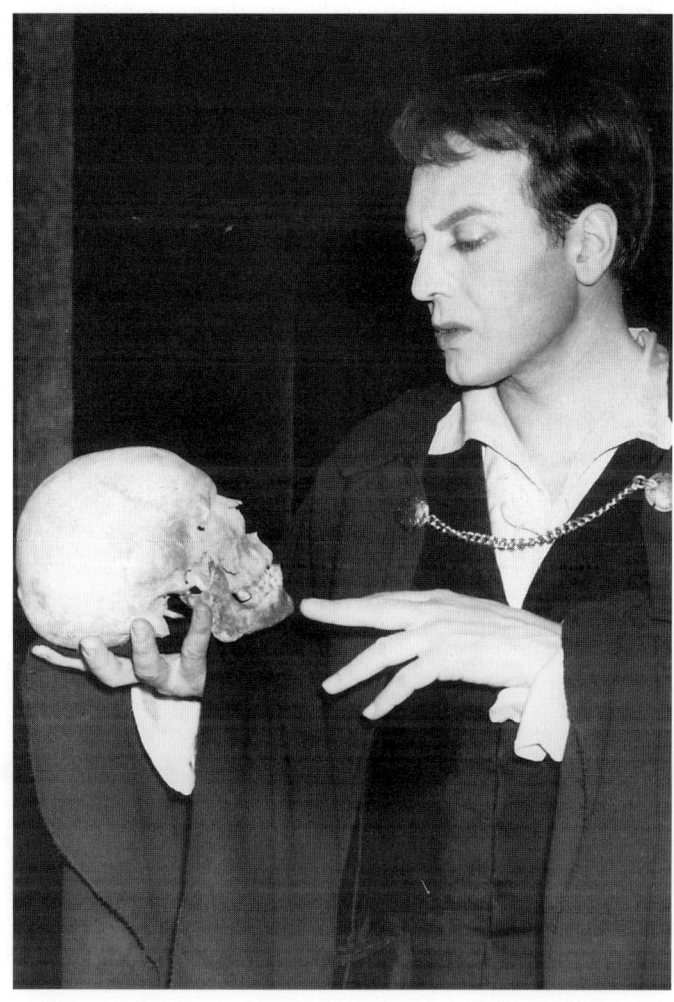

101.
Hamlet 1953 Recklinghausen.
R: Karl Heinz Stroux,
F: Hermann Pölking.
Will Quadflieg in der Titelrolle
als Garant von Kontinuität.

gen. Aber eine Aufführung an diesem romantischen Ort bot ein Theatererlebnis besonderer Art. In der gotischen Ruine des ehemaligen Stifts bei einfallender Dämmerung unter dem Gezwitscher verspäteter Schwalben göttlicher Poesie zu lauschen und nach Einbruch der Dunkelheit – im unheilschwangeren 5. Akt gewissermaßen – die gespenstischen Fledermäuse durch die leeren Fenster hin- und herschwirren zu sehen, versetzte den Betrachter in ein Ambiente wie aus einem Schauerroman. Der *genius loci* dieser Zauberkulisse scheint die Regisseure davon abgehalten zu haben, sich selbst statt Shakespeare auf die Bühne zu bringen. Wiener Truppen gaben hier brillante Gastspiele. Ein *Hamlet* des Burgtheaters (10. August 1955) mit Skoda (Hamlet) und Gold (Ophelia) wurde stürmisch gefeiert, ebenso *Othello* (10. August 1956) mit Ewald Balser (Othello), Käthe Gold (Desdemona) und Albin Skoda (Jago) im Jahr danach. Die Recklinghausener Festspielorganisatoren waren experimentierfreudiger. Otto Burrmeister, zuständig für die gewerkschaftliche Kulturarbeit in Hamburg und danach Intendant der Ruhrfestspiele von 1953–1965, glaubte an die erneuernde Kraft des Theaters und scheute nicht davor zurück, seinem Publikum Innovationen und (wohldosierte) ästhetische Schocks zuzumuten. Gemessen an den Maßstäben der fünfziger Jahre war Gustav Rudolf Sellner ein kompromißloser Regisseur. Sein Bühnenbildner Franz Mertz war der Großmeister der Abstraktion. Für *Der Sturm* (20. Juni 1958) konstruierte er ein unromantisches Bühnenbild mit »drei Spieleebenen …, drei Schrägen, übereinandergelagert und überragt von einem drohend nach vorn sich neigenden Block«.[46] Die drei Ebenen entsprachen Sellners Auffassung von den drei Welten oder Sphären des Stücks, »hier werden Aufruhr und Mordanschlag auf der untersten Ebene gespielt so wie Aufruhr und Mordanschlag auf der Ebene des … Königs von Neapel mit seinem Gefolge«.[47] Diese Dramaturgie der Klarheit und Ordnung bildete die Grundlage für Sellners »geistiges Theater« und wurde durch entsprechende szenische und choreographische Elemente gestützt. Minetti als Prospero war »ein gesammelter, nach innen gerichteter weiser Mann, sublim noch in der Markierung eines Kommas …, jede Nuance ist ausgefeilt … Und wenn Prospero-Minetti am Ende seinen Gegnern verzeiht«, (im Abschiedsmonolog in 5.1.) »dann erreicht [er] mit diesem geistigen Höhepunkt des Stückes den Höhepunkt seiner durchdachten, durchgeistigten, zugleich aber von einem starken Gefühl durchglühten Gestaltung seiner Rolle.«[48] Minetti selbst war nicht ganz so überzeugt von seiner Leistung. »Ich bin am Morgen danach, als alle schon abgereist waren, noch einmal in den Saalbau gegangen und habe, auf leerer Bühne, ohne Publikum, Prosperos Monolog für mich gesprochen. Da wußte ich, wie es hätte sein sollen.«[49] In Recklinghausen war man nicht so kritisch. »Mein Bonus beim Publikum war schon zu groß.« Shakespeare auf der Festspielbühne hielt alle in Bann. Er verschaffte der Kulturgemeinde beglückende Kunsterlebnisse, hatte aber auch seine Grenzen. Ein unbestechlicher Beobachter wie Minetti erkannte sie selbst durch eine Wolke von Lob.

Der Geist der fünfziger Jahre:
Gustav Rudolf Sellner und das »instrumentale Theater«

Die jüngeren deutschen Theaterhistoriker begegnen den fünfziger Jahren in der Regel mit wenig Respekt. Von ihrer Position auf der anderen Seite des Grabens, denn nichts anderes bedeutet der kulturelle Einschnitt der sechziger Jahre, finden sie es schwierig, einer so fremd gewordenen geistigen Orientierung mit Einfühlung zu begegnen. In vielen Beiträgen schwingt ein herablassender Ton mit, so als hafte den Errungenschaften jener Zeit der Makel an, auf der Basis falscher ideologischer Prinzipien erzielt worden zu sein. Die Gewalt, mit der der bald folgende Umbruch Werte und Normen zerbrach, wird aber nur verständlich, wenn man zugesteht, wie lebendig und gehaltvoll die Theaterarbeit in den fünfziger Jahren in Wirklichkeit war. Simpler bürgerlicher Traditionalismus wäre mit geringerer Anstrengung zu

überwinden gewesen. In Wahrheit spielte das Theater in den fünfziger Jahren nämlich noch eine große Rolle, wenngleich auf eine Weise, die im Wertesystem der
Achtundsechziger nicht sonderlich hoch rangierte. Die meisten Vorstellungen waren ausverkauft. Sagenhafte Summen wurden für riesige Spielstätten ausgegeben,
die sich heute nicht mehr füllen lassen. Publikum und Schauspieler verstanden sich.
Theaterbesucher standen mit einer Begeisterung hinter »ihrem« Theater, die heute nur noch Fußballvereine mobilisieren können. Zehn Jahre später gab es Theater-
süchtige, die Hunderte von Kilometern zurücklegten, um eine besonders exzen-
trische Inszenierung ihres auserwählten Bilderstürmers zu sehen. In den fünfziger
Jahren war ein solcher Kult(ur)tourismus unbekannt. Man liebte ›sein‹ Theater,
und zwar heftig. Wie heftig, läßt sich an dem Gewitter ablesen, das sich entlud,
wenn wieder einmal ein geliebter Intendant der städtischen Machtpolitik zum Opfer fiel, oder umgekehrt, wenn das – damals noch nicht wie heute eingeschüchterte
– Publikum gegen zuviel Modernität auf die Barrikaden ging. Nicht von ungefähr
gab es in dieser Zeit einige der größten Theaterskandale des Jahrhunderts.

Die fünfziger Jahre waren alles andere als homogen. Nach acht Jahren pazifisti-
scher Umerziehung zerstörte die Frage der deutschen Wiederbewaffnung die bis
dahin herrschende Einmütigkeit. Von nun an verbreitete sich die Kluft zwischen
den fortschrittsgläubigen Utopisten, die eine absolute Moral einforderten, und den
kompromißlerischen Konservativen, die sich auf das Realitätsprinzip beriefen.
Ende der Sechziger und Anfang der Siebziger vertiefte sich diese Spaltung und
nahm Formen an, die das gesellschaftliche Gefüge bis in die einzelnen Familien
hinein erschütterten. Zwar waren auch die gesellschaftlichen Spannungen der fünfziger Jahre gravierend, sie wurden aber noch von einem Konsens getragen, der heute unwiderruflich der Vergangenheit angehört. Vieles trug zu diesem Konsens bei.
Die allgemeine Überzeugung war, daß die deutsche Geschichte mit dem Nationalsozialismus eine Dimension erreicht hatte, die mit bloßem Kausalitätsdenken nicht
zu erfassen war. Sie wurde als gemeinsames existentielles Verhängnis erlebt. Die
Fragen nach individueller Schuld und Verantwortung wurden auch damals gestellt
und bearbeitet. Primär aber suchte man nicht nach immer mehr »willigen Voll-
streckern«, sondern nach übergreifenden Erklärungen, vor allem in der philosophischen und religiösen Sphäre. Die befriedigendsten Antworten waren häufig in die
Begrifflichkeit der existentialistischen Metaphysik gekleidet. Diesem tiefempfundenen Bedürfnis konnte gerade das Theater der Abstraktion Gestalt und Ausdruck
verleihen und durch die Vorführung existentieller Grenzfälle bei der Suche nach
Wahrheit helfen. Viele Schauspieltruppen sahen das als ihre vornehmste Aufgabe
an. Die Auswirkungen auf die Shakespeare-Inszenierungen zeigen sich am besten
am Werk Gustav Rudolf Sellners, der von 1951 bis 1961 das Darmstädter Theater
leitete.

Die Orangerie des ehemals großherzoglichen Schlosses war der einzige ausreichend große Raum der Stadt, welcher der Bombardierung entgangen war. Der lange, rechteckige Saal, mit einer Plattform, begrenzter Bühnenmaschinerie und spar-

tanischen Sitzgelegenheiten für 600 Zuschauer war nur als Provisorium gedacht.
Schwer vorstellbar, daß hier sich entwickeln konnte, was bald das »Darmstädter
Theaterwunder« heißen sollte. Die nüchterne Arbeitsatmosphäre hatte ihre Vorteile. Wer hierher kam, erwartete nicht das Blendwerk des Illusionstheaters. Andeutungen mußten genügen (Abb. 102). Das Darmstädter Publikum, stolz auf eine
lange Tradition hervorragender Bühnenkunst, war bereit, sich auf einen Regisseur
einzulassen, der entschlossen war, neue Wege zu gehen.

Wo genau die Stärken von Sellners Arbeit liegen, läßt sich schwer sagen. Von
seinen Zeitgenossen verwendete Begriffe wie abstrakt, vergeistigt, entromantisiert
oder literarisches und choreographisches Theater, lassen heute an stilisierte oder
gar blutleere Vorstellungen denken. Sellners Inszenierungen wurden jedoch stets
für ihre Lebendigkeit und ihren Wagemut gepriesen, und was die nächste Premiere
bringen würde, war nicht vorhersehbar. »Nicht der Doktrin und des beharrlich
proklamierten Stils wegen fuhr man so oft und so begierig nach Darmstadt, sondern
um der Widersprüche willen. Sie erst entfachten das lebendige Theater, in Sieg und
Niederlage. Remis gab es nicht bei Gustav Rudolf Sellner, darauf konnte man
sich verlassen.«[50] Sophokles, Shakespeare und Kleist bildeten den Grundstock seines Repertoires. Er machte Darmstadt jedoch auch zum Mittelpunkt des französi-

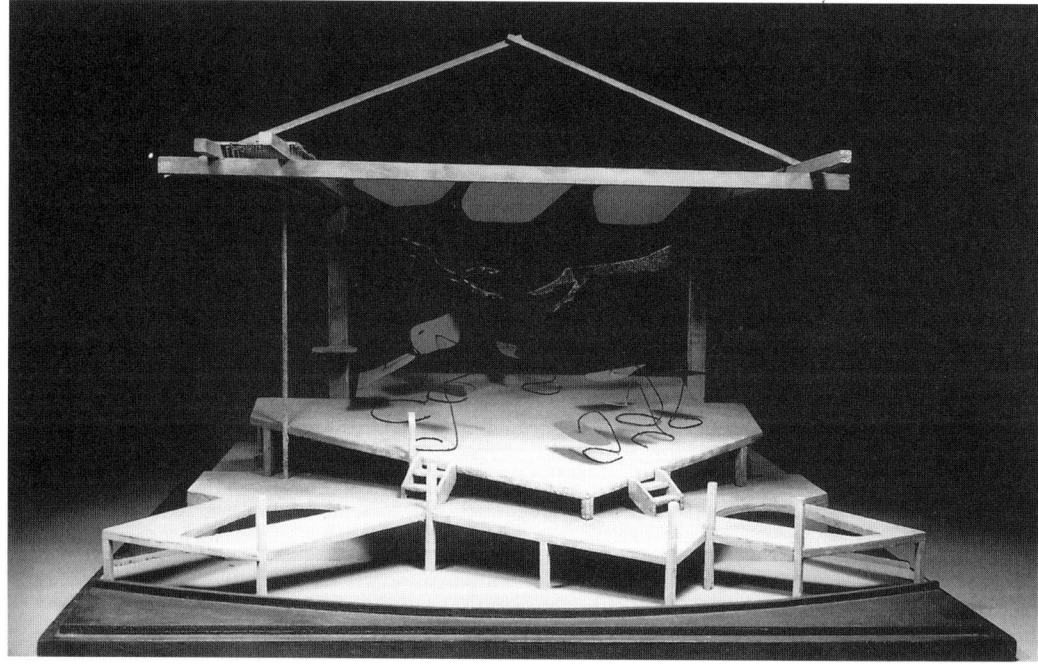

102. *Ein Sommernachtstraum* 1952 Darmstadt. R: Gustav Rudolf Sellner, B: Franz Mertz. Modell.
Der Wald von Athen ist auf einige bewegliche Elemente auf drei Spielebenen abstrahiert.
Für die damalige Zeit eine Offenbarung, ein Wunder an Leichtigkeit, Verspieltheit und Offenheit.
Die spitzwinklige, geometrische Nacktheit war jedoch nicht jedermanns Geschmack.

103.
Gustav Rudolf Sellner

schen Avantgarde-Dramas und zwang einem lauthals protestierenden Publikum Ionesco auf. Seine Komödieninszenierungen lösten Begeisterungsstürme aus, doch mehr zog es ihn zu den Tragödien. Eine mit den Schrecken des Krieges vertraute Generation, so seine Überzeugung, konnte nur durch die Tragödien mit ihrem Übermaß an Gewalt und Tod erreicht werden. Für Georg Hensel war er »der letzte Regisseur, der noch an die Katharsis glaubte, an die Erschütterung und Reinigung durch die Tragödie ...«.[51] Für den oberflächlichen Betrachter schien es allerdings, als betone Sellner die Form mehr als den Inhalt.

Bei der Bewertung der Leistung Sellners, wie auch der des damaligen Theaters im allgemeinen, darf man nicht vergessen, daß die klassischen Texte noch sakrosankt waren. Sie mochten zwar in einer bestimmten historischen Periode entstanden sein, ihr Wert für die Gegenwart aber lag in ihrer vermeintlichen Zeitlosigkeit. Das Ziel einer Inszenierung mußte demnach sein, die zeitlosen, allgemeinen Eigenschaften herauszuarbeiten und die speziellen historischen Elemente in den Hintergrund treten zu lassen. Nur als Metapher der existentiellen Zwangslage des Menschen (in den Tragödien) oder als alterslose Modelle für die Irrwege und Launen des menschlichen Herzens (in den Komödien) glaubte man, sie für ein zeitgenössisches Publikum relevant machen und so dessen Bedürfnis nach Wesentlichkeit befriedigen zu können.

Die Essenz, die Sellner vermitteln wollte, ließ sich nicht wie dreißig Jahre zuvor bei Leopold Jeßners *Richard III.* oder *Hamlet* in einem sogenannten Regiegedanken fassen, der bei Jeßner häufig auf eine zeitgenössische politische Aussage gerichtet war. Sellners Gott war Heidegger und nicht, wie für viele Regisseure der Sechziger, Marx. Nach deren Maßstäben war seine Arbeit unpolitisch. Für Sellner waren Schauspiele Chiffren für die Totalität des Seins. Ihre Essenz, weit davon entfernt, eine intellektuelle Formel zu enthalten oder in einer solchen faßbar zu sein, war ein Geheimnis, eingebettet in die Struktur des Schauspiels, seine Thematik, Bewegung und Musik. Diese Essenz konnte sich nur dann entfalten, wenn alle mitwirkenden Künstler und Künste akzeptierten, Instrumente zur Erreichung des gemeinsamen Ziels zu sein.

Das ist der Hintergrund von Sellners vieldiskutiertem »instrumentalen Theater«. Den absoluten Vorrang hatte darin der Schauspieler. Sellner forderte »Klarheit, Aufrichtigkeit und Sauberkeit der Mittel, als Voraussetzung dazu das sprechtechnische Können bis in jede Form der Sprache hinein, wie Körperbeherrschung bis in die Pantomime, damit er mit seiner ganzen Person einzig das auszudrücken vermag, was die Worte des Dichters, was Sprache, was Bilder, nicht seine privaten Gefühle ihm diktieren.«[52] Einige Stimmen meinten, ein solches Programm degradiere den Schauspieler zur Marionette. Sellner hingegen glaubte, erst das vom Schauspieler geforderte Eintauchen in das Wesen des Stückes mache ihn wahrhaft schöpferisch, er werde dadurch ein »dichtender, tanzender, musizierender Spieler«.[53]

Auch der Regisseur war in erster Linie Instrument. Wenn der Schauspieler seine persönlichen Manierismen um der einheitlichen Gesamtwirkung willen aufgab, mußte auch der Regisseur seine Privatmeinungen zurückstellen. Seine Pflicht war, objektive Beziehungen zu klären und nicht, Ideologien zu verbreiten. Die gemeinsame Aufgabe bestand darin, eine Wesensschau der zahlreichen Facetten des Schauspiels herauszuarbeiten und künstlerische Korrelate zu finden, durch welche die Phantasie des Zuschauers nicht eingeengt, sondern befreit würde. Für Sellner war ein Shakespearedrama keine Spielvorlage, sondern große Dichtung. Sie sollte nicht durch »Interpretation« dem Verstand zugänglich gemacht, sondern durch Transparenz für die Phantasie geöffnet werden. Dazu mußten alle Künste des Theaters zu einem konzertierten Gesamtkunstwerk vereint werden. Der Erfolg hing davon ab, daß Vortrag, Bühnenbild, Beleuchtung, Musik und Tanz sich in die »Komposition« oder »Choreographie« des Ganzen einfügten. Bereits diese von Sellner selbst, aber auch von den Kritikern der Zeit häufig verwendeten Begriffe verweisen darauf, daß Sellner das Theater aus Illusionismus und Routine herausführen wollte und eine Erneuerung durch rein ästhetische Mittel anstrebte. Spätere Theaterreformen oder -revolutionen hatten in der Regel eine ideologische Basis.

Die größten Veränderungen gab es im visuellen Bereich. Entrümpelungen der Bühne waren nichts Neues, doch Sellner ging noch einen Schritt weiter. Seiner Bühne war nicht einmal mehr in Ansätzen zu entnehmen, wo die Szene spielte. Die »ortlose Bühne« war ein wichtiger Punkt seines Programms. So etwa bestand die Insel Prosperos (*Der Sturm*) aus vier Felsplatten; die windgepeitschte Ebene vor Troja (*Troilus und Cressida*) wurde auf einer runden Schräge mit ein paar im Boden steckenden Speeren und einem zerbrochenen Helm angedeutet; Dunsinane (*Macbeth*) – das waren zwei eckige, gedrungene Säulen und eine erhabene Plattform; den Athener Wald (*Ein Sommernachtstraum*) bildeten übergroße Blätter, aus Drahtgestellen sprießend. Zur Identifikation lud diese pointierte Abstraktion nicht ein. Vielmehr vermittelte sie dem Zuschauer, daß die Geschehnisse an diesen exponierten Orten nicht eigentlich als wirklich und konkret aufzufassen seien, sondern allgemeine Gültigkeit und Bedeutung besäßen. Für die Tragödien waren »Schicksalsräume« zu konzipieren, kein auch nur andeutungsweise historisches Ambiente. Und wenn er so bedeutende bildende Künstler wie Fritz Wotruba oder Willi Baumeister verpflichtete, dann vermeinte man in der Reibung zwischen Sinn und Form, erinnerter Tradition und gegenwärtiger Gestalt den Geist der Moderne selbst zu verspüren. Oft wurde die Sparsamkeit des Dekors durch Lichteffekte kompensiert, welche die gewünschte Atmosphäre schufen. Doch auch hier mußte der Zuschauer seine Phantasie zu Hilfe nehmen, denn die allgemeine Ästhetik der Abstraktion erstreckte sich auch auf das Licht. Es wurde nicht als naturalistische Beleuchtung eingesetzt; die gelegentliche Verwendung von unnatürlichen Farben gab zu verstehen, daß auch das Licht nur Bestandteil einer Gesamtkomposition war.

Dasselbe Prinzip galt für andere Aspekte, wie Vortrag, Bewegung und Musik. Das Spiel, auch wenn es nicht ausgesprochen stilisiert war, durfte doch nur gerade soviel Realismus enthalten, daß es glaubhaft wirkte. Figuren in den Komödien komponierte er Tanzelemente in ihre Rollen; selbst die Bühnenarbeiter waren in das Bewegungsrepertoire einbezogen und wechselten die wenigen Requisiten mit tänzerischer Leichtigkeit; und wo immer es möglich war, wurden kurze Auftritte für ganze Tanzgruppen eingebaut. All diese bewußte Artifizialität sollte die Zuschauer daran erinnern, daß sie Zeuge eines ästhetischen Ereignisses, eines Kunstwerks wurden. Demselben Ziel diente die gelegentliche Überartikulation beim Vortrag, also die expressive statt der natürlichen Sprechweise. Die Schauspieler »sollten immer wieder durchblicken lassen, daß sie Schauspieler sind (und nicht ganz und gar die Person, die sie darstellten); sie sollten Distanz von der eigenen Rolle haben«.[54]

Der Brechtsche Verfremdungseffekt, bemerkte einer von Sellners Dramaturgen »macht meine Kritik wach …, da wird etwas gezeigt, das die Gymnastik des Kopfes zur Folge hat.« Sellner hingegen » ist Gymnastik der Phantasie. … Aber nicht durch fertige Stimmungen, sondern durch Pläne von Stücken, die sich in mir ergänzen.«[55] Kortner lehnte Sellners Programm als »neo-expressionistisch« ab; die Brechtianer hielten es für ausgesprochen eskapistisch. Das zeitgenössische Publikum und die Kritiker sahen in Sellner jedoch den geschworenen Feind des konventionellen Theaters und anspruchsvollen Modernisten, der den Einbezug der Zuschauer auf einer ästhetischen – und nicht, wie es später Brauch wurde, auf einer ideologischen – Ebene bewirkte. Daß jeder Ästhetik auch eine Ideologie innewohnt, gehörte noch nicht zum Allgemeinwissen.

Der »Zauber« und »die Macht, zu fesseln«, die Sellners Shakespeare-Inszenierungen zugesprochen wurden, standen auf einer soliden dramaturgischen Grundlage. Werktreue hieß für Sellner nicht Buchstabentreue, sondern Treue dem Stück als Ganzem gegenüber, seinem Grundrhythmus oder Gehalt, der mit fortschreitender Handlung immer klarer hervortreten sollte. Textumstellungen waren nur zulässig, wenn sie dazu beitrugen, die innere Struktur eines Stückes und seine Bedeutungsebenen zu klären. Sellners bevorzugtes Mittel war, die verschiedenen Handlungen oder Welten eines Stückes deutlich voneinander abzusetzen. So betonte er im *Wintermärchen* (1. November 1958) die dreigliedrige Form: die Tragödie von Hermione und Leontes am Anfang, die ländliche Komödie in Böhmen als Mitte und das »poetische Geheimnis« des Schlusses. »Hermione wurde zu Stein, weil Leontes für sie zu Stein geworden war, und der aus seiner Versteinerung erlöste Leontes kann auch Hermione aus dem Stein erlösen.«[56]

Die Entfaltung der Bedeutung aus der Struktur des Stückes wurde mit Recht als Offenbarung begrüßt. Eine Formel dafür gab es nicht. Für jedes Stück mußte ein neuer Ansatz gefunden werden, damit es sein strukturelles Geheimnis preisgab. In *Der Sturm* (6. November 1959) bildeten die Kombination und der Kontrast von abstraktem Bühnenbild, Prosperos Pathos, deftiger Harlekinade und elektronischer Musik, mit der Ariels Macht unterstrichen wurde, das »Kraftfeld«, in dem sich Bedeutung entfaltete. In *König Lear* (23. September 1951) war das Tragische als unentrinnbares Geschick herausgearbeitet, ausgestellt in einem schwarzen Bühnenkasten, »hineingebaut ins Nichts, ein unbarmherziger Raum«, wo das Leiden und das Böse jegliche Psychologie überstiegen. Hensel formulierte die Wirkung existentialistisch. »Der unverstellte Shakespeare ist ein moderner Dichter. Man macht ihm keinen konventionellen Theaterbesuch. Man setzt sich ihm aus.«[57]

Seinen glücklichsten Ausdruck fand der »Sellnerstil« in der Inszenierung von *Ein Sommernachtstraum* (30. Oktober 1952). Franz Mertz, Sellners bewährter Bühnenbildner, für den ein Bühnenbild vor allem dann schön war, wenn es funktional war, hatte einen Bühnenaufbau entworfen, der mit bloßen Andeutungen arbeitete: einem einfachen System von Stufen und Ebenen und einem turmartigen Gerüst für Oberon und Puck, zwei Säulen im Hintergrund für Theseus' Palast, außerdem einige an Alexander Calder erinnernde phosphoreszierende Mobiles und riesige Metallblätter. Abstraktion und Anti-Illusionismus hätten kaum weiter auf die Spitze getrieben werden können. Allein schon wegen dieser neuen Bildersprache wurde die Inszenierung als radikaler Bruch mit allen Konventionen des *Sommernachtstraums* gewertet. Otto Falckenberg hatte bereits 1940 versucht, das Drama von seiner romantischen Erblast zu befreien und mit dem Gedanken gespielt, im Athener Wald dunkle Pankräfte ihr Unwesen treiben zu lassen. Sellner verlieh Falckenbergs Andeutungen Gestalt. Oberons bocksgehörntes Gefolge erinnerte an »Hieronymus-Bosch-Phantasien …, der Schrecken der anarchischen Natur blitzt auf«.[58] Doch die kurzen Einblicke in erschreckende Gegenwelten waren noch in ein harmonisches Gesamtkonzept eingefügt. (Abb. 104) Der Leitgedanke einer gütigen Ordnung, die die Zerreißproben entschärft, war nicht neu. Neu war die künstlerische Umsetzung dieses Prinzips, bei der Carl Orffs Musik eine wesentliche Rolle spielte.

Die meisten Komponisten von Begleitmusik für den *Sommernachtstraum*, angefangen beim 17jährigen Felix Mendelssohn-Bartholdy im Jahr 1826, hatten Stimmungsmusik geschrieben. Orffs Komposition hingegen war dramatisch konzipiert, sie stand nicht länger dekorativ oder illustrierend in dienender Funktion, sondern war eine selbständige ästhetische Interpretation mit ironischen Anmerkungen zu den Charakteren und zur Handlung. Um soviel ausgeprägte Unabhängigkeit einer Kunstgattung zu tolerieren, die eigentlich nur eine unterstützende Aufgabe hatte, bedurfte es natürlich eines kongenialen Regisseurs. Der opernerfahrene Sellner hatte keine Bedenken, seine Inszenierung um Orffs Partitur herumzubauen, ihren interpretatorischen Vorschlägen zu folgen, sie durch Bewegung und Gestik zu

104. *Ein Sommernachtstraum* 1952 Darmstadt. F: Pit Ludwig. Oberon (Siegfried Wischnewsky) befreit Titania von ihrer Verzauberung – inmitten von nierenförmigen Gebilden, typisch für die fünfziger Jahre.

unterstreichen, zu synkopieren oder kontrapunktieren und sogar die Musiker zu Mitspielern zu machen. Als Titania (3.1.) Zettel anhimmelt, steigerte die Inszenierung die Komik noch durch einen Kontrabaßspieler, der auf die Bühne kam und Titanias skandalöse Liebesglut mit Seufzen und Stöhnen seines Instruments schürte; die Versöhnung der jungen Paare wurde mit einem Trompeter gefeiert, der vom Gerüst herunter ein zartes »Notturno amoroso« über die schlafenden Liebenden blies.[59]

Was diesen *Sommernachtstraum* zur meistdiskutierten Inszenierung des Jahres 1952 machte und ihr zeitweilig sogar den Ruf eintrug, einen Wendepunkt in der Theatergeschichte darzustellen, war nicht etwa eine neuartige Interpretation, sondern ihre gewagte Ästhetik. Es schien, als habe Sellner eine neue Grammatik der Form erfunden, einen modellhaften Stil, der auch übertragbar war, den »Darmstädter Stil« oder das »Darmstädter Modell«. Sellner brachte seine Inszenierungen erneut in anderen Städten heraus, verwendete dieselben oder fast identische Bühnenbilder, setzte aber andere Schauspieler ein. So hatte *Ein Sommernachtstraum* zwei weitere Premieren, in Bochum (3. Februar 1954) und in München (18. August 1954), und wurde dort insgesamt 64mal aufgeführt. *Der Sturm* kam zuerst in Recklinghausen (1958) heraus, danach in Darmstadt (1959) und Hamburg (1960), jedesmal optisch und konzeptionell unverändert, verschieden nur durch die Charaktere der jeweiligen Prosperos. Sellner erinnert sich an seine Inszenierungen in »Recklinghausen mit Minettis aktiv-diabolischem Prospero, in Darmstadt mit dem in seiner Stille und Weisheit tief anrührenden Max Noack, und schließlich in Hamburg mit Gustaf Gründgens. Er hob durch den Zauber seiner Persönlichkeit die letzte Schwere von dieser Aufführung ab … Seine Natur war es, die zauberte. – So war der Augenblick, in dem er der Magie entsagt, von geradezu erschreckender Tragik: es war, als er den Stab niederlegte, als entsage er sich selbst.«[60] *Was ihr wollt* wurde in Kiel (1948), Essen (1950) und Darmstadt (1953) inszeniert.

Heute könnte nur ein sehr autoritärer Regisseur es wagen, eine solch uniforme Konzeption und Realisierung von einer Truppe auf die andere zu übertragen – Rischbieter sprach viele Jahre später von einem Standard- oder Konfektionsstil.[61] Sellner war jedoch weit davon entfernt, den Diktator zu spielen; für ihn galt, der Regisseur habe sich hinter seine Schöpfung zurückzuziehen. Alles andere sei »zu subjektiv … und damit zu einengend«.[62] Im »instrumentalen Theater« erfüllten Inszenierungen offenbar den Anspruch, die »Befreiung und das Engagement der schöpferischen Phantasie im Darsteller wie im Zuschauer« auszulösen oder gar, wie Claus Bremer formulierte, die »Geburt des Stücks im Zuschauer« zu bewirken.[63]

Der Erfolg von Sellners Theater läßt nur einen Schluß zu: Der Konsens über den Gehalt der Stücke muß so selbstverständlich gewesen sein, daß allein schon die Veränderung der ästhetischen Form als große Befreiung und Erneuerung empfunden wurde. Sellners formaler Ansatz half, die innere Struktur der Stücke zu klären und daraus Bedeutung zu entwickeln, aber die Bedeutung selbst blieb außerhalb jeder kritischen Befragung. Ja gerade dadurch, daß sie trotz allem formalen Radikalismus unverändert Bestand zu haben schien, erhielt sie den Stempel transzendenter Wahrheit. Sellners Shakespeare-Inszenierungen waren einflußreiche formale Experimente der Theaterästhetik, aber sie ruhten noch felsenfest auf unbezweifelten Ansichten über die Natur des Menschen und seine existentielle Verfaßtheit.[64] Als solche verkörperten sie treffend den Geist der fünfziger Jahre. Die Zeit für kritischere Lesarten war gekommen.

Auf dem Weg zu einem neuen Realismus bei den Klassikern: Fritz Kortners Kämpfe und Triumphe

Die vorherrschende Ästhetik der Vergeistigung, Nüchternheit und Abstraktion entsprach dem allgemeinen Bedürfnis nach Harmonie und Ordnung. In den Händen anspruchsloser Regisseure wurde daraus leicht ein flacher Formalismus, der sprödes Material glättete und den widersprüchlichen oder gar chaotischen Seiten Shakespeares bestenfalls eine deklamatorische Darstellung gestattete. Einige junge Regisseure mochten zwar gegen die herrschende Philosophie von Ausgewogenheit und Ordnung Sturm laufen, doch es bedurfte der Anstrengungen dreier legendärer Theaterleute der zwanziger Jahre, Brecht, Piscator und Kortner, um den Weg für den Paradigmenwechsel des deutschen Theaters in den sechziger und siebziger Jahren freizumachen.

Brecht haßte das »Stiltheater«, weil dessen Formalismus Schauspieler wie Zuschauer vor dem subversiven Potential des »Materials« abschirmte. In den wenigen Jahren, die ihm bis zu seinem frühen Tod im Jahr 1956 blieben, wurde er nicht müde, den falschen Idealismus und den narkotisierenden Charakter der zeitgenössischen Theaterpraxis anzuprangern. In seinen eigenen »Modellinszenierungen« entwickelte er eine Dramaturgie und einen Spielstil, die man als seinen materialistischen Realismus bezeichnen könnte. Sie waren ausdrücklich dafür konzipiert, die Rückkehr des Theaters zu bildungsbürgerlicher Selbstgefälligkeit zu verhindern, eine Gefahr, die noch keineswegs gebannt war.

Bei Piscator lag der Fall anders. 1951 heimgekehrt, mußte er elf Jahre auf eine eigene Spielstätte warten, wo er seine Überzeugung von einem politischen Theater in die Realität umsetzen konnte. Für die Dauer von drei Spielzeiten verwandelte er die Freie Volksbühne in Westberlin in eine Kampfstätte. Rolf Hochhuths *Der Stellvertreter* (1963) schockierte die Nation mit seiner Bezichtigung, der Papst habe die Vernichtung der Juden stillschweigend hingenommen, und löste erbitterte Kontroversen aus. Heinar Kipphardt mit seinem Stück über die moralischen Fragen beim Bau der Wasserstoffbombe (*In der Sache Robert J. Oppenheimer*, 1964) und Peter Weiss mit seiner vernichtenden Bloßstellung der Ausflüchte all jener, die für die Vernichtungslager zuständig waren (*Die Ermittlung*, 1965), rüttelten das Gewissen der Öffentlichkeit wach. Das Theater war endlich wieder zu einem öffentlichen Forum geworden. Es nahm sich das Recht, Dinge ans Licht zu bringen, die viele gern im Verborgenen gelassen hätten. Offenbar besaß Piscator immer noch die Gabe, die öffentliche Meinung zu polarisieren und das Theater in den Blickpunkt zu rücken, selbst wenn die jüngsten Inszenierungen, verglichen mit seiner innovativen Maschinenästhetik vierzig Jahre zuvor, formal wenig spektakulär waren. Piscators Arbeit in den fünfziger Jahren, also vor den drei Spielzeiten an der Freien Volksbühne, hatte häufig an Provinzbühnen stattgefunden und nicht immer Schlagzeilen gemacht. Sein Einfluß als Lehrer und Verfechter eines politischen Theaters war jedoch groß.[65] Das wurde von vielen jüngeren Theaterleuten bestätigt.

Im Gegensatz zu Piscator fühlte sich Kortner nicht verpflichtet, politisches Theater zu machen. Er hatte entschiedene Ansichten über Deutschlands Schuld und war äußerst sensibel, wenn es um die Nazi-Vergangenheit von Leuten ging, mit denen er zusammenarbeiten sollte. Doch neigte er weder zu Brechts politischer Didaktik noch zu Piscators dokumentarischem Enthüllungs- und Anklagetheater. Wie konnte das Theater, fragte Kortner, bei der Suche nach Wahrheit helfen, wenn bereits die Formen, deren es sich bediente, korrupt waren? Berthold Viertel hatte 1947 den herrschenden Stil als eine seltsame Mischung empfunden, »eine wurzellose Ekstase oder eine kalt prunkende Rhetorik, die das Offizielle, Repräsentative der Darstellung betonte und überbetonte, in jäher Abwechslung mit einer sich ins allzu Leise, Private und Unterprivate flüchtenden Diskretion. Manie und Depression folgten einander ohne Übergang«.[66] Kortner sah am Theater der fünfziger Jahre noch dieselben Fehler. Die herrschende Stilisierung glich fatal dem aufgebauschten »Darstellungsstil der Hitlerjahre. Nicht Realismus wird gesteigert, sondern Exaltation und Ekstase werden überhöht«.[67] Dieser »Neo-Expressionismus« war das Erzübel, dessen verderblichen Einfluß er überall entdeckte:

> Leben simulierend macht das alte, auf neu hergerichtete Tamtam-Theater einen Höllenlärm, sucht paukenschlagend, über Sinn und Geist hinwegtobend, durch Radau, Bluff, Verwirrung und ›Tempo-Tempo‹ seine Leblosigkeit im Überbetrieb zu verbergen. Der zermarterte Zuschauer wird betäubt, geistiges Mitgehen ihm erspart, und so nascht der auf Schmerz, Lust und Wirtschaftswunder abonnierte Besucher im wiederaufgebauten Schnellimbißtheater seiner nagelneuen Stadt.[68]

Kortners Urteil ist sicherlich ungerecht, besonders wenn man es auf die Arbeit von Sellner, Hilpert, Schalla und andere der alten Garde bezieht. Aber Kortner hatte noch nie ein Blatt vor den Mund genommen. So bezeichnete er beispielsweise Leopold Lindtbergs kurze Probenzeiten am Burgtheater als »schamlose Shakespeare-Nepperei«[69], und außerdem hatte er recht mit seiner Forderung, der Neo-Expressionismus müsse überwunden werden. »Der Expressionismus war und ist ein Durchbruch, eine wegweisende Explosion. Aber er ist so wenig eine Theaterform, wie die Revolution eine Staatsform ist.«[70]

Wenn das Theater zu einem Vehikel der Wahrheitsfindung werden sollte, mußte man zwei Dinge über Bord werfen: die hochgestochene, auf nobel getrimmte Vortragsweise und die allzu große Bereitschaft zur Heldenverehrung. Beide waren verschiedene Seiten derselben Medaille und mußten mit demselben Mittel ausgemerzt werden: Realismus. Das Publikum favorisierte noch immer den strahlend jungen Helden, und die Regisseure »bestehen ... auch darauf, den alten Popanz des Heldenspielers wieder herzustellen, dieses Bühnensymbol ihrer unausrottbaren Heldenverehrung«.[71] Für Kortner waren die wahren Protagonisten des Zeitalters die versehrten Überlebenden, tuberkulös wie Horst Caspar, krank und von Narben entstellt wie Hans Christian Blech, beinamputiert wie Gerd Brüdern, junge Männer, »das Grauen von dem aus ihrem Bewußtsein verdrängten Krieg noch in ihrem Gesicht«[72], eine traumatisierte Generation, skeptisch, aufbegehrend, anklagend. Das Theater verführte sein Publikum noch zur falschen Heldenverehrung, durch idealisierende Darstellungsformen und »Helden« mit fraglos zugestandener Autorität. Wenn beides zusammentraf, wie beispielsweise bei Gründgens' Darstellung von König Philipp in Schillers *Don Carlos* (Hamburg, 1962), war das Ergebnis immer noch unwiderstehlich. Wie sonst konnte ein so gescheiter Mensch wie Teo Otto, fragt Kortner, diese Inszenierung bewundern? Hatte Gründgens nicht sein ganzes Können als Schauspieler und seine ganze Macht als Regisseur dazu verwendet, »Philipp, diesen höchsten Vollstreckungsbeamten der Inquisition ..., diesen Vorläufer unserer Faschistenverbrecher«[73] zu einer ergreifenden Figur zu machen? Wenn selbst bewährte Antifaschisten wie Teo Otto nicht gegen die Versuchung zur Heldenverehrung gefeit waren, war die Situation ernst. Dem Helden durfte nicht mit Vertrauen, ihm mußte mit Mißtrauen begegnet werden. »Die Sache des Helden muß untersucht werden. ... Held sein ist kein Beruf, der Held muß einen haben ... Held sein ist nicht abendfüllend. ... Der wahren Natur des Menschen mit heldischen Möglichkeiten kommt eine unverblendete mißtrauische Darstellung näher, als eine idealisierende. ... Die autoritative Substanz des Heldenmenschen muß der untersuchungsrichterlichen Betrachtung des heutigen Theatermannes standhalten.«[74] So Kortner. Das war zwar noch weit entfernt von der systematischen Demontage des Helden im kommenden Jahrzehnt, aber Kortner verlangte, daß der Held (Brechts Galilei nicht unähnlich) als ein reales, konkretes, das heißt authentisches menschliches Wesen glaubhaft sein müsse.

Auf die Stücke der Klassiker angewandt, war dies ein neuer und grundsätzlich fremder Gedanke, unvereinbar mit der Theatertradition von überlebensgroßen Figuren und dramatischen Handlungen von fast mythischen Proportionen. Die einfachste Methode, die Tendenz zur Überhöhung des Helden zu unterlaufen, bestand darin, den Protagonisten psychologisch glaubwürdig zu machen. Im Fall von *Julius Cäsar* (4. März 1955, Residenztheater München) bedeutete das nicht, ihm jede Größe abzusprechen, wohl aber die Weigerung, etablierte Rollenerwartungen zu erfüllen. Zuschauer, die die traditionelle Konstellation erwarteten – also Cäsar als erhabenen Herrscher; Brutus als tragisches Opfer seines republikanischen Eifers und seiner moralischen Aufrichtigkeit; Mark Anton als feurigen jungen Mann, den treuesten aller Freunde und den Schrecken der Feinde zu sehen – fanden sich einem Cäsar ohne Charisma gegenüber, einem würdigen, etwas philisterhaften, väterlichen Tyrannen, und einem undämonischen Antonius, dem »Typ eines kleinen Kanzleischreibers«[75], der zum Demagogen geworden war, einem gewitzten Taktiker, mehr »mit einem Stich ins Literatenhafte«,[76] eine Gestalt, in der man keinesfalls den zukünftigen Geliebten der Cleopatra vermutete. Kortner betrieb keine mutwillige Heldendemontage, er hatte nur den Text mit skeptischem Blick gelesen und die verborgenen Widersprüche sichtbar gemacht. Er verstärkte sie sogar noch.

Üblicherweise wurden die Zuschauer in die Pause entlassen, nachdem Antonius seine zynischen Abschiedsworte gesprochen hat: »Nun wirk es fort, Unheil, du bist im Zuge: Nimm, welchen Lauf du willst!« (3.2.) So konnte der Schauspieler für seine Leistung in der Wiedergabe des atemberaubendsten literarischen Beispiels von politischer Verführung unmittelbaren Applaus ernten. Kortners Zuschauer mußten erst die Steinigung des Poeten Cinna durch den erregten Mob miterleben, die erste Auswirkung von Mark Antons großartiger Rede, bevor sie – etwas nachdenklicher gestimmt – applaudieren durften.

Frühere Inszenierungen des Stückes hatten es darauf angelegt, den Zuschauer gefühlsmäßig zu überwältigen. Fehling etwa hatte 1941 Cäsars Tod als universelles Verhängnis gedeutet und sein Publikum mit der Vision eines Zeitenbruchs erschüttert. Kortner verabscheute wie Brecht das Überrumpelungstheater. Er wollte nicht, daß sich das Publikum für oder gegen eine bestimmte Sichtweise oder Figur entschied und somit in den tumben Wonnen bedingungsloser Identifikation schwelgte. Es sollte den »Widerstreit des Lebendigen mit sich selbst« erleben,[77] wie seine kürzeste Definition des Realismus lautete. Für ihn waren ambivalente Reaktionen die besten.

Das zeigte sich deutlich an seiner Behandlung von Cäsars Ermordung. Bei Kortners Auffassung der Protagonisten konnte die Szene auf dem Kapitol nicht länger als Zusammenprall von monumentaler Größe und hehrem republikanischem Ideal gespielt werden. Wird nämlich mit Cäsar nur ein gewöhnlicher Tyrann getötet, ist die traditionelle zweifache Apotheose – der Cäsargestalt *und* des republikanischen Ethos – nicht erreichbar, und die Tat erscheint zwiespältig. So muß sie auch Brutus selbst vorgekommen sein. »Er verzögert den Mord im Zeitlupentempo; die Spannung zwischen Brutus und Cäsar wird zur quälenden Pause. Brutus umarmt Cäsar ›wie ein Liebender, um ihm den erlösenden Herzstich zu geben‹«,[78] worauf Cäsars Leichnam in unedler Weise die Stufen hinabrollte. Ambivalente Reaktionen gab es auch auf die Schlachtszenen, blutrünstige Gemetzel auf einer von Menschenleichen und Pferdekadavern übersäten Bühne. (Abb. 105) Was Brutus, der Mann der reinen Absichten, als Opferhandlung geplant hatte, wurde zum Blutbad. Genau das hatte er vermeiden wollen (»Laßt Opferer uns sein, nicht Schlächter«, 2.1.). Somit relativierte Kortner auch die Ehre, die der bloßen Absicht erwiesen wird, »die Parallele zum 20. Juli kann gezogen werden«.[79]

Die Reaktion der Kritiker war gemischt. Einige wenige trauerten offen den alten Wonneschauern nach, andere hielten Cäsar (Paul Verhoeven) und Antonius (Ernst Ginsberg) für Fehlbesetzungen, denen es an Aura und Faszination fehle. Anscheinend hingen auch die Kritiker am Gewohnten. Brutus (Gerd Brüdern) wurde einstimmig gelobt. Zwar war die Parallele der Cäsar-Brutus-Konstellation zur jüngsten deutschen Geschichte nicht Kortners Hauptanliegen, doch die öffentliche Phantasie hatte sich ihrer bemächtigt. In den Pressevorschauen spekulierte man, ob der Regisseur wohl einen ›Stauffenberg-Brutus‹ gegen einen ›Adolf-Cäsar‹ ausspielen wolle, was die Erwartungen noch höher schraubte. »München stand in Sechser-

105. *Julius Cäsar* 1955 München. R: Fritz Kortner, B: Caspar Neher, F: Rudolf Betz. Brutus vor der Erscheinung von Cäsars Geist, nicht im traditionellen Feldherrnzelt, sondern umgeben von Kadavern und Kriegsschrott.

reihen«, um Karten zu bekommen, hieß es im *Abend*.[80] Kortnerpremieren ließen niemanden kalt, dort war alles möglich. Vielleicht war es ja ein Omen gewesen, daß bei *Don Carlos* (3. Dezember 1950, Hebbeltheater in Berlin), einer seiner ersten Inszenierungen nach seiner Rückkehr nach Deutschland, die spanischen Soldaten ihre Salven geradewegs ins Publikum feuerten, weil die Drehbühne klemmte: Aufschrei und Entsetzen. Dabei hatte Kortner zuvor schon dadurch für Empörung gesorgt, daß er aus König Philipp einen boshaften, senilen Hasser, aus dem Großinquisitor einen blutrünstigen Sadisten und aus den Höflingen speichelleckende Ohrenbläser gemacht hatte und damit vorher kaum in Frage gestellte Autoritätspersonen vom Podest stieß. Nach diesem Skandal konnte natürlich keine Rede mehr davon sein, dem begabtesten Regisseur seiner Zeit ein eigenes Theater anzubieten. Kortner war gezwungen, an verschiedenen Spielstätten vor allem in München, Berlin und Wien zu arbeiten. Das hatte auch sein Gutes, denn so kamen mehr Schauspieler in den Genuß seines einzigartigen Unterrichts. Kortner war keineswegs, wie seine Gegner ihm unterstellten, darauf aus, die Zuschauer zu provozieren. Die Schocks, die sie empfanden, Schocks der Empörung wie des Entzückens, oft sogar in ra-

schem Wechsel, waren das Resultat seiner ungewöhnlichen Lesarten und Arbeitsmethoden. Sie lassen sich am besten anhand seiner Arbeit mit den Schauspielern
untersuchen.

Kortner-Proben waren eine langwierige und mühsame Suche nach Authentizität, oft schmerzhaft für die Schauspieler, weil sie viel von dem, was sie gelernt
hatten, wieder vergessen mußten, um ihrem Regisseur auf der Suche nach dem genauen Ton und der richtigen Geste folgen zu können. Hatte man endlich eine einleuchtende und für alle akzeptable Lösung gefunden, wurde sie am nächsten Tag
wieder in Frage gestellt und oft auch verworfen. Kortner stand allem, was fertig und
unveränderlich war, skeptisch gegenüber, er interessierte sich mehr für den Entste-
hungsprozeß als für das fertige Produkt. Entnervte Theaterleitungen, verzweifelt
über die mehrfache Verschiebung der Premiere, mußten dem eigenwilligen Regisseur die Inszenierung geradezu entreißen. Klagen von Kritikern, Kortners Schlüsse
zeigten Anzeichen von Hast, waren nicht unberechtigt. Aber das deutsche Nachkriegstheater, so wie Kortner es vorfand, bot auch wenig, das er direkt hätte verwenden können, vieles mußte erst umgeformt werden. Auch gab es keinen Schnell-
kurs für die Art der Authentizitätsfindung, die er verlangte. Zeitgenossen wie
Stroux und Schuh mochte es genügen, ihre Inszenierungen mit den Merkmalen ihres persönlichen Stils zu versehen. Für Kortner kam so etwas nicht in Frage, »Stil«
war genau das, was es zu vermeiden galt: auf Hochglanz polierte Stücke, geglättete
Texte, getrübte Wahrnehmung für das wahre Potential der Dichtung. Für Kortner
war der Text noch heilig. Es wäre ihm ebenso wenig in den Sinn gekommen, einen
großen klassischen Text umzufunktionieren, wie ein Rabbi sich am Talmud vergreifen würde. Er fühlte sich jedoch nicht verpflichtet, die in Ehren ergrauten Interpretationen zu übernehmen. Das Überkommene war ihm suspekt. Doch ohne eine
Änderung des ideologischen Gesamtrahmens, die damals noch nicht in Sicht war,
war er darauf angewiesen, die neuen Sichtweisen im Alleingang und aus sich heraus
zu entwickeln. Das Mittel dazu: Authentisierung durch Realismus, das Bestreben,
Charaktere und Vorgänge durch gezielten Einsatz realistischer Momente wirklich
und real werden zu lassen, ein Programm, das in erster Linie Texte, Vortrag und
Spiel betraf.

Kortner benutzte meist Schlegel-Tieck-Übersetzungen, die er gründlich bearbeitete. Unverständliche Verse formulierte er um, machte neue Striche und stellte
gelegentlich auch Szenen um, Eingriffe, dazu bestimmt, die Dialektik zu schärfen
oder, in Kortners Worten, den »Widerstreit des Lebendigen mit sich selbst« greifbar und sichtbar zu machen. Die Zuschauer meinten, neue Texte zu hören. In Wirklichkeit waren die Veränderungen, verglichen mit dem, was folgte, eher gering.[81]
Den wahren Unterschied machte, *wie* die Schauspieler den Text sprachen. Verse
waren bisher als Verse gesprochen worden, mit absichtlicher Betonung ihrer Poesie. Doch Kortner vertrat den Standpunkt, daß jede Generation selbst entscheiden
müsse, »wieviel musikalisches Sprechen in der Verssprache zulässig ist, ohne daß
sie zur Gesangssprache wird«.[82] Was in der einen Periode akzeptabel sei, »über-

dröhnt« in einer anderen den Geist, und in einem wissenschaftlichen Zeitalter muß »die nur gesangesfreudige Wiedergabe des Verses ... vor der geistigen Durchdringung zurückweichen, die Melodie vor der Sinngebung. Das Verssprechen muß transparent werden, damit die Zustände des dargestellten Menschen erkannt werden«.[83] Das bedeutete nicht, Verse wie Prosa zu sprechen, vielmehr mußte ein subtiles Gleichgewicht gefunden werden. Unzählige Male mußten seine Schauspieler bestimmte Zeilen wiederholen, bis die Kadenzen das sensible Ohr des Regisseurs befriedigten. Mitschnitte von Proben zeigen Kortners Geduld und die Hartnäckigkeit, mit der er Schauspielern beibrachte, qualitative Unterschiede im Ton wahrzunehmen und wiederzugeben an Stellen, die selbst Kenner längst für perfekt hielten. Für Schauspieler, welche die Belastung aushielten, führte dieses Umlernen häufig zu einem Wendepunkt in ihrer Karriere, so zum Beispiel für Rolf Boysen, Thomas Holtzmann, Helmut Lohner, Doris Schade und Heidemarie Theobald. Es machte die Probenarbeit aber auch schwierig. Sellners Schauspieler mußten dessen Stil der choreographischen Abstraktion übernehmen; Brechts Schauspieler mußten Techniken der dialektischen Darbietung, des Ausstellens einer Figur und der Verfremdung lernen. Kortner jedoch, immer noch überzeugt, die Wirkung des Dramas liege in dem direkten emotionalen Bezug, den die Zuschauer zur Handlung herstellen könnten, wollte die Stücke unmittelbar und zeitgenössisch machen: ohne oberflächliche Aktualisierung, ohne ihren klassischen Status zu mindern und ihre Struktur zu ändern, machte er die »Textur« greifbar und real. Eine Herkulesarbeit. Kortner war einer der letzten großen Regisseure, der sie auf sich nahm.

> Die Menschen im klassischen Drama sind zu weit entfernte Verwandte, um uns nahezugehen. Jene Menschen müssen aus der Abstraktion der Zeitferne in konkret anschauliche Nähe gebracht werden, um für uns Heutige greifbare Gestalten zu sein. Ihre Sprache muß trotz des unantastbaren Gefüges ihrer Gebundenheit dem heutigen Ohr Orientierungssignale durch realistische Tonfälle vermitteln. Der Körperausdruck und die Gestik müssen den inneren Vorgang für uns Heutige verständlich optisch verdolmetschen und trotz ihrer Anpassung an die Sprachgebundenheit ... den damaligen Alltag durch die Ausdrucksformen des heutigen kommunizieren.[84]

Ein schwer in die Praxis umzusetzendes Credo. Es bestand auf der Unantastbarkeit der poetischen Substanz und beanspruchte gleichzeitig, zeitgenössisch zu sein, und das häufig in der Form eines psychologischen Realismus. Die poetische Substanz sollte im und durch den Realismus erscheinen. Eine schwierige Synthese, die selten die ganze Länge eines Stücks durchzuhalten war, doch selbst wenn sie nur teilweise gelang, wog sie mehr, wie Kritiker einräumen mußten, als die glatten Erfolge anderer.[85] Die Verschmelzung erforderte immense Konzentration aufs Detail; gelang sie, wurden Wahrnehmung und Sicht verändert. Allerdings exemplifizierten Kortners Inszenierungen, mit Joachim Kaisers Worten, beides, die »Lust und Last der

Einzelheit«;[86] sie bewirkten »Tempoverzögerungen«, wo Geschwindigkeit nötig gewesen wäre;[87] Sekundäres wurde überdeutlich herausgearbeitet,[88] und die Aufeinanderfolge gleichgewichtiger und voll ausdifferenzierter Szenen verhinderte manchmal die intendierte Gesamtwirkung.[89] Günther Rühle sprach von einer »Zerdehnung des Verstempos«, die damit zu erklären sei, daß »Kortner Zeit finden mußte, um in den rhythmisch schnellen Versen Durchblicke auf die Person geben zu können. ... Indem Kortner hier die Melodie des Verses aufgibt, gewinnt er eine andere: die Melodie der Person. Da jedes Wort bei ihm Resultat innerer Bewegung ist, hört man hier ... keinen vorgefertigten Text, sondern erst im Augenblick des Sprechens geschöpfte Worte. Ihre Schönheit verweist auf die Seele zurück, aus der sie heraufsteigen. Die schon mimisch hinreichend charakterisierte Person wird von ihren Worten überglänzt. Das ist kunstvollste Poetisierung.«[90]

Viele Kritiker erwähnen als den verblüffendsten Effekt dieser Leistung, Kortner habe sie neu sehen und hören gelehrt. Walter Karsch stellte mit Überraschung fest »wie da die abgebrauchtesten Sentenzen ein neues Gewicht bekommen«[91] (*Hamlet*, Schillertheater, 1957). Walter Kiaulehn bekannte, das elegische Lied des Narren in *Was ihr wollt*: »noch nie, selbst von Moissi nicht, so gut gesungen gehört zu haben, wie hier von Paryla«.[92] Joachim Kaiser lobte, Kortner habe den *Timon von Athen* (8. April 1961, Kammerspiele München), eine Inszenierung, deren Mängel er keineswegs übersah, »mit ungeheuer durchschauendem Kopf gelesen«[93], und Siegfried Melchinger sagte von Romuald Peknys Richard (*Richard III.*, 10. Juli 1963, auch in den Kammerspielen), »er spielte die Rolle, wie man sie nie gesehen hatte: das Böse nicht als Rache des Krüppels, also nicht psychologisiert, das Böse nicht als die Ausgeburt eines Satans, also nicht dämonisiert, sondern das Böse einzig und allein als die Gier nach Macht.«[94]

Und doch fiel es den Kritikern nicht leicht, Kortners Werk einzuordnen. So erlaubte er sich absichtliche Stilbrüche, zum Beispiel eine unangemessen lange Harlekinade mit den Koffern des Laertes vor dessen Abreise nach Paris oder, schockierender, Hamlets respektlose Behandlung des Leichnams von Polonius. In *Richard III.* erinnerte die leichenübersäte Bühne im Schlußbild an die Übertreibungen des Grand Guignol. Kortner machte auch Anleihen beim Puppentheater und scheute sich nicht einmal, künstliche Glupschaugen zu benutzen, um eine bestimmte Reaktion auszulösen. Manchmal scheinen solche Elemente von »Kortner-Theatralik« die vorsätzlichen Provokationen des nachfolgenden Jahrzehnts vorwegzunehmen. So weist (in *Othello*, 1962) Desdemonas Widerstand beim Tötungsversuch und ihr Weglaufen vor Othello auf Zadeks skandalöse Behandlung der Todesszene in dessen Inszenierung von 1976 hin. Miranda (Christiane Schröder in *Der Sturm* 1968), trotzig aufbegehrend und überhaupt eine stärkere Persönlichkeit als Ferdinand, ist eine frühe Vorläuferin der feministischen Töchter Prosperos nach Achtundsechzig. Zwar waren derartige Grenzüberschreitungen bei Kortner keineswegs Programm, in ihnen machte sich aber, wenn auch nur für Augenblicke, ein dezentrierendes Element geltend: bestimmte Aspekte fielen momentan aus dem Rahmen, Figuren tanz-

106.
Was ihr wollt 1962 Berlin.
R: Fritz Kortner,
B: Jörg Zimmermann,
F: Heinz Köster. Rudolf
Rhomberg als Junker Tobias,
Curt Bois als Malvolio in der
Briefszene.

ten kurz aus der Reihe und bekamen so ein verstörendes Eigenleben. Einige dieser
neuen Elemente provozierten, andere wurden mit Applaus begrüßt, obwohl sie derselben Tendenz zum Exzeß entsprangen. Am berühmtesten war Marias »Lacharie«
in *Was ihr wollt* (20. Juli 1957 in den Kammerspielen in München und 9. Oktober
1962 im Schillertheater in Berlin), drei Minuten andauernde Lachkoloraturen, mit
denen sie ihren Triumph über Malvolio feierte. In dieser Inszenierung fand das Genie Kortners nach allgemeiner Übereinstimmung seinen beglückendsten Ausdruck.
(Abb. 106)

Nicht nur optische und akustische Überraschungen mußten die Zuschauer über
sich ergehen lassen, auch auf viele der üblichen interpretatorischen Vorgaben muß-

107.
Othello 1962 München.
R: Fritz Kortner,
B: Rudolf Heinrich,
F: Hildegard Steinmetz.
Rolf Boysen als Othello.

ten sie verzichten. Kortner wandte sich vor allem von einer traditionellen Lesart ab,
nämlich der, die Bösewichtern wie Richard oder Jago übermenschlichen, dämonischen Status zugestand. Das Böse zum Mythos zu erheben, wäre ein zu bequemer
Ausweg aus der Verantwortung gewesen. Er machte statt dessen seine Protagonisten zu Individuen. Ein großartiges Beispiel für Kortners Kunst der Partikulari-
sierung war *Othello* (18. Mai 1962) in den Münchner Kammerspielen: »Hier stand
nicht mehr der entindividualisierte, ins Exemplarische abstrahierte Archetyp im
Mittelpunkt, sondern der physisch-psychisch faßbare Mensch.«[95] (Abb. 107) Ivan
Nagel hat die Schritte beschrieben, die zu diesem Ergebnis führten. Othello (Rolf
Boysen) begann seine Rechtfertigungsrede vor den venezianischen Senatoren (in
1.3.) ganz in der Tradition des großen Generals und edlen Mohren, dann aber geschah die erstaunliche Veränderung:

Seine rhetorischen Gänge nahmen allmählich das weitgespannte rhythmisierte, hoheitsvolle Sich-Wiegen eines afrikanischen Stammesfürsten an, sein Gesicht leuchtete auf in einem fremdartig stolzen, lauschend in sich versunkenen Lächeln, seine Stimme berichtete, nein, sang mit negroid hohem, träumerischem Psalmodieren von dem Glück das ihm teilwurde, und das er nicht ganz zu fassen wagte. Der reife Mann sprach von der Zuneigung des jungen Mädchens, der Neger von der Liebe der Weißen wie von Erlösung: selig und fast ungläubig. Er vergaß ganz, vor wem er sprach – vor einem Dutzend im Herrschen und Verwalten ausgetrockneten, grotesk halbtoten Popanzen, die mit seniler Bosheit nur darauf lauerten, daß er sich verriet. ... Erst dieser ungeheuerliche Riß quer durch die Situation machte das Einzigartige jener Augenblicke aus ...[96]

Kortners Entschlossenheit, solche Epiphanien allein mit Mitteln zu erzielen, die in seinen Augen legitim waren, nämlich authentische Charaktere und Situationen, bedeutete auch, daß er sich weigerte, den Stücken einen ideologischen Überbau aufzusetzen. Im Unterschied zu Jeßner, der für seine Inszenierungen die Stücke so umformte, daß sie eine politische Botschaft vermittelten; im Unterschied auch zu seinen Kollegen von der »neo-expressionistischen« Schule, welche die Klassiker als Verkörperung ewiger Wahrheiten sahen, mit deren Hilfe – nach der fälligen formalen Abstraktion – quasi-metaphysische Schauer erzeugt werden konnten; und schließlich auch im Unterschied zu seinen ikonoklastischen Nachfolgern, die aus den Stücken ideologische Waffen schmiedeten, lehnte Kortner die großen Verallgemeinerungen ab, auf denen alle diese Programme fußten. Aus Kortner-Inszenierungen waren keine sensationellen Neudeutungen oder transzendenten Sinnzusammenhänge zu gewinnen. Weder *Hamlet* (1957), ein überragender Publikumserfolg und der Durchbruch für Erich Schellow in der Titelrolle, noch *Richard III.* (1963) befriedigten die Bedeutungsschürfer. Im Verlauf der sechziger Jahre wurde ihr Murren lauter. Kortners Autorität war groß. Er brauchte nun nicht mehr gegen Unverständnis und Böswilligkeit anzukämpfen. Die Wunder, die er bei Schauspielern und Stücken bewirkt hatte, wurden bereitwillig anerkannt. Doch die Hartnäckigkeit, mit welcher der alte Mann auf Authentisierung durch Realismus bestand, war vielen ein Dorn im Auge. Kortner selbst hatte damit zwar ungeahnte Einsichten vermittelt, aber auf dem Weg des Theaters zu einem freieren Umgang mit Texten und Bedeutungen wurde dieser Prüfstein nun zu einem lästigen Hindernis. Kortners kompromißlose Konzentration aufs Detail hatte dazu beigetragen, Größe zu entmythisieren. Große Verbrecher sind große *Verbrecher*. Das war Kortners historische Erfahrung. Sie waren für ihre Handlungen voll verantwortlich und verdienten weder den düsteren Glanz dämonischer Bosheit, noch dürfe man sie als unter dem Einfluß übermächtiger Kräfte handelnd exkulpieren. Jan Kotts mechanistisches Geschichtsbild und Kortners Auffassung von Charakter waren einander diametral entgegengesetzt. Kortner, der leidenschaftliche Antifaschist, mißtraute Größe, Helden, Theorien und Bewegungen (einschließlich Marxismus und Kom-

108.
Der Kaufmann von Venedig 1969.
Fernsehproduktion mit dem
Titel *Shylock*.
R: Otto Schenk.
Fritz Kortner als Shylock in
seiner letzten und denkwürdig-
sten Verkörperung der Rolle.

munismus) im Namen des lebendigen Menschen und konkreter Humanität. In einem Jahrzehnt, das auf den Bürgerkrieg der Ideologien zusteuerte, war Kortner ein Anachronismus. Bis zum Ende begegnete man ihm mit großem Respekt, doch er hatte keine andere Botschaft als die, die in seiner Arbeit zutage trat. Es ist vielleicht symptomatisch, daß in eben jenen Monaten des schicksalhaften Jahres 1968, in denen die deutsche Gesellschaft eine Erschütterung erfuhr wie seit 1945 nicht, in jener verwirrenden und mitreißenden Zeit, als jeder den Sog revolutionärer Theorien verspürte, Kortner seine letzte und bewegendste Version des Shylock für eine österreichisch-deutsche Fernseh-Koproduktion vorbereitete. Als sie am 2. März 1969 gesendet wurde, erkannten Millionen von Zuschauern das jüdische Schicksal in diesem zerfurchten und leidgeprüften Gesicht, auf der anderen Seite erinnerte Kortner sie durch die vielen realistischen Nuancen seines Spiels daran, daß den konkreten Schmerz ein lebendiger, uns glaubhaft naher Mensch fühlt, der in einem eigenen, sehr persönlichen Kreis von Ängsten und Freuden lebt. (Abb. 108) Im Theater des folgenden Jahrzehnts waren solche feinen Unterscheidungen weder möglich noch nötig. Es malte mit kühnerem Strich – und in Grundfarben.

Kapitel 5

Umwertungen: Shakespeare und die westdeutsche Theaterrevolution (1964–1979)

Ein Shakespeareaner, der Mitte der fünfziger Jahre wie ein zweiter Rip van Winkle eingeschlafen und zehn Jahre später in Peter Zadeks *Maß für Maß* (Bremen, 16. September 1967) aufgewacht wäre, hätte sich erstaunt die Augen gerieben. Im Foyer hätte er sich zwischen langhaarigen, schlampig gekleideten jungen Leuten hindurchzwängen müssen – offensichtlich gehörte für manche der Sonntagsstaat nicht mehr zum Theaterbesuch –, und auf der nackten Bühne gaben sich Schauspieler in Jeans und T-Shirts die größte Mühe, Stück und Spiel aufs seltsamste zu verdrehen. Anstatt mit Worten über den richtigen Gebrauch der Macht zu streiten, kämpften Escalus und Angelo um das Symbol der Macht, einen Stuhl. Um vorzuführen, wie die schwangere Julia von widerstrebenden Gefühlen hin- und hergerissen ist, wurde sie von ihren Mitspielern hin- und hergezerrt. Isabella, um Angelo zu zwingen, ihr zuzuhören, schlang sich ihm um Hals und Schultern, als wolle sie in seine Ohren kriechen. Eine vom Text abgeleitete und wörtlich genommene Körpersprache ersetzte die sprachlichen Mitteilungen oder verstärkte sie: Lucio, der den Herzog unter seiner Verkleidung erkannt hatte, führte ihn buchstäblich an der Nase herum; des Herzogs Mantel (Macht) verbarg Angelo (Verbrechen) vor den Augen der Öffentlichkeit; während der als Mönch verkleidete Herzog (in 3.1., hier als 8. Bild) dem verurteilten Claudio vor der (bei Shakespeare nicht ausgeführten) Hinrichtung philosophischen Trost zusprach, mimte dieser mit Röcheln und Zuckungen schon einen veritablen Todeskampf. Den Text hatte man dem kruden Aktionismus der Körper angepaßt. So herrscht Isabella Claudio an, der sie anfleht, sein Leben zu retten: »Du kotzt mich an..., du bist ein Vieh ..., ein feiger Kriecher ..., der letzte Dreck!«[1] Die Charaktere schienen ebenso entstellt wie die Handlung. Aus dem Herzog war ein Sadist geworden, der sich an herzlosen Experimenten ergötzt und dafür schließlich vom Volk getötet wird. Sein Platz wurde von der Kupplerin Frau Überley (hier Frau Meier) eingenommen, die Escalus, Angelo und Mariana hinrichten läßt (Claudio hatte schon vorher dran glauben müssen) und die (bei Shakespeare keusche) Novizin Isabella in ein Bordell beordert.

War das noch dasselbe Stück, in dem das Nachkriegspublikum soviel Bestätigung gefunden hatte? Damals war *Maß für Maß* interpretiert worden als sublime Debatte zwischen Gerechtigkeit und Gnade, als Mysterienspiel, in dem ein übereif-

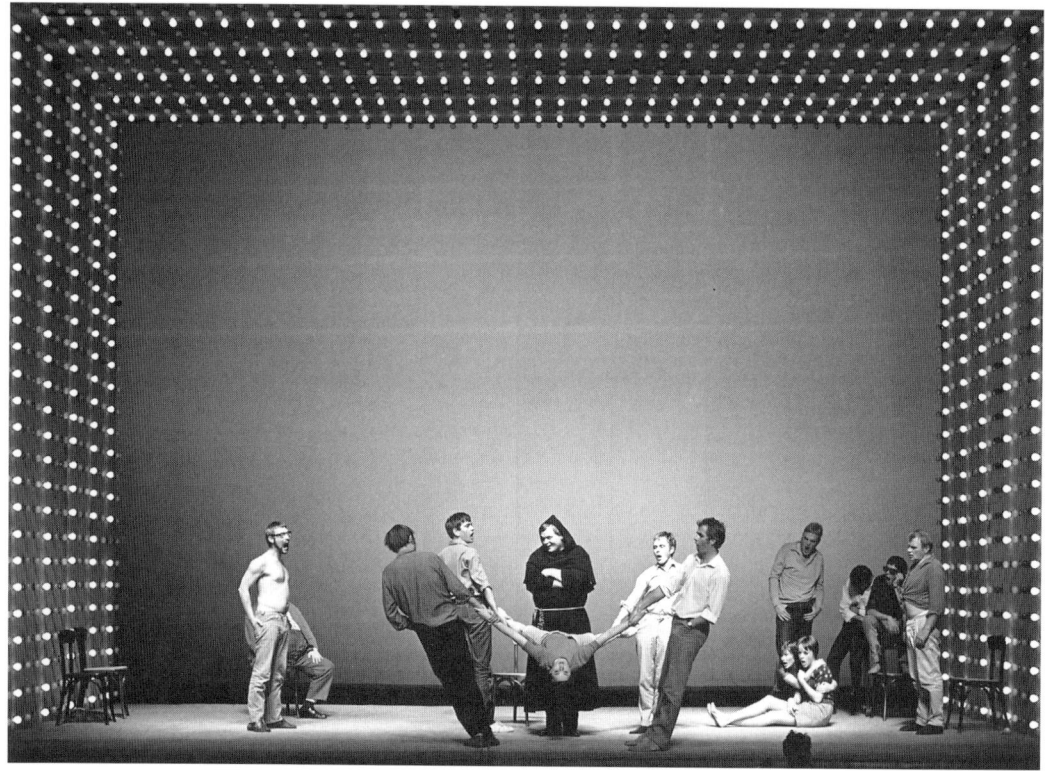

109. *Maß für Maß* Bremen 1967. R: Peter Zadek, R: Wilfried Minks, F: Artur Laskus. Die Bühne als Experimentierraum für Gruppentherapie.

riger Idealist nichts weiter will, als in einer moralisch verkommenen und dekadenten Welt Ordnung zu schaffen, dabei allerdings übers Ziel hinausschießt, selbst zum Verbrecher wird und in tiefe Schuld fällt – ein Angelo Germanicus sozusagen, dessen Leben zu Recht verwirkt gewesen wäre, hätte es nicht diesen gottähnlichen Herzog gegeben, der den jungen Fanatiker nur prüfen, ihm eine eindringliche Lektion erteilen und ihn dann begnadigen wollte – genauso wie die Deutschen nach dem Krieg nur auf Gnade vor Recht hoffen konnten. So hatte man *Maß für Maß* gespielt, als Parabel: moralische Hybris wird schuldig, bestraft, geläutert und schließlich begnadigt – eine tröstliche Botschaft. Keine Spur davon mehr in der Bremer Inszenierung.[2] Radikalisierungen dieser Art waren damals noch die Ausnahme. Daß sie überhaupt möglich waren, zeigt, daß schwerwiegende Veränderungen eingetreten sein mußten.

Das neue geistige Klima

Von den frühen Sechzigern bis zum Ende der siebziger Jahre war die westdeutsche Gesellschaft in ständigem Aufruhr und Umbruch. Für alle westlichen Industrieländer war dies die Zeit des großen Wertewandels. Eingeläutet wurde sie vom bejubelten Aufstieg der Popkultur und bewirkte in der Folge die Befreiung von Zwängen jeder Art, um schließlich in den frühen Achtzigern unter Helmut Kohl, Margaret Thatcher und Ronald Reagan mit dem Versuch der Rückkehr zu konservativen Werten auszuklingen. In dieser Epoche wurden die geistigen und moralischen Grundlagen radikal verändert, Institutionen umgekrempelt, Autoritäten gestürzt, und Politik wurde zu einem alles durchdringenden Phänomen. Es war eine Kulturrevolution, die keinen Aspekt des privaten und öffentlichen Lebens verschonte.

In mancherlei Hinsicht spiegelte die Entwicklung in Deutschland nur den allgemeinen Trend: das Aufkommen einer separaten Jugendkultur, die sich mit den Kategorien der Erwachsenenwelt nicht länger erfassen ließ; die rapide Nivellierung der Klassenunterschiede bei jungen Leuten; die Steigerung von Mobilität, Individualismus und sexueller Freiheit mit der entsprechenden Schwächung von Familienbanden und vordem verpflichtenden Verhaltensnormen; Experimente in alternativer Lebensführung und wachsende Akzeptanz von »minority lifestyles« – in allen diesen Bereichen zog die Bundesrepublik nur nach. Dennoch waren die Verwerfungen hier viel gravierender und anhaltender als in anderen Ländern. Das läßt sich nur aus der besonderen geistigen Situation Nachkriegsdeutschlands erklären. Seit Kriegsende war die westdeutsche Gesellschaft auf Wiederaufbau programmiert gewesen, Autorität war für sie eine Selbstverständlichkeit. Als in den frühen Sechzigern die Dämme brachen und eine Generation von Zwanzigjährigen ihre Utopien von Selbstverwirklichung, Gleichheit und paritätischer Mitbestimmung verkündete, schienen die Fundamente ins Wanken zu geraten. Die ältere Generation hatte geschuftet, um das Land nach dem Krieg wieder aufzubauen und fand sich jetzt auf einmal unverständlicher Verbrechen angeklagt: man habe das »falsche Bewußtsein«, hieß es, oder stütze »den Status quo von Herrschaft und Unterdrückung«. Der neo-marxistische Jargon ihrer Kinder, der Schüler und Studenten versetzte die Älteren in Angst und Schrecken, hatten sie selbst doch ein Arbeitsleben hinter sich gebracht, ohne viel zu theoretisieren. Die junge Generation tat offenbar nur dies, schien geradezu theoriebesessen. Eine Minderheit verschrieb sich marxistisch-leninistischer Orthodoxie, die Mehrheit folgte libertären Propheten wie Ludwig Marcuse, eine Elite begab sich in die Labyrinthe von Theodor W. Adornos Ideologiekritik.

Die Ideologiekritik erwies sich als vorzügliche Waffe. Ihre Grundidee: Jede kulturelle Betätigung, von der Philosophie bis zur Malerei, ist sowohl Ausdruck eines Befreiungspotentials als auch Tarnung der ideologischen Kompromisse, die für den Erhalt des Status quo nötig sind. Das authentische Kunstwerk antizipiert die

(humanistisch-freiheitliche oder humanistisch-sozialistische) Gestalt des Kommenden. Es widersetzt sich der Identität, der »Urform von Ideologie«, und es bewahrt
an den ästhetischen Bruchstellen einen Bereich des Inkommensurablen, des ver-
hüllten Wahren, der diskursiv nicht zugänglich ist. Den Erzeugnissen der »Kultur-
industrie« fehlt diese subversive Potenz. In ihnen wird Kultur selbst zum Instrument von Herrschaft und bedient nur die »Ideologie« oder das falsche Bewußtsein,
das die Gesellschaft braucht, um die als »natürlich« oder »unvermeidlich« propagierten und gedankenlos akzeptierten Ungleichheiten sowie die daraus resultierenden Widersprüche zu verdecken. Unter solchen Voraussetzungen wird Kritik zum
Dienst an gesellschaftsverändernder Aufklärung. In sensiblen Händen indiziert die
Sonde der Ideologiekritik verborgene Schwachstellen, verkappte Herrschaftskon-
stellationen, künstlerische Kompromisse und nachlassendes Engagement. Der Vul-
gärmarxist begibt sich damit auf die Suche nach »reaktionären Elementen«.

Für den Adorno-geschulten Ideologiekritiker war Kultur, wie bewundernswert
ihre Errungenschaften im einzelnen sein mochten, immer auch zutiefst verdächtig.
Sie enthielt nämlich in jedem Falle ein Substrat von »Ideologie«, wodurch sie überhaupt erst akzeptierbar wurde und so unbeabsichtigt dazu beitrug, die bestehende
(ungerechte) Ordnung zu festigen. Deshalb war der bürgerliche Kanon einer
grundlegenden Revision zu unterziehen. Aktivisten mochten sich damit begnügen,
Kunstwerke als fortschrittlich oder reaktionär einzustufen, die Adorno-Schüler
unterwarfen sie tiefschürfenden dialektischen Analysen, um auch die verdeckten
Spuren von falschem Bewußtsein oder Ideologie ans Licht zu bringen.

Kunstwerke unter Ideologieverdacht zu stellen, ihnen prinzipiell Anpassung an
die bestehenden Herrschaftsverhältnisse zu unterstellen und zu fordern, sie hätten

110.
Rudi Dutschke am
29.2.1968 auf einer
Vietnam-Demonstration
in Frankfurt am Main.
So mancher Mark Anton
entdeckte in diesen
Tagen sein Talent für
aufrüttelnde politische
Rhetorik.

sich entweder schuldig zu bekennen oder den Unschuldsbeweis anzutreten, war mehr als ein intellektueller Zeitvertreib. Die Deutschen hatten sich viel auf ihre Kultur zugute gehalten, aber alle Hochachtung vor dem kulturellen Erbe und seiner humanistischen Tradition hatte Auschwitz nicht verhindert. »Buchenwald liegt bei Weimar«, wie Adolf Dresen 1964 formulierte. Wenn die Liebe zu ihren Klassikern die Vätergeneration nicht daran gehindert hatte, Greueltaten zu begehen, welchen Wert hatte die hehre Tradition dann noch? Oder bestand da gar eine unbewußte Verbindung zwischen apolitischem Humanismus und inhumaner Politik?

Solche Fragen zielten ins Herz der deutschen Identität. In anderen Ländern war die Studentenrevolte von 1968 ein zeitlich begrenztes Aufflammen, ein Generationenkonflikt um Themen wie Moral und Unmoral der Macht, um die Legitimation von revolutionärer Gewalt, um die Rechte von Befreiungsbewegungen in Ländern der Dritten Welt in ihrem Kampf gegen den Kolonialismus, um die Notwendigkeit von (notfalls auch einseitiger) atomarer Abrüstung angesichts der Horrorszenarien des Overkills. Das waren auch in Deutschland brennende Fragen. Sie hatten sogar 1963 zur Errichtung einer außerparlamentarischen Opposition (APO) geführt, die beanspruchte, im Namen von humaner Vernunft und globaler Ethik zu sprechen. Aber die jungen Deutschen stellten der Generation ihrer Eltern noch verstörendere Fragen. Was hatten sie getan, um Auschwitz zu verhindern? Und waren nicht die Grundlagen, nach denen sie den Wiederaufbau betrieben, nämlich Kapitalismus, Christentum und klassischer Humanismus, genau die Art von unheiliger, quasifaschistischer Allianz, die zu den Gaskammern geführt hatte? Welche Garantie boten ihre derzeitige politische Praxis und die kulturellen Errungenschaften der Vergangenheit gegen einen erneuten Rückfall in die Barbarei? Das politische Establishment und die Professorenschaft wankten unter der Wucht dieser Anklage. Die ältere Generation war wie erstarrt. Sie hatten das Land wieder aufgebaut, Schuld und Verantwortung auf sich genommen – oder dachten das zumindest – hatten den jüdischen Überlebenden und dem Staat Israel Wiedergutmachung gezahlt, hatten sich in Mustereuropäer verwandelt, und jetzt wurden sie von ihren eigenen Kindern an den Pranger gestellt. Ihre Gegenwehr war nur halbherzig, es war zuviel verdrängt worden. In der nun einsetzenden Gewissenserforschung wurden alle Autoritäten und Überlieferungen in Frage gestellt.[3] Die Klassiker kamen nicht ungeschoren davon.

Shakespeare, das Theater und die Autoritätskrise

Das Jahr 1964, wenn man ein genaues Datum nennen will, kann als der Wendepunkt angesehen werden. Wenige Jahre zuvor galt das Theater noch als der Ort, an dem man als guter Deutscher der Kultur seinen Respekt bezeugte und seinen Glauben an die Werte des christlichen Humanismus stärkte. Ein paar Jahre danach war das Theater Schlachtfeld, Tribunal, Propagandaforum, Zirkus, aber nicht mehr

Kultstätte und Museum. Das Jahr 1964 markiert die Bruchstelle. Shakespeares 400. Geburtstag wurde überall groß gefeiert.[4] Viele der älteren Regisseure – Kortner, Sellner, Schalla, Schuh, Hilpert, Stroux – ließen es sich nicht nehmen, ihren geliebten Shakespeare mit denkwürdigen Inszenierungen zu ehren. In Wien hatte Leopold Lindtberg seinen Spielplan so eingerichtet, daß er jetzt die acht Historienstücke der beiden Tetralogien nacheinander spielen konnte (16. bis 28. Mai) – das sollte der letzte Historienzyklus dieses Umfangs auf einer der bedeutenderen deutschsprachigen Bühnen bleiben. Die deutschen Shakespearefreunde ließen ihrem Autor jede erdenkliche Ehre angedeihen.

Es gab nur eine Ausnahme, eine schockierend unorthodoxe Inszenierung von *Heinrich V.* in Bremen (23. Januar 1964) unter dem Titel *Held Henry* in der Regie von Peter Zadek. Zadek machte aus *Heinrich V.* eine pazifistische Collage, eine ahistorische Multimedia-Schau gegen Heldentum und Militarismus. Der Text war nur mäßig verändert, aber sonst war dem Regisseur jedes Mittel recht, um klarzustellen, daß Patriotismus und Heldentum gemacht werden, daß sie manipulierte *Produkte* sind. Peter Zadek zeigte bei seiner Umfunktionierung des Stücks in die Politrevue *Held Henry*, wie auf einer Projektionswand dem Text ein laufender Bildkommentar beigegeben werden konnte. Mit ihm sollte die aktualisierende Absicht der Inszenierung verdeutlicht und die fatale Verquickung von Heldentum und Heldenkult entlarvt werden. Fotos von fünfzig englischen Monarchen, von denen sich einige in die Köpfe von Hitler, Stalin, Billy Graham, Wernher von Braun, Uwe Seeler usw. verwandelten, wechselten mit anderen ironisierenden Porträtmontagen. Der Sieg Heinrichs wurde mit einer Parade auf den Champs Elysées gefeiert: Henry und seine Pairs nahmen salutierend die eingeblendete Parade der Hitlertruppen nach dem Einmarsch in Paris ab. »Henry« wurde zwar immer noch als Held dargestellt, gleichzeitig war er aber ein medienbewußter Arrangeur seiner öffentlichen Auftritte, während er – einmal im Feld – sich handfestere Befriedigungen suchte. Den großen Monolog (4.1.) »Nur auf den König! Legen wir dem König/Leib, Seele, Schulden, bange Weiber, Kinder/und Sünden auf …« sprach ein zigaretterauchender Henry vom Fußende eines Feldbettes, auf dem eine französische Kurtisane ungeduldig auf das Ende seiner tristen Reflexionen wartete.

Das Jahr brachte noch andere Überraschungen. Die Deutsche Shakespeare-Gesellschaft, die sich im Jahr davor aus politischen Gründen gespalten hatte, hielt streng getrennte Jahrestagungen in Weimar und Bochum ab. Von nun an bis zum Ende der DDR brachten die zwei Gesellschaften je eigene Jahrbücher heraus und beäugten einander argwöhnisch. Ihre gestörten Beziehungen waren bezeichnend für die Atmosphäre des Kalten Kriegs, die sich durch den Mauerbau im August 1961 noch verschlechtert hatte. Berlin war nun eine geteilte Stadt, und die ganze DDR war jetzt faktisch abgeschnitten, mit gravierenden Auswirkungen für den Austausch im Bereich des Theaters. Vorher war es immer noch möglich gewesen, wenn auch mit strengen bürokratischen Auflagen, an einem Theater im anderen Teil Deutschlands zu arbeiten. Damit war jetzt Schluß. Verschiedene Schauspieler und Regisseure (der Fall des Brecht-Schülers Peter Palitzsch erregte das größte Aufsehen) entschieden sich, im Westen zu bleiben. Adolf Dresen und andere, die mit der sich zunehmend verschärfenden Kontrolle der Partei über das ostdeutsche Kulturleben in Konflikt gerieten, sollten folgen. Glücklicherweise war die totale Trennung nur temporär. 1961 hatten einige westdeutsche Theater aus Protest gegen den Mauerbau Brechtstücke abgesetzt. Wenige Jahre danach wurden ostdeutsche Regisseure wieder eingeladen, an westdeutschen Theatern zu arbeiten, und die Modellinszenierungen des Berliner Ensembles waren wieder im Westen zu sehen. Mitte der sechziger Jahre war der Beginn der großen Brechtwelle: Seine Stücke, seine Theorien und seine Schüler gewannen immer mehr Anhänger.

Brechts Einfluß wurde noch verstärkt durch ein Buch des polnischen Theaterwissenschaftlers und Regisseurs Jan Kott, das 1964 unter dem Titel *Shakespeare heute* auf deutsch erschien und sofort Furore machte. Obwohl verschieden in ihrer philosophischen Grundhaltung – zwischen Kotts abgründigem Pessimismus und Brechts dogmatisch vorgegebenem sozialistischen Optimismus liegen Welten – ist ihre Analyse des gegenwärtigen Weltzustandes und der vergangenen Menschheitsgeschichte gleichermaßen negativ. Für Brecht war die Geschichte ein Pandämonium von Gewinnsucht, Gier, Wollust und Egoismus; Rettung sah er bestenfalls im Sozialismus und einem ziemlich utopischen Sinneswandel. Kotts Sicht der permanenten Machtkämpfe in den Historien als »Großer Mechanismus« gestattete nicht einmal diese schwache Hoffnung. Machtergreifung und Entmachtung, Mord und Verrat wiederholen sich in finsterer Monotonie. Das paßte einer jüngeren Generation von Schauspielern und Regisseuren ausgezeichnet ins Weltbild: je verrotteter die moralischen Grundlagen des »Systems«, desto notwendiger die Revolution. Pessimistische und nihilistische Geschichtsdeutungen standen hoch im Kurs. Sie rechtfertigten drastische künstlerische Einsprüche. Nur flammende Empörung über die Ungerechtigkeit der Gesellschaft würde die notwendige Energie für eine fundamentale Änderung der Verhältnisse hervorbringen.

Die jungen Theatermacher waren entschlossen, das Theater zu einem Instrument der ›Aufklärung‹ und antibürgerlichen Agitation umzufunktionieren. Drei Wege sollten zu diesem Ziel führen: erbarmungslos anklagende Stücke über Gegenwartsprobleme, Änderung der Machtstrukturen innerhalb der Theater selbst, rücksichtslose Demontage des klassischen Erbes. Zwar standen die Stadttheater in Repertoire und Spielweise meist noch treu zur Tradition, aber der neue Geist betrat die Bühne gewissermaßen durch die Hintertür. Die Studiobühnen der großen Häuser öffneten sich für experimentelle Formen, freie Gruppen und Studententheater fanden hier gelegentlich Spielstätten und ein breiteres Publikum. Die Frankfurter »Experimenta« als jährliche Parade von alternativem Theater in Inhalt und Form ebenso wie die Festivals von Studententheatern in Erlangen und andernorts verbreiteten die Auffassung, daß Theater etwas Vitales und Anarchisches sei, von dem bald entscheidende Umwälzungen in Kunst und Wirklichkeit ausgehen würden.

111. Blauer Dunst und heftige Debatten. Peter Stein (2. von links) und Claus Peymann (rechts außen)
bei einer Direktoriumssitzung in den wilden Sechzigern. F: Abisag Tüllmann.

Nichts war vor dem Aufklärungsfuror der jungen Rebellen sicher. Melchior
Schedlers ominöses 1969er Manifest über Kindertheater zeigt, wie rigoros das
Theater als Mittel zur Indoktrination eingesetzt werden sollte. Seine Forderungen
lassen erkennen, wieviel sich im Theater der Erwachsenen schon verändert hatte
und mit welch grimmiger Entschlossenheit man auch die letzten Überreste der
bürgerlichen Tradition verfolgte. Statt *Hänsel und Gretel* und *Peterchens Mondfahrt*
forderte er »Stücke, ... deren Themen Suburbs und Minderheiten sind, die APO
und die Gastarbeiter«; statt *Robinson Crusoe* »realistische Abbildungen der Dritten
Welt«; und selbstverständlich hatte das neue Kindertheater auch »kindliche Sexualität auf die Bühne zu bringen«. Das Theater der Kinder sollte ein »Instrument
ihrer Selbstverwirklichung« sein und sein Publikum zu Mitspielern machen, »die
vor keiner Kunstmystik mehr kapitulieren ..., mit einem Wort, wir brauchen ein
Kindertheater, das das bürgerliche Theater aufhebt.«[5]

Revolutionäre Inhalte *auf* der Bühne, aber diktatorische Machtstrukturen im
Theater selbst, das war ein Widerspruch, der nicht lange hingenommen wurde. An
den fortschrittlicheren Häusern sowie unter jüngeren Regisseuren und Intendanten
wurden verschiedene Mitbestimmungsmodelle entwickelt. Das »Frankfurter Modell«, das Regisseur (Peter Palitzsch), künstlerischen Direktor (Günther Rühle) und
ersten Schauspieler (Peter Roggisch) als Leitungsteam zusammenbrachte, wurde
auch von anderen übernommen und war eine Zeitlang erfolgreich. An vielen Theatern funktionierte die Mitbestimmung allerdings nicht. Für einen Peter Zadek kam
sie ohnehin nicht in Frage, denn er haßte die damit verbundenen formaldemokrati-
schen Regularien. Er hielt mehr vom unstrukturierten gemeinschaftlichen Experi-

mentieren.[6] Peter Stein hingegen erwartete von seinen Schauspielern sowohl demokratisch korrekte wie kunsttheoretisch informierte Partizipation. Bei einigen Truppen brachten die mit verbissenem Starrsinn exekutierten Prozeduren basisdemokratischer Entscheidungsfindung den Spielbetrieb in Gefahr. Doch war trotz aller Mitbestimmungsmodelle der Machtzuwachs des Regisseurs unvermeidlich. Aber die neuen Kooperationsformen, die von jüngeren und engagierten Ensembles entwickelt wurden, brachten Schauspieler hervor, die mit kritischer Intelligenz die gesellschaftsverändernde Bedeutung ihrer Texte und ihrer darstellerischen Aufgabe erfaßten. Das bestärkte sie in dem gemeinsamen revolutionären Wollen.

Den aufsehenerregendsten Ausdruck fand das neue kritische Bewußtsein in der hochnotpeinlichen Überprüfung der Klassiker. Aggressive Lesarten waren angesagt. Das war die Stunde der Dramaturgen, die bereit waren, die klassischen Texte auf das Kottsche Substrat elementarer Leidenschaften zu reduzieren.[7] Aus Prinzip mißtrauisch, galten ihnen Heldentum, Wahrheit und Tugend als Illusionen, poetische Sprache als ästhetisches Narkotikum und die sorgfältige Ausgewogenheit im moralischen Kosmos der Stücke als Tarnung ideologischer Interessen. Sich in den Proben ein Stück unter solch kritischen Vorzeichen zu erarbeiten, hieß jahrhundertealte Schichten von werktreuer Ausdeutung zu durchstoßen, um endlich zum harten Kern der ungeschönten Wirklichkeit vorzudringen. Vor allem die jüngeren Brechtianer wie Peter Palitzsch und Egon Monk oder von Piscator geschulte Regisseure wie Hansgünther Heyme besaßen die nötige Entschlossenheit für solche Eingriffe. Wie ihre Meister waren sie überzeugt, daß manche klassische Stücke nur noch ›Materialwert‹ hatten, und entsprechend sprangen sie mit ihnen um: sie rauhten auf, verstärkten Dissonanzen, aktualisierten. Statt Poesie boten sie Provokation.

Das Bedürfnis, die Klassiker aus den Angeln zu heben, gab es nicht nur in Deutschland, man vergleiche etwa die Adaptionen und Umtextierungen von Joseph Papp, Charles Marowitz, Edward Bond, Tom Stoppard und Eugène Ionesco. Diese radikalen Umwertungen, denen Shakespeare in den sechziger und siebziger Jahren unterzogen wurde, spiegelten die zunehmend schizoide westliche Weltsicht, auf die das Theater mit den Kategorien von Absurdität, Irrationalität und Fragmentierung antwortete.

In Deutschland waren es hauptsächlich Regisseure und nicht Schriftsteller, die die Umformung der Klassiker vorantrieben. Der Trend war zudem stärker als in anderen Ländern, und zwar aus zwei Gründen. Der erste ist struktureller Natur. Das subventionierte Theater ist weniger abhängig von der Zustimmung des zahlenden Publikums. Außerdem fanden aufgeschlossene Stadtväter zunehmend Gefallen an avantgardistischen Theatermachern. Hinzu kam der Generationswechsel um 1970, als viele wichtige Intendantenposten frei wurden und die Avantgarde an den etablierten (und wohldotierten) Theatern an die Macht kam.

Der zweite Grund war ideologischer Natur. In anderen Ländern waren Umformungen und Radikalisierungen von Shakespeare meist das Produkt einer absurden Weltsicht. In Deutschland stand dahinter die quälende Auseinandersetzung mit der

Frage aller Fragen. Wie konnte es zum Holocaust kommen? Wenn die bürgerliche Gesellschaft unfähig gewesen war, den Faschismus zu verhindern, ließ sich die bürgerliche Kultur von Mitschuld freisprechen? Hatten die Klassiker nicht dazu beigetragen, ein repressives Wertesystem zu unterstützen? Eine elegante, nichtssagende Hochglanzkultur, abgehoben vom politischen Geschehen ihrer Zeit – so sah man nun das Theater im Dritten Reich: blutleere Klassik, die die Möglichkeit einer endlichen Versöhnung vorgaukelte, anstatt die aktuellen Verbrechen anzuprangern. So realitätsfern dürfe das Theater nie mehr sein. Es gab nur ein Mittel, um die klassischen Stücke von ihrem Hang zur Affirmation zu befreien und ihnen ihre ursprüngliche Sprengkraft wiederzugeben. Man mußte ihre inhärenten Widersprüche aufdecken, sie aus der Historie lösen und radikal vergegenwärtigen, das heißt sie (psycho-)analysieren, notfalls auch brutalisieren, vor allem aber ihren politischen Horizont aufblenden. So hinterfragt, würde die traditionsgemäß in der Schlußszene des fünften Aktes wiederhergestellte Harmonie und Ordnung sich als das erweisen, was sie war, unfrommer Betrug. Und nur indem man die verborgene Sprengkraft der klassischen Stücke reaktivierte, ließen sich auch, so dachte man, die Zuschauer aktivieren – oder, falls sie partout auf kulinarischer Unterhaltung oder noblem Ritual beharrten, aus dem Theater vertreiben.

Den Zuschauern wurden nicht nur drastisch veränderte und bewußt vergröberte Texte zugemutet, sie wurden auch mit skandalösen Bildern geschockt. In diesen Jahren erbitterter Kämpfe und Kontroversen wurden die Grundlagen theatralischer Kommunikation radikal verändert. Schließlich war nach einem Jahrzehnt kritischer und subversiver Inszenierungen eine neue Theaterästhetik entstanden: etablierte Verbindungen wurden gelöst, Heterogenes zusammengezwungen, das Handlungsgefüge dezentriert, ja sogar zerrissen. Die westdeutsche Theateravantgarde hatte Jan Kott längst überholt. Im Verlauf dieses Paradigmawechsels hatte sie sich unerhörte Freiheiten erkämpft: eine neue Ästhetik der Häßlichkeit, Gewalt und Absurdität erprobt, festgeschriebene Konventionen aufgekündigt und die Theaterbesucher mit atemberaubenden Innovationen in Bild, Sprache, Handlungslogik und Bedeutung überwältigt. Im Rückblick erscheint dieses Ringen um eine Neudefinition der gesellschaftlichen Funktion des Theaters als das spannendste ästhetische Abenteuer im deutschen Theater seit dem großartigen schöpferischen Aufbruch in der Weimarer Republik.

Die Historien als Lehrstücke

Peter Palitzsch: Der Krieg der Rosen

Für die neue ideologische Umgestaltung in der Manier von Brecht und Kott boten die Historien ein hervorragend geeignetes Versuchsfeld. Brecht hatte mit *Coriolan* den Weg gewiesen. Aus einer analytischen, illusionslosen Betrachtung der feudalen

112.
Der Krieg der Rosen
(Heinrich VI.) 1967 Stuttgart.
R: Peter Palitzsch,
B: Wilfried Minks,
F: Werner Schloske.
Das Bühnenbild als Memento
mori und Demontage
des Heldenkults.

Machtkämpfe und der egoistischen Motive ihrer Protagonisten ließen sich offenbar die pointiertesten Lehren ziehen. Deren wichtigste lautete, daß aus gegenwärtigem Chaos sich nie und nimmer zukünftige Ordnung entwickeln könne, solange Geschichte im Würgegriff einer rücksichtslosen Herrscherklasse blieb. So lange würde Geschichte nur Spiel der Mächtigen und gleichzeitig ein tödlicher Mechanismus sein. Giorgio Strehlers berühmte Fassung von *Heinrich VI.*, *Il gioco dei potenti*, (1965, Teatro Piccolo, Mailand; 1973 bei den Salzburger Festspielen in einer deutschen Fassung[8] neu inszeniert) konzentrierte sich auf den ersten Aspekt, Peter Palitzschs *Der Krieg der Rosen* (24. und 25. Januar 1967, Stuttgart) auf den zweiten. Palitzsch sah die Geschichte als grotesken, selbstzerstörerischen Mechanismus in einer kannibalistischen Welt. Ihre Embleme – Skelette, Leichen, abgeschlagene Gliedmaßen und Kriegsschrott – waren ständig im Blick, in einem Fries, der sich über die ganze Bühnenbreite erstreckte. (Abb. 112)

Die Botschaft, daß aristokratische Machtspiele nichts als Tod und Verderben bringen, war nicht zu übersehen. Geschichte als Teufelskreis von Verrat und Mord – die Lektion wurde klar herausgearbeitet. Palitzsch und sein Dramaturg Jörg Wehmeier hatten aus der Trilogie einen achtstündigen Zweiteiler

113.
Peter Palitzsch

gemacht, *Heinrich VI.* und *Eduard IV.* betitelt. Obwohl er, wie er zugab, von Strehler beeinflußt war, sorgte Palitzsch dafür, daß die Idee des tödlichen Mechanismus trotz aller spielerischen Momente immer präsent blieb. Während Strehler stärker die Phantasie ansprach, appellierte Palitzsch an den Verstand, um »Shakespeares skeptischen Realismus« hervorzuheben. Die »Großen«, sagte er,

> klammern sich an das Rad der Macht, solange es sie aufwärts dreht, und sie versuchen jedem, den sie als Nebenbuhler empfinden, den Kopf oder wenigstens die Finger abzuschlagen, und erst, wenn es sie abwärts reißt, beginnen sie über sich und ihr Tun hinaus, beginnen sie geschichtlich zu denken. Sehr menschlich. … Aber nicht Psychologie ist das Ziel Shakespeares, und nicht ihre richtige Handhabung macht seine Einmaligkeit aus. Sein großer Realismus zeigt sich darin, daß er allen am »Spiel der Mächtigen« Beteiligten diese philosophische Haltung erst dann zubilligt, wenn das Spiel ausgespielt ist, wenn sie nichts und niemandem mehr nützt.[9]

Ganz im Einklang mit Brechts marxistisch inspiriertem, geschichtsdidaktisch aufklärerischem Programm gestatteten auch Palitzsch/Wehmeier den Shakespeareschen Helden keine selbstlosen Motive und machten aus Talbot einen »großmäuligen, feigen und brutalen Schlächter«.[10] Er wird schließlich mit einem Dolchstoß in den Rücken abserviert. Den offenen und ehrlichen Kampf gibt es nicht mehr. Vom Tod im Gefecht oder im Einzelkampf redet man im Vokabular des Schlachthofs. Nur Heinrich VI. (eine Glanzrolle für Peter Roggisch) darf Mitleid äußern, er allein bekommt längere reflektierende Passagen zugestanden, sie wurden sogar noch durch Ergänzungen aus der Feder von Regisseur und Dramaturg verstärkt. Aber da der König keine Macht hat, die Verhältnisse zu ändern, vertiefen diese zusätzlichen Zeilen, die man ihm als dem einzigen Vertreter der Humanität in den Mund legt, nur die generelle Hoffnungslosigkeit.

Überraschenderweise wurde in der Neufassung das einfache Volk weder idealisiert noch seine Rebellion zu einer Volkserhebung hochstilisiert. Ihr Anführer Cade ist ein ebenso gewissenloser Schlächter wie seine adligen Gegenspieler, und so kommt er auch zu Tode: Er wird von Idens Schülern ergriffen und von ihrem Lehrmeister, der ihnen soeben in seinem Garten eine Lektion über »Humanität« erteilt hat, abgestochen. Im Gegensatz zu den römischen Bürgern in Brechts *Coriolan* erlangen die einfachen Leute bei Palitzsch/Wehmeier kein differenziertes Klassenbewußtsein. Sie dürfen zwar ihr Elend erkennen – so werden den Soldaten, die frierend Wache schieben, während die Generäle feiern, die Verse in den Mund gelegt

> 's ist ungerecht, wir armen Schweine müssen,
> Wenn and're fressen, saufen oder huren,
> In Finsternis und Kälte Wache halten.[11]

aber die ideologischen Hintergründe bleiben ihnen verborgen, und sie sind leicht zu manipulieren.

Es gibt in dieser Version also keine Instanz oder Kraft, die fähig wäre, eine Veränderung der Verhältnisse herbeizuführen. Die Adaptoren sahen Geschichte als Klassenkampf und feudalistische Politik als Abfolge von Schachzügen in einem Machtspiel zwischen den herrschenden Klassen der beteiligten Nationen und waren deshalb auch nicht an den feingesponnenen dynastischen und moralischen Rechtfertigungen des Originals interessiert. Diese wurden entweder gestrichen, gekürzt oder als ideologische Scheingründe ironisiert. So jeglicher Legitimation beraubt, ließ Geschichte sich als sinnloser Mechanismus darstellen.

Das Problem, eine brauchbare Bühnenfassung der drei Teile von *Heinrich VI.* herzustellen, wird meist dadurch gelöst, daß man die Anzahl der Szenen reduziert, wobei kleinere entfallen und andere zusammengelegt werden, um die Handlung kohärenter zu machen. Von den 79 Szenen des Originals wurden von Palitzsch/ Wehmeier nur 9 gestrichen. »Brüche wurden angestrebt, Widersprüche beibehalten. Es entstanden Szenenzusammenlegungen, Auslassungen, Verschärfungen« (Programmheft). Offenbar gab es für sie kein redundantes Material. Sogar scheinbar verzichtbare Details waren von Wert, wenn man sie als ironische Kommentare, Spiegelszenen oder Kontrastmittel einsetzte. Die Wirkung solch bezeichnender Gegenüberstellungen wurde durch Wilfried Minks' geniales Bühnenbild verstärkt. Zentraler Blickfang war eine weiße Schiebewand, auf die die Schauplätze projiziert wurden (London: Westminster-Abtei / Notre Dame / Schlachtfeld). Die erlesenen, von Kritikern als sakral empfundenen Bildprojektionen, die historisch belassenen Kostüme und das ritualisierte Spiel standen in scharfem Kontrast zu dem ständig sichtbaren Fries aus Skeletten und Kriegsschrott, der sich als schmales Band über die Projektionswand erstreckte. Auf dieser klaren Bühne wurde bei hellem Arbeitslicht der Mechanismus der Macht vorgeführt – und durch das verfremdende Memento-Zeichen die Dimension der Opfer ständig präsent gehalten.

Rechts, links und in der Mitte öffneten oder schlossen Schiebetüren dahinterliegende Spielflächen. Alle Szenen, die nicht auf der Vorderbühne oder an der Rampe gespielt wurden, erschienen dem Publikum so gewissermaßen wie in einen Rahmen gesetzt, der Distanz schuf. Durch das bloße Verschieben einer der Wände wurde der »Rahmen« verändert und ein neues Bild freigegeben. Dieses einfache Mittel sorgte für Tempo. Es unterstützte auch die didaktischen Absichten des Regisseurs. Der betreffende Gegenstand ließ sich so zur Schau stellen, ausblenden und sofort durch eine entsprechende oder kontrastierende Szene in einem der anderen Rahmen kommentieren. Nach Horst Zander ist Minks' Wandkonstruktion die dreidimensionale Form der Schnittechnik des Films:

> Durch einen Ausschnitt in der Mitte sieht man Talbot mit seinem Sohn auf zwei Pferdeattrappen frontal zum Zuschauer reiten. Dann folgt der Schnitt (das heißt die Wände fahren zusammen), und nach erneuter Öffnung erscheint im gleichen Ausschnitt Talbot, der den verwundeten Sohn zu sich aufs Pferd genommen hat. Anschließend kommt der nächste Schnitt: Talbot, selbst schwer verwundet, trägt seinen toten Sohn auf den Schultern.

> Die Wand erlaubt zugleich eine filmische Großaufnahme (indem sie etwa Ausschnitte aus der Schlacht präsentiert) ebenso ein Simultanspiel (während die Fürsten auf den Sieg trinken, frieren die Soldaten in der Kälte) sowie eine zugespitzte Parallelisierung ...[12]

Ein so kongeniales Demonstrationsinstrument ermöglichte dem Regisseur, jede einzelne Szene scharf fokussierend herauszustellen und hochtrabende Reden durch vielsagende Gegenüberstellungen zu relativieren. Die Selbstwidersprüche der feudalen Gesellschaft, ihre moralische Indifferenz und nackte Brutalität wurden so der Kritik der Zuschauer ausgesetzt, ohne daß man auf platte Agitation zurückgreifen mußte. Es war eine eindrucksvolle Lektion in angewandtem dialektischem Materialismus, die erste und erfolgreichste von vielen, die noch folgen sollten. Ihre Methoden waren die des Brechtschen epischen Theaters, ausstellend und didaktisch segmentierend; ihre Botschaft, nämlich Geschichte als end- und sinnlose Wiederholung zerstörerischer Aktionen, stammte von Kott.

Mit einundvierzig Vorstellungen brach *Der Krieg der Rosen* alle Rekorde für eine Inszenierung von *Heinrich VI.* Sie wurde viel besprochen und diskutiert, und ihre Grundidee, mit Brechts Mitteln eine Kottsche Weltsicht zu präsentieren, wurde zur Standardpraxis bei der Bearbeitung der Historien in den nächsten Jahren. Das ließ immer noch genug Raum für differierende Interpretationen, je nachdem, ob Regisseure (in Textfassung und Darstellung) stärker den philosophischen (also den absurden) oder den politisch-historischen Pessimismus von Kotts Analyse betonten. So brachte Claus Peymann 1969 in Braunschweig eine introvertierte Endspielversion *Richards II.* heraus, während sich Hans Schalla (Bochum, 1969) auf den inneren Zusammenhang der politischen Ereignisse konzentrierte und sich für den ideologischen Unterbau mit Anspielungen auf Kotts »Großen Mechanismus« begnügte. Peymanns *Richard II.* war im Gegensatz dazu eine Studie in Vereinsamung mit einem Minimum an Interaktion zwischen den siebzehn Personen, die er von Shakespeares siebenunddreißig übrig ließ. Seine Textfassung kürzte die Dialogpartien zugunsten erweiterter Monologe, in denen das Beckettsche Thema mißlingender Kommunikation und fehlenden Kontakts hervorgehoben wurde. Richards Gedankengänge über das existentielle Ausgesetztsein des Menschen und sein Alleinsein erhielten überzeugende symbolische Unterstützung durch Karl-Ernst Herrmanns Bühnenbild – eine halbkreisförmige, unübersteigbar hohe hölzerne Wand hielt Richard wie in einer Arena gefangen, und andere Mitspieler nahmen oft nur durch Öffnungen in der Wand über ihm Kontakt mit ihm auf.

Die Brecht-Kott-Connection wurde 1967 durch ein weiteres einflußreiches Buch verstärkt, Robert Weimanns Untersuchung über das Weiterwirken von Elementen des frühen Volkstheaters im elisabethanischen Drama und Theater. In *Shakespeare und die Tradition des Volkstheaters: Soziologie, Dramaturgie, Gestaltung* (1967) erfuhr die deutsche Theateravantgarde von der Existenz einer (wenn auch nur rudimentären) plebejischen Gegenkultur in Shakespeares Stücken. Weimann lehrte sie auch, Jago und Richard als »Vice«-figuren zu sehen, also als Figuren, die trotz aller ihnen von Shakespeare mitgegebenen individuellen Psychologie noch viel mit dem Typus des »Lasters« aus den mittelalterlichen Mysterienspielen gemein hatten. Beide Erkenntnisse hatten unmittelbare Auswirkungen. Theatermacher, die die Rolle des einfachen Volkes verstärken wollten, konnten das nun mit einer Fülle von literarischem und historischem Material untermauern und sich dabei auf die Autorität dieses anerkannten ostdeutschen Wissenschaftlers berufen. Sie mußten Jago und Richard auch nicht mehr psychologisch motivieren, sondern konnten sie jetzt als mephistophelische Agenten des Bösen und einfallsreiche Verführer auftreten lassen. Dies wurde zum gängigen Muster für die Figur von Richard III.: die berühmtesten Vertreter dieser Rollenauffassung waren Hans Christian Blech unter Palitzsch (Stuttgart, 1968), Boy Gobert in einer Aufführung am Thalia Theater Hamburg (1973) unter der Regie von Hans Hollmann, der schon mehrere Shakespearestücke einer strengen ideologiekritischen Bearbeitung unterworfen hatte, und Hilmar Thate am Deutschen Theater in Ost-Berlin (1972), unter der Leitung von Manfred Wekwerth, der 1974 im Westen eine ähnliche Inszenierung am Zürcher Schauspielhaus mit Helmut Lohner in der Titelrolle auf die Bühne brachte. Laut Wekwerth verbrüdert sich der »Vice«-Richard mit dem Publikum

> und vermittelt einen ganz plebejischen Blick auf die »hohe« Geschichte: Er lädt das Publikum ein, ... sein Experiment mitzumachen: die Krone zu erlangen trotz Buckel und trotz der mittelalterlichen Weltanschauung, nur die Gnade Gottes und göttliche Sendung könnten den Weg zur Krone eröffnen. Also zu zeigen: Macht ist machbar.

...

So kann das Theater den »Killer« Richard in allen Schrecknissen darstellen und verdammen und gleichzeitig den »Spielmeister« Richard – in Anlehnung an die Volksfigur des Vice – voll ausspielen und durch ihn den Blick über die Figur hinaus auf das gesellschaftliche System lenken, das die Grausamkeit und das Töten zur politischen Lebensweise hat. Die Figur wird zum Katalysator. So kann auch über die Grausamkeit gelacht werden, ja, der Richard – zur Hälfte König und zur anderen entlarvende Volksfigur – kann bestaunt und bewundert werden. Und diese Bewunderung macht die Verdammung des tyrannischen Systems um so deutlicher, da durchschaubar und meßbar.[13]

Wekwerths Beschreibung kennzeichnet hervorragend den Typus der Richardgestalt, wie sie während der siebziger Jahre die Bühnen in Ost- und Westdeutschland beherrschte. Dieses Konzept von Figur und Stück ließ Raum für die unterschiedlichsten Verkörperungen, die Spannbreite reichte von *Richard III.* als Lehrstück bis zu *Richard III.* als Grand Guignol Theater der Grausamkeit und umschloß Geschichtsdeutungen, in deren Zentrum sowohl Beckett (das Absurde), Jan Kott (Geschichtspessimismus, der »Große Mechanismus«) oder Brecht/Weimann (das plebejische Element) stehen konnten. Aber das Stück, das die Aufführungsziffern wirklich in die Höhe trieb, war nicht *Richard III.*, sondern *König Johann.*

Friedrich Dürrenmatt: König Johann

Die Neufassung des Schweizer Dramatikers Friedrich Dürrenmatt wurde am 18. September 1968 in Basel (Regie: Werner Düggelin) uraufgeführt. In den nächsten zwei Jahren wurde sie von einundzwanzig Theatern übernommen und insgesamt fast fünfhundertmal gespielt. 1970 verdrängte *König Johann* mit 278 Vorstellungen zum ersten Mal *Was ihr wollt* und den *Sommernachtstraum* von ihrer traditionellen Spitzenposition. Der kometenhafte Aufstieg dieses Stücks war der Grund, daß die

114.
Friedrich Dürrenmatt

Historien von ihrem normalen Anteil von fünf Prozent aller Shakespeareaufführungen auf fünfzehn bis zwanzig Prozent avancierten.

     Dürrenmatts Adaption hatte keine ausgefeilten Inszenierungskünste nötig, das Stück begeisterte die Zuschauer durch die schiere Kraft seiner entlarvenden Ideologiekritik. Der Kerngedanke läßt sich folgendermaßen zusammenfassen: Herrscher

115. *König Johann* Shakespeare/Dürrenmatt 1970 Hamburg. R: Oswald Döpke, B und
K: Hans Kleber, F: Rosemarie Clausen. Frankreich und England tafeln vergnügt vor den
Toren der belagerten Stadt Angers und besiegeln ihren verbrecherischen Anschlag.

sind nur an Macht interessiert, sie zu behalten, zu vergrößern, sie den Herrschern
anderer Völker abzujagen und sie gegen Einschränkungen und Konkurrenten zu
verteidigen. Der Kampf um die Macht ist das faszinierendste Spiel der Welt und
wird um die höchsten Einsätze gespielt. Herrscher verspielen das Wohl ihrer Völker, Frieden, Wohlstand, Glück und Leben ihrer Untertanen, das Leben ihrer Ver-
wandten und notfalls ihr eigenes. Das Spiel erfordert Rücksichtslosigkeit und Geschick. Es kann nur von denen gespielt werden, die vor nichts zurückschrecken und
bereit sind, alles und jeden aufs Spiel zu setzen und moralische Ansprüche zu negieren. Das Spiel verlangt große Ressourcen an Geld und Menschenleben, für beides
müssen ihre Völker herhalten, das »Gesindel«, zu nichts anderem gut, als Sklaven-
dienste zu leisten, von ihren Königen ausgeraubt, vom Adel ausgebeutet und von
der Kirche belogen zu werden. Das Spiel nimmt kein Ende. Die Macht, die es vor-
antreibt, ist die stärkste und geheimnisvollste Kraft der Geschichte.

Ende der sechziger und Anfang der siebziger Jahre erschien eine solche Sicht der
feudalistischen Vergangenheit als die einzig richtige. Sie sicherte Dürrenmatt einen
kritischen Standpunkt, von dem aus er die Überlagerungen der ›Ideologie‹ durchdringen und ›Aufklärung‹ bewirken konnte. Die Umgestaltung des Shakespeare-

dramas nach materialistischen Gesichtspunkten setzte zwei grundlegende Änderungen voraus, die Abwertung der herrschenden Klasse und die Aufwertung des einfachen Volks.[14] Die erstere wurde durch ein einfaches Mittel erreicht: König Johann, König Philipp und Kardinal Pandulpho sind nicht nur völlig amoralisch, sie sind sich auch völlig der schändlichen Prinzipien, nach denen sie handeln, bewußt. Deshalb können auch moralische oder dynastische Rechtfertigungen entfallen. Philipp beim ersten Treffen der Könige:

> Da kommt Johann. Ich freu’ mich, ihn zu sehen.
> Wir sind die selbe Rasse, wenn auch Feinde.
> Um unsre Zwistigkeiten auszufechten,
> Gibt’s unsre Völker, gibt’s die beiden Heere;
> Doch uns, die wir einander hart bedrängen,
> Trennt nur Geschäft, nicht Haß. Empfangen wir ihn herzlich.[15]

Krieg ist für sie ein sportlicher Zeitvertreib. Fachmännisch diskutieren König Johann und König Philipp nach dem unentschiedenen Scharmützel vor den Mauern von Angers:

> *König Johann*
> Gib’s, königlicher Bruder, zu: Der Angriff
> Des rechten Flügels unsrer Reiterei
> In deine linke Flanke, das war Klasse.
> *König Philipp*
> Wir geben’s zu, wenn England zugibt:
> Als unsre Söldner durch die Mitte brachen,
> Mit wildem Ungestüm, das war gekonnt. (2.2.)

Sie haben nicht die geringste Hemmung, Angers zu schleifen und einigen sich rasch, wie in einem Schachspiel, was oder wer wofür geopfert werden muß. Bei Dürrenmatt ist die Gefangennahme von Eleonore und dem jungen Arthur abgesprochen, ein Schachzug, der noch durch die kaltblütig vorausberechnete Wirkung der Ermordung Eleonores – wie vom Kardinal vorgeschlagen und abgesegnet – verfeinert wird: Man ist sicher, daß König Johann im Gegenzug den jungen Arthur umbringen lassen wird.

Das unterdrückte Volk erscheint nicht selbst auf der Bühne. Dürrenmatt sah den Bastard als dessen Fürsprecher.

> Mein Bastard ist weder Ideologe noch Moralist, für ihn sind die Könige die Machthaber und die Völker die Opfer dieser Machthaber. Was er von den Königen verlangt, ist allein, daß sie vernünftig regieren, er versucht Johann vernünftig zu machen.[16]

Das versucht er mehrfach, aber er hat immer nur im Ansatz Erfolg. Er rät zum Frieden, kann aber die Schlacht, die zwölftausend Menschenleben kostet, nicht verhindern; er will die bedauernswerten Bürger von Angers retten, aber die Stadt wird aus einer Laune heraus dem Erdboden gleichgemacht; er bringt Johann mit Mühe davon ab, Arthur zu ermorden, indem er ihn davon überzeugt, daß er damit nur seinen Feinden in die Hände spiele, aber der Zufall greift ein, und der Junge stürzt zu Tode. Um den Frieden zu erhalten, arrangiert er eine Doppelhochzeit, verzichtet dafür auf seinen Bettschatz Blanka, die den ungeliebten Dauphin heiraten muß, und veranlaßt Johann, dessen Verlobte zu ehelichen – eine zwar historische, aber hier dazuerfundene Isabelle von Angoulême – doch der Friede wird von Pandulpho hintertrieben, der Bastard auf Betreiben von Blanka ausgepeitscht, weil sie so herzlos verschachert hat, und die Geburt von Isabelles und Johanns Sohn sichert die Thronfolge und macht den Vater zu einer überflüssigen Figur im Spiel um die Macht. Und ganz zum Schluß überredet der Bastard den König, eine demokratische Magna Charta zu gewähren, aber König Johann wird von Pembroke vergiftet, ehe sie proklamiert werden kann. Der sterbende Monarch gelangt zu lobenswerten, aber völlig anachronistischen Einsichten:

> England gehört nicht mir und euch, ihr Lords.
> Wir sind es nur, die es verwalten, doch
> Verwalten wir es gut? Wir profitieren.
> Was wir Gesindel heissen, dem gehört
> Das Land, was uns Geschäft, bezahlt das Volk. (5.3.)

Aber gibt es für das einfache Volk überhaupt Hoffnung? Der Kardinal verteidigt den Status quo. Er weiß, daß Könige in Notzeiten Freiheiten gewähren, nur um sie in Zeiten des Wohlstands wieder zurückzunehmen. Er hat eine harte Schule durchgemacht:

> Ich kenn das Volk
> Von Grund auf, seine Not und Unterdrückung.
> Ich weiss, wie's stinkt, was Hunger ist, was Zittern
> Vor Mächtigen, ich stamme aus der Gosse.
> Mein Vater war im schönen Mailand Schreiber,
> Und meine Mutter holte sich der Fürst ins Bett
> Und mich dazu, wenn's ihm gerade passte.
> ...
> Die Kirche ist allein des Volkes Freund,
> Aus seiner Mitte holt sie ihre Söhne,
> Sie hält allein die Hoffnung wach, wenn auch
> Aufs bessre Jenseits nur, bis endlich sich
> Das Volk die Rechte selber schafft. (5.2.)

116.
König Johann
Shakespeare/Dürrenmatt
1968 Basel. R: Werner
Düggelin, F: Rolf Schafer.
Matthias Habich als Bastard.
Die mörderischen Macht-
kämpfe haben ihre Opfer
gefordert. Der gescheiterte
Vertreter der Vernunft blickt
zurück, abgerissen, aber
nicht ohne Hoffnung.

Der Bastard, Fürsprecher der politischen Vernunft im Stück und »Abgesandter aus
dem 20. Jahrhundert in der mittelalterlichen Welt«[17], bekommt das letzte Wort für
eine seltsam vitalistisch anmutende Absichtserklärung:

> Mein Land, du liegst darnieder. Tauchend in
> Dein Volk, werd ich ein Teil des Volkes wieder,
> Und sei es auch als Stallknecht meines Bruders.
> Auf deinen Adel, deine Ehren pfeifend,
> Mit jeder Kuhmagd schlafend, die ich schnappe,
> Mit jeder Wirtshausköchin, deren Hintern
> Mir diese Welt voll Finsternis erleuchtet,
> Zeug ich Bastarde, wie ich selber einer,
> Und senke in das Volk die Kraft des Löwen!
> Nur so ist diesem England noch zu helfen. (5.3.)

Eine andere Bearbeitung von *König Johann*, aus der Feder des ostdeutschen Regisseurs Hartmut Lange, die ebenfalls 1968 herauskam, zeigte einen Johann, der mehr
unter seinen eigenen englischen Baronen als unter den Franzosen zu leiden hat, und
ließ sich auch als Plädoyer für eine starke Monarchie und gegen feudalistische
Anarchie verstehen. Es ist leicht einzusehen, warum Dürrenmatts Bearbeitung die

Bühne im Sturm eroberte. Einmal zeigte sie die Hand des erfahrenen Dramatikers: Sie bot klar umrissene Charaktere in guten Rollen und einer sinnvollen Handlung. Zum anderen paßte ihre Anti-Establishment Stoßrichtung zum rebellischen Zeitgeist. Die Botschaft, daß es weder Frieden noch Gerechtigkeit geben könne, bevor das Volk selbst sein Geburtsrecht auf Selbstbestimmung einfordert und die Herrschaft der Vernunft errichtet, sprach die Überzeugung von Millionen junger Leute aus, die in Anti-Vietnam Demonstrationen gegen eine Ordnung protestierten, die den Gegner einfach in die Steinzeit zurückbombte. Darauf gab es nur eine Antwort: Revolution und radikale Neuordnung der gesellschaftlichen Verhältnisse. Der historische Augenblick schien gekommen. Dürrenmatts Bearbeitung von *König Johann* stärkte die Überzeugung, der Erfolg stehe unmittelbar bevor. Sie verquirlte zudem Intellekt und Sex – bei der akademischen Jugend reichlich vorhandene Ressourcen – zu einem angenehm prickelnden anarchischen Allheilmittel. Erst als sich zeigte, daß das »System« nicht im ersten Anlauf zu überwinden war, als der Terrorismus der Baader-Meinhof-Bande und ihrer Nachfolgeorganisation, der Rote-Armee-Fraktion, die revolutionäre Idee in krasseste Widersprüche verwickelte, als im Zuge der Gegenmaßnahmen der Regierung bürgerliche Freiheitsrechte beschnitten wurden und im wüsten Hin und Her der erbitterten Debatten um die Legitimität von revolutionärer oder staatlicher Gewalt jede Vision verlorenging, offenbarte sich auch die optimistische Oberflächlichkeit der Dürrenmattschen Analyse. Als in den Mittsiebzigern die Hoffnungen versandeten, war auch Dürrenmatts Bastard, der gewandte und fesselnde Fürsprecher der Vernunft, nicht mehr auf den deutschen Bühnen zu hören. Mit Aufklärung allein war den Dingen offenbar nicht beizukommen. Die Zeit für die sinistre Geschichtsphilosophie und die profundere Vision von Heiner Müller war gekommen.

Heiner Müllers Shakespeare-Operationen

> Dreißig Jahre war Hamlet eine Obsession für mich, also schrieb ich einen kurzen Text, »Hamletmaschine«, mit dem ich versuchte, Hamlet zu zerstören.[18]

Ein höchst erfolgreicher Versuch, laut Klaus Peter Steiger, der die Strategien auflistet, mit denen dieses grimmige, siebenseitige Endspielszenario Kritikern und Theoretikern gleichermaßen unlösbare Rätsel aufgegeben hat.[19] Es ist ein beklemmendes Konstrukt von Fragmenten aus und Anspielungen auf Texte unterschiedlichster Provenienz (T. S. Eliots *Aschermittwoch*, die Bibel, *Richard III.*, *Hamlet*, *Macbeth* und einige von Müllers eigenen Dramen sowie auf Autoren wie E. E. Cummings, Lessing, Verlaine, Sartre, Hölderlin und Susan Atkins aus der Manson-Bande), eine Collage, die nichts als pervertierte Beziehungen und ausweglose Situationen signalisiert, ein undurchdringliches Stück Metadrama, das Parodie und Travestie mit verstörend schizoidem Philosophieren koppelt und jeden Ausblick auf

eine nicht-alptraumhafte Welt verstellt: ein Text wie Goyas Bildphantasie »Der
Schlaf der Vernunft gebiert Ungeheuer«.[20]

> Mein Drama hat nicht stattgefunden. Das Textbuch ist verlorengegangen. Die
> Schauspieler haben ihre Gesichter an den Nagel in der Garderobe gehängt. In
> seinem Kasten verfault der Souffleur. Die ausgestopften Pestleichen im Zu-
> schauerraum bewegen keine Hand. ...
> Unsern Täglichen Mord gib uns heute
> Denn Dein ist das Nichts Ekel.[21]

An der beispiellosen Dekonstruktion, die sich in der
Hamletmaschine (1977) austobt, sind alle Interpreta-
tionsversuche bisher gescheitert. Die anfängliche
Rezeption in der DDR, wo der Text vor 1988 nicht
leicht zu bekommen war, erfolgte unter schwerer
Kritik. Kein Wunder, gab es doch nicht nur eine an-
stößige Bühnenanweisung, die den Hamletdarsteller
auffordert, »mit dem Beil die Köpfe von Marx Lenin
Mao« zu spalten, auch der krasse Nihilismus stand
in offenbarem Widerspruch zum orthodoxen sozialistischen Humanismus. Schon Müllers frühere Arbeiten hatten kaum Konzessionen an die offizielle
Staatsphilosophie enthalten, in diesem Text schien
er sie geradezu zu negieren. Er machte auch dem
Autor wohlgesonnene Kritiker sprachlos.

Müllers vorangegangene Auseinandersetzungen
mit Shakespeare sind einfacher zu kategorisieren.
Seine Übersetzung von *Wie es euch gefällt* (1967) do-
kumentierte seine entpoetisierende Absicht, und seine Adaption von *Macbeth* (1971) war an grausiger
Explizität nicht zu übertreffen. Auf ostdeutschen
Bühnen war seine Fassung vor 1982 selten zu sehen,

117. Heiner Müller

als Müller selbst sie an der Volksbühne in einer für die DDR damals noch unerhörten (und offiziellerseits sofort erbittert angefeindeten) Form inszenierte,[22] im
Westen erlebte das Stück einen Skandalerfolg nach dem anderen, denn hier heizte
es den Trend zur Heldendemontage und Radikalisierung kräftig an. Doch war da
ein Unterschied. Die Regisseure im Westen mochten Greuel auf Greuel häufen,
doch wurde ihnen die geballte Sprache des Müllerschen Textes nicht recht geglaubt. Es fehlte ihnen der Basiliskenblick, mit dem Müller eine sinistre Welt so
konkret und mitleidlos erfaßt und ausstellt. Bot Jan Kott mit seinem »Großen Mechanismus« schon ein trost- und hoffnungsloses Welt- und Geschichtsbild, so führte Müllers *Macbeth* direkt in die Hölle.

118.
Macbeth (Shakespeare/
Heiner Müller)
Basel 1972.
R: Hans Hollmann,
B: Hannes Meyer,
F: Peter Stöckli.
Die halbverwesten
Überreste eines Bauern
in einem trommelartigen
Foltergerät, betrauert
von Frau und Sohn. Der
Behälter vorne rechts
diente zur Beseitigung
der Leichen.

Mein stärkster Impuls ist, die Dinge auf ihr Skelett zu reduzieren, ihnen das Fleisch herunterzureißen, ihnen die Oberfläche abzuziehen – so wird man mit ihnen fertig.[23]

In Müllers *Macbeth – nach Shakespeare* wird viel Fleisch heruntergerissen, werden Glieder zerbrochen und Zungen herausgeschnitten. Macduff nagelt den säumigen Pförtner ans Tor, Lennox hackt ihm ein Bein ab. Macbeth läßt einem aufsässigen Lord bei lebendigem Leibe die Haut abziehen, um seinen Soldaten einen Spaß zu gönnen, und einen der beteiligten Soldaten umbringen, um den anderen eine Lektion zu erteilen. Niemand ist sicher. Die geringste Abweichung vom erwarteten Verhalten wird mit greulicher Verstümmelung oder sofortigem Tod bestraft.

Während oben die Machtkämpfe abrollen, windet sich unten alles in gräßlichsten Qualen. Die hier herrschende Ordnung ist sicher nicht gottgewollt. Sie ist von Menschen gemacht, zur Ausbeutung, zur Unterdrückung, zur Erhaltung von Privilegien. Diese »Ordnung« kann geändert werden. Sie muß geändert werden. Allerdings gibt es kein Anzeichen, daß dieser Teufelskreis je durchbrochen würde. Duncan war selbst ein blutiger Tyrann, sein Sohn Malcolm ist tatsächlich der unberechenbare Neurotiker und heimtückische Killer, für den er sich bei Shakespeare nur ausgibt. Macduff ist so korrupt wie die anderen. Sie alle leben und handeln wie unter einem blutigen Verhängnis. Dementsprechend heißt es in Heiner Müllers Umgestaltung des berühmten Macbeth-Monologs »Wär's abgetan, so wie's getan ist, dann wär's gut,/ Man tät' es eilig« (1.7.):

Ich war sein Fleischer. Warum nicht sein Aas
Auf meinen Haken. Ich hab' seinen Thron ihm
Befestigt und erhöht mit Leichenhaufen.
Wenn ich zurücknähm meine blutige Arbeit
Sein Platz wär lange schon im Fundament.
Er zahlt, was er mir schuldet, wenn ichs tu.
Wenn es getan wär, wenns getan ist, gut
Und schnell getan. Wenn Mord einsargen könnte
Was Mord ausbrütet, daß der eine Stoß
Das all und einzige wär und weiter nichts und
Nur hier auf dieser rostigen Werkbank Zeit
Leicht übersprängen wir das kommende Leben.
Auch ist aus dem noch keiner aufgestanden
Zu sagen, ob es ist. Vielleicht kommt keines.
Doch Fälle der Art finden hier Gericht
Der blutige Unterricht schlägt auf den Lehrer.
Gradhändig die Vergeltung stopft das Gift
Uns selber in die Zähne.[24]

Es ist, als ob diese tödliche Sicht der Verhältnisse ständige Bestätigung erforderte: entweder in Taten von ausnahmsloser Grausamkeit oder, gewissermaßen als Ersatz dafür, in einer Sprache, die solche Taten ahnen läßt, einer Sprache, die von einer finsteren Energie vorwärts getrieben wird. Unter der Feder Heiner Müllers verliert das Stück an introspektiver Genauigkeit, bekommt dafür mehr Mark in die Knochen, wird physisch unmittelbar, verbal gröber. Seine Sprache tastet nicht mehr die Konturen höchst differenzierter Gedanken und Gefühle nach, sondern greift auf den Knochen, wühlt im Gedärm, zerreißt die Sehnen, sägt an Nerven. Beispiel dafür ist die Umgestaltung des bei Shakespeare selbstquälerischen Reflektierens in dem Monolog »Das so zu sein, ist nichts: / Doch sicher so zu sein« (3.1.). Bei Müller wird daraus eine grimmige Triade von Blut, Tod und Sex:

Meine Furcht heißt Banquo.
Er war zu lange neben mir, er kann
Nicht unter mir sein, über ihm nicht ich
In Sicherheit. Auch hat er einen Kopf
Zu viel seit jener Heide. WENIGER ALS
MACBETH UND MEHR: Banquo, der Königsmacher.
Ich will ihm kürzen sein zu steiles Glied
Bis ihn der Wurm begattet, seine Brut auch.
Auf meinem Kopf dürre wie ein Stroh die Krone
In meinem Griff ein Zepter ohne Furcht
Von fremder Hand mir aus der Faust gebrochen

Tot oder lebend, weil in meiner Blutspur
Kein Sohn den Stiefel hebt, sein Samen König.
Für den mit Schwertern pflügen diesen geilen
Acker aus Menschenfleisch. Die Knochenmühle
Der Macht drehen für die Mägen seiner Brut
Die aufgespannt sind hinter meinem Aas.
Ich will der Zukunft das Geschlecht ausreißen.
Wenn aus mir nichts kommt, komm das Nichts aus mir.

Einer der gedungenen Mörder, als ob er Macbeths Gedanken erriete, schneidet dem gemeuchelten Banquo das Geschlecht ab: »ein Liebespfand für unseren Brotherrn. / Die Wurzel des Übels« und erhält zum Dank dafür von Macbeth nur die Drohung »Geh. Bring / das Spielzeug deinen Kindern. Hast du Kinder. / Du trägst ihr Leben auf der Zunge. Schweig.«

Der Vergleich der Müllerschen Auslassungen, Zusätze und Veränderungen mit dem Original offenbart, daß Müller dem Shakespearschen *Macbeth* die Transzendenz nimmt und ihn statt dessen vulgärmarxistisch feudalisiert. Der zweite große Unterschied liegt in der Präsenz des Volkes. Bei Shakespeare nur in der Figur des Pförtners vertreten, ist das einfache Volk bei Müller nahezu ständig auf der Bühne, als Soldateska, die im Auftrag der Herren Greueltaten verübt, vor allem aber als Opfer: der Bauer, der abwechselnd von schottischen und englischen Soldaten bedroht wird, der Bauer, der während Banquos reizender Rede über das friedvolle, schwalbenbewohnte Gemäuer von Macbeths Burg blutig geschlagen im Block sitzt, der Bauer unterm Schindeisen und schließlich als verhungertes Skelett.

Theoretische Schwierigkeiten

Angesichts dieser Greuel erscheint es seltsam, daß in Theaterzeitschriften und Podiumsdiskussionen jener Zeit überhaupt noch die Frage erörtert wurde, ob Müllers *Macbeth* ein Hoffnungspotential enthalte. Die Antworten waren nicht ermutigend. Ein Stück, dessen Protagonist seine Erfahrungen in Aussprüchen wie »Die Welt hat keinen Ausgang als zum Schinder. / Mit Messern in das Messer ist die Laufbahn« zusammenfassen konnte, enthielt keinerlei gesellschaftspolitisch verwertbare Botschaft. Im Gegensatz zu Brecht in *Coriolan* fand sich bei Müller weder eine Klasse noch eine Idee, die ein Ende der Herrschaft des Terrors bewirken könnte. Müllers Schottland war ein Land des Schreckens ohne Hoffnung.

Aus dieser Erkenntnis ergab sich ein peinliches Dilemma: Wie ließen sich so nihilistische Stücke wie Müllers *Macbeth* als Instrumente der Gesellschaftsveränderung einsetzen? Schließlich sollte Theater ja zur Aufklärung beitragen und seine Kräfte in den Dienst der Revolution stellen. Ungeduldige junge Regisseure und Dramaturgen versuchten diesen Prozeß mit massiver Didaktik zu beschleunigen.

Dazu waren ihnen alle Mittel recht: Sie sprühten sozialkritische Parolen auf Transparente und Wände, verwickelten Zuschauer in Diskussionen vor oder nach der Vorstellung und muteten ihnen lange theoretische Abhandlungen in dickleibigen Programmheften zu. Aber damit verließen sie sich, ohne daß es damals besonders auffiel, allzusehr auf Diskurs und Agitation, während das eigentliche Theatererlebnis seinem Wesen nach vom Moment der Darstellung und von symbolischen Wirkungen bestimmt wird. Manchmal traten revolutionsbegeisterte Regisseure und Ensembles sogar ganz aus dem Theaterkontext heraus und suchten die direkte Aktion: Peter Stein erregte großes Aufsehen, als er 1967 an den Münchner Kammerspielen mit seiner auf ihn eingeschworenen Truppe Geld für Waffen für den Vietcong zu sammeln versuchte. Konnte das Theater vielleicht doch sein Hauptmanko überwinden – nämlich ein nicht-diskursives Medium zu sein, das nur indirekt kommuniziert?

Große Teile der Theateravantgarde meinten, dieses ›Defizit‹ durch das Mittel der Provokation wettmachen zu können – ein damals naheliegender Fehlschluß. Die Go-ins und Sit-ins der Zeit, an denen Schauspieler und Regisseure begeistert teilnahmen, waren großartiges Spontantheater, für das man auch schon mal eine Vorstellung ausfallen lassen konnte, und die aufwühlenden Demonstrationen mit ihren chorischen Anrufungen von Mao (Tse Tung), Che (Guevara), Ho (Chi Minh) und Fidel (Castro) hatten ganz entschieden ein theatralisches Moment. Warum also nicht Theater und Politik verbinden? Das Publikum mit unangenehmen Wahrheiten zu konfrontieren oder es auf der Bühne mit Horrorszenarien wie Müllers *Macbeth* zu traktieren, würde es vielleicht aus seinem bürgerlichen Tiefschlaf reißen.

Dem politischen Aktivisten war es gleichgültig, ob er sein Ziel mit einer Predigt oder einer Performance erreichte, solange die Provokation nur ihren Zweck erfüllte. Vom Standpunkt der Theaterkunst war das keineswegs gleichgültig. Das Publikum war die diskursiven Appelle bald leid, die Regisseure ergötzten sich länger daran. Auch kümmerte es sie nicht sonderlich, daß ihnen für die Erfüllung ihres selbsterteilten Auftrags, die Gesellschaft zu verändern, jede Kenntnis davon abging, wie Provokation in gesellschaftliche Energie zu verwandeln sei. Sie alle hatten eine böse Schrecksekunde zu bestehen, als der Münchner Anglist Christian Enzensberger in der zweibändigen Studie *Literatur und Interesse* über die Verbindung von Literatur, gesellschaftlichem Wandel und auktorialem Eigeninteresse Marx übertrumpfte,[25] indem er nachwies, daß die Revolution – wer immer sie herbeiführen würde – auf keinen Fall von jener Intelligenzia ins Werk gesetzt werde, die jetzt so eifrig nach ihr rufe: Eine erfolgreiche Revolution würde sie nämlich schlicht überflüssig machen. Das Buch hatte einen enormen Widerhall.[26] Viele linke Intellektuelle machten sich daran, Enzensbergers Methode der »materialistischen Reduktion« zu widerlegen, mit der er (einer der Ihren) sie alle in die Aporie getrieben hatte. Die Debatte endete ergebnislos, aber sie schwächte den Glauben an die Wirksamkeit direkter Appelle. In zwei brillanten Analysen, vom *Kaufmann von Venedig* und *Oliver Twist*, hatte der Verfasser aufgezeigt, welch komplexe Verwandlun-

119.
Macbeth Shakespeare/
Heiner Müller)
Recklinghausen 1974.
R: Hansgünther Heyme,
B: Bert Kistner,
F: Hermann Pölking.
Ein täuschend unschuldig
aussehendes Königspaar
(Hans Schulze und Veronika
Bayer) kurz vor neuen
Bluttaten.

gen sozialkritische Impulse durchmachen, bevor sie in ein Kunstwerk Eingang finden: Das den Autoren völlig unbewußte auktoriale Eigeninteresse verhindere automatisch, daß sie in ihren Werken zu Ergebnissen gelangten, die sie verpflichten würden, gesellschaftliche Basisarbeit zu verrichten, anstatt weiterhin Schriftsteller zu sein.

Das galt fürs Theater sogar in höherem Maße. Als öffentliche Instanz und gemeinsame Anstrengung vieler Beteiligter konnte es keinesfalls seine eigene Abschaffung anstreben. Ganz gleich, wie ungebärdig die Theatermacher sich in der politischen Arena aufführten und gesellschaftliche Veränderungen einforderten, war doch klar, daß die eigentliche Wirkung indirekt erzielt werden mußte, auf der Bühne. Hier mußten Provokationen bestimmte künstlerische Ansprüche erfüllen. Platte diskursive Appelle reichten nicht, symbolisches Darstellen war gefordert. Einen Weg, auf dem das Theater die Grundbedingungen seines eigenen Mediums hätte unterlaufen können, gab es nicht. Allzu oft wurden ideologiekritische Impulse noch direkt umgesetzt, in Produktionen, die ihren Beitrag zur großen Sache durch krude Schocks im Geiste von Konfrontation und absoluter Ablehnung der bestehenden Verhältnisse meinten liefern zu können. Beide, Macher und Publikum, mußten eine neue Theatersprache lernen: jene stürmische, ja explosive Beziehung von Botschaft und Medium, die in diesen Jahren auf dem deutschen Theater ausgelebt wurde. Sie hatte wunderbare Glücksmomente und durchlief tiefe Krisen – einige der bezeichnendsten werden im folgenden vorgestellt. Daß sie voller Überraschungen steckte, läßt sich symptomatisch am Schicksal von Müllers *Macbeth* in der Inszenierung von Hansgünther Heyme (1974) ablesen.

Auf den ersten Blick schien Müllers Adaption für jemanden wie Heyme genau das richtige Material zu sein, gab es doch Gelegenheit, das Publikum mit einer brutalen Horrorwelt zu konfrontieren und es über die Auswirkungen autoritärer Systeme aufzuklären. Für Heyme, den entschiedenen Kritiker der bürgerlichen Kultur und kapitalistischen Gesellschaft, war man in der Bundesrepublik immer noch viel zu autoritätsgläubig. Müllers *Macbeth* bei den Ruhrfestspielen in Recklinghausen herauszubringen, wo Arbeiterklasse und Führungsschicht zusammenkamen, war auch ein Beitrag zum Kampf für Emanzipation und Befreiung. Hier konnte er Beispiele grausamster Unterdrückung vorführen und die Unmenschlichkeit der herrschenden Klasse anprangern. Auch war seine Starbesetzung den Schwierigkeiten von Müllers aufgerauhter Sprache durchaus gewachsen. Alles deutete auf einen großen Erfolg.

Das Ergebnis überraschte. Heyme und sein Bühnenbildner Bert Kistner hatten die Handlung ins Japan der Samuraizeit verlegt, die Auftritte geschahen in Kabuki-Manier: Die Schauspieler betraten die Bühne in schnellem Lauf, stoppten abrupt und bewegten sich – außer in den wilden Mord- und Folterszenen – nach einer strengen Choreographie. Der abrupte Wechsel der Bewegungsart paßte gut zu Müllers verknappter und kantiger Sprache. Beide enthielten Elemente bewußter Artifizialität. Für das Publikum waren beides neue Formen von Verfremdung. Sie bewirkten Distanz, aber nicht die gewünschte Reflexion. Erstaunlicherweise hatte das Brechtsche Verfahren, mit bewußt eingesetzten Verfremdungen Identifikation und Empathie zu verhindern, einen ganz und gar unbrechtschen Effekt. Das Publikum betrachtete die fremdartigen Kunstformen mit Verwunderung, aber dachte gar nicht daran, sie mit seiner eigenen Situation in Zusammenhang zu bringen. Die sprachlichen und visuellen, also ästhetischen Verfremdungen hatten den ideologischen Impuls abgelenkt und absorbiert.

Die Inszenierung gab auch sonst zu denken: Ein DDR-Autor liefert eine klassenkämpferisch adaptierte Version des Dramas eines seit 350 Jahren verstorbenen englischen Autors über einen Schottenkönig aus grauer Vorzeit; sie wird in Westdeutschland im Stil des japanischen Filmregisseurs Akira Kurosawa aufgeführt, jedoch in einer Form, die Elemente der in Hongkong gedrehten »Easterns« (auf trivialisierte Samurai-Tradition umgepolte Nachbildungen von Konfliktsituationen des amerikanischen Westerns) enthält! In dieser abenteuerlichen Mischung nahm die Aufführung schon alle Möglichkeiten und Gefahren der interkulturellen Shakespeare-Inszenierungen der folgenden Jahrzehnte vorweg. Zur Zeit der Aufführung, 1974, stak die Auseinandersetzung um die Postmoderne noch in ihren Anfängen, und die in ihr angelegte Beliebigkeit des »anything goes« wurde von linken Kulturkritikern vorerst noch rundweg abgelehnt. Aber selbst diese, das zeigte der *Macbeth* in Recklinghausen, waren gegen die Versuchungen, die von den Möglichkeiten des Postmodernismus ausgingen, nicht gefeit.[27]

Besser als Shakespeare? Adaptionen und Übersetzungen

Dürrenmatt und Müller waren selbst hochkarätige Dramatiker, auch in ihren Adaptionen. An Shakespeare versuchten sich aber auch andere. Daß seine Stücke bearbeitet werden mußten, war für linke Regisseure selbstverständlich. Entmythologisierung war Pflicht für den auf Gesellschaftsveränderung eingeschworenen Theatermacher.[28] Im antibürgerlichen Klima der Zeit galt Werktreue als reaktionär.

120. Hans Hollmann

Hans Hollmanns Bearbeitungen sind ein typisches Beispiel für die neue Tendenz zur Radikalisierung. Seine Fassung von *Titus Andronicus* unter dem Titel *Titus Titus – fünfzig theatralische Vorgänge* (4. Dezember 1969 in Basel) stand im Zeichen des Theaters der Grausamkeit. Sie zeigte eine Horde von Hippies, die sich auf einer Bühne über einen Haufen von Kostümen hermachen und von einem Erzähler-Regisseur durch die Stationen der Handlung geführt werden, die in einer wüsten Mordorgie endet.[29] Seine *Coriolanus*-Bearbeitung unter dem Titel »*Coriolan – ein Heldenleben* von Hans Hollmann frei nach Shakespeare« (Uraufführung 1970, München, Residenztheater), »eine bösartig intelligente und hinreißende, frei koordinierende Theaterarbeit«,[30] zeigte Plebejer und Volkstribunen, die von stärkeren Widersprüchen gekennzeichnet waren als ihre idealisierten Vorgänger in Brechts didaktischerer Bearbeitung.

Der »produktive Haß«[31], den Joachim Kaiser als eine der Quellen von Hollmanns schöpferischer Energie erkannte, bestimmte auch seine Arbeit als Regisseur. Ein Teil dieser Energie schien immer auch gegen das Publikum gerichtet. In Basel erregte er 1972 Anstoß (nicht zum ersten Mal) mit einer radikalisierten Darbietung von Müllers doch schon ausreichend radikalem *Macbeth*, und vier Jahre später schockierte er das leidgeprüfte Publikum der Stadt erneut, mit einer abstoßenden Mordszene in *Othello*. (Abb. 121) Daß es ihm trotzdem treu blieb, lag an Vorzügen, die ihm auch zugestanden wurden: »kritischer Witz, leichtfüßiger Charme, blitzschnelle Adaptionsgabe … und ein stimulierender Einfluß auf junge Bühnenbildner«.[32] Seine Inszenierungen überzeugten selten im Ganzen: Sie wollten keine Kunstwerke von Ewigkeitswert sein, sondern unmittelbar und politisch wirken. Überall, wo er seine umstrittenen Adaptionen auf die Bühne brachte (an seinem Stammplatz in Basel, in München 1970 den *Coriolan* oder in Hamburg 1973

121. *Othello* Basel 1976. R: Hans Hollmann, B: Andreas Reinhardt, F: Peter Stöckli. Desdemona
(Susanne Tremper) am Ende ihres Martyriums, Othello erwacht aus seinem Wahn.

Richard III.), gab es öffentliche Debatten, und die Theater waren voll. Er plädierte
dafür, im Dienst eines lebendigen Theaters ungehindert adaptieren zu dürfen, Erfolg sei das einzige Kriterium für die Zulässigkeit einer Adaption.[33]

Seine Arbeiten zeigen jedoch auch, daß Haß, wenn er sich nicht »produktiv« äu-
ßert, ein schlechter Ratgeber ist. *Troilus und Cressida*-Inszenierungen wurden damals häufig dazu benutzt, um Abscheu vor dem Krieg zu demonstrieren. Dazu
brauchte man nur Thersites' Weltekel dem ganzen Stück zu unterlegen. Hollmanns
Inszenierung am Thalia Theater (Hamburg, 1970) machte davon keine Ausnahme.
Die unvermeidliche Folge: Die Demontage von heldisch konzipierten Charakteren
einem programmatischen Antimilitarismus zuliebe führte naturgemäß zu einer allgemeinen Herabminderung, sowohl der Gestalten als auch der Bedeutung. Shakespeares durch Thersites vorgetragene Kritik noch übertreffen zu wollen, konnte
dem Stück nur seine inhärente ideologische Schärfe nehmen. Wo prinzipiell überhaupt keine Werte mehr anerkannt werden, wird ihre Diskreditierung zu einer absurden Anstrengung.

Im politischen Diskurs der Zeit wurde staatliche Macht verteufelt. Bei marxistischen oder auch nur mäßig linksorientierten Regisseuren konnte man sicher sein,
daß sie Erwerb und Ausübung von Macht als puren Egoismus, Verrat und Grausamkeit darstellen würden. So wurde etwa Herzog Vincentio aus *Maß für Maß* in
den siebziger Jahren von Mal zu Mal als perfiderer Schurke konzipiert, am weite-
sten ging dabei DDR-Gastregisseur B. K. Tragelehn in seiner Inszenierung vom

24. Mai 1979 in Stuttgart.[34] Auch *Richard III.* wurde gern in diesem Sinne umfunktioniert. Minimale Textänderungen genügten, um Macht und Herrschaft auch die letzte Spur von metaphysischer Legitimation zu nehmen. Hollmanns Übersetzung, inklusive seiner Ergänzungen und Auslassungen, reduzierte die psychologischen und ethischen Begründungen des Originals, um die Strukturen von Richards Aufstieg zur Macht zu enthüllen. Figuren verloren ihr Eigenleben, wurden manchmal bis zur Karikatur reduziert, nur ihre Funktion war wichtig. Auch die Sprache wurde in diesem Prozeß vergröbert. So sagt die Herzogin von York zu ihrem Enkel über dessen Onkel Richard:

> Ja, das ist auch mein Sohn, den hab ich
> Auch gesäugt. Doch aus meinen Brüsten
> Floß der Dreck nicht, den das Schwein verbreitet.[35]

Hinzufügungen dieser Art in radikalisierten Übersetzungen oder in mehr oder weniger ganz umgeschriebenen Bühnenfassungen ließen an Standpunkt und Botschaft keinen Zweifel, aber der Preis war hoch – die Texte wurden plakativ und banal. Bei der ausführlichen Diskussion um Werktreue zog niemand Joachim Kaisers hintergründigen Vorschlag ernsthaft in Betracht, am Wort festzuhalten und den Geist zu ändern.[36] In der Praxis hätte das aber die ausufernde Trivialisierung verhindern können: Die Ideologisierung eines Stückes hätte nämlich innerhalb vorgegebener sprachlicher Grenzen erreicht werden müssen. Der Autor als Herr des Texts und der Regisseur als Herr des Subtexts wären unter gleichen Bedingungen angetreten. So aber stand der Ausgang von vornherein fest.

Um der ideologischen Klarheit willen waren die meisten Regisseure bereit, starke Eingriffe in den Text vorzunehmen. Viele entschieden sich für selbstgemachte Fassungen. Das Resultat war manchmal hervorragend, wie bei Michael Wachsmann während seiner Arbeit mit Dieter Dorn in München, oft aber auch eine nur umgangssprachlich aktualisierte oder gar vulgäre Stilmischung. Gelegentlich schlachteten sie Schlegel-Tieck und andere tantiemenfreie Übersetzungen aus und versahen sie mit krassen Zutaten aus der eigenen Feder. Wo auf Gruppenbasis geprobt wurde, wie bei Zadek und Tabori, war auch der Text ein Gemeinschaftsprodukt und erhielt nur allmählich seine auch dann noch nicht endgültige Gestalt. Texte waren auch früher nicht unangetastet geblieben, aber jetzt wurden sie in einem noch nie dagewesenen Ausmaß umgemodelt. Diese Textmanipulationen enthielten jedoch einen seltsamen Widerspruch. Das textliche Element war den Theaterleuten offenbar wichtig genug, um unter großen Mühen eine vom Original abweichende Fassung zu erstellen, aber der nachlässige Vortrag, den manche Truppen geradezu pflegten, und die zunehmende Bedeutung des Visuellen machten Texte – in vielen Fällen zumindest – zu einer *quantité négligeable.*

Andrerseits gab es selten so viele Diskussionen über die Zulässigkeit von Bearbeitungen und die richtige Übersetzung: Die Transformation vom sakrosankten

Meisterwerk zur frei manipulierbaren Spielvorlage wurde nicht widerspruchslos hingenommen. Meist endete der Streit unentschieden. Literaturwissenschaftler, Kritiker und Theatermacher ließen einander zwar ausreden, aber daß die Regisseure auch nur ein Quentchen ihrer neu erworbenen Freiheit abgegeben hätten, kam überhaupt nicht in Frage. Anders lag der Fall, wenn Bühnen sich für eine der neuen Übersetzungen entschieden. Der Geist des Aufbruchs, der die Theater erfaßt hatte, ermutigte schließlich auch die Übersetzer, mit der romantischen Tradition zu brechen und näher an das Original heranzugehen. Erich Fried, Frank Günther und Maik Hamburger waren die erfolgreichsten. Die Schwierigkeit, Shakespeares Poesie und gleichzeitig seinem schnörkellosen Realismus gerecht zu werden, wurde von jedem auf seine Weise bewältigt.

Von diesen drei Übersetzern hält sich Fried näher an »die gehobene Diktion der traditionellen Shakespeareübersetzungen«.[37] Seine *Hamlet*-Übersetzung ist laut Rudolf Stamm jedoch weniger eine Neuübersetzung als eine radikale Bearbeitung der berühmten Schlegelfassung.[38] Meist arbeitete er allerdings ohne Rückgriff auf frühere Übersetzungen und erreichte einen hohen Grad an Genauigkeit und Originaltreue, ohne den Autor prinzipiell modernisieren zu wollen: »Shakespeare ist modern genug, solange man ihn nicht als Zeitgenossen verkleiden oder seine Gestalten außerhalb der Geschichte sehen will.«[39]

Frank Günther, mit seinem inzwischen auf dreißig Stücke angewachsenen Übersetzungsopus[40] der erfolgreichste unter den gegenwärtigen Übersetzern, scheut sich nicht vor radikalen Modernisierungen. Er macht sich mit Vergnügen an die verzwickten »Quibbles«, an denen schon der junge Goethe und seine Straßburger Freunde Gefallen fanden, sich meist aber, wie auch die späteren Übersetzer, geschlagen geben mußten. Frank Günther hingegen gelingt es, auch für die vertracktesten und verklausuliertesten Wortspiele deutsche Äquivalente zu finden. Kritiker, die gegen das Feuerwerk seiner genial verdrehten sexuellen Anspielungen protestierten, mußten zu ihrer Überraschung erkennen, daß sie purem Shakespeare gelauscht hatten. Seine Übersetzungen zeigen, wie eng modernes, sogar aktuelles Deutsch und Shakespeare zusammengebracht werden können.

Auch Maik Hamburgers Übersetzungen sind in erster Linie für das Theater bestimmt. Es sind Fassungen für den Schauspieler – direkt, dramatisch, genau – die auf die Unmittelbarkeit des Handlungsbezugs zielen, den Brecht den »Gestus«[41] eines Textes nannte. Sie beruhen auf der Überzeugung, daß Shakespeares Verse für Schauspieler gedacht waren, und entsprechend werden auch die deutschen Texte nicht als losgelöste Poesie, sondern als Sprache im Handlungskontext verstanden. Sie konzentrieren sich auf die körperliche Botschaft, die in der dramatischen Rede enthalten ist.

Jahrzehnte eigenwilliger und prägnanter neuer Übersetzungen (es geht hier nicht um die Masse zusammengewürfelter Bühnenfassungen) haben die Sensibilität der Zuschauer für die Sprache in Shakespeareaufführungen geschärft und – seltsamerweise – auch abgestumpft. Gebildete Zuschauer, die in der Lage waren, die

Unterschiede zur Schlegel-Tieckfassung zu erkennen, waren begeistert oder geschockt. Jüngere Zuschauer hatten immer weniger Vergleichsmöglichkeiten. Von einer Inszenierung zur nächsten wurden ihnen ganz unterschiedliche Fassungen vorgesetzt, so daß man ihnen nicht übelnehmen konnte, wenn sie Shakespeares Sprache für eine ungesicherte Angelegenheit und eine veränderbare Größe hielten. Was als überfällige und sozusagen demokratische Aneignung von Shakespeares Sprache begonnen hatte, untergrub schließlich jegliche Autorität des Textes. In den sechziger und siebziger Jahren wurde dies oft als Sieg gefeiert, hatte man doch dem Bildungsbürgertum und den konservativen Theaterbesuchern wieder eine ihrer geliebten Ikonen, den Schlegel-Tieck, geraubt. In den Achtzigern kamen vielen Regisseuren Bedenken, aber da war es zu spät. Ihre Aneignung der Texte mittels eigener Fassungen hatte nicht nur die verhaßte privilegierte Klasse um ihr literarisches Erbe gebracht, sie hatte auch die Schauspieler der Sprache beraubt. Das wurde damals noch nicht klar erkannt, denn an der Erstellung von Bühnenfassungen war oft das ganze Ensemble beteiligt. Als diese kooperative Phase zu Ende ging – und das geschah an vielen Theatern sehr bald – blieb als einzige Textinstanz der Regisseur. Der Text selbst hatte keine Autorität mehr: Bevor Regisseur und Dramaturg ihre Version erstellt hatten, gab es ihn überhaupt nicht. Schauspieler konnten weder ihre Rollen lernen noch sich einzelne Passagen erarbeiten: Sie waren zur Stummheit verdammt, bis die Dramaturgie die Texte verteilte. So hatte die Textaneignung im Dienste des antiautoritären Zeitgeistes nicht nur eine der Ligaturen der bürgerlichen Kultur zerstört, sie hatte auch den Schauspielern ihren kostbarsten Besitz genommen, das dichterische Wort und Werk, dessen Wahrer und Hüter sie einst gewesen waren. Als bloßer »Text« war es nun der Phantasie und Laune des Regisseurs (seltener der Regisseurin) ausgeliefert, was wiederum dessen ohnehin schon übermächtige Position stärkte. Die wachsende Achtung vor der Integrität der Shakespearetexte in den Achtzigern bedeutete nicht einfach eine Rückkehr zu den früheren Verhältnissen. Der gelegentliche Einsatz von altehrwürdigen Übersetzungen in der Postmoderne (etwa in Grübers *Hamlet*, 1982, siehe Kap. 6) war nicht eine Wiedergewinnung der verlorenen Unschuld, sondern das theoretisch reflektierte und quasi-archäologische Zelebrieren eines literarischen Rituals. Das ursprüngliche Entzücken an Schlegel-Tieck stellte sich dabei nicht wieder ein. Jetzt klang alles wie ein Zitat.

Optische Radikalisierungen

Die auf Brecht oder Kott getrimmten Historien fanden meist auf einer fast leeren, abstrakten und oft auch voll ausgeleuchteten Bühne statt. Die klare, einfache Botschaft verlangte die klare und einfache Form. Kott-inspirierte Adaptionen der Komödien hingegen brauchten hintergründige und anspielungsreiche optische Zurüstungen. Natürlich gab es Ausnahmen, so etwa Dieter Dorns *Sommernachtstraum*

(1978) an den Münchner Kammerspielen, wo die gestörte Geometrie der Liebe auf blanken Brettern präsentiert wurde. Wirkungsvoll wurde das jedoch durch die geniale Idee, die sich überkreuzenden Leidenschaften der jungen Paare im wortwörtlichen Sinn als »Verstrickung« vorzuführen, (Siehe Abb. 122) eine Inszenierung, die durch Witz und Intensität glänzte. Sicher war Jürgen Roses Bühne, wie manche fanden, spartanisch. In den meisten Fällen verführte Kotts Entdeckung eines Bestiariums der Lüste unter der romantischen Oberfläche die Bühnenbildner nämlich dazu, dessen schockierende Umwertungen mit dunklen Bildern aus dem Unbewußten zu illustrieren.

Ein besonders krasses Beispiel war *Wie es euch gefällt* in der Regie von Petrica Ionescu (Bochum, 1974). Das Bühnenbild (Hans Peter Schubert) bot eine Mischung aus Männerbad und Schlachthalle mit abgerissenen Kacheln und defekten Heizungsrohren, eine Szenerie, die unmittelbar an kriegszerstörte Fabrikanlagen erinnerte, gleich weit entfernt vom Hof des tyrannischen Herzogs Friedrich wie vom Ardenner Wald mit seinen arkadischen Assoziationen. Als nächstes fiel auf, daß alle Frauenrollen von Männern gespielt wurden, allerdings nicht im Sinne des verspielten, selbstironischen Hermaphrodismus, der im Original angelegt ist. Celia und

122. *Ein Sommernachtstraum* München 1978. R: Dieter Dorn, B: Jürgen Rose, F: Oda Sternberg.
Titanias Elfen haben sich weit von der Tradition entfernt. Sie sind alt geworden, haben aber nichts von ihrer Lebendigkeit verloren.

123.
Ein Sommernachtstraum
München 1978
F: Oda Sternberg.
Claus Eberth als Oberon
in einem Arrangement, das an
das Bühnenbild in Peter Brooks
Stratforder Inszenierung von
1970 erinnert, die 1972
anläßlich der Olympiade in
München gastierte und auch in
Berlin, Hamburg und Köln zu
sehen war. Michael Harteck
als Puck, der seine Leibesfülle
mit erstaunlicher Leichtigkeit
bewegte.

Rosalinde waren muskulöse Burschen, die es ohne weiteres mit dem Ringer Charles hätten aufnehmen können. Sie, wie alle anderen, benahmen sich wie Landser, die vor hartgesottenen Frontsoldaten Fronttheater aufführen. Offenbar war dies auch die zugrundeliegende Regieidee: *Wie es euch gefällt*, gespielt von überlebenden Soldaten nach dem Atomkrieg. Deshalb also der erschreckend brutale, mit sadistischer Tücke ausgespielte Ringkampf, den die Umstehenden kennerhaft verfolgen und an dessen Ende der besiegte Charles mit den Füßen an einem Flaschenzug aufgehängt wird. Deshalb also die Mördervisage des Herzogs, dem man es zutraut, daß er Rosalinde (Knut Koch) umbringen lassen wird. Aber die Konsequenzen der Regieidee reichten weiter als bis zu gezielten Brutalismen. Was bleibt vom Ardenner Wald nach dem Atomkrieg? Nur ein paar armselige Pflanzen unter einer Plastikhaube, die von den Schäfern eifrig, aber vergeblich gegossen werden. Was bleibt von den Menschen? Eine Handvoll roher Krieger, die zum Zeitvertreib eine Komödie aufführen, die sich nicht mehr verstehen und für die auch keine Korrelate mehr existieren, denn Frauen und Liebe sind tot. Das fein abgestufte Liebesspiel des Originals wurde so zum absurden, zynischen Nachvollzug ehemals sinn- und geistvollen Tuns. Es bleibt noch die Welt der Schäfer, aber sie war ebenso rettungslos beschädigt. Silvius, Phoebe und Corinnus haben sich (durch Genveränderung?) zu Satyrn zurückentwickelt. Sie sind verschreckte Wesen, die aus ihren Erdlöchern hervorgekrochen kommen, sich wechselseitig und ängstlich bespringen und wieder verschwinden.

Der Preis, den diese Inszenierung für das konsequente Ausspielen der Regieidee bezahlte, war hoch. Sie verlor den Geist, die verspielte Mokanz und die philosophische Heiterkeit des Originals. Sie gewann die kritische Frage, ob nicht unsere Welt auch schon so degeneriert ist wie die der Inszenierung. Träfe das zu, so wäre unsere Ein- und Ausübung von Kultur nur ein ebenso absurder Zeitvertreib wie die Aufführung dieser so humanen und toleranten Komödie in der inhumanen Umwelt der Atomkrieger. Hier schieden sich die Geister. Was für den einen Beurteiler eine Mahnung zur Bewahrung der positiven Utopie von Shakespeares Stück war, bedeutete für andere das Ausspielen einer durch den gegenwärtigen Gesellschaftsstand nicht begründbaren Schreckensvision von Unkultur, die gerade das herbeiführen helfe, wogegen zu warnen sie vorgebe.

Viele Zuschauer waren angewidert und verließen schimpfend ihr geliebtes Schauspielhaus. Den Regisseur rührte das wenig. Kurz zuvor hatte er in einer Kafkacollage seinem Heimatland Rumänien den ersten und einzigen nackten Schauspieler präsentiert. In Bochum brauchte man sich über Mangel an Nacktheit nicht zu beklagen. Schon vor der Vorstellung zeigte Probstein dem Publikum ausgiebig seinen blanken Hintern. Das Theater von bürgerlichen Tabus zu befreien, war schließlich aufklärerische Pflicht, und wenn es dabei zu einem Skandal kam, umso besser. Das verlieh der Lektion den gehörigen Nachdruck. Skandale ausgelöst zu haben, wurde allmählich als Auszeichnung verstanden. Ionescu hatte nichts zu befürchten. Sein Chef am Bochumer Schauspielhaus war Peter Zadek, der notorischste (und begabteste) Skandalmacher von allen.

Jan Kott beschreibt im Kapitel »Bitteres Arkadien« den Ardenner Wald als »ein Königreich der Natur. Einer idyllischen, einer poetisierten Natur« und als »den einzigen Ort in der feudalen Welt, wo die Entfremdung aufgehoben ist.«[42] Hier werde Arkadien aufs betörendste gefeiert, seine verstörenden Dissonanzen nicht verschwiegen. Kotts deutsche Anhänger waren jedoch wenig geneigt, den differenzierten Ausführungen ihres Meisters über die poesiegeschichtlichen und mythologischen Hintergründe der Androgynie dieses Stückes zu folgen und das köstliche Spiel mit den Verzückungen und Schrecken der Geschlechtertäuschungen und -vertauschungen in dieser literarischen und doch so real scheinenden Welt auszuloten. Ehe Peter Stein kam und vorführte, wie man das reiche Potential der bittersüßen Ambivalenzen von *Wie es euch gefällt* hervorholen und theatralisch umsetzen konnte, zogen viele es vor, dem Publikum Botschaften statt Phantasie vorzusetzen. Ihren Ardennerwäldern wurde die Idyllik gründlich ausgetrieben.

Ein typisches Beispiel war Roberto Ciullis Inszenierung (16. Juni 1974) am Schauspielhaus Köln. Zentraler Blickfang der von Bert Kistner eingerichteten Bühne war ein riesiger umgestürzter Baum, auf dessen eisüberzogenem Stamm der verbannte Herzog und seine mißgelaunten Begleiter hockten wie frierende Vögel. Hier konnte die Liebe ihre verwandelnde Kraft nicht entfalten und sollte es auch nicht. Alle »normalen« menschlichen Beziehungen schienen außer Kraft gesetzt oder pervertiert. Das patriarchalische Vertrauens- und Treueverhältnis zwischen Adam und Orlando war in ein ideologisch korrektes Herrschaft-Knechtschaftsverhältnis verkehrt (während Orlando mit seinem Standesgenossen, dem verbannten Herzog, speist und lacht, wird hinter ihm der in seinem Dienst verhungerte Adam verscharrt). Celia und Rosalinde waren nicht mehr, wie im Original, durch einen neuplatonischen Freundschaftsbund vereint, sondern mühten sich in einer schwierigen, halb-lesbischen Beziehung. Das lustvoll mokante Spiel zwischen Orlando und Rosalinde wurde hier zu herzloser Herausforderung und bewußtem Quälen. Orlando antwortete mit gezielten Versuchen, sexuell die Oberhand zu gewinnen. Jacques sah aus, als hätte er sich als Unteroffizier Beckmann aus Wolfgang Borcherts *Draußen vor der Tür* in dieses Stück verlaufen und übergeiferte alles im Ardenner Wald mit seinem zischend hervorgestoßenen Haß. Für diese Welt voll von verzerrten Konstellationen war er der richtige Kommentator. Von seinem Regisseur schonungslos psychoanalysiert, vom Bühnenbildner in einen weißgekachelten Operationssaal gesperrt, konnte *Wie es euch gefällt* auf den Operationstisch geschnallt und seziert werden – die vorhersehbaren Entdeckungen: aggressiver Sex, Neurosen, eisige Isolation.

Eros und Phantasie: Das Theater Peter Zadeks

Zadek, geliebt, gehaßt, bejubelt, beschimpft, das Enfant terrible unter den Regisseuren der sechziger und siebziger Jahre, läßt sich nicht auf eine Formel bringen. Wie oft hatten Kritiker frohlockt, er sei jetzt wirklich am Ende, ausgebrannt, wiederhole sich nur noch – und mußten dann feststellen, daß ihm mit überraschend neuartigen Inszenierungen von sprühender Vitalität ein Comeback nach dem andern gelang. Von Anfang an stand Zadeks Theater im Zeichen der Rebellion – ungebärdig, komisch, grotesk, obszön, vital, poetisch – und mit diesen Mitteln bekämpfte er die beiden dominierenden Richtungen der deutschen Nachkriegsbühne: die geistige und die politische. »Politisches Theater ist doof«, verkündete er in einem Interview. Das Theater müsse sich freimachen von der Herrschaft der Vernunft, die Mittel könnten nicht drastisch genug sein. Von seinen Lehrjahren in England (wohin seine Eltern 1933 emigriert waren) und seiner Tätigkeit an einem Repertoiretheater in Wales brachte er eine höchst undeutsche Angst vor Langeweile mit:

der Engländer (auch die besten englischen Kritiker) macht keine Unterscheidung zwischen verschiedenen Sorten von Langeweile. Bei Klassikern ist Langeweile genauso tödlich wie bei einem Boulevardstück. Entertainment ist, mit anderen Worten, ein Begriff, der sehr ernst zu nehmen ist.[43]

Unterhaltung war nicht das Hauptziel, sondern etwas völlig Selbstverständliches in seinem umfassenden Theaterkonzept. Zadek haßte den reinen Stil, »diese Vorstellung von Reinheit und Sauberkeit in der Kunst scheint eine sehr deutsche Sache zu sein, wie auch die Vorstellung von der Reinheit der Rasse eine deutsche Sache war«, und er machte sich daran, »diesen Reinheitsfimmel zu zerstören«.[44] Theater müsse etwas vom grellen Appell des Zirkus haben, dürfe nicht predigen, sondern müsse Mittel und Modi mischen, um Lachen und Weinen, Furcht, Zorn und Schrecken hervorzurufen. Im Gegensatz zu den meisten seiner Kollegen, die sich der Gesellschaftskritik verschrieben hatten, genierte er sich nicht, auch bei diesem oder jenem Musical oder bei kabarettähnlichen Shows Regie zu führen, und er hatte auch keine Hemmungen, Elemente dieser »niedrigeren« Gattungen Stücken der erhabeneren Genres aufzupfropfen. Man nannte ihn »skandalumwittert«, einen »Schocker«, »Showman«, »Zirkusmanager«, und »Entertainer«, und er gab zu, daß all diese Bezeichnungen »einen Teil der Realität« beschrieben,[45] aber offenbar brauchte er die Atmosphäre hart an der Grenze zu Anarchie und Provokation, um die Bühne freizumachen für das ungehinderte Spiel der Qualitäten, die er für unabdingbar erachtete: Phantasie und Eros. Tendenztheater langweile ihn, er wolle sich nur auf Intuition und Phantasie verlassen. Die Proben zu *Maß für Maß* (1967) hatten den Ausschlag gegeben:

> Ich habe angefangen, eine einigermaßen realistische Inszenierung von dem Stück zu machen. Dabei habe ich nach vierzehn Tagen festgestellt, daß die Vorgänge auf der Bühne den Vorgängen meiner Fantasie nicht entsprachen. Daraufhin habe ich mich entschlossen, neu anzufangen und rücksichtslos nur das zu inszenieren, was von der Fantasie bestimmt wurde, das, was beim Lesen von *Maß für Maß* in der Fantasie geschah.[46]

Kompromißloser Individualismus also. Nur möglich bei »einem so herrlich prinzipienlosen Theatermenschen«[47] wie Zadek, so neugierig, so experimentierfreudig, immer auf der Suche und deshalb bestrebt, auf gar keinen Fall einen festlegbaren, also wiederholbaren Stil zu entwickeln. Das gelang ihm vorzüglich: Es gab – zumindest auf den ersten Blick – in der Tat wenig Gemeinsames zwischen seinen Inszenierungen von *Othello* (1976), Wedekinds *Lulu* (1986) oder Ibsens *Baumeister Solneß* (1983). Auch seine drei Inszenierungen des *Kaufmann von Venedig* (Ulm, 1961; Bochum, 1972; Wien, 1988) waren ganz verschieden. Sich, wie er forderte, nur auf die Phantasie zu verlassen, barg jedoch die Gefahr, neben kühner Innovation bloß willkürliche Provokation oder bunt Zusammengewürfeltes zu bieten, wenn die Inspiration ausblieb. Seine vielen Shakespeare-Inszenierungen, die sich über einen Zeitraum von vierzig Jahren erstrecken, von *Maß für Maß* (Ulm, 1960) bis *Hamlet* (Salzburger Festspiele, 1999), enthalten Beispiele für beides.

Exkurs: Shylock kehrt zurück – Zadek, Tabori und andere

Die Geschichte des *Kaufmann von Venedig* auf der deutschen Nachkriegsbühne spiegelt den Komplex von Schuld und Scham und die kompensatorischen psychologischen Mechanismen, die in der Bundesrepublik auch den politischen Umgang mit der Vergangenheit bestimmten. Es ist eine Bühnengeschichte voller Merkwürdigkeiten und unvorhersehbarer Reaktionen. Der erste Versuch einer Aufführung in der Saison 1946/47 in Frankfurt wurde von den Besatzungsbehörden verboten und der Regisseur entlassen.[48] Fünfunddreißig Jahre und circa sechzig Inszenierungen später (Düsseldorf, 1981) verlangte die Jüdische Gemeinde die Tilgung bestimmter Passagen in Peter Palitzschs Programmheft. In den fünfziger und frühen sechziger Jahren dominierten die edlen Shylocks, Blutsbrüder von Lessings Nathan, Shylock als nahezu unschuldiges Opfer, »ein Mann, an dem / Man mehr gesündigt, als er sündigte«. Diese Deutung der Shylockfigur verkörperten aufs eindrücklichste Erich Ponto (Stuttgart, 1956) und Ernst Deutsch (Düsseldorf, 1957). Ihre Shylocks

124.
Der Kaufmann von Venedig
1957 Düsseldorf.
R: Karl Heinz Stroux,
F: Liselotte Strelow.
Ernst Deutsch als Shylock,
Joana Maria Gorvin als
Porzia, beide auf der Höhe
ihrer Karriere in einer
Inszenierung, die für
die nächsten zehn Jahre
wegweisend wurde.

125.
Der Kaufmann von Venedig
1957 Düsseldorf.
F: Elfi Hess. Werner Dahms
(Lorenzo) und Luitgart Im
(Jessica) in Porzias Garten:
ein ideales Liebespaar und
eine edle Jessica, die eher
nach Belmont als ins
Ghetto paßt.

waren zutiefst gut, und nur das Leid, das ihnen von herzlosen Christen zugefügt
wird, treibt sie zum Äußersten. Solche »Wiedergutmachungs-Shylocks«, wie sie
später genannt wurden, befriedigten ein tiefes Bedürfnis. Ernst Deutsch, ein aus
dem Exil in den USA zurückgekehrter jüdischer Schauspieler, ein Mann von Geist
und Eleganz, galt als der Idealtypus für diese apologetische Interpretation. Für ihn
war Shylock der einzige Mann von Ehre in diesem Stück,[49] und als er ihn sechs Jahre später unter Erwin Piscator an der Freien Volksbühne in West-Berlin erneut gab,
prägten sich die edle Haltung seines Shylock, aber auch die alttestamentarische
Strenge seines Racheverlangens und die hohe Würde seines Auftretens in der Gerichtsszene dem Publikum so stark ein, daß man sich die Figur kaum noch anders
vorstellen konnte. (Abb. 124)

Piscator konstatierte, seine philosemitische Sicht sei richtig, richtig angesichts
der historischen Ereignisse.[50] Rückblickend erscheint diese ehrfurchtsvolle Haltung gegenüber Shylock einseitig. Doch das Holocaust-Tabu verbot die Darstellung von negativen Zügen an jüdischen Charakteren; es war so stark, daß nur jüdische Regisseure, frühere Emigranten, es brechen konnten. Den ersten Shylock mit

126.
Erwin Piscator

erkennbaren rassischen Eigenheiten stellte Fritz Kortner 1968 in der bereits erwähnten österreichischen TV-Produktion dar (siehe Kap. 4 und Abb. 108). Er gab ihn mit einer Andeutung von der Gestik des Ghetto-Juden und einem Anflug von Jiddisch in Intonation und Syntax, als einen Menschen, dessen Charakter und Geschäftsgebaren schärfer, monomanischer und tödlicher werden, je mehr er leidet. Kortners Darstellung von Shylock als rassisch Ausgegrenztem deutete die lang unterdrückten und sorgfältig verborgenen Klischees nur an, denn er wollte ja einen sehr menschlichen Shylock vorführen, der seiner Religion und seiner Familie tief verbunden ist, durch beide großes Leid erfährt und Mitleid verdient.

Es blieb Peter Zadek, dem selbsternannten Tabubrecher der deutschen Theaterszene, vorbehalten, diese Schutzhülle zu zerstören. Sein Shylock, so bösartig und hinterhältig wie Barrabas in Christopher Marlowes *Der Jude von Malta* und abstoßend bis zur Widerwärtigkeit, bestätigte die schlimmsten antisemitischen Klischees und stellte sie gleichzeitig durch ihre maßlose Übertreibung in Frage. Doch seltsamerweise brachte diese groteske und destruktive Inszenierung das komische Potential des Stücks wieder zum Vorschein. Zadeks burlesker venezianischer Karneval zeigte das Grinsen hinter der tragischen Maske, zeigte die Karikatur und Selbstkarikatur eines furchterregenden, aber auch lächerlichen Bösewichts.

Die Inszenierung (Bochum, 30. Dezember 1972) verursachte einen gewaltigen Skandal, verständlicherweise. Ein übergroßes Plakat über dem Haupteingang des Theaters zeigte einen lauernden, krummnasigen Shylock, der Antonio ein Messer ins Herz stößt, und gab dem Publikum einen Vorgeschmack dessen, was im Theater zu erwarten war. Hans Mahnke als Shylock hüpfte, schlich und schlurfte, rieb sich die Hände, hob die Schultern und breitete die Arme aus wie der typische »Schacherjude«, warf lauernde Blicke und schnitt Grimassen oder gab sich devot, wechselte im Nu von unterwürfiger Selbsterniedrigung zu fauchendem Zorn und Triumphgeheul. Kein Zweifel: Zadek schonte weder Schauspieler noch Publikum. (Abb. 127) Ganz bewußt wollte er die »Peinlichkeit« bis zu dem Punkt vorantreiben, wo man sich physisch abgestoßen fühle, denn »aufzudecken, was in unserer Gesellschaft nicht aufgedeckt werden darf«,[51] hielt er für eine heilsame Konfrontation.

127. *Der Kaufmann von Venedig* 1972 Bochum. R: Peter Zadek, B: René Allio, K: Christine Laurent,
F: Roswitha Hecke. Antonio (Günther Lüders, Mitte) verhandelt mit Shylock (Hans Mahnke)
über das Darlehen für den geckenhaft ausstaffierten Bassanio (Heinrich Giskes). Gepflasterte
Stege über einen imaginären Kanal stellten den Rialto dar.

> Für beide, für den Zuschauer wie für den Schauspieler, ist es eine Art Reini-
> gungsprozeß. ...
> Es geht um die Echtheit und die Sauberkeit der Fantasie und nicht um die Echt-
> heit des Verhaltens. Das Verhalten ist in dieser Inszenierung unlogisch und arti-
> fiziell.[52]

Offenbar hielt Zadek nichts von der früher praktizierten ›Nathanisierung‹ des Shylock, sondern meinte, man müsse das Gespenst des Antisemitismus erst in drastischer Weise sichtbar machen, bevor man es austreiben könne. Nur wenige Kritiker
glaubten an solche kathartische Wirkung, die meisten hielten die Inszenierung für
geschmacklos und politisch untragbar, Joachim Kaiser sah darin sogar »präpoten-
tes, selbstherrlich mit dem Text umspringendes, Argumente idiotisch neu verteilen-
des Krampftheater.«[53] Die Jüdische Gemeinde fühlte sich schwer gekränkt, und
viele Zuschauer waren verstört, obwohl (oder gerade weil) sie sich amüsiert hatten.
Sollte es denn nach Auschwitz im *Kaufmann von Venedig* etwas zu lachen geben?

Allerdings wollte Zadek mit seiner Inszenierung wahrscheinlich weniger politisch wirken als vielmehr das traumatische Potential des Stücks für ein Theaterereignis ausschöpfen, das den Zuschauer unterhalb der Ebene der Rationalität packte und überwältigte. Das war ihm offenbar gelungen. Den Kritikern mißfiel, daß Lanzelot Gobbo, dargestellt von Ulrich Wildgruber, Zadeks künftigem Starschauspieler, die Aufführung mit überdrehten Einfällen fast sprengen durfte; daß Portia, obwohl von *einer* Schauspielerin (Rosel Zech) gespielt, drei ganz verschiedene Personen verkörperte (»das Püppchen aus Belmont, die romantische Braut, den komischen Richter«),[54] gefiel ihnen auch nicht; und sie bemängelten, daß Zadek überhaupt nicht versucht hatte, der Inszenierung einen einheitlichen Stil zu geben, weder in der Art der Darstellung noch in der Ausstattung. Aber das hatte er auch nicht beabsichtigt. Im Gegenteil: Der bewußte Einbau von disruptiven Elementen zeigte sein wachsendes Interesse an Experimenten mit einer Ästhetik der Brüche und der ›Dezentrierung‹. Was er anstrebte, war sozusagen eine formlose Form, er verwarf die traditionellen theatralischen Zeichensysteme. Das sollte in seinen Inszenierungen von *Othello* (1976) und *Hamlet* (1977) noch deutlicher werden.

Die meisten Regisseure scheuten sich, Zadek in seiner Shylock-Interpretation zu folgen, der als jüdischer Remigrant natürlich über jeden Verdacht des Antisemitismus erhaben war. Nur Arie Zinger, Zadeks israelischer Schüler, wagte einen *Kaufmann* auf die Bühne zu bringen (Köln, 24. Oktober 1979), in dem Shylock (Heinz Schubert) in ähnlicher Weise ermutigt wurde, auf offener Bühne unappetitlichen Gewohnheiten zu frönen. Die Idee dahinter war anscheinend, Klischees durch absurde Übertreibung lächerlich zu machen, im Rückblick ein etwas optimistisches Therapiekonzept.[55] Nichtjüdische Regisseure tendierten ab Ende der siebziger Jahre dazu, der Interpretation Christian Enzensbergers zu folgen, der das Stück begriff als Dokument des Übergangs von einem monetären Paradigma zu einem anderen. Shylocks Wucher werde von Shakespeare als veraltete, primitive Form der Geldwirtschaft kritisiert. Sein Horten und Hecken von Geld sei noch ein Überbleibsel aus agrarischen Zeiten und hätte im jetzt angebrochenen Zeitalter der Merchant Adventurers keine Chance mehr. Die neue Klasse der bürgerlichen Kaufmannschaft nutze jetzt gemeinschaftliches Risikokapital und spiele mit hohem Einsatz; durch ihren Mut und Unternehmungsgeist würden phantastische Welten kommerziellen Reichtums erschlossen. Für die Realisierung auf dem Theater bedeutete diese Interpretation, daß der Shylock-Antonio Konflikt nicht mehr primär auf der psychologischen, rassischen oder religiösen Ebene ausgetragen werden mußte, er hatte nun eine objektive, materielle Basis. Peter Palitzsch, in den siebziger Jahren der Hauptlieferant von Shakespeare als epischem Theater im Sinne Brechts, kontrastierte in seiner *Kaufmann*-Inszenierung (Düsseldorf, 26. September 1981) Shylocks nüchterne Strenge mit dem Leichtsinn der venezianischen Spieler, die – wie verantwortungslos sie im einzelnen auch handeln – von der Gunst der Geschichte zum Erfolg getragen werden. So brauchte er das antisemitische Moment nicht in den Vordergrund zu stellen. Shylock wurde durch ideologisch sub-

128.
Der Kaufmann von Venedig
1988 Wien.
R: Peter Zadek, B: Wilfried Minks,
F: Roswitha Hecke. Der Wallstreet-
Shylock (Gert Voss) wetzt sein
Messer an den Sohlen seiner
Designer-Schuhe.

tilere, aber ebenso wirksame Mittel ausgeschaltet. Annegret Ritzl verließ sich für
ihre Inszenierung (Dortmund, 1. Februar 1989) sogar noch mehr als Palitzsch auf
Enzensberger und zitierte seinen Ansatz als Hauptquelle ihrer Deutung.

Zadek, der auch nicht zurückstehen wollte, erweiterte diese Interpretation für
seine dritte *Kaufmann*-Inszenierung (Wien, 10. Dezember 1988, nach Ulm 1961
und Bochum 1972) und machte aus Shylock einen smarten Wall Street Broker mittleren Alters, ausgestattet mit Taschenrechner und Diplomatenköfferchen. Er hat
sich auf einen ausgefallenen Deal eingelassen, dabei Status, Vermögen und Tochter
verloren, aber alles spricht dafür, daß er in Kürze wieder im Geschäft sein wird.

Zehn Jahre vorher wäre eine so elegante Lösung, die Shylocks Sturz nur als vor-
übergehende Verbannung aus der Welt der Hochfinanz zeigte, undenkbar gewesen.
In den selbstquälerischen Siebzigern war Shylock das Opfer schlechthin und der
Bruch mit seiner Umwelt unheilbar. Die schwarzen Schatten des Holocaust ließen
nichts anderes zu. Wie man mit der Shylockfigur das Syndrom von Trauma und

Verdrängung untersuchen kann, zeigte George Taboris außergewöhnliche Szenenfolge *Ich wollte meine Tochter läge tot zu meinen Füßen und hätte die Juwelen in den Ohren. Improvisationen über Shakespeares Shylock.* Auch diese einschneidende Analyse hätte von keinem Nichtjuden durchgeführt werden können. Tabori, der in Ungarn geborene, meist englisch schreibende Romancier und Dramatiker – er verbrachte Exil und Nachkriegszeit in England und den Vereinigten Staaten – wurde nach seiner Rückkehr nach Westdeutschland schnell als einer der führenden experimentellen Regisseure bekannt, unter anderem durch seine Arbeiten am Bremer Theaterlabor in den Jahren von 1975–1979. Die meisten seiner eigenen Stücke tangieren auf irgendeine Weise das Schicksal seiner in Auschwitz ermordeten Familie, dies allerdings weniger in der Form der direkten Anklage. Laut Rischbieter sind sie vielmehr »geprägt von der satirischen, bis an die Grenze des Skandalösen sarkastischen Melancholie«.[56] Typische Beispiele dafür sind Drama und Film *My Mother's Courage* und das Stück über den jungen Hitler und seinen fiktiven jüdischen Mentor Schlomo Herzl, eine beklemmende Komödie mit dem Titel *Mein Kampf* (1987), in der die lächerlichen Anfänge Hitlers als halbverrückter Kunststudent sich mit dem Wissen um den künftigen Terror zu einem unheimlichen Szenario verbinden.

Seine *Improvisationen über Shakespeares Shylock* sollten keine Bearbeitung oder Aktualisierung des Stücks sein, sondern eine Kombination von Anamnese, Diagno-

129. *Improvisationen über Shakespeares Shylock* 1978 München. R: George Tabori, B und K: Marietta Eggmann, Ernst Wiener, F: Isolde Ohlbaum. Tabori auf der Probe mit einigen seiner 13 Shylocks.

se und Therapie, an der Schauspieler und Publikum gleichermaßen beteiligt waren. Das Stück sollte ursprünglich im Konzentrationslager Dachau aufgeführt werden, wurde aber schließlich in einem früheren Versammlungsraum der Münchner SS gezeigt (19. November 1978). In der Mitte der Spielfläche, an drei Seiten von Stühlen für weniger als hundert Zuschauer umgeben, stand ein Flügel. Alle dreizehn Schauspieler spielten Shylock und übernahmen weitere Rollen. Die meisten der achtzehn Szenen des Stücks hatten leicht verständliche Titel wie »Antonio ist traurig«, »Bassanio braucht Geld« oder »Shylock kehrt heim«; andere wie »KZ-Erzählung« und »Kristallnacht« verwiesen direkt auf die Nazipogrome, während »Tannhäuserszene« und »Vaudeville-Szene« auf das starke musikalische Element hindeuteten, das von Taboris langjährigem Mitarbeiter, dem Komponisten, Pianisten und Schauspieler Stanley Walden, eingebracht wurde. Es gab eigens für das Stück komponierte Musik, Jazzimprovisationen, KZ-Lieder, jüdische Gesänge und viele instrumentale oder vokale Anspielungen auf einschlägige Melodien und Songtexte. Der Begriff »Improvisationen« im Untertitel war wörtlich zu verstehen. Eine spezielle Szene, Shylocks Reaktion auf die Entdeckung von Jessicas Flucht, wurde zwölfmal gespielt und brachte eine gewisse Probenatmosphäre in diesen Teil der Aufführung.

> Ein Schauspieler beklagt sich als Shylock vor dem Publikum mit scheinbar unerregter, beherrster Stimme. Ein anderer meint: »So leise kann das nicht gewesen sein!« und läuft brüllend auf den Markusplatz. Ein anderer ist davon überzeugt, daß Shylock Dialekt gesprochen habe, und wünscht sich die Tochter, tot zu seinen Füßen, im rheinischen Tonfall. Ein anderer hält den Musical-Stil für angebracht und singt operettenselig: »Was kann der Shylock denn dafür, daß er ein Jud' ist ...« Ein anderer versucht, Fritz Kortners Shylock zu imitieren. Es gibt eine Slapstick-, eine Stummfilm- und eine Zirkus-Version.[57]

Solche Variationen des Themas mittels Wechsel der Rollen und Medien sorgten sowohl für Aufhellung durch Komik wie für Verstärkung des tragischen Gefühls. Es gab aber auch ganz eindeutige Sequenzen, etwa in Form eines Berichts, wie ein Homosexueller von einem SS-Mann im KZ gefoltert wird, ebenso eine Art direkter Publikumsbeteiligung: Die Schauspieler rissen ausgehungert aussehende nackte Puppen in Stücke und verteilten die abgerissenen Glieder an die schockierten Zuschauer. Die Inszenierung war demnach sowohl ein Gemeinschaftserlebnis wie eine Performance. In seiner Einführung zur »Dokumentation einer Theaterarbeit« legte Tabori Wert darauf, daß »wahre Erinnerung nur durch sinnliches Erinnern möglich« sei; Shylocks Geheimnis hänge »offensichtlich mit dem Pfund Fleisch zusammen ... Ein solches Geheimnis liegt auch über dem Verhältnis von Juden und Deutschen.«

> In einer der letzten Proben wurde ein Pfund Fleisch herumgereicht, von den Schauspielern befingert und berochen, während sie den Text sprachen; zum

Schluß riß einer von ihnen das Fleisch auseinander und verteilte es an die anderen, damit sie davon essen sollten. Das war die klarste Darlegung des Stückes, die ich je gesehen hatte, aber diese Erfahrung ließ sich nie wiederholen, wie sehr wir uns auch bemühten. Wir waren dem Geheimnis nahe, aber es löste sich auf, bevor wir es packen konnten.[58]

Taboris Geheimnis ist vermutlich sicher. Wenige deutsche Regisseure wagten es, in solche Tiefen vorzudringen und das Theater dergestalt zum »Schmerzzentrum der Erinnerung«[59] zu machen. Kortner konnte das Leid der Juden noch auf einen einzigen Schauspieler projizieren, Tabori mußte die Figur schon in dreizehn Rollenträger aufspalten, um ihr Potential zu testen und auszuschöpfen. Damit verwies er auf den virtuellen und variablen Charakter der Realität in der Postmoderne und bekräftigte, daß wir alle, Shylock und die Juden nicht ausgenommen, multiple Identitäten zur Verfügung haben. Im Vergleich dazu war Zadeks Wall Street-Shylock eine im Trend liegende Ausstaffierung der Figur für eine Yuppie-Generation, für die das Pfund Fleisch eher etwas Märchenhaftes als eine physisch-symbolische Wirklichkeit darstellte. Nun lag Zadeks Stärke ja auch mehr in der Revolutionierung der theatralischen Formensprache als in den Abgründen des Mythos. Das soll auf den folgenden Seiten näher untersucht werden.

Anarchie und Leidenschaft: Peter Zadeks kraftvoller Bildersturm

»Das Theater ist ein herrlich vitaler Zirkus.«[60] Alle fünf Shakespeare-Inszenierungen Zadeks während der siebziger Jahre (*Der Kaufmann von Venedig*, 1972; *König Lear*, 1974; *Othello*, 1976; *Hamlet*, 1977; *Das Wintermärchen*, 1978) bestätigten dieses Credo. Die Zuschauer fanden sich mit bewußt disruptiven Aufführungen konfrontiert. Ihre visuellen Erwartungen wurden rüde durchkreuzt. Was sie zu sehen bekamen, waren wild eklektische Kostümierungen, grelles Make-up, clowneske Masken, struppige Perücken und viel irritierendes Beiwerk; ihr Sinn für psychologische Glaubwürdigkeit und dramaturgische Logik wurde oft durch Brüche und absurde Einschübe strapaziert. Bei soviel Ablenkung dachten die verwirrten Zuschauer, sie hätten auch einen ganz neuen Text gehört. In Wirklichkeit wurden die Texte jedoch zunehmend mit einiger Sorgfalt behandelt. So wurde in Othello nur ein Sechstel der Verse gestrichen, und achtzig Prozent der Übersetzung war von Erich Fried. Eine wesentliche Ursache für den falschen Höreindruck waren die eingestreuten Slangausdrücke und der bewußt schlampige Vortrag. Schauspieler durften irritierende rhetorische Marotten pflegen: So kultivierte Hermann Lause ein gequetschtes Nölen (ärgerlich im Mund eines König Claudius, ein Genuß bei seinem Polonius 1999), Wildgruber (ein meisterhafter Sprecher, wenn es sein sollte) seine Neigung zum Nuscheln, so daß in vielen Vorstellungen Zwischenrufe wie »Lauter!« oder »Deutlicher bitte!« zu hören waren.

Warum soviel absichtliche Provokation? Warum ließen die Zuschauer sie sich gefallen? Und warum wurden sie, obwohl immer
noch oft genug abgestoßen, sogar
süchtig nach der Zadek-Droge?
Manche kamen wohl in der Hoffnung auf einen Skandal, aber eine
andere Erklärung ist wahrschein-
licher. Bei Zadek-Inszenierungen
spürte man das Wirken einer sub-
rational ursprünglichen mimischen
Kraft, die keine definitive Form
anstrebte: Theater als Prozeß, nicht
als Produkt. Zadeks Vorliebe für
Schocktaktik läßt sich erklären. Das
damals gängige *épater le bourgeois*

130.
Peter Zadek

war nur einer der Gründe. Sicher wollte Zadek die Ikonen des Bildungsbürgertums
zerstören, und die Form, in der er die klassischen Stücke auftischte, machte sie für
konservative Theaterbesucher ungenießbar. Die Klassiker waren in jedem Fall
mehr als dekorative Stützen der Gesellschaft, aber was sonst in ihnen steckte, mußte ihnen mit Gewalt entrissen werden. Benjamin Henrichs schrieb in der *Zeit*:

> Vergleichen wir Zadeks großes Theater mit einem Vulkanausbruch: Da fliegt
> zwar auch allerlei Qualm und Dreck durch die Luft, aber es wird doch, für ein
> paar Sekunden, das heiße Innere der Stücke nach außen geschleudert. Und noch
> lange nach dem Ausbruch zittert und grollt die Erde.[61]

Viele Kritiker sehen in Zadeks *Othello* (Hamburg, 7. Mai 1976) einen der Höhepunkte seiner Laufbahn. Vier Stunden lang erlitten sie sinnverwirrende und atemberaubende Provokationen – und erlebten doch eine der Glanzleistungen des
ikonoklastischen Theaters.

Im Vordergrund, am quergespannten dicken Seil, ein mannshoher blutroter
Vorhang: Schon vor Beginn der Vorstellung – die Lichter blieben die meiste Zeit an
– tauchten einzelne Schauspieler dahinter auf, um die Zuschauer anzustarren oder
ihnen zuzuzwinkern, und Othello erzielte einen ersten Lacher, als er sich wie ein
Gorilla über das Seil hängte und dem Publikum bestialische Grimassen schnitt, bis
Jago ihn am Ohr zurückzog. Das Bühnenbild war bunt zusammengewürfelt, in der
Mitte stand das stets präsente, mit weißen Tüchern verhängte Bett, links vorn ein
ausladender Korbstuhl mit Tischchen, sonst nur noch ein paar Gelegenheitsrequi-
siten. Die Schauspieler waren je nach Laune angezogen, so wie es der Griff in den
Fundus zufällig hervorgebracht zu haben schien: Othello in der üppig betreßten,

131.
Othello 1976 Hamburg.
R: Peter Zadek, B: Zadek
und Peter Pabst,
K: Peter Pabst, F: Roswitha
Hecke. Othello (Ulrich
Wildgruber) sieht
Desdemonas (Eva Mattes)
Aufmachung für den
Strand auf Zypern mit
Wohlgefallen.

aber schmuddeligen Uniformjacke des Diktators einer Bananenrepublik, die Senatoren von Venedig halb Mafia, halb *ancien régime*, Rodrigo mit roter Pappnase, Montano in Khaki mit Tropenhelm usw. Erst später merkte man, daß der Wahnsinn doch Methode hatte. Von einigen nichtssagenden Kostümierungen abgesehen, indizierte jedes Kostüm entweder sozialen Rang und Anspruch oder machte eine Aussage über Einstellung und Charakter seines Trägers.

Ähnlich frappierend war die Spielweise. Auf der Bühne wurde häufig simultan agiert, irgendetwas war immer los: Das Hürchen Bianca strich herum, wartete auf eine Gelegenheit, mit Cassio zu sprechen, wollte auch mit anderen Kontakt aufnehmen, wurde brüsk zurückgewiesen und versuchte schließlich ihr Glück bei den ersten Zuschauerreihen mit einem hoffnungslos traurigen »Wanna fuck? Wanna fuck?«; ein Pierrot saß am Bühnenrand und zupfte an seiner Gitarre – oder zog sich die Schuhe aus; Ordonnanzen servierten Drinks, Rodrigo mischte sich als Fotograf

unter die Gesellschaft am Strand von Zypern und schoß Fotos vom Objekt seiner
Begierde, Desdemona, die sich im paillettenbesetzten Goldbikini aufreizend zu-
rücklehnte und die Huldigung der jungen Offiziere entgegennahm. Das ergab szenische und gestische Dissonanzen, vermittelte aber den Eindruck von sinnlicher
Unmittelbarkeit. Das Spiel hatte Farbe und Dynamik, war jedoch uneinheitlich und
ließ sich keinem traditionellen Aufführungsstil zuordnen: Billige Gags wechselten
mit schauspielerischen Kabinettstückchen, deklamatorische Bravourleistungen mit
hingehudelten Nuschelpassagen.

Zuschauer, die ein Jahr zuvor Uwe Friedrichsen als Othello in der Basler Tournee gesehen hatten, mochten sich fragen, wie zwei so grundverschiedene Realisationen ein und desselben Textes überhaupt möglich waren. In der Inszenierung
der Basler Tournee war alle Aufmerksamkeit auf Othello konzentriert. Im Überschwang seines ersten Liebesglücks in Venedig vor dem Senat noch ganz der schlak-
sige schwarze Sunnyboy, erschien er auf Zypern als der große Feldherr und edle
Mohr, dem man seinen Ruf glaubte. Friedrichsen stellte sich die Aufgabe, mit seiner
Mimik und Gestik, ja mit jeder stimmlichen Modulation die Präsenz des hohen und
würdevollen Helden, dann den jähen Umschwung und schließlich seinen totalen
Zerfall idealtypisch darzustellen. Alle übrigen Figuren und Elemente der Inszenierung waren auf diesen Eindruck abgestimmt.

Nicht so bei Zadek. Alle Figuren hatten sich verwandelt, der Titelheld gar in
eine Kreuzung von King Kong und Sarotti-Mohr. Ein solcher Othello brauchte als
Gegenspieler auch nicht mehr den großen Spielmacher, den »ehrlichen« Jago, der
Biederkeit heuchelt. Heinrich Giskes konnte sich offenen Hohn leisten. Das Opfer
seines mit cooler Perfidie ins Werk gesetzten Experiments, halb Trottel, halb ungezähmte Bestie, merkte ohnehin nichts, und auch die anderen waren blind: Desdemona, vornehmes Luxusweibchen, solange sie angezogen ist, erst nackt wird sie
zum vorbehaltlos liebenden Geschöpf; Emilia als welt- und männererfahrene Skep-
tikerin, deren große menschliche Stunde erst kommt, nachdem sie am Schluß angesichts der Leiche ihrer Herrin ihre mokante Distanziertheit aufgeben muß.

Wildgrubers Othello war komisch und furchterregend zugleich. Offenherzig auf
eine tapsige Art, naiv bis zum Schwachsinn, schmatzt er mit den Lippen, rollt die
Augen und grimassiert, wenn er sich stolz und zufrieden fühlt, aber einmal in Wut
geraten, rast er; leidenschaftlich aufgewühlt, ist er besinnungslos, zu dumm, um das
Schicksal zu begreifen, in das er hineingeraten ist. Nur gelegentlich geht ihm eine
Ahnung auf von der Dimension dessen, was ihm widerfährt: Dann wächst er über
sich hinaus. Danach erschlafft die seelische Spannung wieder, die kurzzeitige Erkenntnis zergeht: Dann werden seine Bewegungen fahrig, seine Stimme hohl, sein
Blick stier, und seine Reaktionen pendeln von Apathie zu hysterischer Hektik. Er
kann das, was er war, was ihm widerfährt und was er jetzt ist, nicht mehr zu-
sammenbringen. Er bricht förmlich auseinander, ein Zerbrechen, das sich in den
Schlußszenen zu einem wahren Furioso steigert: Hier rächte nicht mehr ein seiner
Würde voll bewußter, wenn auch verblendeter Othello eine unermeßliche Schmach

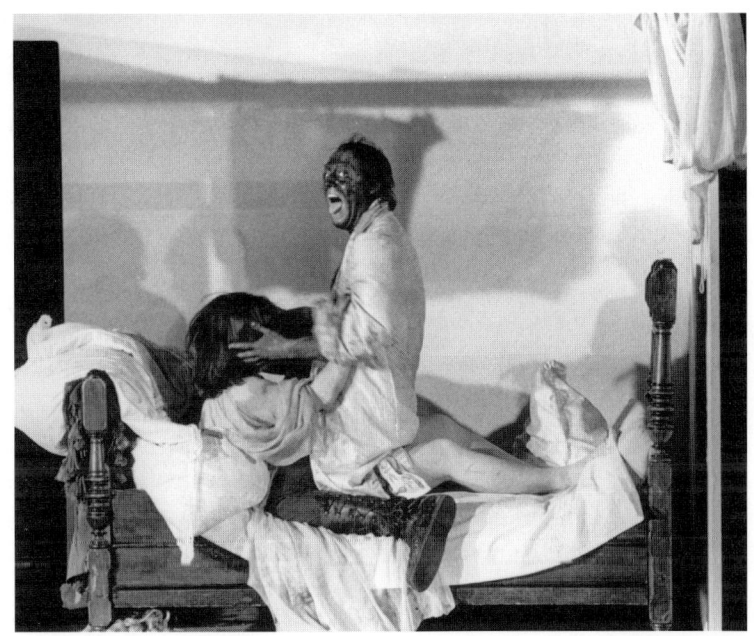

132.
Othello 1976 Hamburg.
F: Roswitha Hecke.
Desdemona (Eva Mattes)
und Othello (Ulrich Wild-
gruber). La Belle et la Bête
in tödlicher Raserei.

und richtete sich dann selbst, sondern ein Dschungel-Othello schlug zurück, reagierte mit Mord und Totschlag auf ihm unfaßbar gewordene persönliche Beziehungen und zusammengebrochene Ordnungen, die er nie verstanden hat und von deren
Schmerz er sich befreien muß, selbst wenn es ihn den Verstand kostet. Rittlings auf
seinem entsetzten Opfer, das sich aus seinem Würgegriff losreißt, wieder eingefan-
gen, erneut aufs Bett geworfen und schließlich mit brutaler Gewalt zu Tode gebracht wird, mußte Othello die bestialische Tötungsprozedur mehrmals unterbre-
chen, um gegen das laut protestierende Publikum anzuschreien, ehe er Desdemonas
Leiche nach vorn zerrte, über eine Reeling hängte und in seinem Wahnsinn ihren
nackten Hintern vor den hysterisch gewordenen Zuschauern entblößte. Sie konnten ein letztes Mal entsetzt auflachen, als Othello sich die Kehle aufschlitzte und
eine Blutfontäne hoch aufspritzte.

Zadeks *Othello* war ein Paradebeispiel für die neue ›dezentrierte‹ Dramaturgie,
die viele radikal inszenierende Regisseure bei klassischen Stücken praktizierten.
Was passiert, wenn man die Hauptgestalt derart demontiert und einen »Helden«
vorführt, bei dem die für das Überleben des Selbst unabdingbare Identität als Kon-
gruenz von Charakter, Tat und Schicksal unmöglich geworden ist, bei dem es keine
Zusammenhänge mehr gibt? Katharsis läßt sich unter solchen Umständen nicht
mehr bewirken. Dafür braucht es Größe, Fallhöhe und einen einheitlichen Fokus,
auf den alle Elemente des Spiels konzentrisch zugeordnet sind. In Zadeks *Othello*
gab es keinen mythischen Helden in mythischem Schicksal mehr zu bewundern.
Aber dennoch waren nicht nur Verluste zu beklagen, im Gegenteil. Wie Volker Canaris konstatierte:

Gerade die ›Neben‹-Figuren werden ... aus ihrer sonst auf das reine Funktionieren reduzierten Rolle befreit zu eigener Wirklichkeit – das Gegenteil von Ausbeutung und Vergewaltigung der Figuren (und der Schauspieler) durch die Regie findet dabei statt: Humanisierung.[62]

Es schien in der Tat, als sei durch die Aufweichung der üblicherweise auf den Helden als alleinigen Mittelpunkt *konzentrierten* Dramaturgie Bühne und Blick frei geworden für das kräftig pulsierende, *dezentrierte* Leben und die vielen anderen Individualitäten und Lebensentwürfe, die sonst immer durch den Helden und seinen
exemplarischen Fall in den Hintergrund gedrängt werden. Bei Zadek verstand man
plötzlich die Beziehung zwischen Emilia und Jago: Selten konnten sie Blicke oder
Finger voneinander lassen, und das Verführungsspiel, in dem Emilia für immer
deutlichere erotische Gunstbeweise ihrem Mann schließlich das fatale Taschentuch
überließ (der es sich genüßlich in die knappe Badehose steckte), zeigte ihre sexuelle
Hörigkeit und machte ihre Untreue gegenüber ihrer Herrin verständlich. Emilia
(Christa Berndl) hatte einen weiteren großen Auftritt in der Weidenszene. Sie ent-

133.
Othello 1967 Hamburg.
F: Roswitha Hecke. Eva Mattes
als Desdemona und Christa Berndl
als Emilia. Zitat eines Gemäldes aus der
Schule von Fontainebleau: Gabrielle
d'Estrées und die Herzogin von Villars
im Bade (1594 / Louvre).

kleidete Desdemona, setzte sich ihr auf den Schoß, streichelte ihr die Brust und erklärte ihr dabei, was Männer Frauen antun können – ein schönes Tableau »Erfahrung Unschuld belehrend« – während Desdemona mit ihren Kleidern auch ihr verwöhntes Flirtgehabe abgelegt hatte und endlich als die vorbehaltlos liebende Gattin
und die Keuschheit in Person erschien, was sie bis zu diesem Zeitpunkt vor ihrem
Mann wie vor allen anderen erfolgreich verborgen hatte. (Abb. 133) Auch Rodrigo
stand für eine kurze, stumme Szene im Mittelpunkt. Als er beschloß, sich zu ertränken, zog er sich bis auf ein Lendentuch aus, faltete die Kleider ordentlich zusammen und hängte sie der Reihe nach auf eine Schnur, »eine traurig-komische Jammergestalt, ein nackter Clown, der pedantisch seinen irdischen Nachlaß geordnet
hat, aber immer noch seine Pappnase trägt.«[63] Selbst der Herold konnte für seinen
winzigen Auftritt aller Augen auf sich ziehen. Ein kleines munteres Männchen, das
sein Fahrrad auf die Bühne schiebt, umständlich die Proklamation hervorholt und
sie mit heller, klarer Stimme vorträgt: der selbstzufriedene, fröhlich gestimmte
Rentner, stolz auf sein Ehrenpöstchen als Stadtausrufer, die arglose Unschuld in
Person, inmitten einer Welt von Krieg, Intrige, Hurerei und Leidenschaft. Die
neue, bewußt *de*zentrierte Dramaturgie konnte sogar Bianca aus ihrer sonst ausschließlich funktionalen Rolle befreien und eine traurige kleine Biographie sichtbar
machen: das schwere Leben eines leichten Mädchens, das hofft, in der Nähe der
Großen sein Auskommen zu finden, nichts als Strandgut, grob aus dem Weg gesto
ßen, brüsk behandelt, selbst wenn gebraucht, ungeliebt und doch hungrig nach
Zärtlichkeit und Zuneigung. Nach jedem vergeblichen Annäherungsversuch tröstete sie sich mit einem kecken Schütteln ihres Tamburins, und am Schluß hält sie Cassios abgehacktes Bein umklammert, das einzige, was sie aus der Katastrophe der
Großen gerettet hat.

Viele Rezensenten fühlten sich in ein Pandämonium anarchischer Stilbrüche
versetzt und nahmen nur die Provokationen wahr. Selbst Peter Iden von der *Frankfurter Rundschau* verschlug es die Sprache:

> In dem Gemenge der Stile, Schocks, Brüche, Katastrophen ... ist das Chaos
> thematisiert, in das die Handlung treibt. ... Aber in dieser scheinbar schlüssigen
> Radikalität der Aufführung stecken auch ihre größten Widersprüche. Die chao
> tische Mitteilung, was kann sie noch mitteilen über das Chaos? ... Woher rührt
> der Haß, der diesen Theater-Ausbruch antreibt.[64]

Anscheinend gab es Grenzen, die selbst entschiedene Ideologiekritiker nicht überschritten wissen wollten. Sie warteten auf neue Deutungen, mit denen Zadek aber
nicht aufwarten konnte. Alles was er zu bieten hatte, waren persönliche Reaktionen
in einem völlig befreiten theatralischen Medium.

Im *Othello* war die ›Dezentrierung‹ erfolgreich, weil das neue Leben, das sie zum
Vorschein brachte, die Hauptthematik bereichernd unterstützte. Als Zadek die gleiche Technik bei *Der Widerspenstigen Zähmung* (Berlin, 3. September 1981) auf die

Spitze trieb und die Bühne mit bunter Statisterie füllte – vier tanzende Köche, ein Riesenkaninchen, eine als Katze verkleidete Opernsängerin mit Hunden an der Leine, ein Araber mit Gebetsteppich, der Petruchios Pferd davon abhalten will, eine Palme zu fressen, ein Priester, der Beichte hört, ein Barbier bei der Arbeit usw. – gab es einen Flop. Karnevaleske Willkür war offenbar nicht dasselbe wie organische Anarchie.

Zadek-Theater läßt sich nicht festlegen und einordnen. Allerdings schien es den Kritikern, als ob sich an seinen anderen Shakespeare-Inszenierungen in den siebziger Jahren (*Hamlet*, Bochum, 30. September 1977 und *Das Wintermärchen*, Hamburg 16. September 1978) Anzeichen von Routine ausmachen ließen. Sie hatten sich inzwischen wohl an sein anti-intellektuelles Theater der Bilder gewöhnt. Laut Zadek wachsen bei Shakespeare »die schönsten Blumen auf den obszönsten Misthaufen«[65]; einem Sinnenmenschen wie ihm machte es Spaß, den Zuschauern beides zu präsentieren. In seinen großen Leistungen vereinigte das Zadek-Theater eine tiefgehende, anarchische Befreiung des Mediums mit Glanzlichtern von Spektakel und Show. In diesem Sinne hat es Regisseure wie Hans Neuenfels, Claus Peymann, Niels-Peter Rudolph und Ernst Wendt beeinflußt.[66]

Das Ende einer Ära: Heyme und Stein

Stein und Zadek werden gern als die Antipoden des westdeutschen Regietheaters gehandelt. Dazu mögen auch die flotten Sprüche beigetragen haben, mit denen sie sich gegenseitig kritisierten, doch zeigen ihre gänzlich verschiedenen Ansätze auch, von welch konträren Energien die Theaterrevolution der sechziger und siebziger Jahre vorwärtsgetrieben wurde. Für Stein war das Theater Laboratorium, nicht Spielplatz. Seine ersten Inszenierungen waren als Eingriffe geplant, kühl durchdachte und präzis instrumentierte Operationen im Dienste der gesellschaftlichen und ideologischen Neuorientierung, die er für nötig hielt. Zadeks erste nennenswerte Inszenierung (1961 in Ulm) war Brendan Behans hinreißend wüste irische Politrevue *Die Geisel*, ein Stück ganz nach seinem Gusto; Stein hingegen, ebenso bezeichnend, wählte für sein Debüt Edward Bonds sozialkritischen Schocker *Gerettet* (Münchner Kammerspiele, 1967), den er, was soziales Umfeld und Dialekt betraf, von den Londoner Slums nach Niederbayern verpflanzte und dadurch unmittelbar auf deutsche Verhältnisse zuspitzte. Seine beiden nächsten Produktionen, am gleichen Ort, Brechts *Im Dickicht der Städte* (1968) und Peter Weiss' *Viet Nam Diskurs* (1968), waren ebenso provokativ und programmatisch. Nach seinem Rauswurf aus den Kammerspielen und einem kurzen Zwischenspiel in Zürich wurde er von Kurt Hübner aufgenommen, der von 1962 bis 1973 das Bremer Theater leitete und dort als der bedeutendste Mentor junger Talente experimentellen Regisseuren und ihren Truppen Arbeitsmöglichkeiten schuf. Unter Hübners Intendanz – so Günther Rühle – entwickelte sich diese Bühne zum »Zentrum szenischer Arbeit in

134.
Kurt Hübner

Deutschland«[67], zur »einflußreichsten Schule des Westdeutschen Theaters«, hier erhielten die jungen Talente und Genies entscheidende Impulse und befruchteten sich gegenseitig. Steins Anfänge in Bremen fielen mit der Politisierung des Theaters im Gefolge der Studentenrevolte zusammen, die Zadeks instinktiver Ablehnung von Theorie zuwiderlief, aber Steins Idee von Theater als Mittel zu Gesellschaftskritik und politischer Aktion entgegenkam. Zadek fühlte sich in seiner experimentellen Arbeit »gestört durch politische Schulung von Peter Stein und durch politische Hysterie«[68] und verließ Bremen. Stein blieb und schuf mit Goethes *Torquato Tasso* (30. März 1969), wie bald erkannt wurde, das einflußreichste Beispiel einer kritisch analysierenden Aufführung eines deutschen Klassikers.

Es lohnt nicht, weitere Unterschiede zwischen Zadek und Stein aufzuzeigen. Erhellender ist es, Stein mit dem etwa gleichaltrigen und ebenfalls linksorientierten Hansgünther Heyme zu vergleichen, der jedoch schließlich einen ganz anderen Weg ging. Beide waren Intellektuelle und politisch radikal, beide konzentrierten sich auf die deutschen Klassiker. Heyme unterwarf Schiller, Peter Stein Goethe und Kleist ähnlich kritischen Analysen. Beide waren bei großen Lehrern in die Schule gegangen: Heyme bei Piscator, Stein bei Kortner. Heymes frühe Vorliebe für den politischen Schiller war kein Zufall. Aber im Gegensatz zu Piscator, der vierzig Jahre zuvor in *Die Räuber* die traditionelle Moral des Schlusses von der freiwilligen Unterwerfung unter das Gesetz in eine Rechtfertigung von revolutionärer Gewalt umfunktioniert hatte (Spiegelberg in Trotzki-Maske), erklärte Heyme in seiner Inszenierung in Wiesbaden (29. Oktober 1966) die kriminelle politische Energie der jungen Generation in diesem Stück als Resultat einer »Fixierung auf eine allzu mächtige Vaterfigur«.[69] Für Heyme war das Private und das Politische in Schillers Stücken in tödlicher Symbiose verbunden, und in den folgenden Jahren zeigte er auch an anderen Stücken die Deformationen auf, die sich aus dieser Symbiose ergeben: ein unerbittlicher Befrager der klassischen Texte und genialer Erfinder ungewöhnlicher ästhetischer Mittel.

Steins Kritik an Goethes Kompromiß in *Torquato Tasso* war nicht weniger scharf. Goethe zeigt hier die Tragödie des schöpferischen Künstlers: Tasso leidet an der Diskrepanz zwischen seinem Genie und seiner eingeschränkten Lage: Ausgeschlossen, weil politisch und diplomatisch inkompetent, von allen Staatsgeschäften, kann er nicht einmal seine Gefühle ausdrücken, ohne gegen die höfische Etikette zu verstoßen und zunehmend verunsichert über seinen Stand und seine Rolle am Hof,

135. *Torquato Tasso* 1969 Bremen. R: Peter Stein, B: Wilfried Minks, F: Günter Vierow. Jutta Lampe als Leonore von Este und Bruno Ganz als Tasso in Posen von demonstrativer Gefühlsseligkeit.

wähnt er sich von allen verfolgt und ist schließlich gezwungen, bei seinem mutmaß-lichen Feind Antonio Hilfe zu suchen: »So klammert sich der Schiffer endlich noch / Am Felsen fest, an dem er scheitern sollte«, wie der letzte Vers des Stückes lautet. Stein verwarf die traditionelle Versöhnung der Gegensätze. Er sah Tasso als bezahl-ten Produzenten von Kunst, als »Emotionalclown«.[70] Er entmystifizierte Goethe, indem er die unwürdige Komik herausbrachte, die sich aus Tassos Situation ergab; er lud die Zuschauer ein, über die Ungeschicklichkeit des Dichters zu lachen, an-statt sie, wie üblich, zum gedankenschweren Abwägen von Problemen wie Kunst versus Politik, Einbildungskraft versus Ratio, Spontaneität versus Selbstbeherr-schung bewegen zu wollen. Sein Verfahren war das gleiche wie das, mit dem Heyme seine Neubewertung von Schiller vorgenommen hatte: kein Umgestalten durch Umschreiben, sondern durch kritische Lektüre in der Manier von Kortner, um die Risse in der glatten Oberfläche aufzuspüren und die subtilen Manipulationen auf-zudecken, mit denen Goethes Text den klassischen Kompromiß wahrt. Nach Stein war seine eigene Lage und die seiner Schauspieler keinen Deut besser als die Tassos. Als sie ein wenig später versuchten, aus ihrer vorgeschriebenen Rolle als Produzen-ten eines fertigen künstlerischen Produkts auszusteigen und ihren Zuschauern statt dessen Diskussionen anboten, stießen sie auch bei dem verständnisvollen Hübner an Grenzen. »Hübner war immer auf der Seite der Künstler, der Erfinder und der Vorstößler, aber eine seiner Rollen war die des Balance-Halters.«[71]

Heyme und Stein brachten in der zweiten Hälfte der Siebziger berühmte Shakespeare-Inszenierungen heraus. Sie unterschieden sich radikal. Heymes *Hamlet* (1979) endete in einer völligen Dekonstruktion des Stückes, Stein versuchte mit *Wie es euch gefällt* (1977) eine vorsichtige Rekonstruktion. Beide Produktionen spiegeln das Dilemma der kritischen Regisseure nach einem Jahrzehnt antibürgerlichen Theaters angesichts der Frage: Was tun mit dem klassischen Erbe? Die beiden Inszenierungen sollen im folgenden etwas ausführlicher vorgestellt werden. Sie kennzeichnen Haltungen und Tendenzen, die bis weit in die Achtziger und darüber hinaus wirksam waren.

Peter Stein: Shakespeare's Memory *und* Wie es euch gefällt

1970 bezogen Stein und seine Truppe ein neues Domizil in Berlin, und bald war die »Schaubühne am Halleschen Ufer« in aller Munde. Eine solch spannende Verbin-

136.
Peter Stein

dung von intelligentem Regiekonzept, superber Darstellung und atemberaubender Raumkunst hatte man lange nicht mehr erlebt. Ibsens *Peer Gynt* (1971), Kleists *Prinz von Homburg* (1972), Maxim Gorkis *Sommergäste* (1974) und *Antikenprojekt* (1974) waren bejubelte Höhepunkte. Den »großen Kontinent« Shakespeare steuerte die Truppe jedoch nicht auf direktem Kurs an, teils um Kottsche Untiefen zu umschiffen, teils um »die Welt, in der Shakespeare lebte, wiederzuentdecken und die gesellschaftlichen und kulturellen Kräfte verstehen zu lernen, aus denen seine Texte hervorgegangen sind.«[72] Fast fünf Jahre lang und nur mit wenigen Unterbrechungen vertieften die Schauspieler sich in Shakespeare- und Renaissancestudien, schrieben Essays und erarbeiteten sich – unter der Leitung von Botho Strauß und Dieter Sturm, den Dramaturgen, oder auch von Stein selbst – einen soliden Fundus an historischem Wissen und trainierten die neuen Fertigkeiten, vom Lautenspiel bis zur Akrobatik, die sie für das Unternehmen nötig hielten.

Das Ergebnis dieser wahrscheinlich anspruchsvollsten Vorbereitung auf Shakespeare, die je unternommen wurde, war ein siebenstündiger Bilderbogen und Rari-

137.
Shakespeare's Memory
1976 Berlin.
R: Peter Stein,
B: Karl-Ernst Herrmann,
F: Ilse Buhs. Die junge
Königin Elisabeth (Sabine
Andreas) und ihr Gefolge.

tätenkasten mit dem englischen Titel *Shakespeare's Memory* (22. und 23. Dezember
1976), der, an zwei Abenden gegeben, den Zuschauern Shakespeares Welt und
Weltbild nahebrachte. Entsprechend kostümierte und in charakteristischen Tableaus gruppierte Schauspieler boten eine bunte Mischung von Texten der europäischen Renaissance und von Autoren der elisabethanischen und der nachfolgenden
jakobäischen Ära, um den politischen Hintergrund und das geistige Klima der
Shakespearezeit zu veranschaulichen. Die Aufführung war nach Berlin-Spandau in
eine Halle der C.C.C. Filmstudios verlegt worden, die genug Raum bot für die ungewöhnlichen Konstruktionen und Spielorte – ein überdimensionales »ship of state«, eine Kanzel, verschiedene Plattformen und Festwagen – auf denen die Schau-

spieler akrobatische Kunststücke vorführten oder musikalische Darbietungen gaben, philosophische, theologische und poetische Texte vortrugen, wobei das Publikum von einer Attraktion zur anderen wandern konnte. Die erklärte Absicht dieser interdisziplinären Rekonstruktionsarbeit: das Gefühl für gelebte Geschichte und ihre konkrete Textur zurückzugewinnen und so sich selbst und das Publikum auf die kommenden Shakespeare-Inszenierungen einzustimmen. Zu einer Zeit, als andere Tradition noch verteufelten, scheute die Schaubühne keine Mühe, sich ihrer zu vergewissern. Mochten die Kritiker auch etwas von Pedanterie murmeln, mußten sie doch zugeben, daß der phantastische Reichtum des Gezeigten sie beeindruckt hatte. Es gab farbenprächtige Aufzüge mit phantasievoll Maskierten, Fecht- und Stockkämpfe, Morris Dancing, und andere Volksbelustigungen wie etwa die Aufführung von Teilen mittelalterlicher Mysterienspiele (so des berühmten und urkomischen Hirtenspiels *The Second Shepherd's Pageant* und die Narrenschau aus *The Revesby Play*), die zur Zeit Shakespeares in der Provinz noch gelegentlich zu sehen waren. Es gab gelehrte Diskussionen: so einen Disput zwischen Machiavelli und Erasmus über den »guten Herrscher«, ausgetragen vor Königin Elisabeth und ihrem Hofstaat, ein Streitgespräch über Ciceros Rhetorik und sogar eine Auseinandersetzung zwischen Fleisch- und Fischhändlern aus Erasmus' *Colloquia familiaria*. Es gab öffentliche Ansprachen jeder Art, so etwa Elisabeths berühmte Tilbury Speech, die Ansprache an die Offiziere ihres Heeres vor der Entscheidungsschlacht gegen die Spanische Armada, Giordano Brunos Predigt gegen den Kolonialismus, das Todesurteil gegen Walter Raleigh in seiner ganzen blutigen Ausführlichkeit, aus zeitgenössischen Texten zusammengestellte Einführungen in Astronomie und Astrologie oder Erläuterungen zu den vier Temperamenten mit Anschauungsmaterial zu verschiedenen Aspekten der Melancholie. Es gab ein »Kabinett der Utopier« (mit lebensgroßen Modellen von »Utopiern«: der Mann ohne Kopf, der Hermaphrodit, der Zodiak-Mann); ein »Kabinett der Embleme«, einen »Rasen der Melancholie«, einen »Garten der Sympathien«, ein Planetarium und zwei Bühnen – beziehungsreiche Schauplätze, auf denen man den Zuschauern Shakespeares Welt nahebringen konnte. Der zweite Abend schloß mit der Rezitation von fünfundzwanzig ausgewählten Texten, meist Monologen, aus Shakespeares Stücken.

Hart und gründlich gearbeitet hatte Steins Truppe auf jeden Fall. Die Vorstellungen waren über Monate ausverkauft, auch wenn die Kritiker sich über zu viel Gelehrsamkeit beklagten und monierten, daß man durch das Chaos der Simultanaktionen abgelenkt werde, in dem die differenzierte Darstellungskunst der Steinschen Schauspieler untergehe. War so viel Wissen nötig, um Shakespeare zu verstehen? Benjamin Henrichs meinte, vielleicht spreche doch einiges für Zadeks unmittelbarere, auf die Weckung der schauspielerischen Phantasie und Gefühlsbereitschaft abzielende Vorgehensweise.[73] Würden die folgenden Shakespeare-Inszenierungen überhaupt von dieser »Renaissance-Monster-Show« profitieren?[74] Zur allgemeinen Überraschung gab es nur eine einzige, *Wie es euch gefällt* (20. September 1977), aber die machte Theatergeschichte.

138. *Wie es euch gefällt* 1977 Berlin. R: Peter Stein, B: Karl-Ernst Herrmann, F: Ruth Walz. Diverse
Spielflächen und die ungewöhnliche Verteilung des Publikums bewirkten eine abwechslungsreiche,
aber auch dezentrierte Wahrnehmung.

In Michael Pattersons sorgfältiger Dokumentation werden die einzelnen Bezüge
dieser Inszenierung zu *Shakespeare's Memory* genau aufgezeichnet. Das wichtigste
gemeinsame Element war jedoch die Hinwendung zum Zuschauer. Wo andere Regisseure der Avantgarde es darauf anlegten, die Zuschauer zu brüskieren, kam es
Stein offensichtlich darauf an, sie zu bilden. Ihm ging es schon lange nicht mehr um
Konfrontation, vielmehr bezeigte er dem Publikum Respekt, indem er es (zugegeben mit einer gewissen Koketterie) an der eigenen Bildungsreise teilnehmen ließ,
die in *Wie es euch gefällt* sogar konkrete Gestalt annahm: Der Weg vom Hof des bösen Herzogs Friedrich zum Ardennerwald mußte von den Zuschauern selbst zu-
rückgelegt werden, eine Mühe, die sich lohnen sollte. Bei anderen Truppen war der
Auszug aus den wohlausgestatteten Häusern in verlassene Fabriken und Lagerhal-
len ein Protest gegen das Stadttheater, ohne in jedem Fall die Aufführung sonderlich zu bereichern; Steins Verlegung der Inszenierung nach Spandau war sachlich
begründet. Die Art, in der das Publikum einbezogen werden sollte, verlangte das
größere und variable Raumangebot der C.C.C. Filmstudios.

Für das erste Bild hatte Karl-Ernst Herrmann eine Szene von kalter, kubistischer Abstraktion entworfen, die Außenseite von Herzog Friedrichs schneeweißem Palast, vor dem die Schauspieler im steifen Ornat golddurchwirkter elisabethanischer Kostüme über den Zuschauern thronten, die sich um ein mannshohes kreisrundes Podest drängen mußten, um den Ringkampf zwischen dem schönen Orlando (Michael König) und dem Ringer Charles (einem eigens engagierten Schwergewichtsprofi) mitzuerleben. Dann folgten die Zuschauer Celia und Rosalinde auf ihrer Flucht vom Hofe minutenlang im Gänsemarsch durch eine dunkle und dornige Wildnis, die seltsame Überraschungen bereithielt (einen wilden Bären, den Androgynen aus *Shakespeare's Memory*, eine elisabethanische Handwerksstube), ehe sie im Ardennerwald anlangten, einem ausgedehnten und abwechslungsreichen Arkadien (Abb. 138), »einer Szene, ausgestattet mit allen Details des traditionellen *locus amoenus* (rauschenden Bäumen, Bach, Teich, windbewegtem Kornfeld, Vogelgezwitscher und singenden Schäfern)«.[75] Die Zuschauer saßen jetzt auf asymmetrisch angeordneten Tribünen und mußten ihren eigenen Fokus finden. Es gab hier zwar nicht so viel Simultanaktion wie in *Shakespeare's Memory*, aber doch eine Reihe von bildhaften Anspielungen, die das Hauptthema beziehungsreich unterstützten: ein zottiger Wilder Mann raste hoch oben mit Gebrüll eine Galerie entlang, Robinson Crusoe rief nach Freitag, und auch Robin Hood, ein anderer Bewohner der grünen Welt, fehlte nicht. Die Liebeshandlung blieb unverfremdet. Jutta Lampe und Michael König spielten ihre Rollen mit Charme und Witz, aber dem utopischen Idyll standen auch immer wieder Elemente anderer Art gegenüber: ländlicher Realismus, wenn Käthchen das Butterfaß dreht, oder die bedrohliche Welt der Magie, wenn der geschossene Hirsch enthäutet wird und die Jäger plötzlich in einen archaischen Jagdtanz verfallen. So blieb der ambivalente Charakter des geschützten Ortes dem Zuschauer immer präsent, und das bis zum Schluß, als eine Schar von Rittern, der racheschnaubende Herzog Friedrich und seine Mannen, sich unter Getöse den Weg in den Ardennerwald freischlugen, wo sie – märchenhafte Wendung – von einem Zauber überwältigt ihre Rüstungen abwarfen und zu Boden sanken. In diesem Arkadien gab es keinen freien Willen, und die Kräfte, die hier herrschten, sollten rational nicht durchschaubar sein.

Das war geistreiche Regie, aber keine tendenzhafte oder dogmatische Neuinterpretation des Stückgehalts. Offenbar war Stein kein Freund reduktionistischer Lesarten wie Ciulli oder Ionescu. Im Gegenteil: Seine Schulung bei Fritz Kortner hatte ihn gelehrt, Texte mit Geduld und Intensität zu lesen, und das Ergebnis solcher Lektüre anzunehmen. Wenn man den Stücken eine so reiche szenische Präsenz geben wollte, wie Stein es tat, dann verlangte das im geistigen wie im physischen Sinne Weite und Raum, einen ausschwingenden Rhythmus und ein kongeniales Umfeld: Schließlich wollte er keine ideologische These illustrieren, sondern ein Stück dramatischer Literatur in ein »totales« Theatererlebnis umwandeln. Besucher fanden, sie hätten den Reichtum beim ersten Mal gar nicht ganz aufnehmen können. Andere Regisseure machten ihre Botschaft von Anfang an klar.

Trotz des großen Erfolgs der beiden Inszenierungen brachte Stein vorerst keinen weiteren Shakespeare heraus, und auch sein Ansatz wurde von keinem anderen Regisseur aufgegriffen. Die Kritik beanstandete eine gewisse Reserviertheit, eine Spur von Gestelztheit, einen Hauch Übergenauigkeit an *Wie es euch gefällt*, so als habe die stupende wissenschaftliche Vorarbeit der Dramaturgen (die sich in einem 126-seitigen Programmheft niederschlug) den Schauspielern und ihrem Regisseur den Schneid abgekauft und sie daran gehindert, das Buchwissen zu guter Letzt über Bord zu werfen und mit Verve drauflos zu spielen. In seinem Rückblick erklärt Henning Rischbieter die widersprüchliche Aufnahme der Inszenierung bei der Kritik mit dem Urteil: »Das philologisch-antiquarische Interesse hat zu viele Kräfte der Truppe gebunden, die der Aufführung selbst dann fehlen.«[76] Nach zehn Jahren Radikalisierung und Verzerrung zeigte Steins tapferer Versuch der Rückgewinnung Shakespeares mit den Mitteln der Renaissance- und Shakespeareforschung, wie schwer es war, mehr als nur den Anschein der verlorenen Unschuld wiederzugewinnen.

Hansgünther Heyme: Hamlet

Wenn Zadeks *Held Henry* (1964) »das erste freche Signal zum Tabubruch«[77] war, kann Heymes *Hamlet* (Köln, 17. Februar 1979) mit Fug und Recht als Abschluß der ersten Phase der westdeutschen Theaterrevolution gelten. Die Inszenierung zeigte eine selbst für damalige Verhältnisse ungewohnte Radikalität, sie verband einen extremen Grad ideologischer Verzweiflung mit ebenso extremer Ästhetik. In vielen vorangegangenen Umwertungen hatte das visuelle Element eine zunehmende Rolle gespielt, es wurde entscheidend

139.
Hansgünther Heyme

für die Interpretation, die Bühnenbildner begannen, den Regisseuren den Rang abzulaufen und führten immer öfter selbst Regie. In Heymes *Hamlet* waren Szenographie und Interpretation schließlich nicht mehr voneinander zu trennen. Hier zeigte sich auch, wie weit man bei avantgardistischen Inszenierungen in der Kombination von scheinbar unvereinbaren Materialien gehen konnte.

Der optische Eindruck war äußerst verwirrend, ein Werk des Happeningkünstlers Wolf Vostell, der auch die Ideen für die Kostüme beisteuerte. Nacktes Rohrgestänge rechts und links mit den unverdeckten Scheinwerfern. Keine Kulisse, sondern nur der anthrazitfarbene Eiserne Vorhang, der knapp über dem Boden mit

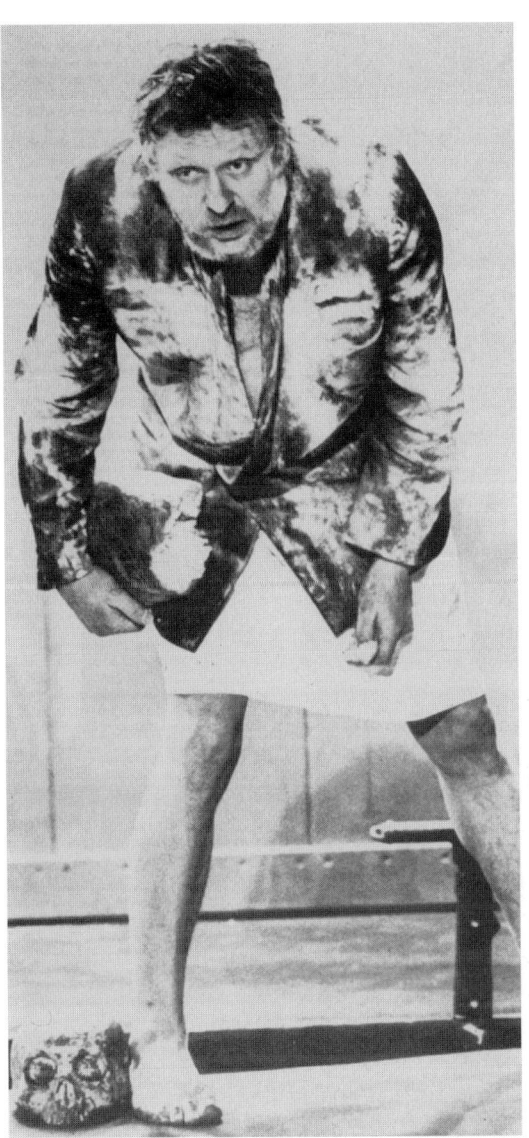

140. *Hamlet* 1979 Köln. R: Hansgünther Heyme,
B: Wolf Vostell, F: Stefan Odry. Wolfgang Robert
als Hamlet signalisiert das Ende einer noblen
Tradition.

einem Fries von achtzehn TV-Monitoren besetzt war. Gespielt wurde auf der schmalen Fläche bis zur vorgeschobenen Rampe, der eigentliche Bühnenraum blieb also ungenutzt. Nahe der Rampe auf einem Ständer eine kleine Videokamera, die je nach Bedarf von einzelnen Spielern bedient wurde, und deren Bilder dann auf allen Monitoren erschienen. Auf der linken Seite hing ein ausgestopftes Pferd mit dem Kopf nach unten. Aus seinem Maul tropfte rote Flüssigkeit in einen schön geformten Glaskelch. Befremdlich wie die rätselhaften Requisiten war auch die Kostümierung, aber dem tristen Milieu angepaßt: Hamlet (Wolfgang Robert), ein fleischiger Mann mittleren Alters, mit schwarz-grauem Mantel, Melone und Knobelbechern, eine Kamera vor der Brust; Claudius (Hans Schulze) mit Schärpe und Zylinder, den ein ausgestopftes Wiesel schmückt, Gertrud (Helga David) mit einem Korsett über dem tief ausgeschnittenen Kleid. Fast alle Kostüme sind mit aufgenähten Rätselobjekten versehen, Steinen, Messern, einem Hering, Tellern, Haarsträhnen. Der Geist erscheint als alte Frau mit Blitzlichtkamera und einem Strahlenkranz von Antennen auf dem Rücken. Der Hof gibt sich nur mühsam den Anschein von Geschäftigkeit. Claudius nimmt weniger von der drohenden Kriegsgefahr als von der erotischen Ausstrahlung Gertruds Notiz. Polonius (Wolfgang Hinze) und seine Kinder (Jürg Löw und Gabriele Isakian) und Horatio (Peter Kaghanovitch) scheinen als einzige zu normalen Beziehungen fähig. Hamlet ist ein peinlicher Fremdkörper. Er geht herum, schießt Fotos, bedient die Videokamera, aber er reagiert auf nichts und niemanden, geht keine Kontakte mehr ein, nicht einmal mit Horatio. Er ist bereits weggetaucht in seine leidvolle Innenwelt, zerfallen und gespalten. In dieser Inszenierung wird die Zerfallenheit Hamlets mit sich selbst wörtlich genommen: Er wird von zwei Schauspielern gespielt. Auf der Bühne agiert der Hamlet des irren Leidens, bis zur

Kabinettszene sieht man nur ihn, während sein *alter ego* vom Zuschauerraum aus über Mikrofon die Monologe und große Teile der Dialoge spricht. Nun ist es aber nicht so, daß der sichtbare Hamlet pantomimisch das verdeutlicht, was der unsichtbare spricht. Im Gegenteil. Er hört sich selbst wie einem Fremden zu, und er spielt nur das, was im Unbewußten seiner komplexen, gespaltenen Persönlichkeit vor sich geht, die kruden sexuellen Phantasien, den Narzißmus, die reduzierte Psyche, die Beschäftigung mit dem eigenen Körper, zum Beispiel wenn er sich prüfend und verwundert vor der Kamera betrachtet und sein Gesicht verzerrt. Der unbewußte Hamlet auf der Bühne ist nahezu sprachlos. Er kann sich nur noch in Gesten äußern. Selten nur hat er lichte Augenblicke, in denen er selbst redet. Nach der Kabinettszene, in der beide Schauspieler auftreten, schreitet der Verfall rapide voran. Nach Dänemark zurückgekehrt, erscheint Hamlet mit nackten Beinen im Hemd und mehlbestäubter Jacke und zerdrückt sich, verrückt geworden, stieren Blickes und sich nur steif bewegend ein Weißbrot auf dem Kopf. Horatio muß ihn führen und ihm soufflierend durch die Begräbnisszene helfen. Ein solcher Hamlet kann auch keine Fechtszene mehr bestehen. Heyme packt konsequenterweise alle Todeskandidaten auf fahrbare Wannen mit den Eingeweiden obenauf, während der eiserne Vorhang hochgeht und den Blick freigibt auf 100 Fernsehapparate, auf denen die Tagesschau abläuft. Fortinbras, als schöne junge Frau (Gabriele Isakian) im spiegelbesetzten Rennfahreranzug, Verkünderin des neuen elektronischen Millenniums, entsteigt einer gleißenden Sonne und läßt uns wissen, daß Hamlet, wäre er am Leben geblieben, sich höchst königlich bewährt hätte.

Die Verluste, wie bei allen Radikalinszenierungen, waren auch hier hoch. Zerstört war der federnde Spannungsbogen des Originals mit der nie nachlassenden Konsequenz seiner Handlungsführung. Identifikation mit dem Schicksal des Helden, seinem Witz, seiner geistigen Beweglichkeit, seinem bohrenden Philosophieren, war nicht mehr möglich. Weder der arme Tropf auf der Bühne noch sein *alter ego* am Lesepult im Zuschauerraum luden zum einfühlenden Mitgehen ein.

Der Gewinn bestand zuerst einmal in erhellenden Bildern wie den folgenden. Am Schluß der Begegnung mit dem Geist seines Vaters, während aus dem Lautsprecher der Monolog »Oh schmölze doch dies all zu feste Fleisch« ertönt, zieht Hamlet seinen Mantel verkehrt herum an, dabei starr ins Publikum blickend: Die Ordnung hat sich verkehrt und Hamlet mit ihr. In der Mausefallenszene wird Ophelia in einen großen Mantel gehüllt, der wie eine Betonmauer aussieht: Jetzt ist sie gefangen wie in einem Gefängnis, auch sie ist in eine Falle gegangen, aus der es kein Entrinnen mehr gibt. Ein weiteres Beispiel: Gertrud schreckt bei der ersten Begegnung mit Claudius nach dem Mord an Polonius vor den gewohnten Zärtlichkeitsgesten ihres Mannes zurück. Beide verharren einige Sekunden reglos, ohne daß es zu einer Berührung kommt, während über Lautsprecher verstärkt das unablässige Tropfen des Blutes aus dem Maul des Pferdes hörbar wird: das Blut des Polonius steht zwischen ihnen und gemahnt an das Blut des alten Hamlet, das sie bereits vergossen haben.

Alle Figuren waren fasziniert von dem technischen Gerät und hantierten unablässig mit Kameras, Mikrofonen, Transistorradios, Fernsehern, Kopfhörern und Taschenrechnern, aber sie mußten auch stets gegen die Überfremdung und die Tücke der Technik anspielen. So drängte sich der Gedanke auf, daß das Medienkonzept allegorischen Charakter haben könnte: Wir sind, wie die Schauspieler auf der Bühne, Gefangene unserer Apparatur. Wir brauchen sie, um über Raum und Zeit zu herrschen, aber sie beherrscht uns. Trotz dieser Erkenntnis blieb die Irritation durch die aufdringliche Präsenz der Medien bestehen. Aber sie bot einen Einblick in die Schizophrenie unserer Kultursituation, wofür das Bühnenbild eine überzeugende Metapher war: Das Organische blutet sich langsam und dekorativ aus, während die elektronischen Roboter die Herrschaft übernehmen und uns in ihren Bann schlagen. In der entfremdeten, perfekten Medienkultur ist auch das Einmalige beliebig wiederholbar; und Geblendete, die wir sind, verfallen wir auf unserer Suche nach ästhetischer oder lebensweltlicher Erfahrung den abwegigen Reizen der technischen Reproduzierbarkeit. Der Individualismus hat ausgespielt. Die Rollenpaare Voltemand und Cornelius, Rosenkranz und Güldenstern, Marcellus und Bernardo und die beiden Totengräber werden vom selben Schauspielerpaar gespielt. Die Figuren sind austauschbar geworden. Der einzig Unangepaßte, der Individualist Hamlet, wirkt in dieser Welt wie ein Anachronismus und wird endgültig vernichtet. Individualismus, so möglicherweise die Botschaft der Inszenierung, lebt nur noch in der Person des an dieser Welt irre Gewordenen oder in der literarischen Erinnerung an große Einzelgänger. Beide Aspekte wurden in der Inszenierung ausgespielt, im fortschreitenden Zerfall des Hamlet auf der Bühne und in den etwas nostalgisch auskostend gesprochenen Monologen des Schlegel-Textes aus dem Munde seines Gegenparts am Lesepult. Zu einer lebensvollen Gegenwart zusammenbringen ließen sie sich nicht mehr. Für die Überlebenden, die auf der Bühne und die im Zuschauerraum, blieb am Schluß die gleißnerische Lockung des genormten Lebens aus zweiter Hand, in einem Dänemark, das nicht mehr vom starken Arm eines Fortinbras zur Räson gebracht zu werden braucht, sondern in den elektronischen Umarmungen einer neuen »Frau Welt« Geist und Seele aufgibt.

Heymes *Hamlet* markiert eine Zäsur. Er verkörpert sowohl die Bilderstürmerei der gerade zu Ende gehenden Epoche wie den postmodernen Zweifel an der Möglichkeit, vergangener Kunst aktuelle und vitale Gegenwart zu verleihen. Er läßt sich als das Ende einer Bewegung betrachten, die die Klassiker einer ideologischen Gehirnwäsche unterzog, ebenso wie als Anfang einer neuen, die sich auf postmoderne Praktiken einzustellen begann. Die zugrundeliegende Regieformel, nämlich das Stück mit einer anderen Kunstform zu verkoppeln (in diesem Falle mit Vostells Medienkonzept und den Verrätselungen der Kostümattribute) wies auf Techniken voraus, die in den Achtzigern häufiger eingesetzt wurden, während die Inszenierung mit ihrer scharfen Kritik an bestimmten Entwicklungen der westlichen Kultur und der kapitalistischen Gesellschaft fest in der Tradition des ideologisch fundierten Bildersturms stand.

Die Ästhetik des Bildersturms

Über Sinnzerstörung

Das klassische Stück war offenbar zum Stein des Anstoßes geworden. Es war nicht länger mehr ein Werk, um das man sich in verehrendem Dienst bemühte, sondern ein neuralgischer Komplex, dessen Existenz und Anspruch aufreizend wirkte, weil an ihm die Diskrepanz zwischen vergangenem Sinnideal und gegenwärtigem Sinndefizit offenbar wurde. Der Rückschritt in ein positives Sinnbewußtsein war jedoch nicht mehr möglich: Resultat eines begründeten Geschichtspessimismus nach zwei Weltkriegen, nach über hundert nationalen Kriegen seither, nach Völkermorden und nach andauernder Mißachtung der Menschenrechte in vielen Teilen der Welt. Die Geschichte hatte sich selbst desavouiert. In diesen Entwertungsprozeß war auch von ihr hervorgebrachte kulturelle Tradition einbezogen. Sie hielt nicht mehr, was sie einstmals versprach: nämlich den zwar nicht rückschlagfreien, im ganzen aber doch steten Fortschritt der Humanität. In den sechziger Jahren dämmerte die Erkenntnis, daß die westlichen Industrienationen in unauflösbare Widersprüche verstrickt und durch die Absurditäten ihres ökonomischen Verhaltens (Konsumsteigerung bei absehbarem Ende der Ressourcen und bei wachsendem Nord-Süd-Gefälle) wie der militärischen Situation (Sicherung demokratischer Freiheiten durch Overkill) zu ständiger intellektueller und letztlich moralischer Schizophrenie gezwungen waren.

Von dieser Erschütterung der geschichtsphilosophischen Sicherheiten blieb das Theater nicht verschont. Als hocharticuliertes künstlerisches Medium hat es sie sogar sensibler registriert als andere Kunstarten. Reagierte es im Expressionismus der zwanziger und dreißiger Jahre auf ähnliche Herausforderungen noch optimistisch und konstruktiv, so resignierte es im absurden Drama vor einer nun vollends gespenstisch gewordenen Geschichte. Zwar übte es seine übrigen Funktionen als Unterhaltungs- und Bildungstheater auch weiterhin aus, bekämpfte in den Lehrstücken Brechts die Gleichgültigkeit gegenüber Unterdrückung und Herrschaft, bemühte sich im dokumentarischen Problemdrama der Kipphardts und Hochhuths engagiert und tapfer um moralische Integrität und Bewältigung der Vergangenheit, das heißt, es produzierte und reproduzierte Welt in Kategorien von Rationalität. Diese Aufgabe des Theaters blieb auch in den sechziger Jahren unbestritten wichtig. Daneben hatten jedoch Kategorien der Irrationalität Einzug gehalten, eine Weltsicht des Widersinns und Aberwitzes. Wo ließen sie sich besser exemplifizieren als am Drama der großen europäischen humanistischen Tradition! An ihm offenbarte sich der Gegensatz von sinnkohärenter Vergangenheit und sinnfragmentierter Gegenwart am krassesten, an ihm ließ er sich am aufschlußreichsten bearbeiten. In den daraus resultierenden Radikalinszenierungen wurde die Klassik im Grundsätzlichen umgedeutet und umfunktioniert. Sie war so absurd geworden wie die Geschichte selbst.

Im folgenden sollen einige der erkennbaren Gemeinsamkeiten innerhalb dieser Radikalbehandlungen von Klassikern auf ihre Bedeutung hin untersucht werden. Sie sind dramaturgisch gekennzeichnet durch das Durchbrechen der theatralischen Illusionsstruktur, den Einbezug der Zuschauer, die Freigabe des Stückes an schauspielerische Individualität, die Verselbständigung des Spielelementes – oder, als Kurzdiagnose: durch Ausscheren aus den Verbindlichkeiten der konventionellen Aufführungsstile in einen neuen Stil der Stillosigkeit.

In ihm nimmt das Theater Urlaub vom ›Sinnzwang‹, es bricht aus der Schablone überkommener Lesarten aus, negiert Transzendenz, verweigert die Ansprüche auf Seelentiefe und Wertaffirmation, versagt sich selbst der Brechtschen Nicht-Identifikation und ihrer Aufforderung zum Nachdenken und Handeln. Vom ehedem totalen Sinnzwang erholt und befreit es sich im angeblich freien Spiel, das somit nahezu therapeutischen Charakter annimmt. Ähnlich betrieben ja auch die Schauspieler selbst, indem sie unter Zadek und Tabori ihre Individualität ausspielen durften, eine Form von Selbsttherapie, sie befreiten sich von der Unterdrückung ihrer Individualität durch den Rollenzwang des regiebestimmten Ensemblespiels. Der stärkere Einbezug der Zuschauer in solche therapeutischen Befreiungsspiele war eine logische Konsequenz.

Dergleichen theatralische Ereignisse waren keine Aufarbeitung des kulturellen Erbes mehr im Sinne von Goethes Aufforderung »Was du ererbt von deinen Vätern hast, / Erwirb es, um es zu besitzen«. Auf sie war auch Brechts »wir können den Shakespeare ändern, wenn wir ihn ändern können« nicht mehr anwendbar. Brecht verlangte die Auseinandersetzung auf dem Niveau des geistigen und sprachlichen Anspruchs der Vorlage. Hier jedoch wurde Shakespeare verarbeitet, um Schauspieler und Zuschauer vom klassischen Erbe und seinen Kulturzwängen zu befreien, sich von ihm loszusagen – in Akten der Verneinung oder der Verkehrung des Wort- und Seelendramas in ein Körper-, Aktions- und Happeningtheater.

Lassen sich Radikalinszenierungen überhaupt verstehen?

Die Radikalinszenierung spielt die Sinndefizite der gegenwärtigen Situation voll aus, anstatt sie zu verdrängen. Sie spielt gegen den Bedeutungszwang an, indem sie Heterogenes zusammenkoppelt, Normenordnungen zerbricht, Vorstöße ins Unbewußte, Irrationale und Surreale unternimmt, Brüche nicht nur als gelegentliche Stilmittel einsetzt, sondern zum Normalfall macht. Sie verstößt gegen Tabus der Gesittung und des Geschmacks und begeht fortlaufend Sakrilegien gegen die Tradition, den Geist und den Buchstaben des Originals.

Vielleicht kann ein Blick auf analoge Erscheinungen in der bildenden Kunst die Verständnisschwierigkeiten überwinden helfen. Hier hatte sich schon wesentlich früher ein ähnlicher Bruch mit der Tradition vollzogen. Die Absage an den Zwang zur Wiedergabe realer Gegenständlichkeit in der modernen Malerei und Skulptur,

die Reduktion – vor allem in der abstrakten Kunst – auf die Grundelemente bildne-
rischen Ausdrucks, die Zerschlagung der gewohnten Symbolisierungskonventionen
mit dem Ziel der Freisetzung neuer Klassen von Ausdrucksqualitäten hatten die
bildende Kunst in ebenso grundlegender Weise verändert wie es in den sechziger
Jahren dem Theater bevorstand. Im *Action Painting* und in der informellen Kunst
unterlief die Malerei sogar auf noch konsequentere Weise den »Gestaltzwang« und
präsentierte nur mehr bildnerische Chiffren unbewußter psychischer Vorgänge.
Diese Art von Kunst nahm einen radikalen Paradigmawechsel vor und ließ sich
nicht mehr im herkömmlichen Sinne rezipieren. Das an Werken gegenständlicher
Malerei gewonnene Bewertungssystem mit seinem eingefahrenen Spiel von Gegenstand, Form, Farbe und Atmosphäre und den entsprechenden Empfindungen
funktionierte hier nicht mehr. Erforderlich war vielmehr ein Gefühl für abstrakte
Bildqualitäten wie Masse, Dichte, Leichtigkeit, Schwere und für Kompositions-
qualitäten wie Ausgewogenheit, Dynamik oder Spannungszustände.

Wie die Ästhetik der gegenständlichen Malerei auf dem Gestaltzwang, so beruht
die Ästhetik traditioneller Theateraufführungen auf dem Sinnzwang. Sinnzwang
bedeutet, daß die dramatische Handlung einer möglichen oder denkbaren Handlung in der realen Welt nachgebildet sein muß, also mimetisch oder nachahmend
verfährt, wie Aristoteles zuerst gefordert hat. Davon hat Brecht das Theater befreit,
indem er den Illusionscharakter des dramatischen Spiels systematisch aufbrach, epische und dramatische Strukturen vermischte und durch gezielte Verfremdungs-
effekte den Respons seiner Zuschauer vom identifikatorischen Mitfühlen auf kritisches Mitdenken umlenkte. Aber auch die Brechtsche Dramatik unterwarf sich
noch weitgehend dem Sinnzwang mit seiner Voraussetzung der Identität oder Un-
verwechselbarkeit von Person, Charakter, Handlung, Raum und Zeichen. Erst die
Theaterrevolution der sechziger und siebziger Jahre hat diese Übereinkunft aufgehoben und damit die Fundamente theatralischer Kommunikation erschüttert. Denn
diese braucht das Moment des Wiedererkennbaren und Wiederholbaren. Gerade
das jedoch fehlte, so daß sich der Zuschauer dem Schock des Einmaligen, Disparaten, Unfixierbaren ausgesetzt sah. Für Brecht war die Fabel der wichtigste Bestandteil des Stücks. Die neue dezentrierte Ästhetik des Bildersturms verweigerte jedoch
selbst den in Brechts postmimetischem Verfahren noch vorhandenen Minimalkon-
sens. Die Auswirkungen – in jedem Fall eine Bewegung von Identität zur Nicht-
Identität – lassen sich folgendermaßen erläutern:

Im Zeichen des Dezentrismus: Person, Charakter, Handlung, Raum

1. Die Person

Die Person ist definiert durch Name, Geschlecht, Alter, Aussehen, Herkunft, Beruf, Stellung usw. Erwartet wird, daß die theatralische Realisation die Einheit der
Person bewahrt, daß also eine Person nur eine und nicht zwei oder mehrere Perso-

nen sind, was – im Zeitalter des Klonens – keinesfalls mehr gewährleistet ist. In Einar Schleefs *Faust* (Frankfurt am Main, 1990) pinkelten zwölf Gretchen in sechs
Zinkeimer, Andreas Kriegenburg (*Der Sturm*, Hannover 1998) ließ in einer Freß-
und Kopulationsorgie fünf Ariels auf die gestrandete Hofgesellschaft los. In Hans
Neuenfels' *Hamlet*, einer Darstellung, die einen regredierenden, infantilen Hamlet
vorführte, gab es zwei Ophelias, eine dralle, junge, blonde und eine alte, wahnsinnige (Hamburg, 1978), bei Heiner Müller drei Macbeths (Volksbühne, 1982). Erwartet wird auch, daß Person und Merkmale übereinstimmen, zum Beispiel daß der
König ein Mann und keine Frau ist. Die damals immer häufiger vorkommende Besetzung von Männerrollen mit Frauen und umgekehrt war ein Zeichen dafür, daß
diese Konventionen nicht mehr unbefragt galten. Zur Identität der Person im traditionellen Bühnenkontext gehört ferner, daß die Merkmale der Person auch repräsentiert werden, daß der Schauspieler etwa einen alten König nicht wie einen jungen Bankangestellten spielt und umgekehrt. In Radikalinszenierungen wird diese
Art von Rollentypik jedoch häufig aufgehoben. Wenn der junge Josef Kainz gern
die Rollen alter Männer spielte, so bemühte er sich, durch Stimme, Gestik und Mimik, unterstützt vom Maskenbildner, um rollentypische Darstellung. Zur Zeit der
Theaterrevolution strebten weder Maskenbildner noch Schauspieler nach merk-

141. *Faust* 1990 Frankfurt. R: Einar Schleef, F: Abisag Tüllmann. Der Zinkeimer, über ein Jahrzehnt
wichtigstes Requisit der deutschen Bühne, hier in seiner demonstrativsten Verwendung.

malsgerechter Erscheinung und Darstellung. Bei der Aufhebung des Gebots zur illusionistischen Nachahmung von Wirklichkeit kann Hamlet nicht nur faktisch älter
sein als seine Mutter, sondern auch so erscheinen. (Zadek, *Hamlet*, Wildgruber, Eva
Mattes, Bochum 1977) Die offenkundige Diskrepanz bewirkt, daß das Spiel dann
weniger auf nachahmende Darstellung abgestellt ist als auf Vorführen und Zeigen.

2. Der Charakter

Der Charakter ist definiert durch bestimmte Charaktereigenschaften wie Gutmü-
tigkeit, Offenheit, Edelmut, Jähzorn, Argwohn, Gier, Hochmut usw. sowie durch
ein besonderes Mischungsverhältnis solcher Eigenschaften, das die innere Einheit
der Person bildet. Aus dieser inneren Einheit oder Identität entspringen die dem
Charakter gemäßen Verhaltensweisen, an denen wir ihn überhaupt erst erkennen.
Der Charakter ist jedoch keine statisch feste Größe. Er kann sich entwickeln und
bis in sein Gegenteil verkehren. Shakespeares Tragödien haben oft diese Selbstent-
fremdung des Helden zum Gegenstand. Ihre Geltung beruht auf der Bedeutung,
die herkömmlicherweise der freien und eigenverantwortlichen Entscheidung des
Charakters zu sich selbst beigemessen wird, der damit sein Schicksal bestimmt.

Verneinte man jedoch die Möglichkeit der Selbstbestimmung, so verlor auch das
Ringen des Charakters um Identität an Bedeutung. Er erschien dann eher als Opfer
und Werkzeug denn als treibende Kraft. Er wurde manipulierbar. Die Sprengkräfte,
die in ihm latent vorhanden sind und ihn zum Ich-Verlust treiben, brauchten dann
nicht mehr durch eine konsequent motivierende Handlungsführung freigesetzt zu
werden, sondern konnten als gleichberechtigt koexistierend vorausgesetzt werden.
Der in Hamlet latent angelegte Wahnsinn mußte dann nicht mehr unter dem
Druck unsäglichen Leidens hervorgepreßt werden, wie im Original, sondern konnte gleich schon in die Figurenkonzeption Eingang finden. Hamlet trat dann schon
von vornherein als gespalten, wahnsinnig oder in Doppelung auf. Entsprechende
Beispiele boten die *Hamlet*-Inszenierungen von Neuenfels (1978), Tabori (1978)
und Heyme (1979). Präsentiert wurde nicht mehr der dem gerade erreichten Ent-
wicklungsstand des Helden angemessene Ausdruck, sondern eine aus vergangenen,
gegenwärtigen und zukünftigen Entwicklungsstadien zusammengesetzte Erscheinungsform. Sie sprach zwar den gängigen Vorstellungen von psychologischem Realismus Hohn, verwies aber auf die Gleichzeitigkeit der im Charakter enthaltenen
Möglichkeiten.

Mit einer solchen Auflösung des Charakters in seine Bestandteile zerbricht auch
der für die mimetische Darstellung gültige Zusammenhang von Wesen und Erscheinung als Indiz für eine bestimmte Identität. Verstellung und Täuschung als
Mittel der ›Intrige‹ wurden damit überflüssig. Claudius konnte jetzt von Anfang an
den Schurken spielen, der er ist, und Jago ebenso. Die Möglichkeit, durch Gestik
und Mimik den Bruch mit der mimetischen Forderung der Wahrscheinlichkeit anzuzeigen, wurde ausgiebig genutzt. Wenn in Zadeks *Othello*-Inszenierung (1976)
Jago vor Beginn der Vorstellung – damit gewissermaßen im Vorgriff auf das kom-

mende Geschehen ein deutliches szenisches Zeichen setzend – seinen Herrn wie einen dummen August am Ohr über die Bühne zerrte und wie eine Gliederpuppe verrenkte oder wenn in Heymes *Hamlet*-Inszenierung Claudius von vornherein Verschlagenheit und Feigheit bekundete, so wurde deutlich, wie weit das übliche Verhältnis von Charakter, Rolle und Erscheinung bereits aufgelöst war. Die Reduktion des Helden von der treibenden Kraft zum manipulierten Opfer und die dadurch bewirkte Minderung des Interesses an seiner psychologischen Entwicklung ließen Raum für die Nebenfiguren. Sie gewannen an Eigengewicht und wuchsen über ihre dramaturgische Funktion hinaus, so daß selbst Horatio zu einer prominenten Figur werden konnte.

3. Die Handlung

Der Handlungsverlauf ist vom Text vorgegeben und in seinen einzelnen Schritten genau vorgezeichnet. Vom Schauspieler nach Belieben auszufüllende Freiräume sind nicht vorhanden, nicht einmal in den Rüpelszenen. Shakespeare maßregelt unmißverständlich die Narren, die sich Freiheiten gegenüber der Vorlage herausnehmen. Handlungsführung bei Shakespeare besteht aus einer kunstvollen Verschlingung von Haupt- und Nebenhandlung mit einer kontrapunktischen Zuordnung verschiedener thematisch relevanter Motive und deren Einbettung in die einzelnen Handlungsstränge.

Der Grundgedanke hinter allen Handlungskompositionen lautet: Es gibt Ordnungen gesellschaftlicher, moralischer, politischer, metaphysischer Art, die dem einzelnen in seinem Drang nach Selbstentfaltung vielleicht unbequem oder gar unerträglich erscheinen mögen, die aber nichtsdestoweniger gesittetes und sinnerfülltes Gemeinschaftsleben überhaupt erst möglich machen. Sie sind deshalb auf jeden Fall zu bestätigen, und sei es auch unter schweren Opfern. Auflehnung gegen sie ist schuldhaft und muß gesühnt, frevelhafte Überhebung über sie als Hybris bestraft, ihre kecke Herausforderung (in den Komödien) gezügelt werden. Die dramatische Handlung ist nicht um ihrer selbst willen da, sondern um der Bestätigung der Ordnung willen. Deshalb kann sie auch keine beliebigen Ausschnitte bieten, wie Fortsetzungsserien im Fernsehen, sondern ist eine genau berechnete Komposition zum Zwecke der spielerischen und im Falle der Komödien verspielten Rechtfertigung von Norm und Ordnung.

Wie aber, wenn sich der Glaube an Norm und Ordnung als trügerisch, diese selbst sich als Todesfallen und ihre Verfechter als Narren oder Teufel erwiesen haben, wofür die Geschichte des zwanzigsten Jahrhunderts genügend Beispiele liefert? Wenn man mit Heiner Müller den rechtmäßigen König Duncan für einen Schlächter hält, dann ist Macbeths mörderische Auflehnung gegen ihn auch keine Zerstörung einer höheren Ordnung mehr, sondern ein machtpolitischer Betriebsunfall, der von anderen Machtpolitikern, sobald sie die Mittel besitzen, pragmatisch behoben wird. Ein Rechtfertigungsspiel zur Bestätigung einer religiös untermauerten hierarchischen Ordnung kann *Macbeth* dann nicht mehr sein. Das kunstvolle

142. *Hamlet* 1977 Bochum. R: Peter Zadek, B: Peter Pabst und Peter Zadek, K: Peter Pabst, F: Gisela
Scheidler. Hamlet (Ulrich Wildgruber) im Betstuhl vor dem eingerahmten Bild seines unter die
Sterne versetzten Vaters (Magdalena Montezuma im Sternenmantel), aber abgelenkt von den
knallroten Brüsten seiner bräutlich geschmückten Mutter (Eva Mattes) mit Claudius (Hermann
Lause) als starrem Betrachter rechts und diversem Personal im Hintergrund: bei Zadek sollen
Auge und Phantasie auch unter Schock schwelgen und schweifen.

Handlungsgefüge ist dann auch nicht mehr verbindlich und läßt sich nach anderen
Maßgaben ummontieren. Wenn Richmond aus dem gleichen Holz ist wie sein tod-
bringender Gegenspieler Richard, dann verliert die Frage nach dem legitimen
Herrscher in *Richard III.* ihre metaphysische Dimension mit den entsprechenden
Konsequenzen für den Gehalt des Stücks. Die Auseinandersetzung läßt sich nun als
Kampf gewissenloser Mafiabosse sehen. Das wiederum hat Konsequenzen nicht al-
lein für die Kostümierung, sondern auch für die Handlung, denn es gestattet dem
Regisseur den Einbau von dezentrierenden Handlungselementen unterschiedlicher
Art. Interpretiert man *Hamlet* so radikal wie Zadek und Heyme und betrachtet –
aufgrund welcher zeitgenössischen Einsichten oder Sensibilisierungen auch immer– Hamlets bedingungslose Verehrung für seinen Vater als unrealistisch oder gar
lächerlich, so fällt damit eines der Ordnungsprinzipien des ganzen Stücks. Wird der
Geist zudem wie in beiden Inszenierungen von einer Frau gespielt, so ergeben sich
daraus burleske oder befremdende Wirkungen, die auch in die übrigen Szenen aus-
strahlen. Diese Beispiele zeigen, wie die Relativierung der Normenordnung auf die
Handlung durchschlägt. Wird sie aufgelöst – das zeigen moderne Inszenierungen

sehr deutlich – dann zerbricht die Klammer, die die einzelnen Handlungsteile zusammenzwang. Dennoch bleibt der Gang der Handlung zumeist in groben Zügen erhalten. Eine komplizierte Handlungsführung zur Erstellung eines schlüssigen Motivationsgeflechts und gehaltlichen Sinngefüges wird jedoch überflüssig. Es entstehen nun Handlungsfreiräume, die von anderen Handlungselementen besetzt werden, welche die dezentrierende Wirkung weiter verstärken. Solche Leerstellen werden selten durch Textzusätze angefüllt. Häufiger findet sich schon die Einführung nicht-sprechender Figuren mit pantomimischen Aufgaben. Beispiele dafür sind etwa der Bühnenarbeiter, der in Zadeks *Hamlet*-Version mit einer asthmatischen Nebelmaschine dem Geist nachschleicht und diesen gehörig einwölkt und damit – gleich ob albern oder nicht – eine Aufführungskonvention persifliert; oder Claudius' Leibwächter, ein sonnenbebrillter, stoppelbärtiger Gorilla; der Strandfotograf in Zadeks *Othello*; der Molch, der Wahnsinnige, die Negerin und der Hund in seiner Inszenierung des *Wintermärchens* in Hamburg. Zadeks Besetzungszettel waren immer länger als Shakespeares *dramatis personae*. Heyme hingegen füllt solche Leerstellen nicht durch zusätzliches Personal, sondern durch Körpertheatralik der Figuren des Stückes selbst, etwa wenn Hamlet am Ende der Begräbnisszene, starr ins Publikum blickend, mit ausgestrecktem, heftig zuckendem Arm, von rechts nach links sein Enzephalogramm mit Kreide auf den eisernen Vorhang zeichnet, eine beklemmende, vielschichtige Handlungssequenz, völlig konsequent in Heymes Konzeption, aber nur möglich im Rahmen der Dezentrierung, die das Stück im Gefolge der Auflösung der Normenordnung erfahren hat.

Die dezentrierte Handlungsstruktur bietet sogar Raum für den Einbau von Happenings. Das Happening ist eine Handlung, die sich vom Sinnzwang losgesagt hat, die nicht Ordnung, sondern Chaos zelebriert. Happening ist Protest gegen Kulturkult, Stil und die glatte Korrespondenz zwischen Zeichen und Bezeichnetem, die Revolte des Es gegen das Über-Ich. Das zentrierte, mimetische Handlungsgefüge des klassischen Dramas hat in der dezentrierenden Aktion des Happenings seinen absoluten Gegenpol. Für die geschlossene Sinnfigur des mimetischen Dramas ist logische wie szenische Kohärenz erforderlich. In der offenen Sinnfigur postmimetischer Inszenierungen wird diese Kohärenz aufgebrochen und in ihre Bestandteile zerlegt. Sinnbezogene Aktionen stehen unvermittelt neben sinnfreien Akzidentien, das Integrierbare dicht neben dem Unintegrierbaren, die strukturierte und logisch motivierte Sequenz unmittelbar neben dem unbegründeten und unstrukturierten Happening.

Verständlich werden die oben beschriebenen Erscheinungen jedoch erst, wenn man sie als Ausdruck nicht schierer Exzentrik, sondern eines neuen Formprinzips versteht, des Dezentrismus. Er zeigt sich auf allen Ebenen und in zahlreichen Details: auf der Ebene des Textes in Umstellungen, Zuweisungen von Textstellen an andere Personen und an gelegentlichen Einschüben; auf der Ebene der Diktion an einem nicht sinngerechten Vortrag, an Verstärkung idiosynkratischer Diktionsgewohnheiten einzelner Schauspieler, die damit gegen die Rollentypik und das Gebot der Verständlichkeit anspielen; an unerklärbarem Tempowechsel (etwa wenn in Heymes *Hamlet* der *Sein oder Nichtsein*-Monolog in rasender Geschwindigkeit und dazu noch von zwei Schauspielern asynchron gesprochen wird); auf der Ebene der Handlung an happeningartigen Einlagen, an voll ausgespielten Clownerien (etwa in der fünfminütigen Balgerei und Schubserei zwischen Leontes, Polyxenes und dem Sohn des Schäfers am Schluß von Zadeks *Wintermärchen*, die nur auf das erste zornige »Weitermachen!« aus dem Publikum warteten, um das Spiel fortzusetzen); an kurzen Gags (in Palitzschs *Othello*, Frankfurt am Main, 1978, landet Rodrigo an einem gelb-rot gestreiften Fallschirm auf der Insel Zypern), ferner an den oft anzutreffenden Simultanhandlungen, bei denen die Aufmerksamkeit von dem gerade gesprochenen Text und der ihn begleitenden Handlung durch gleichzeitig ablaufende pantomimische Aktionen auf einem anderen Teil der Bühne abgelenkt wird (so etwa in Steins *Wie es euch gefällt*, Berlin, 1977, wenn die Lords im Ardennerwald ihre Mineraliensammlung arrangieren; oder wenn im *Wintermärchen* (Zadek, Hamburg, 1978) der reuige König Leontes (Ulrich Wildgruber) im Raumfahreranzug wie ein überdimensionaler Molch sich in grünem Glibber wälzt, um das Schafschurfest in Böhmen auszuspionieren). Der Dezentrismus durchwirkt ferner den gesamten optischen Bereich, von rollenuntypischer Gestik und Mimik bis hin zu Kostümierung und Requisiten. Völlig aberwitzige Kostümierungen (ein Hering als Schulterstück auf Laertes' Uniform, eine Handvoll Taschenuhren auf dem Revers von Horatios Jackett, Gertrud in ihrem Schlafgemach in Knobelbechern und mit fischbesetzter Kindertrommel in Heymes Hamlet) weisen in die gleiche Richtung. Sie verstärken den dezentrierenden Effekt.

Natürlich mußten die Zuschauer (wie auch die Theatermacher selbst) erst lernen, mit der neuen Freiheit umzugehen. Im visuellen Bereich war sie nahezu grenzenlos. Das machte es schwierig, geniale Bilderfindungen von primitiven Provokationen zu unterscheiden. Hatte man sich aber erst eingesehen, entwickelte man bald die Fähigkeit zum Umschalten des Erwartungsprogramms auf neue Situationen, vom Tiefsinn zum Blödsinn, vom mimetisch gestalteten Gefühl auf Disruption, vom groß angelegten Effekt auf Gags und Tricks. Der Zuschauer mußte ein Gespür entwickeln für die plötzlichen Verdichtungen, wo Text und Handlung zusammenfallen, für die gelegentlichen Bilder und Gesten abgründiger Traurigkeit oder Komik, die oft ganz unvermittelt entstanden, dem Text und der traditionellen Ausdeutung der Szene möglicherweise vollkommen widersprachen und dennoch viel aussagten. Nur wer sich durch keinen Widerspruch zum Text oder zum momentanen Stand der Handlung, durch keinen Anachronismus oder sonstigen Stilbruch irritieren ließ, konnte vielleicht verstehen, warum am Ende der ersten Szene von Zadeks *Othello*-Inszenierung Rodrigo auf Brabantios Schoß saß und Brabantio dabei auch noch vom verkleideten Othello gespielt wurde: Alle drei sind oder werden sie um ihre Hoffnungen betrogen, und als Geprellte, ihr Schicksal vorwegnehmend, hocken sie trostsuchend zusammen. Er würde erkennen, wie treffend in Palitzschs *Othello*-Inszenierung (in 4.1.) die Abhängigkeit Othellos von Jago ins Bild gesetzt

wurde: Der in amerikanische Kampfuniform gekleidete Jago gibt seinem auf dem
Boden sitzenden General von seinem Joint zu rauchen, gierig saugt Othello das
tödliche Gift und kann nicht genug davon bekommen, er ist abhängig geworden,
und Jago kann mit dem Willenlosen sein sadistisches Spiel treiben. Das alles sind
optische und gestische, kaum noch der Sprache bedürftige Metaphern, deren Bedeutung im Augenblick ihres Ablaufs diskursiv nicht erfaßbar war, aber dennoch im
angegebenen Sinne ausstrahlte.

4. Der Raum

Shakespeare hat seine Dramen für eine nicht-illusionistische Bühne geschrieben.
Die unmittelbare Nähe zum Schauspieler, der auf drei Seiten vom Publikum umgeben war, und das Fehlen von Bühnendekoration ließen den Gedanken an einen
Wirklichkeit nachahmenden Raum nicht aufkommen. Die spektakuläre Entwicklung der Illusionsbühne endete Anfang des 20. Jahrhunderts in der Entdeckung des
szenischen Raums als einer eigenen ästhetischen Größe. Der Expressionismus schuf
eine Bühne, auf der existentielle Entscheidungsspiele inszeniert werden konnten.
Das Theater der sechziger und siebziger Jahre benutzte den Bühnenraum in zuneh-
mendem Maße als Spielfläche für eine neue Art von Spiel, bei dem der Zuschauer
nicht mehr Voyeur sein sollte, sondern Mitspieler oder zumindest Mitbetroffener,
etwa nach dem Motto: Wir alle leben – Schauspieler oder Zuschauer – in *einem*
Raum, in der gleichen Gegenwart. Logischerweise mußte dafür die Trennung zwischen Bühne und Zuschauerraum aufgehoben werden. In vielen Inszenierungen
wurde deshalb der Orchestergraben überbaut und die Spielfläche bis hart ans Auditorium vorgerückt, teilweise bis ins Auditorium hineingeschoben. Agiert wurde oft
an der Rampe, ja auch im Zuschauerraum selbst. Keine Mühe wurde gescheut, um
die Einheit von Auditorium und Bühne zu verdeutlichen. So ließ Peter Palitzsch für
seine Inszenierung des *Othello* Bühne und Zuschauerraum des Frankfurter Schauspielhauses mit den gleichen blauen Neonröhren einfassen, die Sitze mit den gleichen weißen Tüchern belegen, die auch den Bühnenboden der auf Zypern spielenden Akte bedeckten und die, im vierten Akt zusammengefaltet, das Bett ergaben,
auf dem Desdemona den Tod erleidet, auf dem gleichen Stoff, auf dem auch der Zuschauer saß. Die Symbolik war unverkennbar. In Zadeks *Wintermärchen* wurde bis
hinauf in die Logen agiert; in seinem *Othello* erfolgten einige Auftritte vom Zuschauerraum aus, und Othello selbst nahm einige Male im Parkett Platz. Für seine
Hamlet-Inszenierung zog er aus dem Bochumer Schauspielhaus in eine stillgelegte
Fabrik nach Bochum-Hamme um, wobei mitten im Publikum agiert wurde.[78] Die
damals ernsthaft unternommenen Versuche, Straßentheater zu etablieren, zeigten
den Endpunkt dieser Entwicklung an. Hier schlug die produktive Spannung zwischen dramatischer Aktion und ästhetisch gestaltbarem Raum um in die Flucht aus
dem Raum an den beliebigen Platz. Verkannt wurde dabei, daß nur in der Abschir-
mung eines abgezirkelten Raumes das spannungsgeladene Beieinander von Zuschauer und Schauspieler stattfinden kann. Dessen waren sich auch die avantgardi-

143.
Der Sturm 1970 Bremen.
R: Klaus Michael Grüber,
B: Wilfried Minks,
F: Günter Vierow.
Prosperos Insel.

stischen Theatermacher bewußt. Für die Erprobung ihrer disjunktiven Theatersprache, die nur mit Beteiligung des Zuschauers gelingen konnte, brauchten sie
eine aus dem Zwang zur Wahrscheinlichkeit entlassene, oft auch nahezu leere Bühne, welche ihre Apparaturen nicht mehr verbarg, sondern offen und für jedermann
erkennbar in Aktion setzte. Erst auf der abstrakten Bühne oder in einem durch seine frühere Nutzung geprägten, jetzt aber für die Gemeinschaftsindividualität des
Ensembles frei verfügbaren »Spielraum«, den man nach Belieben ausstaffierte und
für die disparatesten Schau- und Bewegungseffekte einsetzte, konnte sich die ange-
strebte kollektive Phantasieleistung entfalten.

Denis Bablet, der große Kenner der europäischen Szenographie des 20. Jahrhunderts, bezweifelt, daß sich die visuellen Eindrücke, die man von zeitgenössischen Inszenierungen empfängt, überhaupt in eine systematische Ordnung bringen
lassen. Sie seien schließlich das Werk von buchstäblich Hunderten von bildenden
Künstlern, die in wechselnden Allianzen mit Regisseuren von ebenso ausgeprägtem
künstlerischem Temperament zusammenarbeiteten.[79] Die Emanzipation des visuellen Bereichs während der Theaterrevolution der sechziger und siebziger Jahre
vervielfältigte die Möglichkeiten. Nun war es erlaubt, völlig Widersprüchliches

zusammenzukoppeln. Visuelle Dissonanzen wurden geradezu gesucht. Das Regietheater geriet unter die Herrschaft des Bühnenbildners. Rein ideologische Zertrümmerungen, wie in den Königsdramen, konnten auf leeren Bühnen stattfinden. Komplexere Dekonstruktionen, wie sie in den Komödien und Tragödien angestrebt wurden, verlangten nach aufregenderen optischen Zurüstungen. Während der ikonoklastische Regisseur immer noch in gewisser Weise an Text und Fabel gebunden war, hatte der Bühnenbildner nun völlige Freiheit. Und da Geld meist keine Rolle spielte, erlebte die Szenographie eine beispiellose Blütezeit und wetteiferte mit der Regie. Dafür brachten die achtziger Jahren weitere Beispiele. Auch nicht-experimentelle Inszenierungen – und sie bildeten schließlich die Mehrheit – profitierten von der Ausweitung der visuellen Möglichkeiten.

Shakespearepflege

Statistisch gesehen war nur ein kleiner Teil der Shakespeare-Inszenierungen jener Zeit so revolutionär. Aber es waren gerade diese Inszenierungen, die in den großen Tageszeitungen besprochen und denen seitenlange Rezensionen in *Theater heute* gewidmet wurden. Diese einflußreiche Monatszeitschrift, 1960 von Henning Rischbieter gegründet (später kamen Siegfried Melchinger, Peter von Becker und Michael Merschmeier dazu), zählte die besten Kritiker zu ihren Korrespondenten und wurde bald meinungsbestimmend in Sachen Avantgardetheater. Von den führenden Köpfen von *Theater heute* überhaupt wahrgenommen und, wenn möglich, günstig beurteilt zu werden, war (und ist) der Wunschtraum aller jungen Schauspieler und gesellschaftskritischen Regisseure. Regietheater und *Theater heute* waren wie füreinander gemacht. Als Zeitschrift für eine relativ große, progressive, gesellschaftspolitisch engagierte und theaterkundige Leserschaft verstärkte *Theater heute* das diskursive Element in einer ohnehin schon theoriefreudigen Theaterepoche. Seine brillanten Analysen und Debatten ebenso wie die großzügige fotografische Dokumentation der Revolution im visuellen Bereich trugen dazu bei, die Zuschauer auf bestimmte stilistische (und ideologische) Trends einzuschwören und sie dem Stadttheater als ›ihrem‹ Theater untreu werden zu lassen. ›Stadttheater‹ wurde zum Schimpfwort, gleichbedeutend mit bürgerlich, traditionalistisch, überholt. Fortschrittliche Theatergänger nahmen weite Reisen in Kauf, um bei der neuesten Sensation dabei zu sein, und jungen Regisseuren an Stadttheatern lag bald weniger am Beifall ihres Publikums vor Ort als an der Zustimmung von *Theater heute* – eine anscheinend unverzichtbare Voraussetzung für eine Einladung zum Berliner Theatertreffen, der jährlichen Parade der besten Inszenierungen der Republik.

Diese Entwicklung wurde jedoch nicht überall widerstandslos hingenommen. Es gab immer noch genügend Theater, wo die Wünsche des konservativeren Publikums nicht vorsätzlich mißachtet wurden und wo die Bindungen ans Theater noch stärker lokal als ideologisch geprägt waren. Das war der Fall in Städten mit einer

traditionsreichen Theatergeschichte wie München und Düsseldorf oder wo alt-
gediente Theaterleiter wirkten wie Karl Pempelfort in Bonn oder Hans Schalla in
Bochum, deren Verhältnis zu ihren Zuschauern nicht auf Konfrontation, sondern
auf Kooperation basierte. Das schloß weder heftige Zusammenstöße (siehe Hilperts
Kampf um die Durchsetzung von Brecht am Deutschen Theater in Göttingen)
noch regelrechte Skandale aus (siehe Stroux' allzu blutige Darstellung von Dürrenmatts *Titus Andronicus* in Düsseldorf), aber der gemeinsame kulturelle Grundkonsens blieb erhalten.

Natürlich blieb auch an diesen Theatern die Wiedergabe der Klassiker von den
Umwälzungen nicht unberührt. Auch änderten sich die ästhetischen und politischen Überzeugungen der hier Tätigen, so daß sich die Unterschiede verwischten.
Deshalb wäre es auch unangebracht, einzelne Theatermacher oder Theater dieser
oder jener Gruppierung zuordnen zu wollen. Viele der kleineren oder mittelgroßen
Stadttheater (z. B. Dinslaken, Esslingen, Gießen, Osnabrück, Koblenz, Freiburg,
Saarbrücken) verspürten den Drang zum Experiment nur selten. Ihre Zuschauer
fürchteten den Vandalismus des Regieterrors, den sie nur vom Hörensagen kannten. Regisseure an solchen Bühnen übten mehr Zurückhaltung – obwohl ›Inszenierungen gegen den Strich‹ keineswegs auf die großen Städte beschränkt, sondern
überall anzutreffen waren: in Ulm, in Tübingen, sogar an dem winzigen Schloßtheater in Moers – und ihre Wiedergabe von Shakespeare war dem Ideal der Werktreue verpflichtet. Kortner hatte zwar Werktreue als ›Faulheit‹ verdammt, aber das
hieß ja nicht, daß er jede ausgefallene Interpretation und absichtliche Entstellung
gutgeheißen hätte. Schließlich stand Shakespearepflege immer noch in einer langen
und ehrenhaften Tradition, selbst wenn sie in aufgeklärten Kreisen als museal belächelt wurde.

Auch in den Sechzigern und Siebzigern waren traditionsbewußte Regisseure und
Ensembles also keineswegs in der Minderzahl, wenn auch nicht mehr so häufig wie
in den ersten zehn Jahren nach dem Krieg. Damals war ›Shakespearepflege‹ die
selbstverständliche Grundhaltung, nicht nur in dem auf Restauration bedachten
Westdeutschland, sondern auch in Österreich und der Schweiz.[80] Boleslaw Barlog
in Berlin, Hans Schalla in Bochum, Horst Gnekow in Luzern (der siebzehn Shakespearestücke aufgeführt hatte) und viele andere hätten den Begriff Shakespearepflege für ihre Arbeit als Auszeichnung empfunden. Diese Einstellung war sogar in den
Achtzigern noch anzutreffen. Alfred Kirchners Inszenierung des *Kaufmann von Venedig* (München, 13. Januar 1984) mit Walter Schmidinger als Shylock bekam von
Joachim Kaiser das etwas widerstrebende Lob:

> Wer das berühmte und umstrittene Drama nicht kennt oder nur irgendwann
> einmal flüchtig gelesen hat – dem wird es hier von verantwortungsbewußten
> Künstlern unverfälscht geboten. So ist der Abend auf keinen Fall verloren.[81]

Ein relativ traditionelles Konzept von Werktreue und ein nicht-didaktisches Verhältnis zum Publikum waren (und sind oft heute noch) an vielen Theatern die Norm. Beides wird in den folgenden Überlegungen zum nicht-experimentellen Shakespearetheater deutlich. Sie müssen aus einer Reihe von Gründen unzulänglich bleiben. Einer davon ist methodologisch: der Begriff ›nicht-experimentell‹ gestattet nur sehr grobe Unterscheidungen. Um ihn brauchbar zu machen, bedürfte es einer gleitenden Skala, auf der sich die genaue Position einer Inszenierung zwischen ›traditionell‹ und ›experimentell‹ bestimmen ließe. Ein anderes Problem ist quantitativer Natur. Dutzende von Ensembles arbeiteten Jahr für Jahr auf bemerkenswertem Niveau. Ihr Dienst an Shakespeare verdient durchaus Beachtung, kann hier aber aus Platzgründen nicht im Detail gewürdigt werden. Außerdem sind solche Inszenierungen lange nicht so gut dokumentiert. Sie erhielten selten den Segen von *Theater heute* oder den bedeutenden Kritikern der überregionalen Zeitungen. Diese, obwohl politisch sehr unterschiedlich orientiert, konzentrierten sich auf die Avantgarde, zum Teil aus Überzeugung, zum Teil vielleicht, weil die Erwartungen der Leser und ihr Ruf bei ihren Kollegen das zu erfordern schien. So ergab sich die eigenartige Situation, daß gelegentlich Inszenierungen, die beim Publikum und der Lokalpresse ein großer Erfolg waren, von den Kritikern der überregionalen Presse nicht beachtet wurden. Andererseits konnten sie einen freudlosen Experimentalisten wie Jürgen Gosch in den Himmel heben, dessen Zeitlupentempo und Minimalismus die Zuschauer ein ums andere Mal in Tiefschlaf versetzten. Die Großkritiker widmeten ihre Aufmerksamkeit lieber dem Flop eines Avantgarde-Regisseurs, als sich dabei ertappen zu lassen, provinzielle oder gar traditionelle Leistungen zu loben. Das gilt zum Teil heute noch und ist besonders bei der Bewertung von Rezensionen aus der hohen Zeit des Regietheaters zu berücksichtigen, um ein einseitiges Bild zu vermeiden.

Jede Beschreibung nicht-experimenteller Shakespeare-Aufführungen aus dieser Zeit leidet darunter, daß sie nichts Sensationelles zu berichten hat und weder mit revolutionären Neuinterpretationen noch aufsehenerregenden Bühnenbildern aufwarten kann. Solche Arbeiten müssen nach anderen Kriterien bewertet werden: nach der Qualität der Schauspielkunst und nach der Fähigkeit des Regisseurs, mit einer im wesentlichen affirmativen Lesart zu überzeugen. Viele, die im Programmheft Jan Kott zitierten, hielten trotzdem am Ideal der Werktreue fest. Sie brachten den Text und nicht ihren eigenen Subtext auf die Bühne, waren nur mäßig an Modernisierung interessiert und verließen sich auf erstklassige Schauspieler, um im Prinzip idealtypische Aufführungen aus der Masse herauszuheben und ihnen einen besonderen Reiz zu verleihen. Das Publikum dankte es ihnen. Wenn Filmschauspieler wie Liselotte Pulver, Sabine Sinjen, Willy Birgel oder O. E. Hasse in einer Shakespeare-Rolle auftraten, war man vor Provokationen sicher. Wenn Christine Ostermayer und Klaus Maria Brandauer als Beatrice und Benedict, als Katharina und Petruchio (Abb. 145) oder als Viola und Orsino auf der Bühne standen, waren die Zuschauer entzückt von soviel Witz und Charme. Wurden ihnen noch zwei hochkarätige Könner an die Seite gestellt, wie Josef Meinrad als Malvolio und Helmut Lohner als Bleichenwang (in Otto Schenks *Was ihr wollt*, München, 1972), dann kannte der Jubel keine Grenzen: Soviel Klugheit, Humor und Spiellaune war Manna für ein Publikum, das in der Wüste der Ideologie hatte darben müssen. (Abb. 146 und 147) In solchen Inszenierungen wurden die damals so gern ans Licht gezerrten Kottschen Subtexte der wahllosen und aggressiven Sexualität einfach ignoriert. Die Kritiker kreideten Schenk prompt seinen Mangel an kritischem Bewußtsein an, doch das ließ einen Regisseur kalt, der mit diesem Konzept so viel Erfolg hatte.

144.
Otto Schenk

Tourneetheater verließen sich auf dieselbe Kombination von Vollblutschauspielerei und traditioneller Interpretation; ihre Leistungen wurden von der überregionalen Kritik zwar selten gebührend gewürdigt, fanden aber einen enormen Widerhall beim Publikum. Johannes Schaafs *Was ihr wollt*, 1972, mit Barbara Nüsse als Viola/Sebastian und Günther Lüders als Malvolio wur-

145. *Der Widerspenstigen Zähmung* 1971 München. R: Otto Schenk, B: Günter Schneider- Siemssen, F: Oda Sternberg. Christine Ostermayer (Katharina) und Klaus Maria Brandauer (Petruchio) in der Schlußszene als das einzige glückliche Paar.

146.
Was ihr wollt 1972 Salzburg.
R: Otto Schenk, B: Günter
Schneider-Siemssen,
F: Oda Sternberg. Josef
Meinrad (Malvolio) und
Sabine Sinjen (Olivia) in
einer Starbesetzung.

de 99mal aufgeführt. Und Festival-Shakespeare in Salzburg, Schwäbisch Hall oder Bad Hersfeld brauchte nur das Charisma eines großen Virtuosen, etwa Will Quadflieg als Macbeth oder Prospero, um die Zuschauer in Scharen anzulocken. In Quadfliegs Vortragsweise zeigte sich noch die Sprechkunst, die er in den dreißiger Jahren unter Heinrich George in Berlin erworben hatte und die, ganz und gar unbrechtisch, auf Einfühlung beruhte und Identifikation anstrebte. Ganz anders der etwas ältere Bernhard Minetti, der – immer erpicht auf neue Erfahrungen – in den Sechzigern und Siebzigern noch einmal bei jungen Avantgarde-Regisseuren in die Schule ging und mit schwierigen, ultramodernen Stücken und in den achtziger Jahren auch mit Shakespeare eine zweite (oder dritte) Karriere hatte. Quadflieg blieb sich immer gleich, der Tradition verhaftet, ein Muster an Perfektion. Ernst Schröder, der bei Kortner gelernt hatte, ist ein bezeichnendes Beispiel für einen Schauspieler und Regisseur, der zwischen beiden Formen die Balance hielt. Seine Inszenierung von *König Lear* für Bad Hersfeld (1981) oder seine Darstellung des Prospero für eine Tournee-Aufführung waren ausgezeichnete Leistungen im Rahmen von Shakespearepflege und unterschieden sich völlig von seiner Arbeit mit modernen Stücken. Wenn Schauspieler von Rang und Intelligenz (beispielsweise Peter Roggisch, Gert Voss, Helmut Lohner, Bruno Ganz, Klaus Maria Brandauer oder Jutta Lampe, Doris Schade, Ilse Ritter, Edith Clever, Kirsten Dene) mit experimentellen Regisseuren arbeiteten, gelang ihnen oft eine Verschmelzung: Sie benutzten ihr Können nicht dazu, das Konzept zu unterlaufen, sondern zu stärken. Bei ihrer Arbeit mit traditionellen Regisseuren verhinderte ihre profunde Erarbeitung von Rollen das Abgleiten in Oberflächlichkeit und Glätte.

147.
Was ihr wollt 1972 Salzburg.
F: Oda Sternberg. Helmut Lohner als
Bleichenwang, ein sensibler und
geistvoller Schauspieler, brilliert hier
mit gliederverrenkender Tumbheit in
einer der dümmlichsten Rollen.

Aber schon die sichere Beherrschung des schauspielerischen Handwerks wurde immer seltener. Otomar Krejča, dem früheren Leiter des berühmten Za Branou-Theaters in Prag gelang es nicht, den Erfolg seiner *Romeo und Julia*-Aufführung (Prag 1965) mit Kölner Schauspielern 1969 zu wiederholen, weil sie die Körpersprache nicht beherrschten, »womit Krejča zu Hause mit seinen Schauspielern anfangen kann.«[82] Er klagte, die Schauspielkunst sei heruntergekommen, vielleicht weil man das Theater als Mittel zur Gesellschaftsveränderung benutzen wollte und sich allzusehr auf ideologische Programme verlassen habe: »Ihre Wirkung ist gleich Null. Das politische Theater, Brecht eingeschlossen, ist schwächer als der dümmste Politiker irgendwo auf der Welt.«[83]

Ein beachtliches schauspielerisches Niveau zeichnete die zahlreichen Shakespeare-Produktionen unter Stroux und Düggelin in Düsseldorf aus. Man hielt Stroux oft vor, ihm fehle ein Konzept, aber in einem Ensemble mit Carmen Renate Köper, Nicole Heesters, Wolfgang Arps und Heinz Reincke konnte nicht viel schief gehen, besonders wenn dann noch so hervorragende Gäste wie Helmut Lohner als

148. Werner Düggelin

Hamlet (1970) oder Manfred Zapatka (1977 in derselben Rolle) dazukamen. Schauspielertheater dieser Qualität war in Süddeutschland und Österreich öfter anzutreffen, wo die barocke Tradition und das Volkstheater noch lebendig waren und wo man an dem ideologisch korrekten Grauschleier über den Komödien wenig Gefallen fand. München sah sich schon lange als Kulturhauptstadt, und seine zahlreichen Theater boten Raum für Dieter Dorns bohrenden psychologischen Realismus wie für Kurt Meisels, Otto Schenks und Hans Schweikarts entgegenkommendere Aufführungen. Auch Wien ließ sich nicht von den neuen Trends überrollen. Leopold Lindtberg, der Klassiker par excellence, war ein Fels in der Brandung und prägte in langen Jahrzehnten die Deutungs- und Inszenierungstradition von klassischen Stücken, deren bewunderte Bühnenrealisation sich einem Stamm von gut ausgebildeten Schauspielern verdankte. Am Burgtheater konnte ein Star wie Klaus Maria Brandauer als Hamlet (1985) sogar einen radikalen Umfunktionierer wie Hans Hollmann dazu bringen, sich als Regisseur zurückzunehmen und bewährter Tradition eine Chance zu geben. In weniger als drei Jahren erzielte diese Inszenierung über hundert Vorstellungen. Erst als Claus Peymann 1986 die ›Burg‹ übernahm und das österreichische Publikum abwechselnd beglückte und schockierte, erfuhr man hier, was es bedeutete, die erste Bühne des Landes an einen ebenso begnadeten wie unberechenbaren Avantgardekünstler ausgeliefert zu haben.

Ohnehin war Schauspielertheater in den Siebzigern keineswegs mehr gleichbedeutend mit darstellerischer Routine und Deutungen von der Stange. Die Regisseure waren zu wichtig geworden, um je wieder in den Hintergrund zu treten. Es war aber an der Zeit, die zu Ungunsten des Schauspielers verschobenen Machtverhältnisse wieder zurechtzurücken. Trotz allem Gerede über Mitbestimmung waren die Schauspieler nämlich oft zu bloßen Werkzeugen in der Hand von Regietyrannen geworden. Selbst ein von Kortner hochgeschätzter Meister seines Fachs wie Rolf Boysen erinnert sich »an die demütigenden Zeiten des blinden Regiegehorsams, der ihn über weite Strecken zu einem gefesselten Idioten gemacht hatte«.[84] Der Intendant hatte und nutzte – auch in jenen diskussionssüchtigen Jahren – das Recht auf Nichtverlängerung der Verträge ohne Angabe von Gründen. Andererseits konnte es geschehen, daß in schlecht organisierten Ensembles, in denen mehr diskutiert als gearbeitet wurde, die Schauspieler ohne Anleitung blieben und verwilderten. Eine ähnliche Gefahr drohte den Regieassistenten. Als Günther Rühle 1979 auf ein Jahrzehnt der Umwälzungen zurückblickte, fragte er sich, bei wem die jungen Talente eigentlich das Handwerk lernen sollten.[85] In der Generation der älteren Regisseure fiel ihm lediglich Rudolf Noelte ein, in der jüngeren sah er nur Hoffnung bei Peter Stein. Beide hatten von Kortner das analysierende Lesen gelernt. Sein Einfluß machte sich auch in den folgenden Jahren noch bemerkbar.

Rekonstruktion, Dekonstruktion, Postmoderne: Neue Wege zu Shakespeare in den achtziger Jahren

Das geistige Klima und die Theaterkrise

Die Wahlkampagne, die Helmut Kohl und seine Christlichen Demokraten 1983 an die Regierung brachte, wurde unter dem Motto der ›geistig-moralischen Erneuerung‹ geführt. Die neue Regierung versprach, zu den konservativen Werten von Stabilität, Eigeninitiative, Achtung vor der Tradition und moralischer Integrität zurückzukehren und ideologischem Radikalismus, moralischer Indifferenz ebenso wie den gesellschaftspolitischen Experimenten der Achtundsechziger ein Ende zu setzen. Deren doktrinärer Emanzipationsbetrieb hatte jedoch schon vorher einiges an Attraktivität verloren, noch ehe der Kanzlerkandidat und seine Wahlberater aus der wachsenden Unzufriedenheit und Orientierungslosigkeit Kapital schlugen. Seine Wahl bestätigte gewissermaßen nur das Ende der Kulturrevolution, die so tiefgreifende Veränderungen herbeigeführt hatte.

Die Überzeugungen, welche die revolutionären Hoffnungen der sechziger Jahre getragen hatten, waren verflogen. Dafür gab es viele Gründe. Das Streben nach Emanzipation und Gleichheit war zu juristischem Gerangel verkommen. Der außerparlamentarische Kampf für basisdemokratische Politikbeteiligung hatte sich durch Terrorakte, die 1977 in der Ermordung von Generalbundesanwalt Siegfried Buback sowie der Entführung (und schließlichen Ermordung) von Arbeitgeberpräsident Hanns Martin Schleyer gipfelten, ins Unrecht gesetzt. Ebenso verstörend wie die tatsächlichen Morde, Bombenattentate, Flugzeugentführungen und Banküberfälle war die Tatsache, daß die Terroristen augenscheinlich beträchtliche Sympathien bei linken Intellektuellen genossen. Die Reaktion auf die Ermordung des Generalbundesanwalts zeigt die moralische Verirrung ganz deutlich. Im sogenannten »Mescalero-Nachruf« verkündeten Studentenvertreter der Universität Göttingen ihre »klammheimliche Befriedigung« über den »Abschuß von Buback«, und Dutzende ihrer Professoren stimmten der Veröffentlichung dieser herzlosen Erklärung im Namen der freien Meinungsäußerung zu. Als Helmut Schmidts Koalitionsregierung nach sechs Wochen der Ultimaten, Appelle und Debatten fest blieb und sich weigerte, im Austausch gegen den entführten Arbeitgeberpräsidenten und die Insassen der entführten Lufthansamaschine »Landshut« die Terroristen, die freigepreßt werden sollten, aus der Haft zu entlassen, erzeugte der anschließende Selbstmord von Andreas Baader, Ulrike Meinhof und Gudrun Ensslin bei den Sympathisanten den Verdacht, sie seien im Gefängnis ermordet worden, was die Regierung entrüstet zurückwies. Im Gezerre der gegenseitigen Anschuldigungen gingen die befreienden Visionen des Anfangs verloren.

Den kulturellen Bereich traf der Verlust der Utopie hart. Aus ihrem euphorischen Vertrauen in globale revolutionäre Lösungen fielen die utopiegläubigen Gesellschaftsveränderer in Resignation und Pessimismus, sammelten sich in ideologischen Kleingruppen (Soziologen sprachen von der ›segmentierten Gesellschaft‹) und pflegten ihre Ängste. Angst zu artikulieren wurde zum Markenzeichen der neuen Betroffenheitskultur. Viele gaben die Politik ganz auf, zogen sich in die lange geschmähte Innenwelt zurück, entdeckten den Wert von Individualismus und Privatleben wieder und fanden Befriedigung und Inspiration in Yoga, Meditation, Körperkultur und was immer sonst Selbstfindung versprach. Energien, die sich in den sechziger und frühen siebziger Jahren auf die ›beschädigte Gesellschaft‹ gerichtet hatten, konzentrierten sich nun auf das ›beschädigte Subjekt‹. Gleichzeitig gab es eine erste, behutsame Wiederbesinnung auf den Wert von Tradition und Geschichte. Vielleicht war die Geschichte ja doch mehr als nur ein blutiges Leichenhaus, vielleicht hatten Traditionen noch anderen Nutzen, als zu aufgeklärter Verachtung herzuhalten.

Solche Gedanken und Gefühle waren in linken Zirkeln mehr als ein Jahrzehnt tabu gewesen. Ihr Wiederaufleben, unübersehbar seit Ende der siebziger Jahre, hatte einen tiefgreifenden Einfluß auf das Theater. Dieselbe Institution, die in den sechziger Jahren behaupten konnte, den rebellischen Zeitgeist geweckt zu haben, lieh nun bereitwillig ihre Stimme dessen Nachfolgerin, der neuen Innerlichkeit, etwa in den Stücken von Botho Strauß und Peter Handke. Peter Stein schockierte die Theatergemeinde, als er seine berühmten Beiträge zur Theaterrevolution wie *Torquato Tasso* (Bremen, 1969) und *Peer Gynt* (Berlin, 1972) verleugnete und erklärte: »Ich würde gern, im Rahmen des Möglichen, die Strukturen der Stücke und der Theatertexte genau so lassen, wie sie sind, und jeden Eingriff, jede willkürliche Hinzufügung, vermeiden.«[1]

Steins spektakulärer Widerruf war kein ausschließlich persönlicher Gesinnungswandel, er war die logische Folge einer allgemeinen Entwicklung. Gegen Ende des Jahrzehnts begann das Theater sich wieder auf Tradition, Geschichte und ästhetische Werte zu besinnen, eine Bewegung, die Stein mit *Shakespeare's Memory* (1976) und *Wie es euch gefällt* (1977) selbst angestoßen hatte. Die antiautoritären Radikalisierungen hatten ihren Zweck erfüllt. Am Ende der Siebziger war klar, daß es nichts mehr brachte, klassische Stücke auf den Operationstisch zu schnallen und weiter zu amputieren. Es war nicht mehr viel übrig. Radikalinszenierungen hatten zu enormen Verlusten geführt; gesellschaftskritische Botschaften waren mit Einbußen an historischer Wahrheit, psychologischer Komplexität und Bedeutungstiefe bezahlt worden. Weniger begabte Regisseure hatten lieber Thesen als Texte inszeniert, denn mit den neuen ästhetischen Freiheiten ließen sich mangelnde Kompetenz und Sensibilität bestens kaschieren. Noch mehr Reduktion schien unmöglich.

149. Zwischen Theorie und Praxis: Ivan Nagel, Günther Rühle, Henning Rischbieter (v. l.)

Das allgemeine Gefühl, daß etwas Wesentliches verloren gegangen sei, wurde bald als »Sinnkrise des Theaters« gehandelt und zum Gegenstand zahlreicher Aufsätze und Symposien gemacht. Ivan Nagel, der 1982 von einem dreijährigen Aufenthalt in den Vereinigten Staaten zurückkehrte, sah im deutschen Theater »Traurigkeit und Tranigkeit überall«; gut etablierte Intendanten »befaßten sich mit ihrem privaten Ach und Weh – und je kleiner die Schmerzen waren (bei Gehältern von einer Viertelmillion im Jahr) um so monumentaler die ästhetischen Systeme, die sie darüber stülpten.«[2] Jürgen Flimm, der durch seine erfolgreiche Arbeit in Köln und Hamburg wachsende Anerkennung fand, empfahl weniger Geschwätz und mehr harte Arbeit.[3] Wie Nagel war er bestürzt über Steins Sinneswandel und blieb ebenso unbeirrt. Doch klang sein Aufruf zu »unserem blitzschnellen subversiven Augenblick Theater« wie eine Trauerbotschaft:

> Wir werden in dieser Gesellschaft immer altmodischer werden. Eines der letzten öffentlichen Reservate unkontrollierbarer, gemeinsamer, unmittelbarer Erfahrung. Wie ein exotisches Relikt aus alten Zeiten werden unsere Theater in den fremden Städten stehen, Räume, in denen wir mit Gegenwelten spielen ...[4]

Trübsinnige Bestandsaufnahme wurde ein beliebter Zeitvertreib. Günther Rühles Diagnose war frei vom üblichen Selbstmitleid. Deutsche Dramatiker, sagte er, hätten das Talent verloren, Charaktere, die entscheiden und handeln könnten, zu erfinden. Alles, was sie auf die Bühne brächten, seien undramatische »Psycho-Dramen der Einzelnen« und Figuren mit dem »Zwang zu monologisieren ... Es sind redende Sprachlose, plappernde, sabbernde Leute, die zu leben meinen, weil sie sich hören können.«[5] Nicht allein das deutsche *Drama* liege in der Agonie, das gleiche gelte auch für »einst führende Sprechtheater wie die von Zürich, Frankfurt oder Berlin (Schillertheater)«. Die Theaterleute hätten sich »überanstrengt im Versuch, die politischen Bedingungen mitzuprägen, ›emanzipatorische Prozesse‹ in

Gang zu bringen, ... ja, sich schließlich von der Literatur unabhängig zu machen und das Theater als mimetisches Ereignis *sui generis* hervorzubringen.«[6]

Rühle diagnostizierte eine tiefe Ratlosigkeit, Peter von Becker ein ideologisches Vakuum. Die alten Kampfziele waren abhanden gekommen, die gläubige Anhängerschaft hatte sich zerstreut, das Publikum war gegen weitere Schockbehandlungen immun geworden, und eine Generation von Theaterleuten, die grundlegende Veränderungen in ihrem Medium bewirkt hatte, fand sich nun auf der Anklagebank wieder: Mangelnde Perspektive wurde ihnen vorgeworfen, sie hätten ihre Energien in ausgefallenen Subjektivismen vergeudet. In Günther Rühles zorniger Abrechnung hieß es sogar, »diese Bewegung hat unterwegs den Instinkt wie den Verstand verloren.«[7]

Rühles Enttäuschung, und er war damit nicht allein, ist verständlich. Eine einzigartige Periode des deutschen Theaters war zu Ende, ihre kraftspendende und inspirierende Verbindung von politischer Vision, sozialer Emanzipation, kulturellem Umbruch und ästhetischer Erneuerung hatte sich aufgelöst. Die ideologische Gralssuche war vorbei. Die Avantgarde war richtungslos und ohne Botschaft. Auf die Konzepte von vor 1960 zurückzugreifen kam nicht in Frage: Das Vertrauen in den Text war erschüttert worden. Seine Autorität ließ sich nicht durch einen bloßen Willensakt wiederherstellen. Die Ikonoklasten hatten die Texte verändert, um ihnen neue Bedeutungen abzugewinnen. Zu Beginn der Achtziger bezweifelte der Dekonstruktivismus die Möglichkeit von Bedeutung überhaupt.

Natürlich ging das Theater weiter, auch wenn die Kritiker noch dem spannenden und aufregenden Theater der Bilderstürmer nachtrauerten und nicht sogleich die ungewöhnliche Qualität der neuen Arbeit, die sich unter ihren Augen vollzog, wahrhaben wollten. Tatsächlich schien es, als ob die Theatermacher, endlich erlöst vom einengenden Dogmatismus und nicht länger mehr verpflichtet, die allgemeine revolutionäre Euphorie zu unterstützen, eine neue Art der Freiheit erlebten. Viele schöpften sie voll aus, glücklich darüber, die Texte wieder als ästhetischen Kosmos betrachten zu dürfen und nicht mehr als Waffe im Kampf für gesellschaftspolitische Ziele behandeln zu müssen. Unbelehrbare, die noch immer einen bourgeoisen Feind brauchten, verwickelten sich in epigonale Rückzugsgefechte, andere aber gingen auf Entdeckungsreisen.

Die nahmen viele Formen an. Einige Regisseure bemühten sich, in quasi-archäologischen Inszenierungen die Schlegel-Tiecksche und sogar noch ältere Übersetzungen von Wieland und Eschenburg vor dem Vergessen zu retten. Auch wurde das Publikum von nun an ungekürzten Versionen ausgesetzt, oft in schmerzvoll in die Länge gezogenen Aufführungen. Frank Patrick Steckel brach 1995 in Bochum alle Rekorde mit einem siebenstündigen *Hamlet*. Solche Unternehmungen, wenn sie von überzeugten Avantgardisten durchgeführt wurden, bezweckten jedoch keine Wiederbelebung der emotionalen Potenz oder des humanistischen Gehalts der Stücke, sondern signalisierten ganz im Gegenteil den Rückzug von der appellativen Unmittelbarkeit ins Reich der Kunst. Inszenierungen dieser Art arbeiteten oft mit überaus elaborierten Bildwelten. Die Verbindung von Wort und Bild bekam nun eine neue Qualität: Die Bühne wurde zum symbolischen Raum, wo Kunst Kunst reflektierte, aber nicht das Leben. Das Theaterereignis wurde autonom, gewissermaßen eingekapselt in ästhetische Selbstreferentialität. So paßte es zu dem allgemeinen Rückzug der Intellektuellen von der Politik in die Privatsphäre und grüne Utopien. Natürlich gab es auch einige, die kraftvolleres Theater wollten und solch künstlerische Abgehobenheit mißbilligten, ebenso wie die Zertrümmerer und Ideologen noch nicht von der Bildfläche verschwunden waren. Für andere, wie Dieter Dorn und Claus Peymann und ihre Ensembles, traf dies alles nicht zu, bei ihnen verband sich Innovation mit exzellenter Qualität. Wieder andere kompensierten den Ideologie- und Utopieverlust durch postmoderne Schöpfungen von erlesenem Raffinement oder erfanden, wie Heiner Müller, alptraumhafte Bilder von Endzeitstimmung und Nihilismus.

Die Kritiker waren und sind immer noch unschlüssig, wie das Theater der achtziger Jahre zu kategorisieren sei. War es ein ›Theater der Erschöpfung‹,[8] wie Andreas Höfele vermutet, oder ein Theater der Rückgewinnung und Wiederentdeckung? Oder war es vielleicht ein Theater, in dem Georg Hensels vier Teilaspekte der Nachkriegsentwicklung[9] – (werktreue) *Ausdeutung*, (radikale) *Umdeutung*, *Rekonstruktion* und *Postmoderne* – in kunterbuntem Nebeneinander auftraten?

In der Tat wäre es sinnlos, solch eine reiche und differenzierte Theaterszene wie die der achtziger Jahre auf einen gemeinsamen Nenner bringen zu wollen. Der Historiker kann entweder einzelne Entwicklungslinien nachzeichnen oder muß sich mit einem diffusen Gesamtbild zufrieden geben. Markus Moninger wählt in seiner brillanten Studie über das deutsche Regietheater, *Shakespeare inszeniert*, den ersten Weg. Er konzentriert sich auf die Frage, welche Formen die Theaterrevolution während der Zeit ihres größten Einflusses hervorgebracht hat und was mit dem revolutionären Impuls danach passierte. Diese klare Fokussierung ermöglicht ihm, die ›posthistoire‹ als eine der anerkannteren Philosophien der Theater-Avantgarde der achtziger Jahre dingfest zu machen und viele wichtige Aufführungen des Jahrzehnts mit dieser vorherrschenden Denkform zu verbinden.

Das folgende Kapitel ist Moningers Arbeit in mancher Weise verpflichtet, muß aber ein weiteres Panorama aufzeigen und zusätzliches Material einbeziehen. Die ideologische ›Entdogmatisierung‹ des Jahrzehnts und die postmoderne Versicherung des »anything goes« hat im Theater enorme Energien freigesetzt und geradezu einen Wildwuchs an neuen Entwicklungen ausgelöst, die schwer zu kategorisieren sind. Die folgende Einteilung in sechs Abschnitte ist deshalb in gewisser Weise willkürlich. »Jenseits von Katharsis und Geschichte: *Hamlet*-Revisionen« versucht nachzuvollziehen, warum so gegensätzliche Impulse wie Rekonstruktion und Dekonstruktion in ein und derselben Inszenierung zusammenwirken konnten. Der zweite Abschnitt, »Posthistoire: Macht und Übermacht der Bilder«, untersucht einen weiteren Widerspruch, nämlich die Wiederentdeckung des Textes und die gleichzeitige Flucht vor seiner Bedeutung ins Bühnenbild. »Glanzleistungen der

150.
Klaus Michael Grüber

Postmoderne« analysiert an zwei Beispielen die gegenseitige Befruchtung der Künste im postmodernen Theater. Die letzten drei Abschnitte sind der Shakespeare-Arbeit dreier Ensembles gewidmet: den Münchner Kammerspielen (unter Dieter Dorn), dem Wiener Burgtheater (unter Claus Peymann) und der Bremer Shakespeare Company, einer einzigartigen Truppe von Shakespeare-Süchtigen.

Jenseits von Katharsis und Geschichte: *Hamlet*-Revisionen

Das raffinierteste Beispiel für die Verbindung von Rekonstruktion und Dekonstruktion in ein und derselben Inszenierung war Klaus Michael Grübers *Hamlet* (11. Dezember 1982) an der Schaubühne Berlin. (Abb. 151) Die Aufführung stellte traditionelle Elemente so kunstvoll, aber auch so gezielt künstlich aus, daß das Ganze sowohl als Hommage an die Geschichte wirkte und dennoch nachdrücklich vor Augen führte, daß Tradition – jedenfalls als lebendige Kraft – nicht zurückgewonnen werden kann. Es war ein *Hamlet* der Superlative: Aufgeführt in Berlins teuerstem Theater, dem für 80 Millionen DM umgebauten Mendelsohn-Bau am Kurfürstendamm, präsentiert von einem Star-Ensemble, war diese Inszenierung dazu bestimmt, Theatergeschichte zu machen.

Der Text, ungekürzt und in der romantischen Schlegel-Übersetzung mit sparsamen Einschüben aus der älteren Prosafassung von Joachim Eschenburg (in der bis dahin längsten deutschen *Hamlet*-Inszenierung von $6^1/_4$ Stunden), wurde mit großer Sorgfalt behandelt. Die Schauspieler sprachen überdeutlich, es gab kein Verschleifen, keine Hast, jede Silbe hatte ihr Gewicht. Ganz bewußt wurde die Aura des ehrwürdigen klassischen Textes heraufbeschworen. Hamlet rezitierte seine Monologe

151.
Hamlet 1982 Berlin.
R.: Klaus Michael Grüber,
B: Gilles Aillaud,
F: Ruth Walz.
Bruno Ganz als Hamlet,
in der Tradition sensibler
Selbstzweifler.

als poetische Arien. Gertrud trat an die Rampe, um ihren Trauergesang für Ophelia
»Es neigt ein Weidenbaum sich übern Bach« anzustimmen. Solch kunstbewußte
Wiedergabe der Reden vermittelte den Eindruck einer Übung in poetischer
Archäologie, so als gehe es darum, ein letztes Mal etwas Wunderbares, aber un-
wiederbringlich Verlorenes auszukosten. Das wurde durch die besondere Spielweise
unterstrichen. Bewegungen und Gestik waren sorgfältig choreographiert, sie sollten visuelle Ereignisse schaffen, berühmte Hamlet-Illustrationen nachstellen oder
an mittelalterliche, Renaissance- und Barockgemälde erinnern, die auch als Vorbilder für die prächtigen Kostüme gedient hatten.

So erschienen König und Königin oft in statuarischen Posen gegen ein gelbes Lichtquadrat und vermittelten den Eindruck der steifen Förmlichkeit von Figuren auf mittelalterlichen Bildern mit Goldhintergrund. Oder man sah Hamlet und Gertrud in der Kabinettszene, wie sie einen Augenblick zu lang in ihren leidenschaftlichen Gebärden und Posen verharrten und damit ganz bewußt die Theatralik der barocken Kunst in Erinnerung riefen.

Die kalkulierte Ästhetik dieser Inszenierung schuf Distanz durch Kunst. Bei so viel Schönheit konnte Hamlets Seelenqual beim Zuschauer kein Mitleid erregen. Seine Melancholie gründete nicht in seiner realen Lage, sondern im metaphysischen Dilemma des Ästheten, der jenseits von persönlicher Zeit und allgemeiner Geschichte in der dünnen Luft der Posthistoire existiert. Tatsächlich war in dieser Inszenierung die Zeit aus den Fugen, aber in ganz eigenartiger Weise. Hier ging es keineswegs mehr darum, den aktuellen *Hamlet* zu schaffen, damit man, wie Jan Kott fordert, »durch den Shakespeareschen Text zu den Erfahrungen unserer Zeit findet, zu unserer Unruhe und unserer Sensibilität«.[10] Im Zeichen der Postmoderne kämpft der tragische Held nämlich nicht mehr gegen eine Welt von Feinden oder eine verkehrte Weltordnung, um jenen einzigartigen Augenblick herbeizuführen, in dem Ich und Schicksal identisch werden. Die eigentliche Herausforderung für Grüber bestand darin, einen *Hamlet* zu schaffen, der die Bedeutungsschwere der eigenen Tradition enthielt, der die Geschichte seiner Rezeption noch einmal in sich versammelte und würdig beschließen konnte. Das Mittel dazu konnte nur die Kunst sein. Seine Aufführung schien sagen zu wollen: Wir sind Erben einer Kulturlast. Unser Beitrag ist das Zitat, nicht mehr der Versuch, im existentiellen Dilemma des Prinzen Hamlet noch einmal unser eigenes zu artikulieren. Deshalb hatte Grüber die Inszenierung mit Kunst, nicht mit Leben gefüllt.

In diesem Sinne wurde der Text nicht als realer Ausdruck spontaner Gefühle und Gedanken behandelt, sondern als Poesie rezitiert, jeder Monolog ein Juwel, jede Rede ein Gedicht, das ganze Werk als Anthologie seiner selbst. Kunst und gewollte Künstlichkeit herrschten auch im visuellen Bereich. Kunstwerke waren die Gewänder in ihrem schwerem Prunk; Kunstwerke die Gebärden, Gänge und Haltungen: Ophelia (Jutta Lampe) über ihrer Laute – wie Melozzo da Forlis »Musizierender Engel«; Bernhard Minetti als erster Schauspieler wie aus einem Füßli-Gemälde; Bruno Ganz als Hamlet in Posen, die an Illustrationen erinnerten und erinnern sollten. Kunstwerke waren auch die Figuren-Arrangements: Hofstaat und Schauspieler auf dem halbrunden Podest nebeneinander sitzend, der hoheitsvolle Schauspielerkönig neben dem goldstarrenden Mörderkönig. (Abb. 152)

Selbst da, wo nicht zitiert wurde, war der Eindruck von Kunst beabsichtigt. Eine wirkungsvolle Lichtregie schuf Bilder von hohem ästhetischem Raffinement: Hamlets zum Schwur erhobene Hand als einzig sichtbares Objekt in der Schwärze des Riesenraumes; Hamlet, der mit dem gebündelten Lichtstrahl, der von seinem Degen reflektiert wurde, im Dunkel des Raumes den reuigen Claudius ausfindig macht; Hamlet und Ophelia, die über Lichtschneisen aufeinander zuschreiten, ein-

152. *Hamlet* 1982, Berlin. F: Ruth Walz. Hamlets Rede an die Schauspieler.

ander fast begegnen, einander fast berühren – bevor Hamlet sich abrupt nach vorn
in die Dunkelheit wendet und, dem Publikum unsichtbar, den Sein oder Nichtsein-
Monolog spricht.

Die Bühne wurde zum Ausstellungsraum für lebende Kunstwerke. Besonders
statuarische Einzelposen und Gruppen wurden sogar mit dem schweren Gerät der
Hub-Podien in die Höhe gefahren und dort wie auf Sockeln ausgestellt. Die rah-
menlose, hohe Apsis der Schaubühne mit ihren enormen Ausmaßen machte die Tableaus zu Kompositionen im Raum. Alle Kritiker kommentierten seine Wirkung.
Der architektonische Rahmen dieser Bühne wirkte wie eigens für die Inszenierung
entworfen. Neu waren jedoch nur das Renaissancemuster des Fußbodens – ein raffiniertes Zitat von Holbeins »The Embassadors« aus der National Gallery in London – und die Bestückung des Bühnenhimmels mit winzigen blauen Sternenlämp-
chen. Andrzej Wirth behauptet mit einigem Recht: »Die wichtigste Rolle in
Grübers Hamlet gehört nicht Bruno Ganz, sondern der Beton-Apsis des ehemaligen Mendelsohnbaus und der Lichtgrammatik von Gilles Aillaud.«[11] Der Raum
war Teil des gesamten Kunstprodukts der Inszenierung und schuf durch seine
Dimensionen erst jene Illusion von Tiefe und Unermeßlichkeit, die erforderlich
war, um dem Anspruch eines ultimativen *Hamlet* zu genügen. Für Andrzej Wirth
wie für andere verkleinerte, »minimalisiert[e]« der Raum die Spieler. Jedoch beab-

sichtigten die Inszenatoren sicher nicht, die Figuren zu »Marionetten«, »Insekten«, oder »Schachfiguren« zu reduzieren. Es ging dem Regieteam überhaupt nicht um lebensvolle Charaktere, sondern um das Inszenieren eines letzten Spiels, das nur noch aus Kunst bestehen sollte. Eine Kunst, in der Wort und Bild, Schauspieler und Raum das Stück weit außerhalb von aktueller Zeit und Geschichte ansiedelten.

Kritiker fanden das Spiel »matt«, der »Erstarrung« nahe, sie sahen in ihm gar eine »Hamlet-Ruine«, in der Leben nur vorgetäuscht werde. In der Tat war dies kein Spiel mehr um Kopf und Kragen, um Sein oder Nichtsein, um philosophisch melancholisches Dulden oder aktiven Widerstand, sondern hier ging es um *Hamlet* als deutsche Kulturmythe, als Kunstdenkmal seiner selbst, als Ikone unter der bildungsbürgerlichen Glasglocke, kurz, um *Hamlet* als Erinnerung. In diesem Sinne war das Spiel perfekt. Seine Form hatte die früheren Realisationen in sich aufgenommen, sie von den Anlässen ihrer Entstehung, von allen Spuren der Realität gesäubert und hatte die so herausgefilterte Idealität in Kunst getaucht.

Was ist sonst noch mit *Hamlet* auf der postmodernen Bühne anzufangen? Holk Freytag am Schloßtheater in Moers (20. November 1982) verweigerte sich der Endzeitmelancholie. Er benutzte die neuen Freiheiten anders. Er inszenierte das Stück als System von theatralischen Querverweisen. Das Publikum sollte *Hamlet* mit neuen Augen sehen. Zu diesem Zweck wurden Auditorium und Bühnenraum umgebaut, um eine vertiefte Bühne zu schaffen, ein Aquarium, in das das Publikum von drei Seiten hinuntersah. Gruppen von Fernsehmonitoren an jedem Ende sollten bestimmte Effekte vervielfachen und die Zuschauer daran erinnern, daß das Theater nur ein Medium unter vielen ist. Gleichzeitig war es ein Verweis auf Heymes ›elektronischen‹ *Hamlet* in Köln (1979).

153.
Holk Freytag

Da das Moerser Ensemble für eine volle Besetzung nicht ausreichte, mußte jeder Schauspieler mehrere Rollen übernehmen. Einige von diesen Doppelungen bereicherten die Interpretation – so zum Beispiel, wenn Claudius auch den Geist und den ersten Schauspieler gab und Hamlet den Mörder Lucianus spielte. Andere, wie Polonius in der Rolle von Horatio und Osrick, ergaben keinen zusätzlichen Sinn und waren nur von der Notwendigkeit diktiert. Alle Doppelungen verlangten Textänderungen, und in der Aufführung selbst vermittelte der übergangslose Rollenwechsel der Schauspieler von einer Figur zur anderen die Erkenntnis, daß theatrale Kommunikation nicht nur dann funktioniert, wenn Wirklichkeit vorgetäuscht wird, sondern auch schon durch bloße Rollenabsprache zu schaffen ist. Das war gleich zu Anfang deutlich geworden, als die Schauspieler – mit Texten aus 2.2. – ihren Beschluß verkündeten, *Hamlet* aufzuführen. Und während der Aufführung wurde auf diese Situation häufig mit Anspielungen, die aus Hamlets Reden an die Schauspieler stammten, Bezug genommen.

Die Schnitte und Textänderungen, obwohl gravierend, berührten nicht den Kern. Hier ging es nicht um absurde Textmontagen in der Art von Charles Marowitz, auch nicht um mutwillige Verstümmelungen, die puerile Körperobsessionen aufdecken sollten, wie bei Neuenfels (Hamburg, 1980). Die Monologe behielten ihr volles Gewicht; Schauspieler und Aufführung blieben der inneren Bedeutung des Textes verpflichtet. Die distanzierenden Elemente, die beim Zuschauer eine neue Aufmerksamkeit wecken sollten, bestanden in der Hauptsache aus rätselhaften Handlungen: Claudius umwickelt Gertruds Kopf mit weißem Verbandmull (das heißt: Sie soll von seinem Ränkespiel nichts mehr sehen, er macht aus ihr eine unbewegliche Patientin); oder: Hamlet wird an einen Stuhl gefesselt, bevor er den Monolog »Oh, welch ein Schurk' und niedrer Sklav' bin ich!« sprechen darf (das heißt seine Handlungen haben ihn zum Gefangenen gemacht; wie Gloster in *König Lear* hat er keine Wahl mehr und muß sein Schicksal erdulden). Distanz wurde auch auf einfachere Art angezeigt, etwa durch die Verwendung von Rouleaus, die abrupt heruntergelassen oder geschlossen wurden, um Trennung oder Täuschung anzudeuten. Unübersehbar war die Anspielung auf Becketts *Endspiel*: König und Königin des Spiels im Spiel staken in Mülltonnen, ihre Texte waren drastisch gekürzt, um eine Pingpong-ähnliche Wechselrede zu ermöglichen, unterstützt durch ein Spotlight, das schnell von der einen Figur auf die andere schaltete. Der Schluß war genial gekürzt und brachte einen brillanten Fechtkampf, an dessen Ende Hamlet den riesenhaften *Schatten* des Königs durch einen weißen Gaze-Vorhang erstach. Ein optisch wirkungsvolles und gleichzeitig rätselhaftes Ende: Kämpft Hamlet überhaupt nur gegen Schatten?

Klaus Michael Grüber und Holk Freytag gaben zwei radikal verschiedene Antworten auf die Frage, wie Hamlet auf der postmodernen Bühne zu inszenieren sei. Beide Antworten wichen der Frage nach der politischen Relevanz aus. Beide Inszenierungen zeigten, wenn auch auf sehr verschiedene Weise, das existentielle deutsche Problem der Auseinandersetzung mit der nationalen Vergangenheit beziehungsweise der Verweigerung einer solchen Auseinandersetzung. Die Inszenierung an der Schaubühne versenkte sich ganz in die Geschichte des Stücks. Sie konzentrierte sich nicht auf Hamlet, den Prinzen, in seinem persönlichen und politischen Dilemma, sondern auf *Hamlet*, das klassische Drama, als einem Kernstück deutscher Kulturgeschichte. Diese intensive Hinwendung zur Tradition befreite die Schaubühne von der Verpflichtung, einen aktuellen Hamlet zu geben. Warum sollte *Hamlet* hier und heute noch gespielt werden? Offenbar nicht mehr, so anscheinend die ästhetischen Überlegungen an der Schaubühne, wegen seiner möglichen Bedeutung für die Gegenwart, sondern zur Erinnerung an die Rolle, die er in der deutschen Kulturgeschichte gespielt hat. Hier wurde also das Verhältnis des Theaters zur Geschichte als ein ästhetisches und nicht als politisches begriffen. Das Ausweichen des Schloßtheaters vor der politischen Relevanz ist einfacher zu erklären: Hier zeigte sich die postmoderne Beschäftigung mit Fiktionen, Rollen und kommunikativen Strukturen, und die Inszenierung vermittelte intellektuelle Einsichten auf Kosten eines Verlusts an historischer Dimension. Wie ist *Hamlet* zu inszenieren, wenn man weiß, daß das Stück über Generationen als Identifikationsikone für den deutschen Geist und die deutsche Seele gedient hat? – scheint K. M. Grüber sich gefragt zu haben. Holk Freytag beantwortete die Frage, wie man *Hamlet* inszeniert, wenn man die letzten 30 Jahre internationaler Theatergeschichte kennt.

Hamlet-Inszenierungen dieser Zeit zeigen ein ungewöhnlich breit gefächertes Spektrum von Interpretationen, von pessimistischen Posthistoire-Studien in Slow Motion bis zu aktionsgeladenen Krimis. Die letzteren waren jedoch die Ausnahme. Ein gutes Beispiel dessen, was nun wieder möglich wurde, war Günther Fleckensteins *Hamlet 1603* am Deutschen Schauspielhaus in Göttingen (6. Oktober 1984). Fleckenstein benutzte den handfesten Text der Ersten Quartoausgabe, um ein Stück über Machtpolitik aufzuführen, in dem Hamlet und Claudius alle Register an Entschlossenheit, Cleverneß und Haß zogen. In diesem Stück durfte Hamlet nicht zögern, weil er in Claudius (Manfred Paethe) einen absolut furchtlosen Gegner hatte.

154.
Günther Fleckenstein

Claudius' Ruf nach Licht in der Mausefallen-Szene war ein grollendes Drohen, nicht das übliche Anzeichen von Panik; in der Gebetsszene sprach Claudius den Monolog »O meine Tat ist faul, sie stinkt zum Himmel;« nicht mit der üblichen Reue, sondern – Sektflasche in der Hand und halb betrunken – als derbe Auseinandersetzung mit einer kaum respektierten Gottheit. Dieser einschüchternden Figur stand ein zartgliedriger Hamlet (Daniel Lüond) gegenüber, ein schlankes Energiebündel mit einer überraschend tiefen, dröhnenden Stimme, ihr Ton so beherrschend wie Claudius' erdrückende Präsenz. Eine willkommene Überraschung war die rhythmische und bedeutungsvolle Wiedergabe der Verse durch die Hauptpersonen und die große Sorgfalt, mit der sie Sprache und Körpersprache aufeinander abstimmten, eine Kunst, deren Wiedererlernung vielen Ensembles schwerfiel.

Fleckenstein interpretierte *Hamlet* als ein Stück über nachvollziehbare Beziehungen zwischen Menschen in einer krisenhaften Situation. Nur wenige Regisseure waren bereit, ihre Aufgabe so direkt anzugehen, ohne ihren überlegenen theoretischen Bewußtseinsstand wenigstens anzudeuten. Selbst wo verhältnismäßig geradlinig gespielt wurde und Charaktere psychologisch noch einigermaßen glaubhaft blieben, zögerte man doch, dem Stück vertrauensvoll zu folgen und Beziehungen

155.
Hamlet 1985, Frankfurt.
R: Holger Berg, B: Andreas Heller,
F: Inge Rambow. Martin Wuttke
als Hamlet in einer ausschließlich
männlich besetzten Inszenierung.

sich entwickeln zu lassen. Holger Bergs Inszenierung in Frankfurt (25. Oktober 1985) zeigte dieses Zögern sehr deutlich. Hier war ausnahmsweise einmal ein Hamlet, der sich *nicht* »höchst königlich bewährt« hätte, sondern ein junger Mann von reizbarem Temperament und tatsächlich nah am Rande des Wahnsinns. (Abb. 155) Ihm gegenüber eine undurchsichtige Welt. Bei seinem Bemühen, sie zu verstehen, argumentierte er wie ein Philosophiestudent, dem die Scholastik, die ihm in Wittenberg eingetrichtert wurde, den Verstand verwirrt hat. Er erging sich in sinnlosen Wortgefechten und erstritt sich winzige rhetorisch-intellektuelle Siege über seine Gegner oder auch über das von ihm direkt angesprochene Publikum; seine Monologe waren verbissene Debatten, mit denen er sich selbst in die Enge trieb. Ebenso wie Hamlet waren auch die anderen vollauf mit sich selbst beschäftigt: Laertes

156.
Holger Berg

(Marcus Lachmann) und Ophelia (Marcus Fritsche) mit ihren privaten Späßen; Reinhold hocherfreut über seine bevorstehende Reise nach Paris; Gertrud (Harald Kuhlmann), an inneren Qualen leidend, die ihre in Gold gehüllte Gestalt zu seltsamen Formen verbog; Claudius (Jürgen Holtz), von Anfang an in seiner Schuld erstarrt. Handeln wurde ihnen gewissermaßen von außen aufgezwungen und entwickelte sich fast gegen ihren Willen. Der einzige kontaktfreudige Charakter war Polonius (Martin Schwab). Seine große Leidenschaft war das Theater. Der Hof war für ihn nur eine Bühne, auf der es beeindruckende Szenen zu arrangieren gab, wenn die Protagonisten ihn ließen. Er begrüßte die anreisenden Schauspieler als Kollegen, würdigte ihre Qualifikationen für »Tragiko-Komiko-Historiko-Pastorale« ganz offenbar als Kenner, er sprach die ihm selbstverständlich bekannte Pyrrhusrede Hamlets und des Ersten Spielers leise mit und vergaß seinen Rang so weit, daß er dessen Koffer von der Bühne trug. In der Mausefallen-Szene war er so besorgt um den Erfolg der Aufführung, als hätte er sie selbst inszeniert. Bis zum Ende merkte er nicht, daß sich das Szenario geändert hatte und er ein entbehrlicher Statist auf der Bühne der Großen geworden war. Der Gesamteindruck war der eines Spiels, in dem jede Figur auf ihrer eigenen Bahn kreiste und jeder, Polonius ausgenommen, versunken war in eigene Probleme, so daß trotz intensiven Austauschs keine Kommunikation stattfand.

Posthistoire: Macht und Übermacht der Bilder

Mehr als jedes andere Stück schien *Hamlet* dazu einzuladen, Bilder von Hoffnungslosigkeit, Isolation und Lähmung auf die Bühne zu bringen. »Nachdem die Dynamik der Geschichte zum Stillstand gekommen und der Fortschrittsgedanke obsolet geworden ist, gibt es keinen Raum mehr für Handlung, nur noch für Simulation.«[12] Andreas Höfele, der hier Baudrillards Sicht der Postmoderne zusammenfaßt, sieht das deutsche Theater der achtziger Jahre unter dem »düsteren Schatten« der Posthistoire und Shakespeare-Inszenierungen »von der Blässe eines posthistorischen Fatalismus' angekränkelt«.[13] »Den Inszenierungen der Achtziger unterliegt ein ›zu spät‹«[14], so Moninger. Das handelnde Ich als das bewegende Element des Shakespeareschen Dramas gab es in ihnen nicht mehr. Im Banne einer Philosophie, die Selbstbestimmung und Identität leugnete, projizierten die Regisseure der Posthistoire »Bilder von Stagnation, Tod und Verfall«.[15] Dieser Prozeß wurde, wie Moninger zeigt, endgültig gestoppt und gründlich karikiert, als am Ende des Jahrzehnts Frank Castorf, ein Ein-Mann-Abbruchunternehmen, die wenigen verbliebenen Übereinkünfte in einer Weise zerschlug, die selbst radikale Befürworter des autonomen Theaters erschreckte.[16]

Nach Gründen, warum viele deutsche Theatermacher dem Posthistoire-Pessimismus erlagen, muß man nicht lange suchen. Ihre revolutionären Utopien hatten sich aufgelöst, ihre gesellschaftskritische Rolle entfiel. Als widerstrebende Konvertiten zur Posthistoire konnten sie den grassierenden Werte-Pluralismus beklagen und ihre persönliche politische Frustration dennoch als Avantgarde-Bewußtsein ausgeben. Einige DDR-Regisseure wie Tragelehn und Gosch, die im Westen arbeiteten, setzten eine Art perversen Stolz daran, Mutlosigkeit und Tristesse zu verbreiten. ›Nachgeschichtlicher‹ Pessimismus wurde schnell zu einem neuen ideologischen Muß. Wer davon abwich, galt als unkritisch, verantwortungslos, nicht genügend ›betroffen‹ oder als Opfer falschen Bewußtseins. Heiner Müller artikulierte schon Posthistoire-Überzeugungen, lange bevor sie Mode wurden. Der Zusammenbruch der DDR 1989/90 bestätigte lediglich seine schlimmsten Befürchtungen. Die Geschichte hatte sich damit endgültig diskreditiert, und seine Inszenierung eines monumentalen *Hamlet*, in Verbindung mit seiner eigenen *Hamletmaschine*, (am Deutschen Theater in Berlin, 24. März 1990) begrub auch das letzte Hoffnungsfünkchen unter apokalyptischen Schreckensvisionen. (Siehe Maik Hamburgers Beschreibung S. 455–460)

Die triumphale Rückkehr der Geschichte, sichtbar im Fall der Mauer, dem Zusammenbruch des Kommunismus und in der Wiederkehr (etwa auf dem Balkan und in den früheren Sowjetrepubliken) von Regionalismus, Nationalismus und ethnischem Identitätsstreben, diskreditierte die Posthistoire in den Augen vieler Intellektueller überraschenderweise nicht. Ihre deutschen Anhänger hatten außerdem einen besonderen Grund, sich gegen die neue Situation zu sperren. Vierzig Jahre lang hatten sich die beiden deutschen Staaten hinter ihren jeweiligen Alliierten vor der ›Geschichte‹ versteckt. Der plötzliche und stürmische Eintritt in die Weltpolitik im Jahre 1989 traf die intellektuellen Wortführer auf beiden Seiten unvorbereitet. Die Art, in der sich die revolutionäre Wende in Richtung auf nationale Wiedervereinigung vollzog, fand nicht ihren Beifall. Die euphorische Massenbewegung, die ganz offensichtlich aller Ideologie vom Ende der Geschichte widersprach, war etwas ganz und gar Einmaliges, hier versagten die bekannten Kategorisierungen.[17] Die spätere Desillusionierung von großen Teilen der Bevölkerung wegen der Schattenseiten der Wiedervereinigung gab den Schwarzsehern in gewisser Weise recht. Posthistoire blieb eine weiterhin akzeptierbare Philosophie. Regisseure fanden sie immer noch inspirierend, Kritiker und Publikum weniger. Noch 1993 inszenierte Roberto Ciulli *Macbeth* als sinnlose Kombination von Blutdurst und Sex in einer unrettbar verlorenen Welt ständigen Mordens, schwarzer Verzweiflung und jenseits aller Vernunft.

Ciullis zerstörerischer Furor war außergewöhnlich und in seiner Intensität nur mit Frank Castorfs allerdings vergnüglicheren Verstümmelungen zu vergleichen. Avantgarde-Regisseure, selbst überzeugte Posthistoire-Anhänger, rissen in den achtziger Jahren Texte nicht mehr in Stücke. Ganz im Gegenteil, ihre Sorge galt dem Problem, wie die Texte sich wieder aufwerten ließen – vorausgesetzt, daß man ihnen nicht folgen mußte, vor allem nicht bei der Frage nach Schuld, Sühne und Erneuerung. Katharsis stand nämlich bei den meisten avantgardistischen Regisseuren nicht mehr auf dem Programm. So ergibt sich das merkwürdige Bild von Inszenierungen, die den Texten größte Sorgfalt angedeihen lassen, doch ausgeklügelte Vorkehrungen treffen, um jeden Hoffnungsschimmer auszumerzen. Die Mittel zu diesem Zweck waren oft visueller Natur: Bühnenbildner ersannen überwältigende Metaphern, die den Zuschauer in Bereiche entführten, die mit dem Wort allein nicht mehr erreichbar waren.

157.
Hamlet 1986, Hamburg.
R: Jürgen Flimm,
B: Rolf Glittenberg,
F: Hermann und Clärchen
Baus. Hamlet (Christoph
Bantzer) und Ophelia
(Therese Affolter) vor der
einschüchternden Mauer.

Eine hohe, graue, seitlich ange-
strahlte Ziegelsteinmauer mit einem
schmalen Durchlaß in der Mitte war
das beherrschende Element in Rolf
Glittenbergs Bühnenbild für Jürgen
Flimms *Hamlet*-Inszenierung am Tha-
lia-Theater in Hamburg (21. September 1986). Weit und drohend ist der
düstere Hintergrund nach vorn ge-
schoben und hat das Spielgeschehen
auf einen engen Streifen vor der Rampe eingezwängt. Woher die Figuren
kommen, wohin sie gehen, ob hinter

158.
Jürgen Flimm

der Mauer ein Dänemark liegt, bleibt dunkel. Vor der Mauer muß sich alles abspie-
len, da gibt es keine Zinnen und Galerien, keine Verstecke, keine Interieurs, sondern nur noch Öffentlichkeit ohne Geheimnisse. An die Mauer drücken die Schauspieler sich, wenn sie nicht gesehen werden wollen, an ihr sinken sie nieder in
Augenblicken der Gefühlsüberwältigung, an ihr stoßen sie sich zuschanden, an ihr
werden sie schließlich als Leichen von Fortinbras aufgestellt. Die Mauer ist unüberwindlich und unerklärlich. Sie könnte jeden Augenblick weiter vorrücken und
den Rest von Leben auch noch auslöschen.

Gegen die optische Gewalt dieses Symbols kann sich die Handlung schwer
durchsetzen. Ophelia und Hamlet in ihren Liebesbekenntnissen machen sie für Augenblicke vergessen. Sonst ist sie unauflösbar und unübersteigbar präsent, versperrt
die Sicht, verhindert den Ausblick auf andere Dimensionen, legt sich dem Zuschauer aufs Gemüt und lähmt die Phantasie. Durch ihre konsequente Raumverweige-
rung reduziert sich die Inszenierung in bewußtem Pessimismus auf einen Hamlet
zwischen Mauer und Rampe. Dieser Eindruck wurde durch das unheimlich wirkende Beleuchtungsschema noch verstärkt: da waren schmale Lichtgassen oder aus
dem Raum geschnittene beleuchtete Dreiecke, auf die die Figuren sich zubewegten,
als ob sie dort Schutz gegen die Schatten und die Schwärze suchten, die draußen
herrschte. Die Mauer, Symbol der Macht, der Unerklärbarkeit der Existenz, Symbol für Geschichte, die an ihr Ende gelangt? Offenbar würde es für dieses Dänemark keine Zukunft geben, und die wenigen beleuchteten Flächen, die das Bühnenbild bot, waren nur eine allerletzte Zuflucht ohne Ausblick auf Weiterleben. »Das
Theater begräbt, betrauert das gescheiterte Projekt des Subjekts.«[18]

Während der achtziger Jahre gab es noch andere bemerkenswerte Beispiele von
Bühnenbildern, die Stücke über den Text hinausführten. Tatsächlich verließen sich
die postmodernen Regisseure, die dem neuen ästhetischen Trend der Text-Rekon-
struktion folgten, das traditionell in den Texten enthaltene Hoffnungsversprechen
jedoch glaubten dekonstruieren zu müssen, oft auf das visuelle Element, um ihre
ideologische Überzeugung zu verdeutlichen. In Aufführungen, die diese Ambiva-

159.
Luc Bondy

lenz in sich trugen, fand eine tiefgreifende Interaktion zwischen Regiekonzept und den Bühnenbildern statt: Sie setzten kräftige Gegenakzente und bildeten eigene Themen. Bei Luc Bondys *Macbeth* (Köln, 30. Januar 1982) geriet in dieser Konkurrenz zwischen Visuellem und Verbalem der diskursive Inhalt des Stücks zuweilen völlig in den Hintergrund.

Die wichtigen Szenen zwischen Macbeth und Lady Macbeth waren in ihr Schlafgemach verlegt: Zwei spartanische und weit voneinander entfernte eiserne Bettstellen bildeten einen merkwürdigen Kontrast zu der abstrakten Schönheit der überhohen, im Magritte-Stil blaßblau gesprenkelten Wände und dem strahlenden Licht, das durch die hohen gelben Türen stach. Der befremdliche Gegensatz zwischen den schäbigen Betten mit den unordentlich verstreuten Kleidungsstücken und der makellosen Reinheit des Raums machte deutlich, daß die Tat, die hier geplant wurde, das Verständnis derjenigen, die sie verübten, überstieg. Magritte an den Wänden, eine scharf ausstellende Lichtregie, die nach dem Mord an Duncan die nackten Akteure – Adam und Eva im jetzt verwirkten Paradies – in ihrer Erbärmlichkeit noch zusätzlich entblößte, als sie versuchten, die Blutspuren zu tilgen. Macbeth, der einen Augenblick zuvor das Laken mit Imperatorgeste als Toga um die Schultern geworfen hatte, benutzt es jetzt als Putzlappen, um den blutbesudelten Boden aufzuwischen. (Abb. 160) Die berühmten Kleidermetaphern des Stücks fanden hier eine eigenwillige bildliche Entsprechung. Die Szenen im Schlafgemach waren von ungewöhnlicher Bildkraft. Sie machten das gesprochene Wort fast überflüssig. Auch hätte es eines vitaleren und dämonischeren Macbeths bedurft als den seine fatale Kombination von Blutdurst und Nervenschwäche übellaunig registrierenden Hermann Lause, um sich gegen dieses Bühnenbild zu behaupten. Die Pförtnerszene bot Gelegenheit für ein anderes Bild. Die Szene selbst wurde laut und grotesk gespielt, aber alle Augen waren auf Lady Macbeth gerichtet, Ilse Ritter, eine Cranach-Heilige in weißem Gewand und mit langen, feuerroten Locken, die vor dem kupferfarbenen Hintergrund des Sicherheitsvorhangs niedersank, ein bewegendes und gleichzeitig ein mit Raffinesse arrangiertes Tableau des Jammers.

Für die Schlußszenen auf der Burg von Dunsinane hatte Rolf Glittenberg ein wuchtiges und symbolträchtiges Bühnenbild entworfen: einen Schlafsaal für Soldaten mit vierzig grauen, an Grabplatten gemahnenden Lagerstätten auf dem Boden, gegen den Wald von Birnam durch eine überhohe Mauer abgegrenzt: eine graue Todeslandschaft für Lady Macbeths nervös gehetzte, letzte Zerrüttung, zugleich Emblem der Leere und Verlassenheit und weit beeindruckender als Macbeths in

160.
Macbeth 1982 Köln.
R: Luc Bondy,
B: Rolf Glittenberg,
F: Hermann und Clärchen
Baus. Nach dem Mord an
Duncan. Lady Macbeth
(Ilse Ritter) versucht ihren
mutlosen Gatten (Hermann
Lause) anzuspornen.

Worten ausgedrückte Reflexion über das sinnentleerte Leben. Der heranrückende Wald von Birnam brachte einen letzten optischen Höhepunkt. Die hohe Mauer noch überragend und beim Näherkommen ins Gigantische wachsend, erdrückte der Wald durch sein schieres Übermaß jeden Gedanken an Widerstand. Das Schicksal hatte entschieden. Allein seine optische Übermacht reichte aus, die physische wie die metaphysische Nichtigkeit dieses unheroischen Macbeth zu demonstrieren.

König Lear am gleichen Schauspielhaus wenige Monate später (12. September 1982) war ein weiterer Triumph der Szenographie über die Regie. Erich Wonders

Bühnenbilder zeigten die fortschreitende Verdüsterung der Atmosphäre des Stücks. Für die erste Szene hatte er einen Rokokosalon eingerichtet, in dem die Hofgesellschaft dem etwas wunderlichen König eines seiner beliebten Spiele bereitet, eine Liebesprobe diesmal. Die Beteuerungen von Goneril und Regan wurden als Ariennummern vor dem Notenständer vorgetragen und fürstlich belohnt. Nur Cordelia weigerte sich, die (musikalische) Komödie mitzuspielen. Während ihrer Abschiedsrede an ihre Schwestern zerfraß eine von oben herabfließende rote Säure die auf Plastik gemalte Rückwand des eleganten Interieurs und gab dahinter den Blick auf eine verregnete, dunkle Ödnis frei. Die Symbolik war klar: Die guten Zeiten waren vorbei, blutige Leidenschaften hatten die dünne Haut der Zivilisation zerfetzt. Von jetzt an würde um existentielle Einsätze gespielt.

Das zweite Bild zeigte als zentrales Requisit eine unendlich lange, weißgedeckte Tafel, die sich aus der Tiefe des Bühnenraums nach vorn erstreckte. Auf ihr balancierte der Narr wie auf einem Laufsteg, an ihr wartete Lear vergeblich auf sein Essen, um sie herum das Spiel von Oswald und Kent. Die Tafel war ein letzter Rest von Normalität in einem immer bedrohlicheren Umfeld. Nach Lears blasphemischer und gewalttätiger Verfluchung seiner eigenen Tochter und ihrer möglichen Leibesfrucht ging auch diese letzte Markierung verloren. Die Tafel kippte um und entpuppte sich als schwere Metallwalze, die Teller und Gläser splitternd und krachend unter sich begrub und die Bühne buchstäblich plattwalzte für das nun anstehende Endspiel. (Abb. 161)

161. *König Lear* 1982 Köln. R: Jürgen Flimm, B: Erich Wonder, F: Hermann und Clärchen Baus. Lear (Peter Lehmbrock) und der Narr (Ingrid Andree) ausgesetzt in Erich Wonders Endspiel-Szenerie: symbolische Gestalten auf dem Wege zur Selbsterkenntnis in einem metaphysischem Raum.

Gleichzeitig wurde an der Seite eine ansteigende Rampe sichtbar, die an einer weit ausschwingenden, konkav gewölbten Wand befestigt war und für Lear und den Narren als temporäre Zuflucht und erhöhte Beobachtungsplattform diente. Erich Wonders Ruf als Magier des Lichts bestätigte sich auch hier. Die Blendung Glosters mit dem Rapier wurde als Schattenspiel vorgeführt. Danach strebte der nunmehr Blinde nach hinten auf eine starke Lichtquelle aus einer tunnelartigen Öffnung zu wie auf eine neue Geburt, die ihm die Augen öffnen wird, während der waidwunde Cornwall vorn seitlich ins Dunkel kroch in dem vergeblichen Bemühen, seine mit aufreizender Langsamkeit abgehende Frau einzuholen.

Die drei Bühnenbilder zeigten in beispielhafter Weise die fortschreitende Zerstörung von Lears Welt, seinen Leidensweg aus einer hier als artifiziell vorgestellten Zivilisation über einen Ort mit Resten eines Ordnungsgefüges, in das wüste Land ohne Wegmarken, auf das Schlachtfeld für Verblendete und Geblendete, den Schauplatz für den elementaren Kampf zwischen Licht und Dunkel. Jürgen Flimms Regiekonzept der Verbindung von Tragik und Farce opferte notwendigerweise den Ernst mancher Szenen für Pointen des Augenblicks. Erich Wonders Bühnenbild hingegen bewahrte die tragische und apokalyptische Dimension eines Endspiels, dessen absurde Aspekte die Regie geneigt war überzubetonen. Die Tiefe und Leere seiner Räume machte menschliche Vereinzelung und metaphysisches Ausgesetztsein sichtbar und fühlbar. Die Lichtregie und die raffinierten Projektionen von Alpenlandschaften in blassen, kalten Farben für die Heideszene ließen die Phantasie in Regionen ausschwingen, die vom gesprochenen Wort nicht erreicht wurden.

Ein Beispiel dafür, wie eine Bildidee zur Zwangsjacke werden kann, bot die Inszenierung von *Troilus und Cressida* 1983 im Mannheimer Nationaltheater unter der Leitung von Peter Siefert. Troja nach Atlantic City zu verlegen und den Autoritätsverfall bei Griechen und Trojanern als Identitätskrisen miteinander rivalisierender Verbrechersyndikate zu inszenieren, scheint auf den ersten Blick eine clevere und praktikable Idee. Die Trojaner hatten ihr Hauptquartier in einer Bar, wo Pandarus die Drinks mixt und die heißen Tips gibt, Priamus im Rollstuhl seine ungleichen Söhne, den ewig brüllenden Hektor, den *Financial Times* lesenden Paris und den Turnschuh-Troilus auf Kurs zu halten versucht, während die wasserstoffblonde Helena, die in Hollywood bessere Tage gesehen hat, als beschwipster Vamp mit nymphomanen Neigungen keinen glaubhaften Kriegsgrund mehr abgibt. Die Griechen kampieren im Wohnwagen am Strand, halten Kriegsrat an wackligen Campingtischchen und arrangieren den Zweikampf zwischen Ajax und Hektor stilgemäß als Boxkampf mit Wetteinsätzen. Diomedes als lederbekleideter Macho mit Elvislocke holt Cressida im offenen Straßenkreuzer mit Syndikatsstander ab und Achill erledigt Hektor schließlich – wie könnte es anders sein? – mit der abgesägten Schrotflinte.

Die pfiffige Bildidee eröffnete jedoch keine Assoziationsräume für die prekäre und ambivalente Thematik des Stückes und für den zwielichtig unbestimmten moralischen Status der Figuren. Im Gegenteil. Die Bildmetapher reduzierte die in der kruden Textfassung verbliebene Mehrdeutigkeit noch weiter. Der Zuschauer war vollauf damit beschäftigt, das optische Angebot der Inszenierung ikonographisch zu orten, die Bildanspielungen auf Gemälde (etwa auf Edward Hoppers *Nighthawks* mit Troilus an der Bar) oder auf Filmszenen aus Humphrey-Bogart- und Elvis-Presley-Filmen nachzuvollziehen, die vielen Entsprechungen zu registrieren und die Aha-Erlebnisse zu verarbeiten. Aber vor lauter Wiedererkennen blieb die Erkenntnis aus. Das Assoziationsangebot dieser Bildidee – Griechen und Trojaner als rivalisierende Verbrechersyndikate – ist letztlich zu flach, und wenn dann noch das Liebesthema zu schnell aus der schillernden Ambiguität in die sexuelle Eindeutigkeit entlassen wird, dann zeigt sich, daß eine Bildidee, die solche Verkürzungen geradezu erzwingt, falsch ist. Einengend wirkte zudem die Art ihres Einsatzes, nämlich die Form von veristischen Eins-zu-eins-Entsprechungen. Das Bildangebot verspielte gerade durch den Gewinn an Überraschungsmomenten die Phantasiefreiheit des weiterführenden Assoziierens. Der festgelegte Blick knebelte die Phantasie.

Hans Neuenfels hatte schon 1972 in einer vielbeachteten Inszenierung die Übertragung von *Troilus und Cressida* in einen ähnlichen Assoziationsrahmen zu einem ungewöhnlichen Wort-Bild-Kontrast genutzt. Auch seine Griechen und Trojaner zeigten in Kostümen und Ambiente Anklänge an die Welt der Mafia. Aber statt veristisch ein Milieu zu kopieren, legte seine Ausstattung (Bühne: Adolf Steiof, Kostüme: Dirk von Bodisco) die Inszenierung nicht fest. Sie war durchsetzt von optischen Illusionsbrüchen unterschiedlichster Art. Der bekannteste, Wahrzeichen dieser Inszenierung gewissermaßen, war der gezackte rote Neonblitz des Zeus, dessen Spitze in einem Zinkeimer stak und so bildidiomatisch anzeigte, wohin es mit der Kraft des Donnerers gekommen war. Im Eimer war auch die Moral des griechischen Offizierskorps. Odysseus versuchte gar nicht erst, sie zu heben. Die große Rede über Rang und Gehorsam diktierte er als Propaganda für die unteren Chargen, die noch daran glauben mochten. Hier zeigte sich der Wort-Bild-Kontrast in seiner eklatantesten Form. Ein Blinder hätte sich in einer traditionellen Aufführung wähnen können. Die Rede wurde in sinngerechter, rhetorischer Emphase, zudem in Baudissins romantisch verschnörkelter Übersetzung vorgetragen. Der Zuschauer hingegen sah einen Odysseus im Uncle-Sam-Look dabei genüßlich Zigarre schmauchen und sich im Sessel räkeln. Das Wort wurde durch das Bild unterlaufen, die Rhetorik durch die Optik desavouiert. Optisch wurde durchgängig

162.
Hans Neuenfels

der Subtext, das heißt die desintegrative Sicht des Thersites, inszeniert, rhetorisch –
zumindest über weite Strecken – der Shakespearesche Haupttext. Die Neuenfels-
sche Inszenierung bewahrte im Wort und seinem Klang, was sie im Bild entlarvte.
Der Ton weckte die Nostalgie, die der Blick widerlegte. Ein raffiniertes Verfahren,
wirksamer als platte Destruktion und von hohem Irritationswert, das die Zuschauer
scharenweise aus dem Frankfurter Schauspielhaus vertrieb.

　　　Seit Jan Kotts Bloßlegung der triebhaften Untergründe im *Sommernachtstraum*
war das Stück eine stehende Herausforderung für die szenographische Phantasie.
Wie sollte man die früher nur geahnte, jetzt aber ans Licht geholte Dimension bild-
lich realisieren? Für Dieter Reibles Inszenierung in Wuppertal (28. September
1983) griff die Bühnenbildnerin Rosalie (eigentlich Gudrun Müller) beherzt ins Arsenal der Nouveaux Fauves und zauberte aus synthetischer Massenware eine knall-
bunte Kunstwelt, steckte Oberon und Titania in glitzerndes Plastik und installierte
am Bühnenhintergrund einen Aufzug, bestehend aus zwei einladend geöffneten
Lippen, zwischen denen ein rosarotes Sofa Platz hatte, auf dem sich Titania an
ihrem »indischen Knaben«, einem ernsten, gutgebauten Vierzehnjährigen in Ber-
mudashorts, ergötzte. Der Athener Wald: bunte, spiralförmige Bänder und dünne
Plastikreifen, die vom Schnürboden herabhingen; der Waldboden: ein silberglän-
zendes Geviert. Auf ihm tobten ungebremste Leidenschaften, brüllte ein faunhafter
Oberon rasend vor Eifersucht, reizte eine brünstige Titania den armen Zettel bis

163. *Ein Sommernachtstraum* 1983 Wuppertal. R: Dieter Reible, B: Rosalie. Ein Rausch von schrillen
　　Farben, hier leider nicht sichtbar, verwandelte den Athener Wald in einen magischen Ort.

164. *Ein Sommernachtstraum* 1982 Mülheim a.d.Ruhr. R: Roberto Ciulli, B: Gralf-Edzard Habben, F: Knut Maron. Die jungen Paare (Christine Sohn / Christian Schneller und Reinhart Firchow / Carmen Plate) tanzen nach Pucks (Gordana Kosanovič) Pfeife.

zum Wahnsinn. Hier gelang aber auch eine ganz ruhige und anrührende Szene. Die kleine Arabeske in 2.2., in der Hermia (Noemi Steuer) ihren geliebten Lysander (Holger Scharnberg) bittet, doch um der Sittsamkeit willen nicht gar so nahe bei ihr zu liegen, wird meist nur zu komischen Effekten benutzt. Hier wurde sie ein Meisterstück psychologischer Einfühlung. Die Körper wollten zueinander, welche der Text – zum ganz offensichtlichen Bedauern des jungen Paares – trennte. Er wurde absichtlich langsam gesprochen, um den verbotenen Genuß noch ein wenig zu verlängern: Unschuld bebend und drängend an der Grenze zur Erfahrung, ein utopischer Augenblick in einem Szenario greller Lüste und greller Farben.

Wie den *Sommernachtstraum* in Szene setzen, wenn keine jungen Liebenden zur Verfügung stehen, war die Frage, die sich Roberto Ciulli und seinem Dramaturgen Helmut Schäfer in Mülheim an der Ruhr stellte. Ihre Inszenierung (6. November 1982) präsentierte das Stück als Abfolge von elaborierten Rollenspielen, nur schienen alle von einer seltsamen Lethargie befallen: Theseus und Hippolyta mit ihrem Gefolge – müde, blasierte Jetsetter in Saint-Tropez; die Handwerker – stocksteife und schwerzüngige Burschen allesamt, damit war kein Staat zu machen, hier mußte Pfeffer her, Leben und Energie. Als Philostrat, Puck und Peter Squenz brachte Gordana Kosanovič die schlaffe Truppe auf Trab, hatte mit allen ihre (urkomische) liebe Not, mußte den ungelenken Zettel schon fast vergewaltigen, ehe er lernte, die Liebesszene halbwegs realistisch zu spielen und trieb die beiden für einen Tanzwettbewerb kostümierten Paare mit Pistolenschüssen zu immer furioserem Part-

nerwechsel. Unter der belebenden Kraft von Gordana Kosanovičs Feuer und Betä-
tigungsdrang gewann die Inszenierung Tempo, und es entwickelten sich für unmöglich gehaltene Verzauberungen. Die schönste: Titanias (Veronika Bayer) Verwandlung von rauhstimmig keifender alter Edelschlampe an einer Krücke zum
blumenbekränzten, unschuldig liebenden Mädchen, eine witzige Umkehrung des
sattsam bekannten Abstiegs der Elfenkönigin in die Niederungen einer oft mit
gymnastischem Aufwand verdeutlichten Sinnlichkeit. Die spannendste: Zettels
(Hannes Hellmann) Erwachen aus seinem Traum, nicht die übliche Verwirrung,
sondern ein wahrer Sturm widerstreitender Gefühle, vorgeführt als Kampf zwischen Körper und Geist: Der Körper stampft und schlägt aus, um den süßen Esels-
traum festzuhalten und weiterzuträumen, sein Verstand führt den Verwunderten
sacht und konsequent zur Einsicht. Die Bühne, wie oft bei Gralf-Edzard Habben,
ein blendend weißer Spielraum, die Kostüme (Klaus Arzberger und Ellen Flögel)
heutig und farbig – das Auge hatte seine Lust, aber es war die schauspielerische
Energie, die sich übertrug.

Glanzleistungen der Postmoderne

In vielen Inszenierungen dieser Zeit war es das visuelle Element, das den Ausschlag
gab. Mitten im Trend der Wiederentdeckung des Textes entwickelte sich ein Theater der Bilder. Das war kein Widerspruch: Selbst die eifrigsten Bemühungen, die
poetischen Texte zurückzugewinnen, konnten die Zweifel am ambivalenten Charakter von Sprache nicht ausräumen. Poststrukturalistische Texttheorien hatten die
Beziehung zwischen Sprache und Realität untergraben. Sie war nie sehr fest gewesen. Aber als sich mit dem Aufstieg des Postmodernismus Charakter, Ich oder Persönlichkeit in verschiedene Rollen und Selbstprojektionen auflösten, deren jede
ganz bestimmte Sprachstrategien erforderte und hervorbrachte, war eine naive Rezeption (und Wiedergabe) der Texte nicht mehr möglich.

Dennoch kann man den Verlust der Gewißheit über die Beziehung zwischen
Sprache und Bedeutung und zwischen Charakter und Identität auch positiv sehen:
Statt Einheit ließ sich nun Vielfalt anstreben, man konnte jetzt Charaktere in ihre
einzelnen Facetten aufteilen und den Stücken ungeahnte Schätze an Bedeutungs-
möglichkeiten und Subtexten entlocken. Dabei wurde das Drama nicht selten in die
Phantasiewelten seiner Charaktere aufgelöst und aus deren Selbsttäuschungen und
Selbstspiegelungen neu aufgebaut, eine Konsequenz der radikal veränderten Auf-
fassung vom Charakter in der postmodernen Ästhetik.

In der klassischen Tradition muß ein Charakter die Welt des Scheins durchstoßen und seine potentiellen Ichs aufgeben, um zu seiner wahren Identität zu
gelangen. Im postmodernen Denken besitzt der Charakter nur vorläufige Identitäten, multiple Ichs und ihre Rollenstrategien. Während der klassische Charakter
versucht, sein ›eigentliches‹ Zentrum und ›wahres‹ Ich in den Selbstreflexionen der

Monologe zu finden, erweist sich der postmoderne Charakter als eine Kombination zahlreicher Phantasien, Selbststilisierungen, nachgeahmter Vorbilder, als ein Netzwerk temporärer und meist angenommener Ichs, dem er nicht entrinnen kann. Eine letzte Realität, die man erreichen könnte, gibt es nicht. Wir sind alle gefangen in, ja konstituiert durch unsere fiktionalen Ichs, und wenn wir versuchen, die ›Wahrheit‹ zu entdecken oder ein ›echtes‹ Gefühl zu empfinden, folgen wir möglicherweise einer Illusion und betrügen uns selbst. Das schafft eine neue Ausgangslage für die Darstellung auf der Bühne. Jenseits ihrer Textrolle erscheinen dramatische Charaktere nun in eigenen Rollenspielen, in Fiktionen, die ihnen größtenteils unbewußt sind, in fremden, oft durch die Medien vermittelten Posen. Zu sich selbst gelangen sie nie. Die Situation steckt voll von neuen Möglichkeiten für Komik, kann aber auch unendlich tragisch sein. Mit Worten allein läßt sich die Bühnendarstellung von so komplexen Verschränktheiten nicht bewerkstelligen. Sie braucht die Unterstützung einer in vielen Bildwelten beheimateten Imagination. Die ständig wechselnden Selbstdramatisierungen der Charaktere erfordern nämlich ebenso wechselnde optische Zurüstungen, in denen die Welten ihrer Einbildung abgebildet, gespiegelt, oder konterkariert werden.

Die zwei folgenden herausragenden Beispiele können nicht als repräsentativ betrachtet werden. Im Zeichen der Postmoderne gab es ohnehin keine Repräsentativität oder Norm, sondern nur eine Vielzahl von unverbundenen und höchst individuellen Schöpfungen, in denen die Konzepte des Regisseurs und des Bühnenbildners ununterscheidbar wurden. Andrea Breths Inszenierung von *Was ihr wollt* (Bochum, 11. März 1989, Bühnenbild: Gisbert Jäkel) und Frank Patrick Steckels *Timon von Athen* (Bochum, 13. Okt. 1990) bestachen durch den Mut und hohen Einfallsreichtum, mit dem sie das postmoderne Programm der Bereicherung einer Kunst durch die andere umsetzten. Die Methoden, die Breth und Jäkel für *Was ihr wollt* benutzten, waren ›Theatralisierung‹ und ›Zitat‹.

165.
Andrea Breth

Feste, mit einer Schweinsblase als Laterne, zog den Vorhang auf. Was das bedeuten sollte, war klar: Der weise Narr lud andere Narren, das Publikum, dazu ein, sich eine Theatervorführung anzuschauen. Auf der Vorderbühne, in einem Sessel, Graf Orsino: in Maske, Perücke und Haltung an Dürers berühmtes Christus-ähnliches Selbstporträt erinnernd. Orsino, wie Christus, ein aus Liebe Leidender? Hinter ihm, unter einem imitierten Bühnenportal auf der Hauptbühne, ein Berg umgestürzter Sessel, auf dem, im Halbdunkel, schattenhafte Figuren einen seltsamen,

marionettenhaften Tanz aufführten: Phantasiegestalten vielleicht aus Orsinos Tag-
träumen, Tänzer im Takt der Musik, die der Liebe Nahrung ist? Hinter ihnen
wiederum, unmittelbar vor dem abschließenden Prospekt, der während der Aufführung mehrmals seine Farbe wechselte, hob sich eine weibliche Figur mit Pfeil und
Bogen ab, Amor möglicherweise, und zog langsam und nahezu unbemerkt durch
das Blickfeld. Das Ganze war offenbar ein Fall von Theater auf dem Theater hoch
zwei: der Narr, der den Grafen vorstellt, der Graf, der das Theater seiner Phantasie
vorführt, mit Bezug auf Malerei, Religion und Mythologie. Vor der Szene zwischen
den Schiffbrüchigen, Viola und dem Kapitän, durfte das Publikum einen poetischen
Sturm auf See miterleben: dargestellt durch zehn Reihen von Pappmaché-Wellen
(in der Art des berühmten Hokusai-Drucks), die an sichtbaren Schnüren auf- und
niedergezogen wurden, mit einem Delphin am Stab, der durch die Wellenkämme
sprang. Als die schöne Demonstration endete, war das nachgestellte Bühnenportal
verschwunden, und die umgestürzten Sessel sahen nun aus wie eine felsige Küsten-
landschaft. Zur gleichen Zeit wurde ein riesiges, rundes Loch in der Decke sichtbar,
einen magrittefarbenen Himmel freigebend, mit einer unbeweglichen Figur, die
über den Rand hing und hinunter auf die Bühne sah. Ein Schauspieler? Eine Marionette? Ein himmlischer Beobachter? Wieder einmal waren die Prinzipien von
Theatralisierung und Zitat bemüht worden, doch ohne daß man alle Bezüge sofort
hätte aufschlüsseln, geschweige denn sie in einen schlüssigen und übergreifenden
Sinnkontext hätte integrieren können.

Das sangesfreudige Besäufnis in Olivias Haus (2.3.) war nach draußen verlegt.
Das Bühnenbild zeigte eine verlassene Straße bei Nacht mit Junker Tobias (Christian Redl) und Junker Bleichenwang (Rolf Schult), die, wie Tramps von Beckett,
sich über einem brennenden Kohlebecken wärmten, während Malvolio (Jochen To-
vote) von einer hohen Treppe im Hintergrund, die an Piranesis ›Carceri‹ erinnerte,
einige Stufen hinunterstieg, um die Rüpelgesellschaft aus distanzierter Höhe abzu-
kanzeln. Der *coup de théâtre* war die Briefszene, für die die Bühne komplett umgebaut wurde, in ein Kino der fünfziger Jahre, dessen Sitze vis-à-vis zum Auditorium
angeordnet waren. Eine Platzanweiserin verkaufte im Mittelgang (auf der Bühne!)
Zigaretten und Eis, Fabian (ein Mafioso aus den B-Filmen jener Zeit) klimperte auf
einem Piano im Hintergrund, Bleichenwang in der ersten Reihe schmatzte Popcorn
und genoß die Vorstellung, das heißt er beobachtete Maria (Nicole Heesters) und
Junker Tobias, die Malvolio beobachteten, wie er in einem Film spielte, dessen
Drehbuch sie verfaßt hatten, während Malvolio, vollkommen gefangen in seinem
eigenen Szenario, selbst von den offensichtlichsten Täuschungen unberührt blieb.

Das war offenbar eine enorme Radikalisierung der Theatermetapher. Auf der einen Seite hieß dies, daß Charaktere gleichzeitig in verschiedenen Szenarien, ihren
eigenen und denen der anderen, existierten und handelten. Auf der anderen war es
eine Frage von ›Bildern‹, deren Quellen, und dem, was sie heraufbeschworen. In
traditionellen Aufführungen sollen Bilder der akzeptierten Bedeutung des Stücks
konzentrische Unterstützung geben. In der Postmoderne sind die Bilder selbstän-

dig geworden, sie leben und glänzen in paradiesischem Nebeneinander von hoch und niedrig, antik und modern, hintergründig und plakativ. Der Pluralismus, der in den Köpfen der Zuschauer existiert, hat seine Entsprechung in der heterogenen Bilderwelt auf der Bühne. Die bildhaften Anspielungen in der Bochumer Inszenierung auf Dürer, Caspar David Friedrich, Hokusai, Magritte, Piranesi und Edward Hopper hatten keinen gemeinsamen Nenner – auch die zahlreichen Bezüge zu Filmen nicht. Was diese diskrepanten Visualisierungen jedoch vor dem Absturz in ästhetisches Chaos bewahrte, war die eindringliche Qualität der in den Bildbezügen zum Ausdruck kommenden Selbststilisierungen der einzelnen Figuren, die schiere suggestive Kraft dieser Ikonographie und ihr letztlich rätselhafter Charakter.

Zwei Beispiele von vielen mögen dies illustrieren. Für die Szene zwischen dem Grafen und Cesario (2.4.) trug eine Gruppe von mönchsähnlichen, kapuzentragenden Figuren mit venezianischen Masken den Grafen zu gregorianischen Gesängen und Orgelmusik in einer Sänfte zur Vorderbühne. Dort wurde die Sänfte zu einem Himmelbett mit nachtblauem, sternenübersätem Baldachin, auf dem der Graf im fließenden Umhang, sein weißes Hemd auf der Brust offen, im letzten Paroxysmus seines Liebesleidens hingestreckt, dem vor ihm wie vor einem Heiligen knienden Feste lauschte, um dessen Klagehymne an den Tod zu vernehmen: »Komm herbei, komm herbei, Tod! / Und versenk in Zypressen den Leib.« Das Ganze ergab ein

166. *Was ihr wollt* 1989 Bochum. R: Andrea Breth, B: Gisbert Jäkel, C: Susanne Raschig, F: Klaus Lefebvre. Der liebeskranke Orsino (Wolfgang Michael, Mitte) in seinem Weltschmerz, zwischen Feste (Peter Roggisch) und Viola/Cesario (Annelore Sarbach).

wunderschönes Tableau; der seelenvolle Dürer-Christus-Orsino auf dem Kalva-
rienberg seiner Liebe, seine Schutzbefohlenen um ihn herum auf den Knien, und
nur seinem Lieblingsapostel Johannes-Cesario war es gestattet, sich auf dem Rande
des Bettes niederzulassen, um die abweisende Botschaft Olivias zu überbringen, damit die Agonie zu verstärken und für einen zitternden Augenblick stellvertretend
zum indirekten Objekt der heißen Wünsche seines Herrn zu werden. (Abb. 166) Es
war eine Szene von äußerster Künstlichkeit, aber gleichzeitig völlig überzeugend.
Überzeugend jedoch nicht als unmittelbarer Ausdruck eines echten Gefühls, sondern überzeugend als Spiegelung dieser Emotion durch Kunst, als eine perfekte Stilisierung, die nicht die Emotion selbst übertrug, sondern ihr vielschichtiges und
suggestives Bild. Als solches erhielt die Szene jubelnden Beifall.

Die Selbststilisierung der anderen Liebesleidenden im Stück, vor allem der
Männer, wurde durch ähnlich ausgeklügelte Bildentsprechungen augenfällig gemacht. Malvolio in überheblicher Selbstgerechtigkeit lebte in hohen und fernen
Regionen, die durch die Piranesi-Anspielung der schwarzen, halb sichtbaren Treppe im Hintergrund symbolisiert wurden. Bevor er sich herabließ zu sprechen, mußte er buchstäblich herabsteigen. Im Gegensatz dazu war Antonio (Manfred Böll) ein
Mann der Tat und des unmittelbaren Gefühls. Seine grundlose Liebe zu Sebastian
hat Kritiker und Regisseure seit langem irritiert und nach einem plausiblen Motiv
suchen lassen. Seit den Siebzigern schienen schwule Antonios die Lösung. Andrea
Breths Erklärung dieses Charakters war sehr viel subtiler und eine ironische Bloßstellung schmeichelhafter männlicher Selbstbilder: Sie entwarf für Antonio die Rolle eines todesmutigen Freundes und Kameraden, der bereit ist, seinem Herzens-
bruder in die Höhle des Löwen zu folgen. Das Treffen der beiden (3.3.) mit der
Geldübergabe und der Abmachung, sich im »Elefanten« zu treffen, wurde zu einem
verschwörerischen Rendezvous hochstilisiert, das in einer Edward Hopper Bar mit
genialen *trompe l'œil*-Effekten stattfand. (Abb. 167) Antonios Zurückweisung des
scheinbar undankbaren Sebastian (Stephan Ullrich) war ebenso wild übertrieben
wie seine vorherige Beteuerung von Liebe und Freundschaft. Was ihn seelisch und
faktisch umwarf, war nicht, Sebastian in Olivias Armen, sondern sein romantisches
Selbstbild zerbrochen zu sehen: Er, treuester aller Freunde, hatte einen einfachen
Fehler gemacht und die Schwester für den Bruder gehalten, eine so banale Lösung
war mit seiner emotionalen Absolutheit und seinem heroischen Selbstgefühl nicht
vereinbar.

Die bildlichen Anspielungen in Andrea Breths *Was ihr wollt* stammten aus vielen
Bereichen, hauptsächlich aus der Malerei (mit Künstlern von der Renaissance bis
zur Gegenwart), aus Filmen (*Casablanca*, Hollywood Gangsterfilme, Tarkowski), aus
der Mythologie (Amor mit Pfeil und Bogen und gebrochenen Flügeln; die große
Eule, die manchmal über der Szene schwebte; vielleicht auch das tote Pferd zwischen den Felsen an der illyrischen Küste); aus der Religion (die Mönche, gregoria-
nische Gesänge, Christus-Orsino, Johannes-Cesario); aus Literatur und Theater
(die Landstreicher von Beckett); aus der alltäglichen Umgebung (Figuren, die

167.
Was ihr wollt 1989 Bochum.
F: Klaus Lefebvre. Antonio
und Sebastian in Edward
Hoppers *Nighthawks*-Bar,
ein leicht zu ortendes
Bildzitat.

Financial Times lasen; das Kino der Fünfziger; ferner, in einigen Szenen – mitten auf der Bühne – eine schrägstehende Drehtür, die nirgendwohin führte).

Warum wurden so viele kulturelle Traditionen zitiert? Sind all diese Bezüge wirklich nötig, um die Geschichte von *Was ihr wollt* zu erzählen? Sicherlich nicht. Aber wenn es stimmt, daß wir alle uns vor Kontakt mit essentieller Erfahrung oder Realität schützen, indem wir die ausgefallensten Stilisierungen und Selbstprojektionen dazwischenschieben, dann läßt sich die Geschichte der Selbsttäuschungen von Orsino, Malvolio, Olivia und Antonio wohl auch in dieser neuen, radikalisierten Form erzählen. An einem Punkt in der kulturellen Entwicklung, wo das Kernstück eines Charakters nicht mehr authentische Identität ist, sondern eine Vielzahl von Selbstentwürfen nach geborgten Bildern, kann das, was früher einmal eine Komödie verwechselter und vielleicht auch verwirrter Identitäten war, nun als eine Komödie diskrepanter Bildwelten und verquerer Selbststilisierungen verstanden und aufgeführt werden.

Andrea Breths *Was ihr wollt* war einzigartig. Niemand sonst nutzte Theatralisierung und Zitat so sinnvoll und zielgenau. Darüber hinaus zeigte die Inszenierung, daß die postmoderne Freiheit, sich im globalen Arsenal von kulturellen Bezügen nach Lust und Laune zu bedienen, mit Sinn und Verstand genutzt werden muß. Es waren kompliziert zusammengesetzte Wirkungen, die hier erzielt werden sollten – mit entsprechender Finesse mußte die Auswahl betrieben werden. Der wilde Eklektizismus von Zadeks Bühnenbildern und die absichtlichen visuellen Brüche und Provokationen der vorausgegangenen Periode waren nicht mehr möglich. Sie hatten ihr Ziel erreicht. Die in ihren Traditionen festgefahrene bourgeoise Szenogra-

168.
Timon von Athen 1990
Bochum. R: Frank Patrick
Steckel, B. und Masken:
Dieter Hacker,
F: Gisela Scheidler.
Ein elegischer Timon,
umgeben von unterwürfigen
Bittstellern.

phie war überwunden, dahin führte kein Weg zurück. Jetzt öffnete eine neue visuelle Ordnung bisher ungenutzte Quellen von subtilen Anspielungen. Postmoderne
Kunstbezüge ließen sich jedoch auch auf weniger verschlungenen Wegen herstellen. Frank Patrick Steckels *Timon von Athen* (Bochum, 1990) liefert dafür ein Beispiel.

    Das Stück wird selten aufgeführt. Was die Bochumer Inszenierung in »dieses
stupende Gesamtkunstwerk«[19] verwandelte, war die Zusammenarbeit des Regisseurs mit dem Berliner Maler Dieter Hacker, der das Bühnenbild gestaltete (eine
quadratische Schräge in goldbronzenen Herbstfarben), die leuchtenden, dekorativ
gefältelten Kostüme entwarf und die frappierenden Masken schuf. Alle Figuren bis
auf den Fremden trugen übergroße Kopfmasken, grotesk verzerrte, verfremdete
Kreationen, doch jede einzelne auch auf unerklärliche Weise bezeichnend für ihren
Träger. Monströse Physiognomien, in bizarren Ausdrucksformen erstarrt, doch
deutlich die Laster der Gier, Völlerei, Bosheit, Servilität und Heuchelei kennzeichnend, denen die Schmarotzer um Timon frönen. (Abb. 168) Der Umfang und das
Gewicht der Masken verhinderten spontane Bewegungen, aber was an Agilität fehlte, wurde durch eine Art Zeitlupen-Ballett mit plakativen Gesten und demonstrativen Posen wettgemacht, die zusätzlich noch durch bestimmte Ticks oder Besonderheiten auf den einzelnen Charakter abgestimmt waren. Die Kombination von
Maske und Gestik erlaubte präzise, wenn auch eher allgemeine Charakterisierungen: Flavius, das Inbild des diensttreuen, sorgengebeugten ehrlichen Verwalters;
Alcibiades, ganz der zornig aufbrausende Grobian und General; seine Mätressen,
grelle, schamlose Nutten. Nur Apemantus, der zynische Realist, trug keine so phantastisch verzerrte Maske wie die anderen: Der Kopf des Philosophen steckte bezeichnenderweise in einem rechteckigen, schwarzen Kasten, einer *black box*, und

seine kantigen Bewegungen demonstrierten seine Verachtung von Entgegenkommen und Kompromiß.

So lag Wahrheit nicht nur in den Masken, sondern auch in den Bewegungen. Die langsame, betont unnatürliche Choreographie lud dazu ein, über das Verhältnis von Mensch und Maske nachzudenken und hinter jeder durch die Maske entpersönlichten Figur einen echten Charakter zu sehen. Das war eine seltsame Umkehrung der üblichen Betrachtungsweise. Oft überzeugt *Timon von Athen* auf der Bühne gerade deshalb nicht, weil der differenzierte Gesichts- und Körperausdruck unmaskierter Schauspieler im Widerspruch zur undifferenzierten holzschnittartigen Psychologie dieser *Jedermann*-ähnlichen Parabel steht. Es gibt hier keine fließenden Übergänge, kein geheimnisvolles Hell-Dunkel der Charaktere, nur festgelegte Typen ohne Entwicklungen und Wandlungen oder, wie im Falle Timons jemanden, der abrupt sein Wesen wechselt. Die Masken waren das perfekte Mittel, dies zu verdeutlichen. Gerade weil den Schauspielern das natürliche Gesicht genommen war, konnte die moralitätenhafte Abstraktion der Handlung klar hervortreten. Eine persönliche, menschliche Gegenwart konnte so nicht von der Symmetrie dieses Katalogs von Lastern ablenken.

Den Kritikern erschien Timons Maske als deutlich von den anderen verschieden. »Sein Kopf ist offen, leere Schädelkammern, eine Ruine aus Knochen«,[20] »eine abgründige Landschaft, Schründe bis ins Gehirn sind sichtbar«,[21] »der Kopf ein offener Schädel: ein Zwiegespaltener«,[22] und »wenn er sich dem Sterben aussetzt, trägt er die Windungen seines zermarterten Gehirns wie wulstige Fesseln um den Leib. Ein beklagenswerter Schmerzensmann«.[23] (Abb. 169) Peter Roggischs

169.
Timon von Athen
1990 Bochum.
F: Gisela Scheidler.
Timon (Peter Roggisch),
der Schmerzensmann
und sein Verderben
bringendes Gold.

Timon war von Anfang an von einem Hauch von Melancholie und Weltschmerz umgeben. Das Bankett mit seinen falschen Freunden hatte unverkennbar religiöse Anspielungen: Es war wie ein letztes Abendmahl an einem Tisch voller Judasse, die sich bislang zwar noch nicht zu erkennen gegeben hatten, aber schon halb unter Verdacht standen. Resignation, qualvolle Gedanken über die gefallene Natur des Menschen, die tief eingegrabenen Spuren von Bitterkeit und Selbsthaß – all dies wurde durch die Maske ausgedrückt, ebenso wie Roggischs Spiel, sein Ton und seine Gesten von Trauer über eine unheilbare Welt bestimmt waren. Andreas Rossmann sah darin eine unbeabsichtigte zeitgeschichtliche Anspielung:

> Denn mit Timon, dessen Abkehr von der Welt die Regie in Ästhetik übersetzt, porträtiert sie insgeheim auch genau den Typus der linken Intelligenz, wie er in den letzten Monaten der Entwicklung in Deutschland immer wieder auftauchte: wehleidig und enttäuscht darüber, daß die Ereignisse sich nicht nach seinen Ideen richten.[24]

Der bleibende Eindruck der Inszenierung war wahrscheinlich doch stärker philosophisch als politisch. Viele Kritiker bestätigten, daß sie eine Erfahrung gemacht hatten, die sie auch über das Ende der Vorstellung hinaus noch lange beschäftigt habe. Dies mag der beispiellosen Schlußszene zuzuschreiben sein. Anstatt sich an der Rampe zu verbeugen, kamen die dreizehn Schauspieler in genauer Reihenfolge einzeln nach vorn, nahmen ihre Maske ab und legten sie in einem regelmäßigen Muster auf der Bühne nieder. Beim Zuschauer bewirkte diese fremdartig zeremonielle Handlung nicht nur ein wiederholtes und plötzliches Erkennen, wer nun welche Rollen gespielt hatte, sie vermittelte auch – als menschliche Wesen unter den Masken auftauchten – das unheimliche Gefühl, Zeuge der Demonstration eines Theorems gewesen zu sein, daß Menschen nämlich zweierlei sind, identisch und doch nicht identisch mit ihren Masken. Und die Kunstwerke, durch welche dieser Effekt erzielt worden war, die über dreißig Masken, lagen nun leblos und unbeweglich da, und doch stellten sie, während sie sich zu ihrer vollen Zahl summierten, eine ebenso wachsende geistige Herausforderung dar. Ein merkwürdiger Anblick, das Publikum im selben Augenblick begeistert und nachdenklich zugleich.

Dieter Dorn und die Münchner Kammerspiele

Daß ein Theater ganz gegenwartsnah, doch keinem Trend hinterherlaufend, kritisch, doch populär, avantgardistisch, doch den Werten der klassischen Tradition zutiefst verbunden ist, und daß ferner die Essenz dieser produktiven Widersprüche durch den Wandel der Zeit, Temperamente und Persönlichkeiten zwei Jahrzehnte lang erhalten blieb, muß auch nach den strengsten Maßstäben als einzigartige Leistung gewertet werden. *Theater heute*, das 1986 die Münchner Kammerspiele zum

170.
Dieter Dorn

»Theater des Jahres« wählte, befragte Dieter Dorn (Intendant), Michael Wachsmann (Künstlerischer Direktor) und Hans-Joachim Ruckhäberle (Chefdramaturg) nach ihrem Erfolgsrezept. Die Antwort war ein moderner Tugendkatalog des Ensembletheaters. Dessen wichtigste Elemente: Konzentration und Kontinuität. Das seien Prinzipien, die die gesamte Breite ihrer Arbeit umfaßten, mit Schauspielern, Texten und Zuschauern. Ihr Konzept von einem »Theater der sinnlichen Aufklärung oder der aufklärerischen Sinnlichkeit«[25] erfordere politische *und* ästhetische Wachsamkeit, und:

> daß man, emphatisch gesagt, an Möglichkeiten des Widerstands durch das Theater glaubt, daß man nicht nur Strömungen bedient, wie modisch sie auch immer sein mögen, sondern daß Theater versucht, an Werten – die im Theater ja auch immer Werte der Sprache sind – an Werten der Bilder oder der Gefühle, aber auch des Verstandes festzuhalten und die gegen einen modischen Postmodernismus zu setzen. Der Begriff des Stadttheaters beinhaltet ja auch den Begriff des Repertoires als Begriff einer Vielfalt – und das nicht im pluralistischen Supermarkt-Sinne, sondern als Vielfalt der Blickwinkel, die sich aber auf ein Zentrum richten und damit die Haltung des Theaters zeigen.[26]

Dieses Beharren auf einem Programm kritischer Moderne half den Kammerspielen, sich gegen mehrere Gefahren gleichzeitig zu schützen. Sie mußten den revolutionär anklagenden Gestus der Siebziger ebenso meiden wie die pessimistische Beliebigkeit der folgenden Phase der Posthistoire, der Versuchung der postmodernen Ästhetik zum bloßen Bildertheater widerstehen und – gleichermaßen schwierig – sicherstellen, daß ihre festen Wertvorstellungen nicht einfach als Traditionalismus mißverstanden wurden. Ihre tiefe Bindung an den Text verhinderte, daß man in den Inszenierungen Handlungs- und Charakterführung willkürlich veränderte und zu absurden oder nihilistischen Schlußfolgerungen gelangte:

> Wir gehen nie mit einer vorgefaßten Meinung an den Text heran. Uns fasziniert nicht eine besondere oder gar ausgefallene Deutung, sondern der Text in seiner Gänze und seiner ganzen Komplexität. Und diese Komplexität versuchen wir zu bewahren, ihr gerecht zu werden. Deshalb machen wir auch unsere eigenen Übersetzungen. So gewinnt man am ehesten Einblick in die Widersprüche in den Stücken und den Charakteren. Wir haben keine Lösungen anzubieten, wir

wollen nicht belehren oder moralisieren. Die Entdeckungen, die wir machen, sind wirklich auch für uns selbst neu, es geht immer um Kontexte, Beziehungen, Menschen. Texte sind für uns keine Fließbänder zur Produktion von Vorgefaß-tem, Vorgeplantem. Für uns ist Theater der Ort, an dem wir etwas Fremdes und zugleich Vertrautes entdecken, Menschen, uns selbst.[27]

Fritz Kortner, dessen spannendste Arbeiten in den Kammerspielen herauskamen, hätte keine Schwierigkeiten gehabt, sich zu dieser Anschauung zu bekennen. Der oft zitierte ›Geist der Kammerspiele‹ mußte ständig gegen die Versuchungen des Marktes verteidigt werden. Was die Schauspieler hier weiterarbeiten ließ, trotz der höheren Gagen am Residenztheater gegenüber und anderswo, war die Überein-stimmung in den Zielvorstellungen, die Schauspieler und Regisseure verband, war Beständigkeit im geistigen Ringen um die Haltung des Theaters und Konzentration auf die gemeinsame künstlerische Entwicklung. Von Schauspielern der Kammer-spiele, viele von ihnen berühmte Solisten, wurde nicht erwartet, daß sie brav Regie-befehle ausführten, sie waren Mitentdecker, die selbst in kleinen Rollen ihr Bestes gaben. Nur wenige avantgardistische Regisseure hätten ihre Abhängigkeit von den Schauspielern so offen zugegeben wie Dieter Dorn:

> Außerordentliche Schauspieler weiterzuentwickeln, sie vorwärtszubringen und sich selber auch, kann man nur, wenn man sich auch auf diese alten, großen Texte stürzt. Das ist oft ein Gesichtspunkt, der in den Dramaturgien schamhaft verschwiegen wird, weil man so schnell in den Ruf kommt, man suche Stücke nur für Schauspieler aus. Dieser ganz handwerkliche Aspekt gehört aber mit dazu. Theaterkunst entsteht nicht im luftleeren Raum.[28]

Das andere Element, das zu dem andauernden Erfolg der Kammerspiele beitrug, war das Publikum. Die kompakten Maße des Theaters allein begünstigten Kontakt und Austausch. 1900 für schnellen wirtschaftlichen Ertrag erbaut und an Münchens eleganter Maximilianstraße gelegen, begannen die Kammerspiele Theatergeschich-te zu schreiben, als Otto Falckenberg 1926 mit seiner Truppe dort einzog. Seitdem haben sie die Anhänglichkeit und Bewunderung ihres Publikums bewahrt. In den letzten Jahrzehnten, als Zuschauer andernorts zähneknirschend die ideologischen Umerziehungsversuche moralisierender Revolutionäre über sich ergehen lassen mußten, wurde das Kammerspiel-Publikum zwar auch herausgefordert, doch part-nerschaftlich respektiert. Von notwendigen ästhetischen Provokationen, wie in der berühmten *Sommernachtstraum*-Inszenierung von 1978[29], hieß es, sie seien so gut dosiert und genial eingearbeitet gewesen, daß Zuschauer hin- und hergerissen wa-ren zwischen Ärger über enttäuschte Erwartungen und Stolz darüber, daß man sie in *ihrem* Theater für liberal und aufgeschlossen genug hielt, solche Zumutungen zu akzeptieren. Bei den Kammerspielen verlangte die Annäherung an »diese alten, großen Texte« offenbar auch die Einbeziehung der Zuschauer.

171. *Troilus und Cressida* 1986 München. R: Dieter Dorn, B: Jürgen Rose, F: Oda Sternberg. Hektors Tod, Manfred Zapatka als Hektor. Achill (Claus Eberth) läßt seine Myrmidonen die schmutzige Arbeit für sich tun.

Zwei Beispiele müssen genügen, um die Leistungen dieser Truppe bei ihrer Rückgewinnung von Widersprüchlichkeit und Komplexität in den Shakespearestücken aufzuzeigen. Beide Male war das Publikum aktiver Partner des Bühnenereignisses. Die Mittel, die angewandt wurden, um die Aufmerksamkeit auf den nahezu ungekürzten Text konzentriert zu halten, waren völlig verschieden, unbestimmbare visuelle Verfremdungen im Falle von *Troilus und Cressida* (16. März 1986), körperliches Ausspielen des Textes in *König Lear* (20. Februar 1992).

Die Ausstattung für *Troilus und Cressida* gilt von jeher als problematisch. Eine historisierende Einkleidung mobilisiert alle Affekte gegen die »verflixten Theatergriechen« (Max Reinhardt), moderne Uniformen wecken schnell die falschen Assoziationen. Die Münchner Lösung von Jürgen Rose vermied die Falle eindeutiger optischer Festlegung und zeichnete sich gerade durch ihre beziehungsreiche, aber widersprüchliche Unbestimmtheit aus. Die Bühne war durch Wände aus farbverschmierten Tüchern und nach hinten durch eine papierbespannte Schiebetür abgegrenzt und bot eine Spielfläche von flach gegeneinander abgesetzten Segmenten: Sie verweigerte jede gegenständliche Orientierung und erinnerte von fern an *Informel* und *Action Painting*. Die Kostüme ließen sich ebensowenig festlegen: bei den Männern uniformähnliche Hosen, riemenbespannte, bei manchen halb nackte

Oberkörper, Umhänge mit unbestimmten Mustern zwischen Heraldik und Tarn-
flecken, indianisch anmutende Stirnbänder für die Krieger. Die Myrmidonen des
Achilles, gesichtslos unter primitiven griechischen Helmen, sahen aus wie finstere
Kriegsmaschinen. Cressida und Pandarus waren in fließende Gewänder aus grob
gewebten Tüchern mit afrikanisch-indianisch-mexikanischen Mustern gehüllt, sie
trugen orientalischen Perlenschmuck im Haar und auf der Stirn, das Ganze war
eine kraftvolle Mischung aus Unvereinbarem. Der Eindruck von vitalem Eklektizismus wurde noch verstärkt durch die Ariane Mnouchkines *Richard II.* entlehnte
Form japanischer Auftritte im Laufschritt mit starrem Oberkörper. Die unauflösbare Bildambiguität der sich gegenseitig ausschließenden und somit neutralisieren-
den Stilelemente machte es dem Zuschauer unmöglich, nach Entsprechungen zu
suchen. Der vorherrschende Bildeindruck war der von etwas Archaischem und
Leidenschaftlichem, von mühsam gebändigter Wildheit, den die harte und genaue
Übersetzung von Michael Wachsmann verstärkte. Die widersprüchlichen Anspielungen in der Kostümierung und die Unbestimmtheit des Bühnenbildes verhinderten eindeutige (und damit einengende) Assoziationen seitens des Zuschauers.

Der kaum gekürzte Text strengte an. Aber die unfixierbaren visuellen Eindrücke,
die exotische Abruptheit der Bewegungsabläufe und das Arsenal von seltsamen rituellen Gesten, so etwa um eine große Wasserschüssel (für die Griechen) und eine
Feuerschüssel (für die Trojaner), trugen dazu bei, die Aufmerksamkeit immer wieder auf den Text zurückzulenken.

Dieter Dorns Regieprinzip, den Text und die von Shakespeare selbst ausgebrei-
tete Problematik für sich sprechen zu lassen und nicht durch modische Ideologeme
zu aktualisieren, zahlte sich aus. Was kritisches Bewußtsein angeht, ist Thersites,
hier vorzüglich gespielt von Helmut Griem, ohnehin durch nichts und niemanden
zu übertreffen. Das Stück durch bildliche Hinweise auf kriegführende Nationen in
Vergangenheit oder Gegenwart zu kontextualisieren, bewirkt in den meisten Fällen
nur eine Verkleinerung. Aber gerade weil die Inszenierung keine Botschaft verkündete und der Regisseur sich diesen bequemen Weg zu einem guten politischen Gewissen versagte, waren er und seine Schauspieler gezwungen, die Brüche in den
Charakteren und die Ambivalenzen in Shakespeares Behandlung der Themen von
Krieg, Autorität, Liebe und Treue allein aus dem Text zu gewinnen und voll auszuspielen. Die bezeichnendsten und anrührendsten Szenen in dieser Hinsicht betra-
fen Pandarus und Cressida. Der wandlungsreiche Peter Lühr als Pandarus in seiner
letzten Rolle vor seinem Tod wenige Monate nach der Premiere spielte das ge-
schminkte Wrack eines welterfahrenen, durch nichts mehr zu überraschenden Kup-
plers, der dennoch dem Erfolg seiner Listen entgegenfieberte, der das begehrliche
Wesen seiner Nichte ahnte, sie aber trotz allem treusorgend umhegte. Mit den
gummiartigen Bewegungen seines ausgezehrten Körpers und dem fahrigen Schlen-
kern seiner durchsichtigen Hände bot er ein Jammerbild von bemitleidenswertem
Alter in Verfall und Schwäche, wirkte aber gleichzeitig abstoßend durch seine
schamlose Suggestion von Ausschweifung und Laster.

Die Darstellung der Cressida war eine ähnliche Gratwanderung. Sunnyi Melles gelang eine wirkungsvoll abgestufte Ambivalenz: Ihr Gesicht war das Inbild keuscher Unschuld, aber aus jeder Geste sprach die Sehnsucht eines Körpers lüstern nach physischer Berührung. Das unzüchtige Wortgeplänkel mit Pandarus wurde von ihrem Engelsgesicht widerlegt, ebenso wie ihre unbewußt schweifenden Blicke die Beteuerungen von Liebe und Treue dementierten, die dennoch im Ton tiefgefühlter Überzeugung gesprochen waren. Ein Geschöpf des Augenblicks, hilflos ihren widersprechenden Impulsen ausgeliefert, eine tändelnde Kokotte, die sich für kurze Augenblicke ihrer kaum begriffenen Macht erfreut, bevor sie, von den Griechen, auch von Agamemnon (Thomas Holtzmann) und Odysseus (Rolf Boysen), schockierend mißbraucht, zum willenlosen Opfer und einer ebenso willigen wie tragischen Lagerhure wird. Dorn und Melles hatten die volle Ambivalenz dieses komplexen Charakters bewahrt. Verglichen mit den üblichen Vereinfachungen (seichte, kokette, ordinär redende, sexbesessene und unaufrichtige Person von Anfang an – oder Unschuldsopfer im männlichen Machtpoker), war die Münchner Cressida ein Wunder an Motivationsfülle und Komplexität.

An *König Lear* (1992) ging man anders heran. Wieder einmal war eine neue Übersetzung erarbeitet worden, aber die Kritiker fanden nun an Michael Wachsmanns »spröden Bemühungen um Wortwörtlichkeit«[30] einiges auszusetzen. Seine Absicht, nahe an Shakespeares Satzbau zu bleiben, lief auf einen Stil hinaus, in dem sich Poesie mit Lakonie vermischte. Die Übersetzung war auch nicht immer leichter zu verstehen als die älteren Versionen und machte nur wenige Konzessionen an die Alltagssprache. Aber die kraftvolle Metaphorik und die gelegentliche, absichtliche Sperrigkeit in Wortwahl und Syntax erforderten angespannte Aufmerksamkeit. So paßte die Übersetzung zu einer Inszenierung, die nicht durch Emotion überwältigen wollte, sondern ein waches Publikum ansprach, das die klugen und einsichtsvollen Ergebnisse einer peniblen Detailarbeit zu würdigen verstand, welche neun Monate Vorbereitung erzielt hatten.

In deren Mittelpunkt stand das sorgfältige Studium jedes einzelnen Charakters und die Suche nach objektiven mimetischen Korrelaten für dessen Darstellung. Nach Jahrhunderten gründlichster literaturwissenschaftlicher Analyse sollte man annehmen, daß an den *dramatis personae* in *König Lear* nichts Neues mehr zu entdecken sei. Dorns Lesart war eine Offenbarung. Während der fünfeinhalb Stunden langen Aufführung wurde immer klarer, wie sehr die vorherrschenden, von Kott inspirierten Endspiel-Versionen des Stücks die feinen Unterschiede unter einem Berg von Ideologie begraben hatten. Wo nur die metaphysische Absurdität der *conditio humana* vermittelt werden soll, spielt die Komplexität der Charaktere keine Rolle mehr, weil dann der Regisseur nur noch den Mythos, aber nicht mehr den Menschen in seiner Lebensrealität im Blick hat.

Dorn entdeckte die Menschen hinter den Figuren neu. Ein paar Beispiele mögen illustrieren, wie er Charaktere vom Klischee befreite. Lears Töchter, oft genug eine holzschnittartige Gegenüberstellung von berechnender Herzlosigkeit und wort-

loser Liebe, wobei Goneril und Regan einander gelegentlich an Gehässigkeit und
Grausamkeit übertreffen dürfen und Cordelia auch einmal zu dümmlicher Schlicht-
heit auflaufen darf: Das Charakterbild der Lear-Töchter auf der deutschen Bühne
scheint festgelegt. Unter Dorns Regie löste sich das Klischee vollständig auf. Goneril, dargestellt von Gisela Stein, einer Schauspielerin von starker Bühnenpräsenz,
Lears schon alternde Tochter, zum Herrschen geboren, stolz und unbeugsam in ihrer Haltung, mit unergründlicher Miene, doch fähig zu merkwürdig versöhnlichen
Gesten gegen ihren Gatten und ihre Schwestern, bis ins Herz getroffen von Lears
Fluch und fast zusammenbrechend unter den schweren Beschuldigungen, die gegen
sie vorgebracht werden, erhebt sie sich immer wieder in stählerner Kraft, um zu
sich selbst zurückzufinden und ihre rätselhafte Distanz wiederherzustellen. Regan
(Franziska Walser), viel jünger, hatte das unberechenbare Temperament ihres Vaters geerbt. Sie konnte einen Satz in vernünftigem Ton beginnen und mit fauchendem Haß beenden, wobei sich ihre klaren, strahlenden Gesichtszüge in eine Maske
der Wut verwandelten. Dieser plötzliche Umschwung war völlig unvorhersehbar,
als habe die Grausamkeit ihrer Absichten mitten in der Rede von ihr Besitz ergriffen. Nur Cordelia (Stefani Jarke), ganz offensichtlich ihres Vaters Liebling, konnte
Gefühle spontan ausdrücken. Sie beantwortete Lears Liebesprobe einfach mit
einem Kuß – warum Worte machen, wo man liebt? Daß Lear sie verstieß, konnte
weder ihre Liebe zu ihm erschüttern noch ihr liebevolles, unbefangenes Wesen verändern. Sie zögerte, den offenbar bevorzugten Burgund gehen zu lassen und damit
von einer romantischen Schwärmerei Abschied zu nehmen, aber die Art und Weise,
wie sie Frankreichs herzliche Werbung annahm, zeigte ihre überraschende und
schnelle Entwicklung vom romantischen Mädchen zur verantwortungsvollen Frau.
Ihre natürliche Spontaneität tauchte auch die Wiedererkennungsszene (4.7.) in ein
neues Licht. Üblicherweise ist alle Aufmerksamkeit jetzt auf Lear gerichtet, der,
vom Wahnsinn befreit, unter Gewissensqualen zu sich kommt, »gebunden / Auf einem Feuerrad, daß meine Tränen / Glühen wie flüssig Blei«. Dorn entzog dieser
Rede den hohen Opernton durch ein einfaches Mittel. Sie wurde eingebettet in
Cordelias fürsorgliche Aufmerksamkeiten für ihren leidenden Vater und ihre Freude und Aufregung über eine Wiedervereinigung, die ihr für eine kleine Weile gestattete, wieder ganz Tochter zu sein.

Die Charaktere von Lear und Gloster waren ebensoweit vom Klischee entfernt.
Thomas Holtzmanns gestrenger Gloster brauchte offenbar einen Schock, damit er
sich seiner Gefühle bewußt wurde und ihnen freien Lauf ließ: Nach der Lektüre des
gefälschten Briefs öffnete er sein Herz weit dem Verleumder Edmund und wütete
in besinnungslosem Zorn gegen den unschuldigen Edgar. Derart absolut in seine
fehlgeleiteten Leidenschaften verrannt, war sein Weg zurück zu Vernunft, Einsicht,
Schicksalsergebenheit und Demut lang und schmerzvoll, jeder Schritt mit selbst-
quälerischem Grimm seiner starrköpfigen Verirrung abgerungen. Seinem Leiden
war nicht, wie bei Lear, zeitweise Erlösung im Wahnsinn vergönnt, so daß Holtzmann seine hohe Kunst in der Darstellung von Schmerz und Verzweiflung vorfüh-

172. *König Lear* 1992 München. R: Dieter Dorn, B: Jürgen Rose, F: Oda Sternberg.
Gloster (Thomas Holtzmann) am Kreuz seines Leidens. Stefan Hunstein als sein Sohn Edgar.

ren konnte. (Abb. 172) Lear schien die Geistesverstörung zu begrüßen. Sie hob ihn auf eine andere Realitätsebene, die er mit immer neuer Verblüffung und sogar einer Art Stolz auf seine surrealen Entdeckungen durchmaß. Viele Lears verbrauchen viel Energie, um den Wahnsinn zu bekämpfen, und wenn sie dann wahnsinnig sind, machen sie viel Lärm, um auch so zu erscheinen. Ihre philosophischen Dispute mit dem armen Tom überzeugen selten. Sie sprechen den verrückten Text nur als Korrelat zu Lears zerrütteter Gefühlswelt. Rolf Boysen sprach die entsprechenden Passagen, als enthielten sie pure Vernunft und als bedürfe es nur noch einer kleinen Anstrengung, um dies für alle sichtbar zu machen. Immer schien er kurz vor einer wichtigen Entdeckung zu stehen und war deshalb ungeduldig, wenn man ihn unterbrach. Und tatsächlich erschien das verrückte Duett von Lear und dem armen Tom, von Stefan Hunstein ausgezeichnet verkörpert, hier nicht mehr als Wahnsinn, der für Vernunft gehalten sein will, sondern als völlig normaler Diskurs, zu dem nur der Schlüssel fehlte. Lear behielt selbst in den herzzerreißendsten Szenen eine Art von Gelassenheit. Als zutiefst Leidender durchschritt er das Reich seines Wahnsinns, aber immer wieder kehrte er verwundert zurück wie von einer Queste, um über seine Funde zu berichten. Seine geistige Verwirrung war so natürlich und seine Überraschung so echt, daß der Regisseur auf das übliche Pathos bei den eher opernhaften und bedeutungsschwangeren Passagen verzichten konnte. Daß der Schauspieler

173.
König Lear 1992 München.
F: Oda Sternberg. Gloster
(Thomas Holtzmann) und
Lear (Rolf Boysen).

den Text fast wörtlich nahm, gab ihm Gelegenheit, in der Rolle etwas Neues zu entdecken – den hellen Wahnsinn. (Abb. 173)

Dieses »wörtliche« Lesen führte auch zu unerwarteten Entdeckungen im Bereich der Körpersprache. Jemand, der das Stück zum ersten Mal sah, hätte sie wohl
kaum bemerkt, so selbstverständlich erschienen sie. Der erfahrene Zuschauer erkannte, wie viele gestische Details aus einer sorgfältigen Lektüre des Textes hervorgegangen waren. Einzeln genommen, mochten sie relativ unwichtig sein; in ihrer
Summe brachten sie eine deutliche Bereicherung. Eines der bemerkenswerteren
Beispiele betraf Akt 3, Szene 7. Gewöhnlich gilt der Vers »Hinaus den blinden
Schurken! Diesen Hund / werft auf den Mist« – auf den blinden Gloster und die
Leiche von Cornwalls Erstem Diener bezogen – nur als notwendiger Befehl, mit
dem die Bühne für die nächste Szene freigemacht werden soll und als zusätzliche
Bestätigung von Cornwalls menschenverachtender Niedertracht. Die Zeilen spre-
chen für sich; normalerweise wird kein weiterer Gedanke auf sie verschwendet. In
München wurde daraus ein Minidrama von wenigen Sekunden: Zuerst reagierte der
verwundete Cornwall (Arnulf Schumacher) mit einem bösen »Den auglosen Verbrecher werft hinaus –« seine Wut an Gloster ab, womit er seine aufbegehrenden
Diener einschüchterte, dann wandte er sich, um abzugehen, stolperte über die Leiche, erkannte blitzartig, welch armselige Kreatur ihn zu Fall gebracht hatte, und
spuckte mit verdoppelter Wut seinen letzten, haßerfüllten Befehl aus »*den* Knecht
schmeißt / Auf den Misthaufen!«[31]

Körperliches Ausspielen dieser Art durfte das Tempo nicht verlangsamen. Jede
einzelne Szene war sorgfältig ausgearbeitet, und doch fand kaum ein Kritiker Anlaß, sich über die Länge der Aufführung zu beschweren. Daß das Tempo beibehalten werden konnte, lag auch an der besonderen Qualität von Jürgen Roses Bühnen-

bild. Szenographen haben heute keine Schwierigkeiten mehr, eine abstrakte Bühne für ununterbrochene Handlung zu konstruieren. Rose baute eine längliche Kiste in dunklen Farben. Teile ihrer Seiten sahen wie Stalltüren aus, andere öffneten sich nach innen wie Zugbrücken, die ganze Konstruktion machte den Eindruck von etwas Primitivem, funktionierte aber auf höchst intelligente Weise. Sie erlaubte eine Markierung der Auftritte und Abgänge durch die auf- und zuschlagenden Türen, ebenso durch die zugbrückenähnlichen Teile, die – entweder alle gleichzeitig oder einzeln und in unregelmäßigen Abständen – herunterknallten oder zurückgezogen wurden. Sparsam und nur für bestimmte Szenen angewandt, blieb diese eklatante Methode, eine Szene zu eröffnen und zu beschließen, unvorhersehbar, ohne sich als ästhetisches Mittel abzunutzen. Sie half, die Handlung zu strukturieren und zu segmentieren. Gleichzeitig erweckte das abrupte Öffnen und Schließen des Bühnenraumes den Eindruck von etwas Endgültigem, als habe das Schicksal zugeschlagen und den Rückweg versperrt. Die Plötzlichkeit, mit der das Bühnenbild zum Leben erwachte, stand in scharfem Kontrast zum langsameren Fluß der Handlung auf der menschlichen Ebene. In ihrer Verbindung entstand so das Gefühl eines im Rhythmuswechsel gelungenen Timings.

Die Münchner Kammerspiele halten eine merkwürdige Position. Mit welchen Bezeichnungen man ihre Arbeit auch charakterisiert, es bleiben immer Aspekte unerwähnt. Schauspielertheater? Regietheater? Bildertheater? Alle drei treffen zu. Die spezielle Verbindung, die sie in ihren Inszenierungen finden, ist nur selten ein Routinekompromiß. Ihre begeisternden Erfolge sind das Ergebnis eines harten Ringens von selbstkritischen künstlerischen Persönlichkeiten im Dienste eines gemeinsamen Ethos. Die Ära Dorn geht mit dem Jahrtausend zu Ende, die Münchner Kammerspiele müssen sich in jeder Hinsicht neu formieren.

Peymann und seine Truppe: Stuttgart, Bochum, Wien

> Die Fatalität unserer Generation ist es, Väter vorzugaukeln, die nicht alt geworden sind, die sich mit sechzig noch als jugendliche Revolutionäre aufspielen – und oft ziemlich kitschig wirken.[32]

Peymanns Selbstdiagnose bringt ein besonderes Dilemma des deutschen Theaters auf den Punkt: Selbst in den späten Achtzigern pflegten einst wichtige Erneuerer immer noch ihre längst überholte Oppositionshaltung, während junge Talente, die fähig gewesen wären, sie vom Podest zu stürzen, auf Distanz gehalten wurden. Sie hatten es in der Tat erheblich schwerer, sich durchzusetzen als die Generation vor ihnen. Nicht nur waren alle wichtigen Positionen in den Händen einer alten Garde von sagenhaftem Ruf und makelloser revolutionärer Vergangenheit, sondern, wie Dieter Dorn bemerkte: »Alles war schon da. Wir haben es vorgemacht. ... Stein konnte die Leute ästhetisch und inhaltlich noch schockieren, ich auch noch, aber

für die Jungen heute ist es schwieri-
ger.« Er fragte sich, wie ein junger Re-
gisseur »seine eigenen Ausdrucksmittel
findet gegen so viele vorhandene«.[33]
Erst in den Neunzigern würde sich das
Problem lösen, und zwar mit dem Auf-
tritt einiger junger Männer und Frauen
(Karin Beier, Leander Haußmann,
Christoph Marthaler, Frank Castorf,
Stefan Bachmann, Elmar Goerden,
Matthias Hartmann), die endlich die
Ehrfurcht vor den großen Namen
ablegten und wagten, dem Druck zum
ideologischen Konformismus zu wider-

174.
Claus Peymann

stehen. In der Zwischenzeit war das Theater noch dominiert von dem Dutzend
»Väter, die nicht alt« werden wollten.

    Um sich selbst hätte Peymann sich keine Sorgen machen müssen. Seit seinen
ehrgeizigen Anfängen am Hamburger Studententheater (wo er elitäres, modernes
europäisches Drama aufführte), die von stürmischen Jahren am experimentellen
»Theater am Turm« (dem TAT in Frankfurt, wo Joseph Beuys sein Bühnenbildner
und Hauptdarsteller in *Titus / Iphigenie* [!] war) abgelöst wurden, hatte er ein Geschick entwickelt, sich in Schwierigkeiten zu bringen und mit verbesserten Karrie-
rechancen daraus hervorzugehen. So auch in Stuttgart. Auf dem Gipfel der Terro-
ristenangst Geld für die Zahnarztrechnung der inhaftierten Gudrun Ensslin zu
sammeln, führte zu einem vorhersehbaren wütenden Angriff des baden-württem-
bergischen Ministerpräsidenten Filbinger und einer Kürzung seines Vertrags. Aber
der nachfolgende Umzug der gesamten Truppe nach Bochum leitete eine höchst
produktive Phase ein (1979–1986). Seine Stuttgarter Fans hielten ihm die Treue
und scheuten keine noch so lange Busfahrt, um in Bochum eine brillante Aufführung nach der anderen zu sehen, Erfolge, die schließlich dazu führten, daß ihm
1986 die Leitung des Burgtheaters angetragen wurde. Die Ehre, der Welt höchst-
subventioniertem und Österreichs berühmtestem und prunkvollstem Theater vor-
zustehen, schien auf seinen rebellischen Geist aber keinen sonderlichen Eindruck
zu machen. »Wer sich zum Ziel gesetzt hat, Burgtheaterdirektor zu werden, muß
sowieso völlig verrückt sein. So etwas macht nur ein Irrer«,[34] bemerkte er. Nie zuvor war diese hochgeschätzte Institution mit ihrer geheiligten Routine so gröblich
beschimpft und ihr unterstellt worden, »daß man in Wien, bevor ich kam, nie ernsthaft geprobt hat«.[35] Skandalöse Aussagen von Peymann in Interviews führten zu
verärgerten Anfragen im Parlament und zu einer Spaltung der öffentlichen Meinung. War es nicht an der Zeit, diesen anmaßenden Piefke nach Hause zu schicken?
Aber gab es jemanden, der sich um das moderne österreichische Drama ähnlich verdient machte? Er führte die ersten Stücke von Peter Handke auf, hatte praktisch ein

Monopol auf die genialen misanthropischen Tiraden von Thomas Bernhard und hielt auch in Notzeiten zu seinen Autoren. Österreichische Dramatiker hätten ihm viel zu verdanken. Was seien im Vergleich dazu schon ein paar unvorsichtige Äußerungen. Und hatte er denn nicht nur durch seinen Spielplan, sondern auch durch die anspruchsvollen Matineen und Lesungen, die er mithilfe seines hochtalentierten Regieteams von Vera Sturm und Hermann Beil veranstaltete, die Burg zu einem einzigartigen Sammelpunkt literarischer Kultur gemacht, um den andere Städte Wien beneideten? So argumentierten seine Anhänger. Aber warum sollte dieser undankbare Ausländer Narrenfreiheit haben, häßliche Dinge über den österreichischen Nationalcharakter zu sagen und dem »Nestbeschmutzer Bernhard« ein Forum zu bieten, fragten die Gegner. Die Debatte war endlos.

Peymann brauchte und genoß den Schlagabtausch. Er verhinderte, daß er sich in sein eigenes Denkmal verwandelte, wie Heiner Müller, oder zeitweilig bitter und pessimistisch wurde, wie Heyme und Ciulli. Er sah sich selbst als Bündel von Widersprüchen, sentimental, aber fähig, über sich selbst zu lachen;[36] als jemand, der gern improvisierte, aber Perfektion wollte; in Spontaneität verliebt, aber ein »Vergewaltiger auf der Probe«, der den Widerstand der Schauspieler, wie er sagte, rigoros brach, indem »ich die bedingungslose und brutalste Gewalt anwende«.[37] Er war »überzeugt, daß man mit dem Theater politisch-moralisch handeln müsse«, hielt aber »die Lust am spielerischen und abenteuerlichen Forschen« für ebenso wichtig.[38] Das Theater sei unfähig, Veränderungen zu bewirken (»Ein Faschist, der sich ein Stück von Brecht oder Lessing ansieht, kommt als derselbe Faschist aus dem Theater wieder heraus.«) – aber er brauche zumindest die Illusion, mit seiner Arbeit »zur Veränderung der Gesellschaft in einem moralischen Sinn beizutragen«.[39] Das waren Gegensätze, die den Regisseur vor der Bindung an ein einseitiges Programm bewahrten, aber andererseits bezeichneten sie eine duale Norm, die schwer zu erfüllen war. Wenn dies gelang, wie in seiner Inszenierung von *Die Hermannsschlacht* (Bochum, 10. November 1982), überstieg der Erfolg alle Erwartungen.

Dieses patriotische Stück, von Kleist ursprünglich dazu bestimmt, deutschen Widerstand gegen Napoleon zu schüren, zeigt den Cheruskerfürsten Hermann (den geschichtlichen Arminius, der im Jahre 9 n. Chr. Varus und seine 20 000 römischen Legionäre in den Sümpfen des Teutoburger Waldes vernichtete) als einen eiskalt kalkulierenden Machiavellisten, der in seinem Haß auf den Feind und der Wahl seiner entsetzlichen Mittel keinerlei Skrupel kennt. Verständlich, daß dem Drama eine widerspruchsvolle Bühnengeschichte beschieden war. Ein Lieblingsstück der Nazis, die seinen unmoralischen Fanatismus begrüßten, war es auf der Bühne der Nachkriegszeit geächtet oder wurde dazu benutzt, Krieg und Kriegshetze anzuprangern. Nur ein Peymann konnte ein solches Stück wieder zum Leben erwecken, ohne es zu denunzieren. Als anerkannter Ideologiekritiker und Aufklärer konnte er sich im Rahmen einer spielerischen Untersuchung auf dieses chauvinistische Stück einlassen, ohne dessen politische und moralische Ambivalenzen auflösen

175. *Die Hermannsschlacht* 1982 Bochum. R: Claus Peymann, B: Karl-Ernst Herrmann,
F: Gisela Scheidler. Die römischen Truppen, verirrt im Teutoburger Wald.

zu müssen. So konnte Hermann, hier ausnahmsweise kein roher Haudegen, sondern ein aalglatter Politiker von schlanker Gestalt (Gert Voss), seinen ganzen gefährlichen Charme und seine kompromißlose Härte ausspielen, ohne die Sympathien des Publikums zu verlieren. Seine Darstellung faszinierte als die ambivalente
Studie eines Führers, der in Sachen Strategie und Unmoral Verbündete wie Feinde
weit übertraf, während eine Anspielung auf Che Guevara in seinem Kostüm diesen
Hermann/Arminius mit modernen Freiheitskämpfern in eine Reihe stellte.[40] So
konnte das Stück auf mehreren Ebenen verstanden werden. Hermanns schamloser
und genüßlich ausgespielter männlicher Chauvinismus (»Ach, Thuschen!«) gegenüber seiner Gattin Thusnelda wurde durch eine ähnlich ambivalente Interpretation
auch dieser Rolle erträglich gemacht. Kirsten Dene war nur eine unwissende Figur
in Hermanns Intrige und sie spielte das dumme Blondchen mit all dem lächerlichen
Ernst einer biederen deutschen Hausfrau, die sich in römischer Eleganz versucht,
aber mit jeder kleinsten Bewegung ihrer attraktiven Rundungen brachte sie die
Wirkungen, die Kleist im Sinn gehabt haben mochte, gründlich durcheinander.
Die Freiheit der Schauspieler, farcenhafte Elemente einzubringen (umwerfend Urs
Hefti als Ventidius), war Teil des übergeordneten Konzepts, das auch Sequenzen

absoluter Kontrolle vorsah, so etwa in der stilisierten Choreographie der Schlachten mit ihrem Verweis (durch die gesichtslosen Masken der Kämpfer) auf die anonymen Schrecken des Krieges. (Abb. 175)

Die Kritiker sind sich nicht einig, ob Peymanns Shakespeare-Inszenierungen von der gleichen kühnen Phantasie getragen waren, die seine Wiederentdeckung der deutschen Klassiker inspiriert hatte. Peymanns bedeutende Shakespeare-Inszenierungen liegen relativ spät (*Das Wintermärchen* 1983, *Richard III.* 1987, *Der Sturm* 1990, *Macbeth* 1992), als die radikalen Neuinterpretationen schon der Vergangenheit angehörten. *Titus / Iphigenie* am TAT in Frankfurt (1969), sein einziger Shakespeare-Beitrag zu dieser revolutionären Epoche neben einem todesbesessenen *Richard II.* in Braunschweig im selben Jahr, war ein nicht ganz ernstzunehmender Klamauk: Joseph Beuys – seinerzeit Skandalmacher Nummer eins der deutschen Kunstwelt, der bald darauf aus der Düsseldorfer Akademie entlassen wurde, die nun froh wäre, seinen Namen zu tragen – stolzierte auf der Bühne herum, biß Margarinestückchen ab, spuckte sie aus und deklamierte Teile einer auf Band aufgenommenen, von Peymann und Wolfgang Wiens zusammengestellten Collage aus *Titus Andronicus* und Goethes *Iphigenie*. Für die damalige Zeit ein ausreichend chaotischer Zugang zu Shakespeare. Als Peymann sich mehr als ein Jahrzehnt später erneut Shakespeare zuwandte, war das Chaos der Ordnung gewichen.[41]

Karl-Ernst Herrmanns Bühnenbild für *Das Wintermärchen* (Bochum, 28. Mai 1983) veranschaulichte die Veränderung, die sich vollzogen hatte, auf eine schon

176. *Das Wintermärchen* 1983 Bochum. R: Claus Peymann, B: Karl-Ernst Herrmann, F: Margarete Redl-von Peinen. Das königliche Trio: Hermione (Ilse Ritter), Polixenes (Branko Samarowski) und Leontes (Traugott Buhre).

fast programmatische Weise. Die Eröffnungsszene zeigte eine längliche, von warmem Licht durchflutete Marmorhalle von klassischer Eleganz, in der, in einer wortlosen Einleitung, Leontes, Hermione und Polixenes, um eine muschelförmige Feuerschale gruppiert, gemeinsam musizierten. Ein Inbild der Freundschaft und Eintracht, der Sohn Mamillius im Hintergrund friedlich mit seinen Bauklötzen beschäftigt, daneben ein Freund der Familie, Camillo wie sich herausstellt, ins Licht blickend, ein Teleskop, das himmelwärts zeigt, Harmonie oben und unten (Abb. 176) – was vermöchte ein solches Idyll zu zerstören?

Der schnelle Wechsel von Zivilisation zu Barbarei durch Leontes' Eifersucht wurde von Traugott Buhre exzellent vorgeführt. Er durchlief eine ganze Skala widersprüchlicher Emotionen. Eine weitere wortlose Szene zeigte ihn, wie er sich nächtens ruhelos hin- und herwarf; er agierte, als sei er überrascht über das Unheil, das er angerichtet hatte, und für den Befehl, das Kind ins Feuer zu werfen, peitschte er sich in wahnsinnige Wut, warf aber in einem unbeobachteten Moment doch einen liebevollen Blick auf seinen Sprößling, nur um sogleich wieder in Raserei zurückzufallen. Anneliese Römers standhafte Paulina ließ sich auch von Leontes' schlimmsten Drohungen nicht einschüchtern, sie war nicht allein treue Dienerin ihrer Herrin, sondern auch eine Frau von Verstand, Menschenkenntnis und Erfahrung, der ein Leben unter männlichen Narren jede weibliche Sanftheit ausgetrieben hatte. Ilse Ritters Hermione war ganz Zartheit und Fragilität, die tödliche Müdigkeit ihrer Bewegungen verdammte Leontes' Tyrannei so effektiv wie Paulinas harte Worte.

Die ersten drei Akte zeigten wunderschön durchgehaltene bürgerliche Tragödie; das Böhmen des vierten war weniger eine Gegenwelt als eine Arena für Autolycus' clowneske Späße. Urs Hefti, ein begabter Komödiant, faszinierte nicht nur das Publikum, sondern auch die tumben, aber dennoch nicht sehr glaubwürdigen Schäfer auf der Bühne. Die Schlußszene war bewegend, wie immer bei guten Schauspielern, und sie erhielt eine besondere Note durch die komische Mischung von Resignation und Erwartung, mit der Camillo (Gert Voss) und Paulina einander und ihren neuen Status als Eheleute akzeptierten.

Die meisten Kritiker erwähnten die klassische Einfachheit des Bühnenbildes und die suggestive Kraft des Eingangstableaus. Die davon ausgehende Botschaft der Klarheit, Ordnung und Harmonie bewirkte, daß Leontes' abweiger Verdacht geradezu als monströs empfunden wurde. Die Figur der Zeit als goldene, nackte Frau in einer Wolke hoch über dem Publikum versprach Versöhnung und ein glückliches Ende.

Genau den entgegengesetzten Eindruck vermittelte Karl-Ernst Herrmanns Bühnenbild für *Richard III.* (Wien, Burgtheater, 5. Feb. 1987). Auch dort war eine nackte Figur zu sehen; sie stand auf einem Podest, an das Richard sich lehnte, wenn er seine teuflischen Pläne ersann. Es war die Statue eines geschundenen Mannes, der seine abgezogene, zerfetzte Haut in der Hand hielt. Über die Bedeutung konnte man nur rätseln. Vielleicht eine Marsyas-Statue und damit, dem Protagonisten

177. *Richard III.* 1987 Wien. R: Claus Peymann, B: Karl-Ernst Herrmann, F: Abisag Tüllmann.
Gert Voss in der Titelrolle.

völlig unbewußt, Richards alter ego? Hat er sich doch noch viel gröblicher gegen die Götter versündigt als der unglückselige Satyr durch seine Wette mit Apoll, für die er mit seiner Haut zahlen muß. Ähnliches steht Richard bevor. Vielleicht sollte das in aller Widerwärtigkeit klassische Standbild auch zurückweisen auf die Figur der Zeit im *Wintermärchen:* dort die schließlich gewonnene Klarheit, Ordnung, Harmonie, hier die Kehrseite des Apollinischen, mörderische Barbarei. Dem entsprachen auch andere Aspekte des Bühnenbildes, vor allem sein Mittelpunkt, der überdimensionale Gully, in den Richard, nach der erfolgreichen Werbung um Lady Anne, die Leiche ihres von ihm ermordeten Gatten kippte und aus dem am Schluß die Geister seiner Opfer hervorstiegen. Die Spielfläche war aufgeteilt durch ein System von Barrieren aus nackten Stäben, die an die Abgrenzungen in einem Gerichtssaal oder auf einem Turnierplatz erinnerten. Erst auf den zweiten Blick enthüllte diese nüchterne Ausstattung ihren praktischen Nutzen und sogar eine gewisse Symbolhaftigkeit. Plötzlich erkannte man nämlich, wie sehr die Handlung in *Richard III.* eine Sache von Anklage und Verteidigung ist, von Zug und Gegenzug, taktischen Finten und Parieren, vor allem aber von Plädoyers, mit denen

Richard selbst und die Gegenseite ihren Standpunkt wie vor Gericht vertreten: das verwinkelte Geländersystem aus nacktem Rohrgestänge wurde von Klägern und Angeklagten vielfältig genutzt.

Gert Voss als Richard war der unumstrittene Herr über diese Welt der scharfen Abgrenzungen, der seinen mißgebildeten Körper in unglaublichen Verrenkungen um das Gestänge wand und seine Gegner in Ecken und Engen manövrierte. (Abb. 177) Leopold Jeßner hatte Fritz Kortner 1920 auf die berühmte Treppe gestellt, um Richards Willen und Aufstieg zur Macht hervorzuheben. Voss' Richard schien weniger daran interessiert, nach oben zu kommen, um tatsächlich Macht auszuüben, als mit seinem überlegenen Intellekt zu brillieren und seine Mitmenschen emotional zu erpressen. Dafür war die Treppe nicht zu gebrauchen. Wer oben steht, kann kein Mitleid heischen. Voss brauchte die ebene Spielfläche, um seine spezielle Wirkung zu erzielen: Sein Richard sollte nicht in irgendeinem symbolischen Sinn *über* seiner Umgebung stehen, sondern herausragen durch Häßlichkeit von Körper und Geist. Deshalb wurde seine körperliche Deformation besonders betont, hauptsächlich durch ein monströses Hinken, das Voss sich durch das Tragen von gliederverdrehenden orthopädischen Schuhen antrainiert hatte, um Behinderung zur zweiten Natur werden zu lassen. Selbst der unvorteilhafte Haarschnitt, (»Voss, der am Schopf kadettisch und knäbisch Hochrasierte«[42]) verwies auf etwas Unfreies und Gezwungenes, eine gestörte Entwicklung.

Ein deformierter Geist in einem deformierten Körper: »Etwas vom bösen Charme eines verzogenen Kindes, dem die Erwachsenen nie gram sein konnten, weil der Siebenmonatsbalg doch verkrüppelt ist, strahlt Gert Voss aus – bis in den Tod.«[43] Die Kritiker sahen in Richards Alptraum beim Auftritt der Geister (5.3.) die Schlüsselszene: nach vier Akten nervtötender Dauerklagen, aalglatter Bosheit und mörderischer Intrigen »spiegelt sich dieser kleine, dieser enorme Narziß sozusagen in den Blutlachen der Opfer«,[44] ist schließlich mit sich selbst konfrontiert, und was sich zeigt, ist das ungeliebte Kind, das in der Nacht weint. Peter von Becker wollte diese psychoanalytische Erklärung nicht ausschließen, war aber von einem anderen Aspekt mehr beeindruckt:

> Gert Voss spielt das geschlagene, das verschlagene Kind. Den betörenden großen (krummen) Jungen. Den ewigen Spieler. Kortner und Krauß mögen in der berühmten Rolle dämonischer gewesen sein, Laurence Olivier maliziös-erotischer. Voss, ... der schwarzbewamste Zögling des Todes mit der Florettstimme (metallisch, federnd, spitz), nimmt diesen Richard nie beiseite in die Gespensternischen später Gotik, treibt ihn nicht an die Abgründe dunkler Metaphysik. Jederzeit bleibt er treu der Physik seines Körpers, dessen Schwächen er mit hochtrainierter Eleganz beherrscht – und er traut nur der Maschine seines Kopfes. Kein Fürst der Finsternis. Sondern ein Meisterschüler und Lehrmeister endlich der clarté, der Luzidität, der machiavellistischen Gedankenhelle.[45]

Ein hohes Lob, verdientermaßen wurde Voss zum Schauspieler des Jahres gewählt. Aber ein Kritiker fragte sich, ob es nicht »Peymanns Hauptverdienst« gewesen sei, »die Höchstleistung seines Protagonisten ermöglicht zu haben«.[46] Die Mitspieler, obwohl keinesfalls namenlos, wurden kaum erwähnt. Nur Peter Iden scheint Peymanns sorgfältige Herausarbeitung vor allem der Frauengestalten bemerkt zu haben: »Es entstehen da in sich eigenständige, empfindlich differenzierte Porträts«.[47] Er erkannte auch, welche Mühe der Regisseur sich gegeben hatte, die beiden Ensembles zusammenzuführen, seine Stuttgarter Truppe und die Mitglieder des Burgtheaters, die in grundverschiedenen Traditionen verwurzelt waren. Andere Kritiker urteilten weniger abwägend: Wer *Richard III.* aus dem geschichtlichen Hintergrund herauslöse und auf die Krankengeschichte des Protagonisten verenge, lasse die Fundierung der Handlung in der Realität außer acht und schwäche das Interesse an den anderen Figuren. Bei einem Schauspieler von solcher Ausstrahlung und von so unverwechselbar persönlich geprägter Kunst hätte jedoch nur ein sehr starkes und ins Objektive gerichtetes Regiekonzept Gert Voss daran hindern können, die Aufführung an sich zu reißen.

Tatsächlich hieß Shakespeare in Wien in den folgenden Jahren immer mehr Voss in den großen Rollen: als Prospero (unter der Regie von Peymann, 6. Februar 1988), als Shylock (unter der Regie von Zadek, 10. Dezember 1988), als Othello (unter der Regie von Tabori, 10. Januar 1990) und Macbeth (unter der Regie von Peymann, 12. Februar 1992). Aber Peymann gelang nie wieder der leichte poetische Zugriff wie im *Wintermärchen* noch die kraftvolle Einzigartigkeit von *Richard III.* Gert Voss war so gut wie eh und je, aber es gab Klagen, daß er von der Regie allein gelassen werde. In *Macbeth* wurde ihm zugestanden, er habe alles getan, um die Spannung aufrecht zu erhalten, aber die Regie habe es versäumt, ihn in eine reale Welt zu stellen, in der Taten auch Konsequenzen haben. Ohne solch objektiven Hintergrund, also ohne eine Sphäre, in der auch die Nebenfiguren Bedeutung erlangen und lebendig werden, reproduziere sich das Theater nur selbst.[48]

Peymanns Anhänger sorgten weiterhin für volle Häuser, doch manche Kritiker konnten eine gewisse Enttäuschung nicht verbergen. Angesichts von Peymanns politischer Vergangenheit erschien es ihnen unverständlich, daß er den *Sturm* mit hübschen Einfällen auf ein Märchenspiel und die Vater-Tochter-Problematik reduziert habe, ohne sich mit den Themen von Mord, Rache und Usurpation ernsthaft zu befassen.[49] Hatte hier etwa der mildstimmende Geist des Burgtheaters mit seiner Verführung zu Kompromiß und Konventionalität seinen Preis gefordert? Am Akademietheater führte George Tabori Voss als Othello erneut zu außergewöhnlichen Höhen. Voss, bei weitem der attraktivste Mann des Ensembles in seiner gutgeschnittenen Admiralsuniform, überlegen in seiner Haltung, geschmeidig in Körper und Intellekt, elastisch in seinen Bewegungen, beherrschte einen seltsam bezwingenden gutturalen Tonfall, der eine ganze Skala von kehligem Gurren bis zu rauher Leidenschaft umfaßte – gegen seine erotische Ausstrahlung waren nicht einmal seine Offizierskameraden immun. Die latente Homoerotik paßte gut zu der Kameraderie der Marineoffiziersmesse in den Zypern-Szenen. Sie bildete auch eines der Elemente in Jagos komplexer Motivationsstruktur. Deren Hauptbestandteil, sagte Sigrid Löffler, war »der sexuelle Neid des Zukurzgekommenen ... Sein General und dessen junge Frau – sie sind die Objekte von Jagos heimlicher Begierde. Und ihre frische Liebe ist der Stachel in seinem Fleisch, das er verabscheut.«[50] Der Titel von Löfflers Rezension »Negrophilie, Necrophilie« zeigt, worauf es Tabori als Regisseur und Ignaz Kirchner als Jago ankam. Auf verschiedene Weise ergründeten Jago und Othello die Tiefe jenes von Othello beschworenen ›Chaos‹, das ›wiederkehren wird‹, wenn Liebe pervertiert worden oder verloren gegangen ist. Unterstützt von einem so zwingenden Regiekonzept, überzeugte nicht nur Voss, sondern die ganze Inszenierung die Kritiker.

Zwei Jahre später, als Peymann die Burgtheatermaschinerie für einen weiteren Shakespeare, *Macbeth*, in Bewegung setzte, fielen sie über den Regisseur her. »Verdi ohne die Musik«,[51] »die Krise eines Regisseurs, dem nirgends etwas Zwingendes, etwas Neues, etwas Radikales, Verletzendes zu dem Stück eingefallen ist«.[52] Was sie am meisten ärgerte, war, daß Peymann offenbar der Burgtheater-Tradition erlegen sei, die Statisten in steifer, konventioneller Art stehen und sich bewegen zu lassen: »Peymanns schottische Krieger sehen also leider akkurat so aus wie ein rüstiger Opernchor, dem irgendwie die Gesangsnoten abhanden gekommen sind. Rumsteher und Aufmarschierer«.[53] »Ganz ernsthaft« beschwöre er »die alten, verkalkten Burgtheatergespenster«.[54] Gert Voss habe durchaus erinnerungswürdige Augenblicke geschaffen, und Benjamin Henrichs wünschte sich, daß der Regisseur, der offenbar keine eigene Vision gehabt habe, einfach »seinem Hauptdarsteller gefolgt wäre, statt ihn zu immer neuen schauspielerischen Gipfelleistungen zu animieren«.[55] In gleicher Weise sei Kirsten Dene als Lady Macbeth zu melodramatischen Manierismen ermuntert worden. »Peymann, statt ihr zuzusehen, ihr Zeit zu lassen, ihr Luft zu schaffen, treibt sie sogleich in eine große Theaterszene hinein: ins Primadonnensolo aus der Tragödie der Rächer.«[56] Vielleicht forderte die Anstrengung, einen so schwerfälligen Tanker wie das Burgtheater zu steuern, ihren Tribut, vielleicht war die Plackerei, das einhundertdreißig Personen starke Ensemble des Burgtheaters[57] (viele von ihnen unkündbar) mit Peymanns eigener Truppe von erprobten und vertrauten Stars zu verschmelzen – ein Unterfangen, das 1995 zu einer großen Krise eskalierte – eine zu große Belastung gewesen. Beide Aufführungen, *Der Sturm* und *Macbeth*, zeigten, daß selbst die massiven Ressourcen eines der bestausgestatteten Theater der Welt keinen Dauererfolg garantierten, jedenfalls nicht bei den Kritikern. Vertrauen auf ein virtuoses Künstlerpaar war kein Ersatz für die schöpferische Vision, die aus beständiger Zusammenarbeit im Ensemble hervorgeht. Wo waren die Früchte der spielerischen und innovativen Einbildungskraft, für die Peymann berühmt gewesen war? Ein Widerschein davon zeigte sich eigenartigerweise am anderen Ende der deutschsprachigen Theaterwelt, in einer Truppe, die (zusammen mit anderen) von Norbert Kentrup gegründet wurde, einem Schauspieler, der in Bochum unter Peymann gearbeitet hatte.

Die Bremer Shakespeare Company

In den revolutionären Jahren der Theaterentwicklung (1964–1979) war viel von der Veränderung der bestehenden Theaterstrukturen die Rede, praktikable Resultate gab es nur wenige. Einige prominente Theatertruppen, am konsequentesten die Städtischen Bühnen in Frankfurt unter Palitzsch und die Berliner Schaubühne unter Stein, praktizierten unterschiedliche Formen der Mitbestimmung. Auf dem Papier waren sie hochdemokratisch, aber in den großen und mittleren Theatern waren es doch die Gewerkschaften, die die Arbeitszeiten des technischen und angestellten Personals bestimmten und vielen jungen Hitzköpfen in Regiefunktionen ihre erste Bekanntschaft mit dem Realitätsprinzip bescherten. In den achtziger Jahren warfen mehr und mehr Theatermacher die goldenen Fesseln des Stadttheaterdaseins ab, um sich kongenialere Arbeitsbedingungen zu schaffen. So gewann Roberto Ciulli mit seiner Truppe von Aktivisten, mit denen er schon in Düsseldorf und Köln zusammengearbeitet hatte, die notwendige Freiheit zurück, indem sie in Mülheim an der Ruhr ein Tourneetheater gründeten und die Rahmenbedingungen schufen, die es ihnen erlaubten, lange Probenzeiten anzusetzen, Inszenierungen über längere Zeit hinweg im Repertoire zu halten und sie währenddessen auch stetig zu verändern. Das ergab für eine Reihe von Jahren aufregendstes Avantgarde-Theater.[58]

Den radikalsten Bruch mit den Annehmlichkeiten des etablierten Stadttheaters vollzogen die sieben Schauspieler, die 1983 die Bremer Shakespeare Company gründeten, Chris Alexander, Gabriele Blum, Hille Darjes, Renato Grünig, Rainer Iwersen, Norbert Kentrup und Dagmar Papula. Diese Gründung war eine wahre Pioniertat, in Organisation, Repertoire und Spielweise.[59] Die ersten fünf Jahre ohne Subventionen zu überstehen war nur möglich, indem man strikte Gleichheit praktizierte: Alle erhielten dieselbe Gage und teilten sich gleichermaßen alle Aufgaben. Sie waren alle nicht nur Schauspieler, sondern auch Regisseure, und jeder mußte zusätzlich weitere Funktionen übernehmen, von der Kostümbildnerei bis zur Werbung. Was sie von anderen freien Gruppen unterschied, war höchste professionelle Kompetenz und ihre einzigartige Konzentration auf Shakespeare. Aber nicht auf den furchterregenden Klassiker Shakespeare: Ihr Ideal war der Volksdramatiker, der in London das Globetheater gefüllt und mit einer unübertroffenen Mischung von Hoch und Niedrig, Poesie und Posse, Staatsaktion und Burleske die Hirne gespeist, die Gemüter befriedigt, Gelächter und Tränen hervorgelockt hatte – der Shakespeare der Widersprüche und Gegenläufigkeiten oder, in der Terminologie der Gruppe: der Shakespeare des »Mingle-Mangle«. Dieser Ausdruck von Shakespeares Zeitgenossen John Lyly war gewissermaßen das Motto und Prinzip der Gruppe. Lylys Definition des elisabethanischen Zeitalters als »hotch-potch«, ein Mischmasch (»If we present a mingle-mangle, our fault is to be excused, because the whole world is become an Hodge-podge«), wurde in allen frühen Programmheften (auf englisch) zitiert und erhielt so den Status einer programmatischen Leit-

linie. Sie bestimmte sowohl die Analyse der Stücke wie die Wahl der Darstellungsformen.

Neue Übersetzungen von Chris Alexander und Rainer Iwersen erhielten in Ge-
meinschaftsarbeit den letzten Schliff. Auch die Übersetzungen von Maik Hamburger, einem der Mentoren der Gruppe, waren von solcher Erarbeitung einer Endfas-
sung im Ensemble nicht ausgenommen. Unter den Mentoren gab es mehrere hoch
angesehene Vertreter aus dem Bereich der Shakespeareforschung, so etwa Kurt
Tetzeli von Rosador und vor allem Robert Weimann, dessen *Shakespeare und die
Tradition des Volkstheaters* die wissenschaftliche und ideologische Grundlage der
Arbeit der BSC darstellte. Anders als andere Truppen hielten sie es nicht für unter
ihrer Würde, akademischen Rat einzuholen. Was immer die Literaturwissenschaftler anboten, würde ohnehin in der gemeinschaftlichen Arbeit am Stück umgeschmolzen werden. Die stupende Gelehrsamkeit, die Peter Stein in seinem unver-
gleichlichen Gesamtüberblick über das elisabethanische Zeitalter in *Shakespeare's
Memory* (1976) ausgebreitet hatte, lag außerhalb ihrer Möglichkeiten und auch
ihrer Wünsche. Peter Stein hatte eine Glanzleistung des Bildungstheaters geboten,
die BSC schwor aufs Volkstheater.

Das Volkstheater, das sie anvisierten, verlangte eine neue Einstellung zum Publikum. In der Vergangenheit waren Zuschauer von oben herab behandelt, belehrt,
beschimpft, beleidigt worden, man hatte ihnen auch neue Bereiche der Kunst und
des ästhetischen Bewußtseins erschlossen und sie insgesamt eher mäßig unterhalten. Die Bremer Shakespeare Company nahm ihre Zuschauer so, wie sie waren. Die
Bilderstürmer hatten das Publikum gespalten, die BSC einte es. »Wir wollen keine
subventionierten Weltuntergangsgesänge anstimmen oder Zynismus abstrahlen«[60],
sagte Norbert Kentrup in einem Interview. BSC-Zuschauer wurden nicht ideologisch umerzogen. Man wollte weder das Publikum auf einen einzigen Rezeptions-
nenner noch die Stücke auf eine handfeste Botschaft reduzieren. Reichtum, Vielfalt
und Gegensätzlichkeit der Welt der Shakespeareschen Dramen korrelierten für sie
mit der Unterschiedlichkeit und Disparität ihres Publikums. Aus dem unerschöpflichen Reservoire der einen befriedigten sie die wandelbaren und gegensätzlichen
Bedürfnisse der anderen, nach Lust und Trauer, nach Realismus und Phantastik,
Witz und Widersinn, Posse und Poesie, nach Klamauk und Ritual.

Volkstheater verlangte distanzabbauende Spielweise. Andere mochten über die
Einbeziehung der Zuschauer räsonieren, in Bremen wurde sie praktiziert. Hier
bleibt der Zuschauerraum hell (schockierend, wenn bei der Blendung Glosters
plötzlich für *alle* das Licht ausgeht), hier wird über die Bühnenrampe hinweg bis ins
Parkett und die Seitengänge agiert, werden Zuschauer direkt angesprochen und aus
der Reserve gelockt, wird extemporiert, auf lokale Ereignisse Bezug genommen und
sei es auch nur in Form einer blitzschnellen Anspielung. Gesang, Musik, Tanz als
kabarettistische Show-Nummern mit ironischen Conférences durchbrechen die
vierte Wand, halten den Bühnenvorgang als Spiel und Fiktion präsent. Den gleichen Effekt erzielt der fliegende Rollenwechsel bei Mehrfachbesetzungen und das

abrupte Umschalten von dramatischen zu erzählten Passagen, letzteres – etwa in der Bremer Bearbeitung des *Wintermärchens* für nur drei Schauspieler – eine Standardsituation. Ebenso wirkt das berechnete Aus-der-Rolle-Fallen. Es schafft Nähe zum Publikum und nimmt sie durch bewußtes Spielen mit der Situation sogleich wieder zurück. In der *Komödie der Irrungen* verwandeln bunte Kopftücher die Zuschauer in Einwohner von Ephesus, im *Wintermärchen* sind sie Gäste beim Schafschurfest und beteiligen sich an der Umgestaltung des Zuschauerraums in ein farbiges Festzelt: Wollfäden, über quer gespannte Drähte geworfen und verknotet, ergeben einen luftigen Baldachin. Ob flüchtige Geste, knalliger Gag oder ausgewachsenes Happening, viele Mittel sind den Bremern recht, um die Kluft zwischen Bühne und Auditorium zu überwinden und ihr Publikum unter Spannung zu setzen. In den Komödien und Romanzen werden die Illusionsbrüche freier und frecher ausgespielt, in den Tragödien etwas stärker an der Verselbständigung gehindert. Ein prinzipieller Unterschied der angewandten Mittel besteht jedoch nicht. Das Volkstheater der Bremer Art kennt keine unvermischte Gattung, es durchkreuzt immer wieder die Identifikation mit dem Helden und erlaubt kein völliges Aufgehen im dargestellten Vorgang. Das heißt nun keineswegs ständige Burleske oder Parforcejagd nach Pointen, vielmehr ein ebenso atemberaubender wie absturzgefährdeter Balanceakt zwischen Geist und Sinnen, leisen und lauten Tönen, Poesie und Kalauer. Text und Handlung müssen übersetzt werden in die Sprache und Spielweise eines Theaters, das den Zuschauer aus seiner passiven, identifikatorischen Betrachtungshaltung herauslockt und -schockt, ihn statt dessen zu einer Art von dialogischem Reagieren und Respondieren animiert. Dabei werden naturgemäß die ernsten und hochpoetischen Sequenzen kürzer und seltener. Sie gewinnen aber durch ihre Einbettung in karnevaleske Kontraste ein Moment des Unerwarteten, Überraschenden, ja Kostbaren. Es befällt einen die beklemmende Erkenntnis, wie gefährdet das große Gefühl ist, wie nahe Pathos und Banalität beieinander liegen, wie tragischer Gestus und clowneske Attitüde nur verschiedene Seiten derselben Medaille sind. Die eine durch das andere zu denunzieren, erschiene den Bremer Spielern allerdings völlig abwegig: die fruchtbare Spannung würde zerstört. Wichtig ist ihnen vielmehr, die richtige Mischung und den passenden Rhythmus der Stimmungsbrüche und Moduswechsel herauszufinden und schauspielerisch umzusetzen. Penible Texttreue ist dabei nicht durchzuhalten, es wird nicht vom Blatt gespielt. Die Mitglieder der Company sind jedoch fest davon überzeugt, daß ihre Produktionen auch dort, wo sie von der Vorlage abweichen, die analoge Übertragung des zentralen Shakespeareschen Schaffensprinzips und seiner dialektischen Weltsicht in das Medium eines unter heutigen Umständen wiederzubelebenden Volkstheaters sind.

Die Dramaturgieformel des »Mingle-Mangle« ist für die Bremer ein komplettes Kulturkonzept. Mingle-Mangle bezeichnet für sie den »Shakespeare der Gegensätze, der die Gegenseite stets mitdenkt und mitdarstellt, der Utopie und Realität vereint auftreten läßt« (Chris Alexander), der zu heroischen Figuren wie Heinrich V.

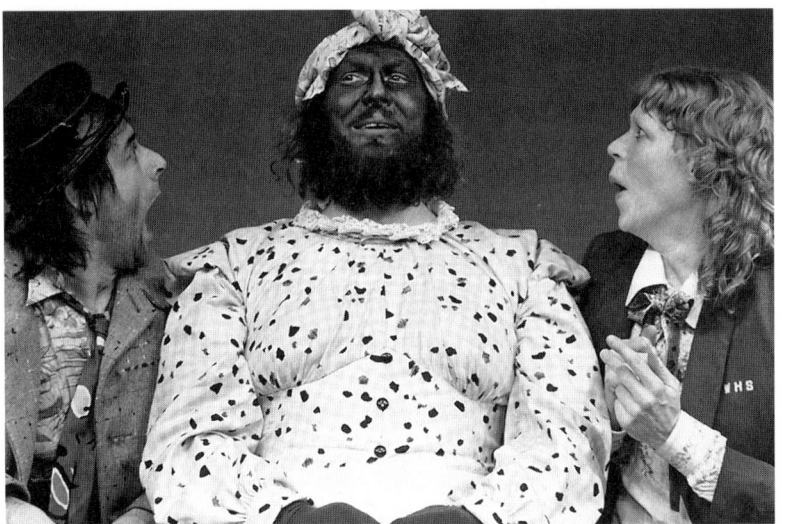

178.
Was ihr wollt 1987 Bremen.
R: Rainer Iwersen,
K: Ursula Leinhäuser,
F: Robert Goldberg.
Eine sehr schwarze Maria
(Norbert Kentrup) verblüfft
Junker Tobias (Renato
Grünig) und Andreas
Bleichenwang
(Anke Engelsmann) mit
der Intrige gegen Malvolio
in einer der geglücktesten
Inszenierungen der BSC.

Gegenfiguren wie den Soldaten Williams entwirft und die großen Pläne des Königs neben die besorgten Gedanken des einfachen Mannes über die abgeschlagenen Arme und Beine stellt, die im Falle eines ungerechten Kriegs beim Jüngsten Gericht wider die Verantwortlichen klagen werden. In Bremen spielt ein und derselbe Schauspieler oft kontrastierende Rollen, um die innere Verbindung zwischen diametralen Gegensätzen zu veranschaulichen, so zum Beispiel Cordelia/Edmund, Albany/Cornwall, Goneril/Kent und Narr/Oswald. Mingle-Mangle meint also nicht wahllosen Mischmasch, sondern den spannungsreichen Zusammenschluß der Gegensätze. Ihn in jeder Szene aufzuspüren, dramaturgisch zu pointieren und schauspielerisch zu artikulieren, ist für die BSC willig angenommene Herausforderung. Die Gefahr des Verwechselns von beziehungsreicher Spannung mit dem bloßen Hotchpotch greller Kontraste ist stets gegenwärtig. Sie läßt sich auch nicht endgültig bannen. Aber die fundamentale Überzeugung, nur auf diesem halsbrecherischen Pfad Shakespeare für ein heutiges Volkstheater erschließen zu können, treibt ihre Arbeit zwischen Abstürzen und Aufschwüngen in ungeahnte Bereiche von Kreativität und Vitalität.

»Wir muten unserem Publikum keine abgestandenen Bildungsreste zu«, erklärte Hille Darjes. »Das Ganze muß neu erfaßt, neu gefaßt, umgeschmolzen werden. Es darf nichts Unaufgelöstes übrig bleiben, nichts, das spielerisch nicht eingelöst worden ist.« Daraus folgen Eingriffe in die Textgestalt. Sie sind drastisch, aber eben nicht denunziatorisch. Man sehe in ihnen vielmehr, wie Chris Alexander formuliert, »den Beweis für die Faszination des unauslotbaren, aber immer auch wieder neu zu ortenden und dem Bildungstheater zu entreißenden Werks«.[61] Gegen den langen Schatten dieses Bildungstheaters kämpft die BSC mit allen Mitteln ihres hoch entwickelten Komödiantentums und der unglaublichen Wandlungsfähigkeit ihrer Schauspieler. Ihr schieres Können, von Akrobatik zu Sprechkultur und Gesang, er-

möglicht ein ums andere Mal unnachahmliche Effekte. Renato Grünig, als husten-
des und konfuses Greislein im Dogenmantel und Sekunden später als artistisch begabter Rodrigo auf schmaler Planke über dem Canale Grande, hin- und hergewor-
fen zwischen Wasserscheu und Liebeskummer; Peter Kaempfes musikalische Skala
– als Leontes singt er eine höfische Canzone zur Lautenbegleitung, als Autolycus
mit den Schäfern eine Ballade, und als Zugabe bringt er eine professionelle Rock'n
Roll-Nummer –; Anke Engelsmanns mimisches Talent; Gabriele Blums explosives
Temperament: im ganzen Ensemble schauspielerischer Reichtum und komödiantische Kunst, die sich in furioser Spiellaune verschwenderisch verausgabt. Unzählbar
auch die szenischen Einfälle. Oft gehen sie mit dem kargen Bühnenbild zusammen.
Für die Fülle nur ein einziges Beispiel: Ein dreiteiliger, mit Pergamentpapier be-
spannter Rahmen auf schwarzem Podest bildet die ganze Ausstattung des *Wintermärchens*. Ein schwarzer Stab schreibt von oben herab Apolls Orakel auf die Rückseite der angeleuchteten Fläche: der Spruch des Himmels in einer Mischung aus
griechischen und chinesischen Zeichen. Leontes muß nähertreten und ihn selbst
entziffern, mit Mühe zuerst, ungläubig dann und schließlich voller Wut verkündet
er seine eigene Schande, rasend zerfetzt er das Papier – und erblickt dahinter seinen
Sohn Mamillius, der sich erhängt hat. Selten hat man Hybris und Strafe in solch
schockierender und sekundenschneller Evidenz miteinander verklammert gesehen.

Fünfundzwanzig Jahre nach ihrer Gründung ist die Bremer Shakespeare Company erheblich gewachsen und umfaßt inzwischen an die 30 Mitglieder, davon 14
im schauspielerischen Bereich. Auch ihre Aktivitäten haben sich ausgedehnt.
Shakespeare bildet noch immer den Hauptteil ihres Repertoires, 31 seiner Dramen
sind aufgeführt, aber auch Stücke, die von der Gruppe selbst und von Dagmar
Papula verfaßt wurden, sind hinzugekommen. Die wachsende Reputation hat der
Truppe Einladungen zu Theaterfestivals im In- und Ausland gebracht, Tourneever-
träge, Fernsehaufzeichnungen und immer wieder Auftritte in London, dort auch im
neuerbauten Globetheater.[62] Der steigende Ruhm hat sie nicht geblendet, die freie
und offene Beziehung zum Publikum besteht immer noch, es ist zu mehreren öffentlichen Proben pro Inszenierung zugelassen, und in den Pausen der Aufführungen sieht man die Schauspieler in voller Montur ihr Publikum bedienen, ihnen Ge-
tränke verkaufen und mit ihnen reden. Wenn einige der späteren Inszenierungen
den ursprünglichen Glanz des Anfangs vermissen ließen, dann vielleicht deshalb,
weil das Dramaturgiekonzept des Mingle-Mangle als bloße Technik von außen
angewandt wurde, anstatt es als analytisches Werkzeug zu benutzen, um die verborgene Zusammengehörigkeit der Gegensätze aufzuspüren.

Mit *Titus Andronicus* (27. Mai 1992) lieferte die BSC einen der eindrucksvollsten
Beweise ihres Könnens. Hier war die dramaturgisch-interpretatorische Vorarbeit
geleistet, die dieses Stück – von minderen Geistern nicht ungern zu billigen Grusel-
effekten benutzt – überhaupt erst verständlich macht: Titus ist Rom, bedingungslose Prinzipientreue der Kern seiner Staatsgesinnung. Ihr opfert er fremdes und eigenes Blut. Das Gesetz, so wie es ihm vorschwebt, darf keine Ausnahmen kennen.

Allein seine Hoheit und Größe legitimieren die gnadenlose Unbeugsamkeit, mit der Titus handelt. Tragische Größe hat Titus nur, solange diese seine Werthierarchie Bestand hat. Er wird automatisch zum monströsen, altersstarrsinnigen Wüterich, wenn der staatserhaltende Wert von Gesetz und Überlieferung nicht mehr geglaubt wird. Dann läßt sich nur noch seine Entlarvung spielen, aber entlarvt wird dann nicht eine tragische Verblendung, sondern ein pathologischer Sonderfall.

Mit dieser dramaturgischen Erkenntnisleistung, daß Titus' Exzesse als Hintergrund das absolut gesetzte Staatsethos brauchen, war für die Bremer Regie die zentrale Aufgabe abgesteckt: Bilder und Formen zu entwickeln, an denen die erforderliche ethische Fallhöhe ablesbar wurde. Es gelang vorzüglich. In den ersten Szenen war Titus (Norbert Kentrup) ganz machtvolle Monumentalität, die wie in Erz gegossene Repräsentanz des eisernen Zeitalters und eines martialischen Roms, das in der kalten, blockhaften Geometrie des schneidend weißen Bühnenbildes eine Entsprechung fand. Um so schockierender, wenn diese Welt von Würde und Hoheit Risse bekommt. Der jungen Generation gilt der hohe Stil nichts, Saturnius' jähe Launen, Bassians auftrumpfende Widerreden und Tamoras hemmungslose Schmerzausbrüche demontieren das Konstrukt von Größe, Unnahbarkeit und hoher Form schnell und gründlich. Titus versteht diese Welt nicht mehr. Seine selbstzerstörerische Wut kann den Lauf der Dinge nicht aufhalten. Für kurze Zeit kann er sich noch selbst betrügen, aber das leere Grauen in seinen Augen wird stärker. Hoch spannend, wie der stufenweise Zusammenbruch der Figur und des von ihm vertretenen Weltbildes vorgeführt wurde. Vor diesem Rahmen frönten Tamora und Aaron auch nicht allein einer privaten Leidenschaft: Ihr Tun wurde erkennbar als Angriff auf die Tituswelt von Staatsgläubigkeit und Prinzipientreue. Was sich entwickelte, war somit nicht ein Ringen zwischen unterschiedlich pathologischen Charakteren, sondern ein Endkampf zwischen unversöhnlichen ethischen Antagonismen. Ausgetragen gewissermaßen als Endspiel vor dem subtil präsent gehaltenen Bedeutungshorizont des Weltenbruchs, blieb der tragische Grundton durch alle Stilbrüche und Slapstick-Einlagen des zweiten Teils erhalten. Die Darstellung der Greuel, sonst immer in Gefahr, entweder ins Lächerliche oder Ekelhafte abzukippen, war glänzend gelöst: zurückgenommen im Realismus, aber stark in der symbolischen Bildwirkung. Theaterblut floß nicht. Die Schächtung von Chiron und Demetrius geschah pantomimisch und verdeckt, es war der Anblick ihrer in den Kniekehlen an einem Reck baumelnden Körper, der unter die Haut ging. Als Blutorgie ohne Ausweg und Erbarmen braucht *Titus Andronicus* keine zusätzlichen Kicks, sondern verlangt intelligente Lösungen. Weil das Konzept stimmte, wurden sie gefunden: in der beeindruckenden Choreographie, im Kostüm, in Tempo und Rhythmus sowie in erhellenden Gesten und Bilderfindungen. Weil das Konzept stimmte, konnten auch die Schauspieler ihr Bestes geben. Hervorragend ihre Kunst der Anverwandlung bei der Bewältigung der Mehrfachrollen. Barbara Kratz mit dem wohl schwierigsten Pensum (Lavinia, Prolog, Alarbus, Martius, Amme, Zofe), aber ebenso sicher die übrigen, Dagmar Papula (Tamora, Quintus, Klein-Lucius),

179. Pit Holzwarth

180.
Titus Andronicus 1992 Bremen.
R: Pit Holzwarth, B: Sibylle
Meyer, F: Marianne Menke.
Die Gotenkönigin Tamora
(Dagmar Papula) fleht vergebens
um das Leben ihres Sohnes
Alarbus (Barbara Kratz).
Im Hintergrund Titus
(Norbert Kentrup).

Renato Grünig (Aaron, Bassian, Mutius, Clown), Christian Dieterle (Saturnius, Demetrius, Lucius) und Robert Brand als Markus, Chiron, Gothe. Weil die dramaturgische Vorarbeit geleistet und stimmig war, konnten Regie wie alle Beteiligten die Tiefen und Untiefen dieses zersetzenden und ätzenden Stücks ausloten, ohne sich selbst zu verlieren oder das Stück zu verraten.

Wenn die Bremer Schauspieler die Greueltaten in diesem Stück eher unterspielten und auch damit eine erschütternde Wirkung hervorriefen, so legten sie sich doch bei den humoristischen Einlagen keinerlei Zwang auf. Kein Witz oder keine Anspielung war ihnen zu billig oder zu verrückt, um nicht noch für einen schnellen Stimmungsbruch oder einen Lacher eingebaut zu werden, keine komische Nummer zu schrill, um nicht im Konzept des Mingle-Mangle noch ihren Platz zu finden. So zum Beispiel der Auftritt des Clowns, der in 4.4. dem Kaiser einen Brief zu überbringen hat und für seine Mühe gehängt wird – in Shakespeares Text eine Angelegenheit von zehn Zeilen – hier wurde daraus ein temporeicher Großangriff auf die Lachmuskeln: ein Solo für Renato Grünig, der verkleidet als Putzfrau mit dem Staubsauger sich seinen Weg zum Kaiser bahnt, dann seinen Mantel öffnet, an dessen Innenseite ein Sammelsurium von zahllosen zum Verkauf stehenden Objekten befestigt war und mit einem Verkaufsgeschnatter in einer idiotischen Mischung von Italienisch und Deutsch dem immer wütender werdenden Kaiser die verrücktesten Gegenstände aufzudrängen versucht und zum Schluß gerade noch die Sache mit dem Brief erledigen kann, bevor er selbst erledigt wird.

Damit solche zusätzlichen und abwegigen Einlagen nicht das Ganze in ein wildes Durcheinander verwandeln, braucht es Können, Timing, Balance – und Zuschauer, die auf solche Brüche des mimetischen Codes eingestimmt sind. Nicht alle BSC-Produktionen zeigten diese ideale Balance. Sie konnte nur erreicht werden, wenn zuvor, wie im Falle von *Titus Andronicus*, eine interpretatorische Grundlage gewonnen worden war, die stark genug war, auch die bizarrsten Einschübe, inspiriert vom »Mingle-Mangle« des Volkstheaters, auszuhalten. Die Spannung, die sich dann dabei ergab, zwischen der ernsthaft gesuchten und unverratenen Essenz des Stückes und den lustvoll prostituierten Akzidentien, war und ist das Geheimnis des großen Erfolges der BSC.

Ein analoges Konzept läßt sich übrigens bei einer Reihe von anderen Regisseuren ausmachen, von denen hier nur Beat Fäh erwähnt werden kann. Zum Bremer »Mingle-Mangle« fehlt ihm, wie auch den anderen, die auf ein solches Volkstheaterprogramm eingeschworene Truppe. Aber der aus Zürich stammende Shakespeare-Regisseur hat auf seinen Stationen in Basel, Nürnberg, München (Theater der Jugend), Esslingen und Ulm sich den Klassiker Shakespeare mit seinen konzentrierten Bearbeitungen ähnlich un-

181.
Beat Fäh

bekümmert und ähnlich liebevoll anverwandelt. Vom *Sommernachtstraum* blieben in seiner vielgespielten Adaption mit dem beziehungsreichen Titel *Rose und Regen, Schwert und Wunde* nur die beiden Liebespaare und Puck, *Was ihr wollt* wurde nicht ganz so arg gerupft, *Othello* zum Sechs-Personen-Stück verschlankt. Die Verknappungen ließen Raum für freie Spielelemente, während die auch sprachlich sorgfältige Behandlung der ideologisch unverbogenen Thematik den dramatischen Kern zum Vorschein brachte – überraschende Shakespeare-Erlebnisse im Zwei-Stunden-Konzentrat.

KAPITEL 7

THEATER IM SOZIALISMUS: SHAKESPEARE IN DER DDR

In einem anderen Land

Die Geschichte von Shakespeare auf dem deutschen Nachkriegstheater muß zweimal erzählt werden, ebenso wie die Nachkriegsgeschichte Deutschlands selbst. Die beiden deutschen Staaten, die vier Jahre nach Kriegsende aus den Trümmern hervorkamen, trugen den Stempel ihrer jeweiligen Besatzungsmächte. Im Westen entstand eine parlamentarische Demokratie nach britischem und amerikanischem Modell, im Osten eine Volksdemokratie unter einem autoritären Regime nach dem Muster anderer Satellitenstaaten der Sowjetunion,[1] die nach dem Krieg entstanden waren. Alle Macht lag in den Händen der Sozialistischen Einheitspartei, der SED, und ihrem Zentralkomitee, die übrigen politischen Parteien führten eine Schattenexistenz und waren praktisch nur nominell vorhanden. Der kalte Krieg trieb die beiden Deutschland weiter auseinander, beide Staaten teilten die Paranoia ihrer jeweiligen Herren.

Die Lage Berlins war in mehrfacher Hinsicht anormal. Die DDR wie die Bundesrepublik reklamierten die Stadt als Hauptstadt. Die Oberhoheit über Berlin lag jedoch bei den vier Alliierten, selbst nachdem die beiden deutschen Staaten unabhängig geworden waren. Auch der Luftverkehr nach Berlin blieb unter alliierter Kontrolle, bis 1989 durfte die Lufthansa Berlin nicht anfliegen. Dennoch war Berlin bis zum Bau der Mauer eine offene Stadt, Ost- und Westdeutsche konnten sich hier relativ ungehindert begegnen, viele arbeiteten sogar im anderen Teil der Stadt. Bis 1961 war Berlin das Schlupfloch, durch welches zweieinhalb Millionen Ostdeutschen die Flucht in den Westen gelang, als die übrigen Grenzen schon dicht waren.[2] Der sowjetische Versuch, die Westsektoren in die Knie zu zwingen, war durch die berühmte Luftbrücke verhindert worden; die Blockade endete nach 322 Tagen im Mai 1949, aber Berlin blieb ein hochsensibles Pfand im Machtspiel der früheren Alliierten. Allerdings wurde nach der Berlinblockade der Status quo in Berlin nicht mehr ernsthaft in Frage gestellt. Als am 17. Juni 1953 der Aufstand der Ostberliner Arbeiter von russischen Panzern nahe der damals noch unmarkierten Sektorengrenze niedergeschlagen wurde, griffen die westlichen Truppen nicht ein. Die Ostberliner mußten sich mit ihrer Lage abfinden und die Westberliner mit wiederholten verbalen Garantien westlicher Staatsmänner, deren berühmteste, »Ich bin ein Berliner«, am 26. Juni 1963 von John F. Kennedy abgegeben wurde.

Die westdeutsche Politik gegenüber Ostdeutschland wurde von der sogenannten Hallstein-Doktrin bestimmt. Sie besagte, daß die Deutsche Demokratische Republik ein Unrechtsregime sei, nur von russischen Bajonetten gestützt und deshalb als illegitim zu betrachten, ihre nationalen Ansprüche ungültig und ihre Bevölkerung potentiell bundesrepublikanisch. Westdeutsche, die ins Ausland reisten, wurden aufgefordert, diesen Standpunkt nachdrücklich zu vertreten, ausländische Staatsmänner, besonders aus der dritten Welt, die in Bonn um Wirtschaftshilfe nachsuchten, wurden mit Nachdruck verpflichtet, den westdeutschen Alleinvertretungsanspruch anzuerkennen. Die offizielle Anerkennung der DDR galt als unfreundlicher Akt und hatte diplomatische und wirtschaftliche Sanktionen zur Folge. Als die DDR im Laufe der Jahre eine zunehmend wichtigere Rolle im internationalen Bereich zu spielen begann, vom Sport bis zur Wirtschaft, verlor die Hallstein-Doktrin an Bedeutung und wurde schließlich durch den Vertrag von 1972, der die friedliche Koexistenz der beiden deutschen Staaten regelte, ganz außer Kraft gesetzt. Die diplomatische Isolierung der DDR hatte Adenauers Zweck erfüllt, sie befriedigte und verstärkte auch die antikommunistische Stimmung im Westdeutschland der fünfziger Jahre. Aber indem man der DDR die Anerkennung verweigerte – und damit implizit den DDR-Bürgern ihre Identität absprach –, wurde eine Kettenreaktion in Gang gesetzt, die vor allem auf kulturellem Gebiet unvorhergesehene Konsequenzen zeitigen sollte. Die DDR entwickelte ihre nationale Identität in entschiedener Opposition zum Westen, und die DDR-Kultur läßt sich am ehesten verstehen als Ausdruck des mühevollen Ringens, in dem ebendiese neue nationale Identität geformt wurde. Die folgende Skizze dieser Entwicklung bezieht sich deshalb weniger auf die faktische als auf die geistige Geschichte der DDR.[3]

Politik, Kultur, Identität

Kulturelle Einrichtungen im Westen konnten ihre Arbeit wieder aufnehmen, sobald die materiellen Bedingungen es zuließen und ihr Personal den Entnazifizierungsprozeß durchlaufen hatte. Es gab keine ideologischen Vorgaben außer den ohnehin selbstverständlichen, Antimilitarismus und Antinazismus. Von der Kultur erwartete man einen allgemeinen Beitrag zur demokratischen Umerziehung, aber die Frage, ob dies überhaupt mit den Mitteln des traditionellen Kulturbetriebs zu bewerkstelligen sei, blieb im Dunkeln. Ein übergeordnetes Konzept gab es nicht.

Ganz anders die Situation im Osten. Ostdeutschland sollte ein sozialistischer Brückenkopf in Europa werden, und der Kultur wurde die Aufgabe zugewiesen, das neue sozialistische Bewußtsein zu schaffen und auszudrücken. Dieses Bewußtsein hatte als Kern drei machtvolle Glaubenssätze: Antifaschismus, Marxismus, Humanismus.

Der Antifaschismus war vielleicht der stärkste und dauerhafteste Bestandteil ostdeutscher Identität. Kommunistische Remigranten, die im Gefolge der Roten

Armee als ausgebildete Agitatoren und Ideologen nach Deutschland zurückkehrten – die »Gruppe Ulbricht« nahm in Berlin ihre Tätigkeit auf, noch ehe die letzten Schüsse verhallt waren –, arbeiteten mit in Deutschland gebliebenen Genossen zusammen, um in der sowjetischen Zone, vor allem in Berlin, möglichst schnell Zivilverwaltungen aufzubauen. Sie brachten ihre eigenen Leute in wichtige Stellungen und schufen so ein *fait accompli*, das die langsamer agierenden westlichen Alliierten akzeptieren mußten. Im Gegensatz zu der bloß negativen und oberflächlichen Entnazifizierung im Westen verfolgten die ostdeutschen Behörden eine Politik des militanten Antifaschismus: nicht nur wurden mehr frühere Nazis zur Rechenschaft gezogen – denn allein von den über 40 000 Menschen,[4] die in sowjetischen Internierungslagern in Ostdeutschland umkamen, müssen viele dieser Gruppe zugerechnet werden – sondern der Antifaschismus wurde in Schulen und Universitäten, auf Gewerkschaftskongressen und Jugendversammlungen auch als positive Philosophie propagiert. Diese Maßnahmen und Deklarationen unterstrichen den Bruch mit der Vergangenheit, während in Westdeutschland die sporadische Besetzung von hohen Ämtern mit früheren Nazis die Unterschiede verwischte. Im Westen stand schon der bloße Begriff »Antifaschismus« für kommunistische Agitation. Im Osten war er Ehrenzeichen und Ruf zu den Waffen: Junge Pioniere und Mitglieder der Freien Deutschen Jugend wurden als antifaschistische Aktivisten ausgebildet, und der Bevölkerung insgesamt wurde das Thema »Antifaschismus« nachdrücklich eingeprägt, durch Vorträge, Filme und Stücke, allesamt drastische Warnungen vor den Gefahren faschistischer Unterwanderung, für die etwas nebulös der westdeutsche »Klassenfeind« verantwortlich gemacht wurde.

Der Marxismus war der Bevölkerung nicht so einfach schmackhaft zu machen wie der Antifaschismus. Der Faschismus hatte sich diskreditiert, der Kapitalismus nicht. Dennoch ließ sich das alte Argument, daß der moribunde Kapitalismus in den zwanziger und dreißiger Jahren mit dem Faschismus paktiert habe, um den bevorstehenden Sozialismus zu verhindern, schwer widerlegen. Der sogenannte Spät- oder spätbürgerliche Kapitalismus, so wurde allgemein argumentiert, würde zwar bald zusammenbrechen. Dennoch sei er noch immer eine große Gefahr und in Form imperialistischer Ausbeutung eine Geißel für die Länder der dritten Welt. Nur der Marxismus-Leninismus könne den Neokolonialismus stoppen, er allein vertrete eine wissenschaftlich und moralisch überzeugende Weltanschauung mit Antworten auf alle wichtigen Fragen; er allein verfüge über die entscheidenden Strategien zur notwendigen Veränderung der Gesellschaft. Dementsprechend sah man auch keinen Widerspruch darin, daß der Klassenkampf von oben verordnet wurde: Privatbesitz an Produktionsmitteln wurde aufgehoben, große Ländereien wurden zuerst aufgeteilt unter der Parole »Junkerland in Bauernhand«, bald danach wurde die Landwirtschaft unter Zwang kollektiviert, wenn auch auf Kosten eines großen Effizienzverlustes; Kinder aus nicht-proletarischen Elternhäusern wurden – getreu dem Ideal vom *Arbeiter*- und *Bauern*staat – (eine Reihe von Jahren) von höherer Bildung ausgeschlossen. Alle diese schmerzhaften Maßnahmen – im einzel-

nen, wie gelegentlich zugegeben, sicher ungerecht – wurden mit Verweis auf das
hohe Ziel einer sozialistischen Zukunft gerechtfertigt, in der der Humanismus endgültig etabliert sein würde.

Der Humanismus war ein vielbeschworenes Ideal im ideologischen Kanon Ost-
deutschlands. Als wissenschaftliche Philosophie enthielt er ein starkes Element von
Atheismus, als Gesellschaftsphilosophie proklamierte er Gleichheit, das hieß in der
Praxis die offensive Einebnung der Klassenunterschiede, und die Notwendigkeit
von Frieden. Frieden jedoch nicht in der Form eines bloß passiven Pazifismus,
sondern als aktiver Friedenskampf, der nationale und internationale Agitation für
Frieden ebenso einschloß wie die militärische Bereitschaft, die Errungenschaften
des Sozialismus gegen potentielle Aggressoren, die man nicht lange zu suchen
brauchte, zu verteidigen. Die Wiederbewaffnung der Bundesrepublik 1953 bot will-
kommenen Anlaß, die Propagandamaschinerie hochzufahren. Im kulturellen Bereich bezeichnete Humanismus diejenige Qualität, an der sich die künstlerischen
Leistungen der Vergangenheit und Gegenwart messen ließen. Das war nicht primär
eine Frage des ästhetischen Werts, sondern des Ethos. So gesehen schloß der Humanismus automatisch (jedenfalls in der Theorie) die Verbreitung von Rassismus,
Faschismus, Militarismus, Pornographie und anderen unerwünschten Phänomenen
aus, aber er war eine undeutliche Leitlinie in Grenzfällen und dort, wo experimentelle Kunst keinen leicht faßbaren humanistischen Gehalt hervorbrachte. Bei der
Bewertung des künstlerischen Erbes der Vergangenheit bot die Kategorie des Humanismus jedoch vortrefflichen Schutz gegen kulturrevolutionäre Bilderstürmerei.
Das hartnäckige Insistieren auf Humanismus als einer *conditio sine qua non* für die
Aufnahme in den sozialistischen Kanon zwang Kultur- und Literaturhistoriker, das
bürgerliche Erbe einer genauen und kritischen Revision zu unterziehen. Daraus ergaben sich sowohl eindeutige Bestätigungen großer Teile der klassischen Tradition
als auch aufregende Entdeckungen im Bereich der plebejischen Gegenkulturen.[5]

Unter solchen ideologischen Vorzeichen sahen antifaschistische Künstler und
Intellektuelle eine realistische Chance für eine sozialistische, und das bedeutete für
sie eine moralisch überlegene Alternative zum Kapitalismus der Westdeutschen.
Die materiellen Bedingungen in Ostdeutschland waren schlecht – so wurden die
letzten Lebensmittelrationierungen erst 1958 aufgehoben –, aber die Hoffnung auf
den Beginn einer neuen Ära mit der einzigartigen Chance, aktiv den Fortschritt der
Menschheit zu mehr Gerechtigkeit und sozialer Gleichheit zu fördern, indem man
die kulturellen Traditionen der eigenen Nation säuberte und auf den neuen Bewußtseinsstand hob, half manchen, die harten Bedingungen zu ertragen und den
materiellen Versuchungen des Westens zu widerstehen. Aus dem blutgetränkten
Lehm des alten preußischen Adams einen neuen sozialistischen Menschen zu schaffen, war eine überaus lohnende Aufgabe. In Ostdeutschland sollte die Stunde Null
nicht ungenutzt verstreichen. Das war unter anderem auch den ungewöhnlichen sowjetischen Kulturoffizieren zu danken, Männern wie Alexander Dymschitz, Ilja
Fradkin und Oberst Bersarin, die sich in deutscher Literatur und Philosophie aus-

kannten und durchaus qualifiziert waren, die Neugestaltung des kulturellen Lebens in Ostdeutschland zu leiten und beratend zu begleiten.

Diese Verankerung in einem ideologischen Grundkonsens half der künstlerischen Intelligenz, ihre wachsenden Bedenken zu überwinden, die sich aus den verstörenden Widersprüchen zwischen sozialistischer Theorie und Praxis ergaben: Fabrikarbeiter wurden ausgebeutet, ihre Normen mit durchsichtigen Tricks erhöht, Bauern wurden in Kollektive hineingezwungen, selbständige Handwerker mußten ihre Unabhängigkeit aufgeben, weil man ihnen finanziellen Kredit verweigerte oder auch kurzerhand die Lebensmittelkarten entzog; das Bürgertum wurde angeprangert und enteignet.[6] All dies geschah in Übereinstimmung mit den stalinistischen Praktiken, die Parteisekretär Walter Ulbricht während seiner Ausbildung in der Sowjetunion verinnerlicht hatte. Was Künstlern und Intellektuellen noch mehr mißfiel, war die Diktatur der Partei im intellektuellen Bereich. Sie waren durchaus willens, sich den neuen Bedingungen anzupassen und zu lernen, aber nicht um den Preis des Verlusts jeder geistigen Unabhängigkeit. Dabei aber stießen sie an eine Grenze. Initiativen, die nicht von einer zentralen Parteiorganisation angeregt worden waren, wurden nicht gern gesehen, freie Rede und freies Denken waren verpönt, Mittelmäßigkeit hingegen, die der Parteilinie sklavisch folgte, wurde prämiert. Viele, die diese Zustände verabscheuten, gingen in den Westen. Andere blieben. Sie hofften auf bessere Zeiten nach Stalins Tod und trösteten sich mit dem Gedanken, solche Kinderkrankheiten würden bald verschwunden sein. Angesichts des großen Ziels, eine sozialistische Gemeinschaft zu errichten, könne man doch wohl seine Bedenken zurückstellen. Darüber hinaus, was war die Alternative? Nur Flucht in den Westen und Verrat an den eigenen Idealen: Flucht in eine materialistische Bundesrepublik unter der Knute der Hochfinanz und Adenauers christlich-moralistischem Paternalismus, in einen Vasallenstaat der imperialistischen USA, erschüttert von einem Nazi-Skandal nach dem anderen, ein Land, wo Antifaschismus fast ein Schimpfwort war. Andererseits gab es auch Künstler und Intellektuelle, die den umgekehrten Weg gingen und aus vornehmlich politischen Motiven in die DDR übersiedelten, so etwa Peter Hacks, Rolf Winkelgrund und Benno Besson.

Ulbrichts Propagandatruppe kannte keine Hemmungen, wenn es darum ging, das Image des Westens einzuschwärzen: Arbeitslosigkeit, Verbrechen und Existenzangst seien der traurige Preis, der für den Reichtum und das Wohlleben einiger weniger bezahlt werden müsse. Das hielt über zwei Millionen Ostdeutsche nicht davon ab, im Westen Freiheit und Glück zu suchen, aber für viele engagierte Intellektuelle kam Republikflucht nicht in Frage. Republikflucht war nicht nur strafbar, sie trug auch das Odium des Abfalls von der guten Sache, das Stigma des Verrats und den Makel, die eigenen Gesinnungsgenossen in Zeiten der Not im Stich gelassen zu haben. Sollte man zum Renegaten werden und den Tanz um das goldene Kalb mitmachen? Oder, noch schlimmer, im westdeutschen Fernsehen sich vorführen lassen als ein weiterer Konvertit, der seine früheren Überzeugungen verdammte? Aber einfach dazubleiben und alles gutzuheißen, was das paranoide Regime an

Kampagnen gegen den Klassenfeind startete – und das bedeutete: schon Schulkinder mit Haß zu impfen, regimekritische Autoren zu verbieten und »Westkontakte« mit Gefängnisstrafen zu belegen – war ebenso unmöglich. Zu bleiben oder »rüberzumachen«, keine Entscheidung schien richtig, und die ostdeutsche Literatur ist voll von quälenden Selbstbefragungen.[7]

Mit dem Bau der Mauer am 13. August 1961 war eine solche Entscheidung gegenstandslos geworden, aber die interne Debatte war damit nicht beendet. Ein paar Jahre lang konnten Künstler und Intellektuelle hoffen, daß die Regierung, nun befreit von der permanenten Last der Republikflucht, den Druck vermindern und der jungen, enthusiastischen, doch auch kritischen Avantgarde eine Chance geben würde. Aber nachdem die erste Wirkung von Chruschtschows Entstalinisierung nachließ, wurde klar, daß die Behörden unter dem autoritären Ulbricht ihren harten Kurs beibehielten und nicht gewillt waren, die Verantwortung für die Bestimmung der kulturellen Parameter mit der kritischen jungen Generation zu teilen. Doch diese war immer weniger bereit, der parteilichen Verordnungsästhetik des Staatsratsvorsitzenden zu folgen, die einen positiven Helden, ungetrübten Optimismus und leicht verständliche künstlerische Formen vorschrieb. Woher nahm die Partei überhaupt das Recht, in diesen Fragen zu bestimmen? Schulkindern konnte man die Parteihymne einpauken und sie den unsäglichen Refrain leiern lassen »Die Partei, die Partei, die hat immer recht«; ein serviles Kollektiv von Gelehrten unter dem unglücklichen Hans Koch mochte in einem bleiernen Band über *Marxismus und Ästhetik* zu der Schlußfolgerung kommen,

> daß es keine wirklich sozialistische Bewegung, keinen wirklichen sozialistischen Gedanken geben kann und gibt, die der Linie, dem Programm, den marxistisch-leninistischen Beschlüssen der revolutionären Arbeiterbewegung widersprächen. Deshalb ist die Notwendigkeit der führenden Rolle der Partei kein »von außen«, außerhalb eigentlich künstlerischer Entwicklungsbedingungen und ästhetischer Kriterien, »über« die Literatur verhängtes Dekret; sie ergibt sich vielmehr völlig gesetzmäßig aus den »eigenen«, »inneren«, spezifischen Bedingungen der literarischen Entwicklung selbst. [8]

Aber das war keineswegs die Überzeugung der jungen Intellektuellen. Sie negierten den Anspruch der Partei, über den Sozialismus allein bestimmen zu können und waren bereit, für Abweichungen von der Parteilinie Repressalien in Kauf zu nehmen.

Politiker und wachsende Teile der Bevölkerung jedoch waren zufrieden mit den unleugbaren Leistungen dessen, was die Partei, die utopischen Erwartungen relativierend, den »real existierenden Sozialismus« nannte. Sie hoben hervor, daß in ihrem Land Gesetz und Ordnung herrschten, im Vergleich zum Rowdytum und »Gangsterismus« des Westens, sie registrierten mit Genugtuung die wachsende Bedeutung der DDR auf internationaler Ebene und freuten sich über die ersten

Anzeichen eines moderaten Wohlstands für alle. Es dauerte nicht lange und die DDR hatte den höchsten Lebensstandard aller Länder des Ostblocks. Aber die künstlerische Intelligenz litt unter dem engstirnigen Dogmatismus einer repressiven Kulturpolitik, die, wenn herausgefordert, auch in der Wahl ihrer schikanösen Mittel nicht zimperlich war. Unter der Leitung von Peter Huchel hatte die Zeitschrift *Sinn und Form* noch ein Maß an geistiger Freiheit bewahren und, mit gebührender Vorsicht, auch offiziell abgelehnte Autoren ins Gespräch bringen können. Nach seiner Ablösung zum Jahresende 1962 wurde das zunehmend schwieriger. Der neue Mann, Wilhelm Girnus, laut Maik Hamburger »ein dogmatisches Schwergewicht« widerlegte jedoch die anfänglich gehegten Befürchtungen und verteidigte die Unabhängigkeit der Zeitschrift, ja »sie entwickelte sogar eine kulturpolitische Brisanz, wie sie sich der parteilose Huchel nicht hätte leisten können.«[9] An den belebenden Debatten der Reformkommunisten in anderen Ländern über die Aufnahme von Kafka, Proust, Joyce, Beckett und anderen Vertretern von »Formalismus«, »Dekadenz« und »Nihilismus« in den sozialistischen Literaturkanon konnten die kritischen Geister dennoch nicht teilnehmen, wenn sie sich nicht zum Sprachrohr des Chefideologen Kurt Hager machen lassen wollten. Ihre Versuche, das sozialistische Gedankengebäude zu erweitern, wurden mißbilligt oder ganz unterdrückt. Für viele war klar, daß der Sozialismus in seiner real existierenden Form nicht ausreichte.

Von der Mitte der 60er Jahre an wurden die Beziehungen zwischen dem Staat und seiner kulturellen Elite – auch zu den besten Zeiten keine ungetrübte Allianz – immer problematischer. Der gesellschaftliche Konsens des Anfangs hatte seine Kraft eingebüßt, und die trotzige Aufmüpfigkeit, mit der eine neue Generation an offiziell tabuisierte Themen rührte, machte die Kulturfunktionäre nervös, die als Reaktion bisher nur Gehorsam oder Flucht in den Westen kannten. Aber die Mauer hatte diesen Ausweg verschlossen, die Dissidenten mußten jetzt im Lande bleiben, und in wachsender Zahl wollten sie das auch. Die Behörden reagierten mit einer Mischung von Zuckerbrot und Peitsche, drohten mit Strafen, die sie nicht selten auch verhängten, oder köderten potentielle Oppositionelle mit Privilegien. Das begehrteste war die Reiseerlaubnis in den Westen. Der blaue Paß galt als Zeichen des Vertrauens von seiten des Staates und verpflichtete, wenn nicht zu Gefügigkeit, so doch wenigstens zur Mäßigung. In den letzten beiden Jahrzehnten der DDR gab es eine seltsame Umkehrung der Verhältnisse: Jetzt wollten die Behörden die Dissidenten loswerden, sie bürgerten sie aus, während sie sich im Westen aufhielten oder boten ihnen Ausbürgerung als Alternative zu Gefängnisstrafen an. Oder, und dies war die Methode, die am häufigsten angewandt wurde, man verkaufte politische Gefangene an die Bundesrepublik, die sie zu einem durchschnittlichen Preis von 40 000 DM pro Kopf freikaufte, meist bevor sie ihre volle Strafe verbüßt hatten.[10]

Es ist klar, daß unter diesen Bedingungen redliche Künstler und Intellektuelle nur temporäre und provisorische Beziehungen zu ihrem Staat eingehen konnten. Ihre Ablehnung solch beschämender Zwangsmaßnahmen bedeutete jedoch nicht,

182.
»Der berühmteste
Flüchtling der Welt.«
Volksarmist Conrad
Schumann auf dem Weg
in den Westen. Der
vielzitierte »Sprung in
die Freiheit« brachte
ihm wenig Glück. Angst
vor der Rache der Stasi
ließ ihn selbst nach dem
Fall der Mauer nicht zur
Ruhe kommen, 1998
erhängte er sich.

daß sie andererseits das westdeutsche politische System oder die westliche Lebens-weise für gut hielten, im Gegenteil, beides wiesen sie mit wohlkonditionierter Ver-achtung zurück. Das galt selbst für diejenigen, die die DDR ausgebürgert hatte. Sie hatten ihren Teil Deutschlands reformieren wollen und waren nicht bereit, ihre Überzeugungen für eine unpolitische Existenz im Lande des Klassenfeindes aufzu-geben. Ostdeutsche Dissidenten auf beiden Seiten des eisernen Vorhangs entwikk-kelten zunehmend eine Haltung gereizter Opposition gegen beide Regime. Im Osten speiste sie sich aus dem Glauben an eine humanere und liberale Alternative zum existierenden Sozialismus, im Westen wurde sie unterstützt durch den Beifall der linken Intelligenz, deren eingefleischter Anti-Amerikanismus und tiefes Miß-trauen gegenüber ihrem eigenen Land sie in ihrer unrealistischen Hoffnung auf Er-leuchtung aus dem Osten bestärkte.[11]

Dennoch waren Kontakte zwischen ost- und westdeutschen Intellektuellen schwierig. Selbst beste Absichten konnten die sehr realen mentalen Unterschiede, die sich in Jahrzehnten entgegengesetzter Prägungen herausgebildet hatten, nicht glätten und vergessen machen. Bezeichnenderweise war für Ostdeutsche und West-deutsche sogar die Bedeutung historischer Daten und Ereignisse völlig verschieden. Im Westen erschienen Berlin-Blockade (1948/49) und Luftbrücke in mythischen Dimensionen; Wolfgang Leonhard jedoch, ein hochrangiger Parteifunktionär, der wenige Wochen nach Beginn der Blockade selbst aus der DDR fliehen würde, er-innert sich an diese dramatischen Ereignisse nur als unwichtiges Hintergrundge-räusch zu dem, was ihn und seine Kollegen zu jener Zeit wirklich bewegte, nämlich Titos Kampf um Jugoslawiens Recht auf seine eigene Form des Kommunismus.[12]

In Westdeutschland bedeutete das Jahr 1968 Studentenrevolte und Angriff auf bislang unhinterfragte Institutionen, für Ostdeutsche brachte das Jahr die Fata Morgana eines liberalen Sozialismus, wie er während des Prager Frühlings in der Tschechoslowakei praktiziert wurde, und die Zerstörung dieser Hoffnung durch die Invasion der Tschechoslowakei seitens des Warschauer Pakts. In den Jahren 1976 und 1977 wankte die BRD unter den Anschlägen des Terrorismus, die DDR unter dem »Fall Biermann«, das heißt der Ausbürgerung des kritischen Dichters und Sängers Wolf Biermann am 16. November 1976 und deren Folgen: Dutzende von Künstlern und Intellektuellen traten in Wort und Schrift für ihren Kollegen ein, wurden für ihre unerhörte Einmischung von den Behörden verfolgt und von ihrem eigenen, linientreuen Schriftstellerverband schärfstens gerügt. Schließlich die Ereignisse, die dem Fall der Mauer und der DDR vorangingen: Den Westdeutschen erschienen sie als glänzende Bestätigung der Überlegenheit ihres Systems, für die DDR-Bürger war es das einschneidendste Ereignis ihres Lebens, eine wahrhafte Volkserhebung und Revolution: die Unterschiede hätten drastischer und auch bezeichnender nicht sein können.[13]

Ostdeutschland – Westdeutschland, zwei Systeme, zwei Geschichten, zwei Kulturen. Die politische Teilung Deutschlands ist überwunden, die geistige Trennung besteht fort. Wieder einmal bestätigt sich Brechts Nachkriegsurteil, daß materielle Schäden leichter zu beheben sind als geistige. Willy Brandts Hoffnung, daß jetzt zusammenwachsen könne, was zusammengehört, wird sich so schnell nicht verwirklichen lassen.

Die Theatersituation

Die widersprüchlichen Kräfte im geistigen Leben der DDR und die schmerzhaften Spannungen, die dabei auszuhalten waren, spiegeln sich auch in der Entwicklung des ostdeutschen Theaters. Die Situation der DDR-Theater war sowohl materiell wie spirituell einzigartig. Privattheater gab es nicht, alle Häuser (mehr als sechzig) wurden vom Staat finanziert, oft sehr großzügig. Es gab ungefähr ein Dutzend führender Häuser; man hatte viel Personal und viel Zeit für Proben. Sechs Neuinszenierungen pro Jahr waren die Norm, die erfolgreichen blieben ein halbes Dutzend Jahre und länger im Repertoire. Die Schauspieler wechselten das Ensemble nur selten, nach kurzer Probezeit erhielten sie sogar Kündigungsschutz. Das stärkte den Ensemble-Gedanken, das Star-System lehnte man ab. Regisseure mußten jedoch beweglicher sein. Die Theater waren in der Regel überbesetzt, und wenn junge Regisseure einen größeren Anteil an interessanter Arbeit haben wollten, mußten sie den Ort wechseln. Ihre Mobilität hatte oft aber auch politische Gründe. Wenn sie zu Hause mit den Behörden in Konflikt geraten waren, konnten sie an einem der vielen kleineren Theater in der Provinz in Deckung gehen. Hier konnten sie gelegentlich auch ein Stück herausbringen, das die Parteioberen in den großen Städten

nicht durchgehen ließen – sei es weil das Sujet für inopportun erachtet wurde oder
weil es in ideologischer oder formaler Hinsicht zu gewagt schien. Dort draußen
würde es mehr oder weniger neutralisiert sein und keinen Eklat verursachen.

Die Geschichte des DDR-Theaters ist untrennbar von seinen Beziehungen zu
den staatlichen Kontrollinstanzen. Die Entwicklung einer sozialistischen Kultur
konnte nicht dem Zufall überlassen bleiben, und viele Theatermacher waren bereit,
die führende Rolle der Partei anzuerkennen und aktiv mitzuarbeiten. Laut Adolf
Dresen, einem Regisseur, der auf beiden Seiten der Grenze aufsehenerregende Arbeiten vorgelegt hat, gab es

> in den Anfangsjahren der DDR ... ein überpersönliches, begeistertes Enga-
> gement der Theaterleute. Sie hatten ein ideales politisches Ziel ... Aus diesem
> Pathos entstand die kulturelle Identität der DDR, die *Eigenständigkeit*, die
> DDR-Künstler in ihrem Aufruf »Für unser Land« noch kürzlich beschworen
> haben.[14]

Die rituellen Beschwörungen dieses Ideals, die von oben erzwungen wurden, und
das enge Sozialismuskonzept der Regierung trieb die Künstler jedoch bald in den
Dissens. Dabei waren viele von ihnen überzeugte Kommunisten oder Sozialisten,
manche sogar Parteimitglieder. Aber als Künstler hätte man sie weniger rigide behandeln müssen, damit sie ihr Bestes geben konnten. Adolf Dresen hat die ambivalenten Gefühle von engagierten Theatermachern in der DDR beschrieben:

> Der anfangs feine Riß wurde zum Spalt, das DDR-Theater driftete in vier Jahr-
> zehnten langsam von der politischen Identität zur politischen Opposition. Uns,
> den Machern, war das keineswegs klar. Wir *wollten* nicht Opposition sein, unser
> Widerstand hatte seine Unschuld darin, daß er von sich selbst nichts wußte – die
> Staatsmacht wußte es meist früher als wir. Zu unserer Überraschung wurden wir
> verboten, gemaßregelt, in die Produktion geschickt. Ebenso überraschend war
> aber, daß uns zugleich von der anderen Seite Sympathie entgegen kam – vom
> Publikum. Und aus dem Westen. »Applaus von der falschen Seite«. Die staat-
> lichen Angriffe etwa auf *Faust* 1968 im Deutschen Theater Berlin, die schließlich
> zu Wolfgang Heinz' Rücktritt als Intendant führten, schienen uns, den Machern,
> damals ungerecht und unbegründet, wir sahen uns überrascht und unglücklich-
> glücklich umgeben von der Glorie politisch Verfolgter. Wir ließen uns Änderun-
> gen aufzwingen, die allesamt Verschlechterungen waren, nicht weil wir Angst
> hatten oder persönliche Repressalien fürchteten, sondern um der DDR die
> internationale Blamage eines Verbots zu ersparen. Wir waren nicht *Gegner* der
> DDR – das Verhältnis von Opposition und Identität war komplizierter, auch
> ganz zum Schluß noch, 1989, als das Theater Opposition sein wollte. Wir woll-
> ten immer, ohne uns ganz klar zu werden, irgendwie eine *ideale* DDR gegen die-
> se *konkrete*, einen echten Sozialismus gegen diesen real existierenden. *Das* war

die Hoffnung, die vielen Künstlern noch 1989 ihren Mut gab, und *das* ist die Enttäuschung, wenn nun die DDR mit dem Bade ausgekippt wird. *Das* ist das Scheitern mitten im Sieg.[15]

Es ist Teil dieser komplexen Beziehung, daß totale finanzielle Abhängigkeit nicht gleichzeitig auch totale Kontrolle des Staates bedeutete. Mit den Worten von Gerhard Wolfram, einem früheren Leiter des Deutschen Theaters: »Der Zugriff der Macht auf das Theater war immer intrigant, nicht total. Er war immer taktisch intrigant.«[16] Aber das genügte. Der Großteil der Theaterarbeit in der DDR vollzog sich auf der Basis allgemeiner Übereinstimmung über die Rolle des Theaters beim Aufbau des Sozialismus und über die humanistischen Ideale, die es zu propagieren galt. Ob diese Übereinstimmung auch immer das Publikum einschloß, ist eine offene Frage. Die kolossale Verringerung der Besucherzahlen von 18 Millionen im Jahr 1955 auf 12 Millionen im Jahr 1965 läßt Raum für Zweifel. Das Aufkommen des Fernsehens – das meistens als Grund angeführt wird – ist nur die halbe Wahrheit. Zuhörer, die den Verdacht hatten, daß man sie ideologisch unter Druck setzte, zogen es natürlich vor, zu Hause zu bleiben.

Das Theater sollte mit vier Arten von Stücken zum Aufbau einer sozialistischen Kultur beitragen: 1. klassische Werke aus dem Kanon der Weltliteratur; 2. zeitgenössische sozialistische Stücke aus der DDR oder den sozialistischen Bruderländern, meist Thesenstücke zur ideologischen Umerziehung; 3. kritische Realisten (Ibsen, Shaw usw.); 4. anti-imperialistische oder Befreiungsstücke aus dem Westen oder der dritten Welt. Allerdings gab es in der DDR auch Autoren, die andere Stücke schrieben. Sie weigerten sich, über die Existenz sozialistischer Übel hinwegzusehen, ihre Texte waren krass realistisch, aktuell, nicht durch Wunschdenken geglättet und entsprachen in Form und Inhalt nicht den Erwartungen der staatlichen Kontrollinstanzen. Solche Stücke und die beiden ersteren verdienen in unserem Zusammenhang genauere Betrachtung.

Viele sozialistische Problemstücke waren intellektuell anspruchslos, Erzeugnisse des Augenblicks, sie sollten den korrekten Standpunkt zeigen und den richtigen kämpferischen Geist fördern. Schlimmstenfalls waren sie voller Klischees, sozialistischer Kitsch. Hans Mayer erinnert sich an ein bezeichnendes Beispiel: »Ein frischgebackenes Lustspiel von Gustav von Wangenheim. *Du bist der Richtige*. Da war alles dran und drin, was der Generallinie zu entsprechen hatte. Die Musik von Ernst Hermann Meyer paßte haargenau. Natürlich trat ein falscher Fuffziger im Blauhemd auf, eingeschleust vom Westen, ein Saboteur und Agent, also ein ›Sabogent‹, wie die Berliner schnöde abzukürzen pflegten. Er richtete mäßigen Schaden an und wurde schnell entlarvt.«[17] Bestenfalls wurden in solchen Stücken echte Gewissenskonflikte dargestellt, wie etwa in Harald Hausers *Am Ende der Nacht* (1955), »einem der meistgespielten Gegenwartsstücke seiner Zeit«. Viel gespielt deshalb, »weil sich hier mehrere Themen bündelten, die der Partei am Herzen lagen: Die Freundschaft zur Sowjetunion, das Ringen eines bürgerlichen Wissenschaftlers um

den richtigen Standpunkt und schließlich auch das heikle Thema Republikflucht.«[18] Ein deutscher Ingenieur, dessen Warnungen von inkompetenten Bürokraten unbeachtet gelassen wurden, wird von seinem russischen Vorgesetzten überredet, seinen berechtigten Ärger herunterzuschlucken und mitzuhelfen, die
unmittelbar bevorstehende Katastrophe abzuwenden und seinen Entschluß, die
DDR zu verlassen, zu revidieren.

Stücke dieser Art waren Paradebeispiele des sozialistischen Realismus, in denen,
um das offizielle *Kleine politische Wörterbuch* der DDR zu zitieren, »die Wirklichkeit
in ihrer revolutionären Entwicklung, in ihrer Bewegung auf die sozialistische und
kommunistische Gesellschaft hin« dargestellt wurde.[19] Nicht immer konnte der
Held ein Aktivist sein, der der Partei durch dick und dünn folgt; als Protagonisten
ergiebiger waren Zweifler und Außenseiter, die überzeugt und in die Gemeinschaft
zurückgeführt werden mußten. Eine solche Konstellation ermöglichte Diskussionen, in denen »die diskreten, spezifischen Erscheinungen der Realität vom Standpunkt der wissenschaftlich bewiesenen Gesetze der revolutionären Entwicklung
und die Gegenwart vom Standpunkt der künftigen Gesellschaft«[20] thematisiert
werden konnten.

Aber wie konnte der Künstler ein wahrheitsgemäßes Bild der Gegenwart geben,
wenn die konkreten Realitäten, die er darstellte, als bloße Übergangserscheinungen
abgetan wurden, oder wenn man sie wegen ihres angeblich singulären und nur
»spezifischen« Charakters »vom Standpunkt der revolutionären Entwicklung« für
unbedeutend erklären konnte? Und alles, was die revolutionäre Entwicklung betraf,
unterstand natürlich der Partei. In der Theorie war der sozialistische Realismus
unangreifbar. In der Praxis pervertierte er sowohl die Kritik wie die Kunst. Es war
weder Kunstverstand noch kritisches Unterscheidungsvermögen nötig, um nicht-
konformistische Kunst als Verstoß gegen den sozialistischen Realismus zu diffamie-
ren. Dennoch war dieser Begriff eine wirksame Waffe, die parteihörige Kritiker
gerne zückten, und er war auch grob genug, um als Basis für Massenresolutionen
gegen Künstler zu dienen, die eigene Wege gingen. Als Leitlinie für praktizierende
Künstler war das Konzept »sozialistischer Realismus« nutzlos. Aber die bloße Existenz von so einengenden und geradezu bedrohlichen offiziellen Erwartungen im
Zusammenhang mit den geheiligten Begriffen von Sozialismus und Realismus
zwang die Künstler, und besonders die Stückeschreiber, zu kreativen Erfindungen,
permanentem Manövrieren und steter Überprüfung ihrer Ansätze und Methoden.

Die Geschichte der großen dramatischen Literatur in der DDR (Heiner Müller,
Volker Braun, Peter Hacks, Christoph Hein) ist auch die Geschichte des Kampfes
um eine großzügigere Auslegung des Sozialismus, des Ringens um eine pluralisti-
sche Sicht der Realität und ein weniger uniformes Verständnis von Realismus.
Brecht hatte simplifizierende Definitionen vermieden. Er wußte, daß ein neuer Inhalt eine neue Form erfordert. Bei der Stanislawski-Konferenz 1953 hatte er sich
nicht in eine Opposition gegen die offiziell geförderte Methode des russischen Meisters drängen lassen. Seine Nachfolger konnten diese Konfrontation nicht immer

vermeiden. Ihnen fehlte seine berühmte List, auch hatten sich die Bedingungen geändert. Jeder der oben genannten Dramatiker schrieb Stücke, die den Behörden mißfielen, weil sie zu nahe an der DDR-Realität waren, und die Autoren hatten die unterschiedlichsten Repressalien zu gewärtigen: man verbot ihre Stücke, behinderte oder verzögerte ihre Aufführung, Inhalt oder Form wurden von parteihörigen Kritikern oder von gelenkten Massenorganisationen unter Beschuß genommen. Die so gerügten Autoren mußten sich dem öffentlichen Druck beugen, Selbstkritik üben und Änderungen vornehmen, um wenigstens das Wesentliche ihrer Stücke durchzubringen. Dabei konnten sie allerdings nicht immer die Schere im Kopf, das heißt die Falle der Selbstzensur vermeiden, auch entgingen sie nicht dem Vorwurf des Opportunismus. Wenn der Druck zu groß wurde, gab es immer noch die Möglichkeit, sich mit Adaptionen griechischer oder elisabethanischer Stücke zu befassen (das war die von Heiner Müller und Peter Hacks gewählte Möglichkeit) oder ausladende historische Allegorisierungen zu verfassen (wie im Fall von Christoph Heins *Die Ritter der Tafelrunde*). Solche Texte ließen sich nicht so leicht als »dekadent«, »formalistisch«, »absurdistisch« oder »ideologisch subversiv« anklagen, wie die vier gefährlichsten Beschuldigungen lauteten, mit denen Stückeschreiber in früheren Jahren zu rechnen hatten. Nach dem 19. Parteikongreß (1968) kamen diese Begriffe außer Gebrauch und wurden durch subtilere Anklagen ersetzt: »historischer Pessimismus«, »kleinbürgerliche Kritik«, »Mangel an Klassenorientierung«, »Negativismus«.

Die Aufführung der Klassiker hatte weniger unter den Forderungen des sozialistischen Realismus zu leiden als unter dem Heiligenschein, der »das Erbe« umgab. Das Erbe umfaßte nicht nur die Werke der sozialistischen Vorkämpfer, sondern auch die Literatur bürgerlichen Ursprungs, aber nur insoweit sie sich als Kampf der humanistischen Kräfte gegen die Reaktion interpretieren ließ. Auch wenn diese Kräfte in den meisten Werken der bürgerlichen Autoren Niederlagen erlitten, konnte man sie doch als vorausweisend deuten und aus ihnen den zukünftigen, also den sozialistischen Sieg des Humanismus herauslesen. Diese Art von Antizipation war eine notwendige Voraussetzung für die Aufnahme in den sozialistischen Kanon. Einerseits war es eine große Leistung der marxistischen Theorie, diese Werke vor einer kulturrevolutionären Bausch und Bogen-Verdammung gerettet zu haben. Aber ihre Kanonisierung als Erbe hatte seltsame Folgen. Schon wenn Regisseure nur mäßig von den akzeptierten Normen und Formen abwichen, gab es Konflikte. Und als eine jüngere Generation von Theatermachern in den sechziger Jahren die klassischen Modelle ernsthaft zu dekonstruieren begann, war die Opposition der Offiziellen total. Sollten sie etwa tatenlos zusehen, wenn unter Mühen erworbene und allseits anerkannte Kulturwerte in Zweifel gezogen wurden? Darin waren sie sich einig mit den konservativen Teilen des Publikums und fühlten sich berechtigt, Zwang anzuwenden, um die Hegemonie der Partei zu verteidigen. Lautstarke Konfrontation war die Ausnahme, selten wurde eine Inszenierung verboten. Aber die Zahl der Aufführungen ließ sich begrenzen, die Eintrittskarten konnte man aufkaufen und an feindlich gesonnene Zuschauer verteilen, oder es ließen sich Demonstrationen von Aktivisten in Fabriken und Jugendverbänden organisieren und Pressekampagnen starten. Die Stasi schlief nicht und hatte einen Katalog von operativen Maßnahmen zur Verfügung, die weh taten.

Die Kontroverse über den rechten Umgang mit dem klassischen Erbe folgte den Verschiebungen in der Kulturpolitik der DDR. Das hieß: drastische Beschränkung des Spielraums der Regisseure nach dem 11. Plenum des Zentralkomitees der SED vom 15. bis 18. Dezember 1965, als Künstler unmißverständlich zur Ordnung gerufen wurden; Lockerung der Kontrolle nach dem Amtsantritt von Honecker 1971; erneute Verschärfung im Anschluß an die Biermann-Affäre, in der sich Teile der kulturellen Elite des Landes vom Standpunkt der Partei aus als unzuverlässig erwiesen hatten. Die Biermann-Affäre, sagte Gerhard Wolfram – und das wird in vielen Memoiren bestätigt – »war der Anfang vom Ende«.[21] 1977 wurden die Theater einer strengeren Kontrolle unterworfen – Inhalt und Regiekonzept von neuen Stücken, auch von Adaptionen, mußten jetzt vorab vom Ministerium für Kultur genehmigt werden.

Letztlich konnte jedoch alle staatliche Einmischung nicht verhindern, daß das Theater sich weiter emanzipierte und die didaktische Rolle abwarf, welche die Partei ihm auferlegt hatte. Die Entwicklung zu mehr Freiheit vollzog sich jedoch nur langsam, und es gab immer wieder unverständliche Reaktionen, wie etwa das andauernde Verbot für Beckett-Stücke. Auf die erste ostdeutsche Inszenierung von *Warten auf Godot* mußten DDR-Bürger bis 1987 warten, Jahrzehnte, nachdem sie es im westdeutschen Fernsehen hatten sehen können. Der Exodus eines Teils der Theateravantgarde der DDR nach 1977 brachte eine zeitweilige Verminderung des Konfrontationsdruckes und bereicherte die westdeutsche Theaterszene.[22] Eine Reihe von Schauspielern und Regisseuren durfte bald danach auch offiziell in den Westen ausreisen und ihren DDR-Paß behalten, so daß ein gewisser Austausch hin- und herüber möglich wurde. Hier hatte die Praxis im unpolitischeren Bereich der Oper den Weg gewiesen. Gleichzeitig vergrößerte aber die wachsende Akzeptanz von Dekonstruktion und Postmoderne in intellektuellen Zirkeln den Bruch. Diese Bewegungen negierten alles, was der sozialistischen Kulturphilosophie lieb und teuer war, da blieb kein Raum für Kompromisse. Die Behörden waren wahrscheinlich froh, wenn so ultraradikale junge Experimentalisten wie Einar Schleef, Frank Castorf und Herbert König in den Westen gingen. Schleef verließ die DDR auf Dauer, Castorf behielt seinen DDR-Paß und machte nur ein paar Inszenierungen im Westen. Das einzige, was man in der DDR nach Mitte der achtziger Jahre gegen solche jungen Heißsporne tun konnte, war, sie von den großen Bühnen fernzuhalten. Ihre Arbeiten stießen nicht nur bei den normalen Theaterbesuchern auf Widerstand, ihr kulturrevolutionärer Radikalismus ging über alle bisher bekannten Theaterkonzepte hinaus und brauchte die post-sozialistische Ära, um sich entfalten zu können. Bezeichnenderweise konnten Schleefs und Castorfs schlimmste Angriffe auf die Klassiker nur im Westen, und im Osten erst nach dem Fall der Mauer inszeniert werden. Wenn man ihnen glaubte, war es höchste Zeit, das Erbe gründlich und gnadenlos zu demontieren. Ihre Inszenierungen, von manchen als barbarische Zertrümmerungen verabscheut, von anderen als explosive Befreiungsschläge und großartige Bereicherungen bejubelt, würden das Theater bald in Dimensionen führen, die nicht nur jenseits sozialistischer Kunstkonzepte lagen. Ihr Einfluß auf die Behandlung der Klassiker und Shakespeares auf dem DDR-Theater *vor* 1989 war jedoch sekundär.

Solange die DDR bestand, war ein derart autonomes Theater undenkbar: Das Theater war weiterhin Bestandteil eines affirmativen Kulturkontextes mit besonderen Verpflichtungen gegenüber Staat und Publikum. Die fortschreitende Trennung zwischen diesen beiden erweiterte die Möglichkeiten des Theaters, Kritik zu üben, aber die gemeinsame Grundlage von Antifaschismus, Sozialismus und Humanismus wurde dabei nicht verlassen. Mochten diese Ideale in der alltäglichen DDR-Praxis auch gelitten haben, waren sie doch noch stark genug, um die Auflösung der kulturellen Übereinkunft oder gar ihre Atomisierung wie im Westen zu verhindern. Kontrolle durch den Staat war nie total, Opposition auch nicht. Bei der einzigen Gelegenheit, wo dies der Fall war, brach der Staat zusammen.

Zwischen Opposition und Anpassung

Totale Opposition war auch aus einem anderen Grund unmöglich. Schriftsteller können in völliger Abgeschiedenheit schreiben, Theater kommt nur durch die Mitwirkung vieler zustande. Als Kunst des Austausches mit einem unmittelbaren Gegenüber braucht es zudem Publikum und einen Apparat. Die politische Situation sorgte dafür, daß die Zuschauer das Bühnengeschehen aufmerksam verfolgten. Aber die gemeinsame Ablehnung der offiziellen Politik und ihrer Praktiken allein genügte nicht. Im Westen konnte ein autoritärer Regisseur alles durchsetzen, was er für richtig hielt oder ihm gerade in den Sinn kam. An ostdeutschen Bühnen, die unter teilweiser Überwachung und vor allem unter allgemein anerkannten Verpflichtungen arbeiteten, mußte zuvor durch Diskussion und Auseinandersetzung ein *esprit de corps* erzeugt werden, ohne den man es nicht wagen konnte, einer Inszenierung einen regimekritischen Akzent zu geben. Die Folgen konnten nämlich für alle Beteiligten schmerzhaft sein. Auch mußte man mehr Kompromisse eingehen. Hellhörig gewordene Behörden konnten ruinöse Änderungen verlangen, die zu akzeptieren waren, wenn man überhaupt zu Wort kommen wollte. Westdeutsche Regisseure hätten solche Einmischungen nicht nur brüsk zurückgewiesen, es gab nicht einmal einen Weg, auf dem man diesen Autokraten selbst bescheidene Bitten hätte übermitteln können. Respektvoll formulierte Ersuchen an die Leiter der Westberliner Theater, die in jenem Jahr immerhin 81 Millionen DM öffentlicher Subventionsgelder bekamen, doch bitte anläßlich des 1986 in Berlin tagenden Welt-Shakespeare-Kongresses die Aufführung eines Shakespearestücks ins Auge zu fassen, wurden glatt abgelehnt. Kein einziges Shakespearestück wurde aufgeführt. Ostberliner Theater sprangen in die Bresche.

Im Westen hatte der Regisseur die Freiheit, seine Vision, oder auch nur seine *idée fixe*, zu verwirklichen, was zu glänzenden Erfolgen oder gräßlichen Flops führen konnte. In der DDR hing der Erfolg des Theaters nicht nur vom Genie seiner Macher ab, sondern erforderte zusätzlich eine Mischung von Manövrieren, Beharren, taktischem Kompromiß und Ausnutzen der sich von Fall zu Fall bietenden Möglichkeiten, die Bewegungs- und Interpretationsfreiheit zu erweitern. Auf der anderen Seite stand auch nicht immer eine geschlossene Front von engstirnigen Hardlinern. Manche Parteisekretäre konnte man durchaus dazu überreden, Dinge zu dulden, die höheren Orts mißbilligt wurden, oder man konnte Meinungsverschiedenheiten zwischen Funktionären auf verschiedenen Ebenen der Hierarchie oder zwischen Parteioberen und der örtlichen Verwaltung zum eigenen Vorteil nutzen. Ebenso konnte es hilfreich sein, wenn ein Regisseur und Theaterleiter Parteimitglied war, obwohl ihn dies auch der Parteidisziplin unterwarf.

Natürlich gab es auch viel konformistische Theaterarbeit. Es gab Theater, vor allem in den kleineren Städten, die den Behörden nie Schwierigkeiten machten und mit dieser Haltung auch dem Publikum entgegenkamen. »Harmoniesehnsucht und tiefsitzende Konfliktverweigerung bestimmen die Erwartungshaltungen dieses Zuschauertyps, der sich zu DDR-Zeiten besonders aus den Reihen der mittleren Angestellten und kleinen Funktionäre rekrutierte«, analysierte Thomas Wieck zehn Jahre nach dem Mauerfall die frühere Situation. Sein bissiger Kommentar über diese besondere, für alle Seiten so bequeme Allianz: »Idealiter hätte das DDR-Schauspieltheater als Teil der für die Rentnerbetreuung zuständigen Volkssolidarität und als Unterabteilung des Ministeriums für Volksbildung fungieren können«.[23]

Und dann gab es da das hochangesehene Berliner Ensemble, ein Aktivposten in der auswärtigen Kulturpolitik der DDR, welches auch lange nach Brechts Tod 1956 noch von der enormen Hochachtung profitierte, die man seinen Lehren entgegenbrachte. Scharen von ausländischen Bewunderern überquerten am Checkpoint Charlie die Sektorengrenze, um im Theater am Schiffbauerdamm episches Theater, Verfremdung und nicht-identifikatorisches Spiel kennen zu lernen und dann den Ruhm des Meisters daheim zu verbreiten. In Berlin jedoch wußte jeder, daß von den Brechtschülern Benno Besson am Deutschen Theater und dann an der Volksbühne aufregenderes Theater machte als die offiziellen und offiziösen Wahrer des Brecht-Erbes am Schiffbauerdamm.

Das Berliner Ensemble war in vieler Hinsicht eine Ausnahme und läßt sich nicht allein im Kontext der Opposition des Theaters gegenüber der herrschenden Ideologie diskutieren. Sein Brecht-Erbe gab ihm einen einzigartigen Status, aber war auch eine Last. Brechts Arbeitsmethoden nachzustellen und sie so gewissermaßen zu musealisieren, führte oft zu Langeweile – bis Ruth Berghaus, die 1971 die Leitung von Manfred Wekwerth übernahm, das Berliner Ensemble wieder zu einer Stätte geistvoller Innovationen machte.[24] Dem Deutschen Theater wurde von den Herrschenden kein Extrabonus zugestanden. Es sollte nicht nur künstlerisch, sondern auch ideologisch vorbildlich sein. Nach dem berüchtigten 11. Plenum des ZK (1965) wurde es unmöglich, beide Forderungen gleichzeitig zu erfüllen.[25] In der engen Welt des DDR-Theaters, wo jeder jeden kannte und bis zu den Stasi-Enthüllungen auch glaubte, eine ungefähre Vorstellung von der politischen Einstellung des anderen zu haben, mußte Arbeit, selbst gegen das System, im Rahmen des Systems stattfinden. Dieter Görne, der Leiter des Dresdner Staatsschauspiels nach 1990, charakterisierte die einzigartige Qualität kritischer DDR-Inszenierungen als »Solidarität im Widerspruch«:

> Je intensiver die Forderung der offiziellen Kulturpolitik nach Bestätigung des Geleisteten erhoben wurde, um so ausgeprägter manifestierte sich in den Ensembles wie im Bewußtsein des einzelnen ein – durchaus subversiv zu nennendes – Gefühl der *produktiven Notwehr*: Man *wollte* etwas, wollte verändern – und wenn dies schon nicht möglich war, wenigstens nicht zulassen, daß zur äußeren Erstarrung auch noch die Bewegungslosigkeit des Geistes hinzukam. Das Publikum erwies sich dabei allezeit als hervorragender Partner. Hochsensibilisiert wußte es zwischen den Zeilen zu hören, Anspielungen, auch versteckte, zu entdecken, anzügliche Bilder und Vergleiche sicher zu entschlüsseln. Da war Erfolg allerdings gelegentlich auch ganz billig zu haben – und die Gefahr, daß die Theaterkunst verkam, zum Ventil degradiert wurde (das man im übrigen durchaus auch offiziellerseits duldete und dulden konnte!), lag nahe. Und sehr viele Theater in der DDR sind dieser Gefahr erlegen. Was sie als Kunst verstanden, war in Wahrheit häufig nur noch Agitation. Das *Thema* hatte absolute Priorität, und noch das schlechteste Stück konnte des Beifalls in der Regel trotz aller Mängel sicher sein, wenn es nur scharf war, wenn es nur deutlich aussprach, was zwar jeder wußte, was aber ansonsten keiner zu sagen wagte, wenn es also nur ein Tabu brach. Um es ausdrücklich festzuhalten: natürlich muß allen solchen Versuchen Respekt gezollt werden. Mut und Stehvermögen forderten sie allemal, und »Ermutigung« zu vermitteln waren sie in jedem Fall imstande. Und dennoch: die bloße Anti-Haltung blieb letztlich unproduktiv, und sie ist es auch, die sich jetzt, nach den außerordentlichen revolutionären Ereignissen des Herbstes 1989, urplötzlich jeglicher Wirkung beraubt sieht. Das Publikum, das bisher die Theatersäle zu solchen Veranstaltungen regelrecht stürmte, bleibt aus.[26]

Ein Theater, das sich nur als Opposition verstand, war offenbar auch künstlerisch fraglich. Aber wie sollte man feststellen, ob ein ungeahndeter Verstoß gegen die offizielle Ideologie nicht doch ein Beweis für die Toleranz und Großzügigkeit des Regimes war? Wenn Laertes augenzwinkernd seinen blauen Paß vor dem Publikum hin- und herschwenkt, der ihm eine Auslandsreise, und gar nach Paris gestattet, so brachte das nur den allfälligen Lacher. Schließlich gab es zahllose Witze über dieses begehrte Dokument. Etwas anderes war es schon, wenn Miranda in Afro-Locken und palästinensischem Kampfanzug sich weigerte, der Aufforderung ihres Vaters Prospero nachzukommen:

> Hier laß dein Fragen.
> Dich schläfert: diese Müdigkeit ist gut,
> und gib ihr nach. – Ich weiß, du kannst nicht anders. (*Der Sturm*, 1.2.)[27]

Ihre Weigerung gab den Blick frei auf eine jüngere Generation, die sich nicht mehr sagen ließ, wann sie wachen, schlafen oder nachgeben sollte, sondern in der Lage war, eigene Entscheidungen zu treffen und nicht mehr an den gebetsmühlenhaften Erklärungen Honecker-Prosperos interessiert war. Die Miranda in der Erfurter Inszenierung hatte nichts gegen einen kleinen Flirt mit dem gar nicht so üblen Caliban und war auch sonst kein Musterbeispiel an Gehorsam. Natürlich mußte sie schließlich doch dem vorgegebenen Text folgen, aber der Widerspruch zwischen Charakter und Rolle blieb und spaltete das Publikum.

War dies nun eher konformes oder oppositionelles Theater? Die Frage muß offen bleiben. Wichtig ist, wie in jedem Einzelfall das Verhältnis austariert und welches Resultat erzielt wurde. Der folgende Überblick aus der Feder von Maik Hamburger – eine Synopse von ursprünglich auf englisch verfaßten Essays[28]– skizziert die Entwicklung der Shakespeare-Inszenierungen in der DDR, von den affirmativen Produktionen des Anfangs über diverse oppositionelle Aufführungen bis zu Heiner Müllers Zeitenbruch-*Hamlet* von 1990. Hamburger, in England ausgebildet, an verschiedenen ostdeutschen Bühnen als Übersetzer, Dramaturg und Regisseur tätig und lange Jahre Dramaturg am Deutschen Theater, war in einer einzigartigen Beobachterposition. Im ersten Teil seiner Analyse konzentriert er sich auf das Phänomen der »integrativen Subversion« und auf die politischen Bedingungen, unter denen diese Haltung noch möglich war. Die mittleren Abschnitte behandeln Inszenierungen von *Ein Sommernachtstraum*, *Was ihr wollt* und *Hamlet* und umreißen die theatralischen und ideologischen Entwicklungen von den Sechzigern bis zur Mitte der achtziger Jahre. Der letzte Abschnitt ist Heiner Müllers siebenstündiger Mammutproduktion von *Hamlet* und *Hamletmaschine* gewidmet. Sie wird vor dem Hintergrund der dramatischen historischen Wende dargestellt, die sich vollzog, als diese Aufführung vorbereitet wurde.

Shakespeare auf den Bühnen
der Deutschen Demokratischen Republik
(von Maik Hamburger: S. 393–460)

Konsolidierung und Subversion in Shakespeare-Inszenierungen der DDR: Die ersten fünfundzwanzig Jahre

Diese Darstellung von Shakespeare-Aufführungen auf den Bühnen der Deutschen Demokratischen Republik geht auf Vorträge zurück, die auf internationalen Shakespeare-Kongressen in englischer Sprache gehalten und in überarbeiteter Form in Wilhelm Hortmanns Buch *Shakespeare on the German Stage* veröffentlicht wurden. Für die vorliegende deutsche Fassung wurde das Kapitel noch einmal überarbeitet. Dennoch trägt es die Spuren seiner Herkunft. Der Berichtcharakter ist erhalten geblieben. Anstelle einer kontinuierlichen Historie treten historische oder thematische Cluster auf, die allerdings für sich in Anspruch nehmen, das Feld pars pro toto ganz gut abzudecken. Es konnten in einem solchen Rahmen nicht einmal alle bedeutsamen Shakespeare-Aufführungen erwähnt werden, dafür wurden einige abgelegenere Arbeiten besprochen, die stellvertretend für den sonst wenig beachteten Theateralltag stehen mögen.

In einer Zeit, in der es an freier Öffentlichkeit fehlte, bildeten die Theater einen kleinen Kommunikationsraum, dessen Wirkungsweise heute kaum noch rekonstruierbar ist. Einige Umstände ließen dem Theater mehr Spielraum als der übrigen Öffentlichkeit: Ihm kam das hohe Ansehen zugute, das es als kulturpolitisches Prestigeobjekt genoß; als ein flüchtiges Ereignis mit kleinem Wirkungskreis unterlag es zudem weniger der zentralen Kontrolle; auch konnte man sich einen klassischen Text vorderhand kaum als subversiv vorstellen, schon gar nicht einen Shakespeare, der an der Spitze der Hierarchie des klassischen Erbes stand, das zu wahren und pflegen die sozialistische Kulturpolitik sich zur Aufgabe gemacht hatte. Hinzu kam, daß eine theatralische Präsentation sich nicht leicht auf eine explizite Aussage festnageln ließ; noch schwieriger war es, das über große Strecken nonverbale Kommunikationsrepertoire eines Schauspielers zu kontrollieren, der sich mit einem wachen Publikum austauscht.

Dennoch unterlag natürlich auch Shakespeare der ideologischen Wachsamkeit. Aus dem folgenden Überblick dürfte hervorgehen, daß die wechselseitigen Beziehungen zwischen dem politischen, dem gesellschaftlichen und dem künstlerischen Diskurs nichts Starres waren, sondern eine Evolution durchlebten, bei der jede Phase wiederum vom Zusammenspiel verschiedener Strömungen bestimmt wurde. Ob ein Kunstwerk sich gegenüber den dominanten Strukturen und Ideen subversiv oder konservierend verhielt, war oft schwer auszumachen, hing es doch von ständig wechselnden Konstellationen ab – dafür lieferte sogar die DDR-Nationalhymne ein Beispiel. Manche Produktionen umgaben sich bewußt mit dem Ruch des Opposi-

tionellen, ohne es im Kern zu sein, andere
wirkten subversiv, ohne es gewollt zu haben, andere enthielten subversive und
konsolidierende Momente zugleich.

Die Theatergeschichte der DDR bildet, wie ihre Geschichte insgesamt, eine
zeitlich nach vorn und hinten abgeschlossene Epoche. Dieser Umstand geht un-
willkürlich in die Geschichtsschreibung
mit ein. Es können Ereignisse nicht mehr
so dargestellt werden, wie sie unter der
Voraussetzung einer offenen Zeit erlebt
wurden. Theater ist aber zuallererst das
gegenwärtig Erlebte. Das *gemeinschaftlich*

183.
Gustav von Wangenheim

Erlebte. Jede Theateraufführung ist, wie jedes Kunstwerk, *auch* ein Politikum. Im
Kontext einer ideologischen Kontrolle kam der politischen Orientierung des Theaters ein erhöhter Stellenwert zu. Die bestand nicht – vorrangig – in der platten
Aktualisierung oder im wirkungssicheren Tabubruch. Wichtig war, welche Position
einer Aufführung im vielschichtigen gesellschaftlichen Diskurs zukam, wie sie von
ihrem Publikum wahrgenommen werden konnte. Es mußte in diesem Bericht von
einer *Nähe* zum Theaterereignis ausgegangen, dann aber aus einem *Abstand* darüber
reflektiert werden.

Bald nach Kriegsende, in den Sommermonaten 1945, wurde das zerbombte Deut-
sche Theater im russischen Sektor von Berlin auf Befehl des Stadtkommandanten
Generaloberst Bersarin notdürftig instand gesetzt. Der frisch ernannte Intendant
Gustav von Wangenheim hatte seine liebe Not, aus den in alle Winde zerstreuten
Künstlern ein spielfähiges Ensemble zusammenzubringen. Mit einer bewegenden
Aufführung von Lessings *Nathan der Weise* wurde das Haus am 7. September 1945,
vier Monate nach der Kapitulation, festlich eröffnet. Bis Jahresende kamen noch
vier weitere beachtliche Premieren mit Stücken von Julius Hay, Molière, Tsche-
chow und Shakespeare heraus. Der am 11. Dezember 1945 aufgeführte *Hamlet* war
in vielerlei Hinsicht eine bemerkenswerte Produktion. Auf der Bühne begegneten
sich Schauspieler, deren Verhältnis zur unmittelbaren Vergangenheit nicht unterschiedlicher sein konnte. Regie führte der aus russischem Exil zurückgekehrte
Kommunist Gustav von Wangenheim. Sein Dramaturg, Armin-Gerd Kuckhoff,
war Sohn eines Widerstandskämpfers der Gruppe »Rote Kapelle«, Adam Kuckhoff
den die Nazis 1943 hingerichtet hatten. Die Titelrolle spielte Horst Caspar, ein
sensibel-ekstatischer jugendlicher Held, der in der Nazizeit, ohne sich politisch
sonderlich zu exponieren, durch seine Darstellung vor allem Schillerscher Helden
zu einer Kultfigur des Theaters geworden war. (Abb. 185) Als Fortinbras war Heinrich Greif zu sehen, ein kraftvoller Darsteller, der – wie sein Regisseur – aus dem

184. *Hamlet* 1945 Berlin. R: Gustav v. Wangenheim, B: Ernst Schütte, F: Willy Saeger. Ein bemerkenswertes Gemenge von Darstellern in einer frühen Nachkriegsinszenierung, darunter Gerda Müller
(Königin), Walter Richter (König) und Horst Caspar (Hamlet, in Schwarz).

sowjetischen Exil zurückgekehrt war. Den Polonius gab Paul Wegener, ein Charakterdarsteller von Rang, dessen erste Erfolge sich bereits um 1906 (unter Max
Reinhardt) abzeichneten, der sich um Distanz zu den Nationalsozialisten bemüht
hatte, aber nicht umhin kam, in chauvinistischen Filmen wie *Der große König* mit-
zuwirken. Gertrud wurde von Gerda Müller gespielt, einer Protagonistin des expressionistischen Theaterzentrums Frankfurt aus den Zwanzigern, die sich für die
Dauer der Nazidiktatur geweigert hatte, einen Fuß auf die Bühne setzen. In der Tat
ein politisches Gemenge, ein »mingle-mangle«, wie es nur in einer radikalen Um-
bruchzeit anzutreffen ist. Künstler, die sich in unterschiedlichster Weise zum nationalsozialistischen Regime verhalten hatten, sei es konsolidierend, sei es subversiv,
sei es oppositionell, trafen sich zu einem Neuanfang auf einer Bühne im Ostsektor
von Berlin. (Abb. 184)

Dem Lessingschen Toleranzgebot folgte nun der Blick nach vorn. Wangenheims
Konzept – das in jener Situation notwendigerweise grobschlächtig ausfallen mußte
– wollte Hoffnungen für die Zukunft erwecken und zu neuer Tatkraft anspornen. Es
sprach einen Zuschauer an, der in den Worten von Kuckhoff »bereit, aber oft noch
nicht fähig war, den Weg zur Mitarbeit an der Schaffung einer humanistischen
Ordnung mitzugehen«.[29] Ein Hamlet mußte es sein, der in die Zeitläufte verän-
dernd eingreift. Die aktiven, voranstrebenden Elemente hatten das Bild des Dänen-

prinzen zu bestimmen. Horst Caspar, obwohl ein begnadeter Künstler, war nicht der geeignete Mann, diesen politischen Forderungen Genüge zu tun. Die Schriftstellerin Inge von Wangenheim beschreibt ihn als ein Genie von großer Kraft und Einmaligkeit, sie bezeichnet aber auch die »Grenzen«, die er sich »offenbar selbst zog«, die darin bestanden, »daß er kein Organ hatte für den außerordentlichen geschichtlichen Augenblick, in dem er sich befand, kein Organ für den geschichts-entscheidenden Umbruch in den

185.
Horst Caspar, der idealistische Hamlet-Jüngling, zehn Jahre zuvor in Saladin Schmitts Inszenierung in Bochum.

deutschen Zuständen, der sich doch unmittelbar vor seinen Augen vollzog, daß er sich allem verschloß, was darauf deutete, die alte Kunstgesellschaft sei um ihre Kontinuität gebracht und werde keine Fortsetzung haben ...«[30] Andererseits besteht kein Zweifel, daß der politisch engagierte Darsteller Heinrich Greif über ein solches Organ für den geschichtlichen Augenblick verfügte; sein Fortinbras vollendete, was Hamlet begonnen hatte, in einem gloriosen Finale führte er die historische Mission des Dänenprinzen fort.

Die einzigartigen Begleitumstände der Produktion, die in einem Wendepunkt deutscher Geschichte den Umbruch gleichsam in sich selber spiegelte und einen – wie auch immer vereinfachten – Zukunftsblick wagte, wurden von der Kritik weitgehend ignoriert. Der Kritiker Friedrich Luft schrieb: »Es ist ein neuer Hamlet, ein gepeitschter, gejagter, von leidenschaftlicher Unrast durch die Akte getriebener. Eine überschlanke schwarze Flamme, inkarnierte Reinheit, die schaudernd eine stinkende Umwelt sieht.«[31] Hier wird, von Caspars Aura hingerissen, die apolitische Sprache des Allgemeinmenschlichen fortgeschrieben. Der Regisseur von Wangenheim selbst schwenkte hingegen ins andere Extrem, wenn er die jungen Zuschauer anfeuert: »Seid radikal, seid radikal wie Hamlet. ... Wir wissen den Ausweg. Wir verstehen den Sinn unserer Kämpfe. Wir sind glücklicher als Hamlet-Shakespeare, denn wir wissen: Wenn wir ganze Kerle sind, sind wir nicht allein. Das gibt uns Kraft und Lust zu leben.«[32] Das Konstrukt »Hamlet-Shakespeare« wird als Ikone für humanistische Tradition und als Galionsfigur einer erhofften neuen Kultur aufgerichtet. Feine Differenzierung war Wangenheims Sache nicht, auch nicht Sache der Zeit. Der Regisseur und sein Kritiker treffen sich in der Vorliebe zur Schwarzweißmalerei, in der der gute Hamlet einer bösen Welt gegenübersteht.

Wangenheims *Hamlet* wies von Anbeginn an auf einen Zwiespalt hin, an dem die Kulturpolitik der DDR bis in die siebziger Jahre litt: Einerseits verlangte man Traditionsbewußtsein, was soviel bedeutete wie Anknüpfen, als wäre inzwischen nichts geschehen, an die Fäden des liberalen Diskurses der Zwanziger, andererseits wünschte man sich einen radikalen Neubeginn mit einer sozialistischen Perspektive. In beiden Teilen Deutschlands sollte die jeweilig anders gelagerte Verweigerung einer verantwortungsbewußten Auseinandersetzung mit dem Dritten Reich zu Verkrampfungen auch im Kulturleben führen. Wenngleich Wangenheims *Hamlet* den hochfliegenden Ambitionen des Regisseurs keinesfalls gerecht werden konnte, wurde er doch gefeiert als aufwühlendes, dem totgeglaubten Humanismus verpflichtetes Theater.

Die Wiederbelebung humanistischer Werte auf rationaler, atheistischer Basis bildete den Kern ostdeutscher Shakespeare-Aufführungen bis Ende der fünfziger Jahre. Dies brachte klare, gradlinige Inszenierungen, die geeignet waren, den Staub von den Klassikern zu wischen und sie von spätbürgerlichen Mystifikationen zu reinigen. Gelegentlich brachte die Aufklärungsästhetik herausragende Leistungen zustande, wie zum Beispiel durch Wolfgang Langhoff am Deutschen Theater. Im Hintergrund arbeitete aber schon Bertolt Brecht an seinem fundamentalen Konzept eines nichtillusionistischen, nichtkathartischen Theaters, das künftige Shakespeare-Produktionen grundlegend beeinflussen sollte.

186.
Wolfgang Langhoff

In der Praxis kristallisierten sich für die Bühnen nach und nach zwei Elemente aus der gängigen Ideologie mit ihrem materialistischen Geschichtsbild heraus. Zum einen bemühte man sich verstärkt um die soziale Analyse des Stückgeschehens, zum anderen trat eine Deutung des Zeitgeschehens hervor, die man als »Phantom-Renaissance« bezeichnen könnte, die, wie an anderer Stelle beschrieben, besonders gern von jungen Regisseuren und Dramatikern aufgegriffen wurde. Die Marxsche Klassenlehre lieferte die Anregung, die sozialen Verhältnisse in Shakespeares Dramen genauer zu hinterfragen, und wies den Weg zur plastischen, sozial scharfen Zeichnung der plebejischen Figuren, die bis dahin (auch in England) in der Unverbindlichkeit des »comic relief« versumpft waren.

Darüber hinaus konnte der soziale Blickwinkel überraschende Konstellationen zuwege bringen. In dem von Wolfgang Heinz am Deutschen Theater inszenierten *Othello* (5. September 1953) übernahm der bekannte proletarische Sänger und Schauspieler Ernst Busch die Rolle des Jago. Die bodenständige Spielweise Buschs, der auch noch aus dem Brecht-Ensemble stammte, geriet in einen schroffen Kontrast zur überschwenglichen Theatralik des Othello-Darstellers Willy A. Kleinau. Ernst Buschs Jago verstand sich mit plebejischem Gradsinn als Othellos Freund und rechte Hand. Es wollte nicht in seinen Kopf, warum der »Buchtheoretiker«

187.
Othello 1953 Berlin.
R: Wolfgang Heinz,
B: Heinrich Kilger,
F: Willy Saeger.
Ernst Buschs plebejischer
Jago ist zornig, da er sich von
dem aristokratischen Othello
Willy A. Kleinaus
herabgesetzt fühlt.

und »Schwätzer« Cassio statt seiner zum Generalleutnant befördert wurde. Das Programmheft erläutert: »Er ist außerstande zu begreifen, daß ihm Othello wohl will, als er ihm Cassio vorzieht. Der Generalleutnant hat diplomatische Aufgaben, er hat im Auftrage von Othello Verhandlungen mit der hohen Aristokratie Venedigs zu führen. Othello will den grobschlächtigen Soldaten Jago nicht der Lächerlichkeit auf diesem Posten aussetzen. Aber Jago empfindet es als eine bewußte Zurücksetzung, als eine Kränkung, als eine Ungerechtigkeit, eine Anspielung auf seine Herkunft. Das ist das Hauptmotiv seiner Rache.«[33] (Abb. 187)

Ein solches Konzept, das Jagos Empörung und Othellos unschuldiges Vertrauen aus sozial bedingten Verständigungsdefiziten herleitet, erlaubte es, die konträren Schauspielerpersönlichkeiten für die Fabel fruchtbar zu machen. (Die Frage nach der Ethik oder gar Ästhetik eines solchen Verfahrens sei hier ausgeklammert.) Busch hatte die Gelegenheit, sein handfestes Plebejertum zur Wirkung zu bringen in einer Produktion, die auf der anderen Seite mit ihrem Südländisieren hart am

Kitsch vorbeiging. Das Urgestein Ernst Busch war in der DDR nicht durch den gängigen Kulturbetrieb, auch nicht von der Parteidisziplin übrigens, zu assimilieren gewesen. Sein Jago war es ebensowenig. Buschs Gegenspieler Kleinau war, wie zuvor Werner Krauß, ein Schauspieler sui generis, ein Künstler der mimetischen Einfühlung und Meister großer Leidenschaft. Sein Othello war in das herrschende Sozialverständnis Venedigs völlig eingebunden, bis auf den unglücklichen Umstand seiner Hautfarbe. Der Zusammenprall zwischen unvereinbaren Sozialkulturen wurde nicht kunstvoll gestaltet, er fand vor den Augen des Publikums in der Begegnung zweier Schauspielerpersönlichkeiten statt, die nach Wesensart, nach Kunstauffassung und nach sozialer Verwurzelung Antipoden waren. Die Kollision durchbrach den üblichen Repräsentationsrahmen und verwies auf einen tiefen Zwiespalt, vor dem die orthodoxe Bühnenästhetik versagen mußte.[34] Das gewohnte Weltbild wurde durch unruhige Ahnungen aufgestört. Und klang da nicht noch etwas anderes durch: nämlich der Anspruch der Kulturpolitik, die (insgeheim geliebte) bürgerliche Kultur mit einem proletarischen Bewußtsein zu vermählen – ein Versuch, der, wäre er gelungen, beides zugrunde gerichtet hätte?

Viel später erst erfuhr diese Jago-Figur ihre marxistisch korrekte Auslegung: In einem historischen Rückblick heißt es 1972: »Der Plebejer Jago rächt sich an seinem Vorgesetzten ... Und so – zeigt Busch – beginnt Jago als einzelner, gegen die Klassengesellschaft zu wüten, zu lügen, zu denunzieren, zu morden, verkehren sich seine positiven Eigenschaften ins Negative.«[35] Hier findet ein fataler Kurzschluß statt, dergleichen hat Diskussionen in der DDR immer wieder in die Sackgasse geführt. Das sozial gefaßte Erlebnis wurde auf papierne Ideologie reduziert.

Wolfgang Heinz siedelte nach Berlin über, als das progressive Neue Theater in der Scala in Wien von den Behörden geschlossen wurde. Ernst Busch kam als Gast vom Berliner Ensemble. Zusammengeführt hat sie eine der bedeutendsten Theaterpersönlichkeiten der fünfziger Jahre, der Intendant des Deutschen Theaters Wolfgang Langhoff. Eine vielversprechende Karriere in den Zwanzigern als Protagonist in Düsseldorf brach jäh ab, als Langhoff 1933 von den Nazis politisch verfolgt und in das Konzentrationslager Börgermoor verschleppt wurde; nach seiner Entlassung gelang ihm die Flucht in die Schweiz, wo er mit Wolfgang Heinz dem Ensemble des Zürcher Schauspielhauses angehörte. Nach einem kurzen Zwischenspiel als Generalintendant in Düsseldorf folgte er dem Ruf an das Deutsche Theater Berlin, dem er 17 denkwürdige Jahre vorstand. In einer politisch wie künstlerisch turbulenten Zeit gelang es ihm, ein Ensemble zu schaffen und zu halten, das in der DDR seinesgleichen suchte. Das DT begriff sich als ein sozialistisches, der Tradition des Humanismus verpflichtetes Theater. Es bezog seine Kraft aus dem Glauben an die zivilisierende Wirkung der Künste.[36] Langhoff besaß die Größe, dem rivalisierenden Berliner Ensemble unter Bertolt Brecht bis zu dessen Umzug in das Theater am Schiffbauerdamm Gastrecht zu gewähren; fast vergessen, daß Brechts berühmte *Mutter Courage* ihren Siegeszug vom Deutschen Theater aus antrat, und zwar in dem Bühnenbild von Langhoffs Ausstattungschef Heinrich Kilger. Da

188. *König Lear* 1957 Berlin. Modell des nichtillusionistischen, archaisierenden Bühnenbildes (aus dem Programmheft).

189. *König Lear* 1957 Berlin. R: Wolfgang Langhoff, B: Heinrich Kilger, F: Georg Meyer Hanno. Wolfgang Heinz, der nach Kleinaus Tod die Titelrolle übernahm, gab einen weniger affektgeladenen König, paßte aber besser zur epischen Ausrichtung der Inszenierung.

Langhoff eher dem poetisch-realistischen Stil von Otto Brahm, Otto Falckenberg und Konstantin Stanislawski verpflichtet war, blieben Reibungen mit Brecht nicht aus, die häufig in unerfreuliche Auseinandersetzungen ausarteten. Dennoch trugen Langhoffs späte Regiearbeiten, die als Höhepunkt seines Schaffens galten – musterhaft die *Minna von Barnhelm* (1960), aber auch der Doppelabend *Woyzek/Astutuli* (1958) und *Die Mitschuldigen* (1961) –, unverkennbare Spuren des Brechtschen Einflusses.

Diese letzte Phase wurde eingeleitet durch *König Lear* (10. Mai 1957). Einige Jahre bevor Brechts Schüler sich an einem Shakespeare versuchten, unternahm Langhoff den für damalige Zeiten unerhörten Versuch, eine der großen Tragödien mit epischen Stilmitteln zu versetzen. Ein halbhoher Brechtvorhang war vor das Proszenium gespannt, doch das übliche weiße Leinen war vom Bühnenbildner Heinrich Kilger mit einer apokalyptischen Untergangsvision bemalt worden. Das asketische Bühnenbild vermied alles Illustrative: Archaische Doppelsäulen aus Holz markierten die Ecken des sechskantigen Grundrisses und trugen in Kopfhöhe eine sechseckige Galerie. Ortswechsel wurden durch Licht und wenige Requisiten angedeutet. (Abb. 188)

Langhoff war weniger an einer Eruption individueller Leidenschaften interessiert: Er versuchte, die Leidenschaften in einen kritischen historischen Kontext zu stellen. Die Affekte der Menschen waren nicht an und für sich destruktiv, sie wurden nur verheerend in einer untergehenden Gesellschaft. Trotz mancher Unausgeglichenheit brach diese Produktion dem DDR-Theater eine Bresche für eine frische Sicht auf Shakespeare. Von der brillanten Besetzung gelang es jenen Schauspielern am besten, sich dem gegenwartsbewußten Publikum zu vermitteln, die ihr mimetisches Handwerk mit analytischen Fähigkeiten zu paaren wußten, wie Inge Keller (als Goneril) und Gisela May (als Regan); wohingegen der Meister des Illusionismus Willy A. Kleinau als Lear es schwer hatte, sein übermütiges Temperament der strengen Form der Inszenierung anzugleichen.[37] Die Aufführung erhielt enthusiastische Besprechungen, obwohl einige Kritiker die kathartische Entladung der Gefühle vermißten. Einer vermerkte: »Die große, heilsame Erschütterung, die Tragödie bewirken kann, blieb diesmal aus.«[38] (Abb. 189)

Drei Wochen nach der Premiere erschien unter dem Titel *Blutarmes Theater* eine ganzseitige Besprechung von Fritz Erpenbeck in der Parteizeitung *Neues Deutschland*. Der Verfasser, Chefredakteur von *Theater der Zeit*, hatte sich zuvor schon mit Polemiken gegen das epische Theater hervorgetan, seine Langhoff-Attacke wärmte seine früheren Angriffe auf Brecht nur wieder auf. Erpenbeck berührte in der Tat eine offene Wunde, wenn er die gelegentlich miserable Sprechkultur der Darsteller beanstandete und von unausgeschöpfter Gefühlstiefe sprach. Der Pferdefuß lag aber in dem denunziatorischen Zuschnitt des Artikels, der eine »richtige« und eine »falsche« Ästhetik polemisch gegeneinander ausspielte. Erst wenn man den Hintergrund der Attacke kennt, wird einem der Erneuerungsschub bewußt, den Langhoff mit seinem *Lear* leistete.

Zur gleichen Zeit gastierte nämlich das Moskauer Wachtangow-Theater mit einer zum Vorbild für DDR-Bühnen deklarierten, »blutvollen« Inszenierung von *Viel Lärm um nichts*. Zum Verdruß der Hardliner erhielt die zu Klamauk tendierende Aufführung nur einen lauwarmen Widerhall bei Theaterleuten. Nun wurde Langhoffs *Lear* stellvertretend an den Pranger gestellt, um gegen »westliche« Einflüsse loszuschlagen und das offizielle Russische Theater zu rehabilitieren. So geißelte Erpenbeck die Überheblichkeit einiger Berliner Schauspieler – »Modernitätsapostel« –, die die russische Aufführung als »altmodisch« verschrien, als »pathetisch«, die mit »veralteten Mitteln« arbeite, aber den *Lear* als »modern« lobten; die gleichen Leute überdies, die anläßlich eines Gastspiels von Strehlers *Teatro piccolo di milano* »rein aus dem Häuschen gerieten«. Sie wurden der nationalen Arroganz und der »Angst vor großem komödiantischem Theater« bezichtigt. Langhoff selbst wurde modernistischer Tendenzen beschuldigt, während er ausgezeichnete Ergebnisse vorweisen könne, »wenn er seiner wirklichen, gesunden Eigenart freien Lauf läßt und nicht durch halbrichtige Kunsttheorien und geschmäcklerische Einflüsse irritiert wird«.[39] Damit war Brecht gemeint. Erpenbecks Kritik hätte eine fruchtbare Debatte einleiten können, wäre sie nicht von so plumper Ideologisierung geprägt gewesen. So wurde sie von Theaterleuten belächelt. Offiziöse Kritik besaß nicht mehr jene vernichtende Potenz, die sie unter dem eisernen Griff des »Schdanowismus« gehabt hatte.[40] Die Produktion blieb acht Jahre im Spielplan und erreichte 129 Aufführungen.[41] Dennoch kann man in der Erpenbeck-Polemik das ferne Grollen des Gewitters hören, das Langhoff 1963 vom Intendantenstuhl warf und möglicherweise seinen vorzeitigen Tod herbeiführte.[42]

Subversiv in einem populäreren Sinn war eine Inszenierung von *Troilus und Cressida* in Dresden in der Regie von Hannes Fischer (27. Mai 1962). Ihren rasanten Publikumserfolg verdankte sie den Auslassungen eines unerhört impertinenten Thersites. Er bildete das Zentrum der Aufführung, viele Textpassagen waren umgestellt worden, um seine zersetzenden Clownerien in einem aktuellen Kontext noch zuzuspitzen. (Abb. 191) Keine Frage, daß die Zuschauer die antiautoritären Seitenhiebe auf ihre eigene Parteiobrigkeit bezogen. Andererseits hatte man Shakespeares Satire aber mit unverkennbarer Aufrichtigkeit als Antikriegsdrama aufgefaßt. Auf diesen Aspekt wurde mit einer auf den Vorhang applizierten Reproduktion von Picassos *Guernica* deutlich hingewiesen. Damit erhielt eine genuine, die herrschende Ideologie bestä-

190. Hannes Fischer (r.) mit Günter Sonnenburg.

191.
Troilus und Cressida 1962
Dresden. R: Hannes Fischer,
B: Gerhard Schade, F: Siegfried
Huth. Im Mittelpunkt der
respektlosen Satire stand Horst
Schulze als Thersites.

tigende Verurteilung des Krieges eine subversive Wendung durch die Dekonstruktion und Enthistorisierung der burlesken Elemente. De facto hinterfragte diese Aufführung den offiziell propagierten Standpunkt, wonach soziale Restriktionen gerechtfertigt wurden als der notwendige Preis, den die Bevölkerung für die Friedenspolitik ihrer Regierung zu zahlen hatte. Die Paradoxien »sozialistischer« Glaubenssätze wurden in das Blickfeld gerückt.

Eine so vielschichtige Wirkung konnte natürlich nur durch erstklassige Schauspielkunst vermittelt werden. Ein Gutteil des triumphalen Erfolges war nicht zuletzt der Brillanz des Dresdener Theaterlieblings Horst Schulze zu verdanken. Die meisten Kritiker zeigten sich begeistert. Ein Kommentator vermerkte jedoch säuerlich, daß »eine betont groteske Darstellung der Heroengestalten ... eine weitgehend unkritische Sympathie für diesen schäbigen Helden (d. i. Thersites) zu organisieren half«[43], und an gleicher Stelle auftauchende Formulierungen wie »pazifistische Züge« und »intellektuelle Vordergrundwirkung« verrieten, daß in manchen Kreisen doch ein gewisses Mißbehagen verspürt wurde.

In den sechziger Jahren hatte sich nach zähen Kämpfen der Brechtsche Ansatz auch offiziell durchgesetzt. Das war unvermeidlich, denn kein Regisseur der Nachkriegsgeneration konnte an Brechts Erneuerungen des Theaters vorbeigehen. Es gab aber durchaus unterschiedliche Wege der Aneignung. Die einen wurden durch Brechts Haltung ermutigt, Geläufiges mit kritischem Blick zu überprüfen, Kunst und erlebte Wirklichkeit in ein produktives Verhältnis zu setzen, eine gleichsam schöpferische Neugier zu entfalten. Theaterleute, die Brecht in diesem sokratischen Geist assimilierten – unter den Regisseuren etwa Benno Besson, Adolf Dresen, Manfred Karge und Matthias Langhoff, Klaus Erforth und Alexander Stillmark –, gingen über die Buchstaben seiner Lehren hinaus, bewahrten aber den geistigen Kern. Im Umgang mit Shakespeare hielten sie sich an Brechts Auffassung über die Arbeitsweise am Globe: »Sie experimentierten nicht weniger als Galilei zur selben Zeit in Florenz und als Bacon in London. Darum tut man auch gut, die Stücke experimentierend aufzuführen.«[44] Dresens *Hamlet* als ein Beispiel für ein solches Herangehen wird an späterer Stelle beschrieben. Andere Regisseure – insbesondere viele, die tatsächlich mit Brecht am Berliner Ensemble gearbeitet hatten – empfanden größere Schwierigkeiten, sich vom Meister loszulösen, und gerieten zusehends in den Trott theoretischer Doktrinen. Paradoxerweise wurden gerade sie von ihren Emanzipationstheorien gefesselt und letztlich domestiziert. Immerhin triumphierten eine Zeitlang nach Brechts Tod ihre sorgfältig eingefädelten Inszenierungen durch die schiere Vitalität, die er dem Medium eingehaucht hatte.[45]

Eine herausragende, ausdrücklich auf Brecht sich berufende Produktion erschien am Berliner Ensemble mit dem *Coriolan* (25. September 1964). Die römische Tragödie war einige Jahre zuvor von Brecht selbst bearbeitet worden. Seine Adaption aus den Jahren 1952/53 war von jener Zeit geprägt, da Aufstieg und Fall Hitlers in der Erinnerung noch lebendig war. Der Kritiker Friedrich Dieckmann merkte an: »Brecht ... macht sich mit den Erfahrungen der Schakal-Vivisektion (d. i. Hitler, M. H.) an die weitere Ausweidung des Tigers (d. i. Coriolan, M. H.) ... – ein unhistorisches Unterfangen, ... geboren aus dem Trieb, den gehaßten Zeitgenossen bis in den letzten Schlupfwinkel zu verfolgen und ihm nach der Gegenwart auch die Vergangenheit zu rauben.«[46] Brecht war selber nicht sonderlich glücklich mit seinem reduktionistischen Ansatz; er hielt Bearbeitungen dieser Art für ein historisch gerechtfertigtes Provisorium.[47] Seine Inszenierungspläne wurden verschoben und schließlich fallengelassen.[48]

Acht Jahre nach Brechts Tod wurde das Stück dann von seinen Schülern Manfred Wekwerth und Joachim Tenschert aufgeführt. In ihrer Überarbeitung von Brechts Fassung gingen sie wieder stärker auf Shakespeare zurück. Angelpunkt ihres Konzepts war der Gedanke, daß ein Krieger und Militärexperte wie Coriolan für Rom zwar in der Tat von unschätzbarem Wert war, daß aber der Preis, den die Ge-

192.
Joachim Tenschert (links)

193.
Manfred Wekwerth (rechts)

194.
Coriolan 1964 Berlin.
R: Manfred Wekwerth /
Joachim Tenschert.
B: Karl von Appen, F: Vera
Tenschert. Der römische Held
(Ekkehard Schall) kehrt von
einem blutigen Massaker
zurück und wird von seiner
Mutter Volumnia gefeiert
(Helene Weigel).

sellschaft letztlich dafür zu zahlen hatte, zu
hoch war. In der szenischen Umsetzung führte dieses Konzept zu einer bemerkenswerten
Bühnenlösung: Um General Coriolan als erstklassigen Fachmann in seinem Beruf zu etablieren, mußten die Schlachtszenen besonders
eindrucksvoll gestaltet werden. Die rhythmisch stampfenden, von Ruth Berghaus choreographierten Kampfszenen um das schwarz/
weiße Drehtor sind inzwischen zum festen
Bestandteil der Ikonographie des Shakespeare-
Theaters der Nachkriegszeit geworden.

195. Ruth Berghaus mit Heiner Müller.

Von diesem Höhepunkt abgesehen, bewegte sich die Inszenierung in den abgesteck-
ten Grenzen einer geläufigen Marx-Inter-
pretation. Es muß allerdings angemerkt
werden, daß in jener Zeit die große Entdek-
kung für jüngere Generationen eben Marx
war. Mit marxistischem Instrumentarium
auch in Shakespeares Stücken die ihm gemäßen Sozialmechanismen zu finden, war
schon eine analytische Leistung, die freilich ganz und gar im Geiste der Zeit lag.
Wo Brecht also gefordert hatte, mit Shakespeare zu experimentieren, wurde hier *an*
Shakespeare experimentiert, und er lieferte die erwünschten Ergebnisse. »Hier
betreten die Klassen nämlich unverbrämt und ohne verbindende Ideale den Schauplatz; ihre ›nackten‹ Interessen bestimmen ihre Handlungsweisen«, schrieb Wekwerth.[49] Die Inszenierung opferte der politischen Ratio die Größe von Shakespeares Held: trotz brillanter Effekte blieb eine Neuentdeckung aus.

Der *Coriolan* hatte einen enormen internationalen Erfolg. Lediglich einige Kri-
tiker äußerten Vorbehalte hinsichtlich der didaktischen Sichtweise, der »Tendenz
zu akademischer Systematisierung«, wie eine kritische Stimme anmerkte.[50] Für
Peter Brook war die Inszenierung »in vieler Hinsicht ein Triumph«, doch wies er
auf einen »winzigen Defekt« hin, der für ihn zu einem »tiefen, aber interessanten
Fehler« wurde. Um seine gesellschaftliche Aussage zu treffen, meinte er, hätte das
Berliner Ensemble nicht vermocht, den im gesellschaftlichen Feld agierenden
Menschen (»the man-within-the-social-scene«)[51] zu akzeptieren. Nun variieren
Aufführungen nicht nur von Abend zu Abend, sie führen ein Eigenleben außerhalb
regielicher Kontrolle.[52] So setzte spontan eine Evolution ein, die Brook unbekannt
bleiben mußte. Der Coriolan-Darsteller Ekkehard Schall war kurz zuvor als Arturo
Ui zu Weltruhm gelangt.[53] Plötzlich sahen ihn die Zuschauer in einer höchst ver-
störenden Art und Weise doch als »man-within-the-social-scene«. Offensichtlich
flossen die Erfahrungen mit Brechts Hitlerparodie allmählich in die neue Rolle ein.
Schall trug nun eine irrationale, unheimliche und selbstzerstörerische Aggressivität

196.
Coriolan 1964 Berlin.
F: Eva Kemlein. Trotz der
Einrede von Menenius
Agrippa (Wolf Kaiser) ist
Coriolan (Ekkehard Schall)
entschlossen,
seine Heimatstadt Rom zu
vernichten.

zur Schau, die unvermittelt in winselndes Selbstmitleid umschlagen konnte. Er überwältigte die Zuschauer mit einer Verkörperung jener unseligen Hysterie, mit welcher Staatsführer wie Wilhelm II. und Hitler die Deutschen tatsächlich anzustecken vermocht hatten – mit katastrophalen Folgen. Dies war eine Besonderheit späterer Vorstellungen, die den Premierenkritikern vorenthalten blieb. Der Regisseur B. K. Tragelehn, der die Entstehung der Produktion miterlebt hatte, schrieb später: »Ich habe erst viel später die Vorstellung wiedergesehen, und da erst war Schall ein ganz großer Eindruck für mich. Die Größe und Gewalt seiner Anlage, einfach eine zweigeteilte Figur zu spielen, Muttersöhnchen und Fleischhacker, eine sehr deutsche Metapher, ragte weit über das Konzept der Inszenierung hinaus.« [54] (Abb. 196) Schall hatte Brechts Problem instinktiv auf der Bühne gelöst, hatte einen Herrscher hingestellt, der Tiger *und* Schakal in einem war.

Die Bezeichnungen »Subversion«, »Konsolidierung«, »Opposition« sind historische Kategorien, ihre Konkretion benötigt stets den geschichtlichen Kontext. Es wäre irreführend, von einer übergreifenden Opposition in den fünfziger und sechziger Jahren zu sprechen. Der junge DDR-Staat fand in manchen Bereichen seiner Politik Unterstützung bei einem Großteil der Künstler und Intellektuellen, wie in fast allen Schichten der Bevölkerung. Hierzu gehörten das Sozialprogramm, die Friedenspolitik, der antifaschistische Konsens und sogar der Versuch, unter widrigen Umständen eine neue soziale Ordnung zu etablieren. Es war relativ einfach, diese erklärten Ziele im theatralischen Diskurs mitzutragen. Es stellte sich aber heraus, daß eine bloße Bestätigung, das heißt ideologische Konsolidierung, die sich nicht zugleich genötigt sah, die Kehrseite, also den undemokratischen, menschendeformierenden Staatsrigorismus wenigstens subversiv zu benennen, es zu keiner überzeugenden Kunstleistung bringen konnte, ja, bald ins Wiederkäuertum verfiel.

Bis in die Mitte der sechziger Jahre, also in einer Zeit extremer gesellschaftlicher Spannungen (1956 Ungarnaufstand, 1959 Landwirtschaftskollektivierung, 1961 Mauerbau, mit personellen Konsequenzen für die Theater), bot das Kulturleben nichtsdestotrotz ein Bild unerschöpflicher Vitalität. Eine junge Generation Intellektueller wurde von grandiosen Träumen und Illusionen mitgerissen. Ein unbestimmtes, aber optimistisches Gefühl, daß nach der dunklen Epoche faschistischer und kapitalistischer Herrschaft möglicherweise eine neue Renaissance mit neuen Werten und neuen humanistischen Zielen im Entstehen begriffen war, führte zu einer naiven Fixierung auf die Renaissance als gesellschaftliches Vorbild. Der künftige Sozialismus würde wettmachen, was über seine häßliche Vergangenheit teils vermutet worden, teils bekannt war. Waren nicht auch die Umwälzungen des elisabethanischen Zeitalters mit heftigen ideologischen Kämpfen, mit Terror und blutiger Verfolgung einhergegangen? Friedrich Engels' vielzitiertes Bild von der Renaissance als einer Zeit, »die Riesen brauchte und Riesen zeugte, Riesen an Denkkraft und Leidenschaft und Charakter, an Vielseitigkeit und Gelehrsamkeit«[55] erschien *mutatis mutandis* auch auf die kommende Epoche übertragbar. Theaterleute fühlten sich aufgerufen, zur Entwicklung eines humanen Sozialismus beizutragen: Für sie bot die Bühne Möglichkeiten, die auf Schillers ›moralische Anstalt‹ zurückverwiesen. Ihre Phantasie wurde von der Vorstellung beflügelt, daß der Mensch unbegrenzte Potentiale zur Selbstentfaltung entwickeln werde, man träumte von sozialistischen Riesen mit gargantuanischen Lüsten und ebenso überdimensionierten Fähigkeiten.[56]

Die so empfundene Wesensverwandtschaft mit der Renaissance führte natürlich zu einem gesteigerten Interesse an Shakespeare. Es läßt sich ein intertextuelles Spiel zwischen dem zeitgenössischen DDR-Drama und der Rezeption des Elisabethaners feststellen. Der Blankvers war zu dieser Zeit eine lebendige Ausdrucksform auf der DDR-Bühne, er wurde von Dramatikern benutzt, nicht als Rekurs auf Shakespeare, sondern um über eine angemessene sprachliche Form für die Dimension ihres Menschenbildes zu verfügen.[57] Zur gleichen Zeit erschienen neue Shakespeare-Übersetzungen, die das Bühnenspezifische der Sprache des Dramatikers berücksichtigten, was bei Brecht das »Gestische« heißt, anstelle der alten, eher literarisch orientierten Wiedergabe der Romantiker und ihrer Epigonen.[58] Es gab wechselseitige Befruchtungen zwischen den Versdramen von Volker Braun, Peter Hacks, Hartmut Lange, Heiner Müller einerseits und den neuen Shakespeare-Übersetzungen (von Adolf Dresen, Maik Hamburger, Heiner Müller, B. K. Tragelehn, Eva Walch) andererseits. Shakespeare schien nah wie nie, man könnte sagen, daß er die Sprache des zeitgenössischen Dramas sowohl mitprägte als auch gleichsam davon geprägt wurde.

Diese Art, die Selbstverwirklichung des Individuums im elisabethanischen Drama hervorzuheben, wurde von der amtlichen Kulturpolitik mit einiger Besorgnis beobachtet. Eine Ausrichtung auf willensstarke Individuen, die Geschichte machten außerhalb der von der Partei festgelegten Richtlinien, erzeugte Unbehagen, wo doch alles kollektiv nach dem Prinzip des demokratischen Zentralismus zu verlaufen hatte. Die Behörden konterten mit der These, daß die Sehnsüchte und Ideale der humanistischen Riesen, ob auf der Geschichts- oder der Theaterbühne, im Staatssozialismus ihre Verwirklichung erfahren würden; wenn nicht sofort, dann doch zumindest in absehbarer Zukunft.

Diese Thematik durchzog die ausgiebigen Feiern zum 400-jährigen Shakespeare-Jubiläum im Jahr 1964. Die jährliche Tagung der Deutschen Shakespeare-Gesellschaft in Weimar wurde von den üblichen drei auf acht Tage verlängert. Parteichef Walter Ulbricht war anwesend, den Festvortrag hielt der stellvertretende Ministerpräsident und ehemalige Minister für Kultur Alexander Abusch. Die Feier wurde landesweit über Radio und Fernsehen übertragen.

Abuschs Rede war insofern ungewöhnlich, als sie eine klar begründete Vorgabe lieferte für Shakespeares Bedeutung für das sozialistische Deutschland sowie eine gültige Interpretation seiner Werke.[59] Sein Ton war meilenweit entfernt vom Giftgespritze eines Schdanow wie auch von den nebulösen, niemals befriedigenden Versuchen, den »sozialistischen Realismus« zu definieren. Abusch setzte eine Kontinuität zwischen den von ihm dargelegten Idealen der Renaissance, insbesondere solcher, die Shakespeare zugeschrieben wurden, und deren Verwirklichung im Entwicklungsprozeß der sozialistischen Gesellschaft.

197.
Hans Dieter Mäde

Seine Ausführungen fanden ihre Inkarnation in einer *Hamlet*-Inszenierung von Hans Dieter Mäde, die von Karl-Marx-Stadt (jetzt Chemnitz) aus in Weimar gastierte (Premiere 15. Februar 1964, Abb. 198). Mädes Konzeption deckte sich in der Tat so eindeutig mit Abuschs Vorgabe, daß an einer vorausgegangenen Abstimmung kaum zu zweifeln war. Mädes Dramaturg Ulf Keyn präsentierte einen Würzeextrakt der Abusch-Mädeschen These und verkündete bei charakteristischer Gleichsetzung des Dichters mit seinem Helden:

Hamlet-Shakespeares Ideal kann in seiner Wirklichkeit keine Erfüllung finden. Seine kühnen Vorstellungen vom Menschen bleiben ein Ideal, das ins Leben umzusetzen einer späteren Epoche vorbehalten blieb ... In unserer Zeit stehen Denken und praktische Tätigkeit in Übereinstimmung, ist der Widerspruch zwischen Geist und Macht aufgehoben. Was bei Shakespeare Sehnsucht, erahnte und erhoffte Perspektive ist, erreicht unsere Zuschauer heute als modernes Lebensziel.[60]

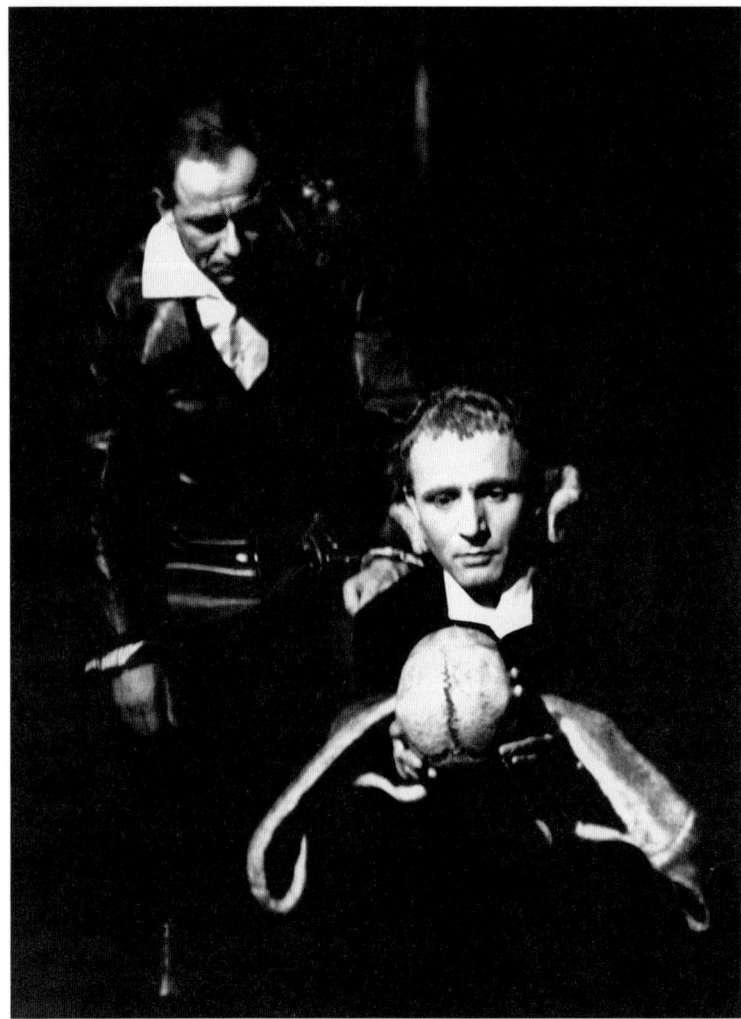

198.
Hamlet 1964 Karl-Marx-
Stadt (Chemnitz).
R: Hans Dieter Mäde,
B: Peter Friede,
F: S. Weickert.
Hamlet unser Zeitgenosse?
Jürgen Hentsch, hinter ihm
Eugen P. Herden als
Horatio.

Parteidoktrinäre hätten sich keine bessere Übereinstimmung zwischen Ideologie
und Kunstwerk, zwischen Parteilinie und Bühnenwirklichkeit wünschen können.
Der Regisseur Hans Dieter Mäde war für eine solche Aufgabe wie geschaffen, ein
auf der kulturpolitischen Karriereleiter rasch Gestiegener, mit 33 schon Kandidat
des Zentralkomitees. Um den Status seines Hamlets noch zu zementieren, verwendete Mäde die Übersetzung des vom Ministerium für Kultur und der Akademie der
Künste geförderten Laureatus Rudolf Schaller, einem Verschlimmbesserer von
Schlegel/Tieck. Mäde erläuterte sein Konzept in einem Beitrag, der Abusch aufs
Stichwort folgte.[61] Die meisten Kritiker bestätigten dann auch, das gesehen zu haben, was ihnen zuvor erklärt worden war.[62] Jahre später bemerkte Armin-Gerd
Kuckhoff, Herausgeber des Shakespeare-Jahrbuchs:

Angesichts häufiger Divergenzen zwischen Thesen der Regie und Theaterwirklichkeit auf der Bühne – nicht nur in sozialistischen Ländern – muß ausdrücklich betont werden, daß Mädes Ausführungen durchaus mit dem übereinstimmten, was auf der Bühne zu sehen war; sie können also als Realität der Karl-Marx-Städter Aufführung akzeptiert werden.[63]

Ein solcher Extremfall ideologiekongruenten Theaters ist wohl einmalig geblieben.

Die umfangreiche, aber recht brave Debatte in *Theater der Zeit* über die verschiedenen *Hamlets* im Shakespeare-Jahr wurde durch einen Kritiker belebt, der die Rolle des Hechts im Karpfenteich übernahm. Alexander Weigel wies kühn auf beträchtliche Mängel der Mäde-Inszenierung hin und warf dem Regisseur vor, den zentralen Konflikt aus der Tragödie herausgelöst und ihn abstrakt in die Gegenwart verpflanzt zu haben.[64] Der verärgerte Regisseur quittierte dies mit der Bemerkung, es sei unerhört, ein Mitglied des Zentralkomitees des Idealismus zu bezichtigen.[65]

In Anbetracht der enormen Bedeutung, die man ihr beimaß, erschien die Inszenierung selbst eher plump und voller Klischees. Schon der inkonsequente Umgang mit der offenen Bühne war ein nachhaltiges Ärgernis: Die in den Zuschauerraum vorspringende Plattform war offensichtlich dem Globe angelehnt, doch konnte der Regisseur gedanklich sich nicht vom Kulissenzauber trennen, was zu dem Einfall führte, eine Reihe bewaffneter Soldaten aufmarschieren zu lassen, die sich stumm dort hinstellten, wo eine Wand zur Abtrennung einer Szene benötigt wurde. Ein solches Arrangement war an Grobheit kaum zu überbieten. Nicht nur, daß auf diesem Globe-Surrogat Shakespeares *scene indivisible* auf der Strecke blieb, sondern das soldatische Aufgebot mußte jede darstellerische Feinheit zerstören. Es war geradezu peinlich, zusehen zu müssen, wie die intime Szene im Schlafzimmer der Königin (wo Shakespeare den alten Hamlet sogar dezent im Schlafrock erscheinen läßt) vor einer stummen Reihe spießbewehrter Statisten agiert wurde.

Die Inszenierung strotzte von solchen Wucherungen. Das einzige, das mit der Aufführung versöhnte, war Jürgen Hentschs Hamlet. Gleich einer Pflanze im Beton brachen da Zartheit, Menschlichkeit, Verletzbarkeit hervor. Diesem hypersensiblen Schauspieler war es nicht gegeben, das flache Konzept zu bedienen, und seine Hilflosigkeit floß unfreiwillig in die Rolle ein. Wiederholt entstanden in dem forschen blonden Helden Momente des Selbstzweifels, Vorbehalte, die sein eigenes Tun in Frage stellten. Hentsch muß bei den Zuschauern wohl doch Skepsis geweckt haben, ob *sie* wirklich dazu geschaffen wären, die diesen Hamlet quälenden Widersprüche für alle Zeiten aufzulösen.[66] Selbst Mädes Modell der Konsolidierung wurde durch eine dem Schauspieler innewohnende Widerständigkeit unterlaufen.

Unter den rund achtzig Shakespeare-Produktionen zum 400-Jahre-Jubiläum sollen hier drei weitere *Hamlet*-Aufführungen erwähnt werden. Sie bewiesen, daß trotz der Proklamierung einer offiziellen Linie ein breites Spektrum an Konzepten und Spielweisen erkundet werden konnte.

Am Deutschen Theater Berlin heg-
te Altmeister Wolfgang Heinz, eherner
Kommunist und einstiges Mitglied der
renommierten Zürcher Emigranten-
truppe, seine eigenen Ansichten darüber, wie die Tragödie zu politisieren
sei (Premiere 17. April 1964). Zunächst
konnte er als aufgeklärter Zeitgenosse
nicht an Gespenster glauben und sah
keinen Sinn darin, derartigem Aber-
glauben Vorschub zu leisten. Er ließ
deshalb Hamlet Senior von einem
Kleindarsteller in Rüstung in Hamlets
Rücken agieren, während die Worte als

199.
Wolfgang Heinz

Juniors Gedanken über Lautsprecher hallten. Dieser Effekt war aber nicht einfach
atheistische Spielerei, es war im Inszenierungszusammenhang wichtig festzustellen,
daß die Initiative von Hamlet selbst ausging. Nach Heinz' Interpretation war der
Prinz der potentielle Retter eines korrupten Staates, der Schuld auf sich lädt, indem
er seinen selbstgewählten Auftrag nicht zu Ende bringt. Durch sein Versäumnis,
den König rechtzeitig zu töten und die Macht zu ergreifen, verspielte Hamlet die
Gelegenheit, seine humanistischen Ideen in die Praxis umzusetzen; damit öffnete er
einem Fortinbras Tür und Tor, der eine weit stärkere Bedrohung als König Claudius verkörperte; der Norweger kam fast als Protofaschist daher. Den Drehpunkt
der Inszenierung bildete die Gebetsszene, in der dieser Hamlet *expressis verbis* der
Gewalt abschwört. Der einschlägige Text, mit Einfügungen aus *Maß für Maß* und
anderen Stücken, lautete wie folgt:

Jetzt könnt ich's tun, bequem, jetzt, da er betet,
Ihm wird nur recht der, ein Verbrechen büßend,
Nicht weiterlebt, ein zweites zu begehen.
Und jetzt: Ich tus.
Das hieß soviel: ein Schurke mordet meinen Vater,
Und dafür töte ich, sein Sohn, den Mörder.
Bin ich ein Unmensch?
Hat denn die Welt nicht anderen Weg als
Blut für Blut, Gewalt nur für Gewalt?
Die Mutter wartet mein.
Dies soll nur Frist den siechen Tagen sein.

Und in der folgenden Szene bekennt er seinem »Vater«, also sich selbst: »Das, was
uns auferlegt zu tun, das solln wir tun. / Solang das Handeln noch in unserer
Hand.«

200. *Hamlet* 1964 Berlin. R: Wolfgang Heinz, B: Heinrich Kilger, Foto des Modells: Dietlind Krönig.
Eine dem Globe-Theater nachempfundene Plattformbühne inmitten des Höllenpanoramas von
Hieronymus Bosch.

Heinz glaubte, daß Hamlets Ideal eines Tages auch verwirklicht wird, aber eben
erst in weiter Zukunft. In seiner Fassung läßt er den sterbenden Hamlet sprechen:
»Doch prophezeie ich: Die Zeit wird kommen, / Da wird der Mensch Herr seines
Schicksals sein. / Und dieser Zukunft gilt mein sterbend Ja.«[67] (Abb. 200) In
sonderbarem Widerspruch zu dieser utopischen Deutung stand der Bühnenpro-
spekt, der mit den apokalyptischen Visionen des Hieronymus Bosch bemalt war.
Dieses sonderbare Produkt eines eigenwilligen Marxisten stellte sich quer zu allen
gängigen Trends der Zeit: Weder folgte es der *ex cathedra* verkündeten Vereinnahmung von Hamlets Idealen, noch war sein Ruf zu den Waffen vereinbar mit den
Prinzipien friedlicher Koexistenz, damals ein Eckpfeiler der DDR-Außenpolitik. Es
stand wie ein erratischer Felsblock im Shakespeare-Jubiläum, wurde anläßlich eines
Weimar-Gastspiels mit obligatem Lob bedacht, dann aber tunlichst übergangen
und bald vergessen.

Der am wenigsten befrachtete *Hamlet* des Jahres war in Potsdam zu sehen (Premiere 13. Dezember 1963). In den Händen einer schwungvollen jungen Truppe
unter Oberspielleiter Peter Kupke, zu der unter anderem Heide Kipp (Ophelia),
Thomas Langhoff (Horatio) und Günter Junghans (Laertes) gehörten, wurde die

201.
Adolf Dresen (r.) mit
Karljürgen Rost, Darsteller
des Osric.

Tragödie fast zum Thriller. Man sah die mitleiderregende Geschichte eines in die böse Welt geworfenen Jünglings: ein edler Sproß, der nichts anzufangen weiß mit all dem herrlichen, aus Wittenberg mitgebrachten Geistesgut. Vor die praktische Aufgabe gestellt, einen Mord zu rächen, visierte Hamlet statt dessen höhere Ideale an, nämlich, die aus den Fugen geratene Welt wieder einzurenken. Damit war er überfordert: Er stieß auf allerlei Tücken, von denen in Wittenberg nicht die Rede gewesen war, geriet in Schwierigkeiten und kam um.

Der zarte, feinnervige Arno Wyzniewki gab den Prinz, der sich in den Maschen einer erbarmungslosen Gesellschaft verfing. Den denkwürdigen Höhepunkt der Aufführung bildete das Duell: Zwei junge Männer in schneeweißen Hemden, kaum mehr als Schuljungen, liefern sich einen Kampf auf Leben und Tod, während der Hofstaat, der sie in ihr Unglück getrieben hat, genüßlich zuschaut. Es war ein klares Verdikt gegen eine Machtpolitik, die unschuldige, hoffnungsvolle Menschen zwischen ihren Kiefern zermalmt. Die Zuschauer konnten nicht anders, als sich mit diesem Jüngling und seinen reinen Idealen zu identifizieren, die heute wie damals undurchsetzbar sind. Zwischen den Zeilen war herauszulesen: Die vielbeschworenen humanistischen Ideale sind immer noch ein Anachronismus.

Die vierte und letzte *Hamlet*-Inszenierung, die im Zusammenhang mit dem Jubiläum hier dargestellt werden soll, entstand im nördlichen Greifswald, weit entfernt vom klassischen Weimar. Der Regisseur Adolf Dresen beschreibt rückblickend seine Gefühle, als er – ein frisch ernannter Oberspielleiter – beauftragt wurde, Shakespeare zu ehren: »Die Aufgabe war mir verhaßt, so wie mir Denkmäler verhaßt sind. Ich schlug *Timon von Athen* vor, ein Stück, das wenigstens nicht berühmt war. Mein Vorschlag wurde nicht akzeptiert. *Hamlet*, hieß es, sei zu spielen, da es das bekannteste Stück von Shakespeare sei.«[68]

Dresen befand sich in skeptischer Verfassung, nicht nur gegenüber offiziellen Auslegungen, sondern gegen die Klassik überhaupt. Shakespeares Text, so schien ihm, wimmelte von primitiven Fehlern; er hielt nicht einmal das, was man in der Schule beigebracht bekommen hatte. Sympathischer schien ihm die Haltung, die Brecht in seinem *Hamlet*-Sonett formuliert hatte: Der Intellektuelle, der human war, solange er zauderte, der aber zu blutigen Taten überging, sobald er aktiv wurde. Doch ein Lob des Zögerns schien ihm zu kurz zu greifen. Schließlich entdeckte er, daß Hamlets Gedankenfülle eine – nötige – Entscheidung verhinderte, daß er dann aber spontan, also ohne gedankliche Voraussetzung, handelte – mit schlimmem Ausgang. Er fand Analogien zu Episoden in der deutschen Geschichte. Nachdem man lange, in Hölderlins Worten, »tatenarm und gedankenreich« gewesen war, war man sehr wohl aktiv geworden, und zwar mit katastrophalen Folgen. Dresen erinnerte an Heinrich Manns Spruch: »Die Macht war geistlos und der Geist war machtlos.« Es schien sich in deutschen Angelegenheiten eine Art Zwiespalt aufzutun, der sich möglicherweise auf *eine* Wurzel zurückführen ließ. Schließlich faßte Dresen seine Überlegungen in den Satz zusammen »Buchenwald liegt bei Weimar«, womit er einen Bezug herstellen wollte zwischen dem idealischen, kontemplativen Diskurs der deutschen Klassik und der unmenschlichen Rohheit der Deutschen, wenn sie sich aufs Handeln verlegten – gipfelnd in den Greueln des nahe Weimar gelegenen Konzentrationslagers Buchenwald. Dieser Schluß war nicht als Neuauflage einer dubiosen Nationalpsychologie zu verstehen, sondern als das Resultat historischer Prozesse, für die *Hamlet* paradigmatisch sei: Hamlet, zu zivilisiert, um *einen* Menschen zu töten, ist am Ende verantwortlich für acht Leichen, einschließlich der eigenen. Vor dem Hintergrund einer solchen Betrachtungsweise verwandelten sich die Widersinnigkeiten des Dramas plötzlich zu Schlüsselstellen.

Solch ein Konzept war leicht auf die Bühne übertragbar: Wenn Hamlet denkt, kann er nicht handeln, handeln kann er, wenn er nicht denkt. Dann handelt er natürlich blind. Und schließlich schaltete er sein Denken ab (»Und Lob dafür der Raschheit …«) und überläßt alles seinem Schicksal.

Die Entstehung des Inszenierungskonzepts ist hier ausführlich dargelegt worden, um deutlich zu machen, daß keine subversive Absicht dahinterstand. Der Regisseur folgte seinen Gedankengängen und machte für sich eine Entdeckung, mit der er meinte, einen gültigen Beitrag zum marxistischen Diskurs geleistet zu haben.

Während der Proben machte sich die Tendenz Shakespearescher Texte bemerkbar, sich über vorgefaßte Konzepte hinwegzusetzen. Der überaus gewandte Schauspieler Jürgen Holtz empfand Schwierigkeiten, sich der Figur gegenüber kritisch zu verhalten. Dresen bemerkt:

Kritik setzt Distanz voraus, diese Distanz aber brachten wir nicht auf, sie kam uns schließlich unnatürlich und wirkungswidrig vor – bis wir begriffen: Das

Stück ist keine Parabel, sondern eine Tragödie … Alle haben gegeneinander recht, doch ihre Rechte schließen sich aus – erst dann wird das Stück groß … Wir vergaßen langsam unser »Konzept«, wie Maurer das Gerüst vergessen, wenn das Haus steht. Wir hatten es zumindest gebraucht, um all das Falsche, das über diesem Stück in der Luft liegt, nicht zu tun.[69]

So wurde Polemik in Shakespeares polyphoner Kunst aufgehoben. Holtz lieferte schließlich eine fulminante Leistung, setzte seine ganze Ausdrucksskala vom expressionistischen Ausbruch bis zur subtilen Zeichnung ein, sprang schlagartig vom edlen Prinzen zum verletzlichen Intellektuellen, vom Rationalen zum Rasenden. (Abb. 202, 203) Im Schlußduell warf Holtz sein Rapier fort, um Laertes mit dem Mobiliar von Helsingör zu bombardieren. Die Inszenierung verband Züge der Clownerie und der Burleske mit den Unbotmäßigkeiten einer ›verkehrten Welt‹. Mit ihrer Verquickung von kritischer Analyse mit volkshaftem Theater erfüllte sie anscheinend auf ideale Weise die Forderungen sozialistischer Kulturpolitik. Aber bereits während der Proben war hinter den Kulissen ein dumpfes Grollen zu hören. Der Generalintendant der Vereinigten Theater Stralsund-Greifswald-Putbus, Georg Roth, ahnte, daß hier Unorthodoxes entstand, und versuchte, die Aufführung schon vor der Premiere zu stoppen. Die Rettung kam verblüffenderweise von der

202. *Hamlet* 1964 Greifswald. F: Eva Gathen. Akt 1, Szene 2. Hamlet verweigert sich den Versuchen des Königs (Rupert Ritzi), ihn zu vereinnahmen. Die Königin (Ursula Schoene-Makus), Osric (Karljürgen Rost) und Polonius (Gerd Funk) sind dabei.

203.
Hamlet 1964 Greifswald.
R: Adolf Dresen,
B: Jochen Hasselwander,
F: Eva Gathen.
Hamlet (Jürgen Holtz) mit Horatio
(Rolf-Martin Krukeberg).

Kreisparteiorganisation der SED. Der zuständige Parteisekretär der Stadt Greifswald, Marlow, erklärte, daß er an der Inszenierung nichts Negatives entdecken könne und sie trotz Drucks von oben nicht zu verhindern gedenke. Diese couragierte
Stellungnahme schuf zumindest für einige Vorstellungen Luft.

Nach etwa einem Dutzend Vorstellungen wurde *Hamlet* von der Theaterleitung
stillschweigend abgesetzt. Es bestand kein Interesse an einer offenen Auseinandersetzung, die die Harmonie der Vierhundertjahrefeiern gestört hätte. Es gab keine
öffentliche Verurteilung. Man wollte die ganze peinliche Angelegenheit herunter-
spielen. Die Angriffe kamen aus der Flanke: Die umfangreichste Besprechung erschien ausgerechnet in der satirischen Zeitschrift *Eulenspiegel*. Der Verfasser C. U.
Wiesner, eine der Shakespearekritik unbekannte Größe, hatte sich bisher einen
Namen gemacht mit den Redseligkeiten eines fiktiven »Frisörs Kleinekorte«. Von
dieser hohen Warte aus verpaßte er den »jungen Bühnenrevolutionären« einen
Fassonschnitt. In wessen Auftrag er das tat, verriet er mit der kaum verschleierten
Drohung an die Theaterleitung: »Intendant Georg Roth ist jetzt sehr bestürzt über
dieses *Hamlet*-Possenspiel und böse auf dessen Initiatoren. Mit Recht. Aber er wird

auch für seine weitere Leitungstätigkeit die Erkenntnis gewonnen haben, daß künstlerische Potenzen ... klug und überlegt gelenkt werden wollen.« [70]

Es verwundert heute kaum, daß Dresens Arbeit in den Ruch des Subversiven kam. Sie verlieh dem historisch begriffenen Konflikt des Hamlet eine gegenwärtige Bedeutung. Sie ließ das Publikum gesellschaftliche Widersprüche als etwas Handgreifliches, sie selbst Betreffendes spüren, als schmerzliche und – falls ungelöst – potentiell destruktive Spannungen. Nicht nur, daß der Dramenheld das dominierende ›Menschenbild‹ unterlief; die ganze Inszenierung entzog sich der normativen, vom Standpunkt eines mimetischen Realismus ausgehenden Kritik.

Die Inszenierung wurde durch Mundpropaganda bekannt. Die wenigen Aufführungen wurden immerhin von einem Gutteil der DDR-Theaterprominenz besucht, darunter Benno Besson, Heiner Müller, B. K. Tragelehn und Wolfgang Heinz, der Dresen auf Grund seines *Hamlet* engagierte, obwohl die Inszenierung mit seiner eigenen auf keinerlei Nenner zu bringen war. Müller versuchte vergeblich, seine Würdigung der Übersetzung im *Forum*, einer aufgeschlossenen Zeitschrift für junge Leute, zu veröffentlichen. Ein Fernsehbericht mit Ausschnitten aus der Inszenierung durfte nicht gesendet werden, Szenenfotos wurden von der Staatssicherheit eingezogen.[71]

Dresens *Hamlet* war vermutlich die letzte Shakespeare-Inszenierung, die vorsatzlos oder aus Naivität subversiv war. Man könnte die Haltung, die hinter einer solchen Produktion stand, als ›integrative Subversion‹ bezeichnen. Bis zu diesem Zeitpunkt schien es noch möglich, offiziellen Verlautbarungen mit Gelassenheit zu begegnen, sie entweder zu ignorieren oder als freibleibende Vorschläge zur Kulturdebatte anzusehen. Dresen betrachtete seinen *Hamlet* als positiven Beitrag zu einer derartigen Diskussion, worin er sich zunächst durch die Unterstützung der örtlichen Partei und das Interesse der Theaterleute bestätigt sah. Das Gefühl eines Antagonismus zwischen engagierten Künstlern und Machthabern hatte sich noch nicht, oder noch nicht überall, eingestellt. Rückblickend schreibt Christa Wolf hierüber: »Wir, auch ich, haben uns ja erst allmählich zu der Erkenntnis durchgearbeitet, daß unsere Hoffnung, trotz allem mit Kunst, und zwar mit *kritischer* Kunst, zur Veränderung dieses Gemeinwesens beizutragen, zum Scheitern verurteilt war.«[72] Integrative Subversion hieß, eine Produktion nicht aggressiv auszurichten, nicht mit polemischer Schärfe zuzuspitzen, aus der Fülle des dramatischen Stoffs zu schöpfen, einen Meinungspluralismus der Figuren zuzulassen. Dresens Inszenierung war auch insofern integrativ, als sie weder auf eine Insiderclique noch auf die Westpresse, sondern auf das breitgefächerte einheimische Publikum zielte und von diesem auch angenommen wurde. Wenn Animositäten entstanden, dann in den Parteibüros und nicht im Theatersaal.

Die Situation sollte sich ändern, als 1965 das 11. Plenum des Zentralkomitees eine mächtige Künstlerschelte veranstaltete. Die Plenarsitzung markierte einen Wendepunkt in der Kulturpolitik der DDR. Vor allem Filmemacher und Schriftsteller wurden hart gemaßregelt, ein halbes Dutzend Filme verboten, Romane fielen der Zensur zum Opfer. Die Tragweite dieser Maßnahmen – die in einem breiteren politischen Kontext standen – war nicht zu übersehen. Immer wieder hatte ein Tauziehen zwischen Parteiführung und Künstlern stattgefunden, jetzt setzte die Partei zu einem Schlag an, der ihr auf Dauer Geltung verschaffen sollte. Die Polarisierung von Macht und Geist war gewollt. Das latente Mißtrauen gegen Intellektuelle erhielt ebenso Nahrung wie deren latentes schlechtes Gewissen, es gelang zum Teil, einen Keil zwischen Künstler und andere Schichten der Bevölkerung zu treiben. Hiernach war der integrative Ansatz in der Kunst kaum noch möglich. Das zeigte sich, als Dresen 1966 an den Kammerspielen des Deutschen Theaters Berlin *Maß für Maß* inszenierte. Die Inszenierungsidee entstand mit einem Seitenblick auf das 11. Plenum. Angelos Feuereifer trug Züge des Parteidogmatismus, ihm wirkten entgegen einerseits der im Schmuddel florierende Pöbel, andererseits der im Pragmatismus rudernde Herzog. Es war, wenn man so will, wieder ein Exkurs über Theorie und Praxis, in dem vorgeführt wurde, daß der Versuch eines Herrschers, die Theorie kompromißlos in die Praxis umzusetzen, zu einer Erstarrung des Staatswesens führen muß, einer Verhärtung, der schließlich der Herrscher selbst zum Opfer fällt. Es war bezeichnend für die Zeiten, daß der Regisseur sein Konzept diesmal geheimhalten und das Stück zum Konzept hin bearbeiten mußte. Dresen versuchte 1968 noch einmal einen integrativen Versuch, als er am Deutschen Theater gemeinsam mit Wolfgang Heinz Goethes *Faust I* inszenierte. Dem folgte ein Theaterskandal von solcher Tragweite, daß er letztlich zu Heinz' Rücktritt als Intendant führte.[73] Danach konnte Subversion, auch mit den Texten der Klassiker, nicht länger naiv oder integrativ sein.

Ein Ereignis von größter Bedeutung für Forschung wie für die Bühne bildete das Erscheinen von Robert Weimanns Buch *Shakespeare und die Tradition des Volkstheaters*.[74] Neben dem Brechtschen Ansatz galt diese Untersuchung als grundlegende Anregung für Regisseure von Shakespeare-Stücken. Weimann ging auf die vielen Ebenen ästhetischer Kommunikation ein, die in der bunten Vielfalt (»mingle-mangle«) des elisabethanischen Theaters zur Wirkung kommen. Er wies nach, daß der offizielle Diskurs von Staat und Behörde ebensooft komödiantisch unterlaufen wie auch bestätigt wurde. Darüber hinaus zeigte er, wie Techniken szenischer und verbaler Verfremdung einer allzu emphatischen Identifikation mit einer Figur entgegenwirkten. Sein Hervorheben der plebejischen Dimension in Shakespeares Stücken flankierte den Prozeß der Hinwendung der Bühnen zum Realitätsbezug und deren Abkehr von bürgerlicher wie auch sozialistischer Schwarmgeisterei.

Die erste, ausdrücklich auf Weimann bezogene Inszenierung war *Leben und Tod König Richards des Dritten* am Deutschen Theater (22. März 1972). Zur Titelfigur hieß es bei Weimann: »So wurde Richard zum furchtbaren Abbild einer im Drama integrierten Geschichtsperson, aber zugleich blieb er der augenzwinkernde Regisseur seines mörderischen Königreiches. Das traditionelle Erbe des beiseitesprechenden, wortspielenden, publikumsnahen, sarkastischen Schurken war nun einem neuartigen Realismus durchaus zuträglich.«[75] Der vom Berliner Ensemble gekom-

204.
Richard III. 1972 Berlin.
R: Manfred Wekwerth,
B: Andreas Reinhardt,
K: Johanna Kieling,
F: Gisela Brandt.
Richard (Hilmar Thate)
springt ins Parkett, um
seinem Publikum auf den
Leib zu rücken.

mene Regisseur Manfred Wekwerth war von den Möglichkeiten der tradierten Schurkenfigur (›Vice‹) fasziniert. Sein Gedanke war, den direkten Publikumskontakt, der von dieser Lasterfigur aus dem Mysterienspiel überliefert ist, für heutige Bühnenverhältnisse wiederzubeleben. Weimanns Textanalyse folgend, konnte er genau bestimmen, an welcher Stelle der Schauspieler in den Saal hinunterzusteigen hatte, um mit dem Zuschauer Aug in Aug zu parlieren. (Abb. 204) Hilmar Thate, der im *Coriolan* den Aufidius gespielt hatte, stattete den Richard mit der Motorik eines Kampfhahns aus. Hinunter- und hinaufspringend, bald blutiger Tyrann, bald Publikums Spießgeselle, schöpfte er alle Möglichkeiten aus, die Bühne und Auditorium bereithielten. (Abb. 205). Dennoch fehlte der Aufführung die Würze. Ein wichtiges Defizit machte sich bemerkbar: Richards Impertinenz, mit der er den Zuschauer zum Kumpel köderte, bezog ihre Kraft eben *nicht* aus Anspielungen auf wirkliche Ressentiments, die bei diesem vorhanden sein mochten. Auf der von Andreas Reinhardt mit einem veritablen Wald aus Galgen jeglicher Form und Größe ausgestatteten Bühne entlarvte dieser Richard die Tyrannei sehr wohl als ein von Menschen geschaffenes Netz schmutziger Intrigen, er forderte aber sein Publikum in keiner Weise dazu auf, den kritischen Blick in Richtung der eigenen Herrscher zu wenden. Der Schauspieler spielte Subversion vor, ohne aber selbst subversiv zu

205. *Richard III.* 1972 Berlin. F: Gisela Brandt. In goldener Rüstung schwingt Richard die Streitaxt zu seiner letzten Schlacht.

sein. Das Spiel mit dem Publikum blieb in einem historischen Kreis gefangen. Damit brach man ihm die aktuelle Spitze ab. Die Shakespearesche *platea* wurde wiederentdeckt, aber funktionell entpolitisiert.

Wekwerths Inszenierung war ein zwiespältiges Phänomen: Gewiß, sie durchbrach stilistisch die Erwartungen normativer Kunstauffassung. Aber der *stilistische* Durchbruch stellte sich nicht als zwingendes Resultat eines *geistigen* Durchbruchs dar. Hier war keine Entdeckung zu feiern, sondern eine akribische Übernahme der von Brecht und Weimann formulierten Techniken zu konstatieren. Aus diesem Grund konnte der englische Theatermann (und Marxist) Clive Barker bemerken, Wekwerths *Richard III.* sei ein Beispiel dafür, wie »die eisige Hand eines Regie›konzepts‹ zur *raison d'être* einer Produktion wird, zum Schaden des Ensemblespiels der Darsteller.«[76] Die Traditionalisten sahen ihre geliebte Formharmonie gesprengt und reagierten schockiert, das Publikum dagegen konnte keine Störung der prästabilisierten sozialistischen Harmonie ausmachen.

Weg von der Politik? Komödien im Wandel (1970–1986)

Herbe Sommernachtsträume

In den sechziger Jahren waren es vorrangig die gesellschaftlichen oder soziopoliti-
schen Aspekte der Dramen, die sich als Gegenstand theatralischer Erkundung anboten. Zu Beginn der Siebziger verschob sich der Schwerpunkt. Menschen, deren
Leben von den Umwälzungen des Krieges und der sozialen Umschichtung bestimmt gewesen war, ließen sich nun allmählich in der Überzeugung nieder, daß es
zu ihren Lebzeiten keine neuen Umbrüche geben werde. Folglich wurden Fragen
des individuellen Glücks, der Selbstverwirklichung im Rahmen einer verfestigten
Gesellschaftsstruktur wieder interessant. Man wandte sich mit frischem Blick jenen
Stücken zu, die – wie der *Sommernachtstraum* oder *Was ihr wollt* – zur Artikulation
individueller Bedürfnisse geeignet schienen. Zu diesem Zeitpunkt meldeten sich in
den Industriestädten Halle und Magdeburg zwei Theater mit Aufführungen des
Sommernachtstraums zu Wort, die den romantischen Illusionismus Max Reinhardts
endgültig hinter sich ließen und beispielhaft für die Inszenierungen des Jahrzehnts
wurden. Am Landestheater Halle versuchte ein junges Ensemble unter Gerhard
Wolfram und Horst Schönemann Ernst zu machen mit der Losung vom lebendigen
sozialistischen Theater. Darsteller und Dargestellte waren größtenteils junge Leute, ebenso das anvisierte Publikum. Die Dramatisierung von Herrmann Kants Er-
folgsroman *Die Aula* (1968) und Ulrich Plenzdorfs Aussteigerstück *Die neuen Leiden
des jungen W.* (1972) bildeten die Eckpunkte dieses Bemühens. Zwischen diesen beiden DDR-Jugenddramen – und ein Jahr nach Peter Brooks Meisteraufführung – lag
Christoph Schroths Inszenierung des *Mittsommernachtstraums* (unter diesem Titel,
8. Mai 1971). Der Grundgedanke ging aus vom Kampf des Individuums um seine
Freiheit und dessen komplexer Spiegelung in den drei Ebenen der Komödie. Die
drei Welten – des Hofs, der Elfen und der Handwerker – ständen relativ im Widerspruch zueinander, bildeten jedoch eine funda-
mentale Einheit, meinte der Regisseur. Den
Athener Staat sah er als eine starre Gesellschaft,
deren tadelloses Funktionieren die Beschnei-
dung menschlicher Potentiale verlangte. Ein
junges Paar widersetzt sich der Autorität um der
Liebe willen. Das Mädchen ist eher bereit, in
den Tod zu gehen, als auf seinen Anspruch auf
Selbstverwirklichung in der Vereinigung mit
dem Geliebten zu verzichten. Der jungen Leute
Schicksal könnte ebenso tragisch enden wie *Romeo und Julia*, schöbe sich nicht diese Mittsom-
mernacht mit ihren sonderbaren Wendungen
und Wandlungen dazwischen.

206. Christoph Schroth

207.
Ein Mittsommernachts-
traum 1971 Halle.
R: Christoph Schroth,
B: Liliane el Hachemi,
F: Neues Theater Halle.
Oberon (Jürgen Reuter)
beobachtet die
Verwicklungen im
Athener Wald.

Der Wald wurde dargestellt als eine mythologisch verfremdete, verzerrte Widerspiegelung des Hofs, in der sich nun aber utopische Visionen abzeichneten. Höfische Starre schlug hier in Gesetzlosigkeit um, die neue Freiheit entlud sich in einem hemmungslosen Spiel der Leidenschaften. Szenisch vollzog sich der Wechsel durch ein einsichtiges Mittel: Gleich griechischen Säulen symmetrisch hängende Stoffbahnen verschoben sich zu einem Wirrwarr von Baumstämmen, zwischen denen die Athener wie in einem Labyrinth taumelten. (Abb. 207) Gesellschaftliche Repression war außer Kraft gesetzt, aber die nun ausbrechende Anarchie ließ erkennen, daß diese Athener zu einem Dasein in Freiheit noch gar nicht geschaffen waren. Oberon mußte die Schutzfunktion des Gesetzes übernehmen, um ein tödliches Gemetzel der jungen Hitzköpfe zu verhindern.

Die Verhaltensweisen am Hof und im Wald wiesen auf eine Kontinuität des Rollenverhaltens hin. Die Unterwerfung der Amazone durch den Tyrann erfuhr eine verzerrte Spiegelung in der Unterwerfung der Feenkönigin durch den Elfenkönig. Von höfischer Konvention befreit, äußerte sich männliches Dominanzbestreben noch nackter und brutaler. Ein besonderes Schlaglicht fiel auf das friedensbewußte Verhalten dieser Frauen: Nicht aus Schwäche ordneten sie sich schließlich unter, sondern aus Sorge um die völlige Zerrüttung ihrer jeweiligen Welt; ihr Bestreben war, die nachhaltig gefährdete Harmonie im Staat und in der Natur wiederherzustellen.

Den im letzten Akt neuerrichteten Konsens bezahlen die Akteure mit Selbstverleugnung. Die jungen Liebespaare, von den Handwerkern mit einem Abbild ihrer

208. *Ein Sommernachtstraum* 1971 Magdeburg. R: Werner Freese, B: Frank und Helga Borisch,
F: Jürgen Banse. Szene mit Zettel und Titania

eigenen früheren Zwangslage konfrontiert, haben jetzt nur noch Spott dafür übrig.
Die einst aus dem patriarchalischen Staat ausgebrochen waren, konnten sich nun
nicht genug tun, über Ideen von Gleichheit und freier Liebeswahl ihren Hohn aus-
zugießen. Der Hinweis auf die Gefahr eines Persönlichkeitsverlusts durch Anpassung war für ein DDR-Publikum nicht zu übersehen.

Aus einem ähnlichen Impuls, das subjektive Glück als einen Wert zu behaupten,
jedoch mit einem vollkommen andersgearteten Ansatz, entstand Werner Freeses
Inszenierung der Komödie an den Bühnen der Stadt Magdeburg (2. Oktober 1971).
Die Stärke der Aufführung lag nicht in einem streng durchdachten Konzept, sondern vielmehr in einer turbulenten, fast explosiven Choreographie als adäquates
Bühnenidiom für das Lebensgefühl junger Leute – meilenweit entfernt von der ab-
geledderten Losung vom »fröhlichen Jugendleben«, die den Frohsinn von oben zu
dekretieren und zu lenken suchte. Heutigkeit und Dynamik waren prägende Elemente der Aufführung, die sich hierin an Brooks Vorbild anlehnte, ohne es im Detail zu kopieren. Als Metapher für den Wald drehten sich buntemaillierte Metall-
gebilde gleich riesigen Schmuckstücken auf der Scheibe. Alle Mittel der Technik
wurden aufgeboten, Licht und Bühne spielten kaleidoskopartig zusammen, und die
lautstarken Musikakzente des Schlagerkomponisten Thomas Natschinski sorgten

für nachhaltige Sinneseindrücke. (Abb. 208) Darsteller in Hippiekleidung, deren Stilisierung wieder auf historische Kostüme zurückverwies, zogen alle Register ihres akrobatischen Könnens, um die Stückhandlung in eine vorrangig physische, vielfach sexuell geprägte Sprache umzusetzen. Der erotische Drang galt als Hauptmotivation der Figuren, und alle Beziehungen gründeten sich auf der Attraktion zwischen Mann und Frau. Mehr als andere Shakespeare-Aufführungen jener Zeit konnte sich diese des Zuspruchs eines Teenagerpublikums erfreuen und es in seinem Selbstgefühl bestätigen.

Unter den bemerkenswerten Inszenierungen des *Sommernachtstraums*, die auf diese beiden folgten, seien hier die von Klaus-Dieter Kirst in Dresden (1974) und von Klaus Fiedler in Rudolstadt (1976) genannt.[77]

Dann erschienen nach fünfundzwanzigjähriger Abstinenz gleich zwei außergewöhnliche Produktionen des *Sommernachtstraums* in der Hauptstadt.[78] Es schien, die (Ost)Berliner Theater hätten sich so lange zurückgehalten, bis sie imstande waren, sämtliche auf diesem Stück lastende Konventionen abzuschütteln.

Alexander Langs Inszenierung am Deutschen Theater (12. April 1980), der einstigen Wirkungsstätte von Max Reinhardt, stellte die schroffste Antithese zum Reinhardtschen Modell auf. Seine Haltung zum Zauberspiel des Altmeisters läßt sich in dem Stückzitat zusammenfassen: »Überdruß an süßlichem Konfekt / Den größten Ekel in dem Magen weckt.« Langs Aversion gegen alle »süßlichen« Interpretationen lenkte seinen Blick mit schonungsloser Konsequenz auf das, was die Komödie an Bitterem hergibt. Das Konzept entstand nicht aus bloßem Trotz gegen eine obsolete Ikone des Theaters, es war vor allem eine Reaktion auf die in der Öffentlichkeit – auch der Kunst – gängige Praxis, gesellschaftliche Widersprüche unter Zuckerguß zu verbergen. Als Bühnenbild diente ein Einheitskasten aus rötlichem, zerknittertem Papier, an der Rückseite mit zwei Öffnungen für Auf- und Abtritte versehen. Zu Beginn erwachten alle Figuren wie aus einem Winterschlaf und sangen tanzend eine deutsche Fassung von »sumer is icumen in«, einem Lied aus dem englischen Spätmittelalter. (Bühne: Gero Troike, Musik: Uwe Hilprecht, der das Stück auch am Gorki Theater betreute) Die Produktion berief sich auf mythologische Riten, mit denen der Winter vertrieben und der Sommeranfang gefeiert wurde. Viel Vertrauen in den kommenden Sommer schien Lang aber nicht zu haben. Die Hoffnungen und Illusionen der Jugend waren bereits über Bord, bevor die Handlung begann. Theseus, ganz Hermelin und Lebensüberdruß, tätschelte seine Hyppolita mit gelangweilter Miene, während er im lästigen Streit seiner Untertanen ein Urteil fällt und die unter-

209.
Alexander Lang

210. *Ein Sommernachtstraum* 1980 Berlin, Deutsches Theater. R: Alexander Lang, B: Gero Troike,
    F: Pepita Engel. Erster Akt, erste Szene: Theseus (Otto Mellies) zieht Hippolyta (Johanna Schall)
    auf seinen Schoß, während sich Egeus (Christian Stövesand) und Lysander (Roman Kaminski) um
    Hermia streiten.

legene Partei (Hermia) mit einem lässigen Klaps auf den Hintern wegschickt. (Abb.
210)

    Der Impuls, der die Liebenden unwiderstehlich zueinander treibt, schien eher
den Frustrationen einer Midlife-crisis als jugendfrischer Liebe zu entstammen.
Diese Mittdreißiger in hochgestylter *casual wear* hatten ihren Glauben an eine Zukunft längst verloren. Lysanders Plan der Flucht in den Wald klang eher wie ein
letzter Ausweg als wie ein Neuanfang. Das feierliche Versprechen, ihm zu folgen,
leierte Hermia gebetsmühlenartig herunter. Zum Wald gab es keinen Szenenwechsel, dafür schlug der latente Mißmut der Akteure in Aggressivität um. Demetrius
vertrieb Helena mit Karateschlägen, und Lysander grapschte hektisch nach Helenas
Schoß, dem »Objekt« der Liebe. Die Aggression steigerte sich noch unter der Lie-
beskraut-Droge, die wie Chloroform zwangsverabreicht wurde. Nach einiger Zeit
wirkten die unsichtbaren Kräfte des Waldes auf die vier Liebenden wie ein Rausch-
gift. Das Erlebte zog sich in das Reich der Phantasie zurück. Als Puck (Horst Manz)
die Männer zum Kampf anstachelte, fand die Handlung nur noch in der Einbildung

211.
Ein Sommernachtstraum 1980
Berlin, Deutsches Theater.
F: Pepita Engel.
Die Liebenden im Athener
Wald sind in einem
Horror-Trip unter dem
Einfluß der Droge
»Lieb-im-Wahnsinn«:
Dieter Mann (Demetrius),
Margit Bendokat (Helena),
Roman Kaminski (Lysander)
Simone von Zglinicki
(Hermia).

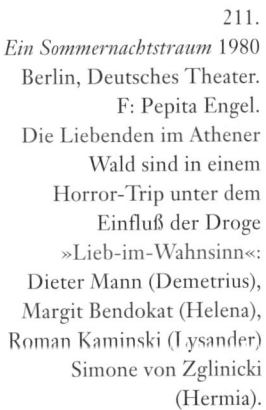

der Liebenden statt: Alle vier standen sie, die Arme verschränkt, als gedankenverlorene Gruppe, während sie ihre Texte vor sich hermurmelten. (Abb. 211)

Die Natur karikierte die Neurosen der modernen Zivilisation. Titania (Katja Paryla) war eine mondäne Marylin Monroe mit hohen Hacken und blonder Perücke, Oberon (Jürgen Hentsch), traurig im schwarzen Plastikmantel, gemahnte an Marlon Brando in einer seiner selbstzerfleischenden Rollen. Bei Peter Squenz und seiner Truppe kam auch keine wahre Freude auf. Eine Gruppe Berufsschauspieler in Biedermeier bei der Probe: reizbar und träge, sich gelegentlich zu einem müden Spaß aufraffend, zum Beispiel, wenn Snout (Harry Pietzsch) den Thisbe-Darsteller Flaut (Horst Weinheimer) mit einer Vagina versorgt, indem er ihm einen verbeulten Filzhut zwischen die Beine klemmt. Squenz (Ralph Borgwardt) war als Regisseur und Intendant der Truppe überfordert, er krümmte sich vor nervösem Magenschmerz und versetzte Zettel (Dietrich Körner) eine saftige Ohrfeige, die dieser prompt erwiderte. Im letzten Akt floß die projizierte Lebensmüdigkeit in die Inszenierung selbst ein: Sie versandete schlicht. Shakespeares Laienspielparodie wurde von desinteressierten Profis vor gelangweiltem Publikum abgespult. Lysander und Demetrius lagen lustlos auf ihren jeweiligen Bräuten: aller Kraft beraubt durch das Waldabenteuer.

Diese ingrimmige Inszenierung der Hochzeitskomödie handelte von Beziehungsarmut, von der Bedrohung durch Manipulation und Identitätsverlust, vom hilflosen Verstricktsein in einem Netz unkontrollierbarer, von außen und innen wirkender Kräfte. Als Peter Brook an seinem *Sommernachtstraum* probte, hieß er seine Schauspieler »das heimliche Schauspiel« und »die weiße Magie« im Zentrum

des Stücks aufspüren. Im Zentrum von Langs Produktion lag eine starke Dosis
schwarzer Magie. Trotz oder vielleicht wegen ihrer einseitigen Emphase geriet sie
zu einem fesselnden Theaterabend, der beinahe 100mal vor vollen Häusern gezeigt
wurde. Die Kritiker zeigten sich im großen Ganzen von dieser *tour de force* beeindruckt, doch ein Rezensent beklagte, man spiele Shakespeare wie Strindberg oder
Wedekind, und ein anderer bemerkte, was Lang bräuchte, aber nicht hätte, sei »ein
neuer *Sommernachtstraum*«[79].

Einige Monate später präsentierte
das Maxim Gorki Theater in Berlin
seine Version des *Sommernachtstraums*
in der Regie von Thomas Langhoff (1.
Oktober 1980). Hier mutierte die traditionelle Opulenz der Szene und Musik zu einer Opulenz der dramatischen
Aktivität. Langhoff setzte von Anfang
an auf die volksnahe Komponente der
Komödie: Vor einem Prospekt, der ge-
weißten Backstein vorstellte und neben
Graffiti den Gruß »salve Theseus«
trug, bot sich geschäftiges Treiben
dem Auge. Arbeiter fegten den Boden,
hißten Fahnen und rollten einen roten
Teppich aus, als wollten sie Athen zu
einer Maidemonstration herrichten.

212.
Thomas Langhoff

Die Vorgänge der ersten Szene beobachteten sie dann von einem Baugerüst an den
Saalwänden aus. Später sah man sie als Handwerker wieder. Theseus (Uwe Ko-
kisch), ein gütiger Playboy-König, ließ sich Hyppolytas (Monika Lennartz) Wohl-
ergehen angelegen sein und reagierte gereizt auf Hermias Ablehnung seines Ver-
mittlungsversuchs: Des Mädchens Eigensinn war in seinem freundlichen Staat
ungewöhnlich und unangebracht. Normale, nette Jungen und Mädels in T-Shirt
und Turnschuhen dachten nicht im Traum daran, die bestehende Ordnung zu
hinterfragen. Die biedere Existenz ohne Höhen und Tiefen, die Geborgenheit, die
man so lange genoß, wie man den Konsens nicht zu durchbrechen suchte, das war
auch eine Facette der DDR, die von Langhoff angesprochen wurde. In seinem Konzept stand die Liebe für die Eigenwilligkeit, die das geregelte Leben zwangsläufig
stört. Allein der Umstand einer durchkreuzten Liebe brachte Helena in Aufruhr gegen eine Ordnung, die so rigoros gar nicht war, in der es sich leidlich leben ließ.
Der Umbruch vollzog sich bereits in Athen: Die Liebenden sprangen einander in
die Arme, wälzten sich am Boden und füllten den Raum mit höchst ungehöriger
Körperlichkeit. Plötzlich zerbröckelte die Backsteinwand, um den Blick auf einen
gelbseidenen Horizont freizugeben. In diesem, von einem arglistigen Puck mit
Fallgrube und Stolperstrick verminten Wald lief die Liebestollheit der Paare völlig

213. *Ein Sommernachtstraum* 1980 Berlin, Maxim Gorki Theater. R: Thomas Langhoff,
B: Henning Schaller, F: Wolfram Schmidt. König und Königin der Feenwelt feiern Versöhnung
in einem Regenschauer. Von links nach rechts: Elfe (Karin Boyd), Oberon (Uwe Kockisch),
Titania (Monika Lennartz, stehend), drei Elfen.

Amok. Mit halsbrecherischem Einsatz wurde gerannt, gesprungen, gestürzt, gejagt,
gekämpft, gerollt, gewatet. (Abb. 213, 214) Oberon und Titania waren ebenfalls von
Liebestollheit besessen. Das Gefolge der Elfenkönigin setzte sich aus Gestalten
zusammen, die einem erotischen Alptraum entstiegen zu sein schienen. Die Liebe
bildete auch den Kern des Handwerkerspiels: Nicht nur, daß sie das Thema ihrer
Aufführung lieferte, es war auch die Liebe zur Kunst, die sie aus dem eintönigen
Arbeitsleben heraushob, ihnen in der theatralen Selbstäußerung ein Mittel bot, die
Grenzen ihres Bürgerdaseins zu überschreiten. Die soliden, mit Stullenpaket und
Bierflasche anrückenden Arbeiter verloren sich in den Leidenschaften des Laien-
spiels.

Im letzten Akt fiel das Liebesquartett, dargestellt als befriedete Ehepaare, in die
Institution zurück. In Sektlaune mischten sich die Männer arrogant in das Spiel der
Handwerker, bis es fast zu Tätlichkeiten kam. Von diesem Vorfall erschreckt, ließen
diese ihr falsches Pathos fallen. Ihre Vorführung der Tragödie von Pyramus und

214.
Ein Sommernachtstraum
1980 Berlin, Maxim Gorki
Theater. F: Wolfram
Schmidt. Helena (Ruth
Reinecke), Demetrius (Udo
Schenk) und Hermia
(Swetlana Schönfeld) im
handfesten Liebesstreit.
Hinten Oberon und Puck
(Klaus Manchen).

Thisbe gelangte zu einer Intensität, die die blasierte Hofgesellschaft zum Schweigen brachte. Die Liebe als Störfaktor ist faktisch gezähmt worden, aber in der Kunst kehrt sie als Ahnung und Utopie wieder.

Die Inszenierungen des *Sommernachtstraums* von Schroth und Freese aus den siebziger Jahren gingen noch von einer abwägenden, dialektischen Sicht der Verhältnisse aus. Die Kategorien Freiheit und Gesetz, Harmonie und Dissonanz, Mensch und Gemeinschaft wurden untersucht, aneinander gemessen und relativiert. Die Interpretationen kreisten um die metaphorisch verstandenen Beziehungen zwischen dem Individuum und einer geschichtlich determinierten, patriarchalischen Gesellschaft. Hierzu wurden Wirkungen, die sich aus dem Spannungsfeld zwischen den historischen Entstehungsbedingungen und aktueller Bezüglichkeit ergaben, einbezogen.[80] Ein Jahrzehnt später interessierte offensichtlich nur noch die *condition humaine*. Den Inszenierungen war abzulesen, daß der Glaube an einen

Pakt mit der Gesellschaft aufgegeben worden war. Ihr Augenmerk auf die existentiellen Aspekte des Dramas richtend, ließen die Regisseure die historischen Ursprünge außen vor, ebenso wie soziale Vermittlungsmöglichkeiten. Die subjektiven Deutungen hefteten sich an die Zwangslage des unsichtbaren Manipulationen ausgelieferten Menschen (bei Lang) oder an eine Urkraft, die imstande ist, alle anderen Bindungen aufzuheben (bei Langhoff). Beide Produktionen waren sicherlich einseitig und in einem gewissen Sinn komplementär, doch beide rangen der Komödie einen provozierenden Gegenwartssinn ab. Ihnen folgten eine Anzahl von Komödienaufführungen, die diesen dekonstruktiven Ansatz übernahmen und die Disjunktion aller menschlichen Beziehungen in den Vordergrund rückten. Bemerkenswerte Beispiele eines solchen antikonventionellen Ansatzes waren 1981 Martin Meltkes Inszenierung von *Was ihr wollt* in Brandenburg und István Iglodis Gastinszenierung desselben Stückes an der Berliner Volksbühne.[81]

»*Wer weiß, wo wir morgen sind?*« – Was ihr wollt *Mitte der achtziger Jahre*

In den Jahren 1985 und 1986 gab es eine ungewöhnliche Häufung der auf deutschen Bühnen ohnehin beliebtesten Komödie *Was ihr wollt*. Eine neue Generation von Regisseuren, zum Teil Anfänger, wandte sich vom avantgardistischen Ansatz ab, um nach den Möglichkeiten einer Selbstverwirklichung durch sinnvolle persönliche Beziehungen in einer Welt der Täuschung zu fragen.

Im exquisiten Jugendstiltheater in Cottbus brachte ein shakespearefreundliches Ensemble von 28 Schauspielern zu DDR-Zeiten regelmäßig alle zwei Jahre ein Stück des Engländers auf die Bühne. Renate-Louise Frosts Inszenierung von *Was ihr wollt* (19. Mai 1985) spielte im Ambiente einer südländischen Märchenwelt; rosa-weiße Palisaden begrenzten rechts und links die Bühne, dahinter ragten Palmenattrappen wie weiße Hände heraus (Bühnenbild: Andreas Rank). Die Kostüme vermischten eklektisch Elemente der Renaissance, des Biedermeier und heutiger Sportkleidung. Olivia (Hanna Petkoff) erschien zunächst als wohlhabende Matrone in einem üppigen Königin-Elisabeth-Kleid von Schwarz und Silber; mit Lorgnon bewaffnet, zwang sie ihren unwilligen Haushalt zur Ausübung der Trauerpflicht. Nach der Begegnung mit Cesario verwandelte sie sich in eine junge Frau im weißen Chiffonkleid mit wallendem, kastanienbraunem Haar. Die Deutung der Olivia als *Virgin Queen*, die erotische Phantasien ausleben darf, welche sie sich im wirklichen Leben versagt, geht auf einen Vorschlag von André Müller zurück; von ihm stammt auch der Gedanke, daß Olivias Freier die sozialen Gruppen repräsentieren, die um die Gunst der Königin wetteiferten.[82] Doch wurden solche Parallelen nicht zu weit getrieben, die Handlung bestand überwiegend aus komischen Zusammenstößen der Figuren auf der Suche nach der *wirklichen* Liebe. Neben Olivia fiel dem Narren Feste (Siegfried Wallendorf) eine Schlüsselfunktion zu. Gerade er war nicht komisch: ein aus dem schneeweißen Harlekinskostüm grotesk herausschauender alter Mann, der sich in Hanswurstiaden zur Belustigung seiner Herrschaft verrenkte. Die ergraute Weisheit muß für die Oberen durch Reifen springen, das hatte ein Pathos, das bewegender nicht hätte sein können.

Entsprechend der Müllerschen Ausdeutung gab es kein harmonisches Ende. Olivias Enttäuschung, einen Sebastian statt des geliebten Cesario vorzufinden, war offensichtlich. In Olivia und dem Narren trat das Anliegen am deutlichsten hervor, die schmerzhafte Kluft zwischen dem Ich und einer formalisierten Welt aufzuzeigen. Dieses Thema wurde in einem wechselvollen Spiel zwischen Maske und Wirklichkeit unter Einbeziehung des Publikums variiert.

Das Friedrich-Wolf-Theater in Neustrelitz, ein Haus mit einem zwanzigköpfigen Ensemble, war eher dem Gegenwartsdrama verpflichtet. Dort hatte am 27. Oktober 1985 *Was ihr wollt* in der Regie von Roswitha Schubert, einer Absolventin des Berliner Instituts für Schauspielregie, Premiere.[83] Ihr Illyrien hatte italienisches Flair. Auf der Bühne (Horst Mamerow) war ein zeltartiges Gebäude aus weißem Segeltuch zu sehen, ein Kampanile ragte zentral hervor. Den festlichen Charakter der Komödie unterstrich eine Truppe venezianischer Masken, die lärmend durch den Saal auftrat und im weiteren Verlauf die benötigten Musikstücke spielte. Aus deren Mitte tauchten dann und wann die Herren Rülp, Bleichenwang und Feste auf, schoben die Gesichtsmasken hoch für ihre Rollen, um anschließend wieder im anonymen Karneval zu verschwinden. Während die meisten Kostüme im Italienischen angesiedelt waren, trug Bleichenwang eine breitschultrige Rangeruniform, die ihn als naiven Besucher aus Übersee auswies.

215. Roswitha Schubert

Schuberts Thema war die Einsamkeit und die Isolation, Zustände, die durch wachsende Fähigkeit zu emotionalem Austausch allmählich überwunden werden konnten. Doch die Öffnung der Gefühle mußte bezahlt werden mit größerer Verletzbarkeit. So brach Olivia (Irene Kleinschmidt), die sich ihren Gefühlen schrankenlos hingegeben hatte, unter dem Schock zusammen, als sich ihr Ehemann Sebastian als hohle Kopie des Menschen entpuppte, dem sie ihre Liebe wirklich geschenkt hatte. Die Spannung zwischen der Forderung, sich zu öffnen, und der Notwendigkeit, sich zu schützen, bildeten den Kern der Inszenierung. »Illusion« und »Lyrik« waren für diese Regisseurin die Begriffe, aus denen sich das Phantasieland »Illyrien« zusammensetzte.

In dem 1100 Personen fassenden Neorenaissancetheater von Altenburg in Sachsen – ein Bau des Wagner-Festspielhaus-Architekten Otto Brückwald – führte der

Intendant Achim Gebauer und sein zwanzigköpfiges Ensemble *Was ihr wollt* am 2. Februar 1986 auf. Die Kostüme verwiesen auf das Nachtklubmilieu der fünfziger Jahre, also einer Zeit mit wiedererwachender Neigung zu Genußleben und Luxus. Die Geschwister Cesario und Sebastian trugen weiße Fräcke, Rülp erschien in einer rosa Glitzerjacke, und an Orsino glänzte eine Weste mit Goldbesatz. Auf der kargen, allenfalls mit einem einzelnen Möbelstück versehenen Bühne lief das Drama mit furioser Geschwindigkeit ab, wobei der Drehscheibe die Aufgabe zukam, die Darsteller ins Spiel hinein und aus ihm heraus regelrecht zu schleudern. Der orgiastische Verlauf folgte der Regieauffassung, nach der die Komödie wie ein Liebesakt gebaut sei, der sich mit wachsender Intensität vom erotischen Vorspiel zur abschließenden Entladung hinbewege. Das Spiel kannte kein Zögern, keinen Zweifel, kein retardierendes Moment. Die Triebkraft der Figuren war im Stücktitel vorgegeben: Jeder wußte, was er oder sie wollte, sei es Macht, Liebe oder bloßes Überleben, und alle erreichten das Erwünschte, obwohl die Beziehungen, die sie bei der Verfolgung ihres Ziels eingehen mußten, Unberechenbares in sich trugen und zu unerwarteten Ergebnissen führten. Gezeigt wurde die (mitunter gefährliche) Emanzipation, die dem Menschen gelingt, wenn er sich seine unterdrückten Begierden eingesteht und sie auszuleben versucht. Als Gegenpart stand Malvolio für die repressiven Kräfte, die dem Prozeß der Selbsterfüllung zuwiderlaufen. Der in die Figuren projizierte Hedonismus ging einher mit einem Gefühl der Vergänglichkeit dieser illyrischen Welt, in der die Zeit verfliegt und die Menschen auf dem Vulkan tanzen. Die Worte »Wer weiß, wo wir morgen sind« aus dem Lied des Narren gingen leitmotivisch und laut durch die ganze Inszenierung.

Die drei beschriebenen Inszenierungen stellten den Versuch junger Leute dar, sich mit ihren eigenen gruppenpsychologischen Problemen auseinanderzusetzen. Der Verzicht auf eine geschlossene, historisch oder metaphorisch festgelegte Bühnenwelt ließ die Beziehungskonflikte unmittelbar hervortreten, in die auch das Publikum als Partner gern einbezogen wurde. Anstelle der Schockwirkungen, die man von den Jahren 1981/82 her kannte, suchten die Regisseure ihr Publikum durch Beispiele ungehemmter Akzeptanz emotionaler Herausforderungen zu mobilisieren. Die Möglichkeit eines sinnvollen Umgangs miteinander wurde zumindest unterschwellig behauptet. Die Inszenierungen waren extrovertiert, freimütig und direkt. Die bei Shakespeare vorhandenen mehr bedachtsamen Texte wurden externalisiert, Reflexion und Introspektion fast zur Gänze ausgeklammert. Die Vorderbühne als *platea*, also als publikumsnahe Plattform, wurde in einem Übermaß verwendet, das durch die Textspezifik nicht immer zu rechtfertigen war.

In jedem Fall bildete Olivia die zentrale Figur und deren Mut zur Beziehungsoffenheit die Kernaussage der Aufführung, wenngleich in zwei von drei ein böses Ende folgte. Viola und Sebastian waren hingegen eindimensional ausgelegt. Die Versuche, traditionelle Säufer- und Grünejungenklischees für Rülp beziehungsweise Bleichenwang zu durchbrechen, gingen zu Lasten der Komik, ohne daß eine überzeugende Alternative gefunden worden wäre. Die Bühnenmusiken waren in jedem Fall saloppe zeitgenössische Kompositionen im Schlagerstil. Die oft mit dieser Komödie verbundene Atmosphäre von Liebessehnsucht wurde durch einen vitalen Aktionismus ersetzt.

Die Inszenierung von *Was ihr wollt* am Deutschen Nationaltheater Weimar (20. März 1986) war zwar auch von äußerer Dynamik geprägt, doch das Regieteam Peter Schroth und Peter Kleinert drang doch tiefer in die Abgründe der Komödie vor. Nach einer dekonstruierenden Inszenierung von *Maß für Maß* 1984, die in der Stadt der Klassik und der Shakespearepflege für Turbulenzen sorgte, folgten die Regisseure nun exakt der dramaturgischen Struktur der Vorlage, aber in einer überaus eigentümlichen Auslegung.

Dem Auge bot sich das Erscheinungsbild eines marokkanischen Ferienorts. Weiße Palmen entwuchsen dem Bühnenboden, in der Ferne war ein Strand auszumachen, im Vordergrund lagerten sich weiße Kamele, die Ambiente und Sitzgelegenheit schufen. Ein Hintergrund in Mittelmeerblau rundete das Bild ab. Man war eingeladen zu Entspannung und Entkrampfung in einer sonnigen Ferienwelt.

216. Peter Schroth, Peter Kleinert

Orsino (Hasso Billerbeck), ein Latin Lover in rotem Frack, dirigierte verzückt ein unsichtbares Orchester, das »der Liebe Nahrung« gab. Für Rülp, ungeheuer dick und schnauzbärtig, hatte ein südamerikanischer Entertainer Modell gestanden. Bleichenwang mit Tropenhelm und Schirm kam offensichtlich als Tourist aus Europa auf Besuch. Die Truppe um Junker Tobias zeichnete sich dadurch aus, daß sie sich gleich einer Tanzgruppe unentwegt zu lateinamerikanischen Rhythmen fortbewegte. Ein Stilmerkmal, das genügte, um in der Lauschszene zu suggerieren, sie seien für Malvolio unsichtbar; nur wenn sie vor Aufregung aus dem Takt gerieten, drohte ihnen die Entdeckung. In der Trinkszene wurde das Entertainmentklischee hemmungslos ausgebeutet. Rülp und Bleichenwang schnulzten ihre Kanons ins Mikrophon, ein beleuchtetes Traumschiff segelte am Horizont vorbei. Auf dem Höhepunkt unterbrach Malvolio das Gelage, um im Namen des Nationaltheaters gegen eine solche Entweihung zu protestieren.

Das entscheidende Merkmal der Aufführung bestand in der Geschlechtsambivalenz der Geschwister Viola und Sebastian. Daß *ein* Schauspieler *beide Rollen* spielt, hatte man schon des öfteren gesehen. Diese Inszenierung ging darüber hinaus. Dem Darsteller Axel Wandtke gelang eine seltsame *Verschmelzung* von Mann und Frau. Er verwandelte sich in ein androgynes Wesen, welches von beiden Geschlechtern begehrt wurde und mit beiden erotisch zu verkehren vermochte Der blonde Ephebe im weißen Gewand pendelte zwischen Mann und Weib, bis die Grenzen

217. *Was ihr wollt* 1986 Weimar. R: Peter Schroth / Peter Kleinert, B: Bernhard Schwarz,
F: Maria Steinfeldt. Der/die schöne Viola/Cesario/Sebastian (Axel Wandtke) nähert sich Olivia
(Karin Schroth).

unscharf wurden. Besonders eindringlich wurde dies dem Zuschauer beim Lied
»Komm herbei, Tod« zu Ohren gebracht: Wandtke hob an im Tenor (als Cesario)
und ging ganz allmählich in den Sopran (als Viola) über.[84] Die Regisseure erläuter-
ten im Programmheft:

> Viola drückt ihre Liebe zu Orsino als Cesario aus. Es gibt bei Shakespeare keine
> Rückverwandlung des Knaben in das Mädchen. Das Verkleidungsspiel ist ein
> Spaß mit tieferer Bedeutung. Die Renaissance kennt den erotischen Mummen-
> schanz, die Gratwanderung zwischen den Geschlechtern. Orsino hat Viola als
> Knaben liebgewonnen, also das Wesen, nicht das Geschlecht, bestimmt seine
> Zuneigung. Ebenso ergeht es Olivia. Sie verliebt sich in den Diener Viola-Cesa-
> rio. Eine Utopie ist angedacht. Traditionelle Geschlechterrollen werden aufge-
> hoben oder befragt, die Grenzen fließen – ein Reiz des Stückes … Am Ende sind
> Olivia und Orsino glücklich. In unserem Spiel verschmelzen Viola und Sebastian
> theatralisch zu einer Figur – Violasebastian … Das ist ein Traum, Utopie – hier
> werden – in der theatralischen Fiktion – verborgene Wünsche erfüllt.[85]

Aufgrund der utopisch schillernden Vielgeschlechtlichkeit konnte die Produktion ein für alle Figuren gültiges Happy-End bewirken. Während der Clown sein

Schlußlied sang, sah man die drei Liebenden – Orsino, Olivia und Violasebastian – hinter einem Gazeschleier in einem exaltierten Tanz vereinigt.

Illyrien war der Ort, an dem jeder, sogar das »Paar« Rülp und Bleichenwang, seine Liebeserfüllung fand. Es war eine Insel des Überflusses, auf der soziale Unterschiede in einem allgemeinen Urlaubs- und Liebesrausch unbedeutend wurden. Es war der Ort einer nächtlichen Utopie, die trotz elegischer Momente am Ende doch mehr bei den Nächten von Palm Beach als in einem stimmungsvollen Notturno angesiedelt war. Die Inszenierung schuf eine künstlich erhöhte, zusammenhängende Bühnenwelt, auf die der Zuschauer seine Sehnsüchte projizieren konnte. Seine Alltagskonflikte sah er dort kaum ausgetragen. Wie alle hier besprochenen Inszenierungen folgte sie dem Trend zu expliziten Sexualhandlungen auf offener Bühne, doch erweiterte Weimar die vordergründige Metaphorik des Geschlechtlichen, indem es seelische *und* physische Vorgänge in ihrer Wechselseitigkeit erforschte.

In diesen vier Aufführungen von *Was ihr wollt* zeichnete sich, wenige Jahre vor der Wende, eine kleine Wende ab. Sie machte sich bemerkbar durch ein neuerwachtes Interesse an »real existierenden« Beziehungen zwischen Bürgern, und deren Ringen um menschliche Souveränität. Wenn die politische Dimension des Spruchs »Wir sind das Volk« noch nicht gemeint war, so wurde auf alle Fälle gesagt: »Wir sind die Leute«. Ein solches Interesse hatte zur Folge, daß glaubwürdige Figuren aufgebaut wurden, die in einem begreifbaren Beziehungsgeflecht begreifbare Handlungen vollzogen. Daher die Rückwendung zu den direkten Theaterformen, zu einem Realismus mit Fernweh. Vielleicht war in diesen regionalen Stätten mehr über die kommenden Veränderungen abzulesen als im Zentrum. Man entdeckte »Illyrien« in den Händen, Herzen und Bäuchen der kleinen Leute.

Sich königlichst bewährt? *Hamlet* 1973–1983

In der Figur des Dänenprinzen fanden die Deutschen seit eh und je ihre eigene Seele wieder (»Deutschland ist Hamlet«, schrieb Ferdinand Freiligrath). Am *Hamlet* mehr als an jedem anderen Shakespearestück entzündeten sich politische und ästhetische Debatten in der DDR. Drei bedeutsame Produktionen in dem Jahrzehnt von 1973 bis 1983, einer Periode politischer Stagnation und wachsender Desillusionierung unter den Intellektuellen, lieferten Stoff für heftige Kontroversen. Frühere Aufführungen des *Hamlet* waren von der Voraussetzung ausgegangen, daß der Prinz eine Position in Thronnähe einnimmt und, einmal eingesetzt, »sich königlichst bewährt« hätte. Der Diskurs drehte sich um Machtkämpfe auf höchster Ebene und die Möglichkeiten eines eventuellen Umlenkens zu einer humaneren Staatsführung. Die Inszenierungen der siebziger Jahre hingegen sprachen dem dänischen Jüngling den Anspruch auf Staatsautorität ab. Er wurde nun als individualisierter Rebell, als anarchischer Malcontent dargestellt, als ein Aussteiger aus dem etablierten Machtgefüge.

218. *Hamlet* 1973 Schwerin. R: Gert Jurgons, B: Edda Naumann, F: Klaus Nitsche. Alle Mitspieler, einschließlich eines gutgelaunten Hamlet (Reinhard Hellmann, Mitte oben) präsentieren sich wie im Zirkus.

Ein solcher Ansatz kam in der Inszenierung von Gert Jurgons am Mecklenburgischen Staatstheater Schwerin zum Ausdruck (27. Mai 1973). In einem zeltartigen Bühnenbau mit Masten und Seilen begann dieser *Hamlet* wie ein Zirkusspektakel: Zwei Clowns als Anreißer führten die Figuren ein, die nacheinander auf Trapezen herabgelassen wurden, bis das vollständige Ensemble sich als Tableau präsentierte. (Abb. 218) Die Darstellungsweise sprang zwischen der im Vorspiel geschaffenen Zirkusebene und einem deftigen Illusionismus hin und her. Jähe Lichtwechsel über der Architektur eines erhöhten Podestes in Bühnenmitte erzeugten bald eine düstere, bedrohliche, bald eine mittäglich strahlende Atmosphäre. Emotionen wurden expressionistisch ausgespielt, dazu paßten die überhöht geschminkten Gesichter. Zu seinem vitalen Hamlet borgte sich Reinhard Hellmann die Techniken des Clownsspiels, der Pantomime und des Grand Guignol. Blitzartig schnellten die Launen dieses unbändigen Burschen zwischen Liebenswürdigkeit und Brutalität hin und her; der Vergewaltigungsversuch an seiner Mutter ging unvermittelt in ein zärtliches Streicheln über. In edles Leder gekleidet, halb Prinz, halb Rocker, spie er

219.
Hamlet 1973 Schwerin.
F: Klaus Nitsche.
Hamlet der Ankläger,
am Gürtel die mahnende
Schiefertafel.

seine Monologe dem Publikum ins Gesicht, als sei es schuld an seiner Situation. Die Zeilen »Welch ein Meisterwerk ist der Mensch ...«, die gern als Shakespeares humanistisches Manifest zitiert wurden, sprach er auf dem Rücken liegend, alle Viere von sich gestreckt.

So etwas verstörte vor allem die Wächter des kulturellen Erbes, die darin einen Angriff auf den Humanismus erblickten. Das lag nun erklärtermaßen nicht in der Absicht der Inszenierung. Das Programmheft erläuterte: »Hamlet kann die Misere seiner Welt nicht ändern ... Die Konsequenz – wohlgemerkt Hamlets Konsequenz! – ist furchtbar ..., der idealistische Schwärmer Hamlet (kapituliert) nicht nur vor der Brutalität der gesellschaftlichen Praxis, sondern wird zum sarkastischen Nihilisten und Renegaten seiner einstigen Ideale.«[86]

Nicht der Humanismus, sondern die Hamletgestalt als deren Repräsentant wurde in Frage gestellt. In der Aufführung war freilich mehr vom Exzentriker als vom Nihilisten zu sehen. Hamlet wies einige Züge der Beatgeneration auf und legte damit den Vergleich mit Edgar Wibeau nahe, dem Helden aus Ulrich Plenzdorfs Aussteigerstück *Die neuen Leiden des jungen W.*, welches, ein Jahr zuvor in Halle uraufgeführt, unter Jugendlichen schnell zu Kultstatus gelangt war.[87] (Abb. 219) Doch zeigte diese *Hamlet*-Aufführung nicht nur einen störrischen Helden innerhalb der Handlungsstruktur, sie erwies sich selbst als subversiv in ihrem Rückgriff auf nicht-repräsentative Formen des Theaters. Sie war durchsetzt von nichtliterarischen, performativen Techniken einer vorklassischen Bühne. Solch ein direkt zupackender Stil faszinierte das Publikum, war aber für die klassische, textorientierte Kritik schwer verdaulich. Das clowneske Spiel wurde als realistische Mimesis gedeutet, die Shakespeares Figuren mutwillig verzerre.

Jurgons' *Hamlet* geriet mitten in eine laufende ideologische Debatte hinein. Nachdem die Realismus/Formalismus-Diskussion endlich abgeklungen war, wurde nun die Frage nach dem angemessenen Umgang mit dem »klassischen Erbe« zum Gegenstand einer heiß umkämpften Positionsbestimmung.[88] Die *Hamlet*-Aufführung lief zweifellos der Antizipationstheorie der Konservativen zuwider, nach welcher das klassische Erbe sich in der sozialistischen Welt ansatzweise schon verwirklicht sähe. Die diversen Positionen fanden in einer umfangreichen Debatte ihre Darstellung. Die Diskussion wurde von Liane Pfelling mit einer vergleichenden Kritik von vier *Hamlet*-Inszenierungen eröffnet. Zwei davon – Leipzig 1971 in der Regie von Karl Kayser und Weimar 1972 in der Regie von Fritz Bennewitz – genügten ihren hochgesteckten Ansprüchen an den Umgang mit dem Erbe. So bescheinigte sie der Weimarer Aufführung, daß sie »versucht ..., den humanistischen Ideengehalt des Werks szenisch zu verdeutlichen« (obwohl sie teilweise »zur Erzeugung von Langeweile tendiert«!). Die beiden anderen Inszenierungen (Magdeburg, Regie: Werner Freese, und Schwerin) wurden als unzulänglich gerügt: Sie verletzten »den humanistischen Kern der Dichtung ... [und seien] mit der marxistisch-leninistischen Haltung zum Erbe unvereinbar.« Jurgons' Inszenierung insbesondere sei ein »das Humanismusideal beschädigender Inszenierungstyp«, der das »gedanklich-philosophische Moment« weitgehend eliminiere.[89] Auf diese fundamentalen Vorwürfe gab Jurgons eine beherzte Antwort, in der er erklärte, das Theater bestünde eben nicht darin, »einem Kritiker das ihm Bekannte und von ihm Erwartete noch einmal ... zu bestätigen«. Er wies die »politisch-ideologische Verketzerung« (so sein unverblümtes Wort) entschieden zurück und führte aus: »Vom vorliegenden Stück ausgehend, war es uns nicht möglich, die Perspektivlosigkeit des untergehenden Feudalismus zu verschleiern, die Brutalität seiner Praktiken zu mildern und die durchaus ehrenwerten Fehlkonzeptionen bürgerlicher oder frühbürgerlicher Opponenten (Hamlet) mit dem milden Licht allgemeinmenschlichen Fortschrittsglaubens zu umgeben.« Hier benannte Jurgons in aller Kürze – und in

220.
Gert Jurgons (links)

221.
Benno Besson (rechts)

korrekter marxistischer Terminologie – den Einwand des Praktikers gegen die Doktrin vom sakrosankten Erbe. Jurgons fügte, nicht ohne Doppelsinn, hinzu, man dürfe den Bewußtseinsstand eines Publikums, das fünfundzwanzig Jahre sozialistischer Praxis erlebt habe, nicht zu tief ansetzen. Die Diskussionsrunde in *Theater der Zeit*, die bald auch in Buchform erschien, war von bemerkenswerter Offenheit und hob sich wohltuend von früheren Kampagnen, die von oben herab mit dem Holzhammer geführt wurden, ab.[90]

Benno Besson, 1949 aus der französischen Schweiz ans Berliner Ensemble gekommen, um unter Brecht zu arbeiten, war bis zu seinem Weggang 1977 einer der originellsten Regisseure der DDR. Seine Inszenierungen von *Der Frieden* von Peter Hacks nach Aristophanes und *Der Drache* von Jewgenij Schwarz am Deutschen Theater waren umjubelte Erfolge und gingen in ganz Europa auf Tournee. In seinen ersten Shakespeare-Inszenierungen, insbesondere bei den *Zwei Herren aus Verona* (Frankfurt am Main 1959, Deutsches Theater Berlin 1963), fand sein witzigpräziser Stil, der Brechtsche Verfremdungstechniken mit gallischem Geist kombinierte, nicht den rechten Zugriff. Als er 1969 die Ostberliner Volksbühne übernahm, versuchte sich Besson an einer ganzen Reihe von Experimenten mit Shakespeare. Mit einem Team, dem Heiner Müller angehörte, bearbeitete und inszenierte er 1970 Gerhard Winterlichs *Horizonte*, eine Paraphrase auf den *Sommernachtstraum*, dann 1975 *Wie es euch gefällt* und schließlich *Hamlet* (14. April 1977). Bessons erste Arbeit an einer Shakespearetragödie verstand sich gleichsam als Gegenentwurf zu Ljubimovs berühmtem *Hamlet* am Moskauer Taganka-Theater (für Besson ein »politisches Pamphlet«), und knüpfte an seine eigene Inszenierung von *Wie es euch gefällt* an: Beide Dramen handelten seiner Ansicht nach von Beziehungsstrukturen zwischen Eltern und ihren Kindern, insbesondere von der Unterdrückung der Töchter in einer männlich dominierten feudalistischen Gesellschaft.[91]

Für Zuschauer, die an Bessons Finesse gewöhnt waren, kam die robuste Gangart dieser Aufführung überraschend. Manfred Karges Hamlet war ein fleischiger Koloß, ein Kerl mit wüstem Haar, die Hosenträger über den nackten Oberkörper geschlungen, einer, auf den die Benennung »Lump und Bauernknecht«, die er sich in einem Augenblick des Selbsthasses gibt, durchaus zutrifft. Seine plebejische Clownsgestalt mit Holzschwert in der Hand ging noch auf die vorshakespeareschen Figuren des Laster (Vice) und des Narren zurück. (Abb. 222)

Waren im Schweriner Hamlet noch einige Rudimente des Edelmanns zu erkennen gewesen, so vollzog sich hier der endgültige Bruch mit dem Bild des höfischen Prinzen und des humanistischen Studenten. Berstend vor wilder Energie, tobte, fluchte und flennte dieses übergroße Kind in permanenter Rebellion gegen alles und jeden: gegen sein Mädchen, seine Mutter (trotz einer eifersüchtigen Schwärmerei für sie), seinen Stiefvater, ja sogar gegen seinen eigenen Vater. Dies erbrachte eine komische Wendung in der Begegnung mit dem Geist, wo der alte Hamlet in väterliche Wut gerät über den trotzigen Sohn, der nicht auf der Stelle parieren will.

222.
Hamlet 1977 Berlin.
R: Benno Besson,
B: Ezio Toffolutti,
F: Eva Kemlein.
Das Cover von *Theater der Zeit* zeigt Manfred Karge in der Titelrolle. Skizzen und Text von Emine Sevgi.

Unter all seinen Ausbrüchen war dieser Hamlet ein Alleingelassener, ein Außenseiter in einer fühllosen Umwelt. Stets auf der Suche nach Freundschaft, fand er sie nirgends, nicht einmal bei dem traditionellen »Freund« Horatio. Seine Trotzanfälle waren verzweifelte Versuche, den Abgrund zwischen sich und anderen Menschen zu überbrücken. Besson hatte in der Tat jede Vorstellung verworfen, daß Hamlet eine »aus den Fugen geratene Welt« wieder einrenken könnte, und konzentrierte sich auf das Schicksal einer ausgehungerten Seele in einer solchen Welt. In einer ausführlichen Würdigung bedauerte Robert Weimann, »daß ... die geistige Physiognomie der Gestalt etwas verflacht« war, verteidigte aber Bessons Inszenierung hinsichtlich ihres humanistischen Gehaltes: »der Humanismus der Gestalt [wurde] zwar keinesfalls zurückgenommen, aber doch auf andere Ebenen verlagert: auf die

223. *Hamlet* 1977 Berlin. F: Adelheid Beyer. Die Totengräberszene mit Zweitem Totengräber
(Jürgen Rothert), Hamlet (Manfred Karge) und Horatio (Michael Gwisdek). Im Hintergrund
das labyrinthische Bühnenbild.

mehr isolierte Humanität seines warmherzigen Suchens nach menschlichem Kontakt.«[92] Weimann rechtfertigt hier Bessons Konzept, indem er den Begriffsinhalt
von »Humanismus« stillschweigend, aber wesentlich durch Hinzufügung eines
subjektiven Glücksanspruchs erweitert!

Auf dem mittigen, von einem bizarren Labyrinth umgebenen Spielplatz führten
wohl *alle* Figuren ein isoliertes Leben. (Abb. 223) Horatio irrte wie ein konfuser
Zuschauer über die Bühne, begriff nur langsam, was um ihn herum geschah, bis er
am Ende – zu spät – sagen konnte: »Dies alles kann ich/ Mit Wahrheit melden.«
Gertrud (Ursula Karusseit) war das emotional erloschene Opfer zweier Ehemänner,
Ophelia (Heide Kipp) das hilflose Opfer ihres Vaters.

Hamlets individualistischer Aktivismus half weder ihnen, noch ihm selbst. Trotz
all seines Gezeters kam es niemals zu einer wirklichen Bedrohung des einsamen Tyrannen Claudius (Dieter Montag), die Gebetszene war ohnehin gestrichen. Statt
dessen machte sich Hamlet nach dem vermeintlichen Sieg durch die »Mausefalle«
selbst zum König, indem er genüßlich eine Papierkrone aufsetzte.

Mit Hamlets Rede an die Schauspieler lieferte Besson, konventionelle Auslegungen auf den Kopf stellend, seinen eigenen Beitrag zur laufenden Ästhetik-Debatte. Jene Anweisung an die Komödianten, die immer als Shakespeares Bekenntnis zum Realismus gegolten hatte, wurde hier als anmaßende Lektion eines Dilettanten an Berufsschauspieler dargestellt. Hamlet verkündete selbstgefällig seine abgedroschene Poetik der Nachahmung, während der Erste Schauspieler (Fritz Marquardt) zu Tode gelangweilt zuhörte und mit der lässigen Arroganz des Profis erwiderte: »Ich hoffe, wir haben das ziemlich abgeschafft bei uns, Sir.« Anstelle des ungeschliffenen Wandermimen, der von einem humanistisch gebildeten Prinzen belehrt wird, gab es hier einen selbstbewußten Künstler, dem ein höfischer Gönner laienhafte Ratschläge erteilte. Diese Interpretation unterlief nicht nur die Autorität von Hamlets = Shakespeares Ästhetik der Mimesis, die bisher bedenkenlos übernommen worden war, sie brach gleichzeitig eine Lanze für die Autorität des Künstlers gegenüber staatlicher Einmischung schlechthin, was sehr wohl vom Ostberliner Publikum registriert wurde.

Ein unheilvoller Unterton durchzog die ganze Aufführung, verursacht durch wiederholte Hinweise auf einen drohenden Krieg. Das Stück begann mit dem Gehämmer einer Waffenschmiede, und als Fortinbras, ein in Weiß und Gold gekleidetes, frühreifes Jüngelchen, den letzten Feuerbefehl erteilte, ging der Salut in ein martialisches Gedonner über.

Piet Drescher, ein aus dem Berliner Ensemble hervorgegangener Regisseur, hatte sich in Karl-Marx-Stadt (heute Chemnitz) und Potsdam durch klare, phantasievolle Inszenierungen von Sophokles, Brecht, Lorca und O'Casey einen Namen gemacht. Als er zu Shakespeare vorstieß, schärfte die Beschäftigung mit dessen Dramen seinen kritischen Sinn und verlieh seinen Arbeiten eine zunehmend politische Färbung: In Shakespeare meinte er einen besseren DDR-Dramatiker gefunden zu haben als die meisten lebenden. Im Verlauf der Proben zu *Macbeth* in Karl-Marx-Stadt (1978) stieß er immer deutlicher auf wohlbekannte Merkmale kommunistischer Machtpolitik, was sich dann wiederum in seiner Interpretation der Tragödie niederschlug.[93]

Einige Jahre später war mit Dreschers *Hamlet*-Inszenierung wohl das deutlichste Politspektakel zu sehen, das je in der DDR auf die Bühne kam (6. November 1983). Potsdam besaß eine lange Tradition als preußische Garnisonsstadt, war nun ein Stützpunkt der russischen Besatzungstruppen und lag unweit der Berliner Mauer mit ihrem Stacheldraht und Wachtürmen. Solcherart martialisches Gerät konfrontierte den Zuschauer, der den Vorhof des Theaters betrat, wo ominöse Wachposten patrouillierten und der Weg zum Eingang von Stacheldraht fast versperrt war. Der ursprüngliche Plan, ein Maschinengewehr auf dem Dach des Theaters aufzustellen, war allerdings nicht genehmigt worden.

Die Inszenierung befaßte sich mit der Zwangslage eines Intellektuellen in einem Land unter totaler Überwachung. Sie ließ sich an mit allbekannten Zeichen humanistischer Kultur: Hamlet betrat die Bühne mit einem Reclambändchen des *Hamlet*

224.
Hamlet 1983 Potsdam.
R: Piet Drescher,
B: Frank Hänig, Helga Leue,
F: Jutta Oloff.
Zweiter Akt, zweite Szene.
Polonius, Eckhard Müller:
»Was lest ihr, Mylord?«
Hamlet (Matthias Günther),
die Parteizeitung *Neues
Deutschland* in der Hand:
»Worte, Worte, Worte«.

in der Hand, im Saal hingen Schiefertafeln mit erbaulichen Zitaten diverser Autoren. (War es Zufall, daß neben den Märtyrern Thomas Morus und Giordano Bruno
auch Christa Wolf und Volker Braun zitiert wurden?)

Diese geistdurchdrungene Idylle wurde mit dem Auftritt des Geistes jäh zer-
schlagen. Von einem Turm herab blendeten grelle Scheinwerfer mit einemmal die
Zuschauer, unerträglicher Lärm betäubte ihre Ohren. Abgründe von Gewalt taten
sich in diesem Dänemark auf, unvermutet sah man eine Betonmauer die Spielfläche
auf der Bühne umgrenzen. Dänemark war in der Tat ein Gefängnis, oder vielmehr
ein Orwellscher Alptraum. Claudius (Eckhard Becker), Diktator und Boß, beherrschte den Hof mit eiserner Hand, über dem schwarzen Gangsteranzug eine
königliche Robe drapiert. Rosenkranz und Güldenstern wurden für ihre Dienste
per Scheck bezahlt. Polonius saß wie eine Spinne in einem Kontrollraum und
verfolgte jede Bewegung Ophelias und Hamlets auf einer Reihe von Monitoren.
Gegen so einen massiven Machtapparat konnte der wohlmeinende junge Prinz

nichts ausrichten. Allenfalls reichte es zu subversivem Spott, in dem sich die ironische Haltung mancher DDR-Intellektueller widerspiegelte: auf die Frage, was er da lese, stieß Hamlet zwischen den Lippen hervor: »Worte, Worte, Worte« und warf das Parteiorgan *Neues Deutschland* angeekelt zu Boden. (Abb. 224) Um seine Ideale zu retten, verweigerte sich Hamlet der Gesellschaft und ließ so potentielle Verbündete im Stich. Eva Weissenborns Ophelia, zu Beginn eine durchaus selbstbewußte junge Dame, wurde nicht wegen unerwiderter Liebe oder des Vaters Tod wahnsinnig, sondern durch den Druck der Apparatschiks, zu denen, wie sie glaubte, auch Hamlet gehörte. Als der junge Prinz endlich zu handeln begann, lief er Amok und brachte wahllos fast alle um, sich selbst eingeschlossen. Zuletzt vollendete Fortinbras das Werk, indem er den potentiellen Zeugen Horatio erstach. Auf den tragischen Schluß setzte Drescher eine ironische Pointe: Die Toten kamen wieder und bauten sich zu einem heroischen Denkmal auf, einem Gruppenbild zum Gedenken der soeben beendeten »großen historischen Ära«!

Eine so unverblümte Darstellung eines Terrorregimes war für das DDR-Theater ein Novum. Es handelte sich – selbstverständlich – nicht um eine Beschreibung der Lebenswirklichkeit, sondern um eine alptraumhafte, dystopische Extrapolation vorhandener Ängste (und das kurz vor 1984). Die Zuschauer waren über eine solche Keckheit einigermaßen verblüfft: Gewohnt, mit spitzem Ohr nach subtilen Anspielungen zu horchen, bekamen sie nun die – nicht sonderlich subtile – Botschaft unverhüllt ins Gesicht. Die Inszenierung spielte – wie sollte es anders sein – vor vollen Häusern.

Die Spannung und die emotionale Temperatur, die ein so unverhohlen politisches Schauerstück erzeugte, wurden natürlich durch ästhetische Einschnitte erkauft. In einem Gewitter von Ton- und Beleuchtungseffekten erschienen die Figuren eher flach, das geistige Spektrum des Dramas wurde verkürzt, es blieb wenig Raum für die Phantasie des Zuschauers. Ein Kritiker schrieb: »Selten fühlte ich mich von einer *Hamlet*-Aufführung so stark zwischen Zustimmung und Ablehnung hin- und hergerissen wie von der Inszenierung Piet Dreschers am Hans-Otto-Theater Potsdam … Ich kann das Mädchen gut verstehen, das vor der Vorstellung in der Theaterklause bei mir am Tisch saß und schon zum dritten Mal in diesen *Hamlet* gehen wollte: Da gibt es viel zu entdecken. Ich habe auch sehr viel Neues in der alten, oft gesehenen Geschichte gefunden, jedoch manch geistige Durchdringung vermißt. Ich folge dieser eigenwilligen Art, sich Erbe anzueignen, mit der Einschränkung, sie als eine Möglichkeit unter vielen einzuordnen.«[94]

Der gelassene Umgang des Parteiapparats mit dieser Produktion zeugt von einem Wandel im Zeitgeist.[95] Die Behörden reagierten nun sensibler auf unterschwellige Subversion in der Kultur als auf explizite, sogar unverfrorene Herausforderungen. Diese waren deutlich und kontrollierbar, jene undurchsichtig und bedrohlich. Mit Widerspenstigkeiten wie Dreschers *Hamlet* glaubte man fertigwerden zu können, weil man die künstlerischen Codes verstehen und entsprechend reagieren konnte – sei es durch Zensur, oder, wie in diesem Fall, indem man den Dingen ihren Lauf ließ. Anders verhielt es sich bei den mehr hintergründigen Kunstwerken, deren Anliegen nicht so leicht zu entziffern, deren Wirkung nicht so leicht einzuschätzen war. Während Dreschers provokativer *Hamlet* an einer zentralen Stätte lange im Spielplan blieb, bis Drescher und Matthias Günther in den Westen übersiedelten, überlebte Frank Castorfs *Othello* im entlegenen Städtchen Anklam die Premiere nicht.[96]

Regionaltheater

Eine statistische Untersuchung von vier Spielzeiten (1970–1974) kam auf 88 Inszenierungen von 23 Shakespearestücken mit insgesamt 2085 Vorstellungen.[97] Es würde den Rahmen dieses Kapitels sprengen, auch nur einen kursorischen Überblick über die Shakespeareproduktionen zu geben, die von Kriegsende bis zum Ende der DDR in den Bezirken und Kreisen zu sehen waren; geschweige denn, all den Trends, Ideen und Stilrichtungen gerecht zu werden, die bei Aufführungen des meistgespielten Dramatikers ihren Ausdruck gefunden haben. Einige bemerkenswerte Aufführungen sollen jedoch genannt werden.

Wer immer Leiter des Deutschen Nationaltheaters in Weimar war, hatte die schöne (oder lästige) Aufgabe, die jährlichen Tagungen der Deutschen Shakespeare-Gesellschaft mit entsprechender Theaterkost zu bestücken. In Fritz Bennewitz (1929–1995) fand Weimar einen kraftvollen und vielseitigen Regisseur, der diese Obliegenheit mit immer neuem Elan verrichtete. Zwischen 1961 und 1975 inszenierte er *Hamlet* (zweimal), *Romeo und Julia*, *Richard III.*, *Was ihr wollt*, *Das Wintermärchen*, *Der Sturm*, *Ein Sommernachtstraum*, *Wie es euch gefällt*, *Richard II.*, *Othello*, *Der Kaufmann von Venedig*, ferner Marlowes *Edward II.* in der Brechtschen Fassung und Ben Jonsons *Bartholomew Fair*. Später folgten eine stilsichere Aufführung des selten gespielten Geschichtsdramas *König Johann* (1980)[98] und ein eher

weitmaschiger *Heinrich V.* (1985). Fritz Bennewitz' Inszenierungen erzählten die Dramenhandlung in klaren Bildern, mit einem guten Schuß Humor und einem wachen Sinn für historische und gesellschaftliche Kontexte. Mit seiner unermüdlichen Energie schuf er eine frische Shakespearetradition in einem Haus, in dem jahrzehntelang im »klassisch-weimaraner Stil« deklamiert worden war.

Bennewitz war der erste DDR-Regisseur, der sich an den *Kaufmann von Venedig* (13. September 1976) heran-

225.
Fritz Bennewitz

226. *Der Kaufmann von Venedig* 1976 Weimar, R: Fritz Bennewitz, B: Franz Havemann, F: Günter
Dietel. Portia (Sylvia Kuziemski) und Nerissa (Roswitha Marks) in Belmont, das von Venedig
getragen wird.

wagte, ein Stück, das wegen Verdachts antisemitischer Tendenzen in der DDR –
noch mehr als in Westdeutschland – mit spitzen Fingern angefaßt wurde. Bennewitz ließ nach Augenmaß vom Blatt spielen, ohne die Handlung vorsätzlich zu ver-
biegen oder Figuren umzubauen, um den »Juden« zu rehabilitieren. Antonio (Fred
Diesko) war durchaus ein »königlicher Kaufmann« und Handelsherr von Venedig,
Shylock (Victor Dräger), ein willensstarker Außenseiter, der sich in einem antago-
nistischen Umfeld zu behaupten versucht. Franz Havemanns Bühne gab den beiden
Welten des Stücks eine ausgewogen visuelle Entsprechung: Die ätherische Welt
von Belmont befand sich auf einer kreisförmigen Platte in luftiger Höhe, getragen
von einem knorrigen Baumstamm, der wiederum aus der verwitterten Architektur
Venedigs emporwuchs: das Leben in Schönheit, buchstäblich getragen von der
Welt der Realität, die sich schwer arbeitend und konfliktbeladen am Fuß zu schaffen macht. (Abb. 226) Mörderischer Streit und lässiger Luxus erscheinen als wechselseitig bedingte Kategorien.

227.
Der Kaufmann von Venedig
1985 Berlin.
R: Thomas Langhoff,
B: Pieter Hein,
F: Wolfram Schmidt.
Shylock (Fred Düren)
richtet sich für den Schnitt
in Antonios (Dietrich
Körner) Brust, beobachtet
von Salerio (Horst Weinhei-
mer), Porzia (Dagmar
Manzel) und Graziano
(Dieter Montag).

Als das Eis gebrochen war, folgten fünf weitere Produktionen des *Kaufmanns*, davon eine von Bennewitz selbst (Leipzig, 1988) und eine von Thomas Langhoff am Deutschen Theater Berlin (17. März 1985).[99] Es war Thomas Langhoffs Einstiegsinszenierung an dem Haus, welches sein Vater viele Jahre geleitet hatte und welches er selbst nach der Wende als Intendant übernehmen sollte. In einem Bühnenaufbau, der die Ränge und Logen des Saals wieder aufnahm, war eine opulente Aufführung mit einigen der besten Schauspielerinnen und Schauspielern Ostberlins zu sehen, so Dagmar Manzel als Portia, Dietrich Körner als Antonio, Ulrich Mühe als Lanzelot und Rolf Ludwig als Tubal. Die Grundstimmung wurde von einem ausgelassenen Karneval der Taugenichtse erzeugt, in dem die zwei rivalisierenden Geschäftsmänner Antonio und Shylock als einzige noch Nüchternheit und

228.
Klaus Fiedler

229. *Sommernachtstraum Spiele* 1980 Naturbühne Greifensteine. R: Klaus Fiedler, B: Peter Dittmer,
F: W. Hoffmann. Elfenzug für Titania (Andrea Stache) und Zettel (Rainer Müller), die links oben
zu sehen sind.

Anstand wahrten. Shylock erschien als eine edle, feinnervige Gestalt in kostbarem
Kaftan, dem nur unter höchstem Druck Würde und Selbstbeherrschung entglitten;
vor Gericht zitterte seine Hand, als er zum Schnitt in Antonios Brust ansetzte – mit
einem Skalpell! (Abb. 227). Um Klischees über »jüdisches« Verhalten zu umgehen,
hatte der Regisseur die Leidenschaften in der Spitze gekappt und einen stark verinnerlicht bleibenden Konflikt inszeniert. Eine denkwürdige Aufführung, die sich
aber der Problematik des Stückes, der Polarisierung von Gesellschaft und Außenseiter, nicht stellte.

Die Regielaufbahn des 1938 in Berlin geborenen Klaus Fiedler war, gleich der
von Bennewitz, nachhaltig von Shakespeare geprägt worden,[100] doch sind die Spuren seiner Arbeiten weitgehend versunken. Dem von der Leipziger Theaterhoch-
schule relegierten Autodidakten gelang 1972 ein erfolgreicher Start mit der *Komödie der Irrungen* am Schauspielhaus Leipzig. Seinen Einstand als Oberspielleiter des
Theaters Rudolstadt gab Fiedler mit einer komödiantischen, dem Volkstheater nahen Inszenierung des *Sommernachtstraums* (1976), die auch auf den Shakespeare-Ta-

gen in Weimar mit viel Beifall bedacht wurde.[101] Dasselbe Stück brachte er 1981 in Schwerin heraus, es folgten Shakespeare-Szenenstudien und 1990 ein Workshop zum *Sturm* mit Teilnehmern aus Afrika, Asien und arabischen Ländern.

Fiedlers tiefgründigste und umfassendste Arbeit waren sicherlich die *Sommernachtstraum Spiele* auf der Naturbühne Greifensteine im Erzgebirge mit dem Ensemble des Eduard-von-Winterstein-Theaters Annaberg (17. Juli 1980). Vor die Aufgabe gestellt, einen für eine Bretterbühne geschriebenen Text auf einer Naturbühne zu realisieren, entschied sich das Team um Fiedler für ein Theaterspiel nicht *mit* der Natur, sondern *in* der Natur, für die Erschaffung einer bewußt von der Natur abgehobenen Kunstwelt. Erst hier ließ sich – in entsprechender karnevalistischer Überhöhung – das Ineinanderspielen von traumhafter Realität und real erscheinendem Traum gestalten. Fiedler zitierte gern Fellinis Worte: »Ich war immer überzeugt, daß Träume ehrlicher sind als jede Realität.« Die Adaption von Thomas Engel und dem Regisseur enthielt, um bestimmte Vorgänge im Kontext einer Felsenbühne zu versinnbildlichen, Textpassagen aus fünf weiteren Shakespeare-Dramen sowie Botho Strauß' *Der Park*. Es entstand eine Kaleidoskop-Struktur, in der Dialog, Maskerade, Musik, Gesang, Tanz, Pantomime sich in ständigem Wechsel befanden. Eine Kritikerin schrieb:

> Alle Höhen und Tiefen des Geländes sind einbezogen, bunte Tücher wehen von den Felsen, vier lebensgroße Puppen – kopflos – wippen an Plasteschnüren. Später – auf dem Höhepunkt allgemeiner Kopflosigkeit – werden sie die Stelle von Lysander und Demetrius, von Helena und Hermia einnehmen … Feenzauber kommt also auch zwischen den Greifensteinen nicht vor. Eher grummelt es unterschwellig. Es tobt ein Natur- und Maskenfest. Puck tobt, klettert, lockt und droht in fünffacher Ausfertigung zwischen Gebüsch und Orchesterwanne, leuchtend gelbes Gewand mit weißer Maske. Vermummung und Maskerade überschwemmen die Szene, die Beteiligung von Gästen, Chor, Statisterie ermöglicht ein mehr als fünfzigköpfiges Spielensemble. Das Motiv des Liebeszaubers durchzieht variationsreich das Spiel – von den Kommentaren des berittenen Elfenkönigspaares bis zum rhythmisch-rasanten Massenauftritt im Disko-Sound. Clowns-Elemente beleben die Elfenwelt, Musiker mit Flöten und Trompeten sind im Gelände postiert. Optisch wirkungsvoll auch das Pyramus-Thisbe-Spiel: Hinter und durch eine mit breiten Bändern bespannte Stoffwand erzählen Hände und Körper der spielintensiven Handwerker-Darsteller zart und voller Charme eine heiter-ernste Geschichte.[102]

Den *Sommernachtstraum Spielen* gelang es, die Urlauber in Bann zu halten, die sonst gewohnt waren, auf dieser Felsenbühne mit Räuberpistolen um den Lokalhelden Karl Stülpner belustigt zu werden. Die Aufmerksamkeit einer größeren Öffentlichkeit, die die Aufführung verdient hätte, blieb ihr als kurzlebigem Provinz-Sommertheater versagt.

230. *Romeo und Julia* 1986 Schwerin. R: Christoph Schroth, B: Lothar Scharsig, F: Peter Festersen.
Romeo (Götz Schulte) und Julia (Nadja Engel) verwickeln sich in das Band, das die Grenze
zwischen ihren beiden Häusern markiert.

Im Repertoire der meisten Theater pflegten alte Stücke von der Klassik bis zum
19. Jahrhundert zu dominieren, gelegentlich gab es sozialistisches Gegenwartsdrama (das von den Behörden ja immer gefordert, aber wenn es dann doch kam, rasch
zerpflückt wurde). Christoph Schroth, Leiter des Mecklenburgischen Staatstheaters Schwerin, verfolgte mit seinem Spielplan den entgegengesetzten Kurs. Zum
Fundament seines Theaterkonzepts machte er – unterstützt von seiner Chefdrama-
turgin Bärbel Jaksch – die Auseinandersetzung mit dem zeitgenössischen Drama
aus der DDR und den sozialistischen Ländern, dem sich im eigenen Haus erstellte
aktuelle Programme hinzugesellten.

Mit den Klassikern befaßte sich Schroth (trotz des *Sommernachtstraum*-Erfolgs
in Halle) erst, nachdem sein Haus und sein Publikum sich eine Ästhetik für die Darstellung heutiger Figuren und Probleme erarbeitet hatten. Um so anspruchsvoller
fielen, als es soweit war, die Klassikerprojekte aus. Man spielte beide Teile des *Faust*
an einem Abend, vier Dramen der griechischen Antike und schließlich ein *Shakespeare-Projekt*, das aus *Romeo und Julia* und dem *Wintermärchen* bestand. Die Schweriner Schauspieler vermochten den klassischen Text mit unverschlissenen Haltungen und Gefühlen zu durchdringen, wie es anderswo in dieser Art selten vorkam.
Der heutige Sinn wurde nicht über den Text gestülpt, er war dem Spiel immanent.

231. *Das Wintermärchen* 1986 Schwerin. R: Christoph Schroth, B: Lothar Scharsig, F: Sigrid Meixner.
Das Schafschurfest in einer Flußlandschaft.

An zwei Abenden aufgeführt, drehten sich beide Inszenierungen um einen zentralen Gedanken. Es ging um die Erforschung einer jugendlichen Leidenschaft, die mit einer haßerstarrten Umwelt zusammenprallt. Beide Stücke erzählten die Geschichte junger Leute, die heranreifen und Strategien entwickeln in einem kompromißlosen Kampf um ihre Liebe. In der »realen« Welt der Tragödie hatte Julia keine Chance, ihren Konflikt zu lösen, und konnte nicht anders als untergehen, während in der utopischen Romanze – der deutsche Titel betont das Märchenhafte – Perdita ihre Liebe durch alle Fährnisse hindurch retten konnte.

Das *Shakespeare-Projekt* von 1986 wurde im ehemaligen großherzoglichen Marstall aufgeführt.[103] Der Spielraum für *Romeo und Julia* (13. September 1986) bestand aus einer ovalen, von Metallwänden umschlossenen Arena, auf die die Zuschauer von den Längsseiten wie von einer Tribüne herabschauten. Ein weißes Band am Boden trennte die verfeindeten Häuser der Montagus und Capulets, nur Prinz Escalus konnte es straflos überschreiten; jede andere Verletzung dieser Grenze hätte tödliche Folgen (Abb. 230). In der Schlußszene überquerte des Prinzen Schleppe das weiße Band und bildete mit ihm ein symbolisches Kreuz.

Verona zeigte sich von Anfang an als eine Welt voll Gewalt. Schon der Streit der Diener artete in Skinhead-Brutalität aus. Die Liebenden waren noch die reinen Kinder, Romeo hatte den Kopf voll jungenhafter Flausen, die wilde Range Julia spielte mit der Amme Fußball. Durch Zufall begegneten sie sich und wuchsen im Liebeserlebnis zu einer neuen Größe. Julia lernte auch schnell, daß die Gesellschaft den Weg zur Selbsterfüllung mit harten Brocken verstellt, und sie verteidigte ihre Rechte mit der vollen Kraft ihrer neugewonnenen Persönlichkeit. Alles setzte sie auf Liebe – und verlor.

Die Bühne für *Das Wintermärchen* (13. Oktober 1986, ebenfalls im Marstall) bestand aus stufenförmig aufsteigenden Marmorterrassen, in deren Mitte ein wirkliches Bächlein herabplätscherte. Die Zuschauer auf Bänken bildeten das Pendant zu dieser Winterlandschaft mit einem Hauch von Tauwetter. Leontes (Veit Schubert) erschien als ein Diktator, dessen lauernde Paranoia sich dieses Mal in Eifersucht entlädt, während sich Hermione (Cornelia Lippert) und Paulina (Lore Tapper, unvergessene Mephisto-Darstellerin aus dem Schweriner *Faust*) zu einer unverbrüchlichen Schwesternschaft gegen den Tyrannen zusammenschlossen. Die Parteinahme der Frauen füreinander bereitete den Boden für die Versöhnung sechzehn Jahre später, als das Schicksal einer anderen Frau – Perdita – zu einem guten Ende gewendet werden kann. Die Liebe zwischen Perdita (Antje Lindemann) und Florizel (Matthias Noack) begann aufzublühen in der Sicherheit einer pastoralen Idylle. Das fröhliche Schafschurfest griff in den Zuschauerraum über, die Bauern verteilten Brot und Wein an das Publikum; es wurde gleichsam in eine utopische Gemeinschaft hineingezogen. (Abb. 231) Diese Harmonie zerstörte der Wutausbruch des Polyxenes (Thomas Rühmann). Damit brach die reale Welt ins Märchen ein. Doch am Ende schufen die vereinigten Bemühungen der Frauen einen magisch-weiblichen Raum, in dem die Liebe gedeihen konnte.

Für Schroth waren die Frauen »der Maßstab für menschliches Handeln im Stück, für humanistische Werte, für Würde. Die Selbstbehauptung der Frau ist der Dreh- und Angelpunkt des Stückes«.[104]

In ganz unpolemischer Art berührte das *Shakespeare-Projekt* solche Probleme wie den Abbau der Demokratie durch Despotentum, die ethische Legitimation der Macht und das Schicksal des Einzelnen in einer Welt fremder Zwänge. Die Aufführungen hatten die Anmut und die Klarheit eines Farbholzschnitts und sprachen die Zuschauer, besonders die jungen, unmittelbar an.

Einige wenige Regisseure verfolgten hartnäckig ein ästhetisches Konzept völlig abseits der kulturellen Hauptströmungen. In ihren Techniken der Dekonstruktion, ihrem schonungslosen Bruch geläufiger Normen zeigte sich eine Verwandtschaft mit den »Bilderstürmern« des westdeutschen Theaters.

Während diese jedoch landesweite Kontroversen auslösten, sich der Medienaufmerksamkeit gewiß sein konnten und das Selbstverständnis des Theaters nachhaltig beeinflußten, führten ihre ostdeutschen Kollegen ein Aschenbrödeldasein in prekären Grauzonen zwischen gewagtem Vorstoß und raschem Verbot. Ihre Arbeiten galten als Geheimtips, die gerüchteweise schnell die Runde machten und häufig ein Wettrennen auslösten, vor dem Veto der Behörden dort zu sein. So kam es, daß diese seltenen Theaterereignisse zumindest in Fachkreisen als beachtenswerter Beitrag zur DDR-Bühnengeschichte geschätzt wurden.

Eines der Enfants terribles war Frank Castorf, heute Intendant der Volksbühne und immer noch ein rotes Tuch für konservative Theaterliebhaber.[105] Castorf begann seine Laufbahn mit einer *Othello*-Inszenierung (6. September 1982) in dem kleinen Ostseestädtchen Anklam. Er verarbeitete die Geschichte zu einer Collage, stellte Szenen aus dem heutigen Leben und Shakespeares Verse unvermittelt nebeneinander, vermischte Popkultur und Slapstick mit hochfliegender Rhetorik. Kurzum, in der damaligen Arbeit zeichneten sich bereits die Extreme von Intellektualität und Vulgarität ab, für die Castorf heute berühmt-berüchtigt ist.[106] Die Vorstellung war für das Anklamer Publikum von Kleinstadtabonnenten und gelangweilten Soldaten aus umliegenden Kasernen nur schwer verdaulich. Zu einer kritischen Auseinandersetzung vor Ort kam es nicht, da die Theaterleitung das Stück nach der Premiere wegen angeblicher Publikumsbeschwerden absetzte.

Im selben Jahr inszenierte in der Industriestadt Brandenburg ein weiterer unbeirrbarer Einzelgänger die Komödie *Was ihr wollt* (13. September 1982). Martin Meltke kam aus der Truppe von Klaus Fiedler in Rudolstadt. Sein Ansatz war von programmatischer Naivität. Er dekonstruierte den Text auf seine Weise, indem er die zur Figurencharakteristik entsprechende Übersetzung heranzog. Olivia bekam die glatte deutsche Fassung von Erich Fried, Orsino sprach die romantischen Verse von Schlegel, und Malvolio hatte sich mittels der Pedanterien des Professor Rudolf Schaller mitzuteilen. Auf der Bühne befand sich ein Ruderboot, in dem der Narr Feste wohnte, und ein Toilettenbecken, das ausgiebig und sichtbar vom Hauspersonal benutzt wurde. (Ausstattung: Karin Reuther) Skatologische und sexuelle Handlungen nahmen einen großen Raum ein. Dies gehörte in fundamentaler Weise zum Anliegen des Regisseurs. Sexuelle Gewalt und sexuelle Not waren Metaphern für die Situation des Menschen in einer repressiven Gesellschaft. Der Kritiker, der da schrieb: »Der Sex verschmilzt mit der Macht zu einer Einheit von irreparabler, humanere Perspektiven ausschließender Lasterhaftigkeit«,[107] hatte schon recht, er übersah lediglich, welches Verständnis von Lust und Macht sich dahinter verbarg. So ließe sich die vielkritisierte Szene, in der Bleichenwang ein auf eine Tafel gekritzeltes Vaginasymbol liebevoll küßt, im Rahmen der Inszenierung deuten als rührender Versuch eines von den Wonnen der Macht ausgeschlossenen Mannes, sich ein klein wenig Ersatzbefriedigung zu verschaffen. An einer anderen Stelle war Bleichenwang nicht in der Lage, die Toilettengebühr zu bezahlen, Rülp verwehrte ihm durch Niederdrücken des Deckels die ersehnte Erleichterung, so daß der Junker gezwungen war, sein Wasser in das Boot abzuschlagen, in dem zu allem Unglück der Narr gerade schlief. Vulgäre Clownerien, in der Tat; aber mit ihren Anspielungen auf eine hierarchische Pickordnung zugleich närrische Kommentare zur »sozialistischen Menschengemeinschaft«, wie sie angeblich in der DDR existierte.

Selbst mißgünstige Rezensenten mußten zugeben, daß die Inszenierung, trotz solch unerhörter Vorfälle, die Stückhandlung in spannender Weise wiedergab und von faszinierenden Figuren bevölkert war. Vom Stadtschulrat als Schülervorstellung verboten, wurde die Aufführung nun erst recht von Jugendlichen besucht. Sie erzeugte aber auch erbitterte Feindseligkeit. Eine anonyme Kampagne wurde ins Leben gerufen; gedruckte Handzettel gingen in der Stadt um mit Losungen wie: »Nieder mit dem Brandenburger Theater« und »Nieder mit dem Verfremdungspsychopathen« (womit Meltke gemeint war).[108] Das war ein für die DDR beispielloses Vorgehen, und niemand fand je heraus, wer diesen Protest initiiert hatte.

Meltkes nächster Versuch, *Romeo und Julia* auf fast leerer Bühne, wurde abgebrochen, da Meltke sich der Weisung des Intendanten widersetzte, ein »anständiges Bühnenbild« zu bauen. Meltke wurde kaltgestellt, kündigte und bekam einige Jahre kein Engagement.

Als er dann 1987 in Greifswald die Gelegenheit hatte, noch einmal *Was ihr wollt* zu inszenieren, machte er weder an das Publikum noch an die Kulturpolitik die geringsten Konzessionen. Meltke rechnete mit dem Theaterbetrieb ab und thematisierte den Widerspruch zwischen geistig-kulturellem Anspruch und realer Produktionswirklichkeit. Für diese standen hier die nackten Mauern des öden Kreiskulturhauses, in dem wegen Theaterumbaus gespielt werden mußte. Gegenüber der Brandenburger Inszenierung war hier die Beziehungskälte zwischen den Figuren das Hauptmoment geworden. Die viereinhalb Stunden während Aufführung mutete an wie ein Beckett im Zeitlupentempo.[109] Sie wurde nach nur zwei Abenden abgesetzt. – Nach der Wende inszenierte Meltke die Komödie am Maxim-Gorki-Theater Berlin zum dritten mal, eine leise Produktion, die ausschließlich mit Frauen besetzt war.[110]

Hamlet im Zeitenriß. Heiner Müllers Inszenierung in Berlin 1989/90

Der Umsturz in der DDR schlug sich natürlich im Theater nieder, so wie Theaterkünstler sich mit zielgerichteten Aktionen an der gesellschaftlichen Umwälzung beteiligten. Heiner Müllers Inszenierung des Shakespeareschen *Hamlet* und seiner eigenen *Hamletmaschine* unter dem Gesamttitel *Hamlet/Maschine* von Shakespeare/Müller stand im bewegten Kraftfeld dieser Veränderungen und nahm sie nach Müllerschem Augenmaß in sich auf. Aufgrund ihrer Bedeutung im Schnittpunkt deutscher Nachkriegsgeschichte ist ihr in diesem Kapitel ein besonderer Abschnitt gewidmet.[111]

Die Proben zu *Hamlet/Maschine* begannen September 1989 in einem Land, das fest in den Händen eines überalterten Parteiclans zu liegen schien, der sich in einem Zweifrontenkampf gegen das Eindringen der Perestroika aus dem Osten und der

Demokratie aus dem Westen verkrampft hatte. Die Premiere fand am 24. März 1990 statt, eine Woche nach der ersten bürgerlich-demokratischen Wahl in der DDR. Dazwischen lag die Ablösung der alten Staatsführung, dann der »neuen« Staatsführung, dann der Regierung, dann der SED, dann der Übergangsregierung und schließlich der Bürgerbewegungen, die den Prozeß eingeleitet hatten. Sechs Monate später war Deutschland *ein* Land.

Unter diesen Umständen stand der Probenprozeß unter der fortwährenden Pression der äußeren Verhältnisse. Ob die Aufführung ohne die Wende substantiell anders ausgefallen wäre, ist eine Frage, die vermutlich nicht einmal Müller hätte beantworten können. Wie auch immer: Sein *Hamlet*-Projekt war der letzte große Shakespeare-Wurf des DDR-Theaters, Wahrzeichen seines Untergangs und zugleich Vorahnung einer globalen Götterdämmerung. An mehreren Stellen wiederholt Ulrich Mühe als Hamlet die Worte von Müller: »Ich war Hamlet. Ich stand an der Küste und redete mit der Brandung BLABLA, im Rücken die Ruinen von Europa.« Für Müller stand Europa 1990 unwiederbringlicher in Ruinen als Berlin nach dem 2. Weltkrieg. Hatte noch 1964 Wolfgang Heinz die Rede des Fortinbras am Schluß der Tragödie aufklärerisch redigiert, um einen lichtvollen Blick in die Zukunft zu erlauben, so ersetzte Müller diese Rede vollständig durch das Gedicht »Fortinbras' Klage« von Zbigniew Herbert, in dem es heißt: »So oder anders du mußtest fallen. Hamlet du taugtest nicht für das leben / glaubtest an die kristallbegriffe und nicht an den menschlichen lehm.« Damit waren die Utopien ad acta gelegt.

Die Vorstellung, die neben der Agonie der sozialistischen Gesellschaft entstand, bot siebeneinhalb Stunden hochtechnisiertes Endzeitspektakel. Sie war monumental wie die Denkmale des Sozialismus, die im Begriff waren umzufallen. Das überwältigende Bühnenbild von Erich Wonder, welches atemberaubende Raumarchitektur mit einer unendlich weiten Perspektive verband, zitierte häufig einen Betonbunker. Auch die Handlung war einbetoniert, eindeutig-monolithisch festgelegt. Die offene Dramaturgie Shakespeares hatte der Regisseur nicht angenommen. Der Zuschauer saß hilflos im Sessel und mußte stumm die Tragödie über sich ergehen lassen. Wenn Shakespeares *Hamlet* als eine große Frage betrachtet werden kann, so war Müllers *Hamlet/Maschine* ein Statement: ein Statement über das Ende der Zivilisation, für die Shakespeares *Hamlet* ein konstituierender Mythos gewesen war.

Das Programmheft enthielt drei Aufsätze über die Zeit – von Augustinus, John Donne und Stephen W. Hawking. Die verstreichende Zeit war ein entscheidendes Element in Müllers Eschatologie. Das Enigmatische am *Hamlet*-Drama führte er zum Teil darauf zurück, daß in der Zeit seiner Entstehung die historische Zeit in die dramatische Zeit hineingewirkt habe. Dieser Umstand wiederholte sich bei der Inszenierung faktisch mit dem Eindringen der Gegenwartszeit in den Probenprozeß. Für Müller rennt Hamlet die Zeit weg, wie sie einer ganzen Gesellschaftsformation weggerannt war. Wer zu spät kommt, den bestraft das Leben, sagte Gorbatschow während seines DDR-Besuchs im Oktober 1989. Wir kommen alle zu spät, sagte Müllers *Hamlet/Maschine*.

Ulrich Mühes Hamlet: ein schlanker Jüngling in einem zu großen schwarzen Zweireiher. Obwohl sein Haar gegen Ende des Stücks ergraut, wird er nie in den Anzug, auch nie in die politische Verantwortung hineinwachsen. Hamlet war ein Charlie Chaplin, dem der Fluch des Denkens aufgeladen ist. Der König Claudius von Jörg Gudzuhn – das hätte ein an die Macht gekommener Hamlet sein können. Er beherrschte die Pragmatik der Macht, doch ohne den Selbstbetrug der Ideologie. Da ihm der Glaube an seine Legitimation fehlte, schuf er sich zeitweilig, wie ein gequälter Schuljunge, durch Faxen- und Grimassenschneiden Luft. Mit dem Horatio von Jörg-Michael Koerbl stand ein Doppelgänger des Regisseurs auf der Bühne: der alterslose, schmalgesichtige Intellektuelle, der vom Rande des Geschehens alles beobachtet, alles (über Kehlkopfmikrophon) kommentiert, der von seiner Ohnmacht überzeugt ist und den Niedergang seiner Welt mit schallendem Gelächter quittiert.

Diese *Hamlet*-Aufführung durchschritt die Erdengeschichte von Eiszeit bis Hitzetod. Der Vers »s' ist bitter kalt und mir ist flau ums Herz«, zu Beginn vom Wachhabenden gesprochen, lieferte Müller das Stichwort, um einen enormen »Eiswürfel« aus gespannter Gaze auf die Bühne zu stellen, von dem ständig Wasser in eine Lache rann: Das »Tauwetter« hat lediglich eine Pfütze hervorgebracht, die die Agierenden zu durchwaten haben. Als erste Worte des Stückes vernahm man Hamlets Sterbetext; das Ende stand von vornherein fest.

In der komplexen Inszenierung waren mindestens vier ineinanderspielende Darstellungsebenen auszumachen. Die Grundform, die das Spiel über weite Strecken prägte, war ein für alle Figuren verbindliches, unabänderliches Ritual. Jeder Akteur ging wie in einer Trance dem bedrohlichen Ende entgegen. Auf einer zweiten, mehr persönlichen Ebene befaßte sich die Produktion mit den Konflikten des Individuums, wenn es das Kampffeld der Politik betritt. Nicht nur Hamlet und Ophelia (Margarita Broich) zeigten sich entsetzt über die Verletzungen, die sie sich aus politischen Zwängen heraus gegenseitig zufügten; auch der mit allen Wassern gewaschene Staatsmann Polonius (Dieter Montag) sprach einen zusätzlichen Text, der preisgab, wieviel er bei der Verfolgung seiner äußerlich brillanten Karriere draufgezahlt hat. Nur Dagmar Manzels Gertrud zeigte sich von der Politik bis ins Innerste besiegt, es schien nichts zu geben, das imstande gewesen wäre, ihren eisigen Hochmut aufzutauen.

Auf einer dritten Ebene wurde zeitgenössische Geschichte unmittelbar angesprochen. Während der Geist (Stefan Suschke) »in seiner Rüstung ganz von Kopf bis Fuß« (Shakespeare) nur mit Helm und Schamkapsel bekleidet auf dem Terrain stelzte, vernahm man die historische Aufnahme von der Beisetzung Stalins an der Kremlmauer: vielleicht spukt »Väterchen« immer noch herum, die Mordtaten seiner Nachkommen verfügend. – Auch gelegentliche Einschüsse von Zitaten aus *Hamletmaschine* verstärkten den Gegenwartsbezug. Auf Hamlets Fluch über die aus

232. *Hamlet/Maschine* 1990 Berlin. R: Heiner Müller, B: Erich Wonder, F: Wolfhard Theile.
Die Mausefalle (3.2.). Die Bühne zeigt einen Zeittunnel von der Renaissance hinten bis vor in
die Gegenwart. Hamlet (Ulrich Mühe, rechts) führt die Anweisungen für die Pantomime vor;
Claudius (Jörg Gudzuhn) und Gertrude (Dagmar Manzel) sitzen auf dem Bett, auf dem Hamlet
die Königin später zur Rede stellen wird. Güldenstern (Thomas Neumann) hinter Hamlet,
Ophelia (Margarethe Broich) und Polonius (Dieter Montag) vorne links.

den Fugen geratene Zeit folgte die bereits zitierte Passage: »Ich war Hamlet ...«
Hier wurde die historische Spanne von Shakespeare zur Gegenwart, von spätelisa-
bethanischer Vorahnung bis zum gegenwärtigen Katastrophenbewußtsein über-
brückt.

Dieser gelungenen Synthese folgte ein Freudianischer Einschub, in dem eine
schweigend auftretende Ophelia von Hamlet mit den Worten »MACH DIE BEI-
NE AUF MAMA ...« (*Hamlet/Maschine*) begrüßt wurde. Diese und ähnliche Passagen kennzeichneten die vierte Ebene der Inszenierung, in der sich der Regisseur
mit erstaunlicher Naivität aus dem Legokasten der Psychoanalyse bediente.

Nach dem »Glazial« öffnete sich das Panorama eines Zeittunnels. (Abb. 232)
Prachtvolle Renaissancearkaden gingen nach vorne in die gigantische Röhre eines

233. *Hamlet/Maschine* 1990 Berlin. F: Wolfhard Theile. Fünfter Akt, erste Szene. Die Zuschauer-
perspektive vom Inneren des Grabes aus. Ophelia betritt ihr Grab mit dem Mantel ihres toten
Vaters in der Hand und wiederholt den Bericht der Königin von ihrem Tod »Es neigt ein Weidenbaum sich übern Bach« aus Akt vier, Szene sieben. Die Totengräber (Klaus Piontek und Dieter
Montag) blicken von oben in das Grabloch.

U-Bahnschachts über. Zwischen Eiszeit und Hitzetod stellte dies die Periode
menschlicher Zivilisation dar. Irgendwo im Tunnel mußte auch das Entstehungs-
jahr des *Hamlet* liegen, gleichsam der Urknall unseres modernen Kosmos, der in
dessen Expansion verschwunden und aufgehoben ist. Ein weiter Weg von Shakespeares »wooden O« zu Wonders mit modernster (Wiener!) Technik hergestellter
Großraumkulisse; das ästhetische Korrelativ eines Perspektivwandels vom Menschen als Subjekt zum Objekt der Geschichte. Das Problem einer angemessenen
Ästhetik der Bühne, wo ja immer noch der Mensch agiert, blieb in der Aufführung
ungelöst.[112]

Das Gebet des Königs (»O meine Tat ist faul, sie stinkt zum Himmel«) wurde zu
einem Dialog mit Hamlet, in dem Claudius seinem Stiefsohn diese dumme Ge-

schichte mit dem Mord beichtete. Hamlet saß bonbonlutschend auf seinem Schoß: Stillschweigende Übereinkunft von Täter und Opfer, ein Historikern und Politikern nicht unbekannter Sachverhalt. Die Szene ließ sich auch deuten als eine Anspielung auf die vaterlos gewordene DDR-Bevölkerung, die sich nun dem nächsten in die Arme warf. Die kurzzeitige Versöhnung suggerierte eine Komplizenschaft, die die bisher noch vermutete Reinheit von Hamlets emanzipatorischem Bestreben in Frage stellte; im Kabinett der Mutter war er wieder das Kind, das den Ohrfeigen ausweicht und, Hände am Geschlecht, auf dem Bett hin- und herrollt.

Nach dem »Blut«-Monolog in 4.4. war Müllers *Hamletmaschine* einmontiert. Der zehn Textseiten umfassende Block erwies sich in dieser Präsentation als wenig theaterwirksam. Das Thema, die Dekonstruktion patriarchalischer Mythen um Shakespeares Tragödie, blieb im wesentlichen verbal, die vom Autor Müller angegebenen, grotesken Regieanweisungen wurden nicht, allenfalls in sehr verkürzter Form befolgt.

Nach der – von Ophelias Grabloch aus gesehenen – Totengräberszene (Abb. 233) führte die Bühne das letzte Schreckensbild ihrer kosmischen Moritat vor. Eine Wüste aus rotem Sand bedeckte den Boden, darin waren glänzende Bleche eingepflanzt – Spiegel, Kollektoren oder Grabsteine. Das Schlußbild wurde als eine Kulthandlung in der Zeitwüste gespielt. Wer zu sterben hatte, schrieb seinen Namen vorsorglich auf eine Grabplatte. Hamlet selbst verendete an der Rampe mit herabhängendem Oberkörper. Ophelia trug die Leiche des Geliebten zärtlich auf die Bühne. Schließlich verwandelte sie sich in eine Elektra, die die aus ihr geborene Welt zurücknimmt und in einer Flamme verzehrt wird. Fortinbras, nun mit vergoldetem Helm, kam, um das graue Gefängnis Dänemark zu vergolden. Während Zbigniew Herberts Text über Lautsprecher Hamlet vorwirft, den leichten Ausweg gesucht zu haben, bedeckt Fortinbras Hamlets Gesicht mit einer goldenen Mappe.

Die Pressereaktionen auf diese Mammutinszenierung pendelten zwischen Euphorie und Verriß. Ein deutlicher Unterschied war zu bemerken zwischen der DDR-Kritik, die sich bei allem Für und Wider noch mit Engagement stritt, und der westdeutschen, die nun schon ihren paternalistischen Ton anschlug. In seinen Notierungen in ›Theater der Zeit‹ zitierte Martin Linzer Müllers Ausspruch: »So schlecht war die DDR nun auch wieder nicht, daß sie nicht eine anständige Beerdigung verdient hätte.« Linzer fuhr fort: »Der Satz von der Beerdigung ist natürlich ein echter Müller-Witz, mit denen er gern seine Interviews schmückt. Natürlich ist was dran, wie immer. Die Tragödie auf der Bühne korrespondiert mit dem Trauerspiel, das uns die Zeit frei Haus liefert, und weist voraus in Katastrophen, die (noch) abwendbar sind. Aber muß man auch gleich das Theater mit beerdigen?«[113] Ein Bezug auf die Monumentalisierung zu Lasten der Schauspieler wie Zuschauer. Das Publikum kam dessenungeachtet in Massen. Die visionäre Dimension der Aufführung trug den Zuschauer über die momentane Euphorie nach dem Diktatursturz hinaus. Es wurde das Gefühl erweckt: Nach dem Ende des osteuropäischen Sozialismus ist die Welt immer noch gewaltig aus den Fugen.

KAPITEL 8

DAS ENDE EINER ÄRA –
UND EINIGE NEUE GESICHTER

1989 und die Folgen: Das geistige Klima

Der Fall der Mauer am 9. November 1989 veränderte mit einem Schlag das Leben
von Millionen von Ostdeutschen. Das verhaßte Symbol der Einkerkerung, in offi-
zieller Terminologie der »Antifaschistische Schutzwall«, war zerbrochen, endlich
gab es Reisefreiheit für alle. Aber es dauerte noch fast ein Jahr, bevor die beiden
Deutschland am 3. Oktober 1990 vereinigt wurden. Auch bei den schärfsten Kritikern der DDR-Verhältnisse in den Reihen der Protestbewegung hatte die Wiedervereinigung nicht auf dem Programm gestanden, und am Anfang wäre die Mehrheit
der Bevölkerung mit einer reformierten DDR zufrieden gewesen. Hunderttausende
von demokratisch gesinnten Bürgern hatten nur das Ziel freiheitlicher Reformen
im Auge und engagierten sich mutig im Kampf für politische Grundrechte, für demokratische Mitsprache in allen Organisationen und am Arbeitsplatz und erzwan-
gen die Entfernung kompromittierter Funktionäre aus ihren Ämtern. (Abb. 235)
Aber als auf den entscheidenden »Montags-Demonstrationen« in Leipzig Sprech-
chöre und Banner von »WIR sind das Volk« zu »Wir sind EIN Volk« wechselten
(das erste Mal am 27. November) und zwei Wochen später eine öffentliche Debatte

234.
Mitglieder des Staats-
schauspiels Dresden
demonstrieren im Oktober
1989 für politische
Grundrechte.
Wolfgang Engel (Mitte)
trägt die Banderole mit
der Aufschrift ›Keine
Gewalt‹, rechts neben
ihm Dieter Görne.
F: Hans Ludwig Böhme.

235. Berlin Alexanderplatz, 4. November 1989. Ca. 750 000 Bürger der DDR folgten dem Aufruf
verschiedener Organisationen, Künstler und Theaterensembles zu einer machtvollen Demonstration
für politische Reformen.

mit dem Titel »Wiedervereinigung – Pro und Contra« stattfand und darüber hinaus auch »Deutschland, einig Vaterland« (die verbotene erste Strophe der Nationalhymne der DDR) von Demonstranten gesungen wurde, sah man deutlich, daß die Tage der DDR gezählt waren.

Dennoch kämpfte die regierende Klasse verbissen gegen das Unvermeidliche und gab nur zögernd ihre Machtpositionen auf. Den empörten Bürgern, die sich nach vierzigjährigem erzwungenen Schweigen zum ersten Mal politisch artikulieren durften und davon tagtäglich auf Versammlungen in den Betrieben und auf Massenkundgebungen ausgiebig Gebrauch machten, ging der Abbau der autoritären Strukturen viel zu langsam. Egon Krenz, der Honecker am 18. Oktober als Generalsekretär der SED abgelöst hatte und sich am 24. zum Staatsratsvorsitzenden wählen ließ, konnte sich nur wenige Wochen im Amt halten und trat am 6. Dezember zurück. Seine Mannschaft unter Willi Stoph als Ministerpräsident gehörte großenteils noch zum alten Kader und verhielt sich entsprechend. Man verzögerte die offizielle Zulassung der neuen politischen Gruppierungen und zeigte sich unwillig, die verhaßte Stasi zu entmachten. Die Stimmung einer zum Umbruch bereiten Bevölkerung richtig einzuschätzen, hatte ihnen niemand beigebracht. Stophs Nachfolger Hans Modrow, seit dem 13. November im Amt, versuchte der neuen Situation gerecht zu werden, aber der Abschied vom Führungsanspruch der Staatspartei fiel auch ihm anfänglich noch schwer. Bald konnte er mit wechselnden Allianzen nur noch den sich deutlich abzeichnenden Konkurs verwalten und unter dem Druck der immer noch demonstrierenden Massen die organisatorischen Strukturen für die Volkskammerwahl vom 18. März 1990 schaffen, die die ersten frei gewählten Volksvertreter ins Parlament brachte.

Hier fehlten allerdings manche der populären Sprecher der Bürgerrechtsbewegungen (Neues Forum, Demokratie Jetzt, Demokratischer Aufbruch, SDP, Vereinigte Linke, Initiative Frieden und Menschenrechte und andere mehr), die seit der Herbstwende den Demokratisierungsprozeß vorangetrieben hatten. Ihre geschichtliche Leistung zur politischen Selbstfindung einer lange entmündigten Bevölkerung ist kaum zu überschätzen, als Opposition gegen das alte System hatten sie hervorragende Arbeit geleistet, aber unterschiedliche Zielsetzungen und interne Differenzen erlaubten es nicht, sich so schnell zu einer wählerwirksamen Partei zusammenzuschließen, jetzt wo plötzlich alle den Neuanfang wollten. Im neuen Parlament blieben sie gegenüber den Gewinnern CDU, SPD und PDS marginal – und scheiterten wohl auch an ihrer reservierten Einstellung zur Wiedervereinigung. Sie waren überzeugte Demokraten, die einschneidende Veränderungen forderten, aber vor dem Verlust der staatlichen Souveränität schreckten sie zurück. Als Sozialisten nahmen sie auch nur ungern Abschied von der Utopie, die in diesen Tagen in greifbare Nähe gerückt schien. War dies denn nicht eine einmalig günstige und hart erkämpfte Gelegenheit, den Sozialismus von seinen Übeln zu befreien und in idealer Form neu zu gestalten? Diese Chance sollte man nicht ungenutzt verstreichen lassen. So die Theorie.

Sie war weit verbreitet unter Künstlern und Intellektuellen. Aber gerade sie hatten, trotz aller Überwachung, beträchtliche Privilegien genossen. Die unprivilegierten Millionen glaubten nicht, daß der Sozialismus reformiert werden könne. Sie erfuhren mit wachsender Wut, welch perfiden Bespitzelungen und Unterdrückungsmechanismen sie unterworfen gewesen waren und mit welch ungeheurer Mißwirtschaft ihre Führer das Land ruiniert hatten.[1] Schockierende Enthüllungen am laufenden Band zerstörten jedes Vertrauen in ein so offensichtlich bankrottes System. In der Praxis gab es keine Alternative zur Wiedervereinigung. Aber der Freudentaumel des Anfangs hielt nicht lange vor. Bald sahen sich die Ostdeutschen mit so unbekannten Gefahren wie Arbeitslosigkeit und Angst um ihre wirtschaftliche Sicherheit konfrontiert, und auch die neuen Freiheiten – der Rede, des Reisens, des Wettbewerbs – waren gewöhnungsbedürftig und nicht ohne Tücken.

Die ideologische Desorientierung wog ebensoschwer. Der schnelle Zusammenbruch sozialistischer Regierungen im östlichen Europa, zusammen mit den Enthüllungen über das Ausmaß der Stasi-Durchdringung im eigenen Land, führte zu einer tiefen Identitätskrise. Hatte eventuell der Klassenfeind, den man über Jahre hinweg so genüßlich diffamiert hatte, am Ende doch recht, wenn er behauptete, der Sozialismus erziele nur schlechte Resultate? Die Situation wurde noch erschwert durch die täglichen Kontakte mit den »Besser-Wessis«, den westdeutschen Experten, die ostdeutschen Verwaltungen, Banken, Firmen und Organisationen aller Art dabei halfen, sich den neuen Bedingungen anzupassen – und in vielen Fällen das Ruder vollständig an sich rissen. Zu sehen, wie die sozialen Errungenschaften ihres früheren Staates »abgewickelt«, Hunderte von Landwirtschaftlichen Produktionsgenossenschaften (LPGs) und Volkseigenen Betrieben (VEBs) aufgegeben und in einem beispiellosen Privatisierungsrausch verkauft wurden, brach die Herzen selbst jener Ostdeutschen, die mit dem Verstand diese Maßnahmen bejahen mochten. Es gab jedoch keine einfache Lösung. Im nachhinein wurden die Fehler, die gemacht wurden, groß herausgestellt, aber zu jener Zeit mußten Politiker, Planungsstäbe und Verwaltungen auf beiden Seiten unter Hochdruck arbeiten, um das Gesetzeswerk für die unvermeidliche Umgestaltung unter Dach und Fach zu bringen. Niemand hatte nämlich daran gedacht, einen Plan für ein Ereignis vorzubereiten, das jahrzehntelang zuerst ersehnt wurde, dann umstritten war und dessen Eintreten fortschrittliche Geister schließlich als schlichtweg denkunmöglich nur noch belächelt hatten.

Die emotionalen und ideologischen Reaktionen auf die neuen Umstände waren sehr verschieden. Die Eingliederung der Volksarmee in die Bundeswehr und auch die Eingliederung der Volkspolizei verliefen erstaunlich reibungslos, aber zahllose Arbeiter und Angestellte verloren ihren Arbeitsplatz und mußten zusehen, wie die Produktionsstätten, in denen sie jahrzehntelang ihr Auskommen gefunden hatten, zu Schleuderpreisen unter den Hammer kamen. Sie begannen schon bald der alten Sicherheit nachzutrauern. Jene, die zu nutzen verstanden, was die freie Marktwirtschaft ihnen bot, blickten kaum zurück; die alte Garde der parteinahen Intellektuel-

236.
Potsdamer Platz:
freundschaftliche Begegnung
zwischen einem Westberliner
Polizisten und einem
DDR-Grenzsoldaten.
Vierzig Jahre »Klassenfeind-
schaft« sind zu Ende.

len tat nur das. Sie hatte ihren Auftrag und ihr Feindbild verloren. Aber deutsche
Intellektuelle hüben wie drüben mußten in den neunziger Jahren umdenken. Ange-
sicht des Golfkriegs, des Konflikts in Bosnien mit seinen erschütternden Begleiter-
scheinungen und der von den Serben betriebenen ethnischen Säuberungen im
Staatsgebiet des ehemaligen Jugoslawien wirkte der früher so prompt abrufbare
Anti-Amerikanismus der Intellektuellen überholt. Das bislang gängige Freund-
Feind-Schema paßte nicht mehr. Botho Strauß und Hans Magnus Enzensberger
brachen schon früh aus der Phalanx aus, Günter Grass hingegen hielt auch noch am
Ende des Jahrzehnts die Wiedervereinigung für die Erbsünde der neuen Republik.
Die Linke war angeschlagen, die Enthüllungen über ihre Stasi-Verstrickungen und
die endlosen Querelen im PEN-Club paßten schlecht zu ihren moralischen An-
sprüchen. Aber nach einer kurzen Phase der Desorientierung hatte man wieder
Tritt gefaßt, zeigte Medienpräsenz wie eh und je; es war der Antifaschismus, auf
den man sich als gemeinsame Plattform leicht einigen konnte. Die Walser-Bubis-
Dohnany Kontroverse 1998/99 sowie die gleichzeitige Debatte um das Holocaust-
Mahnmal boten reichlich Gelegenheit zu gesinnungsstarken Selbstdarstellungen.
Dennoch, eine gewisse Unsicherheit blieb. Die Theorien waren großenteils desavouiert, und die politische Heimat in der Opposition verlor ihren Reiz, als die
neue rot-grüne Regierung sich auf vielen Feldern der Pragmatik des Realitätsprin-
zips beugen und die Republik als Nato-Partner in den Waffengang zur Befreiung
der Kosovo-Albaner führen mußte.

Veränderungen in der Welt des Theaters

Während im wirtschaftlichen Bereich das Umschalten von Plan- auf Marktwirtschaft mit allen kapitalistischen Konsequenzen die einzige Überlebenschance bot, waren die Folgen der »Wende« für das Theater zugleich komplexer und weniger gravierend. Hier bestand kein Qualitätsgefälle wie in der Wirtschaft, hier waren keine unbekannten Verfahren zu erlernen und zu übernehmen wie im Bankwesen, hier hatte man trotz aller Behinderungen den Austausch mit dem Westen aufrecht erhalten und seit Gorbatschows Glasnost und Perestroika noch intensiviert. Die Schwierigkeiten bestanden im Kopf. Natürlich waren die Theaterleute glücklich, von den Zwängen der Staatsideologie befreit zu sein. Aber die hatte man auch vorher schon weitgehend unterlaufen, und man hatte gerade im Umgang mit diesen Widrigkeiten ein gemeinschaftliches Bewußtsein entwickelt, für das es in dieser Form im Westen keine Entsprechung gab. Vierzig Jahre DDR-Sozialisation hatten ihre Spuren hinterlassen. Das ideologische Vakuum nach dem Ende von behördlicher Bevormundung und dem weitgehenden Wegfall der anti-westlichen Feindbilder führte zu einer Periode der Verunsicherung, die noch vergrößert wurde durch die notwendigen personellen Konsequenzen, also das Ersetzen des kompromittierten Führungspersonals, und den bald spürbaren Druck der Marktwirtschaft. Dazu mußten die Theatermacher feststellen, daß in einem Land mit grenzenlosem Medienangebot das Theater schnell an Bedeutung verlor. Jetzt wurde ihnen erst bewußt, wie eng die Verbindung zu ihrem Publikum gewesen war und daß sie alle eine gemeinsame Ost-Biographie besaßen, in der auch ihr politischer Kampf, der schließlich zur Wende führte, und die Erfahrungen danach eine wesentliche Rolle spielten: ein Fundus an Gemeinsamkeiten, von dem die Westdeutschen gänzlich ausgeschlossen waren. Sicher sah man viele der Mißstände der ehemaligen DDR jetzt in klarerem Licht und kämpfte weiter kritisch und engagiert gegen die personellen Erblasten der Vergangenheit – aber ebenso waren sich viele der frischgebackenen Bürger der Bundesrepublik, insbesondere Künstler und Intellektuelle, der Unzulänglichkeiten des neuen Systems, das nun ihr Leben prägte, nur zu bewußt. Diese vertrackte emotionale Gemengelage sollte die Haltung ehemaliger DDR-Bürger noch auf Jahre hinaus bestimmen.

Früher hatte man sich bei politischen Anspielungen augenzwinkernd mit dem Publikum verständigen können, die Basis dafür war jetzt entfallen. Man hatte gelernt, offen zu reden, und mit dem schicksalbestimmenden Polittheater der aufwühlenden Demonstrationen, an dem man so begeistert teilgenommen hatte, konnte das eigentliche Theater nicht konkurrieren. Ostdeutsche Theaterleute fanden nun, daß sie einem Club mit schwindender Autorität beigetreten waren. Zudem veränderte sich ihr Publikum: Der Anteil der ›Wessis‹ unter den Besuchern wuchs dramatisch, die ›Ossis‹ setzten neue Prioritäten, das Land der Griechen vorerst nicht mehr auf der Bühne mit der Seele suchend, sondern als erlebnishungrige Touristen direkt vor Ort. Auch früher ungekannte finanzielle Sorgen waren zu verkraften.

Einige Theater mußten sogar schließen, aber 1991 gab es noch immer 69 Ensembles, und die Vereinbarungen, die am Ende getroffen wurden, waren durchaus akzeptabel. Das Theater als öffentliche Institution stand noch immer in hohem Ansehen, und die neuen Leitungsgremien im Osten zögerten nicht, sich dies zunutze zu machen.

Verglichen mit ihren Kollegen im Westen, waren sie bescheidene Anfänger. Diese hatten einen jahrzehntelangen Vorsprung im Pokerspiel um die lukrativsten Stellen und hatten dabei die Eitelkeit von Theaterstädten, die sich einen der großen Namen für die Intendantenstellen sichern wollten, kräftig ausgenutzt. Die so Umworbenen verloren allen Sinn für Proportionen. Ihre Gehälter schossen in die Höhe, und selbst wenn sie vertragsbrüchig wurden, wie Zadek in Hamburg und Alfred Kirchner in Berlin, forderten und bekamen sie maßlos übertriebene Abfindungen. Zehn Jahre und mehr war ihr Ansehen so gestiegen, daß sie aufbegehrende Stadträte unter Druck setzen konnten, bis sie kuschten und zähneknirschend alles bewilligten. In Essen etwa verlangte Hansgünther Heyme den Umbau des dortigen Grillo-Theaters, der die Stadt schließlich 22 Millionen DM kostete, die Zahl der Sitzplätze von 670 auf 399 Plätze reduzierte (jetzt konnte man 90 prozentige Auslastung melden), die Trennung zwischen Bühne und Auditorium beseitigte und dem so entstandenen Gesamtraum das Aussehen eines funktionalen Labors von betonter Häßlichkeit gab. Trotzdem gelang es Essen nicht, sich die Dienste des Meisters zu erhalten.[2]

Das ›Intendantenkarussell‹ drehte sich in schwindelerregendem Tempo. Am Schillertheater stellte der Berliner Senat mit Vera Sturm, Alfred Kirchner, Volkmar Clauß und Alexander Lang gleich ein Vierer-Direktorium ein, nachdem kurz davor mehrere Einzel-Intendanten nicht reüssiert hatten und wohl auch der Ranküne der Kritiker zum Opfer fielen. Binnen kurzem waren die vier zerstritten und hatten das Schillertheater weiter heruntergewirtschaftet, so daß der Senat angesichts der desolaten Finanzlage 1993 die Gelegenheit beim Schopf ergriff und das Theater schloß. Das absehbare Ende des einst so berühmten Schillertheaters hielt den Senat jedoch nicht davon ab, das kuriose und kostspielige Heilmittel einer Mehrfach-Intendanz (in der Form gar eines Fünfer-Direktoriums) noch einmal, und zwar zur Rettung des stagnierenden Berliner Ensembles anzuwenden, aber so inkompatible Genies wie Peter Zadek und Heiner Müller und so ausgeprägte künstlerische Individualitäten wie Fritz Marquardt, Peter Palitzsch und Matthias Langhoff (Eva Mattes kam später noch kurzzeitig als Ersatz für den ausgeschiedenen Langhoff hinzu) ließen sich nicht zusammenschließen. Hamburg und München waren besser dran. Jürgen Flimm am Thalia Theater und Dieter Dorn an den Kammerspielen garantierten Stabilität, Kontinuität und Qualität, während die größeren Häuser in beiden Städten, das Deutsche Schauspielhaus in Hamburg und das Residenztheater in München, häufig ihre Intendanten wechselten, ohne ihren früheren hohen Standard zurückzugewinnen. Und im Wien der neunziger Jahre erkannten selbst jene österreichischen »Patrioten«, die 1988 eine Wagenladung Kuhmist vor dem Burgtheater

abgeladen hatten, um gegen die Aufführung von Thomas Bernhards *Heldenplatz* zu
protestieren (eine böse Attacke auf den österreichischen Nationalcharakter, die es
dann doch auf mehr als hundert Vorstellungen brachte), wie glücklich das Wiener
Theater war, Claus Peymann zu haben.

Die Schließung des Schillertheaters (fast zeitgleich mit der Schließung der be-
nachbarten Freien Volksbühne) war ein unübersehbares Menetekel. Die Proteste
waren laut, aber kurz. Natürlich verteidigte die kritische Zunft das Schillertheater
gegen den Senat, aber die Enthüllung der finanziellen Exzesse des Theaters brachte sie schnell zum Schweigen – vielleicht mehr noch die Erinnerung an ihre eigene
Rolle in dem unverantwortlichen Feldzug gegen dieses Theater in den Jahren zuvor, als das Schillertheater unter Boy Gobert und Heribert Sasse ihnen nicht avantgardistisch genug war. Aber nun waren auch die Kritiker endlich des hypertrophen
Regietheaters müde. Wenig später würden sie sogar dezent andeuten, daß einige
der neugeschaffenen Positionen im legendären Berliner Ensemble verdächtig nach
Altersversorgung aussahen. Tatsächlich wurde nun immer häufiger ganz offen über
Geld geredet – früher ein diskret unerwähntes Thema im deutschen Kulturbetrieb.
Allerdings blieb auch den geschäftstüchtigsten Theaterleuten die Spucke weg, als
im Januar 1996 die österreichischen Steuerbehörden monierten, daß Peter Stein für
seine drei Shakespeare-Übersetzungen und -Adaptionen die unglaubliche Summe
von 850 000 DM erhalten habe, Regiehonorare nicht eingerechnet. »Shakespeare
und der deutsche Geist« hatten offensichtlich ihren Preis.

Shakespeare-Recycling

Schon lange hatten die Kritiker über das wildgewordene Regietheater geklagt, das
Benjamin Henrichs »das Anti-Theater« nannte. »Es zerschlug das Staatstheater in
Stücke – und spielte vergnügt mit den Trümmern. Aber nach einer schönen Weile
wurde das Antitheater des Zertrümmerungsspiels müde – und aus lauter Langeweile wurde es hart, grau und böse.«[3] Die Hoffnung, daß die gewaltigen Veränderungen auf politischem, sozialem und ideologischem Gebiet das Theater wieder zur
Vernunft und auf den Boden der Tatsachen zurückbringen würden, hatte sich offenbar nicht erfüllt. Gerhard Stadelmaier griff in einem Ausbruch von rechtschaffenem
Zorn das gesamte System an, als er die Tendenz der Theaterleute zu Selbstmitleid
und geheuchelter Sorge über den kulturellen Niedergang anprangerte, während sie
selbst die sinnlose Verschwendung auf die Spitze trieben:

> Sie nehmen den Reichtum für selbstverständlich. Ihre Apparate wachsen ins
> Monströse. Künstlerische Entscheidungen kommen unter die Goldknute be-
> triebstechnischer Verfahren. – Sie hängen am Theaterapparat wie der Süchtige
> an der Droge. Wird ihnen der Apparat genommen, zittern und frösteln sie wie
> kranke Abhängige. In Berlin zittern sie mehr um ihr Spielzeug als um die ihnen

eigentlich lästige Möglichkeit, damit Kunst machen zu müssen. Die meisten Theaterleute, die jetzt wutenbrannt gegen den Theatertod in Berlin protestieren und die »Tempel der Humanität« beschwören, waren in den letzten Jahren maßgeblich daran beteiligt, das Theater zu vernichten. Von Humanität war auf ihren Bühnen nichts zu sehen. Ihr Mißtrauen gegen alles Humane, das sie immer ideologisch im billigen Verdacht des »Bürgerlichen« haben, war so groß, daß sie unbesehen der Ideologie des Antihumanen automatisch aufsaßen: schön sei häßlich, häßlich sei schön. Jede große Figur der Weltdramatik, von Hamlet bis zu Hannele, taugte nur noch dazu, als Material für Zerstörungseinfälle herzuhalten. – Das dominierende Konzepttheater der Niedermacher und Theaterhasser machte aus Königen Kretins, aus Prinzen Pinkel, aus Menschen Matsch. Es führte vor, daß der ganze Aufwand schon lange nicht mehr lohnt: Abonnements aufgelegt, Materialien verschwendet, einen Apparat in Gang gesetzt, Männer und Weiber verkleidet, die Garderoben besetzt, das Publikum ins Theater gelockt. Dafür, daß der Regisseur Figuren, die der Dramatiker leben läßt, vorsätzlich ums Leben bringt? Dafür, daß Schauspieler kaum mehr als lebende Wesen, sondern oft nur noch als hysterisch stammelnde Requisiten auf der Bühne stehen? Dafür, daß der Reichtum, der Witz, die Abgründe einer Figur in einer hilflos platten Zote in den Eimer rutschen, der im übrigen zum Lieblingsgegenstand vieler Regisseure wurde? – Denn nur ganz wenige im deutschen Theater wissen, was sie wollen. Der größte Teil weiß vor allem, was er nicht will: Menschen auf der Bühne.[4]

237. Einar Schleef

Stadelmaier brauchte keine Namen zu nennen. Die Anschuldigung war allgemein und paßte auf viele, aber manche der Aussagen verwiesen deutlich auf Einar Schleef und Frank Castorf als die Hauptschuldigen. Die Kritiker entdeckten bei Castorf und Schleef eine weitere Steigerung an zerstörerischer Energie, mit der diese beiden Ex-DDR-Regisseure das klassische Erbe zerstückelten. Die Bilderstürmerei der Siebziger erschien zahm im Vergleich hierzu. Während früher wenigstens der Gang der Handlung in etwa erhalten geblieben war, nahmen Schleef und Castorf die Dramen der Vergangenheit als ›Material‹ und sonst nichts, Gerümpel vom Schrottplatz der Literaturgeschichte. Der schillernde Begriff ›Material‹, nobilitiert durch seinen Gebrauch von Brecht (der es auf die wiederverarbeitungsfähigen Handlungselemente eines Stückes anwandte) und Müller (für den es die gewalttätige Ursubstanz der

Geschichte bedeutete) konnte anscheinend auch ganz wörtlich genommen werden. Das war eine enorme Radikalisierung. Sie entwertete nicht nur die traditionelle Darstellung, sondern auch deren ikonoklastische Negierung. Nachdem die Idee von ›Material‹ erst einmal ihren theoretischen Überbau im Sinne Brechts oder Müllers verloren hatte, wie bei Schleef und Castorf, erschien auch die frühere Klassikerdemontage sinnlos. Wozu noch Hamlet und Gertrud einer Psychoanalyse unterziehen, die absurden Subtexte in *König Lear* ans Licht bringen, Othello in ein Dschungelmonster verwandeln oder Macbeth in eine SS-Bestie? Solche Angriffe auf die Ikonen der klassischen Bildung hatten dieses Erbe als eine immer noch lebendige Kulturtradition vorausgesetzt, so wie Francis Bacons Technik der kritischen Übermalung (etwa bei Velasquez' »Papst Innozenz X.«) den Hintergrund europäischer Porträtkunst voraussetzt, um ihren verblüffenden Effekt zu erzielen. In diesem Sinne nannte Heiner Müller seine Adaptionen von griechischen und elisabethanischen Dramen ›Übermalungen‹.

Schleef und Castorf waren auf einen solchen Fundus kultureller Traditionen nicht mehr angewiesen. Was bei den Bilderstürmern noch eine Art Dialog mit Stück und Publikum gewesen war, wenn auch scharf, kritisch und schroff, verwandelte sich nun in völlig autonome Bühnenaktionen, die sich nicht mehr als kritische Aufklärung im Dienst der künstlerischen Avantgarde rechtfertigen ließen. Tatsächlich ließen sie genau dieses Konzept veraltet erscheinen. Schleef, Autor, Maler, Bühnenbildner, in seinem dunklen, urtümlichen Wüten gegen kulturelles Raffinement, führte das Theater in Extreme der Körperlichkeit. Castorf, lockerer und geschmeidiger, zeigte, wieviel Spaß und Provokation der Kanon des deutschen Staatstheaters hergab, wenn man die Stücke nur brutal genug anpackte und sich nicht beirren ließ, weder von ohnehin schon verblaßten Erinnerungen an die Grenzen von Geschmack und Anstand noch vom Gedanken an einen angeblich politischen Zweck des Theaters. Christoph Marthaler ging auf seine Weise ebenfalls über die Avantgarde hinaus. Er schuf seltsame, vordergründig friedliche, ja somnolente Produktionen von großer Neuheit.

Hier trennten sich die wichtigsten Kritiker von einer Bewegung, der sie selbst ein Vierteljahrhundert zuvor zum Durchbruch verholfen hatten. In der heroischen Periode des emanzipatorischen Bildersturms hatten sie die Entwicklung der neuen Theaterästhetik unterstützt, sich dafür eingesetzt, Experimenten Raum zu geben, hatten große Karrieren gefördert und sogar noch in den achtziger Jahren Verständnis gezeigt, als die schwindende revolutionäre Energie sich in postmoderne Impulse verwandelte. Doch von den Veteranen des Feuilletons zu erwarten, daß sie auch noch die Zerstörung der Verbindung von emanzipatorischer und ästhetischer Rationalität zugunsten dessen, was ihnen als bloße Willkür, Mangel an Sensibilität und Sinnvernichtung erschien, gutheißen sollten, war entschieden zu viel verlangt. Nur wenige unerschrockene Geister unterstützten den neuen Kurs. Für die anderen waren Schleef, Marthaler und Castorf – jedenfalls fürs erste – indiskutabel.

Frank Castorf

1951 geboren und aufgewachsen in Ost-Berlins lebendigstem und unruhigstem Viertel, dem Prenzlauer Berg, hatte Castorf Aufsässigkeit im Blut. Doch war die Anarchie seiner Anfänge nicht politisch motiviert. »Ich komme aus einer ganz anderen Zeit, aus dem Fußball, dem Rock'n Roll, aus dem rausgebrüllten Unmut, aus der Neurose.«[5] Er sieht das Zeitalter als gigantisches Chaos, in dem die DDR

238. Frank Castorf

tat, als sei sie eine Insel der Sicherheit und des sozialen Fortschritts. »Man baut Mauern oder Schutzzölle oder die Werktreue dagegen (was in der Welt wirklich los ist) auf, um das Leben – wie es tatsächlich ist, nicht an sich ranlassen zu müssen.«[6] Ästhetische Programme zur Rettung der Welt interessierten ihn nicht. »Ähnlich wie die Dadaisten in den 20er Jahren versuche ich auf dem zynischen Höhepunkt der Zeit zu bleiben. Ich – muß wissen, wie die Kampfverhältnisse in dieser Welt sind, – um einfach rechtzeitig die Deckung oben zu haben und nicht zuviel auf die Fresse zu kriegen.«[7]

Nach außen hin liebenswürdig, amüsant und unterhaltsam, kannte Castorf keine Gnade, wenn es um die Klassiker ging. Sie waren ›Material‹, mit dem man nach Belieben umspringen konnte. Shakespeare, Lessing, Goethe – eine Sammlung von Oldtimern die sich auseinandernehmen und zu herrlichen Monster-Buggies zusammenbauen ließen. »Ich habe versucht, den Stoff auseinanderzunehmen, die einzelnen Teile zu entrosten, zu ölen und dann wieder neu zusammenzusetzen.«[8] Zu DDR-Zeiten gab es behördliche Einschränkungen gegen Castorfs fröhlichen Vandalismus. Die Hälfte seiner Inszenierungen wurde verboten oder durch Auflagen entschärft – für ihn auch eine Art Werbung. Um ein Haar wäre auch sein *Othello* (1983, in Anklam) verboten worden, immerhin starb Desdemona mit dem Kopf im Eimer.

Hamlet – Material von Shakespeare (Köln, 8. April 1989) war seine erste Inszenierung im Westen. Laut Castorf bedeutet ›Material von Shakespeare‹: »95 % des Textes sind von Shakespeare. Und das ist für die Art, wie ich sonst mit Materialien umgehe, sehr sehr viel. Also: reiner Shakespeare. Nur: Die Kombination ist eine andere.«[9] Die Kritiker jedoch meinten, sie hätten kaum 20 % des Textes gehört und fanden die neue Kombination entschieden verstörend. Castorf rührte es wenig, er betrachtete es als seine Aufgabe, »in der derzeitigen gesellschaftlichen Phase – wo wir Stagnation erleben – Bewegendes, Aufbrechendes, Provozierendes dagegenzusetzen«[10], indem er die Texte an einem Punkt »zwischen einer extremen Ordnung – und dem Bedürfnis nach totaler Anarchie, totalem Nein-Sagen, Verweigern«[11] ansiedelte.

Was dabei herauskam, spottete jeder Beschreibung. Die Zuschauer waren entsetzt und verließen das Theater in Scharen. Diejenigen, die blieben, mußten jede Erwartung auf einen Zusammenhang von Charakter, Handlung und Ton aufgeben und auch die Hoffnung fahren lassen, durch Sprache Bedeutung zu erkennen, bevor sie mit einer rasanten Mischung aus Slapstick und Surrealismus belohnt wurden. Die Handlung war in Dutzende von winzigen Szenen aufgebrochen, die sich um fünf Requisiten herum abspielten: ein Kühlschrank Mitte vorn und, von links nach rechts in einem Halbkreis dahinter, eine Mülltonne, ein Sofa, ein Kleiderschrank und ein Flügel. Mit dem Kopf in der Mülltonne rasselt Hamlet einen unverständlichen Monolog herunter (Literatur nichts als Kulturmüll?), während Claudius, alias Hamlet senior, den Flohwalzer auf dem Piano spielt. Aus der Mülltonne angelt die verrückte Ophelia Sardinenbüchsen, stopft sich in Anspielung auf die berühmte Aal-Freß-Orgie in Günter Grass' *Die Blechtrommel* mit Fisch voll und übergibt sich in dieselbe Mülltonne. Auf dem Sofa bedrängt Laertes Ophelia mit inzestuösen Fummeleien, stürzt dann zum Kühlschrank, um sein erhitztes Glied mit Eis zu kühlen, bevor er seine Warnungen gegen Hamlets Lüsternheit vom Stapel läßt. Auf dem Sofa füttert Gertrud Hamlet zuerst mit Suppe und kommt dann zur Sache – mit eindeutigem Stöhnen: »Oh Hamlet, sprich nicht weiter – weiter, weiter, weiter« – bis zum Orgasmus. Polonius wird im Kleiderschrank ermordet, aus dem er blutüberströmt herausfällt, ganz nach der Manier der unvermeidlichen Leichen in B-Filmen, nur um sich wieder aufzuraffen und langsam, ständig Blut spuckend, zum Sofa zu gehen, wobei Hamlet den Todesgang am Flügel begleitet. Der Flügel diente als Stuhl, Couch und Sockel ebenso wie als Begleitinstrument für die vielen Lieder (einschließlich »Au clair de la lune« und »Chattanooga Choochoo Train«) oder einfach als Mittel, ohrenbetäubenden Lärm zu machen. Das alles war nichts gegen den Kühlschrank. Der Geist holt eine Pistole daraus hervor und schießt Hamlet ins Bein, der aufheult, schießt sich selbst in den Arm, um zu zeigen, daß es gar nicht wehtut und schwingt sich dann auf den Kühlschrank, um von dort seine Rede »Ich bin deines Vaters Geist« zu intonieren. Fortinbras entnimmt dem Kühlschrank eine Bierbüchse (wobei er dänisches Bier mit kehligem, fremdartigem Akzent anpreist), worauf ihm die angetrunkene Hofgesellschaft mit der Eisschranktür den Arm bricht, wohl um klarzumachen, daß er seinen Namen zu Unrecht trägt. Während Hamlets »Sein oder Nichtsein«-Monolog waren alle Augen auf Ophelia gerichtet, die ein Ei auf dem Kühlschrank zerschlägt, sich selbst mit dem Eiweiß und dem Eidotter beschmiert und es dann von ihren Armen und Fingern ableckt, während Polonius die Mixtur inspiziert und kommentiert: »Das ist die wahre Schwärmerei der Liebe«. Aus dem Kühlschrank kommen schließlich auch die drei Eier, die Hamlet, bereits verrückt geworden und den Kopf in Papier gewickelt, als ein Zeichen seines Irreseins legt und dabei jeden Legeakt mit einem laut hallenden Furz begleitet.

Offensichtlich konzipierte Castorf diesen *Hamlet*, wie Lawrence Guntner ausführt, nicht »gegen den Hintergrund der Geschichte oder einer besonderen Gesellschaftsordnung, sondern zeigte uns eine Gesellschaft, in der Geschichte und systematische Bedeutung irrelevant geworden und durch private Phantastereien ersetzt worden sind«.[12] Andreas Rossmann erkannte: »Das Chaos, das Castorf mit seiner Montage anrichtet, ist genau kalkuliert, der Wahnsinn hat Methode. Parodie und Pathos, Banales und Bedeutsames, Nonsense und Tiefsinn, Kalauer und Kunst vermischen sich explosiv und schaffen Irritationen«.[13] Reinhard Kill billigte der Inszenierung sogar »brillante Augenblicke« zu, aber beurteilt das Unternehmen im ganzen als »zu beliebig, zu vordergründig, zu feige, zu spät«.[14]

Diese Kritiken ergaben nur Sinn, solange man Castorf noch für einen Spätzünder der Theaterrevolution der sechziger und siebziger Jahre hielt. Seine nachfolgenden Inszenierungen machten jedoch klar, daß er weder versuchte, auf den Zug der früheren Avantgarde aufzuspringen, noch beabsichtigte, das steckengebliebene Gefährt mit einer brisanteren Kraftstoffmischung wieder in Fahrt zu bringen. Castorf nutzte die Freiheiten, die das vorangegangene Regietheater erstritten hatte, zu einem weit radikaleren Zweck, nämlich nicht, um, wie Markus Moninger erkannt hat, »ein neues Kapitel der Theatergeschichte« zu schreiben, »sondern um das alte Kapitel – Regietheater als Avantgarde und Innovation – endgültig für beschlossen« zu erklären:

> Die Avantgarde als Gegenmodell zum traditionellen Kunstsystem gibt es nicht mehr. Ebensowenig existieren noch traditionelle Normen, mit denen gebrochen werden müßte.[15]

Shakespeare, Lessing, Schiller, Büchner, Müller, Brecht, sie alle waren Korn für Castorfs Mühle und wurden mit gleicher Erbarmungslosigkeit zermahlen. Und als er 1992 die Leitung der Volksbühne im früheren Ost-Berlin übernahm, hatte er nicht nur einen Ruf als der Nation rabiatester und obszönster Zerstörer des literarischen Erbes zu verteidigen, sondern er hatte nun auch ein eigenes Theater, das er in ein Rebellencamp verwandeln konnte. Nicht umsonst wurde auf dem Gebäude eine Flagge mit dem Kryptogramm gehißt, das von den Aufständischen der Bauernkriege benutzt wurde. Bürgerliche Theaterbesucher sahen sich im Foyer nun Gruppen ordinärer Jugendlicher gegenüber, die sich dort Videoaufzeichnungen der Volksbühne ansahen, ärgerten sich über die laute Rockmusik, und nach der Vorstellung hatten sie Gelegenheit, die Rituale von Castorfs »Brut«[16] (wie sie bald hieß) zu beobachten. Sowohl das äußere Erscheinungsbild als auch die auf der Bühne praktizierte Castorfsche Ästhetik[17] proklamierten die totale Ablehnung des bürgerlichen Theaters. Er zog ein neues Publikum aus jungen und teilweise ausgegrenzten Gruppen an. Diese standen der traditionellen Kultur nicht eigentlich kritisch, sondern schlicht ablehnend und zum Teil sicher auch ignorant gegenüber und hatten ausgesprochenen Spaß an den fäkalen und pornographischen Exzessen ihrer Kult-

239.
Frank Castorf:
Der Kapitän vor seinem
»Panzerkreuzer«.

figur. Warum sollte Lear (*König Lear*, 1992, Lear: Wilfried Ortmann) seinen Töchtern nicht drei Eimer an Stelle von drei Provinzen vermachen? Warum sollte Cordelia (Annett Kruschke) nicht in ihren pinkeln, wenn sie ihren Mund nicht aufmachen kann, um sich ihr Erbe zu erhalten, oder Frankreich nicht den Inhalt trinken, da die physische, von allem entblößte Cordelia die einzige Mitgift ist, die er erwarten kann? Aber es ist müßig, in einer ›Shakestorf‹-Produktion nach tieferen Bedeutungen zu suchen.[18] Warum wird Cordelia von ihren eigenen und Lears Soldaten vergewaltigt (einer Gruppe, die sieben Samurai genannt)? Warum zerstampfen und mampfen sie Kohlköpfe und furzen danach wie wild? Nur als wortlose Anspielung auf den Namen von Bundeskanzler Kohl? Warum so viele Lieder? Zugegeben, eines von ihnen konnte mit dem Wortspiel ›Lear‹ – ›Bier‹ aufwarten, wobei der alte Schlager »Es gibt kein Bier (Lear) auf Hawaii« benutzt wurde. Aber was soll man mit einer solchen Ästhetik anfangen?

Sibylle Wirsing hat Castorfs Inszenierungen taktvoll »Labyrinthe«[19] genannt. Für andere Kritiker war des jungen Meisters Rezept für ›serielles épater le bourgeois‹[20] nur allzu offensichtlich: Koprophilie, Pornographie, verbale und nicht-verbale Spielereien, mal witzig, mal unwitzig die Sprach- oder Handlungslogik gegen den Strich bürstend, das Ganze aufgepeppt mit Liedern oder in dröhnender Musik ertränkt, eine Mixtur für ordinäre und einige wenige überzüchtete Geschmäcker.

Joachim Kaiser diagnostizierte die Theaterlandschaft unter Castorfs Bearbeitung zornig als »Versteppung«.[21] Castorf selbst erklärte 1993: »Ich habe keine Lust mehr, Klassiker kaputtzumachen«.[22] Drei Jahre später – nun schon ein beliebter Gast in Talk-Shows und bekannt für seinen entspannten und intelligenten Umgang mit den Medien – servierte er auf der Volksbühne jedoch noch immer dieselben merkwürdigen Mixturen. Während dieser Zeit blieb Shakespeare verschont.

Castorfs Theater kann vielleicht noch mit gesellschaftlichen Begriffen erklärt werden. Seine Umwandlung der Volksbühne in ein multi-mediales Gemeinschafts-zentrum für kulturell Benachteiligte ergibt Sinn, wenn man es vor dem Hinter-grund der Ex- und Post-DDR-Mentalität seiner Generation und der emotionalen Verfassung seiner Kundschaft betrachtet – entfremdete junge Leute in diesem spe-ziellen Teil von Berlin mit ihrem unterschiedslosen Groll auf Ost und West, Ver-gangenheit und Gegenwart und ihrer Null-Bock-Haltung gegen alle Ideologien. Für sie war die Volksbühne der »Panzerkreuzer«[23] mit der wehenden Flagge der Meuterei, ein Symbol des Widerstands und der Hoffnung. Und sie jubelten, wenn ihr Kapitän wieder einmal ein Stück literarische Fracht als überflüssigen Kultur-ballast über Bord warf. Gefragt, was passieren würde, wenn er seinen Posten verlie-ße, antwortete Castorf: »Dann würde hier alles in der Scheiße versinken.«[24]

Christoph Marthaler

240.
Christoph Marthaler

Besucher von Christoph Marthalers (wie Castorf Jahrgang 1951) sanft ein-lullenden Aufführungen mußten keine verbalen oder visuellen Beleidigungen fürchten. Dennoch war sein Theater, falls es überhaupt eine Steigerung gab, noch seltsamer und seine Wiederaufbe-reitung klassischer Texte noch rätsel-hafter als die von Castorf. Als profes-sioneller Oboist und Komponist für Begleitmusiken bei bekannten Regis-seuren, hatte Marthaler schon Kontakt mit dem Theater, lange bevor er sich als Regisseur versuchte. Seine Arbeiten erregten sofort Aufsehen, aber die Kri-tiker waren ratlos. Einerseits stammten die Texte hauptsächlich von der Gruppe selbst oder waren aus den unterschiedlichsten Quellen collagiert. Auch schien ih-nen eine kritische Intention zugrunde zu liegen, denn sie zielten auf Unzulänglich-keiten von Marthalers Heimatland, der Schweiz, und auf die historischen Verfeh-lungen seiner Landsleute, in der Hauptsache das Zurückweisen von Flüchtlingen,

241. *Sturm vor Shakespeare* 1994 Berlin. R: Christoph Marthaler, B: Anna Viebrok, F: David Baltzer. Prosperos schlafwandelnde Vasallen, Miranda und Ferdinand verdreifacht, ein desinteressierter Ariel (Robert Hunger-Bühler, links).

die dem Nazi Terror entkommen wollten. Aber er erklärte häufig, daß politisches Theater zu machen nicht seine Absicht gewesen sei.

Seine Art zu inszenieren zeigte, daß keinerlei didaktische Absicht im Spiel war. Die Texte waren auf merkwürdige Weise von ihren Sprechern abgetrennt, sie benutzten die Wörter nicht als Instrument der Selbstdarstellung, sondern als Bestandteile eines Rituals oder einer Litanei. So erreichten die Äußerungen durch sorgfältig dosierte und chorisch modulierte Wiederholungen ein Gewicht über die Oberflächenbedeutung hinaus. Körperliche Aktionen auf der Bühne waren gleichfalls kein Ausdruck eines dramatischen Konflikts, sondern auf den ersten Blick alltäglich erscheinende Gesten, unbewußte Handlungen, auf die die meisten Mitwirkenden stereotyp reagieren oder zwanghafte Bewegungsabläufe, die sie ebenso stereotyp wiederholen, rituelle Beschwörungen reduzierter psychischer Zustände. Die Bewegungen waren meist langsam; eine Art kosmischer Lethargie, an Schlafwandeln grenzend, lag über allem, unterbrochen durch gelegentliche Ausbrüche hektischer Aktivität.

Die Zeit lastet schwer auf Schauspielern wie Zuschauern, es gibt wenig Entwicklung für Charaktere in Marthalers Welt: Sie sitzen und grübeln, beginnen scheinbar sinnlose Aktivitäten, kehren zurück in ihren Wartezustand, schlafen ein oder stimmen unvermittelt Gesänge an, wobei ihre gut ausgebildeten Stimmen Madrigale und Choräle mit ebenso unbeirrbarem Gleichmut und hohem Können vortragen wie bekannte Schlager, Nationalhymnen oder Marschlieder. Die Produktionen sind um bestimmte Themen oder Bewußtseinszustände angeordnet, die mit der deutschen Geschichte zu tun haben, aber sie sind weder aggressiv noch belehrend und zielen auch nicht auf Emanzipation oder Gesellschaftsveränderung. »Ich glaube nicht, daß ich 1968 etwas zu sagen gehabt hätte.«[25] Marthaler glaubt nicht an Fortschritt. Seine Figuren sind gefangen in einer unbestimmten Schlaffheit, die sie nicht abschütteln können, einer Paralyse des Geistes und der Gefühle, die sich in Anna Viebrocks Bühnenbild perfekt widerspiegelt: hochwandige, oft fensterlose Innenräume, die drei Seiten mit braunem Kunstholz vertäfelt oder, ebenso häßlich, mit nichtssagenden Tapeten beklebt, eine Eisentreppe, die ins Nirgendwo führt, ein Aufzug, der auf- und abfährt, Türen, die sich nicht öffnen lassen, eine Öffnung im Hintergrund, die zu einer Toilette oder Bar führt, ein überdimensionaler Heizkessel, Boiler oder Ventilator in unerreichbarer Höhe, und auf der Bühne ein wenig einnehmendes Sortiment von Möbeln, vorzugsweise aus den Fünfzigern – es sind »hyperreale Erinnerungsräume und existentielle Wartesäle«[26] für Menschen auf der Durchreise ohne Woher und Wohin und für den Rest ihres Lebens dazu verdammt, an diesem Ort mit professioneller Akkuratesse die Handlungen zu wiederholen, die das zumeist auf Zeitlupentempo fixierte Szenario ihnen vorschreibt. Anna Viebrocks Ausstattungen haben eine merkwürdige Suggestionskraft. Auf den ersten Blick erzeugen ihre alltäglichen Bestandteile ein Gefühl von Vertrautheit, das aber nach kurzer Zeit völlig verschwindet. Ihre unaufdringliche Verfremdung bringt den Zuschauer ins entspannt-aufmerksame und mitschwingende Sinnieren.

Das ist genau die Geisteshaltung, die Zuschauer brauchen, um sich auf eine Marthaler-Produktion einzustellen. Sie müssen darauf gefaßt sein, daß die Realität hier auf seltsame Weise aus den Fugen geraten ist und sich in ein rätselhaftes Spiel verwandelt hat, das mit ihren kulturellen Erinnerungen spielt. Es bietet wohlbekannte Einzelheiten – in einem letztlich hermetischen Ganzen. Die Haltung des Regisseurs ist ungewöhnlich unantagonistisch: er hadert weder mit dem Publikum, seinem ›Material‹, noch dem Zeitgeist. Er beansprucht für sich selbst nur das Recht des Musikers, Variationen eines Themas zu spielen und neue Arrangements zu produzieren statt der Sache selbst. Also nicht: dies ist, was Shakespeare unter heutigen Bedingungen geschrieben hätte, das heißt eine zeitgemäße Version des Originals, sondern: hier sind die freien Variationen und freischwebenden Improvisationen eines musikalischen Träumers. Das Original ist daher weder zerstückelt noch entweiht. Es existiert als Erinnerung.

Unter dieser Voraussetzung konnte Shakespeare gleichzeitig sowohl als an- und abwesend gesehen werden. *Der Sturm* (31. Januar 1994 an der Volksbühne in Berlin), dessen verquerer Untertitel »Sturm vor Shakespeare: Le Petit Rien« schon die kommende Minimalisierung anzeige, war eine milde Brise, die oft in eine Windstille überging. (Abb. 115) Prosperos Leidensgeschichte versetzte nicht nur Miran-

da in Schlaf, sondern auch den Erzähler selbst. Der Schiffbruch traf eine elegant
gekleidete Gruppe, die darauf wartete, daß ihnen ein unerschütterlicher, befrack-
ter Diener, Ariel wie sich herausstellte, in die Mäntel half, bevor sie auf die Türen
zusteuerten, sie verschlossen fanden und gleichmütig wieder zu ihren Sitzen
zurückkehrten. Musikalisch unterhalten wurden sie von einem Kontratenor an
einem Cembalo, der ein Potpourri von elisabethanischen Stücken intonierte, in die
die Gruppe hin und wieder mit wohlmoduliertem Gesang einfiel. Prospero bediente verschiedene Zauberinstrumente, unter anderen – bezeichnenderweise – eine
Stimmgabel, mit welcher er nach Belieben Aktionen in Gang setzte oder beendete,
woraufhin die von ihm künstlich stimulierte Gesellschaft erneut in Teilnahmslosig-
keit versank oder in einem weiteren Lied Trost suchte. Ihre seltenen Fluchtversu-
che ließen sich also leicht vereiteln, und Prospero fand Zeit für ein aufreizend lang-
sames Schachspiel mit Ariel oder für ein kurzes Schläfchen, dem auch die anderen
nicht abgeneigt waren. Einige der Monologe kamen über Lautsprecher. Der Text
spielte nur eine untergeordnete Rolle, wurde aber wunderschön gesprochen, einzelne Verse wurden sinnlos (oder etwa musikalischen Gesetzen gehorchend?)
wiederholt, sinnvolle verbale Kommunikation hatte aufgehört zu existieren. Die
Themen von Usurpation, Rebellion und Verschwörung wurden Nebensache, so
wurde Raum geschaffen für zusammenhanglose Aktionen. Jeder pflegte seinen eigenen Spleen: einer z. B. erkletterte einen Bücherberg, der unweigerlich zusam-
menbrach, ein anderer rasierte seine Beine, ein dritter stürzte sich immer wieder
auf das Cembalo.

Am Ende erklomm Prospero eine Leiter, um einen hölzernen Verschlag zu
erreichen, der hoch oben zwischen zwei Radiatoren angebracht war (vielleicht ein
Rückzug in seine Zelle, um sein Zauberbuch zu studieren?), aber unerwarteterweise
erklangen von dort oben nicht Prosperos Zauberworte, sondern es entlud sich
das Donnergrollen des Sturms, der sich in seinen Eingeweiden zusammengebraut
hatte, windiger Abschluß eines Spiels, das lange Zeit in der Flaute lag. »Die Insel
ist voll Lärm, voll Tön' und süßer Lieder, die ergötzen« – vielleicht nicht alle. »Wir
sind der Stoff / Aus dem die Träume sind« – die kollektiven Träume von Marthalers Ensemble öffneten eine Welt von flottierenden, unbestimmten Anspielungen.
»Und dies kleine Leben umfaßt ein Schlaf« – warum sollte das Theater das nicht
auch einmal wörtlich nehmen?

Die Kritiken schwankten zwischen Ironie und Sarkasmus. Sie zeigten aber auch
Respekt für eine Unternehmung, die irritiert und amüsiert hatte, obgleich sie Kritikern und Zuschauern letztlich unerklärlich blieb. Weder der Regisseur noch die
Bühnenbildnerin boten Erklärungen an. Das hatten sie auch früher nicht getan und
waren mit ihrer hermetischen Bühnensprache, deren Zeichen und Symbole das
Publikum bald wiedererkannte, auch wenn ihnen die Bedeutung dunkel blieb,
schnell zu Ruhm gekommen (Marthaler/Viebrock-Produktionen erreichten sogar
Kultstatus). In Marthalers Inszenierungen, sogar mehr als bei Castorf – (die Arbeit
von Einar Schleef bleibt unerwähnt, da er Shakespeare nicht aufführte, aber sie

gehört in diese Kategorie) – entfernte sich das Regietheater in eine Region jenseits kritischer Rationalität. Umschreibbare Bedeutungen spielten keine Rolle mehr, und über seinen Gebrauch als wiederverwertbares »Material« hinaus besaß das literarische Erbe keinerlei Wert. Damit war das Ende eines ästhetischen Paradigmas eingeläutet, das auch in den Jahren des Bildersturms noch gegolten hatte.

Neues und Apartes, Geschlechtertausch

Nur wenige Regisseure waren so radikal in ihrem Umgang mit Shakespeare als ›Material‹ wie Castorf und Marthaler. Avantgardistisches Renommé ließ sich mit viel weniger Aufwand erzielen, zum Beispiel durch Wiederbelebung ehemals revolutionärer Attitüden, durch weitere Versuche mit geschlechtsneutralen Besetzungen oder durch die Erfindung neuer Greueltaten. Willkürliche Morde oder Vergewaltigungen, die bei Shakespeare nicht vorgesehen waren, erfreuten sich großer Beliebtheit. Stefano und Trinculo rechtzeitig von Prospero erschießen zu lassen,

242.
Hamlet 1989 Berlin.
R: Siegfried Höchst, B: Jochen Finke,
F: Eva Kemlein.
Cornelia Schmaus in der Titelrolle.

vereinfachte den fünften Akt des *Sturm* im Nationaltheater Weimar (1992). Theseus, auf Befehl von Hans Neuenfels handelnd, läßt die athenischen Handwerker
von schwarzen Sklaven erschießen, weniger wegen ihrer unkomischen Darstellung
von *Pyramus und Thisbe*, als um dem Regisseur zu helfen, das glückliche Ende in ein
blutiges zu verwandeln: An Stelle von Oberons Abschiedssegen ging ein Blutregen
auf die Hofgesellschaft nieder (*Ein Mittsommernachtstraum*, Berlin, Schillertheater,
1993).[27] Nicht allen Ophelias gelang es, ihren »keuschen Schatz« gegen Hamlets
»ungestümes Dringen« zu verteidigen (bei den Salzburger Festspielen 2000 führte
ihr Bruder Laertes sogar die Rotte der Vergewaltiger an), aber sie waren meist sicherer als die Cressidas oder Jessicas, die vergleichsweise leichte Beute waren und
oft ohne langes Federlesen für Gruppenvergewaltigungen herhalten mußten, wie
fast regelmäßig in *Troilus und Cressida*, aber auch im *Kaufmann* (beispielsweise 1994
in Düsseldorf und 1995 in Weimar). Väterlichen Inzest, oder zumindest die brutale
Andeutung davon, erlebten einige Gonerils und Julias, selbst Marina in *Perikles*
(Berlin, 1993) blieb davon nicht verschont; bloße sexuelle Belästigungen waren
ohnehin gang und gäbe und fielen kaum noch auf.

Als Cornelia Schmaus auf der Höhe ihres Könnens den Hamlet spielte (Volksbühne, Berlin, 1988), war das vielleicht nicht mehr als der Wettstreit einer jungen
Schauspielerin mit ihren männlichen Kollegen um die begehrteste Rolle ihrer Al-
tersgruppe, bei dem sie gut abschnitt. Es war ein Höhepunkt in ihrer Karriere. Für
die Aufführung selbst spielte das Geschlecht der Protagonistin jedoch keine Rolle.
Aber was sollte der Versuch bezwecken, die achtzig Jahre alte Marianne Hoppe
die Rolle des Lear in Robert Wilsons stilisiertem Arrangement (Frankfurt, 1990)
spielen zu lassen? Wilson, Meister bewußt gesetzter und hochkontrollierter Effekte, schuf eine Atmosphäre aus Form und Schönheit – in Farben, Gesten und Bewegungen, in welche er den statuarischen Minimalismus einer großen Schauspielerin hineinprojizierte, die, mit rauher und brüchig gewordener Stimme, absichtlich
eine altersmüde Geschlechtslosigkeit betonte – alle Leidenschaften sind ver-
braucht, zurück bleibt ein unbezwingba-
res, die ganze Welt verachtendes Selbst.
(Abb. 244) Die Kritiker zeigten Respekt,
aber sie waren einigermaßen ratlos. Wilson hatte ein kulturelles Ereignis geschaffen, aber es verdankte seine Anziehungskraft nicht zuletzt der glanzvollen
früheren Bühnenkarriere der Hoppe
und auch dem legendären Ruf ihres Lebens mit Gustaf Gründgens im Zentrum
der Nazi-Theaterwelt, wo sie einmal
dem zudringlichen Propagandaminister
eine unmißverständliche Abfuhr erteilt
hatte.

243.
Robert Wilson

244. *König Lear* 1990 Frankfurt. R und B: Robert Wilson, F: Abisag Tüllmann. Das stilisierte Schlußbild: Cordelia (Alexandra von Schwerin), Lear (Marianne Hoppe) und Albany (Rolf Idler) in der
Mitte, der besiegte Edmund (Richy Müller) links und Edgar (Christoph Waltz) rechts abgehend.

Wilsons erlesener Formalismus und Hoppes Stolz gaben Voyeuren keine Chance. George Tabori hingegen schien sie geradezu einzuladen. Seine Inszenierung des
König Lear (1989 in Bregenz, 1990 in Weimar und Wien) mit Hildegard Schmahl in
der Titelrolle in einer fast ausschließlich weiblichen Besetzung (sechs Frauen, ein
Mann) hatte als Kern das Konzept, daß »aus einem kranken, alten furchtbaren Tyrannen und Wüstling, einem Dirty Old Man, – wird, was die Juden ›ein Mensch‹
nennen – nicht nur ein menschliches Wesen, sondern ein gutes«[28] – auch wenn sei-
nen/ihren Töchtern dabei in übelster Weise mitgespielt wurde. Mit dem Ergebnis
unzufrieden, konzentrierte Tabori sich für die Wiederaufnahme in Wien auf »die
Qualen des Abdankens und Loslassens, die Phantomschmerzen des Herrschaftsver-
zichts, und die Verrücktheiten als Befreiungschance, Selbsterkenntnis durch Selbst-
verlust«.[29] Aber laut Sigrid Löffler regredierte »Königin Lear eher nun in infantile,
anale Schmutzgelüste … [und] ließ sich durchaus ernsthaft auf … senile Scham-
losigkeit … ein … In ihrem verbockten Gezeter und mümmelndem Verfall gewit-
terte es sogar minettihaft. Aber eines konnte die Schmahl trotz aller Kunstfertigkeit
nicht einsichtig machen: warum dieser alte King eine Queen sein mußte.«[30] Wur-

245.
König Lear 1985 Berlin.
R: Klaus Michael Grüber,
B: Gilles Aillaud,
F: Ruth Walz.
Bernhard Minetti (Lear)
und David Bennent
(Narr).

den hier etwa nicht nur Shakespeare, sondern auch die Schauspielerinnen als ›Material‹ in einem Tabori-Experiment benutzt? Tabori verabscheut ein für allemal fixierte und abgeschlossene Produktionen, das Theater ist für ihn ein weit offenes Experimentierfeld. Sein Resümee über die Inszenierung: Er habe sich »in aller Demut allein für den erotischen Aspekt dieses Stückes entschieden, das nun einmal das leidenschaftlichste Essay über die Shakespearesche Sexualität ist – für einen Aspekt also, der bisher sogar in den denkwürdigsten *Lear*-Inszenierungen ausnahmslos vernachlässigt wurde.«[31] Eine Collage, die nur eine partielle Sicht auf das Stück vermittelte und als *Lears Schatten* passend betitelt war.

246. Klaus Michael Grüber   247. Roberto Ciulli   248. George Tabori

Wehmütig mochten Kritiker an den wahrhaft großen alten Bernhard Minetti zurückdenken, der die Rolle ein paar Jahre zuvor gegeben hatte, den »Geistestheaterkopf«, wie Thomas Bernhard ihn nannte, das Antlitz gezeichnet vom Leid des Jahrhunderts, die Zerstörungen der Zeit unverkennbar, aber erleuchtet von einem inneren Feuer und angetrieben von dem Verlangen, über des gebrechlichen Körpers Schwäche hinaus die dunkelsten Winkel des menschlichen Herzens zu erforschen, Expeditionen, die eher in philosophischer Verwunderung denn in Learschem Zorn unternommen wurden. (Abb. 245) Und wie gut paßte David Bennents ernsthafter Narr zu ihm: das alterslose Kind und die Verkörperung des Alters selbst in einem Zwiegespräch, das über die unmittelbaren Beweggründe wie Lears Machtverlust und Undankbarkeit der Töchter weit hinauszugehen schien.[32]

Aber Shylock als Frau, konnte das gutgehen? Roberto Ciulli gelang das Kunststück. Sein *Kaufmann von Venedig* (Theater an der Ruhr, 29. November 2000) mit Petra von der Beek als Shylock versuchte weder die vorgenommene Geschlechtsvertauschung nachträglich zu überspielen noch sie für modische Effekte auszuschlachten. Ciulli nahm sich die Zeit für eine phantasievolle Erkundung der aus dieser Verschiebung erwachsenden Möglichkeiten und erforderlichen Veränderungen. Dazu löste er sich von dem Zwang, einen konsequenten Handlungsverlauf und im traditionellen Sinn konsistente Charaktere gestalten zu müssen. So gewann er die Freiheit für ein Theater der Metamorphosen, der Bilder und Anspielungen. Die lange Eingangsszene auf der sonnenüberfluteten Piazza – mit der schmarotzenden Jeunesse dorée links an Kaffehaustischen und Antonio (Volker Roos) vorn rechts vor dem Brunnen-Rondell, allein, abgesondert, verbittert – gab dem Zuschauer Muße, sich auf den Slow-Motion Duktus einzustellen und gleichzeitig die latente Aggressivität hinter allen Beziehungen zu registrieren. Danach begann das Spiel der Verwandlungen. Ein Jude mit geigendem Kind (Shylock und Jessica, letztere

249.
Der Kaufmann von Venedig
2000 Mülheim a. d. Ruhr.
R: Ciulli,
B: Gralf-Edzard Habben,
K: Dejan Radulovic.
F: Robert Schatton.
Eine turmhohe Portia
(Rosemarie Brücher) als
Göttin des Geldes, die von
den venezianischen Glücks-
rittern angebetet und wie das
Goldene Kalb umtanzt wird,
vor ihr die zur Heiligen
Maria mutierte Jessica
(Simone Thoma).

gespielt von Simone Thoma) überquert den Platz – man ist bei Marc Chagall. Antonio jagt die nichtsnutzigen Freunde mit scharfen Worten vom Platz – Vertrei-
bung dem Tempel / Schlaraffenland / Paradies. Zur Besiegelung des fatalen Ge-
schäfts mit den dreitausend Dukaten tanzen Antonio und Shylock ein paar Takte –
jetzt besteht zwischen ihnen eine legale Bindung, mit der Andeutung einer erotischen. Wenig später sitzen sie vorn nebeneinander am Tischchen und starren vor
sich hin. Beide haben sie Verluste erlitten, er steht vor dem Ruin, sie bejammert den
Verlust ihrer Tochter und spricht ein bewegendes »Hat nicht ein Jude Augen?« ins
Leere. Um sie herum ein pöbelhafter Karneval, in dem sie beide verspottet werden:

Sie haben mehr miteinander gemein, als sie ahnen. Die Kästchenszenen werden schnell und im Halbdunkel mit Hilfe einer Stimme aus dem Off abgewickelt. Die Freier sind nicht wichtig. Es ist die Stunde der Frauen. Portia (Rosemarie Brücher) läßt Geldscheine regnen; bei Jessica hat die im Spaß vollzogene Taufe allzu gut angeschlagen, sie erscheint als Jungfrau Maria und wird bald zur dienenden Maria Magdalena; Nerissa (Maria Neumann) wiegt in ihrer Phantasie schon verzückt das Baby, von dem ihr Verlobter mit seinen ersten Worten gesprochen hat.

Metamorphosen auch in der Gerichtsszene: Der angeklagte Antonio findet sich verwundert in italienischer Faschistenuniform wieder, Shylock in KZ-Häftlingskleidung mit Messer und Waage in der Hand. Der Narr Lanzelot gibt den Dogen, dem Nerissa den Mantel stiebitzt und die richterlichen Reden Portias pantomimisch karikiert. Beim letzten Zusammentreffen von Antonio und Shylock – sie zeichnet ihm mit Lippenstift den Judenstern auf die nackte Brust – schimmert das Motiv des Liebestodes auf. Shylocks Zwangstaufe wird von der rüden Rotte so gewaltsam vollzogen, daß Antonio sie vor dem Ertränktwerden retten muß; und aus Jessica, der munteren Karnevalistin, ikonenhaften Maria, demütigen Maria Magdalena wird – inzwischen vergewaltigt – wieder das arme Judenkind. Es hockt am Brunnenrand und singt sich zum Trost ein jiddisches Lied, das sich in ihrem Mund zunehmend verzerrt und zu unartikulierten Schmerzenslauten gerinnt. Als nahezu Debile sitzt sie in der folgenden Schlußszene zwischen ihren spastischen Anfällen im Rollstuhl; nur mit der Geige in der Hand gewinnt sie menschliche Züge zurück, um sie herum – eine Gesellschaft von Halbtoten.

Geschlechtsunabhängige Besetzungen in den Komödien waren eine andere Sache, sie spiegelten die gegenwärtigen Ansichten über fließende Geschlechterrollen und neue Konzepte von Bisexualität. In den Programmheften fehlte nie der Hinweis auf die elisabethanische Praxis, Jungen in Mädchen- und Frauenrollen einzusetzen, wobei aber niemals die Tatsache erwähnt wurde, daß Frauen keine Männerrollen spielten und daß die heute bewußt und pointiert angewandten geschlechtsneutralen Besetzungen in jedem Fall die emotionale Geometrie eines Stücks verändern. Die Kritiker klagten, sie hätten zu viele beliebige und sinnlose Experimente dieser Art über sich ergehen lassen müssen. Die unklaren Verhältnisse auf der Bühne reflektierten offensichtlich nur die fruchtlosen Experimente der sexuell emanzipierten Gesellschaft selbst, in der aber die neuen Konstellationen und Praktiken, sehr zum Erstaunen der Beteiligten, nicht automatisch auch höchste Wonnen garantierten. Katharina Thalbach gelang es, als Schauspielerin wie auch als Regisseurin, die süßen und schmerzlichen Qualen androgyner Gefühle zu vermitteln. Als Viola/Cesario/Sebastian hatte sie mit außerordentlicher Kühnheit die turbulentesten Verwirrungen (in Ernst Wendts Inszenierung von *Was ihr wollt*, Schillertheater, 20. Dezember 1991) angerichtet und wieder in Ordnung gebracht; neun Jahre später führte sie am selben Ort Regie in *Wie es euch gefällt*, mit einer ausschließlich männlichen Besetzung. In einer flüssigen und witzigen zweistündigen Aufführung konnte Michael Maertens als wunderschöne Rosalinde das Verwirrspiel der Gefühle zugleich vermitteln und ironisieren, aber Katharina Thalbach erlaubte nie, daß das transvestitische Element außer Kontrolle geriet. Martin Meltke, in einer rein weiblich besetzten *Was ihr wollt*-Inszenierung im Gorki-Theater (Berlin, 1991), präsentierte eine groteske feministische Clownerie, die in eine wilde anti-Macho Parodie ausartete und bei der Kritik gemischte Reaktionen auslöste. Die Bremer Shake-

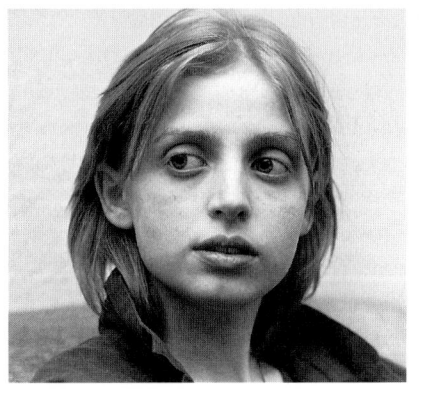

250.
Katharina Thalbach

speare Company hatte genügend Erfahrung in Sachen Volkstheater, um mit scheinbar unmöglichen Besetzungen durchzukommen, siehe etwa mit Norbert Kentrup (Abb. 178) als schwergewichtige Maria, drapiert mit Kopftuch und geblümtem Kleid, mit geschwärztem Gesicht, eine strahlende Black Mamma aus den Südstaaten. Traute Hoess als Junker Tobias und Ingrid Andree als Junker Bleichenwang, die eine ein enorm fetter Schotte, die andere in Maske und Kostüm Charlie Chaplins, bereicherten Torsten Fischers *Was ihr wollt* (Köln, 1993) mit »Augenblicken geradezu anrührender Komik«,[33] aber daß Zuschauer die Inszenierung dafür lobten, sie habe sie gelegentlich vergessen lassen, daß alle Rollen von Frauen gespielt wurden, kann nicht das beabsichtigte Ziel gewesen sein. Dies war also weder ein Triumph des Feminismus noch eine frauenspezifische Aneignung und Abwandlung von typischen Männerrollen.

Viele dieser Experimente hatten wenig mit Shakespeare zu tun. Seine Stücke waren immer verfügbar, anscheinend unzerstörbar, unendlich formbar: der richtige Stoff, an dem junge und alte Regisseure sich austoben konnten. Und wie durch Zauber waren die Stücke auch unverwüstlich genug, um nach jeder Umwandlung ihre ursprüngliche Form wieder anzunehmen. Man hatte schon früher Shakespeare hemmungslos adaptiert, aber verglichen mit dem ungerichteten Experimentieren, das so charakteristisch für ein Großteil der Theaterarbeit in den frühen neunziger Jahren war, schien es, als habe hinter den doch ebenfalls diffusen Aneignungen der revolutionären 68er Jahre geradezu ein logischer Plan gestanden. Das war natürlich eine Illusion, aber es war nicht nur das Publikum, das nicht mehr wußte, wo das Theater hinwollte. In unbedachten Augenblicken klagten Kritiker und sogar Theatermacher selbst (letztere notorisch unvertraut mit Selbstzweifeln) über fehlende Ziele, versandete Utopien und Sinnverlust. Diese diffuse, aber weit verbreitete Unzufriedenheit spiegelte sowohl die ideologische Stagnation als auch das Gefühl der Ohnmacht gegenüber der Unbeweglichkeit der Theaterstrukturen wider. Viele der großen Compagnien (das Berliner Ensemble wurde in diesem Zusammenhang immer wieder als warnendes Beispiel genannt) waren im Klammergriff von Gruppen- und Einzelinteressen nahezu paralysiert.

Offensichtlich war dies eine Zeit, in der jeder seinen eigenen Weg finden mußte, es gab keinen allgemeinen Trend, dem man folgen konnte. Dennoch hatte diese Situation zwei Vorteile: Publikumserwartungen wurden weniger dreist mißachtet, und junge Regisseure fühlten sich nicht mehr verpflichtet, sich gesellschaftskritisch und zynisch zu geben. Ob das als Beginn eines neues Paradigmas im deutschen Theater betrachtet werden konnte, war nicht abzusehen. *Theater heute* präsentierte seinen Lesern jedenfalls einen jungen Hoffnungsträger nach dem anderen; theaterwissenschaftliche Institute ließen ihre Doktoranden ausschwärmen, um Material für Broschüren über keimende Talente zu sammeln, die deren noch schwankenden Ruf festigen sollten. Dabei gehörten die etablierten Regisseure, die sich schon dem Rentenalter näherten, keineswegs zum alten Eisen; sie stellten immer noch beachtliche Inszenierungen auf die Bühne. Wenn sie auch nicht mehr die Spannungen ihrer revolutionären Anfänge vermittelten, so zeigten sie nun doch ein gesteigertes Bewußtsein für die Erwartungen des Publikums und das heißt auch: für Tradition.

Shakespeare-Festspiele:
Kult- und Kulturereignisse in Salzburg und Wien

Der vielleicht deutlichste Ausdruck der Veränderungen, die sich vollzogen hatten, konnte bei den großen Festspielen in Salzburg und Wien beobachtet werden. Setzte man früher hier auf Tradition und Qualität (das heißt auf ›sichere‹ Regisseure), präsentierte man nun Namen wie Stein und Zadek, Theatererneuerer, die vordem alles getan hätten, um nicht im Festspielprogramm zu erscheinen. Aber deren »Shake-scene« Tage waren vorbei und in die Theatergeschichte eingegangen. Sie selbst hatten seither verschiedene Phasen durchlaufen – Stein besonders mit seiner Arbeit in Wales, Italien, Frankreich und Rußland – und waren begehrte Gastregisseure geworden. Peter Stein band sich nie wieder für längere Zeit an ein bestimmtes Theater oder Ensemble. Peter Zadek, der es in Hamburg und Berlin versuchte, verabschiedete sich jedesmal schnell aus dauerhaften Verpflichtungen. Im Gegensatz zu Dieter Dorn und Jürgen Flimm, die beharrlich bei ihrer Truppe und an ihrem Spielort blieben und sogar Schauspiel- und Regieschulen in München und Hamburg betrieben, waren Stein und Zadek weniger ortsgebunden und beständig. Auch wenn keiner der beiden Wege Dauererfolg bei der Kritik garantierte, so hatte wenigstens das Publikum keinen Grund zur Klage: In Salzburg und Wien wurde es festlich bewirtet, in München und Hamburg ausgezeichnet bekocht und an einigen anderen Orten immerhin noch schmackhaft verköstigt.

Die Kritiker murrten, es fehle an Würze. Die Zuschauer jedoch waren glücklich Will Quadflieg als König Lear zu sehen, auch wenn Jürgen Flimms Inszenierung im Thalia Theater (Hamburg, 13. Oktober 1992), wie behauptet wurde, nicht die analytische Qualität seiner Inszenierung des Stücks in Köln zehn Jahre zuvor (siehe S. 161) erreichte. Quadflieg als Lear zu sehen hieß, den meisterhaften Einsatz einer

Schauspieltradition mitzuerleben, in der das Konzept des Regisseurs noch nicht der alles bestimmende Faktor war. Einige Kritiker meinten allerdings, Flimm hätte seinem Protagonisten nicht gestatten dürfen, die Rolle so stark zu dominieren.[34] Lars von der Gönna jedoch sah den Schlüssel zu »den aufregenden Momenten dieser Inszenierung« gerade darin, daß Quadflieg »nicht blind für ein Konzept spielt, er spielt für und mit sich, auch für ein Publikum, das ihn schließlich hochleben läßt.«[35]

Die Vorliebe der Kritiker für starke Regie und für Konzepte, über die man diskutieren konnte, war nicht totzukriegen, und bei der immer noch andauernden Vorherrschaft des Regietheaters kamen sie auch meist auf ihre Kosten. Trotzdem war es nicht mehr das alte Entzücken, hautnah mitzuerleben, wie Theatergeschichte gemacht wurde. Eine Ahnung davon gab es gelegentlich noch an den Münchner Kammerspielen, aber in den meisten Fällen diente die Arbeit der bekannten Regisseure während dieser Zeit eher der Konsolidierung denn der Eroberung. Peter Steins Inszenierung der römischen Stücke bei den Salzburger Festspielen von 1992 bis 1994 ist dafür bezeichnend.

Die Felsenreitschule[36] in Salzburg mit ihren entmutigenden Ausmaßen stellt besondere Anforderungen an den Regisseur. Die schiere »Größe des Raums, die alle sublimieren Stücke und Texte zu verschlingen droht und selbst gewaltige Schauspieler sehr leicht zu deklamierenden Zwergen macht«, verlangt, daß »jede menschliche Regung und Bewegung – hier ein Stück Choreographie« wird.[37] Laut Peter von Becker gelang Stein dies hervorragend. Für *Julius Cäsar* (15. August 1992) war die gesamte Bühnenbreite mit leicht ansteigenden weißen Stufen überbaut worden, auf denen Brutus am Anfang die beherrschende Stellung innehatte und wohin ihm Mark Anton folgte, um seine große Rede zu halten. Diese Raumnutzung erlaubte »Augenblicke des Glücks, wenn Peter Stein die Geschichte eines großen politischen Streits in symbolischen Stellungen, wortlos, sofort verständlich erzählt.«[38] Sie erlaubte ihm außerdem, die Massenszenen mit über hundert Statisten so zu organisieren, daß sie, obwohl von einigen als anachronistisch und leicht lächerlich empfunden, andere an die Verwirklichung der Massenszenen bei Max Reinhardt oder in Fritz Langs *Metropolis* erinnerten. »Er zerstört Traditionen nicht, er erneuert sie.«[39] Die Kritiker unterstrichen wiederholt den »klassizistischen« Charakter der Inszenierung. Angesichts des großen Staraufgebots war das kein Wunder. So unterschiedliche Schauspielerpersönlichkeiten wie Martin Benrath (Cäsar), Thomas Holtzmann (Brutus), Hans Michael Rehberg (Cassius), Branko Samarowski (Casca) – selbst Nebenrollen wie der Wahrsager (Walter Schmidinger) oder Calpurnia (Rosel Zech) wurden von Spitzendarstellern gespielt – konnten nur unter einem ziemlich offenen Regiekonzept zusammenwirken. Besetzung, wie Gründgens zu sagen pflegte, war auch hier die halbe Arbeit. Die Entscheidung, die Verschwörer mit verhältnismäßig alten Männern zu besetzen, zeigte jedoch, daß Rückschau, Erinnern und Festhaltenwollen wesentliche Momente des Ganzen waren. »Stein erzählt das Stück als den Versuch einer alten Elite, ihre schwindende Macht durch

251. *Julius Cäsar* 1992 Salzburg. R: Peter Stein, B: Dionissis Fotopoulos, K: Moidele Bickel,
F: Ruth Walz. Mark Anton (Gert Voss), wie er die Plebejer aufstachelt, im Vordergrund Cäsars
verhüllte Leiche. Die Kostüme sind modern, aber die Massenregie folgt (oder zitiert)
Traditionen, die 120 Jahre zurückreichen, vgl. Abb. 1 und 25.

Rückgriff auf eine frühere Herrschaftsform, die alte römische Republik, noch einmal zu sichern. – Im Grunde wissen diese Verschwörer, daß nicht mehr zu halten
ist, was sie zu konservieren suchen.«[40] Nur Gert Voss als Mark Anton (Abb. 251)
wagte, die Rolle seinem speziellen Spiel anzupassen. Er gab nicht die Stereotype
vom arglosen Freund und vitalen Sportsmann, der zum Demagogen und unversöhnlichen Rächer wird, sondern spielte von Anfang an den trickreichen Taktiker,
dem es nichts ausmachte, laut zu jammern und zu klagen, der in seltsam verkrampf-
te Gesten ausbrach und unberechenbar und unergründlich blieb, »ein Tartuffe der
Politik«.[41]

Die Zuschauer waren begeistert, die Rezensenten nur mäßig beeindruckt. Einige meinten, Stein habe in der Art von Festspielarbeit, die er in Salzburg leistete, zu
viele Prinzipien außer Kraft gesetzt, die er und sein berühmtes Ensemble in den un-
vergessenen Jahren der Schaubühne in Berlin herausgearbeitet hatten. Dennoch
stimmte man überein, daß unter Steins Leitung der dramatische Teil der Salzburger
Festspiele neue Höhen erreichte. Die Erfolgsgeschichte wurde im folgenden Jahr
mit *Coriolanus* (27. Juli 1993) fortgesetzt. Die junge Deborah Warner, deren außergewöhnliche Arbeit in England Aufsehen erregt hatte, führte Regie. Die Auffüh-

rung gefiel dem Publikum, bekam aber gemischte Kritiken. Von Bruno Ganz als Coriolanus und Hans Michael Rehberg als Menenius hieß es, Deborah Warner habe sie mit großer Kunst geführt und sie hätten wahre Wunder vollbracht, allerdings kam der Tenor der Aufführung unter schweren Beschuß. Das Stück hatte seit Brecht die Aura von Antimilitarismus und Heldendemontage. Kritiker, die eine Auseinandersetzung mit dieser Tradition erwarteten, wurden enttäuscht. »Es ist ein Stück von überwältigender Humanität, ein Stück, das sehr zu Herzen geht«, erklärte Deborah Warner in der Festspielzeitung (1994), aber gerade das wäre einem deutschen Kritiker zu *Coriolanus* nie und nimmer eingefallen. Die Zuschauer fanden jedoch Gefallen an der undidaktischen Inszenierung, die »burlesk, raumgreifend, aktionistisch und gleichzeitig wohlbedacht und phantasievoll im Detail«[42] war, und es war ihnen absolut nicht bewußt, daß sie Opfer von »präfaschistischer Einschüchterung oder Menschenverachtung«[43] geworden waren.

Ein Jahr später differierten Kritiker und Publikum erneut, und zwar in der Beurteilung von Peter Steins Inszenierung von *Antonius und Cleopatra* (26. Juli 1994) bei den Salzburger Festspielen. Hatte das begeisterte Publikum am Ende vielleicht doch recht, fragte sich Michael Merschmeier, denn er mußte zugeben, daß Edith Clever als Steins First Lady viele Erwartungen erfüllte. »Sie schreitet: eine launische Königin. Sie entfaltet ihre Ausdruckskoloraturen: eine hysterische Heroine, – eine dämonische Diva – Koketterie, die bruchlos umschlagen kann in primadonnahafte Unberechenbarkeit oder gurrendes Werben – zeigt die ganze Skala der Tricks einer gewieften Politikerin und verblühenden Schönheit – Sie ist immer wieder in der Lage, das Spiel als Spiel auszustellen, um gleich darauf grenzenlose Identifikation vorzuführen«.[44] (Abb. 252) Das dankbare Publikum lag ihr verständlicherweise zu Füßen. Das gleiche tat, seltsamerweise, Hans Michael Rehberg als Antonius, er betete Cleopatra wie eine Hohepriesterin in ihrem Tempel an, fand aber zu ihr als Frau kein Verhältnis. Kritiker bemerkten ein hohes Maß bewußter Kontrolle sowohl in der berechneten Ästhetik von Clevers Vortrag als auch in der Choreographie, den Posen und Tableaus, den japanisch anmutenden Kostümen, und sie registrierten zudem einen Hauch von opernhaftem Pathos in den Schlußszenen.

Es sah nicht so aus, als ob Kritiker und Publikum jemals übereinstimmen würden. Stein hatte den Mut, nicht für die Kritikerloge zu spielen, aber war das genug? Schließlich war da noch Zadek, sein alter Rivale, der dasselbe Stück zwei Monate zuvor zum Beginn der Wiener Festwochen (am Theater an der Wien, 7. Mai 1994) herausgebracht hatte. Die Reaktionen der Kritiker auf diese Aufführung hätten unterschiedlicher nicht sein können. Gerhard Stadelmaier schwärmte von der wilden Erotik zwischen der »schwarzlockigen, zigeunerhaften, ägyptischen Königin« und ihrem »Liebhaber Antonius im Prunkkostüm eines Scheichs«[45], während Michael Merschmeier anmerkte: »Zwischen Gert Voss und Eva Mattes zündet nichts: ein Geschwisterpaar, das sich gern mag und gelegentlich verzankt und dann auch mal hitzig wird«.[46] Für Randall Stephenson, der von »Antonius' Sabbern über Cleopatra« angewidert war, schien ihre Beziehung trotz allem »eher trist denn

252.
Antonius und Cleopatra 1994
Salzburg. R: Peter Stein,
B: Dionissis Fotopoulos,
K: Emi Wada, F: Ruth Walz.
Edith Clever als Cleopatra.

ekstatisch«.[47] Stadelmaier sah: »die beiden verschleudern in einem einzigen schönen Irrsinn ihr Leben«.[48] Merschmeier sah nur: »Voss rettet sich in seine Bravour, maunzt und raunzt und nölt und grimassiert«, während Eva Mattes »allenfalls interesseloses Wohlgefallen« bewirke.[49] Niemand verteidigte die saloppe Art, mit der Zadek die dem Stück zugrundeliegenden Elemente an Historie und Realpolitik behandelt hatte.

> Der Herz-und-Bettkrieger und die Macht-und-Weltkrieger gehören nicht zusammen. Weder in der Geschichte noch in dieser Inszenierung. Gert Voss ist ein Ereignis. Der Rest ist Berliner Ensemble.[50]

Sigrid Löffler rezensierte beide Aufführungen ein halbes Jahr später und erkannte aus diesem zeitlichen Abstand, wie grundverschieden Stein und Zadek auf die Einladung zum Exzeß reagierten, die von *Antonius und Cleopatra* ausgeht. Zadek »treibt

253. *Antonius und Cleopatra* 1994 Wien. R: Peter Zadek, B: Wilfried Minks, K: Norma Moriceau, F: Ruth
Walz. Ein orientalisierter Antonius (Gert Voss) und eine verwestlichte Cleopatra (Eva Mattes),
hinter ihnen merkwürdige Masken und Figuren – halb ägyptischer Mythos, halb Disneyland.

den Exzeß bis dorthin, wo alle Grenzen überschritten werden – er zeigt einen Antonius, der willentlich und wissentlich – seine maskuline Identität aufgibt, sich lustvoll auf die Anarchie jenseits der Geschlechter-Differenz einläßt, sich orientalisiert
und feminisiert –« (Abb. 253), Peter Stein hingegen habe »mit Exzessen nichts im
Sinn, allenfalls mit Exzessen der fanatischen Präzision. Er ist ein Klassizist (geworden), ein Meister der Bändigung, nicht der Auflösung.«[51] Beide Inszenierungen
zeigten die Stärken ihrer Regisseure, aber auch die Gefahren, die in ihren jeweiligen Ansätzen lagen. Für Zadek hieß das: »Genialität und Banalität, wurstiger
Schwachsinn und hohe Intelligenz, tolles Leben und wirres Gelaber, alte Zadeksche
Ingredienzen drängen sich in dieser Inszenierung dicht aneinander.«[52] Steins Ge-
fährdung dagegen liege auf einer anderen Ebene: »indem Stein auf Maß abzielt,
nicht auf Maßlosigkeit, ist das Mittelmaß seine spezielle Hölle am Wege«.[53]

    Die Regisseure der alten Garde waren noch immer für kulturelle Großereignisse
gut. Sie hatten die Erfahrung, die Schauspieler, das Geld und die Aufmerksamkeit
der berühmtesten Kritiker. Es lag nahe, sie an den vergangenen Leistungen zu messen, aber so aufregend und revolutionär wie damals konnten sie auf keinen Fall
mehr sein, die Zeit dafür war vorbei. Die Zukunft lag in den Händen von noch un-
erprobten Regisseuren, Teams und Konzepten.

Frischzellentherapie

Leander Haußmann

Seine programmatischen Erklärungen klingen harmlos und wenig kämpferisch, es widerstrebt ihm, sich überhaupt theoretisch äußern zu müssen. Aber als »shooting star« (wie er tituliert wurde) der 1991er Saison, und von *Theater heute* zum besten Jungregisseur des Jahres gewählt, konnte er es nicht vermeiden, von der Presse ins Kreuzverhör genommen zu werden. Seine Antworten waren verblüffend, jedenfalls für die, die noch 68er Parolen im Ohr hatten. Wörter wie ›Kampf‹, ›Ziel‹ und ›gesellschaftlicher Auftrag‹, sagte er, »sind aus unserem Wortschatz gestrichen«.[54] »Wenn ich etwas hasse, dann ist es die Botschaft, die Message auf dem Theater«. Und: »Fünfzig Prozent meiner Inszenierungen gelten der Verteidigung der Schönheit von Theater und allem, was zu Theater gehört: das Pathos, das große Gefühl, das man einfach als Kitsch abtut. Das ist alles, was ich wieder suche.«[55] Er hat nichts gegen Zuschauer, die sich vergnügen, sie sollten sich sogar »Zeit nehmen, sich wieder schön machen, sie sollen wieder feiern, was da stattfindet, bewundern, daß Menschen auf der Bühne stehen, die ihnen etwas vorspielen. Sie sollen lachen

254.
Leander Haußmann

zusammen.«[56] Und er mokierte sich über den strengen Steckel, dessen Posten als Intendant des Bochumer Schauspielhauses er 1995 übernahm, mit der Frage, wen jener denn noch aufklären wolle, wenn er auch den letzten Zuschauer vertrieben hätte, vielleicht sich selbst?[57]

Nach dreißig Jahren kritischem Aufklärungstheater waren dies erfrischend unbekümmerte Ketzereien. Dennoch ist Leander – wie er von allen am Bochumer Theater genannt wurde – kein tumber Tor. Er schaffte es nämlich, den ideologischen Teilen seiner staatskontrollierten Theaterausbildung in Ostberlin höflich auszuweichen, ohne sich im Gegenzug von der Gruppe regimekritischer Aktivisten wie Frank Castorf vereinnahmen zu lassen. Politik war für ihn nur Ablenkung von den Theaterentdeckungen, die ihm vorschwebten. Sie erforderten die unschuldige Sicht, die Max Reinhardt gemeint haben muß, als er sagte, das Theater sei »der seligste Schlupfwinkel für diejenigen, die ihre Kindheit heimlich in die Tasche gesteckt und sich damit auf und davon gemacht haben, um bis an ihr Lebensende weiterzuspielen«.[58] Das ›unschuldige Auge‹ zu bewahren, war am Ende des Jahrhunderts sehr viel schwieriger als am Anfang, und was es sieht, wenn es in den 1990ern *Romeo und Julia* und den

255. *Ein Sommernachtstraum* 1992 Weimar. R: Leander Haußmann, B: Franz Havemann, F: Harald Wenzel-Orf. Max Reinhardts Wald von 1905 war ungeniert romantisch, Haußmanns bizarres und witziges Zitat kombinierte Romantik mit Spielzeugland.

Sommernachtstraum betrachtet, ist völlig verschieden von dem, was Max Reinhardt sah. Doch einiges von der Spiel- und Lebensfreude, die Reinhardts Theater vermittelte, ist auch in Haußmanns Produktionen vorhanden – was mehr ist, als die ›fröhlichste Null unter Deutschlands Regisseuren‹[59] hätte erwarten lassen.

Franz Havemanns Bühnenbild für den *Sommernachtstraum* (Nationaltheater Weimar, 2. Mai 1992) war ein witzig-unverfrorenes Zitat von Max Reinhardts/ Gustav Kninas epochemachendem Bühnenbild aus dem Jahre 1905. (Abb. 255) Sein Athenerwald war ein veritabler Zauberwald, die Bäume mit leuchtenden Schlangen behangen, die Büsche voll seltsam monströsem Getier, Echsen mit Blinkaugen und Wackelköpfen, verrückte Kinderspielzeuge, an denen auch die Erwachsenen ihren Spaß hatten. In der Mitte ein verborgener Teich mit Plastikschwänen, ein *locus amoenus* – oder doch nicht ganz, denn die Leidenschaften, die hier tobten, stammten weniger von Reinhardt als von Jan Kott. Aber alles Bedrohliche wurde ihnen genommen durch Haußmanns Spaß am Spiel: Die vier Liebesleute in ihrer feurigblinden Leidenschaft – zum Zeichen, daß sie zu allem entschlossen sind – werfen die Kleider ab und rasen ergrimmt davon, nur um mit einem gewaltigen Platscher in den Teich zu fallen, womit sie die herrliche Badeszene in Kenneth Branaghs Film *Much Ado About Nothing* vorwegnahmen.

Havemanns Disneyland-Wald hatte auch mythische Züge. Er war der Irrgarten, wo alle verschmähten Liebhaber, tot oder lebendig, dazu verdammt waren herumzuwandern, um nach ihren abwesenden Partnern zu suchen: Helena und Hermia natürlich, wie der Text es verlangt, dann aber auch Ophelia, Julia und Desdemona, bleiche, verlorene Grabgestalten, die in wohlmodulierten, flehenden Tönen vergeblich nach Hamlet, Romeo und Othello riefen. Diese Szene wurde einige Male wiederholt, verlor aber nichts von ihrer rührenden Komik. Der Kontakt mit dem Liebessaft macht toll: Die schönen, jungen Liebhaber verfallen in Raserei, Titania erlebt eine bühnen-erschütternde Begegnung mit Zettel dem Esel, und Horst Olof fühlt sich endlich mutig genug, dem Beispiel der liebestollen Gesellschaft zu folgen, sich selbst einen Zufallspartner, ein gebrechliches altes Männlein aus der ersten Reihe des Parketts, herauszupicken und mit ihm im Gebüsch zu verschwinden, wo die beiden bei jeder Drehung der Bühne, in seliger Umarmung schlafend, zu sehen waren. Haußmann hatte die zusätzliche Figur eingeführt, die in Anlehnung vielleicht an Christoph Schlau in *Der Widerspenstigen Zähmung* als stummer Chorus dienen sollte, ihr einen alltäglichen Namen gegeben (tatsächlich den einer Strindbergfigur – oder vielleicht auch Olof als Anagramm für »Fool«?) und sie in Alltagskleidung gesteckt: ein freundliches Wesen, das sich zu Beginn des Stücks aus einem Pappkarton herausgekämpft hatte und danach den Vorgängen auf der Bühne mit allen Zeichen eines eifrigen, wenn auch verständnislosen Interesses gefolgt war, um schließlich selbst darin verstrickt zu werden, nachdem ein Tropfen des Zaubersaftes zufällig sein unschuldiges Auge getroffen hat.

Das Ende stand in ernüchterndem Gegensatz zu dem ausgelassenen Treiben im Walde. Von der leeren Vorderbühne aus beobachteten die weiß gekleideten Paare in steifer Haltung die prächtig kostümierten Handwerker, die sich schwitzend durch ihre Aufführung quälten. Dann liefen alle eilig davon, wie Leute, die froh sind, ihre Arbeit hinter sich gebracht zu haben. Eine schwarz gekleidete Tänzerin versuchte vergeblich, ihnen zu folgen. Als sie sich schließlich ein paarmal zu Mendelssohns Musik drehte, schimmerte der Wald noch einmal im Hintergrund auf. »Ein Excercice der Erinnerung: Alles Theater, Leander Haußmanns Inszenierung endet mit einem ruhigen, schönen Bild. Für seine Zukunft braucht er mehr von dieser Ruhe.«[60]

Der Rat stieß auf taube Ohren. *Romeo und Julia* (14. Januar 1993) im Residenztheater in München zeigte kein Abklingen seines turbulenten Aktionismus. Die Aufführung war ein großer Erfolg beim Publikum, die Kritiker waren geteilter Meinung. Robin Detje hatte das Gefühl, er sei Zeuge von nicht mehr als der »hektischen Spaßigkeit einer bayrischen RTL Sexkomödie« geworden, einem »superfetzige[n] Unternehmen«, das »in ganz braver Feld-Wald-und-Wiesen-Hysterie« endete, und bei dem »zum tragischen Finale« ein »Rudel Clowns« aufmarschiert sei.[61] Renate Schostack von der *Frankfurter Allgemeinen Zeitung* verurteilte den unbekümmerten Eklektizismus der Regieeinfälle und erklärte zudem: »Haußmann glaubt nicht an Liebe und Tod – Menschen, Gefühle zeigt er nicht«;[62] Barbara

Villiger Heilig von der *Neuen Zürcher Zeitung* resümierte: »Die Zuschauer aber ärgern sich. Da hält sie einer, der unzweifelhaft Talent, aber keine Lust auf ein disizipliniertes Konzept hat, zum Narren.«[63] Andere Kritiken waren jedoch enthusiastisch, und nicht wenige Besucher gaben zu, die Geschichte von Romeo und Julia habe sie zu Tränen gerührt.

Zu Beginn des Jahrhunderts wäre solch ein Geständnis noch nicht außergewöhnlich gewesen, jetzt aber, im Zeitalter des kritischen Bewußtseins, galt das große Gefühl als ideologieverdächtig, als unvollständige Aufklärung. Angst, Betroffenheit, Verzweiflung über die gesellschaftlichen Zustände, das waren die politisch korrekten Empfindungen. Nun war Liebe jedoch das einzige Gefühl, das sich gegen eine solche Vereinnahmung als resistent erwies. Darum mußte sie als zerbrochen dargestellt werden, entweder von außen, als Opfer einer schuldigen Gesellschaft, oder von innen, indem man sie auf Sex reduzierte oder als Neurose entlarvte. »Kritische« Inszenierungen hatten diese Botschaft mit grimmer Befriedigung eingehämmert und der Liebe ihre flüchtigen Augenblicke der Ekstase und ihre kurze Berührung mit der Transzendenz verweigert. Erstaunlicherweise hatten viele Jungregisseure der neunziger Jahre noch immer Angst, nicht für ausreichend zynisch oder cool gehalten zu werden. Das galt nicht für Leander Haußmann, auch nicht für Karin Beier. Sie hatten den Mut, sich zu exponieren, indem sie Gefühl wieder zuließen. Im Vergleich dazu und nach Jahrzehnten des Bildersturms, waren theatralische Zerstörungsakte à la Castorf völlig ungefährlich, dem Vorwurf kitschiger Sentimentalität setzte er sich damit jedenfalls nicht aus. Haußmanns und Beiers Inszenierungen von *Romeo und Julia*, nur wenige Monate auseinander, können auch als Versuch gewertet werden, der Liebe wieder eine unpervertierte Erscheinungsform auf der Bühne zu geben, selbst wenn die Aktionen, mit der sie die Liebeshandlung umgaben, für einige Zuschauer den Eindruck der Gefühle selbst zunichte machten.

Aus den gedrungenen Geschlechtertürmen der Capulets und Montagues ergoß sich pralles Renaissanceleben auf die Piazza, die auf einer nur spärlich ausgeleuchteten Bühne in dunklen Rembrandtfarben angedeutet war. Die beiden Väter, vertrottelt und streitsüchtig, der eine mit Rasierschaum im Gesicht, der andere noch im Nachtgewand, stürzten sich in den allmorgendlichen Kampf der jungen Leute und konnten nur durch eine Schimpfkanonade in prasselndem Italienisch von Gräfin Capulet zur Raison gebracht werden, während die jungen Heißsporne ihr Englisch ausprobierten. Dieser erste Kampf war ein mit viel Witz inszeniertes Getümmel, aber es wurde auch klar, daß diese jungen Männer gefährliche Burschen sind: Gereizt von einer laut summenden Fliege, zieht einer der Capulets das Florett und hackt sie in zwei Teile, die – nacheinander – hörbar zu Boden fallen. Pueril, aber effektvoll. Haußmanns Erfindungsreichtum schuf den Eindruck eines in verschwenderischer Fülle gelebten Lebens und einer immer wieder ausbrechenden anarchischen Vitalität: Der Kampf, der zu Mercutios Tod führte, war ein solcher Ausbruch. Er endete mit einer spektakulären Aktion des tödlich verwundeten Mercutio, der, angetrieben durch den ›GI-Blues‹ der *Gruppe Carter the Unstoppable Sex Machine*, in rasendem Tempo seine fassungslosen Freunde und die bestürzten Feinde umkreiste. »Jede Runde, die er dreht, entfernt ihn mehr von denen, die er liebt; – ein stummes Abschiednehmen – und eine Liebeserklärung auch.«[64]

Hinweise auf Sterben und Tod gab es von Anfang an. Sie kamen von der zusätzlichen Figur, die Haußmann eingeführt und bezeichnenderweise Naso genannt hatte, eine Gestalt von vielerlei Metamorphosen, stummer Vorführer, musikalischer Begleiter und Kommentator, gitarrespielender Clown, Zauberer, der mit Lerche und Nachtigall um die Wette flötet, Madame la Mort mit Totenmaske, die von der Pest berichtet und die, immer wenn es ans Sterben geht, auf dem Akkordeon die Begleitmusik spielt, aber auch, wie sein antiker Namensvetter, Ovidius Naso, ein erfahrener Lehrer in Liebesdingen. Nasos aktive Präsenz als Vorführer und Spielmacher half, die einzelnen Szenen gewissermaßen auszustellen und einzurahmen, wirkte somit als ein Element von Leitung und Übersicht, da mochten die Szenen selbst dann so wild und unkontrolliert sein, wie sie wollten. Dennoch ließ Naso keinen Gedanken an Brechtsche Didaktik aufkommen. Dies war in der Hauptsache Ralf Dittrichs Vielseitigkeit als Schauspieler und dem Einfallsreichtum des Regisseurs zu verdanken. Naso war allgegenwärtig, aber wiederum auch unauffällig; hin und wieder war er mit einem Requisit zur Hand, an ihn gerichtete Bemerkungen beantwortete er mit einer Geste, einem einsilbigen Wort, oder auch nur mit dem Summen oder Spielen einer Melodie. Je mehr die Handlung fortschritt, desto deutlicher erkannte man seine integrierende Kraft, sowohl als Chor wie als geschickter Manipulierer, der die Szenen verknüpfte und umständliche Bühnenvorgänge mit leichter Hand abkürzte.

Aber würde seine Gegenwart den Zauber der Liebesszenen brechen? Tatsächlich erhöhte sie deren Wirkung, ebenso wie die der Mißgeschicke, die Romeo bei seinem Versuch, den Balkon zu erreichen, widerfuhren. Die ersten beiden Leitern waren zu kurz, die dritte lang genug, hatte aber wurmzerfressene Sprossen, die den Kletterer auf den Boden zurückstürzen ließen, woraufhin er, von der Liebe beflügelt, den widerspenstigen Balkon im Sprung eroberte. Was folgte, waren Triumphe sensibler Regieführung und grandios schwungvollen Spiels. Als sie ihre Liebe entdecken, erfaßt den traumhaft schönen und sexuell nicht unerfahrenen Romeo (Guntram Brattia) und seine präraffaelitische Julia (Anne-Marie Bubke) plötzlich eine Scheu, so als seien sie beschämt über das Gefühl, das sie sichtbar erfüllte. Als man sie wiedersah, auf dem Bett, das von oben herunterschwebte, hatte die Liebe völlig von ihnen Besitz ergriffen, und – zur musikalischen Begleitung Nasos, des Erzählers – beginnen sie ein riskantes Liebesspiel: ein fast nacktes Paar; Julia, ihr Bein quer über die Brust des knienden Romeo in die Höhe gestreckt, ergreift und dreht ihren großen Zeh wie eine Cellistin, die ihr Instrument stimmt, welches Romeo dann, die entzückende Idee schnell aufnehmend, mit Begeisterung bespielt – eine Kombination von Witz, Ironie und paradiesischer Unschuld, die einige Kritiker für Pornographie hielten.

256. *Romeo und Julia* 1993 München. R: Leander Haußmann, B: Bernhard Kleber, F: Wilfried Hösl.
Ein Gräberfeld links, die scheintote Julia in der Mitte: das Bild zeigt die Diskrepanz zwischen
menschlicher Anarchie und der geometrischen Ordnung des Bühnenbildes.

Als Liebende nimmt Julia sich forsche Freiheiten, als Tochter bleibt sie in kläg-
licher Abhängigkeit gefangen. Wenn ihr Vater sie verstößt, bricht sie zusammen
und sucht Trost in kindlicher Regression. Zusammen mit ihrer mitleidenden Amme
(Margit Carstensen) singt sie laut schluchzend »Baah baah, black sheep, have you
any wool?« – ein Tableau, das an Mutter und Kind, die Pietà und an Frau Welt, die
Unschuld tröstend, denken ließ. Haußmann mischt fröhlich die Genres, wenn er
eine bestimmte Wirkung erzielen will. Einige Zuschauer waren von den Stilbrü-
chen angewidert, andere lachten und waren dennoch zu Tränen gerührt.

Die Inszenierung setzte die Zuschauer nicht nur schnell wechselnden Eindrü-
ken aus, sie war auch ein Augenschmaus. Die üppigen Renaissancekostüme (von
Leanders Mutter Doris Haußmann entworfen) paßten zum hohen Ton der Schle-
gelschen Übersetzung. Bernhard Klebers geniales Bühnenbild eröffnete andere
Aspekte. Er benutzte die Drehbühne, um eine variable Stadtkulisse zu erzeugen mit
Fenstern, Winkeln und Ecken, die, als das Todesthema in den Vordergrund rückte,
einem Feld von offenen Massengräbern für die Pesttoten Platz machte. (Abb. 256)
Kohlefeuer, die an den Schnittpunkten brannten, beleuchteten eine desolate Todes-

landschaft, zu der die wenigen Überbleibsel der Zivilisation wie das Bett in seltsamem Kontrast standen und bald durch eine weitere Drehung der Bühne dem Blick entzogen wurden. Die suggestive Ausstrahlung dieser szenischen Bilder trug die vierstündige Aufführung über einige Längen des zweiten Teils hinweg.

Haußmanns vitaler Theaterinstinkt wendet sich gegen den ängstlichen Minimalismus der Ideologen und Rationalisten und scheut auch vor Kitsch und Sentimentalität nicht zurück. Theater ist für ihn das Medium, in dem verschwenderische Opulenz, Leidenschaft und Witz regieren, die er gern ins Extrem treibt, indem er ungeniert mit Melodramatik oder bizarren Stilmischungen arbeitet. So ein riskantes Programm erfordert Selbstdisziplin, wenn es nicht zu einer Anhäufung von willkürlichen Knalleffekten verkommen soll. Ebenso erfordert es Einsicht in die fundamentale Humanität, die Shakespeares Charakterkonzeptionen zugrundeliegt. Diese wird jedoch brutal mißachtet, wenn Signor Baptista von Padua dem zukünftigen Schwiegersohn erklärt, seine widerspenstige Tochter Katharina sei nur auf eine Art zur Räson zu bringen, »Sie müßte mal so richtig durchgefickt werden«, und alle Männer johlend zustimmen (*Der Widerspenstigen Zähmung*, 23. November 1996, Bochum). Zu monieren ist hier weniger der ordinäre Ausdruck als der ordinäre Gedanke, der den humanen Mittelpunkt des Stücks verrät. Bei so selbstsicherem Machotum gab es nur noch ein Thema, nämlich Herrschaft und Unterwerfung, und endlose, widerwärtige Variationen desselben. Unter solchen Voraussetzungen konnte die beglückende Verwandlung von Unterwerfung und Herrschaft in Liebe – der einzige Grund, das Stück überhaupt aufzuführen – nicht einmal mehr versucht werden und geriet völlig aus dem Blickfeld. Haußmann und andere seiner Generation finden es offensichtlich schwierig, der allgegenwärtigen Versuchung des deutschen Regietheaters zu widerstehen, schlichte Einfälle und primitive Anstöße für Inspiration zu halten und Shakespeares Dramaturgie entsprechend zu manipulieren. Die resignierte Feststellung des altersweisen Rolf Boysen, daß »alles schauspielerische Getue sinnlos [ist], wenn nicht die ›Menschlichkeit‹ des Schauspielers die Figur in ihren schützenden Mantel nimmt, wenn er nicht anfängt, ihre Geschichte zu erzählen«,[65] scheint bei vielen keine Beachtung gefunden zu haben und bei anderen verschwendet zu sein.

Zwei Jahre später konnte Haußmann mit *Viel Lärm um Nichts* (15. Januar 1999) seine Kritiker wieder versöhnen. Er bot ein Fest für die Sinne, mit prächtigen Kostümen, brillanten Fechtszenen, einfallsreich choreographierten Gruppenaktionen von acht jungen Aktricen und Akteuren aus der Westfälischen Schauspielschule Bochum; es gab einen turbulent orgiastischen Maskenball auf der raffinierten Bühne von Alex Harb, einer verwinkelten Konstruktion von Treppen und beweglichen Wänden, die mit ihren verblüffenden Wandlungsmöglichkeiten das liebestolle Treiben der jungen Leute beschleunigte, die Sequenzen abkürzte und auch wiederholbar machte, ein rasantes Karussell von Eindrücken und ein Glanzstück der Bewegungsregie. Es gab musikalische Wiedererkennungseffekte für jüngere Zuschauer, die hier ihre Kultstücke wiederfanden, literarische für die älteren, denen textliche und szenische Anspielungen auf *Othello, Hamlet, Antonius und Cleopatra, Romeo und Julia, Ein Sommernachtstraum* und *Troilus und Cressida* befriedigende Aha-Erlebnisse vermittelten, dann die bekannten Haußmannschen Selbstzitate in Gestalt zusätzlicher Figuren, Steffen Schult als griesgrämiger Cupido, der schon zuviel gesehen hat und dessen Pfeile nicht mehr von der Sehne schnellen, und wieder einmal Ralf Dittrich als Naso: stets präsent und nach Bedarf aktiv als Spielmacher, Zauberer, Musikant, Zeremonienmeister, Mediator, verlängerter Arm des Regisseurs auf der Bühne (seine Metapher gewissermaßen) und zum Schluß noch als Chorus. »Der Mensch ist ein wirblicht Ding«, sagt er und bläst eine Feder in die Luft, *nada, rien*, alles ein Nichts, um das hier aufs berückendste gelärmt wurde.

Erst im Nachhinein begriff man, wieviel des Gehalts bildidiomatisch in Handlung umgesetzt worden war. Dafür zwei Beispiele. Von der Untreue seiner Verlobten überzeugt, schlägt Claudio in seiner Wut die brennenden Kerzen von Cupidos Leuchter ab: Es wird Nacht, hier hat der Liebesgott nichts mehr zu bestellen. Hero, auf der hohen Treppe, auf ihrem Weg zur Trauung, wird von Claudio gröblich beschimpft und fällt ohnmächtig die Stufen hinab: Vom höchsten Glücksmoment stürzt sie buchstäblich ins Bodenlose. Daß sprachlich manches noch nicht ausgereift war, war angesichts der Frische und Fülle dieser durchkomponierten Leistung zu verschmerzen.

Karin Beier

»Shakespeare ist *der* Mann meines Lebens«.[66] Früher hätte eine solche Erklärung nichts anderes bedeutet als Liebe zum Werk, Texttreue und Vestalinnendienst im Tempel. Karin Beiers Liebesaffäre mit Shakespeare dagegen ist stürmisch und fordernd. Sie begann 1986 während ihrer Studienzeit in Köln, wo sie eine englischsprachige Theatergruppe gründete, der sie den bezeichnenden Namen »Countercheck Quarrelsome« gab. In den vier Jahren ihres Bestehens führte die Gruppe neun Shakespearestücke auf, *The Mer-*

257.
Karin Beier

chant of Venice in einem Schloß am Rhein, *Romeo und Julia* in einer ausrangierten Fabrik, *As You Like It, Macbeth, Measure for Measure, Richard III, Henry IV, A Midsummer Night's Dream* und *Titus Andronicus* an verschiedenen anderen ungewöhnlichen Orten. Sie war offensichtlich eine Regisseurin, die Herausforderungen suchte, wie etwa die Arbeit mit Schauspielern, die nicht in ihrer Muttersprache spielten.

Sie selbst, die zweisprachig aufgewachsen war und für Spieler wie Publikum auf das Reservoir der zweitausend Kölner Anglistik-Studenten zurückgreifen konnte, sah darin nichts Besonderes. Ihr Theaterkonzept ist jedoch deutsch, wie ihr 1994 ziemlich drastisch klar gemacht wurde, als sie (nun bereits im professionellen Theater tätig) mit ihrer in Deutschland gefeierten Inszenierung von *Romeo und Julia* in London nur mageres Lob erhielt. In Deutschland brachte ihr die Inszenierung eine Einladung zum Berliner Theatertreffen, und der 21jährigen Caroline Ebner, die die 27jährige Regisseurin geradewegs aus der Essener Folkwangschule heraus für die Hauptrolle engagiert hatte, den Titel der besten Jungschauspielerin des Jahres.

Das Problem für jede *Romeo und Julia*-Inszenierung ist, überzeugende Bilder für das plötzliche Aufflammen und die unwiderstehliche Macht wahrer Liebe in einer Umgebung von Gewalt und Sex zu finden. Shakespeare löste das Problem durch das Mittel überraschender poetischer Vergleiche. Da ist zuerst die berühmte Hand – Heil'genbild – Lippen – Pilger – Gruß – Gebet – Kuß-Passage in 1.5.; es folgt die romantische Balkonszene (2.2.), wo Julias natürlicher Ausdruck tiefempfundenen Gefühls die Oberhand gewinnt über Romeos traditionell idealisierende Liebesrhetorik; und dann bringt der Dichter die Darstellung der Erfüllung ihrer Liebe im Angesicht von Verbannung und Tod, eine gewagte Szene (3.5.), in der das Lerche-und-Nachtigall-Geplänkel noch einen letzten Augenblick imaginärer und imaginativer Freiheit markiert, bevor die Liebenden vom Sog der unbarmherzigen Geschichte fortgerissen werden. Wieviel läßt sich davon im Zeitalter von Fernsehsex und Internetpornographie über die Rampe bringen? In jedem Fall sollte nicht nur die süßlich romantische Ballett-Tradition vermieden werden, sondern ebenso die Brutalisierungen, denen *Romeo und Julia* im Gefolge der sexuellen Revolution ausgesetzt war. Es heißt das Unmögliche versuchen: einen modernen Rahmen sozialer, poetischer und moralischer Bezüge zu erfinden, in dem, zumindest für die Zeit der Aufführung, tiefes Gefühl glaubhaft wird und auch eine Generation überzeugt, die stolz darauf ist, cool zu sein und mißtrauisch gegen existentielle Bindungen.

Genau das hatten Karin Beier und ihre Gruppe sich vorgenommen, aber sie gingen den Balanceakt mit Vorsicht an. Im Programmheft schreibt Chefdramaturg Joachim Lux:

Es ist denkbar, daß heute, wo die rationalen Beziehungsdiskurse im Gefolge der Studentenbewegung verpufft sind, und der Manierismus eines nur noch spielenden und puzzlenden Bewußtseins langsam verglüht, wieder die romantische Sehnsucht nach Gefühlsechtheit aufleben kann. Zum romantischen roll-back führt dies allerdings nicht: Denn man weiß ja immer noch, daß Begriffe wie »Beziehung«, »Verführung«, »Sex«, »Spiel« nur schwer wieder zu »Liebe« zu bündeln sind. Man weiß auch, daß Feudalfehden oder Straßenkämpfe früherer Zeiten heute in Kampf-Spiel-Sport-Zentren der jeunesse dorée stattfinden. Aber das Gefühl des Mangels, das Leer-Empfinden im Aseptischen und die melancholische Sehnsucht nach großen Gefühlen ist (wieder) da. Von der Sehnsucht danach und der Unmöglichkeit sie zu befriedigen, läßt sich mit vitalem Ernst und ironisch-komödiantischer Theatralik erzählen. Das Diffuse der errungenen Freiheiten läßt sich nicht mehr zurückschrauben, aber von den überlebenden Atavismen mit Lust erzählen.

Ein schmaler Grat, aber Karin Beier betrat ihn selbstbewußt. Sie hatte drei wichtige Vorentscheidungen getroffen: erstens, Frank Günthers ruppig (kon-)geniale Übersetzung zu benutzen, die die sexuellen Anspielungen wirklich witzig wiedergibt, den romantischen Passagen jedoch ihre Poesie beläßt; zweitens, Tragik und Komik gleich ungehemmt auszuspielen; und drittens, Handlung und Spiel ohne Rücksicht auf Verluste an literarisch-ästhetischen Erinnerungswerten ganz in der Denk- und Empfindungswelt heutiger Jugendlicher zu verankern. Figuren, Handlungen und Verhältnisse werden von ihr neu befragt und die Antworten konsequent in szenische Metaphern übertragen.

Was für ein Kasperl muß der Fürst sein, der die Montagues und Capulets nicht dazu zwingen kann, Frieden zu halten? Ein infantiler Märchenprinz mit Spielball, Leiterwägelchen und Fistelstimme. Lendenlahme alte Männer (Capulet und Montague) mögen nach dem Schwert rufen. Im Ernstfall gehen sie nur mit Pantoffeln aufeinander los. An wem können sie ihre Impotenz immer noch abreagieren? An ihren Töchtern. Capulet (Horst Mendroch), als Ehemann abgemeldet (seine nymphomanische Ehefrau gibt Paris und Mercutio eindeutige Gunstbeweise) ist als Vater schockierend repressiv, wenn er sich auf die wie gekreuzigt daliegende Julia wirft, um ihr seinen Willen aufzuzwingen. Wer ist Tybalt? In den meisten Inszenierungen nur ein hitzköpfiger Raufbold. In Düsseldorf zeigte Thomas Huber einen katzengewandten, hochmütig Französisch näselnden Stutzer von raubtierhafter Gefährlichkeit. Ebenso unvergeßlich Mercutio (Bernd Grawert), ein Kraftprotz mit Selbstironie, ein Spieler mit dem Leben, den Situationen, den Geschichten, ein Mann von explosivem Temperament und doch erfüllt von geheimer Todessehnsucht: Karin Beier überträgt ihm folgerichtig auch die Rolle des Todesengels, der Romeo in Mantua die Nachricht vom Tode Julias überbringt. Bei Shakespeare stoßen die Capulets ihr Kind abrupt und rücksichtslos in die Erwachsenenwelt. In Düsseldorf bekommt die Göre ein Paar Stöckelschuhe geschenkt, wird brutal auf die neue Gangart dressiert und lernt schnell, sich mit tänzerischer Sicherheit zu bewegen. In ebensowenig Schritten wird sie den Weg von der bedingungslosen Liebe zum angstgepeitschten Todesmut zurücklegen.

Karin Beier gibt ihren Figuren eine eigene Geschichte – das prägt sie ein, auch wenn sie Rätsel aufgeben. Bruder Lorenzo (George Meyer-Goll) zum Beispiel. Er hat eine Narbe im Gesicht und ist auf dem linken Auge blind, etwa ein Altachtundsechziger? Oder hat er sich, als moderner Naturforscher, bei einem Experiment verletzt? So die Auskunft eines Schauspielers. Von seinem Kräutergärtlein ist nichts mehr übrig geblieben, vielleicht nur noch, als Erinnerungsspur, sein zwanghaft rechtwinkliges Gehen die nicht mehr vorhandenen Beete entlang. Anderes ist un-

258.
Romeo und Julia
1993 Düsseldorf.
R: Karin Beier, B: Florian
Etti, F: Sonja Rothweiler.
Die »Balkon«-Szene zeigt
Julia (Caroline Ebner) und
Romeo (Matthias Leja) auf
Schaukeln. Julia – wie in
ihrer Liebe – so auch hier
wagemutiger – und kind-
licher: »Romeo, guck' mal,
ich kann freihändig!«

mittelbar verständlich. Wenn Veronas Jeunesse dorée, weißgekleidete Kendo-Rie-
gen, halb im Sport, halb im Ernst, zum Kräftemessen aufeinandertreffen, wachsen wie selbstverständlich auch stumme Diener mit Champagnergläsern aus dem
Boden. Ihre Begegnungen waren keine wüsten Schlägereien, sondern effektvoll
choreographierte Stockkämpfe von neun Kämpfern, deren stampfender Rhythmus
beim Auf- und Abmarsch als Zäsur zwischen den Szenen diente und bedrohlich an
die latente Gewalt erinnerte. Frech und witzig choreographierte Ordnung herrschte auch beim Fest der Capulets: drei Reihen bunt gekleideter Tänzer, die sich – zu
immer wilderer Musik – steppend, stampfend und schüttelnd diagonal über die
Bühne bewegten und fast bis zum orgiastischen Schluß des Festes noch Spuren von
Disziplin hielten. Ein Tanz von Köchen, die vor der geplanten Hochzeit mit Töp-

259. *Romeo und Julia* 1993 Düsseldorf. F: Sonja Rothweiler. Julia und Fürst Escalus (Leonhard Mader) im Schlußtableau.

fen und Pfannen rhythmischen Lärm machten, zeigte in gleicher Weise die klare Sequenzierung der Handlung durch die Regisseurin.

So viel Bewegung verlangt Raum. Florian Etti hatte die Bühne leergeräumt: drei mannshohe weiße Abwasserrohre, Boden und Wände kahl und weiß. Erst wenn in der Balkonszene der Himmel für Romeo und Julia offensteht, hebt sich die niedrige weiße Decke und gibt den Blick frei auf die Schwärze des unendlichen Raums. In ihm schweben die Liebenden auf Schaukeln in gefährlicher Balance und entdecken sich ihre Liebe mit Shakespeares Worten, Worte, deren Poesie sie selber überrascht und die sie, beglückt, mit »Oh« oder »Wow« kommentieren – eine einzigartige Balkonszene und das Bild für eine Liebe, die nicht von dieser Welt ist. (Abb. 258)

Caroline Ebner als Julia war der Magnet, der die Inszenierung zusammenhielt und der Regie erlaubte, ein wucherndes Beiwerk an Komik und farbiger Dynamik auf die Bühne zu bringen, so etwa in 4.1.: Hochbeglückt führt Bräutigam Paris einen Aufmarsch von Geschenkträgern an, er überreicht seiner bereits heimlich mit Romeo verheirateten Kindbraut eine Schachtel (»selbst eingepackt!«) mit einem mechanischen Frosch, den er hüpfen läßt. Der Kontrast zwischen dem läppischen Anlaß und der Seelennot der jungen Frau hätte nicht schärfer herausgebracht werden können. Einzigartig auch die Darstellung der Todesängste, die Julia durchmacht, bevor sie das Schlafgift nimmt. Der schwierige Monolog (4.3.) wird oft gekürzt. Caroline Ebner gab ihn ganz und mit solchem Effekt, daß er das Publikum mit dem vollen Eindruck von Julias physischer und metaphysischer Verlassenheit in den Bann schlug.

Mit einer so unbeirrbaren Julia konnte Karin Beier in der Schlußszene noch einmal alle Register ziehen, ohne die Tragödie zu verraten. Im Kampf zerren Paris und Romeo die Aufgebahrte halb vom Sarkophag, bis sie der Schlafenden in Johann Füßlis *Der Nachtmahr* ähnelt. Romeo stirbt nicht heldenhaft. Er versucht, das Gift wieder auszuwürgen – »Ich will hier raus!« – ein gewagter Einbruch von modernem psychologischem Realismus in den Höhepunkt der Tragödie, der von der irr gewordenen Julia noch verstärkt wird, als sie mit letzter Kraft – ›Mach dich doch nicht so schwer!‹ – Romeos Leiche zur Mitte schleppt, wo sie niedersinkt und sich sitzend den Tod gibt, mit gespreizten Armen verharrend in der Haltung des füsilierten Bauern aus Goyas berühmtem Gemälde *Die Erschießung der Aufständischen am 3. Mai 1808 in Madrid* aus dem Jahre 1814. Ein tragisches Tableau, eingerahmt von Lorenzos unverständlichem Redeschwall und überdröhnt von Udo Lindenbergs Schnulze »Romeo und Julia«. Eine kitschige Gipsstatue des Liebespaares fährt aus dem Boden und zeigt, wohin »Rezeption« und Vermarktung die Tragödie gebracht haben, deren Jammerbild sich in den aufgerissenen Augen der Caroline Ebner widerspiegelt. (Abb. 259) Diese Schlußszene war der letzte Höhepunkt in einer Inszenierung, die *Romeo und Julia* überzeugend in einen modernen Rahmen stellte. Ihre vielen Bild- und Tonzitate zeigten auch, daß postmoderne Techniken mehr sein können als ästhetische Spielereien. In diesem Fall intensivierten sie sogar das tragische Gefühl; die Katharsis, als eine Funktion der kulturellen Erinnerung, wurde gerade durch die heterogenen Bezüge und Bilder noch verstärkt.

Caroline Ebner war auch in Beiers nachfolgenden zwei Shakespeare-Inszenierungen in Düsseldorf zu bewundern. Von ihr als Jessica im *Kaufmann von Venedig* (24. September 1994) hieß es, sie könne »mit ihrem Modigliani-Gesicht mehr erzählen als die übrigen Akteure mit dem ganzen Körper«[67], und außer ihr hielte »nichts das Stück und seine gegensätzlichen Welten zusammen«.[68] In *Ein Sommernachtstraum* (31. Oktober 1995) war sie eine zusätzliche, in Puck verliebte Erste Elfe. Ihre kecke, doch hoffnungslose Vernarrheit wurde nur durch Gesten und Blicke ausgedrückt, ein wortloser Gegenpol zur babylonischen Sprachverwirrung des Ensembles: Vierzehn junge Schauspieler waren aus neun verschiedenen Ländern zusammengebracht worden für ein multikulturelles und multilinguales Experiment. Alle redeten in ihren Muttersprachen.

Plötzlich begriff man, wie passend es ist, wenn Hermia, Lysander, Demetrius und Helena sich auf Englisch, Hebräisch, Ungarisch und Italienisch streiten und mißverstehen – und so die übliche Verwirrung im Wald von Athen noch potenzieren; oder wenn die Auseinandersetzung unter den Athener Handwerkern bei der Aufführung von *Pyramus und Thisbe* in eine Diskussion und Demonstration nationaler Schauspielstile mündet: eine geistreiche Debatte mit furios chargierten Solonummern in den unterschiedlichen Traditionen und schmähende Kommentare vom

260.
Ein Sommernachtstraum
1995 Düsseldorf.
R: Karin Beier, B: Florian Etti,
F: Sonja Rothweiler. Titania
(Josette Bushell-Mingo) und
Zettel (Jacek Poniedzialek)
in einem ungewöhnlichen
Rollentausch.

Rest der Truppe; eine italienische commedia dell'arte-Aktrice, Petra (sic!) Squenz, versuchte vergeblich, eine im Stanislawskisystem ausgebildete russische Schauspielerin zu überreden, Schlucker, den Schneider, zu spielen, wobei sie fast mit dem polnischen Zettel und Verteidiger Grotowskis handgreiflich aneinandergeriet. Der Mangel an verbalem Verstehen mußte durch Zeichen- und Körpersprache wettgemacht werden, und es war faszinierend zu sehen, welche Ausdrucksformen die Körper fanden.

Die Verluste waren gleichermaßen enorm. Das Stück als poetischer Kosmos geriet völlig aus dem Blick. Die Worte waren noch da, aber nur als Erinnerung daran, daß sie einst, und in einer anderen Sprache, etwas bedeutet haben mußten. War dies vielleicht nur eine Aufführung für sprachenkundige Multitalente? Aber die hätten sich über die seltsame Versammlung sprachlich verarmter Akteure gewundert, die nur Kenntnisse in einer von neun Sprachen hatten. Sie hätten sich auch über die sonderbaren Praktiken amüsiert, mit denen die Schauspieler ihr sprachliches Unvermögen kompensieren mußten.

War das wirklich ein ›europäischer‹ *Sommernachtstraum*, wie das Programmheft schrieb? Da gab es in der Tat erstaunliche Parallelen: ein vereintes Europa, durch eigene Sprachen und Traditionen getrennt, aber mit einer gemeinsamen Aufgabe betraut, voller gegenseitiger Mißverständnisse, aber wild entschlossen auf der Suche nach neuen Mitteln der Kommunikation. (Abb. 260) All dies und mehr ließ sich in das ungewöhnliche Aufgebot dieser vierzehn Akteure hineinlesen. Ihr Joint Venture, die Barrieren einzureißen und Interaktionsgewinne wie nationalkulturelle Verluste miteinander zu teilen, befriedigte weder Kritiker noch Zuschauer völlig, selbst wenn man der Regisseurin die frappierende Neuheit der Idee und ihr faszinierendes Potential bereitwillig konzedierte. Aber war das eine Formel, die sich wiederholen ließ? Nicht ganz überraschend fand *Der Sturm* (31. Aug. 1997, in einer Fabrikhalle in Köln-Kalk) von derselben Regisseurin und nach demselben Konzept (zwölf Schauspieler, acht Sprachen) eine ebenso gemischte Aufnahme. Die Sprachverwirrung im Wald von Athen konnte noch als Analogie zu den Gefühlsverirrungen unter den jungen Liebenden interpretiert werden; das sprachliche Nichtverstehen auf Prosperos Insel lag auf einer anderen Ebene. Angetrieben von der Not sich mitzuteilen (»Io liebe you, Europa«), mußten Regisseurin und Schauspieler zu komplizierteren Mitteln greifen, um Kontakt herzustellen und Ausblicke zu eröffnen. Diese reichten von einer Parodie auf das Feilschen Brüsseler Bürokraten um die Idealform der europäischen Tomate über einen Mittelhochdeutsch sprechenden Caliban bis zu hochpoetischen Augenblicken von »opakem Zauber«, untermalt von einem bemerkenswerten Musikarrangement. Andreas Rossmann lobte die erhellenden und anspielungsreichen Bilderfindungen, mußte jedoch feststellen: »Die Verständigung bleibt Utopie«[69], und Claus Clemens resümierte: »Ohne Text bleiben von Shakespeares Figuren nur Skizzen, die ein europäisches Festival der Körpersprache feierten.«[70]

Welche Zukunft multilinguale Aufführungen auch immer haben werden, diese Experimente in Richtung auf einen »europäischen Shakespeare« signalisieren das Ende des Paradigmas, das Shakespeare-Inszenierungen auf deutschen Bühnen während des ganzen Jahrhunderts dominierte. Was vor mehr als hundert Jahren als eine entschieden nationalistische Aneignung des englischen Dichters als deutschem Autor und drittem Klassiker im deutschen Pantheon seinen Anfang nahm, beginnt sich nun im Zeichen des Interkulturalismus aufzulösen.[71]

Begegnungen mit dem Fremden

Daran haben auch die zunehmenden Gastspiele ausländischer Truppen ihren Anteil, für die Shakespeare eine *lingua franca* darstellt: Seine Stoffe können bei den Zuschauern als bekannt vorausgesetzt werden, der Reiz besteht im Nachvollzug der exotischen Form, in der eine andere Kultur sie sich aneignet. Dieser Austausch ist inzwischen zu einer interkulturellen Tournee-und Eventindustrie geworden, welche die bekannten Theaterfestivals von Avignon und Edinburgh ebenso bespielt wie europäische und nordamerikanische Metropolen. Wenn japanische Regisseure wie Yukio Ninagawa oder Tadashi Suzuki ihre Shakespeare-Versionen vorstellen, dann sind das aus hochkomplexen Assimilations- und Durchmischungsprozessen hervorgegangene Neuschöpfungen, hybride Gebilde von seltsamer Faszination, eine Herausforderung für die Sinne, für das Verstehen nur schwer faßbar, aber ästhetische Erlebnisse in einer anderen Dimension. Es brauchen jedoch nicht immer solche (kulturtheoretisch übrigens nicht unumstrittenen) gewissermaßen programmatischen Grenzüberschreitungen und von hohem Medieninteresse begleiteten Unternehmungen zu sein, um die Erfahrung des Fremden zu machen, es reicht die schlichte Begegnung mit interkulturell völlig absichtslosen, das heißt indigenen Shakespearebemühungen einer anderen Kultur. Dafür zwei Beispiele, ein indischer *König Lear* (von der Kathakali-Truppe Kalamandalam aus Kerala unter der Leitung von Sadanam Annette Leday und David McRuvie) und ein *Othello* des Roma-Theaters *Pralipe* aus Skopje (Leitung und Regie: Rahim Burhan), beide im Sommer 1992 zu Gast beim jährlich stattfindenden Shakespeare-Festival im Globe-theater Neuß.

Ohne sprachliche Verständigung war der geistige Mitvollzug um wesentliche Dimensionen verkürzt, das Erlebnis in seiner frappierenden Exotik jedoch unmittelbar und stark. Fünf Kathakali-Tänzer in schweren, bauchigen Kostümen dunkelfarbig-bunt und von barbarischer Pracht, tanzten die Geschichte von König Lear (K. Kumaran Nayar) und den bösen Töchtern, von Cordelia (Sadanam Annette Leday, der einzigen Frau im Ensemble und maskenlos) und ihrem siegreichen Gemahl (Kalamandalam Gopi), vom Narren (C. Balasubramaniam) und dem armen Tom. Die in neun Szenen aufgeteilte Erzählung wurde von zwei Sängern vorgetragen, dröhnend begleitet von vier Trommeln, deren aggressive Crescendi die Intensität des Geschehens körperlich fühlbar machten. Im übrigen bot die ungewohnte Schallkulisse eine zwar nervenreizende, in ihren rasenden Rhythmen doch oft auch atmosphärisch stimmige Unterstützung für das vibrierende Schauspiel des klassischen indischen Tanzes. Dessen Feinheiten blieben dem unbewanderten Zuschauer naturgemäß verschlossen, etwa das an die Zeichensprache der Taubstummen erinnernde Spiel der Finger, die Syntax der Gesten oder die genaue Bedeutung der Mimik. Über alle Kulturgrenzen hinweg verständlich war jedoch die Darstellung leidenschaftlicher Gefühle wie Liebe, Haß, Freude, Zorn, Bosheit, Güte, Wut oder Triumph. Cordelias Tanz als züchtig liebende und ergebene Braut, der Frankreich zu schulterschüttelnden Glücksäußerungen veranlaßte, Gonerils (S. Unnikrishnan Nayar) trotzig höhnischer Triumphtanz, der stilistisch den Formenkanon durchbrechende lustige Tanz des Narren, Lears und der anderen Figuren Gesichtszucken, sobald böse Gedanken sie quälten, oder Frankreichs wirbelnd sieghafter Kriegstanz mit der komischen Tötung der Schwestern – das waren Höhepunkte, an denen die Fremdheit der Formen ihre Ausdruckskraft zu verstärken schien. Der auf eine universale Typologie reduzierte Stoff wurde hier ohne Anbiederung an westliches Theaterverständnis ganz von einer neuen Form okkupiert, sie erschien streckenweise »barbarisch«, aber gleichzeitig wurde einem bewußt, daß das eigentliche Barbarentum darin bestand, von den differenzierten Formensprachen eines ganz offenbar hochkultivierten Gesamtkunstwerks nur das Allergröbste aufnehmen zu können.

Welch hinreißende Möglichkeiten im schieren »Material« des *Othello* zu entdecken sind, erfuhr man im Spiel der Romatruppe. Auch hier verlangte die unüberwindliche Sprachbarriere (Romanes) den textkundigen Zuschauer. Aber für den sprachlichen Verlust entschädigte das Erlebnis einer magischen Verfremdung durch die suggestive Sprache der Körper, hintergründige Bilder und gefühlsdunkle Musik.

Zwischen demonstrativem Anschminken und Abschminken am Anfang und Schluß entstand ein Theater des direkten Appells, des sinnlichen Sogs, der emotional aufgehobenen und nur in der ästhetischen Fremdheit mancher Formen noch spurenhaft aufbewahrten Distanz. Unmittelbar zugänglich vor allem die Symbolik der bewegten oder skulpturalen Bilder: Othello (Netjo Osman) und Desdemona (Suncica Todic) beim ersten Auftreten beide in Weiß, er wickelt sie in kreisenden Bewegungen in ein langes Tuch: Jetzt gehört sie ganz ihm, er ganz ihr; Jago (Sami Osman) reicht Rodrigo (Saban Bajram) einen Apfel, den er lüstern anbeißt; Othello und Jago beim morgendlichen Muskeltraining, die körperliche Vertrautheit der Männer macht jeden Gedanken an Verrat absurd, und im Gleichtakt zwischen Armschwung und stichomythischer Rede über Cassios Betrug wird Othello zum willenlos hin- und hergeschüttelten Opfer. Ebenso einige wunderschöne Tableaux: Othello an Desdemonas »heiße Hand« geschmiegt und noch einmal selbstvergessen die bereits verlorene glückhafte Einheit erinnernd, bevor diese bei der Nennung von Cassios Namen auch bildhaft zerstört wird; ähnlich die Todesszene: zwei Menschen, unendlich allein mit ihrem unverständlichen Schicksal, wortlos, es ist alles gesagt, auch das Denken ist an sein Ende gelangt – sie stirbt in seinem Kuß. Die Deutung des Dramas als dunkles Spiel um Liebe und Tod wurde verstärkt durch Elemente von Veroperung mit emotional aufgeladener Musik, einzelne choreographische Slow-motionsequenzen und durch die Einführung von drei »Erzählern«, Matrosen in dunklem Ölzeug, die nach Othellos Ankunft auf Zypern fast ständig auf der Bühne sind, das Geschehen kommentieren und mit dumpfen Rhythmen der von ihnen gezupften Kontrabässe begleiten. Gegen Schluß gibt ein lautes Metronom den Schicksalstakt des unausweichlichen Verhängnisses an. Ein *Othello*, so aufwühlend wie modern, sprachlos, magisch verfremdet und doch gemütsunmittelbar.

Zur Jahrhundertwende:
Die Kultur des Hybriden – und ein Konzentriker

Gegen Ende des Jahrzehnts hatte sich der Generationswechsel in der Leitung von wichtigen Häusern deutlich beschleunigt. Junge Regisseure, die Aufsehen erregten, gelangten nun mit überraschender Leichtigkeit in führende Positionen, so etwa Stefan Bachmann in Basel (1998), Matthias Hartmann (2000) in Bochum oder Gordana Vnuk, die in den experimentellen Theatersprachen mehrerer Länder versierte Kroatin, als künstlerische Leiterin der Hamburger Kampnagel-Fabrik (ab 2001). Martin Wuttke wurde 1996 sogar das Berliner Ensemble anvertraut, nachdem dort zuvor eine hochverdiente Altherrenriege gescheitert war, aber auch er konnte in dem knappen Jahr seiner Intendanz das schwerfällige Schiff nicht flott machen. Ob es unter Peymann als neuem Kapitän wieder Fahrt aufnimmt, bleibt abzuwarten. Die ersten beachtlichen Anstrengungen, mit *Hamlet* (Regie: Achim Freyer, 28. Februar 2000) und *Richard II.* (Regie Claus Peymann, 30. Juni 2000) be-

  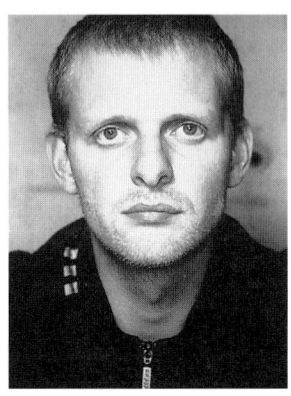

261. Stefan Bachmann   262. Matthias Hartmann   263. Thomas Ostermeier

friedigten die Kritik nur teilweise. Überhaupt gab es zur Jahrhundertwende auch bei den Etablierten größere Revirements: Peymanns Wechsel von der Burg zum »BE«, Jürgen Flimms Abschluß seiner Intendanz am Thalia Theater mit der Saison 1999/2000 und seine Übernahme der Nachfolge von August Everding als Präsident des Deutschen Bühnenvereins, Dieter Dorns Wechsel von den Kammerspielen zum Residenztheater in München (Herbst 2001), Dieter Görnes altersbedingtes Ausscheiden aus dem Staatsschauspiel Dresden und die Übernahme der Intendanz durch Holk Freytag aus Wuppertal (vorgesehen für 2001), Thomas Langhoffs Austritt aus der Leitung des Deutschen Theaters in Berlin und die Übernahme seiner Funktionen durch Bernhard Willms, vorgesehen für 2001 – innerhalb kürzester Zeit hatte sich die Theaterlandschaft verändert.

Die größte Signalwirkung freilich hatte die Übernahme der Berliner Schaubühne durch das neue vierköpfige künstlerische Leitungsteam unter Thomas Ostermeier (mit Jochen Sandig, Sasha Waltz und Jens Hillje), das sich zur Saisoneröffnung in einer doppelseitigen Anzeige in der *Zeit* (20. Januar 2000) seinem zukünftigen Publikum nacktärschig präsentierte. War das ansehnliche Ganz-Akt-foto nur Zitat des berüchtigten Fotos der *Kommune 1* aus dem Jahr 1967 oder auch Programm? Die ersten Produktionen (Sasha Waltz *Körper* und Sarah Kane *Gier*) der jungen Truppe (Durchschnittsalter unter dreißig) ließen daran keinen Zweifel aufkommen. Hier galt es offenbar einen radikalen Neuanfang, mit kompletter Auswechslung des künstlerischen Personals. Den großen Schauspielerinnen und Schauspielern der zu Ende gegangenen Ära, die der Schaubühne ihren Glanz gegeben hatten, wurde samt und sonders gekündigt – sie wurden wenig später in Wien und andernorts mit offenen Armen empfangen. Was Edith Clever, Jutta Lampe, Corinna Kirchhoff, Otto Sander und andere darstellerisch (und im Falle Edith Clevers auch als Regisseurin) geboten hatten, war Bildungstheater vom feinsten, erlesene Sprachkunst, profunde Menschengestaltung. Das neue Team wollte daran nicht anknüpfen, sondern sein eigenes Theater neu erfinden, es brauchte deshalb auch keine alterfahrenen Darsteller mehr, denn nicht Kontinuität, sondern Umbruch, Aufbruch, Neubeginn war das Ziel. Insofern war die Trennung von den großen Namen nur logisch, für sie war in dem neuen Programm kein Platz, sie wären nicht zu integrieren gewesen, selbst wenn man es gewollt hätte.

Die schroffe Kontinuitätsverweigerung an der Schaubühne hat auch mit den aufklärerisch gemeinten Tabubrüchen der siebziger Jahre nichts mehr zu tun. Wer wie Ostermeier und seine Truppe in der Baracke des Deutschen Theaters mit der seit Mitte der Neunziger hochgespülten ›Blut- und Spermadramatik‹ von Mark Ravenhill (*Shoppen & Ficken*) und Sarah Kane (*Gesäubert*) Furore gemacht und sich von der früheren »Kunstkacke« (Ostermeier in einem Interview) so dezidiert losgesagt hatte, der setzte offenbar auf ein Theater des unmittelbaren Appells, sei es durch Rückgriff auf primäre Körperlichkeit oder durch Wiederbelebung der Meyerholdschen Biomechanik. Die Schaubühne wäre damit wieder einmal zum Vorreiter einer ungewöhnlichen Entwicklung geworden. Allerdings bleiben viele Fragen offen. Wird sich die tabulose neue Dramatik durchsetzen oder nur eine Eintagsfliege gewesen sein? Gibt es Formen der Körpertheatralik, die imstande sind, radikal realitätsunmittelbar zu *wirken*, ohne ihre künstlerische *Form* zu verlieren? Wie verbindet sich die neue Programmatik mit dem ja wohl nicht ganz auszublendenden traditionellen Repertoire oder ist ein rein postdramatisches Theater geplant? Wird die Schaubühne sich ein neues Publikum wählen müssen?

Ostermeier geht aufs Ganze. Für die Klassiker sind von seinem Theater in nächster Zeit wohl keine entscheidenden Impulse zu erwarten. Doch wer weiß? Es gibt bekanntlich auch Beispiele dafür, daß selbst so sprachintensive Stücke wie die Shakespeares primär vom Körper her erarbeitet werden können. Eins der eindrucksvollsten: *Giulio Cesare* in der Regie von Romeo Castellucci (Cesena bei Rimini, 1997). Hier wurden schlimme und auffällige körperliche Behinderungen bewußt als Entlarvung der Rhetorik vorgeführt, am bewegendsten bei Mark Antons berühmter Rede. Sie war einem stimmbandoperierten Schauspieler anvertraut und wurde nur als schmerzhaftes – und Schmerzen verursachendes – Gekrächz aus dem Kehlkopfmikrophon hörbar. Ostermeiers körperfixierte Absage an die Tradition kann dennoch nur bedingt als symptomatisch gelten. Seine Altersgenossen betreiben Traditionsverweigerung nämlich meist auf andere Weise, durch Hybridisierung.

Das Verfahren ist so vielgestaltig wie die Zahl der Inszenierungen selbst und indiziert ein neues Verhältnis zum Text als »Material«. Brecht faßte dieses Verhältnis in den kryptischen Satz »Wir können den Shakespeare ändern, wenn wir ihn ändern können.« Für die ideologiekritischen Theaterrevolutionäre der Siebziger galt »Wir können den Shakespeare ändern, weil wir ihn aus gesellschaftspolitisch aufklärerischen Gründen ändern *müssen*.« Davon ist fünfundzwanzig Jahre später keine Rede mehr. Heute lautet die Maxime: »Selbstverständlich müssen wir den Shakespeare ändern. Schließlich leben wir im Zeitalter der totalen Verfügbarkeit der kulturellen Variablen. Es geht schon längst nicht mehr um das einmalig Unverwechselbare, sondern endlich um nichts als pure Gegenwart – im Spiel mit den Möglichkeiten eines unerschöpflichen Arsenals.« Dieses Spiel gibt es, wenn man nicht überhaupt die gesamte Theatergeschichte als Abfolge von Hybridisierungen lesen will, im Prinzip schon seit Piscators und Brechts Filmeinschüben, verstärkt aber seit Beginn der Postmoderne. Doch im Gegensatz zu deren Glanzleistungen, etwa Andrea Breths *Was ihr wollt* (Bochum, 1989) und Frank Patrick Steckels *Timon von Athen* (Bochum, 1990), in denen die Selektion nach strengsten künstlerischen Maßgaben erfolgte, ist der ästhetisch kohärente Zusammenschluß der diversen Materialien und Anspielungen derzeit nicht mehr unbedingte Voraussetzung für Erfolg oder Wert der Leistung. Die Möglichkeiten des Spiels haben sich vervielfacht, das Medium selbst ist Botschaft geworden, das Zufallsprinzip nicht länger verpönt, die Inszenierung muß nicht mehr ausgeformtes Ganzes sein, sie darf Augenblickscharakter haben und Stückwerk bleiben.[72] Sie ist sich selbst genug und existiert im ausschließlich gegenwärtigen Vollzug vor Zuschauern, die ihre Ansprüche auf Realisation einer *literarischen* Vorlage ganz und gar zurückgenommen haben. Spieler wie Publikum kommen so in den Genuß einer neuen Freiheit von vordem undenkbaren Wahl- und Kombinationsmöglichkeiten. Unter dem Signum der Hybridisierung kann man es nämlich mit den großen alten Stoffen und Stücken getrost noch einmal aufnehmen und sie sich anverwandeln; man braucht sich ihnen ja nicht mehr existentiell zu stellen, sondern kann sie nun ungestraft der eigenen, gegenwartsverhafteten Subjektivität und einer medial geprägten Bewußtseinswelt aussetzen und mit ihr zu etwas Neuem verbinden.

Hybridisierungen

Hybridisierung, seit Jahrtausenden in der Botanik und Zoologie als Zucht von Mischwesen bekannt und auch als mythologische Ausdrucksform schon früh in der Gestalt der Chimären präsent, hat als kulturtheoretisches Konzept erst in jüngster Zeit an Bedeutung gewonnen und sich zu einem Diskursbegriff ersten Ranges entwickelt.[73] Er verweist auf Phänomene der Vermischung und Durchdringung vordem streng getrennter Materialien, Tätigkeiten, Kunstrichtungen und Diskurse, die sich etwa schon in Wortbildungen wie Infotainment, Edutainment, Dokudrama, Kultourismus, Kurlaub ausdrücken. Einerseits sind es Grenzüberschreitungen, wie etwa bei der Kombination von E- und U-Musik oder den atemlosen Bildüberblendungen in Werbespots, Erscheinungen, die von einem puristischen Standpunkt zweifellos Kulturverfall indizieren. Andererseits ermöglichen sie synergiegeladene Vernetzungen, Neuschöpfungen von nachhaltiger und rational letztlich nicht auflösbarer Wirkung, wofür Peter Greenaways Film *Prospero's Books* den Theoretikern ein vielzitiertes Paradebeispiel liefert. Salman Rushdie feiert in seinen Romanen Hybridität als interkulturelle Daseinsform, General Harras in *Des Teufels General* sang schon vor Jahrzehnten (alkoholisiert, aber überzeugend) das Hohe Lied der

Vermischung, der Rassen wie der Kulturen. Angesichts der immer deutlicher werdenden Allpräsenz von Erscheinungen des Hybriden sehen sich Vertreter einer Kultur des Homogenen, Reinen und Unvermischten in die Defensive gedrängt. Statt des früheren Entweder-Oder gilt nun das Sowohl-als-auch, wobei das Heterogene, Provisorische, Prozeßhaft-Dynamische derzeit gegenüber dem Einheitlichen, Vollkommenen und Statisch-Abgeschlossenen klar bevorzugt wird. Allerdings ist nicht zu übersehen, daß die durch Hybridisierung hervorgebrachten Mischwesen – im kulturellen Bereich ebenso wie in der Botanik – Bastardisierung oder Veredelung bedeuten können.

Auch im Theater sind Hybridbildungen schon lange kein Tabu mehr. Das trifft sowohl für die Arbeit der Dramatiker als auch der Dramaturgen und Regisseure zu. Elfriede Jelinek bedient sich für die Figurenrede in *Wolken.Heim.* (1992) ausgiebig bei Kleist, Hölderlin und selbst bei Soldatenliedern und RAF-Texten. Ciulli und Schäfer verquirlen Goethe und Collodi für ihre Produktion von *Pinocchio / Faust* (Mülheim-Ruhr, 1999) und sind dabei immer noch nicht so radikal wie Peymann und Wolfgang Wiens mehr als zwanzig Jahre zuvor bei ihrem Frankfurter TAT-Versuchsballon *Titus / Iphigenie*, der allerdings schon bei der Premiere platzte. Hybride dieser Art, bei denen der Aufführungstext aus einer knappen Handvoll Vorlagen so collagiert ist, daß keine als »Haupttext« gelten kann, sind die Ausnahme. Wesentlich häufiger sind Zudichtungen oder Umtextierungen aus den Werken ein und desselben Autors. Hierfür bietet sich Shakespeare geradezu an. Kaum eine Inszenierung, bei der nicht Teile auf englisch gesprochen und ein oder zwei Sonette rezitiert werden, nahezu ebenso häufig der Einbezug von Passagen aus anderen Stücken. Das ergibt nicht in jedem Fall mehr Sinn, ist aber immer eine leicht irritierende Verfremdung, ein Verweis auf die Zusammengehörigkeit des nach anderen Maßgaben Getrennten und natürlich auch ein Bildungsausweis der Dramaturgen, die ihr Publikum im übrigen gern mit raunenden Hölderlin-Einsprengseln beeindrucken.[74] Manche Zufügungen sind für den Außenstehenden überhaupt nicht zu erkennen, wenn etwa, wie später zu erfahren, ein drogenkranker Schauspieler vor der Pause im Bochumer *Sturm* (Jürgen Kruse, 1999) einen Monolog Richards II., angeblich zu Therapiezwecken, vom Blatt lesen durfte.

Ein weiteres Anzeichen von Hybridisierung ist die zunehmende Bedeutung des Soundtracks. Die professionelle Wiedergabetechnik drinnen und die Flut des medialen Musikangebots draußen laden zur Veroperung ein und setzen ein Publikum unter Spannung, das sich, vom Wort nicht mehr voll überzeugt und erreichbar, doch vom Sound gerne mitreißen läßt. Wenn dann noch szenespezifische Darbietungsformen mit Handmikro und Band-Begleitung hinzukommen, ist die Verschmelzung von altem Stück und modernem Klang vollkommen. Ein Gesamtkunstwerk ist nicht beabsichtigt, wohl aber eine aktualitätsalerte Aneignung, wofür die Musik das unverzichtbare Medium bildet.

Ebenso grenzenlos wie die akustischen sind die Möglichkeiten der optischen Verfremdung. Fruchtbare Hybridisierungen ergeben sich allerdings nur, wenn in den bildlichen Anspielungen mehr als dadaeske Willkür geboten wird. Im Vergleich zur Tonspur verlangt die >Bildspur< wesentlich aufwendigeren Mitteleinsatz und somit ein einsichtiges und tragendes Konzept. Wo eine kräftige und intelligente Bildphantasie zum Ausdruck kommt, wie in einigen der bereits beschriebenen Beispiele (Breth, Steckel/Hacker), bewirken die Verschränkungen einen enormen Zugewinn. Bei vielen jüngeren Regisseuren jedoch, die mit Text, Ton und Bild *gleichzeitig* experimentieren, reicht der Atem nicht fürs ganze Stück. Die Teilstücke bleiben dennoch interessant, nur muß der Zuschauer seine Erwartungshaltung von der Gesamtschau auf punktuelle Erhellungen und aufschlußreiche Teilsequenzen umpolen. Das liegt auch ganz in der Konsequenz einer hybriden Ästhetik, die dem großen Sinnentwurf abgeschworen hat.

Die Frage der Bewertung bleibt schwierig. Nicht jede Hybridisierung gelingt, und ob sie gelingt, hängt oft vom Zuschauer ab. Er muß sich auf ein buntes Spiel- und Phantasieangebot einstellen, dessen Wechsel nachvollziehen von konzentrierten Phasen zu einem Feuerwerk mitunter auch läppischer Einfälle, muß mitschwingen und vor allem offen bleiben. Denn das Hybride ist erst einmal das Neue, das unweigerlich verfehlt, wer vorgeprägte Erwartungen nicht unterdrückt. In der kritischen Rückschau wird sich dann zeigen, ob das Erlebnis die zeitweilige Selbstaufgabe gelohnt hat. Zudem, wer will sagen, daß diesen zusammengesetzten und zum Teil sicher schrillen Theaterformen nicht die Zukunft gehört? Die Zahl der ernsten Katharsissucher unter den Theatergängern ist jedenfalls eindeutig im Schwinden begriffen. Aber andererseits operiert eine Kultur der Zooms und schnellen Schnitte auch immer an der Grenze zur Infantilisierung, und die Mechanik des Beliebigen kann langweilen.

>Hybride< Inszenierungen sind mittlerweile so häufig und die in ihnen vorgenommenen Durchmischungen so verschieden, daß Gruppierungen kaum möglich sind. Zwei Beispiele müssen deshalb für viele stehen. Das erste ist gekennzeichnet durch eine eher integrativ angelegte Materialkombination, das zweite durch eine eher additive Verbindung, ohne daß mit einer solchen Benennung Anspruch auf eine kategoriale Unterscheidung aufgestellt werden soll. Die beiden Aufführungen gehören auch nicht zu den outrierten Mixturen, zeigen aber dennoch, welche beeindruckenden Möglichkeiten in dem neuen Verfahren stecken.

Wie läßt sich die Geisterwelt im *Sturm* überzeugend darstellen? Die Theatergeschichte kennt großartige Lösungen. Eine der einleuchtendsten war am 17. Mai 2000 in Bremen zu besichtigen, in einer Koproduktion der Bremer Shakespeare Company und der indischen Tanztruppe unter Annette Leday.

Der Luftgeist Ariel verlangt Phantasie, und alle Regisseure sind sich der Herausforderung, die diese Figur darstellt, bewußt. Die Szene, in der Ariel vom Herrn der Insel seine Freiheit einfordert, streng zurechtgewiesen und schließlich in Gunst und Gnade wieder aufgenommen wird, mißlingt selten. Aber welcher Art ist das Verhältnis zwischen Prospero und Ariel? Ein Herrschafts-Knechtschaftsverhältnis, vielleicht eine zarte Liebesbeziehung (wenn Ariel von einer Frau gespielt wird) oder gar eine homoerotische Attraktion? Welche Lösung auch gefunden wird, ein Dilemma bleibt: Prosperos Dominanz, die alles und jeden instrumentalisiert.

Auch der Bremer Prospero (Erik Roßbander) war jeder Zoll ein Herrscher. Aber die Geister, die ihm dienten, stammten aus einer anderen Welt, sprachen mit fremder Zunge, beherrschten in Gestik, Mimik und Bewegung ganz ungewöhnliche Ausdrucksformen und machten eine eigenartige Musik. Der feingliedrige Ariel (Sadanam Bhassi), gekleidet wie ein indischer Prinz, und seine vier Helfer, allesamt ausgebildete Kathakali-Tänzer, gehorchten Prosperos Order, wie der Text es befahl, aber die Art, *wie* sie die Anweisungen in Tanz umsetzten, bewies ihre Selbständigkeit und bekam mit dem Fortgang der Handlung immer deutlicher ein eigenes ästhetisches Gewicht. Prospero blieb Herr und Magier, aber Ariel und seine Tänzer beherrschten die Magie, und der Zauber, den sie ausübten und sichtbar machten, ging allein von ihren Körpern aus. Hier zeigte sich eine hoch differenzierte Ausdruckskunst, deren Zeichen die Zuschauer erst ›lesen‹ lernen mußten, genau wie Prospero selbst, der in der Auseinandersetzung mit dem freiheitfordernden Ariel dessen Haltung und Gesten, da sprachliche Verständigung entfiel, übersetzen mußte. Doch wieviel anschaulicher ist die gestisch und mimisch artikulierte Bewegung als das Wort!

Sturm und Schiffbruch der Eingangsszene werden von den Tänzern wahrhaft *verkörpert*, nicht gemimt. Ferdinand wird von ihnen liebevoll geleitet, die gestrandete Reisegesellschaft unter komischen Verrenkungen in die Irre geführt. Ihr werden laut Text die Sinne verwirrt, hier wurde sichtbar, wie und wodurch. Die tanzenden Geister treiben ihren Schabernack mit Stefano, Trinculo und Caliban, bestreiten als Juno, Iris und Ceres mit fremdländischem Gesang und Tanz die göttliche Hochzeitsunterhaltung, und Ariel berichtet in wortloser, superb kunstvoller Pantomime, in welch übelriechende Kalamitäten er die Rüpel versetzt hat. Der Zauber, der die Insel durchwirkt und den zu erzeugen oft die ganze Theatermaschi-

264.
Der Sturm Bremen 2000.
R: Pit Holzwarth,
Choreogr.: Annette Leday,
B: Heike Neugebauer,
F: Marianne Menke.
Erik Roßbander (Prospero)
und Sadanam Bhassi
(Ariel).

nerie auf Hochtouren laufen muß, gewann hier lebendige Gestalt und unmittelbare Anschaulichkeit. Auch das Ungleichgewicht zwischen Prospero und seinen Untergebenen wurde, zumindest in Ansätzen, aufgehoben. Der prinzliche Ariel, auf seine Art auch ein Fürst und Herrscher über dienstbare Geister, nahm durch die Fremdheit seiner Kunst und Ausdrucksmittel auch Prospero gefangen, bewegte ihn zu größerer Milde gegenüber den Höflingen und zur Abkehr vom Rachegedanken. Am Ende trennen sich alle von allen: Prospero von Ariel und seiner Magie, Miranda von der Bevormundung durch den Vater, Caliban vom falschen Gott; es gibt kein Versöhnungsfest, aber Freiheit für alle, die auf der utopischen Insel für eine kurze Weile durch eine seltsame Kraft zusammengebracht und zueinander in Beziehung gesetzt worden waren. Magie war hier kein ungeglaubter fauler Zauber, sondern das sichtbare, erlebbare, aber unüberbrückbar fremde Andere, dem gleiches Recht erwuchs wie Caliban mit seinen antikolonialistischen Forderungen. Eine kluge Regie (Pit Holzwarth) vermied die in *Sturm*-Inszenierungen des vorausgegangenen Jahrzehnts sattsam ausgetretenen Holzwege (übellaunige oder lustlose Prosperos, nymphomanische Mirandas, rabiate Calibans, mit denen Regisseure ihr postkoloniales schlechtes Gewissen beruhigen) und vertraute der Wirkung des Zusammenschlusses der inkommensurablen Welten. Gleichsam ihr Symbol war das Kalam, ein kreisrundes, rituelles Design aus geschwungenen Linien und Figuren, das Kalamandalam Haridasan Kurup, während der ganzen Aufführung unbeirrt vorne rechts hockend, mit farbigen Pulvern auf den Bühnenboden aufbrachte – ein bewundertes Kunstwerk, das hier, wie in Indien üblich, sofort nach seiner Vollendung zerstört wurde, allerdings nicht vom Künstler selbst, sondern von Prospero, als er seiner Zaubermacht abschwört. Das Ganze war eine wahrhaft bezaubernde Durchmischung zweier Hochkulturen und als solche vorbildlich, wenn auch nicht ohne vergleichbare Anstrengung wiederholbar. Die eher additiv angelegten Hybridisierungen greifen zu weniger aufwendigen Mitteln.

Klaus Weise, Jahrgang 1951, der 1991 nach zweijähriger Dienstzeit als Oberspielleiter in Darmstadt die Intendanz des Theaters Oberhausen übernahm, hatte bereits einschlägige Erfahrungen mit Shakespeare, bevor er 1998 den *Hamlet* herausbrachte. Sowohl sein *Othello* (1993) wie *Der Sturm* (1994) waren von der Kritik mit Respekt aufgenommen worden: Hier stand offenbar ein tragfähiges Konzept für ein reformiertes Stadttheater kurz vor seiner Verwirklichung. Unbeschwert von den Altlasten einer ins Abseits geratenen Avantgarde, suchte er neue Zugänge zu den Stücken und vor allem zum Publi-

265.
Klaus Weise

kum. Es wurde im Sturm genommen. In *Othello* scheute er weder Kosten, Klischees noch Knalleffekte, um es zu unterhalten: ein nebelumwalltes Venedig mit großer Freitreppe und Gondel; für die Akte auf Zypern eine Oase: Palmen Giraffen, Bauchtänzerinnen, Feuerschlucker und dann und wann ein Nashorn (nicht umsonst hatte Weise einmal bei Zadek assistiert), dazu prächtige Kostüme – und die eine oder andere bewußt schrille Einlage, so Bianca im Basträckchen, die sich einen Freier aus dem Parkett angelt, den sie nach geraumer hinter den Kulissen verbrachter Zeit leicht ramponiert und zum großen Gaudi der Zuschauer wieder auf seinen Platz entläßt. Hochkomisch auch Rodrigos rasante Sondernummer im 4. Akt: Günter Alt hat sein Kostüm abgelegt und »schmeißt die Brocken hin«, er kündigt – mit einer fetzigen Schimpfkanonade gegen seine lächerliche Rolle, das Stück, den Regisseur, das Bühnenbild und das Oberhausener Theater – bevor er sich, dem vom Lachen erschöpften Publikum zuliebe, wieder zum Mitspielen überreden läßt.

Hybridisierung also auch hier, wenn Slapstick und die unverratene Essenz des Stückes zusammengeschlossen werden. In *Hamlet* (11. September 1998) war die Durchmischung mit fremdem Material noch prononcierter. »Needless to say, I'm sorry«, hauchte Manuela Alphons als Gertrud mit geübter Diseusenstimme ins Mikro; Rosenkranz (Tobias Randel) und Güldenstern (Juan Manuel Torres y Soria) führten sich mit »Schöne Isabella von Kastilien« ein. Andreas Rossmann urteilt:

> Viel Musik fließt *ins* Spiel. Rosenkranz und Güldenstern klampfen »Greensleeves«, und die Schauspieltruppe tanzt Tarantella, ein Madrigal Monteverdis dient der Einstimmung, und Alfred Schnittkes »Concerto grosso« durchzieht das Duell mit Laertes. Doch keine Musik fließt *aus dem* Spiel: Die Inszenierung findet keine Melodie und keinen Rhythmus.[75]

Dem konnte zustimmen, wer die Geschlossenheit eines großen und homogenen Wurfs erwartete. Was Weise bot, war etwas anderes, nämlich ein Hamlet-*Spiel*, ausgeführt von gerade dieser Truppe mit ihren besonderen Stärken und Schwächen und vor diesem Publikum. Das bedeutete keineswegs die Verweigerung eines durchgängigen Konzepts – im Gegenteil, eine psychoanalytische Deutung wurde im wesentlichen durchgehalten – wohl aber die Absage, einen heutigen Hamlet vorzustellen und eine gegenwartsrelevante Geschichte zu erzählen. Dazu sah der Regisseur offenbar keine Veranlassung, ebensowenig wie zu psychologischen Tiefbohrungen. Was blieb, war die Hamletgeschichte als Phantasierahmen, der durchaus auch mit hererogenem Material zu füllen war.

Etwa mit zahllosen Bilderfindungen: Gertrud trägt *einen* blutroten Stulpenhandschuh – ist sie halb schuldig? Laertes (Florian Scholz) und Ophelia (Heike Kretschmer) sind taub für Polonius' Ermahnungen und machen Kopfstand: Sie tanzen ihm buchstäblich auf dem Kopf herum. Der ermordete Polonius (Rolf Mautz) sitzt für den Rest der Kabinettszene neben Gertrud und Hamlet, deutlicher läßt sich die Wirkung von Hamlets unbedachter Tat nicht zeigen. Claudius (Andrea Bettini), se-

266.
Hamlet 1998 Oberhausen.
R: Klaus Weise,
B: Martin Kukulies,
F: Christian Nielinger.
Hamlet (Günter Alt) und
Ophelia (Heike Kretschmer)
in der berühmten
Begegnungsszene (3.1.),
er spielt den Clown, sie eine
durchsichtige Täuschung.

xuell ebenso hörig wie dominant, spielt auch den alten Hamlet, da mag Hamlet
(Günter Alt) der Büste seines Vaters noch so viele Opferlämpchen widmen, der sexuelle Kern seiner Verwirrung wird durch die Doppelung deutlich hervorgehoben.
Für seinen großen Monolog erscheint Hamlet in schwarzem T-Shirt mit der Aufschrift »SEIN« (Brust) und »NICHTSEIN« (Rücken), das er anschließend Ophelia überstreift und so ihr Schicksal mit dem seinen verbindet. In ihrer Wahnsinns-
szene erscheint die bräutlich geschmückte Ophelia nicht nur mit Blumen, sondern
(zum Jubel der jungen Zuschauerinnen) mit einem schönen nackten jungen Mann,
Sankt Valentin leibhaftig. Dagegen kommt kein Lied an.

Das Paradestück war ein Zwischenakt: Rosenkranz (Tobias Randel) und Güldenstern (Juan Manuel Torres y Soria) auf der Vorderbühne, durch den Vorhang von
den Mitspielern abgeschnitten, allein vor dem Publikum, das sie erwartungsvoll an-
blickt und das sie, koste es, was es wolle, unterhalten müssen. Güldenstern läuft auf

den Händen, schlägt Rad und kann sogar den Salto mortale, Rosenkranz erzählt in hamburgischem Tonfall einen langen Witz über Hamlet, wie er für seinen Vater einen Sarg kauft und den Preis stufenweise herunterhandelt. Daneben gaben die beiden Entertainer mit Verve vorgeführte und vom jugendlichen Publikum mit Trampeln begrüßte Zitate aus der Unterhaltungswelt: *Star Wars*, *Titanic*, Gangster Rapper, *Emergency Room*, *Frankenstein*.

Ob derartig furioses Hybridisieren nur eine Modeerscheinung oder ein neues Paradigma ist, bleibt abzuwarten. Es appelliert eindeutig an das in vielen Theatern lange vernachlässigte Unterhaltungsbedürfnis, verlangt von den künstlerischen Leitern ebenso viel kreative Phantasie wie Selbstdisziplin, gewährt unerhörte Freiheiten im Verschränken disparaten Materials, birgt aber die Gefahr, bloße Einfälle für aufschlußreiche Neuentdeckungen zu halten. Dagegen sind weder die Macher noch die Zuschauer gefeit. Maßstäbe für gelingende Kombinationen sind kaum festzulegen. Die Versuchung, die von der Lizenz zum Hybridisieren ausgeht, ist groß – und auch keineswegs auf das deutsche Regietheater beschränkt. So war 1998 auf dem andalusischen Theaterfestival in Cadiz eine kubanische Version des *Sturm* zu sehen, in dem auch Shylock, Hamlet, Macbeth und Othello auftraten. Das Ganze, nach dem Urteil von Renate Klett, eine »Konfrontation von europäischer und afrikanischer Kultur« voll sinnlicher Kraft, »Shakespeare als Karneval aus Körpern, Schreien, Licht und Trommeln – es ist eine Lust, sich davon verführen zu lassen und wäre eine Qual, es begreifen zu wollen.« [76]

Der Konzentriker

Frank Patrick Steckel ist allen modischen Trends abhold. Wo andere das Theater zum Panoptikum machen, herrscht bei ihm Strenge, er ist ein Fanatiker der Klarheit. Das Theater der Spaßmacher straft er mit Verachtung. Das Sammelsurium ihrer grellen, oft witzig zusammengewürfelten Szenerien ist ihm ein Frevel, ihre nonchalante Behandlung von Shakespeares Sprache läßt ihn schaudern. Also der kuriose Fall eines verspäteten Traditionalisten? Das jedoch, eigenartigerweise, ganz und gar nicht.

Seine Vergangenheit liegt nämlich durchaus im politischen Theater, wie seine Inszenierungen von Brecht, Müller, Seghers und anderen aus den siebziger und achtziger Jahren belegen – kritische Eingriffe allesamt, die auf die bundesrepublikanische Gegenwart zielten. Was ihn aber seit wenigen Jahren aus der Reihe der Shakespeare-Regisseure heraushebt, ist seine Entdeckung der gespannten Langsamkeit, die für eine neue Kategorie von Theatererlebnissen gesorgt hat. Der Wandel begann mit dem siebenstündigen *Hamlet* (Bochum, 20. Mai 1995) in Steckels ehrgeiziger Neuübersetzung, das Ganze nach Gerhard Preußer ein »Protest gegen die Traditionsvergessenheit der Zeit, gegen die Interpretationswillkür der Regisseure, gegen die Unterhaltungspflicht, die die Kulturämter den Theatern verordnen wollen. Steckels Länge ist Polemik.«[77] Der komplette Text war manchen Zuschauern zuviel des Guten. »Doch – die unverzeihlichere Zumutung an Sie bestünde darin, das Stück auch nur durch geringfügigste Kürzungen zu verstümmeln und der von Shakespeare geschaffenen Vollkommenheit seiner Textgestaltung und Ökonomie, vor allem aber seines Geistes, zu berauben«, wurden sie im Programmheft vom Regisseur belehrt. Ein hochherziges Unterfangen, dem sich Widerstände entgegenstellten: einmal in der unvermeidlichen Überforderung des bravourösen Martin Feifel in der Titelrolle, zum anderen in

267. Frank Patrick Steckel

den Erwartungen des Publikums, das sich für einen *Hamlet* ohne eingängiges Konzept nur mäßig erwärmte. Es hatte sich noch nicht auf den neuen Steckel-Stil eingesehen und eingestellt, dem auch zuviel bewußte Archäologie anzuhaften schien. So konnte Andreas Rossmann resümieren:

> Steckel erkundet das Stück der Stücke wie einen alten, leerstehenden Palast. – In seiner Haltung gleicht der Regisseur einem Denkmalpfleger, der das historische Anwesen schützen und der Nachwelt bewahren will, aber nicht weiß und auch gar nicht wissen will, was sich heute damit anfangen läßt. [78]

Ein ähnliches Urteil hätte sich über die drei folgenden Kölner Inszenierungen (*Leben und Sterben des Königs John*, 26. September 1997; *Verlorene Liebesmüh*, 1. Oktober 1998 und *König Edward III.*, 19. September 1999) nicht fällen lassen. Jetzt war sein statuarischer Stil ausgereift, Text und Bild in überzeugende Ergänzung gebracht und auf großartige Weise gegeneinander verspannt. Steckels Übersetzung des *King John* war eine Offenbarung, die Verse griffig, ohne Füllsel, die Reime treffend und unforciert, ein Sprachduktus, in dem die vertrackte Geschichte von Intrige, Verrat und Mord zu einem geistigen Erlebnis wurde. Dazu mußten aus Zuschauern Zuhörer werden, möglich nur, weil die optischen Reize sich nie verselbständigten und von dem geistigen Spannungsbogen ablenkten. Die Bühne war ein leicht gebogenes Halbrund von elf überdimensionalen Brieffächern, gerade breit genug für getrennte Auftritte und Abgänge der Figuren, die sich in ihren schweren, mit heraldischen Mustern versehenen Kostümen vor den Öffnungen postierten und redeten. Für viel Bewegung war auf der schmalen Vorbühne kein Raum. Und die optisch einförmige Abfolge der Auftritte, Rededuelle und Abgänge sorgte für Konzentration auf das Wort, und doch war das Auge nicht müßig. Es entdeckte den Reiz der Langsamkeit, während das Ohr vom Timbre Jochen Tovotes als König John und von der Sprechkultur seiner Mitspieler gefangen war.

In *Verlorene Liebesmüh* entwickelte Steckel seinen Stil einer abgezirkelten Kompositorik weiter. Die Parallelismen im Handlungsaufbau mit der Entlarvung der Täuschungsmanöver der vier Galane durch die vier adligen Damen laden zur Stilisierung ein. Es geht hier nicht um Abgründe des Eros wie im *Sommernachtstraum*, sondern um ein literarisches Spiel mit den Konventionen der Verliebtheit, ein Spiel, in dem die Personen, die schon bei Shakespeare keine ›Charaktere‹ sind, von Steckel vollends zu Kunstfiguren entindividualisiert wurden. Weißgeschminkt betraten sie die übersichtliche Bühne (zwei hüfthohe Barrieren mit ausklappbaren Sitzen) mit einem Minimum an körperlicher Bewegung. Sie war zudem eingeschränkt durch die dick ausgepolsterten Kostüme, die an Schlemmers *Triadisches Ballett* und Fernand Légers Röhrenfiguren erinnerten. Eine minimalistische Choreographie verdeutlichte die jeweiligen Konstellationen, gestattete aber keinen spontanen körperlichen Ausdruck und zwang durch ihr Zeitlupentempo zum genauen Hinsehen. Dabei entdeckte man die kleinen Unterschiede, etwa in der Haltung der Hände oder wie ein bestimmtes Requisit, so bei der Ankunft der Damen die Reitgerten, gehalten wurde, minimale Erhellungen von bewußter Künstlichkeit. Das Ganze war eine höchst stilisierte Komposition, die das andernorts praktizierte Wetteifern des Theaters mit der Bilderflut des Fernsehens schroff negierte. Die visuellen Reize waren bewußt zurückgenommen, auch bei den Kostümen galt eine Eleganz der reduzierten Art. Angestrebt und erreicht wurde eine spröde Schönheit, die den Schauspieler aller Individualität entkleidet und zum Kunstobjekt macht: sein Körper wird zur Figurine, auf daß die im Mittelpunkt stehende Textgestalt umso deutlicher hörbar werden kann. Steckels *Verlorene Liebesmüh* bot den seltenen Genuß der »Statuarik eines zeremoniellen Nô-Spiels«,[79] sein absoluter Kunstwille konzentrierte Sprache und Bild zu einer neuen Keuschheit der theatralischen Mittel. Daß ihr Nachfolge beschieden sein wird, ist schwer vorstellbar.

268.
Verlorene Liebesmüh
1998 Köln.
R: Frank Patrick Steckel,
B und K: Andrea Schmidt-
Futterer, F: Klaus Lefebvre.
Das Spiel im Spiel in 5.2.
Ein posierender Hektor
(Peter Beck als Costard)
müht sich vergeblich vor
der teilnahmslosen
Hofgesellschaft.

* * *

Nach hundert Jahren fulminanter Bühnenrezeption ist Shakespeare derzeit politisch sicher nicht mehr so aktuell wie in den Epochen der großen Umbrüche. Zwar kommen aus dem Berlin der neuen Ära markige Sprüche; Castorf, Peymann, Ostermeier wollen durchaus politisches Theater: So soll die Volksbühne ein kleiner »Ost-Sender« im Regierungsbezirk, das Berliner Ensemble ein »Reißzahn« im Fleisch der Mächtigen sein und die Schaubühne ein »Ort, an dem Minderheiten repräsentiert werden«. Aber die Zeiten, in denen das Theater auf die Katastrophen der deutschen Geschichte mit aufsehenerregenden Inszenierungen von Shakespearedramen antwortete, sind vorüber. Über Heiner Müllers *Hamlet/Maschine* von 1990 führt kein Weg hinaus. Und ob das Theater noch einmal gesellschaftliche Emanzipationsprozesse durch Klassikeradaptionen glaubt befördern zu können, ist fraglich. Auch auf identitätsstiftende Aneignungen, in denen man mittels Shakespeare nationale Selbstfindung betreibt, wird man im Zeitalter interkultureller Beeinflussungen wohl vergeblich warten. Die Themen »Shakespeare und der deutsche Geist« ebenso wie »Shakespeare und die deutsche Geschichte« sind historisch geworden.

Dennoch war die *ästhetische* Spannweite der Shakespeare-Rezeption nie größer als jetzt zu Beginn des neuen Jahrhunderts. Sie umfaßt frappierende Dekonstruktionen, wilde Hybridisierungen, sinngerechte oder absurde Umdichtungen, ernstes Ringen um vergegenwärtigende Originalität ebenso wie flippige Aktualisierungen und reicht – über 12stündige Mammutevents wie Tom Lanoyes und Luk Percevals *Schlachten!* (dem sechsteiligen Zusammenschnitt der acht Königsdramen der beiden Tetralogien, beginnend mit *Richard Deuxième* und endend mit *Dirty Rich Modderfocker der Dritte* [!], Salzburger Festspiele, 1999) – bis zum Fundamentalismus eines Solitärs wie Steckel. Über Recyclern und Puristen spannt sich der Bogen einer offenbar immer noch faszinierenden Kraft; im Kontinent Shakespeare tummeln sich die explosiven jungen Wilden, eventsüchtige Großveranstalter, textvernarrte Einzelgänger, theaterbesessene Performancekünstler, Fremdkulturen durchstöbernde Globetrotter, unbeirrbare Traditionalisten, Sensationalisten und Suchende. Platz ist anscheinend grenzenlos vorhanden, für ein weiteres Globetheater (in Schwäbisch Hall, 2000), eine weitere Shakespeare Company (in Berlin, 2000), und der Kontinent Shakespeare selbst ist auch noch nicht gänzlich erforscht. Doch führt die Reise heute nur selten noch ins Herz der Finsternis, in die *terra incognita* der menschlichen Seelenabgründe, vielmehr lockt die transkulturelle Safari mit dem farbigen Schauspiel des *hic sunt leones*. Wenn schon die altehrwürdige Deutsche Shakespeare-Gesellschaft ihre Millenniums-Jahrestagung unter das Thema »*Shakespearean off-shoots* oder Shakespeare verwandelt« stellt, wird man auf die Entdeckungen der Theaterleute und ihre schöpferischen Anverwandlungen gespannt sein dürfen. »Brüll weiter, Löwe!«

Anmerkungen

Kapitel 1

1 *Shakespeare-Jahrbuch* 54 (1918), 100. Die Kontroverse entzündete sich an dem Ausspruch eines Freiburger Ratsherrn: »Der Patriotismus braucht kein Theater.« Als Antwort erschien unter anderem eine kurze Schrift von Ludwig Seelig, *Krieg und Theater* (Mannheim, 1916). Insgesamt produzierte die Debatte jedoch mehr Rauch als Feuer.

2 Herbert Eulenberg, Dichter, Bühnenautor und Dramaturg am Schauspielhaus Düsseldorf sowie Otto Falckenberg an den Kammerspielen in München machten aus den Morgenfeiern eine feste Einrichtung. Außerhalb des Theaters wurden die Morgenfeiern dazu benutzt, eine Art freidenkerische, überkonfessionelle Religiosität zu verbreiten oder, während der Naziherrschaft, die damals beliebte Mischung aus Heroenkult und germanischem Idealismus. Siehe Richard Hamann und Jost Hermand, *Stilkunst um 1900. Deutsche Kunst und Kultur von der Gründerzeit bis zum Expressionismus* (Berlin, 1967), S. 152, und *300 Jahre Theater in Braunschweig 1690–1900*, hg. von der Stadt Braunschweig (Braunschweig, 1990), S. 416f. Die Geschichte der Morgenfeiern muß noch geschrieben werden. Sie würde tiefe Einblicke in die kulturellen Aspirationen und die ideologische Prägung mehrerer Generationen von Theatermachern vermitteln. Viele Regisseure hielten die Morgenfeiern für wichtig genug, um sie in der Liste ihrer Inszenierungen aufzuführen.

3 *Shakespeare-Jahrbuch*, 51 (1915), VII.

4 *Ibid.*, VIII.

5 *Ibid.*, XII.

6 *Ibid.*, VII.

7 Helene Richter in *Shakespeare-Jahrbuch*, 52 (1916), 160.

8 *Deutsche Kultur und Ausländerei* (Leipzig, 1916), S. 13f. (Dem jüdischen Autor wurde übrigens sein chauvinistisches Eintreten für die deutsche Sache schlecht gedankt. Im Ersten Weltkrieg entzog ihm Frankreich das Kreuz der Ehrenlegion, und 1939 zwangen ihn die Nazis, den Burgtheater-Ring zurückzugeben. Fulda beging Selbstmord. Helene Richter kam in Theresienstadt um. Es sollte über 50 Jahre dauern, ehe die deutschsprachige Anglistik von ihrem traurigen Ende Notiz nahm.) Die Frage: »Wessen Shakespeare?« beschäftigte damals auch britische Gelehrte. Siehe etwa Balz Englers Zusammenfassung »Shakespeare in the Trenches«, *Shakespeare Survey* 1991, S. 105–111. Zur Geschichte und den Verirrungen der deutschen Aneignung von Shakespeare siehe auch Manfred Pfister, »Hamlet und der deutsche Geist: Die Geschichte einer politischen Interpretation«, *Shakespeare-Jahrbuch* (West) 1992, 13–38, sowie Werner Habicht, »Shakespeare and the German Imagination«, *International Shakespeare Association, Occasional Paper*, 5 (1994). Angesichts der starken internationalen und transkulturellen Einflüsse, die gegenwärtig am deutschen Theater zu beobachten sind, folgert Habicht, daß »unser Shakespeare« sich inzwischen als ein »Mythos« erwiesen habe. (S. 22) Es ist unwahrscheinlich, daß dieser Mythos wieder aufersteht. Allerdings deutet die grimmige Entschlossenheit, mit der jeder deutsche Regisseur seine eigene Fassung schmiedet, und auch die schiere Anzahl der Neuübersetzungen, darauf hin, daß »Der K(r)ampf um (den deutschen) Shakespeare« immer noch nicht an sein Ende gelangt ist.

9 Eine soziologische Analyse des Bildungsbürgertums findet sich in *Das Wilhelminische Bildungsbürgertum. Zur Sozialgeschichte seiner Ideen*, Hg. Klaus Vondung (Göttingen, 1976). Die Ambivalenz im bildungsbürgerlichen Gebrauch von Kultur als Schutz gegen das Proletariat und die gewundenen ideologischen Kompromisse, die daraus folgten, finden sich aufschlußreich dargestellt in Hamann und Hermand *Stilkunst um 1900*, S. 7–39, et passim.

10 Ihering behauptete sogar: »Das Verhältnis der Deutschen zu den Klassikern war wilhelminisch, bevor es Wilhelm II. gab.« Siehe *Reinhardt, Jeßner, Piscator oder Klassikertod?* (Berlin, 1929), S. 6. Bertolt Brecht sagte in *Gespräch über Klassiker*, der »bürgerliche Besitzfimmel hinderte den Vorstoß zum Materialwert der Klassiker«. *Gesammelte Werke*, Bd. XV (*Schriften zum Theater I*) (Frankfurt, 1967), S. 178.

11 *Shakespeare und der deutsche Geist*, 8. Auflage (Berlin, 1927), S. 310.

12 *Ibid.*, S. 312.

13 *Ibid.*, S. 319.

14 *Ibid.*, S. 329.

15 *Ibid.*, S. 349.

16 *Ibid.*, S. 353.

17 *Ibid.*, S. 354.

18 *Ibid.*, S. 368.

19 Die Abwegigkeit des Ganzen wird klar, wenn man bedenkt, daß Goebbels in Heidelberg Gundolfs Student war und somit den Mythos vom deutschen Shakespeare aus einer jüdischen Quelle sog – eine Ironie des Schicksals, für die der Propagandaminister jedoch kein Organ hatte.

20 Die ständige Beschwörung von »Geist«, der dem »seelenlosen« französischen Intellektualismus und dem merkantilen britischen Pragmatismus überlegen sei, findet sich in zahllosen Büchern und Pamphleten der Zeit. Sie wird von Hamann und Hermand folgendermaßen gedeutet: Einerseits diente sie als Kompensation für reale Rückschläge im außenpolitischen Bereich durch imaginäre Eroberungen im Reich des Geistes und durch den Anspruch auf kulturelle Führung in Europa; andererseits sollte »Geist« die Flut der demokratischen Gleichmacherei in einer materialistischen Massengesellschaft aufhalten. (*Stilkunst um 1900*, S. 9ff.) Das *Jahrbuch für geistige Bewegung* (1903–1912) von Stefan George und seinen Jüngern war die wichtigste der zahlreichen kurzlebigen Zeitschriften. Noch 1932 fand ein Titel wie *Deutscher Geist in Gefahr* von Ernst Robert Curtius unmittelbar Anklang. Die Verteidigung des deutschen Geistes gegen westlichen Internationalismus und östlichen Kulturbolschewismus gehörte jedoch auch zum Programm der Nationalsozialisten.

21 Kilians Bemühungen, *Wie es euch gefällt* für die Bühne wiederzugewinnen, führte zwischen 1916 und 1919 zu einer plötzlichen Flut von Bühnenfassungen (von Hans Olden, Max Martersteig, Alfred Reucker, Otto Falckenberg), die alle versuchten, die originale Reihenfolge der Szenen wieder einzuführen. Siehe auch Adolf Winds, »Wie es euch gefällt«, *Shakespeare-Jahrbuch*, 53 (1917), 181–184.

22 Das 1910 von Arthur Hellmer und Max Reimann als künstlerische Alternative zum kommerziellen Schauspielhaus gegründete Neue Theater war eines der fortschrittlichsten Provinztheater und förderte vor allem junge deutsche Bühnenautoren. 1935 mußte Hellmer auswandern, und sein Theater wurde mit dem Schauspielhaus fusioniert. Siehe Thomas Siedhoff, *Das neue Theater in Frankfurt am Main 1911–1935* (Frankfurt, 1985).

23 Siehe Walter Asmus, *Die moderne Volksbühnenbewegung* (Leipzig, 1909) und C.W. Davies, *Theatre for the People, the Story of the Volksbühne* (Manchester, 1977).

24 Manfred Beilharz, »Textüberlegungen zur Inszenierung von Shakespeares *Ein Sommernachtstraum*«, in: *Anglistentag 1987* (Tübingen, 1987), S. 42.

25 *Mein Leben und meine Zeit. Ein halbes Jahrhundert deutscher Theatergeschichte* (Berlin, 1947), Bd. 1, S. 236.

26 Herbert Ihering, *Begegnungen mit Zeit und Menschen* (Berlin, 1963), S. 200.

27 *Shakespeare-Jahrbuch*, 53 (1917), 144.

28 Hermann Bahr, *Schauspielkunst* (Leipzig, 1923), S. 68.

29 *Mein Leben und meine Zeit*, Bd.1, S. 302.

30 Siehe Ulrich Berns, *Das Virtuosengastspiel auf der deutschen Bühne* (Köln, 1951).

31 Siegfried Jacobson. *Jahre der Bühne. Theaterkritische Schriften*, Hg. Walter Karsch (Hamburg, 1965), S. 63.

32 Behrends, S. 10.

33 *Ibid.*, S. 15.

34 *Ibid.*, S. 23.

35 *Diaries*, Eintrag am 9. April 1856, Wiederabdruck in *Frankfurter Allgemeine Zeitung*, 10. September 1994.

36 Lasson in einem Vortrag am 25. September 1914, zitiert nach Reinhard Rürup, »›Der Geist von 1914‹ in Deutschland. Kriegsbegeisterung und Ideologisierung des Krieges im Ersten Weltkrieg«, in: *Ansichten vom Krieg: Vergleichende Studien zum Ersten Weltkrieg in Literatur und Gesellschaft*, Hg. Bernd Hüppauf (Königstein/Ts., 1984), S. 23.

37 Bergson am 8. Juli 1914, zitiert nach Romain Rolland, *Das Gewissen Europas. Tagebuch der Kriegsjahre 1914–1919*, Bd.1 (Berlin, 1963), S. 47.

38 Ernst Troeltsch, *Deutscher Geist und Westeuropa* (Aalen, 1966, Nachdruck der Originalausgabe, Tübingen, 1925), S. 3. Aus einem 1916 gehaltenen Vortrag.

39 *Die europäische Sendung des deutschen Theaters* (Wien, 1944), S. 51.

40 *Ibid.*, S. 54.

41 Siehe Hamann und Hermand, *Stilkunst um 1900*, S. 13ff.

42 »Ursprache« in Felix Emmel, *Das ekstatische Theater* (Prien, 1924), S. 345.

43 Wolf Liese, *Louise Dumont. Ein Leben für das Theater* (Hamburg und Düsseldorf, 1971), S. 300.

44 Zitiert in Friedrich Pfäfflin, (Hg.), *Berthold Viertel (1885–1953). Eine Dokumentation* (München, 1969), S. 29.

45 Otto Brües, *Louise Dumont. Umriß von Leben und Werk.* (Emsdetten, 1956), S. 83.

46 Manfred Linke, *Gustav Lindemann. Regie am Düsseldorfer Schauspielhaus.* (Düsseldorf, 1969). Erich Schumacher interpretiert Louise Dumonts Darbietung jedoch als insgesamt zu »nervös« und »fiebrig«, eingefärbt von der Kenntnis der modernen Psychiatrie und deshalb nicht in Übereinstimmung mit der strengen szenischen Stilisierung. *Shakespeares Macbeth auf der deutschen Bühne* (Emsdetten, 1938), S. 240.

47 B. Vallentin, »Zur Kritik von Presse und Theater«, *Jahrbuch für die geistige Bewegung* (1911), 51.

48 Zitiert in Ernst Schumacher, »Szenographie der Veränderung, Szenographie in Veränderung«, *Maske und Kothurn*, 27 (1981), 361.

49 Siehe Simon Williams, *Shakespeare on the German Stage*, Bd. 1. 1586–1914 (Cambridge, 1989), S. 172–194; Heide Nüssel, *Rekonstruktionen der Shakespeare-Bühne auf dem deutschen Theater* (Köln, 1967) und Paul Marx, »Shakespeare und die modernen Bühnenprobleme (seit 1907)«, *Shakespeare-Jahrbuch*, 51 (1915), 53–70.

50 *Shakespeare-Jahrbuch*, 44 (1908), 230 und 231.

51 Alexander von Weilen, »Der Dresdner Hamlet«, *Bühne und Welt*, XII, 1 (1909), 337.

52 Ernst Leopold Stahl, *Das Mannheimer Nationaltheater* (Mannheim, 1929), S. 306.

53 Georg Fuchs, Theaterreformer und Propagandist für das Münchner Künstlertheater, im Programm seiner Inszenie-

rung von *Der Sturm* im Jahr 1914. Zitiert im *Shakespeare-Jahrbuch*, 51 (1915), 61.

54 Siehe Margret Dietrich, »Neuerungen in Bühnenbild, Bühnentechnik und Theaterarchitektur«, *Maske und Kothurn*, 15 (1965), 365. Im Prinzip waren die Rollertürme die Wiederentdeckung der griechischen »periaktoi«, die im fünften Band von *De architectura* des römischen Architekten Vitruvius Pollio beschrieben werden. Laut Vitruv waren die »periaktoi« seit 79 v. Chr. auf der römischen Bühne verwendet worden. Roller, Maler, Architekt und Herausgeber von *Ver Sacrum*, der Zeitschrift der Wiener Sezession, benutzte seine Türme zum erstenmal 1905 im Wiener Hoftheater für *Don Giovanni*. Max Reinhardt verwendete sie im Juni 1909 zum erstenmal im Münchner Künstlertheater für *Hamlet*.

55 *Shakespeare-Jahrbuch*, 51 (1915), 69. Der Starkult trieb seltsame Blüten. So feiert Max Freyhan dithyrambisch Paul Wegeners überragende »Shakespeare-Kunst« als »berufener Gestalter« von Othello, Macbeth und Richard III. mit Begriffen wie »kosmisch«, »visionär«, »dämonisch«, »genial-schöpferisch« und »Gewalt«, »Schwung«, »Sturz«, »Riesenmaß«, »Urkräfte«, »Flammenzeichen« – der Expressionismus ließ grüßen. (Shakespeare-Jahrbuch (1919), 219ff.

56 »Shakespeare-Regie«, *Shakespeare-Jahrbuch*, 53 (1917), XVII.

57 *Ibid.*

58 Siehe Nüssel, *Rekonstruktionen*, S. 107–115, zur ambivalenten Ästhetik der Stilbühne und Jutta Boehe, »Theater und Jugendstil – Feste des Lebens und der Kunst«, in: *Von Morris zum Bauhaus. Eine Kunst gegründet auf Einfachheit*, Hg. Gerhardt Bott (Hanau, 1977), S. 143–158.

59 Edmund Stadler, »Bühne und Abstraktion von der Urzeit bis heute«, in: *Bühnenformen – Bühnenräume – Bühnendekorationen. Beiträge zur Entwicklung des Spielorts*, Hg. Rolf Badenhausen und Harald Zielske (Berlin, 1974), S. 199–212 und *Adolphe Appia 1862–1928, acteur – espace – lumière*, Hg. Denis Bablet und Marie-Louise Bablet (Zürich, 1981), S. 11–13.

60 Denis Bablet, *The Revolution of Stage Design in the 20th Century* (Paris und New York, 1976), S. 45.

61 *Ibid.*, S. 53. Zu Craigs Monumentalismus siehe auch Hamann und Hermand, *Stilkunst um 1900*, S. 476f. und, zur Hintergrundinformation, ihren Abschnitt über »Die volkhaft-monumentale Phase«.

62 »Rede über den Schauspieler« (1929), in: Manfred Brauneck, *Theater im 20. Jahrhundert. Programmschriften, Stilperioden, Reformmodelle* (Reinbek bei Hamburg, 1982), S. 353.

63 Siehe z. B. Ludwig Berger, *Wir sind vom gleichen Stoff aus dem die Träume sind. Summe eines Lebens* (Tübingen, 1953), S. 130.

64 Zitiert nach Günther Rühle, »Der Sommernachtstraum Max Reinhardts«, *Shakespeare-Jahrbuch* (West), (1976), 102.

65 Brahm, Leiter des Deutschen Theaters, bekannt und berühmt als Kämpfer für gesellschaftskritischen Naturalismus und einen unpathetischen, eher untertreibenden Spielstil, verlangte von dem jungen Schauspieler wegen Vertragsbruchs die damals riesige Summe von 14 000 Mark, beschleunigte damit aber nur den Paradigmenwechsel im Theater. Das aufregendere und farbigere Theater des neuen Mannes machte Brahms verdienstvollem Realismus die Gunst des Publikums streitig.

66 Kahane, *Tagebuch des Dramaturgen* (Berlin, 1928), S. 111ff.

67 »Rede über den Schauspieler«, in: Manfred Brauneck, S. 351.

68 Das trieb merkwürdige Blüten. Dritte und vierte Besetzungen wurden darauf gedrillt, ihre Vorgänger in der ursprünglichen Besetzung zu imitieren, ohne Rücksicht auf ihre individuellen Fähigkeiten. Auch war es, aufgrund von Umstellungen in letzter Minute, »keineswegs ausgeschlossen, daß beispielsweise bei späteren Wiederholungen Othello und Desdemona sich erst abends auf der Bühne kennenlernten«. Ernst Leopold Stahl, »Die Amerikanisierung der Berliner Theater«, in: *Der Bühnenvolksbund* 5/6 (1922), 42.

69 Es existieren zahlreiche Beschreibungen dieser epochemachenden Inszenierung neben den Dutzenden von Rezensionen der Zeit. Interessante Analysen finden sich bei Günther Rühle in dem in Anm. 64 zitierten Artikel; J.L. Styan *Max Reinhardt*, S. 55–61; Dennis Kennedy in *Looking at Shakespeare*, S. 58–60; und Simon Williams, der Reinhardts *Traum* als »Erfüllung eines Potentials, dem man zum erstenmal 150 Jahre zuvor in Shakespeares Werk nachzuspüren begonnen habe« interpretiert, *Shakespeare on the German Stage*, S. 210.

70 Heinrich Braulich, *Max Reinhardt* (Berlin, 1969), S. 118.

71 Zit. Nach Edda Furitz-Leisler und Gisela Prossnitz, *Max Reinhardt in Amerika* (Salzburg, 1976), S. 78.

72 *Mein Leben und meine Zeit*, Bd. II, S. 211.

73 Reinhardt in einem Brief an den Komponisten E. W. Korngold (28. Mai 1938), zitiert nach Volkmar Clauss in *Maske und Kothurn* 13 (1967), 209.

74 Reinhardts Frau, Helene Thimig, zu Hugo von Hofmannsthal im Mai 1922 über Reinhardts Umgang mit dem Text, zitiert nach *ibid.*

75 Manfred Grossmann (Hg.), *Max Reinhardt. Regiebuch zu Macbeth* (Basel, 1966), S. 75.

76 Max Reinhardt, S. 68.

77 Jacobsohn, *Max Reinhardt* (Berlin, 1910), S. 161.

78 *Ibid.*, S. 98.

79 Braulich, *Max Reinhardt*, S. 97.

80 *Ibid.*, S. 98.

81 Styans Kommentar wirft ein interessantes Licht auf Reinhardts Internationalität: »Heutzutage kann vielleicht nur ein Regisseur vom Format eines Peter Brook die nationalen Grenzen so leicht überqueren wie einst Reinhardt, und vielleicht können nur Künstler von solchem Rang den Anspruch erheben, das Theater von seiner inhärenten Provinzialität zu befreien.« (*Max Reinhardt*, S. 3)

82 Bahr, *Schauspielkunst* (Leipzig, 1923), S. 76–77.

83 Zitiert in Leonhardt M. Fiedler, *Max Reinhardt* (Reinbek bei Hamburg, 1975), S. 70f.

Kapitel 2

1 Cf. Rühle, Willett et al.

2 Ausführlich in den einleitenden Kapiteln von Arthur Rosenberg, *Geschichte der Weimarer Republik (Frankfurt am Main, 1973)*. Der Verfasser war Abgeordneter des Reichstags von 1924 bis 1928.

3 Die farbenfrohe und turbulente Geschichte des Berliner Theaterlebens ist durch vielerlei Quellen belegt, z. B. in den Memoiren praktisch aller Theatergrößen oder in Darstellungen wie Walter Kiaulehn *Berlin. Schicksal einer Weltstadt*, 2. Auflage (München, 1976); Paul Rose *Berlins große Theaterzeit* (Berlin, 1959), Klaus Kändler, Helga Karolewski und Ilse Siebert (Hg.) *Berliner Begegnungen. Ausländische Künstler in Berlin 1918 bis 1933* (Berlin, 1987) und *Weimarer Republik*, Hg. Kunstamt Kreuzberg und Institut für Theaterwissenschaft der Universität Köln (Berlin und Hamburg, 1977). Auch angelsächsische Theaterhistoriker haben sich damit befaßt. John Willett *The New Sobriety. Art and Politics in the Weimar Period, 1917–1933* (London, 1978) gibt einen Überblick über die revolutionären Veränderungen in Kunst und Politik der Zeit, während Michael Patterson sich auf *The Revolution in German Theatre 1900–1933* (London, 1981) konzentriert.

4 Arnold Hauser, *Sozialgeschichte der Kunst und Literatur* (München, 1978), S. 997.

5 Die Vitalität der Epoche ist gut dokumentiert in Brauneck, *Theater im 20. Jahrhundert*, Günther Rühle, *Theater für die Republik. 1917–1933 im Spiegel der Kritik* (Berlin, 1988) und in *Weimarer Republik*.

6 Siehe Herbert Ihering, *Berliner Dramaturgie* (Berlin, 1948), S. 60. Die ideologisch-kulturellen Kontroversen wurden vor allem in den Feuilletons der Tageszeitungen geführt; Qualität und Attraktivität des Feuilletons bestimmten damals noch den Erfolg einer Zeitung. Das neue Interesse an der Kulturpolitik brachte aber auch eine Fülle von ephemeren Pamphleten und Manifesten hervor, gut dokumentiert in *Weimarer Republik*.

7 Siegfried Melchinger, *Theater der Gegenwart* (Frankfurt, 1956), S. 57. »Das ›ideale Publikum‹ stand links. Aber wo war es 1933? Sang- und klanglos verschwand die intellektuelle Linke in der inneren Emigration oder an schrecklicheren Orten. Es stellte sich heraus, daß sie ein winziger Haufen war … Wir hatten uns außerhalb des Zentrums manövriert.«

8 Diese Parteilichkeit liegt zum Teil in der Tendenz begründet, sich auf das überhitzte kulturelle Klima Berlins zu konzentrieren, aber auch in der Überzeugungskraft von Herbert Iherings Eintreten für Brecht und Piscator als den einzig wahren Revolutionären des damaligen Theaters. Nach 1968 wurde diese Sichtweise für viele Theaterhistoriker zum Dogma, die sich vornehmlich auf linke Denkmuster stützten und auf ihrer Suche nach proletarischen Ahnen der ostdeutschen Einschätzung dieser Periode folgten. So wird selbst Nebensächliches, solange es nur ins ideologisch korrekte Konzept paßt, mit ehrfürchtigem Respekt behandelt, während bedeutsame Leistungen des bürger-

lichen Lagers häufig kaum erwähnt werden. Siehe besonders *Weimarer Republik*, aber der Geschichtsklitterer waren viele.

9 Für die Verbindungen zwischen den beiden Revolutionen des deutschen Theaters im zwanzigsten Jahrhundert siehe Günther Rühle, *Theater in unserer Zeit* (Frankfurt, 1976) und Helmut Kreuzer (Hg.), *Deutsche Dramaturgie der sechziger Jahre* (Tübingen, 1974).

10 Rühle, *Theater für die Republik*, S. 24f.

11 Zitiert in Paul Schultes, *Expressionistische Regie* (Diss. Köln, 1981), S. 26. Zum bizarren Telegrammstil vieler Expressionisten siehe auch J.L. Styan, *Modern drama in theory and practice 3. Expressionism and Epic Theatre* (Cambridge, 1981), S. 54 et passim, desgleichen Michael Patterson über ihren »spastischen Stil«, der sich sowohl auf Spiel als auch auf Vortrag ausdehne, »unvermittelt, gedrängt, atemlos« als Ausdruck »intensiver Energie« in *The Revolution in German Theatre 1900–1933* (London, 1981), S. 80ff.

12 Hamann und Hermand, *Expressionismus*, sprechen im Kapitel »Aggressive Deformierung« (S. 66–84) von »eine[r] allgemeine[n] Degradierung und Depravierung des Menschen ins Tierische oder Wahnwitzige. … Verbrecher, Gangster, Ganoven, Zuhälter, Mörder, Dirnen sind daher in den Werken des Expressionismus geradezu Legion.« (S. 77)

13 Zitiert in Julius Bab, *Das Theater der Gegenwart. Geschichte der dramatischen Bühne seit 1870* (Leipzig, 1928), S. 178.

14 Arnold Zweig, »Epoche und Theater« in Max Krell (Hg.), *Das deutsche Theater der Gegenwart* (München und Leipzig, 1923), 22f.

15 W. Hasenclever, »Das Theater von morgen«, in *Die Schaubühne 12* (1916), 476.

16 Leopold Jeßner , »Das Theater unserer Zeit« (1928) in Hugo Fetting (Hg.), *Leopold Jeßner. Schriften* (Berlin, 1979), S. 96.

17 »Das Theater. Ein Vortrag« (1928), in *ibid.*, S. 98.

18 »Politisches Theater« (1927) in *ibid.*, S. 92.

19 »Das Theater. Ein Vortrag« (1928), in *ibid.*, S. 98.

20 Patterson, *The Revolution in German Theatre 1900–1933*, S. 89.

21 Friedrich Luft, der bekannteste Theaterkritiker Berlins nach dem Zweiten Weltkrieg, erzählte in einem Fernsehinterview, wie sein Vater ihn in den *Wilhelm Tell* mitnahm, natürlich nicht ohne vorher das Stück mit ihm zu Hause gelesen und auf seine erhabenen vaterländischen Gedanken hingewiesen zu haben. Dem elfjährigen Jungen gefiel die Aufführung, doch sein Vater war so entsetzt, daß er nie wieder ins Staatstheater ging.

22 Zitiert in Horst Müllenmeister, *Leopold Jeßner. Geschichte eines Regiestils* (Diss. Köln, 1956), S. 38. Siehe auch Andreas Höfele, »Leopold Jessner's Shakespeare Productions 1920–1930« in *Theatre History Studies*, 12 (1992), S. 139–156, der überzeugend darstellt, daß Jeßner Kott vorwegnahm, sowohl in seiner Sicht von Geschichte als Treppe oder Mechanimus und »darin, daß er sich Shakespeare als einem Zeitgenossen näherte« (S. 143). Dennis Kennedy (*Looking at Shakespeare. A visual history of twentieth-century*

performance (Cambridge, 1993), S. 88 und 92) stellt Ähnliches fest. Er vermerkt auch die »fehlende Subtilität«, die der übertriebenen Gestik und der plakativen Symbolik innewohnt. »Doch trotz aller Reduktionen hatte Jeßners humorlose Inszenierung wenigstens den Vorteil absoluter Klarheit, dabei bewunderswert unterstützt von Pirchans metaphorischer Szenographie.« (S. 90).

23 Alfred Kerr, *Mit Schleuder und Harfe. Theaterkritiken aus drei Jahrzehnten* (Berlin, 1982), S. 193.

24 *Der Tag*, Nr. 247 (7. Nov. 1920), zitiert in Hugo Fetting (Hg.), *Von der Freien Bühne zum Politischen Theater. Drama und Theater im Spiegel der Kritik* (Leipzig, 1987), Bd. 2, S. 77.

25 Zitiert in Müllenmeister, *Jeßner*, S. 51.

26 »Die Arbeit des Regisseurs«, *Die Szene* 15 (1925), 151.

27 Zitiert in Müllenmeister, *Jeßner*, S. 33.

28 Fetting (Hg.), *Schriften*, S. 93.

29 *Ibid.*, S. 231.

30 Bernhard Minetti, *Erinnerungen eines Schauspielers*, Hg. Günther Rühle (Stuttgart, 1985), S. 66.

31 Fetting (Hg.), *Schriften*, S. 93.

32 Z. B. Rühle, *Theater für die Republik*, S. 18, oder Bab, *Theater der Gegenwart*, S. 183.

33 »Das Theater. Ein Vortrag«, 1928, in Fetting (Hg.) *Schriften*, S. 99f.

34 Siegfried Jacobsohn in *Die Weltbühne* (1920), zitiert in Rühle, *Theater für die Republik*, S. 263.

35 *Ibid.*, S. 260.

36 Kiaulehn, *Berlin. Schicksal einer Weltstadt*, S. 460.

37 Emmel, *Das ekstatische Theater*, S. 39.

38 Zitiert in Klaus Pierwoss, *Der Szenen- und Kostümbildner Emil Pirchan* (Diss. Wien, 1970), S. 112.

39 Zitiert in Müllenmeister, *Jeßner*, S. 36.

40 Emmel, *Ekstatisches Theater*, S. 75 und 77.

41 Fetting (Hg.), *Schriften*, S. 191.

42 Siehe z. B. Paul Fechters Kritik in Rühle, *Theater für die Republik*, S. 242.

43 Fetting, (Hg.), *Schriften*, S. 191.

44 *Aller Tage Abend* (München, 1971), S. 236. Kortner behauptet hier auch, Anteil an der Erfindung der Treppe zu haben, was von verschiedenen Zeitgenossen bestritten wurde. Wichtiger ist, daß er seine ersten Zweifel an der expressionistischen Spielweise von dieser *Othello*-Inszenierung her datiert.

45 *Das Theater der Gegenwart*, S. 183.

46 Zitiert in Paul Schultes *Expressionistische Regie* (Diss. Köln, 1981), S. 375.

47 Siehe etwa Denis Bablet »L'expressionisme à la scène«, in Denis Bablet und Jean Jacquot (Hg.), *L'expressionisme dans le théâtre Européen* (Paris, 1971) oder Schultes *Expressionistische Regie*. Bablet (S. 196) vergleicht auch den Unterschied in Einstellung und Ansatz: Jeßner nehme das Werk des Dichters auseinander und füge es neu zusammen, wohingegen für Weichert gelte, daß der Regisseur die Intention des Dichters umsetzen, dessen Vision sichtbar machen und »sozusagen sein Anwalt sein muß«. Unter keinen Umständen dürfe, laut Weichert, die Dekoration das Wort er-

schlagen. Die Herrschaft gehöre nicht »den Künstlichkeiten der Maschinerie ... sondern dem Wort und dem Gedicht«. (S. 198).

48 Schumacher, *Shakespeares Macbeth auf der deutschen Bühne*, S. 249f. und Monty Jacobs in *Shakespeare-Jahrbuch* 59 (1924), 241.

49 Hans Scholz, *Rekonstruktionsversuch der sprachlichen und szenischen Regieführung dargelegt am Inszenierungswerk Richard Weicherts* (Diss. Dresden, 1956), S. 174–202. Eine detaillierte Analyse der 600 Seiten des Regiebuchs für *Othello* findet sich auf S. 174–202.

50 Die einzige Ausnahme ist wieder einmal Brecht, dessen Umgang mit Marlowes *Eduard II*. Heiner Müllers nihilistische Zerlegung des *Macbeth* im Jahr 1971 vorwegnahm. Doch selbst Brecht verzweifelte an der Aufgabe, Shakespeares Stücken, vor allem *Macbeth*, eine neue Form zu geben, damit sie für ein modernes (sozialistisches) Publikum einen Sinn ergäben. In seiner Vorrede zu *Macbeth* (1927) billigte er dem Stück zu, absoluter oder reiner Stoff zu sein, sah aber keinen Weg, es in episches Theater umzuwandeln. Selbst *Coriolanus*, den er sich später mit größerem Erfolg vornahm, widersetzte sich einer mühelosen Umwandlung.

51 Ludwig Wagner, *Der Szeniker Ludwig Sievert. Studie zur Entwicklungsgeschichte des Bühnenbildes im letzten Jahrzehnt* (Berlin, 1926), S. 139.

52 Carl Niessen, *Der Szeniker Ludwig Sievert. Ein Leben für die Bühne* (Köln, 1959), S. 22.

53 Aus Ludwig Wagners Rezension, zitiert in Jörg Fenkohl, *Dramen Shakespeares auf der Bühne des deutschen Expressionismus* (Diss. Berlin, Freie Universität, 1972), S. 81.

54 Anonyme Rezension, von Weichert in sein Regiebuch übernommen, vgl. Fenkohl, *Dramen Shakespeares*, S. 82.

55 Weichert in seinem Regiebuch, zitiert in Fenkohl, *Dramen Shakespeares*, S. 30.

56 *Ibid.*, S. 32.

57 Zitiert in Schultes, *Expressionistische Regie*, S. 398.

58 Zitate aus Weicherts Regiebuch in Schultes ausgezeichnetem Kapitel über Weichert in *Expressionistische Regie*, S. 267–284 (hier S. 278–280).

59 Zitiert in Schultes *Expressionistische Regie*, S. 283.

60 Weichert war sich beispielsweise schmerzlich der Lücke, die zwischen Vision und Ergebnis klaffte, bewußt. Das Zusammentreffen von wohltönender Stimme, Pathos, Zauber und Ekstase bei einem einzigen Schauspieler war eine seltene Ausnahme und ihr Fehlen »wurde von niemandem mehr bedauert als vom Regisseur«. »Sprechkunst und Bühne«, in *Die Scene* 16 (1926), 138.

61 Berger, *Wir sind vom gleichen Stoff*, S. 126.

62 Zitiert in Schultes, *Expressionistische Regie*, S. 122.

63 *Ibid.*

64 *Ibid.*, S. 123 und 125.

65 *Ibid.*, S. 105.

66 In seiner Rezension von *Wie es euch gefällt* für *Die Weltbühne* (1919), zitiert in Rühle, *Theater für die Republik*, S. 155.

67 Zitiert in Rühle, *Theater für die Republik*, S. 167, ursprünglich in Bergers Vorwort zu seiner eigenen Übersetzung von *Cymbeline*.

68 Zitiert in Schultes *Expressionistische Regie*, S. 129.

69 *Ibid.*, S. 122.

70 Bab, *Theater der Gegenwart*, S. 175.

71 *Die Welt*, 5. Januar 1948, zitiert in Gerhard Ahrens (Hg.), *Das Theater des deutschen Regisseurs Jürgen Fehling* (Berlin, 1985), S. 17.

72 *Ibid.*, S. 37. Auch vor Drastik scheute er sich nicht: mit guten Stücken könne jeder umgehen, »aber aus Kuhscheiße Schlagsahne machen, das ist Kunst«. Und während der Proben zu *Kriemhilds Rache* von Friedrich Hebbel am Staatlichen Schauspielhaus Hamburg (1936) muß es besonders toll zugegangen sein. Erik Brädt hat mitstenographiert, daraus nur ein Beispiel: »Das klingt alles wie aus der Bibliothek. Sprich herzhaft, sei ruhig komisch! Zwischen Posse und Tragödie ist gar nicht so'n großer Unterschied: Kannst ruhig auch einen Rülpser mitanbringen, weißte! Das is' eben so bei den bedeutenden Deutschen – es gibt ja nich' viele – die gehen aus dem Rülpsen glatt über in die Kritik der reinen Vernunft.« *Ibid.*, S. 70.

73 *Ibid.*, S. 35.

74 Vgl. Schultes, *Expressionistische Regie*, S. 210.

75 Zitiert in Ahrens (Hg.), *Jürgen Fehling*, S. 95.

76 *Ibid.*, S. 124.

77 *Ibid.*, S. 25.

78 *Ibid.*, S. 95.

79 *Ibid.*, S. 99.

80 Minetti in seinen Memoiren, zitiert in Ahrens (Hg.), *Jürgen Fehling*, S. 63.

81 Ein *Hamlet* im Frack wurde am Deutschen Volkstheater in Wien 1926 von dem englischen Regisseur H.K. Ayliff herausgebracht, der im Vorjahr in London mit einem *Hamlet* in moderner Kleidung großen Erfolg hatte. Zum Thema »Shakespeare im Frack« siehe Kennedy, *Looking at Shakespeare*, S. 110–113. Schultes, *Expressionistische Regie*, S. 540, erwähnt eine extreme Modernisierung *Hamlets* in Hamburg, wo die wahnsinnige Ophelia in knappen Dessous und Hermelinstola die Bühne im Stepptanz überquert und den neuesten Schmachtfetzen singt.

82 Alfred Kerrs Kommentar: »Es ist eine Sitte, daß die neueren Othellos fast auf die Palmen klettern ... und sich von Ast zu Ast wiegen. Mit kehligem Gejaul ...« (*Berliner Tageblatt*, 20.1.1932).

83 Eine ähnliche Umfrage war drei Jahre zuvor vom *Berliner Börsen-Courier* durchgeführt worden, und die Antworten auf die Frage »Wie soll man heute Klassiker spielen?« wurden am 25. Dezember 1926 veröffentlicht.

84 *Die Scene* 19 (Okt./Nov. 1929, Sonderheft), 281.

85 *Ibid.*, S. 278.

86 *Ibid.*, S. 283.

87 *Ibid.*, S. 284.

88 *Ibid.*, S. 279 (Monty Jacobs).

89 *Ibid.*, S. 286.

90 *Ibid.*, S. 282.

91 *Ibid.*, S. 291. »Der Regisseur kann gar nicht bloßer ›Diener am Werk‹ sein, da dieses Werk nicht etwas Starres und Endgültiges ist, sondern einmal in die Welt gesetzt, mit der

Zeit verwächst, Patina ansetzt und neue Bewußtseinsinhalte assimiliert.« Eine frühe Aussage zur Rezeptionstheorie.

92 *Ibid.*, S. 290.

93 *Ibid.*, S. 291.

94 Ihering, *Klassikertod*, S. 12.

95 *Ibid.*, S. 13.

96 *Ibid.*, S. 30.

97 *Ibid.*, S. 23.

98 *Ibid.*, S. 24. Seiner Meinung nach war das »eine Situation, die die Grundlagen unserer geistigen Existenz erschüttert, ... die eine Umlagerung der Weltbetrachtung anzeigt: vom Subjekt nach dem Objekt hin, von der Erlebniskunst nach der Darstellungskunst ...«

99 *Ibid.*, S. 26.

100 *Ibid.*, S. 23.

101 Bertolt Brecht, *Gesammelte Werke*, Bd. XV (*Schriften zum Theater I*), S. 118. Die folgenden Aussagen Brechts zu Shakespeare stammen aus unterschiedlichen Schaffensperioden und sind hier (vielleicht nicht ganz zulässig) zu einem laufenden Kommentar zusammengezogen.

102 *Ibid.*, S. 304 und 305.

103 *Ibid.*, S. 300f.

104 *Ibid.*, S. 261.

105 *Ibid.*, S. 246.

106 *Ibid.*, S. 302.

107 *Ibid.*, S. 245.

108 *Ibid.*, S. 299f. et passim.

109 Zu Einzelheiten über diese und ähnliche Vorschläge siehe Helge Kultberg »Bert Brecht und Shakespeare«, *Orbis litterarum* 15 (1959), 89–104.

110 *Gesammelte Werke*, Bd. XV, S. 119.

111 *Ibid.*, S. 106.

112 *Ibid.*, S. 105.

113 *Ibid.*, S. 46.

114 Das wurde von fast allen Kritikern erkannt, siehe die Zusammenfassung der Rezensionen dieser Inszenierung in Walter Bohaumilitzky, *Caspar Nehers Bühnenbild in den zwanziger Jahren. Sein Frühwerk (1923–1930)* (Diss. Wien, 1968), S. 69–72.

115 *Gesammelte Werke*, Bd. XV, S. 107.

116 *Ibid.*, S. 110 und 111.

117 Ihering, *Klassikertod*, S. 22 et passim.

118 Brecht, *Gesammelte Werke*, Bd. XV, S. 256f.

119 Zitiert in Günther Erken, »Die deutschen Übersetzungen« in *Shakespeare-Handbuch*, Hg. Ina Schabert (Stuttgart, 1972), S. 908. Erkens ganzes Kapitel verdient Beachtung. Die Literatur zu Shakespeare-Übersetzungen ist enorm. Die regelmäßigen Rezensionen und Zusammenfassungen im *Shakespeare-Jahrbuch* sind nur die Spitze des Eisbergs. Siehe z. B. Ulrich Suerbaum, »Shakespeare auf deutsch – Eine Zwischenbilanz«, *Shakespeare-Jahrbuch* (West) 1972, 42–66; Martin Lehnert, »Shakespeare in der Sprache unserer Zeit«, *Shakespeare-Jahrbuch* (DDR) 114 (1978), 65–69; Peter Wenzel, »German Shakespeare Translation: The State of the Art«, in: Werner Habicht, D.J. Palmer und Roger Pringle (Hg.), *Images of Shakespeare* (Delaware, 1988), S. 314–323.

120 Zitiert bei Hanspeter Schelp, »Friedrich Gundolf als Shakespeare-Übersetzer« in *Shakespeare-Jahrbuch* (West) 1971, 97.

121 Erken, *Shakespeare-Handbuch*, 850.

122 Rothe, *Der Kampf um Shakespeare*, 4. Auflage, (Baden-Baden, 1956), S. 95.

123 *Ibid.*, S. 11. »Heute hindert der Autorenschutz das Weiterentwickeln des ersten guten Einfalls: im elisabethanischen Zeitalter ging nichts verloren, was Lebenskraft in sich hatte. Unablässig wurde das gesamte Gedankengut der elisabethanischen Bühne von neuem in den großen Schmelztiegel geworfen.« (S. 14)

124 Siehe Eugen Kilians nachdrückliche Verurteilung in seiner Besprechung von sechs Rothe-Übersetzungen im *Shakespeare-Jahrbuch* 59 (1924), 205–217, wo er sich über Rothes Auffassung mokiert, »daß Shakespeares Beitrag zu *König Lear* sich ›noch nicht einmal auf ein Viertel des Ganzen erstreckt‹ habe« (207). Laut Rothe seien von ihm überhaupt nur die »gröbsten Widersprüche und ... schlimmsten Banalitäten« (208) beseitigt worden. Peter Wenzel merkt an: »Rothes Änderungen sind so tiefgreifend, daß sie in einer kürzlichen kritischen Untersuchung [Horst Zander, *Shakespeare »bearbeitet«* (Tübingen, 1983)] in die Nähe der modernen Shakespeare-Bearbeitungen gerückt wurden.« *Images of Shakespeare*, S. 321.

125 Siehe z. B. Manfred Pfister, »Hamlet und der deutsche Geist: Die Geschichte einer politischen Interpretation«, *Shakespeare-Jahrbuch* (West) 1992, 13–38.

126 Zitiert in Felix A. Vogt und Walter A. Reichart, *Hauptmann und Shakespeare. Ein Beitrag zur Geschichte des Fortlebens Shakespeares in Deutschland*, 2. Aufl. (Goslar, 1947), S. 142.

127 Leo Francke in *Shakespeare-Jahrbuch* 64 (1928), 227, nahm kein Blatt vor den Mund: »Was bei Shakespeare unsichtbar drohend, mythisch groß war, wurde hier und in einem anderen Auftritt, wo der junge Fortinbras mit Hamlet Verträge schließt, winzig und wie im Gehirn eines kleinen Parteisekretärs auf wacklige Beine gestellt.«

128 Brecht, *Gesammelte Werke*, Bd. XVI, S. 879.

129 Zitiert in Voigt und Reichart, *Hauptmann und Shakespeare*, S. 80.

130 *Ibid.*, S. 87.

131 »Shakespeare eine Differenz«, in *Shakespeare-Jahrbuch* 125 (Weimar, 1989), 21.

132 *Zehn Jahre Stadttheater Bochum* (Bochum, 1925) zitiert in Schauspielhaus Bochum und Stadtarchiv Bochum (Hg.) *Saladin Schmitt der Theatergründer. Eine Dokumentation.* (Bochum, 1983), S. 27.

133 *Ibid.*

134 *Ibid.*

135 *Berliner Börsen-Courier*, 20. Nov. 1926.

136 *Berliner Börsen-Courier*, 27. Nov. 1928.

137 *Shakespeare's Königsdramen auf der deutschen Bühne* (Bochum, 1978) S. 50.

138 *Shakespeare auf der Deutschen Bühne. Vom Ende des Weltkrieges bis zur Gegenwart* (Weimar, 1938), S. 31.

139 Carl Arns, »Deutsche Shakespeare-Woche in Bochum«, *Shakespeare-Jahrbuch* 63 (1927), 237.

140 *Ibid.*, 239.

141 *Frankfurter Zeitung*, 18. Juni 1927. Zitiert in *Saladin Schmitt ... Eine Dokumentation*, S. 54 und 55.

142 Kurt Dörnemann, *Shakespeare-Theater, Bochum 1919–1979* (Bochum, 1979), S. 39.

143 Walter Thomas in seiner Besprechung des *Coriolanus* im *Dortmunder Generalanzeiger*, 20. September, 1933.

144 *Ibid.*

145 Zitiert in Dörnemann (Hg.), *Saladin Schmitt ... Eine Dokumentation*, S. 31. Hans Schalla, Saladin Schmitts Nachfolger in Bochum (1949–1973) hat mit der feierlichen Ornamentalik aufgeräumt. Er war ein Regisseur, der Vitalität und Tempo liebte, und »hat uns manchmal ... vor unendlich rhetorischem Ballast behütet« durch den »Mut, entgegen allem Schwulst der ›Ideologie‹ eines Dichters die pure Motorik freizulegen«. Schulze-Vellinghausen, zitiert in *Theater heute*, Jahrbuch, 1986, 86.

146 *Ibid.*

147 Zitiert in *Saladin Schmitt ... Eine Dokumentation*, S. 131.

148 *Bochumer Anzeiger*, 26. Juli 1933. *Zitiert in Saladin Schmitt ... Eine Dokumentation*, S. 108.

149 *Saladin Schmitt ... Eine Dokumentation*, S. 128.

150 »München« in *Theater-Lexikon* (Zürich, 1983), S. 934.

151 Zitiert in Friederike Euler, *Der Regisseur und Schauspielpädagoge Otto Falckenberg* (München, 1976), S. 165.

152 Otto Falckenberg, *Mein Leben – Mein Theater. Nach Gesprächen und Dokumenten aufgezeichnet von Wolfgang Petzet* (München, Wien und Leipzig, 1944), S. 329 et passim.

153 Zitiert in Ernst Leopold Stahl, *Shakespeare und das deutsche Theater* (Stuttgart, 1947), S. 654.

154 Zitiert in Euler, *Otto Falckenberg*, S. 117.

155 Otto Falckenberg, zitiert in Wolfgang Petzet, *Theater. Die Münchner Kammerspiele 1911-1972* (München, 1973). S. 121.

156 *Ibid.*

157 *Ibid.*, S. 120.

158 Otto Falckenberg, *Mein Leben – Mein Theater*, S. 346.

159 Euler, *Otto Falckenberg*, S. 122.

160 Petzet, *Theater*, S. 143 und Otto Falckenberg »Zur Frage der Inszenierung des Sommernachtstraums«, in *Shakespeare-Jahrbuch* 77 (1941), 116–122.

161 Falckenberg in Petzet, *Theater*, S. 380.

162 *Shakespeare-Jahrbuch* 77 (1941), 120.

163 »Musik zum *Sommernachtstraum*«. Ein Bericht von Carl Orff, *Shakespeare-Jahrbuch* 100 (1964), 117–134.

164 Otto Falckenberg, *Mein Leben – Mein Theater*. S. 368.

165 Rezensionen zitiert in Euler, *Otto Falckenberg*, S. 126.

166 Zitiert in Euler, *Otto Falckenberg*, S. 125.

167 »Theaterschau« in *Shakespeare-Jahrbuch* 65 (1929), 242.

168 Petzet, *Theater*, S. 203.

169 Zitiert in Euler, *Otto Falckenberg*, S. 125.

170 Petzet, *Theater*, S. 225.

171 Falckenberg, zitiert in »Theaterschau«, *Shakespeare-Jahrbuch* 78/79 (1942/43), 135.

172 Zitiert in Euler, *Otto Falckenberg*, S. 138.

173 *Shakespeare-Jahrbuch* 78/79 (1942/43), 135.

174 *Ibid.* Solche Einsichten waren auch bei angelsächsischen

Shakespeareforschern noch keine Selbstverständlichkeit. Daß Falckenberg sie trotz der geistigen Isolation der Zeit gewissermaßen im Alleingang gewann, zeugt von Unabhängigkeit und analytischem Blick.

175 Besprechung in Euler zitiert, *Otto Falckenberg*, S. 133. Siehe auch Petzet, *Theater*, S. 144f. und 346f.

176 *Ibid.*

177 Zitiert in Euler, *Otto Falckenberg*, S. 135.

178 *Ibid.*, S. 134.

179 Hans Gebhart, *Über die Kunst des Schauspielers. Gespräche mit Otto Falckenberg* (München, 1947), S. 90.

180 *Ibid.*, S. 94.

Kapitel 3

1 Siehe die Sammlung von Dokumenten und Briefen in Joseph Wulf, *Theater und Film im Dritten Reich. Eine Dokumentation* (Gütersloh, 1964), desgleichen Jutta Wardetzky, *Theaterpolitik im faschistischen Deutschland. Studien und Dokumente* (Berlin, 1983) und, für eine kurze Übersicht, John Willett, *The Theatre of the Weimar Republik* (New York und London, 1988), S. 179–189.

2 Eine umfassende Dokumentation der Kampagne gegen »undeutsche« Bücher findet sich in Gerhard Sauer (Hg.), *Die Bücherverbrennung* (München, 1983). Klaus Schöffling (Hg.), *Dort, wo man Bücher verbrennt* (Frankfurt am Main, 1983) enthält Aufsätze und Reaktionen von Autoren, deren Bücher die Nazis verbrannt hatten.

3 Langhoffs *Die Moorsoldaten. 13 Monate Konzentrationslager* (Zürich, 1935) erschien im Ausland als einer der ersten Augenzeugenberichte über die Konzentrationslager. Die Erstauflage war innerhalb von wenigen Tagen ausverkauft, das Buch wurde in zwölf Sprachen übersetzt. Bereits im Jahr zuvor waren in Karlsbad und Zürich mehrere Dokumentationen zu den deutschen KZs veröffentlicht worden.

4 Reinhardts Sohn Gottfried nannte den Brief seines Vaters an den Hitler-Staat »in jeder Hinsicht eine leere Geste und eine Fehlspekulation«, mit der sein Vater versucht habe, die Fiktion von Neutralität aufrechtzuerhalten. *Der Liebhaber. Erinnerungen seines Sohnes Gottfried Reinhardt an Max Reinhardt* (München, 1973), S. 201.

5 Boguslaw Drewniak, *Das Theater im NS-Staat. Szenarium deutscher Zeitgeschichte 1933–1945* (Düsseldorf, 1983). Hans Daiber sieht sogar eine Korrelation zwischen der Theatralik der spektakulären Nazi-Aufmärsche und der Überbewertung der Wirkungen, die durch Theater zu erzielen seien, seitens der neuen Regierung. »Nie vorher, nie nachher hat es in Deutschland eine dem Theater so aufgeschlossene Regierung gegeben wie im Dritten Reich.« Das läßt sich zahlenmäßig belegen: 1933 beschäftigten 147 Theater 22 000 Menschen. 1940/41 war die Zahl der Theater auf 248 gestiegen und die Zahl der Beschäftigten auf 44 000. *Schaufenster der Diktatur. Theater im Machtbereich Hitlers* (Stuttgart, 1995), S. 11.

6 Zeit und Theater. Diktatur und Exil 1933–1945 (Berlin, 1974).

7 Rainer Schlösser, *Das Volk und seine Bühne. Bemerkungen zum Aufbau des deutschen Theaters* (Berlin, 1935), verlangte ein »Kultisches Theater, das nicht mehr ein bloßes Amüsement ist, sondern vielmehr ein Gottesdienst ... Dienst am Volk, das ist, Diener des Gottes, der uns geschaffen hat, damit wir der deutschen Idee zu Gestalt und Ansehen verhelfen.« (S. 39) Und den Kritikern empfahl er, sich »um der Wiedergeburt des nationalen Theaters ... willen heute getrost in bewußter ›Einfältigkeit‹, oder was dasselbe ist: nordischer Tumbheit dem Dienste *der* Dramatik [zu] widmen, die Blut von seinem Blute ist.« (S. 68) Zur weiteren Geschichte der ›Thingspiele‹ siehe Drewniak, *Das Theater im NS-Staat*, S. 227–229. Felix Emmel, der sich für ein wahrhaft deutsches Nationaltheater stark machte, zweifelte dennoch daran, ob die »Thingspiele« das richtige Medium seien, um »das Theater aus gegenwartsmächtigem germanischem Mythus« zu schaffen. *Theater aus deutschem Wesen* (Berlin, 1937), S. 22f. Goebbels hatte das Thingspiel schon 1936 für nicht mehr ›reichswichtig‹ erklärt.

8 Zitiert in *Die Bühne* 11/12 (1937), S. 274.

9 Zitiert in Walter Th. Andermann, *Bis der Vorhang fiel* (Dortmund, 1947), S. 383. Soll von Goebbels auch über das Deutsche Theater in Berlin unter Hilpert gesagt worden sein.

10 Diese Frage wird in praktisch allen einschlägigen Memoiren von Theaterleuten beider Seiten diskutiert, z. B. von Kortner, Gründgens, Minetti, Aufricht und vielen anderen. Die Debatte über die Komplizenschaft der Kunst unter der Nazi-Diktatur ist noch nicht zu Ende, vielleicht auch prinzipiell nicht abschließbar. Ein objektiver Standpunkt läßt sich schon deshalb nicht erreichen, weil angesichts der (erst später bekanntgewordenen) Nazi-Greuel die Beschuldigungen stetig an Gewicht gewannen und die Selbstrechtfertigungen fadenscheiniger erscheinen mußten.

11 *Bekenntnis zum Theater* (Zürich, 1955), S. 109.

12 Die offizielle Theaterpolitik des Dritten Reichs ist gut dokumentiert. Ihre Auswirkung auf die Provinzbühnen unter der Leitung von regimekonformen Intendanten ist jedoch kaum erforscht, auch ist die Geschichte der Entnazifizierung des deutschen Theaters noch nicht ausführlich dargestellt. Einen kurzen Überblick gibt das Kapitel über Entnazifizierung in Hans Daiber, *Deutsches Theater seit 1945* (Stuttgart, 1976), S. 42–50. Zum Schicksal der von den deutschen Bühnen vertriebenen Theaterkünstler siehe das zweibändige *Handbuch des deutschsprachigen Exiltheaters 1933–1945*, hg. von Fritjof Trapp, Werner Mittenzwei, Henning Rischbieter und Hansjörg Schneider (München, 1998).

13 Selbstverständlich mit der Musik von Mendelssohn-Bartholdy, die andernorts nicht mehr zu hören war. Zu deren Fürsprecher machte sich ausgerechnet die Schriftleitung der SS-Zeitung *Schwarzes Korps* mit einem Schreiben an den Reichsdramaturgen vom 11. Februar 1937: »Ich bin der Ansicht, daß es wirklich an der Zeit ist, endlich einmal mit den kümmerlichen Versuchen aufzuhören, den *Sommernachtstraum* ohne Mendelssohn'sche Musik aufzuführen. M. E. kommt das, was bislang als Ersatz geboten wur-

de, nicht an Mendelssohn heran. Halten Sie es für psychologisch falsch, das auch nach außen hin einzugestehen?« (Zitiert in Bettina Schültke, *Theater oder Propaganda? Die Städtischen Bühnen Frankfurt am Main 1933–1945*, Frankfurt am Main, 1997, S. 240.) Das Zentrale Staatsarchiv Potsdam, aus dem dieses Kuriosum stammt, verzeichnet keine Antwort des Reichsdramaturgen.

14   Siehe z. B. Herbert Freeden, *Jüdisches Theater in Nazideutschland* (Tübingen, 1964); Eike Geisel und Henryk M. Broder, *Premiere und Pogrom. Der jüdische Kulturbund 1933–1941. Texte und Bilder* (Berlin, 1992); Akademie der Künste (Hg.), *Geschlossene Vorstellung. Der jüdische Kulturbund in Deutschland 1933-1941* (Berlin, 1992), ein sehr informativer Ausstellungskatalog; und die betreffenden Kapitel in Daiber, *Schaufenster der Diktatur*.

15   *Erinnerungen eines Schauspielers*, S. 137. Minetti zählt auch eine Anzahl von Kritikern auf, die weiterschrieben, zwar etwas vorsichtiger, aber im wesentlichen so wie vorher. »Auch Richard Biedrzynski rezensierte weiter, nun am *Völkischen Beobachter* – der Parteizeitung – ein bißchen angeberisch, mit Begriffen arbeitend, die ihm nicht gemäß waren.« (S. 138)

16   Es überrascht kaum, daß Gründgens' Verhalten am Anfang und vor allem im Ausland dubios erscheinen mußte. Gründgens gab sich nie eine Blöße, selbst seine engsten Mitarbeiter kannten seine wahren Überzeugungen nicht. Die veröffentlichten Dokumente bringen jedoch eine verblüffende Mischung aus Selbstbeherrschung, taktischem Geschick und Kühnheit ans Licht und widerlegen die gegen ihn in *Mephisto* erhobenen Vorwürfe. Das wird auch von Curt Riess bestätigt, der als Gründgens' deutsch-amerikanisch-jüdischer Biograph über dem Verdacht steht, einen Nazi reinwaschen zu wollen und ein völlig anderes Bild von ihm zeichnet. Er wendet sich dezidiert gegen Klaus Manns Darstellung des Falles. Curt Riess, *Gustaf Gründgens* (Hamburg, 1965), S. 154–156 et passim. Unerschrockenheit zeigte auch der von Goebbels viel strenger überwachte Hilpert, der seine spätere Frau, die als Jüdin zur Zwangsarbeit abkommandiert war, zeitweilig im Theater versteckte und 1943 über die Schweizer Grenze schaffen konnte. (Siehe Michael Dillmann, *Heinz Hilpert*, S. 202)

17   Eine knappe, aber tiefgreifende Analyse findet sich in Werner Habicht, »Shakespeare and theatre politics in the Third Reich« in Hannah Scolnicov und Peter Holland (Hg.), *The Play Out of Context: Transferring Plays from Culture to Culture* (Cambridge, 1989), S. 110–120.

18   *Shakespeare-Jahrbuch* 71 (1935), 149.

19   *Schauspieler-Regisseure-Intendanten* (Heidelberg, Berlin und Leipzig, 1944), S. 45.

20   Siehe Herbert Ihering, *Regie* (Berlin, 1943), S. 77.

21   *Formen des Theaters* (Wien, 1943), S. 13.

22   *Ibid.*, S. 22, 22, 43.

23   Aus Besprechungen, die im *Shakespeare-Jahrbuch* 71 (1935), 153, zitiert werden.

24   *Ibid.*

25   *Ibid.*

26   *Ibid.*, 158.

27   K.H. Ruppel, *Großes Berliner Theater* (München, 1962), S. 47. Die Sammlung von Rezensionen wurde zuerst als *Berliner Schauspiel 1936–1942* (Berlin, 1943) veröffentlicht.

28   *Ibid.*

29   *Ibid.*, S. 48.

30   Ihering, *Regie*, S. 78 und 80. Iherings Anschuldigung, Hilpert untergrabe im Dienste »der privaten Menschlichkeit« (S. 80) klingt merkwürdig aus dem Mund eines Mannes, der zur gleichen Zeit, für die berüchtigtste Inszenierung des Stückes, den *Kaufmann von Venedig* bearbeitete, um aus Jessica ein uneheliches Kind zu machen, so daß sie Lorenzo heiraten konnte, ohne arisches Blut zu ›beflecken‹.

31   *Wirklichkeit des Theaters* (Frankfurt, 1977), S. 35.

32   *Shakespeare-Jahrbuch* 77 (1941), 132.

33   H. Ihering, *Von Reinhardt bis Brecht. Vier Jahrzehnte Theater und Film*, Bd. III (Berlin, 1961), S. 51.

34   Zitiert in Edda Kühlken. *Die Klassiker-Inszenierungen von Gustaf Gründgens* (Meisenheim am Glan, 1972), S. 2.

35   Kühlken, *Klassiker-Inszenierungen*, S. 26.

36   Siehe Kühlken, *ibid.*, S. 32–48, für eine genaue Beschreibung der Inszenierung und des Echos in der Kritik. *Was ihr wollt* ist gut dokumentiert, da sich ein Regiebuch erhalten hat, das von Gründgens' Assistent Ulrich Erfurth geführt wurde.

37   Ruppel, *Berliner Theater*, S. 46.

38   *Ibid.*

39   *Ibid.*, S. 57.

40   *Ibid.*, S. 58.

41   *Shakespeare-Jahrbuch* 77 (1941), 138. Fehling in seinem Nachruf auf George: »Immer war er ein Mensch, gehetzt und gequält von zuviel Gesichtern. Wie kein anderer ausgerüstet zur Inkarnation aller jener Gestalten, die – von Aischylos bis Barlach – gesandt sind, auf der Bühne das Gruseln zu lehren. Er war ein elementarer Schauspieler ... gefährlich gewitternd, gewalttätig ... Engel und Teufel katzbalgten in seiner Seele. Er war der wildeste Totentänzer ... Dabei war er immer auf der Flucht. Es litt ihn nirgends unter den Bürgern; unter seinen Kollegen wirkte er wie ein alter Steinadler unter Hühnern.« (*Der Kurier*, Berlin, 12. November 1946). Mit dieser begeisterten Ehrung eines politisch kompromittierten Kollegen, der gerade in einem russischen Internierungslager gestorben war, verscherzte sich Fehling alle Chancen einer weiteren Karriere in Berlin. Werner Maser hebt hervor, daß George jüdisches Personal am Schillertheater vor Verfolgung schützte. (Zu Masers umstrittener George-Biographie siehe Rischbieter, *Theater heute*, 5/1998, 77f.)

42   Die allgemeine Zurückhaltung im Fall von *Der Kaufmann von Venedig* und die besondere in Berlin kann kein Zufall sein. Paul Rose inszenierte das Stück 1942, einer Notiz im *Shakespeare-Jahrbuch* 78/79 (1942/43), 133, zufolge, »als commedia dell' arte ... Das Spiel wurde mehr der Kampf der klugen Köpfe als der zwischen Recht und Gnade.« (Shylock: Georg August Koch) Joseph Wulf in seiner verdienstvollen Dokumenten-Sammlung *Theater und Film im Dritten Reich* kommentiert diese Inszenierung mit negati-

vem Tenor, doch selbst der Kritiker der Nazi-Zeitung *Völkischer Beobachter* (2. September 1942), den Wulf zitiert, spricht von einem »Shylock im Fasching« und fragt besorgt, ob nicht »der tiefere [wahrscheinlich antisemitische] Sinn vom Wirbel spaßiger Einlagen überdeckt« werde.

43   Der Stürmer, seit 1923 von Julius Streicher herausgegeben, war eine für ihre bösartigen Karikaturen berüchtigte antisemitische Wochenzeitschrift.

44   Die Inszenierung wird häufig als das ruchloseste Beispiel für die Komplizenschaft des Theaters mit dem Naziregime angeführt. Wulf, *Theater und Film im Dritten Reich*, S. 259, geht auf zeitgenössische Kritiken ein. Überraschenderweise scheinen die vorhandenen Fotografien im Österreichischen Theatermuseum weder Anglisten noch Theaterwissenschaftler dazu angeregt zu haben, weitere Augenzeugenberichte zu sammeln, um den Antisemitismus dieser Inszenierung genauer zu untersuchen. Erst in jüngster Zeit hat sich (nach eher verharmlosenden Erwähnungen in den Dissertationen von Ingfriede Dumser oder Christa Haan) die Forschungslage gebessert. Hilde Haider-Pregler, der ich diese Auskunft verdanke, nennt unveröffentlichte Diplomarbeiten von Christl Carmann und Helga Szabo als engagierte Versuche, dem ›Phänomen Krauß‹ auf die Spur zu kommen. Eine gute Beschreibung findet sich bei Elmar Goerden in seiner ebenfalls unveröffentlichten Magisterarbeit *Shylock on the German Stage* (University of Rochester, N.Y., 1989).

45   Kritik von Karl Lahm (19. Mai 1943), zitiert in Wulf, *Theater*, S. 259.

46   Siehe seine Memoiren *Das Schauspiel meines Lebens* (Stuttgart, 1958), S. 116 et passim. Sie sind merkwürdig oberflächlich und anekdotisch gehalten für einen der bezwingendsten Schauspieler des Jahrhunderts. An Krauß' eingefleischtem Antisemitismus bestehen wenig Zweifel. Gottfried Reinhardt berichtet von einer Hetzrede gegen die »Judenwirtschaft der Gebrüder Goldmann«, die Krauß 1921 in Gegenwart des (jüdischen) Regisseurs Berthold Viertel gehalten habe. (*Der Liebhaber*, S. 203)

47   *Bis der Vorhang fiel*, S. 45.

48   John Newmark, »… so halb Totschläger und halb Gestapo«, in *Frankfurter Rundschau*, 31. Oktober. 1987.

49   Gustaf Gründgens in *Durch Himmel und Höllen* in Ahrens (Hg.), *Jürgen Fehling*, S. 149; Werner Krauß, zitiert in *ibid.*, S. 177.

50   Z. B. Curt Riess, *Gustaf Gründgens. Eine Biographie* (Hamburg, 1965), S. 213, bzw. John Newmark im zitierten Artikel.

51   K. H. Ruppel, *Berliner Theater*, S. 13.

52   *Ibid.*

53   John Newmark, *Frankfurter Rundschau*, 31. Oktober 1987.

54   Zitiert in Ahrens (Hg.), *Jürgen Fehling*, S. 182.

55   *Mein Leben* (Stuttgart, 1999), S. 113f. Die Vermutung, (unterschwellig) regimekritische Inszenierungen wie *Richard III.* »wären imstande gewesen, auch nur das Geringste zu verändern« wird von Reich-Ranicki eindeutig zurückgewiesen. »Was also konnte das Theater im ›Dritten Reich‹ leisten, was dem Zuschauer bieten? Bestimmt nicht

politische Aufklärung, vielleicht aber dasselbe, was ich ihm damals – unter anderem – verdankte. Man könnte es Kräftezuwachs nennen.« (S. 115)

56   Aus einem Interview mit Kurt Kreiler in Ahrens, S. 168.

57   *Erinnerungen eines Schauspielers*, S. 115.

58   *Theater der Gegenwart*, (Frankfurt, 1956), S. 188.

59   *Ibid.*

60   Ruppel, *Berliner Theater*, S. 12.

61   Biedrzynski, *Schauspieler*, S. 23.

62   *Ibid.*, S. 24.

63   Zu diesem Widerspruch siehe auch Hans-Thies Lehmann, »Richard der Dritte, 1937 – eine Skizze« in: Ahrens (Hg.), *Das Theater des Deutschen Regisseurs Jürgen Fehling*, S. 182.

64   Biedrzynski, *Schauspieler*, S. 22.

65   Ruppel, *Berliner Theater*, S. 16.

66   *Ibid.*, S. 15.

67   Curt Riess, *Gustaf Gründgens*, S. 214f.

68   Bernhard Minetti, *Erinnerungen eines Schauspielers*, S. 108.

69   *Ibid.*

70   Paul Fechter, *Deutsche Allgemeine Zeitung*, Berlin 25. April 1941.

71   Ruppel, *Berliner Theater*, S. 64.

72   Biedrzynski, *Schauspieler*, S. 18.

73   Ruppel, *Berliner Theater*, S. 27.

74   Zitiert in Ahrens (Hg.), *Das Theater des deutschen Regisseurs Jürgen Fehling*, S. 166.

75   *Ibid.*, S. 33f.

76   *Ibid.*, S. 35.

77   Ruppel, *Berliner Theater*, S. 28f.

78   Biedrzynski, *Schauspieler*, S. 20.

79   Walter Th. Andermann (pseud. für Walter Thomas), *Bis der Vorhang fiel*, S. 380.

80   *Ibid.*, S. 401.

81   Ihering, *Regie*, S. 53.

82   *Ibid.*, S. 55.

83   »Der Piscatorsche Versuch« (1926), in *Gesammelte Werke*, Bd. XV, S. 133.

84   Walter Bohaumilitzky, *Caspar Nehers Bühnenbild in den zwanziger Jahren* (Diss. Wien, 1968), S. 72.

85   Ruppel, *Berliner Theater*, S. 26f.

86   *Schriften über Theater und Film* (Berlin, 1971), S. 96.

87   Ruppel, *Berliner Theater*, S. 27.

88   Biedrzynski, *Schauspieler*, S. 83.

89   *Ibid.*, S. 83.

90   Ruppel, *Berliner Theater*, S. 30.

91   Biedrzynski, *Schauspieler*, S. 83.

92   Ruppel, *Berliner Theater*, S. 31.

93   *Schriften über Theater und Film*, S. 153.

94   Ruppel, *Berliner Theater*, S. 31.

95   Ihering, *Regie*, S. 59.

96   *Ibid.*

97   *Ibid.* S. 80.

98   Ruppel, *Berliner Theater*, S. 32.

99   *Ibid.*

100   *Ibid.*, S. 42.

101   *Ibid.*, S. 41.

102   *Ibid.*

103 *Ibid.*, S. 62.

104 *Ibid.*, S. 63.

105 *Ibid.*, S. 73.

106 Hilpert, *Formen des Theaters*, S. 93.

107 Biedrzynski, *Schauspieler*, S. 36.

108 Paul Fechter, »Gründgens als Hamlet«, in: *Shakespeare-Jahrbuch* 77 (1941), 123.

109 Curt Riess, *Gustaf Gründgens*, (Hamburg, 1965), S. 206.

110 *Shakespeare-Jahrbuch* 71 (1935), 185.

111 *Ibid.*, 168.

112 *Ibid.*, 183.

113 *Shakespeare-Jahrbuch* 72 (1936), 248.

114 Siehe Ruth von Ledebur »Der deutsche Geist und Shakespeare: Anmerkungen zur Shakespeare-Rezeption 1933–1945«, in: Rainer Gaissler und Wolfgang Popp (Hg.), *Wissenschaft und Nationalsozialismus* (Essen, 1988), S. 197–225, für einige eklatante Beispiele von Schreibtisch-Nazismus unter den deutschen Shakespearianern.

115 Zitiert im *Shakespeare-Jahrbuch* 72 (1936), 248.

116 Siehe Jürgen Fehlings Nachruf auf Horst Caspar »Ode auf den Tod des großen Schauspielers«, dessen vorzeitiger Tod das Ende einer Tradition in der deutschen Schauspielkunst markiert, *Das Theater des deutschen Regisseurs Jürgen Fehling*, S. 253f.

117 Biedrzynski, *Schauspieler*, S. 38.

118 Riess, *Gründgens*, S. 204.

119 *Ibid.*

120 Fechter, *Shakespeare-Jahrbuch* 77 (1941), 124.

121 Biedrzynski, *Schauspieler*, S. 39.

122 Fechter, *Shakespeare-Jahrbuch* 77 (1941), 125.

123 Biedrzynski, *Schauspieler*, S. 39.

124 Fechter, *Shakespeare-Jahrbuch* 77 (1941), 129.

125 *Ibid.*, S. 128.

126 *Ibid.*, S. 126.

127 Quadflieg, *Wir spielen immer* (Frankfurt, 1976), S. 155.

128 *Ibid.*, S. 156.

129 Gründgens' Antwort auf Fechter, veröffentlicht in: *Shakespeare-Jahrbuch* 77 (1941), 132.

130 Quadflieg, *Wir spielen immer*, S. 156.

131 *Erinnerungen eines Schauspielers*, S. 99.

132 Die ereignisreiche Geschichte des Zürcher Schauspielhauses ist mehrfach erzählt worden. Die farbigste Darstellung ist die von Curt Riess, *Sein oder Nichtsein. Zürcher Schauspielhaus – Der Roman eines Theaters* (Zürich, 1963), erweitert und neu herausgegeben als *Das Schauspielhaus Zürich. Sein oder Nichtsein eines ungewöhnlichen Theaters* (München, 1988). Zitate sind aus dieser Ausgabe. Die Kriegsjahre behandelt Günther Schoop, *Das Zürcher Schauspielhaus im zweiten Weltkrieg* (Zürich, 1957). In *Das Zürcher Schauspielhaus 1933–1945 oder die letzte Chance* (Berlin, 1979) skizziert der ostdeutsche Gelehrte Werner Mittenzwei die ideologischen Entwicklungen und Veränderungen am Pfauentheater und verfolgt den Werdegang seiner berühmtesten Schauspieler, besonders Wolfgang Langhoffs.

133 Hartungs Bedeutung für die Politisierung des Zürcher Schauspielhauses ebenso wie sein Beitrag zur ideologi-schen Ausrichtung auch des Basler Theaters durch seine Gastregien kann hier nicht angemessen gewürdigt werden. Seine *Was ihr wollt*-Inszenierung von 1933 wurde von der Rechtspresse scharf angegriffen. Seine Tätigkeit als Oberspielleiter des Basler Schauspiels 1937/38 wurde durch einen von der Reichstheaterkammer verhängten Boykott beendet, unter dem vor allem die Oper zu leiden hatte. Siehe dazu Thomas Blubacher, *Befreit von der Wirklichkeit? Das Schauspiel am Stadttheater Basel 1933–1945* (Basel, 1995), S. 165ff.

134 Selten waren übrigens die so spät aus dem Reich Heimkehrenden willkommen. Schließlich hatten sie Deutschland nicht wie einige andere Schweizer, z. B. Heinrich Gretler oder Leopold Biberti, schon früh und unter Protest verlassen; auch die meist vorgebrachte Begründung, sie hätten es durch ihr Verbleiben an deutschen Theatern bedrohten Kollegen möglich gemacht, in der Schweiz ihr Brot zu verdienen, klang nicht sehr überzeugend. Schweizer Schauspieler, die NSDAP-Mitglieder gewesen waren, wurden nicht wieder engagiert. Die meisten anderen fanden bald wieder Anstellung, zumal nach Kriegsende durch die Rückkehr der deutschen und österreichischen Theaterkünstler Plätze frei wurden. (Siehe dazu u. a, Blubacher, *Befreit von der Wirklichkeit?*, S. 217ff.)

135 Vor allem Kurt Hirschfeld und dem Zürcher Verleger Emil Oprecht war es zu verdanken, daß das Schauspielhaus unter der neugegründeten »Neue Schauspielhaus AG« weiter arbeiten konnte und Wälterlin als Direktor gewählt wurde.

136 Seine Briefe versetzten Goebbels so in Rage, daß er Heinrich George anwies, seinem Kollegen mitzuteilen, er würde ihn vierteilen lassen, sollte er je nach Deutschland zurückkehren. Siehe Mittenzwei, *Zürcher Schauspielhaus 1933–1945*, S. 26. Hartung sah schon früh, wohin die Nazis das Theater führen würden. »Die Zurückgeholten«, prophezeite er am 4. April 1933 in seiner später berühmt gewordenen Basler Radioansprache, »werden die verlassenen Arbeitsstätten als ein Trümmerfeld wiederfinden und unter schwereren Bedingungen als zuvor den Wiederaufbau leiten«. Nicht überall wurden die Remigranten mit offenen Armen empfangen.

137 Riess, *Schauspielhaus Zürich*, S. 58f. Zitate nach der Ausgabe von 1988.

138 Nach den Aufstellungen in Mittenzwei, *Zürcher Schauspielhaus 1933–1945*, S. 67f. Unter Wälterlin kamen im Zürcher Schauspielhaus von 1938–1945 weitere elf Exildramen zur Aufführung.

139 Riess, *Schauspielhaus Zürich*, S. 61.

140 *Ibid.*, S. 62.

141 Mittenzwei, *Zürcher Schauspielhaus 1933–1945*, S. 72.

142 Zitiert in: Riess, *Schauspielhaus Zürich*, S. 61.

143 Zitiert in: Schoop, *Das Zürcher Schauspielhaus*, S. 1.

144 Gemäß einem Auszug aus dem Spielplan-Repertorium der Schweizerischen Theatersammlung (Bern), mitgeteilt von Christian Schneeberger. Von den 23 fallen 12 in die Zeit Riesers. – Genaue Zahlen zu den Klassikeraufführungen bis 1938 finden sich in Hervé Dumonts Münchner Dissertation *Das Zürcher Schauspielhaus von 1921–1938* (Lausanne,

1973), S. 48ff. Von 1933–1938 belegen Shakespeare, Schiller und Shaw die ersten drei Plätze in Riesers Spielplan. In der Zeit Wälterlins findet sich Shakespeare ebenfalls mit den meisten Stücken (Schoop, *Das Zürcher Schauspielhaus*, S. 227). Schon unter der Intendanz Alfred Reuckers von 1901 bis 1921 stand am Zürcher Schauspielhaus Shakespeare an der Spitze der gespielten Dramatiker.

145 Siehe hierzu Mittenzwei, *Das Zürcher Schauspielhaus*, S. 63.

146 Schoop, *Das Zürcher Schauspielhaus*, S. 85.

147 *Ibid.*, S. 81.

148 *Ibid.*, S. 85.

149 Riess, *Schauspielhaus Zürich*, S. 151. (Ausgabe von 1988)

150 »Ein Leben mit Troilus und Cressida«, S. 7–15, in: *Theater heute*, Jahrbuch 1987, 14.

151 *Ibid.*, S. 7.

152 Riess, *Schauspielhaus Zürich*, S. 152. (Ausgabe von 1988)

153 Mittenzwei, *Zürcher Schauspielhaus 1933–1945*, S. 104. Daß Götz von dem unter Protest aus Deutschland zurückgekehrten Heinrich Gretler gespielt wurde, verlieh der Aufführung dieses nächst *Wilhelm Tell* beliebtesten Freiheitsdramas eine zusätzliche Note. Drei Monate später gab Gretler die Titelrolle im *Tell* (26. Januar 1939), beim Rütlischwur erhob sich das Publikum von den Plätzen und sang die Nationalhymne. (*Ibid.*, S. 105)

154 Programm zu *Die Komödie der Irrungen* (7. September 1939), zitiert in *ibid.*, S. 106.

155 Siehe Schoops Bewertung von Wälterlins Leistung, *Das Zürcher Schauspielhaus*, S. 152–157.

156 Mittenzwei, *Zürcher Schauspielhaus 1933–1945*, S. 149.

157 *Ibid.*, S. 151. Als Wälterlin 1942 für zwei Jahre auch die Leitung des Schauspiels in Basel übernahm, formulierte er erneut sein humanistisches Programm. Das Schauspiel solle »Vorkämpfer für Freiheit, Recht und Menschlichkeit« sein und sei »politisch in einem höheren Sinn«. Überzeugten Marxisten konnte das nicht genügen.

158 Riess, *Sein oder Nichtsein*, S. 103–105.

159 Zitiert in Paul Rose, *Berlins große Theaterzeit. Schauspielerportraits der zwanziger und dreißiger Jahre*, (Berlin, 1959), S. 140.

160 Zitiert in Mittenzwei, *Zürcher Schauspielhaus 1933–1945*, S. 159. Diese Einschätzung eines begnadeten Darstellers könnte durch Kollegenneid getrübt sein. Vergleiche dagegen Schoop, *Das Zürcher Schauspielhaus*, S. 123: «Shakespeares *Othello* wurde erst durch Bibertis schöpferische Gestaltung zu einem regelmäßigen Repertoirestück des einheimischen Theaters.« Siehe auch K. G. Kachlers umfassende Würdigung »Leopold Biberti als Darsteller des Othello« in *Shakespeare Jahrbuch* (West) 1973, S. 131–143. Biberti habe in seinen zahlreichen Gastauftritten den Othello «über sechshundertmal in deutscher und gegen zweihundertmal in französischer Sprache« (S.131) gespielt. Offenbar verfiel er dabei nicht in Routine, vielmehr habe er fünfzig Jahre an seiner Lieblingsrolle gearbeitet.

161 *Ibid.* In seiner Rezension von Hervé Dumonts Dissertation im *Tagesanzeiger Zürich* vom 16. Mai 1975 zitiert Christian Jauslin die Feststellung Arnold Hahns aus der *Neuen Weltbühne* (Nr. 10, 1935), »dass eigentlich nur an einem einzigen Theater – in der Schweiz – mutig gespielt wird. Alle andern sind steril, sind sterilisiert.« Ein gerechtes Urteil? Thomas Blubacher (in *Befreiung von der Wirklichkeit?*) bedauert die alle anderen Bemühungen bagatellisierende Mythisierung des Zürcher Schauspielhauses und liefert in seiner penibel recherchierten Studie einen spannenden Einblick in das größte Dreispartenhaus der Schweiz, seine Verstrickung in die kommunale Politik, seine Frontstadtsituation hart an der Grenze zum übermächtigen deutschen Nachbarn und den trotz mancher Rücksichtnahmen deutlich erkennbaren Beitrag zum Widerstand. Zudem bildeten Gastspiele mit politisch brisanten Stücken aus Zürich und Gastregien engagierter Zürcher Antifaschisten ein klares Gegengewicht zum unpolitischen Kurs des Theaterleiters Egon Neudeck.

162 Klaus Mann, »Zürichs Schauspielhaus«, in: *Die neue Weltbühne*, XXXIII. Jahrgang, Nr 16 (15. April 1937), 492.

163 Siehe Schoops Zusammenfassung »Der mimische Gestaltungswille Leonard Steckels« in: *Das Zürcher Schauspielhaus*, S. 157–163.

164 *Ibid.*, S. 163.

165 *Reden und Aufsätze* (Zürich, 1972), S. 195.

166 Zitiert von Schoop, *Das Zürcher Schauspielhaus*, S. 185.

167 »Staatstheater und Emigrantentheater« in Hans Mayer, *Die unerwünschte Literatur* (Frankfurt, 1992), S. 227–230.

168 Siehe dazu *Ausgangspunkt Schweiz. Nachwirkung des Exiltheaters*, Hg. Christian Jauslin und Louis Naef, *Jahrbuch der Schweizerischen Gesellschaft für Theaterkultur* 50/1989 (Willisau, 1989).

Kapitel 4

1 Ein Thema in allen Geschichtswerken über Nachkriegsdeutschland, auch in solchen des Auslands, siehe Ian Buruma, *The Wages of Guilt. Memories of War in Germany and Japan* (London, 1994).

2 Im ersten Kapitel von Hellmuth Karaseks »Dramatik in der Bundesrepublik seit 1945« (S. 537–699), in: Dieter Lattmann (Hg.), *Die Literatur der Bundesrepublik Deutschland* (München, 1973), und die ersten Kapitel von Hans Daiber, *Deutsches Theater seit 1945* (Stuttgart, 1976).

3 Reimar Hollmann, »Niedersachsen umwirbt Shakespeare«, in: *Shakespeare-Jahrbuch 92* (1956), 317.

4 *Berliner Theater 1945–1961* (Velber, 1961), S. 9f. Das Zitat stammt aus der ersten Radiosendung Lufts im RIAS-Berlin. Sein wöchentliches Programm, »Stimme der Kritik«, die beliebteste Sendung über das Berliner Theaterleben, lief von 1946 bis 1982.

5 Zitiert in Eugen Schöndienst, *Geschichte des Deutschen Bühnenvereins seit 1945* (Frankfurt, 1981) S. 16f. Theodor W. Adorno war ebenfalls vom intellektuellen Klima Nachkriegsdeutschlands überrascht. Anstelle der erwarteten »Barbarei« und des »Abbaus von Kultur« begegnete ihm eine wahre »geistige Leidenschaft«. Joachim Kaiser, der diese Bemerkungen zitiert (S. 24f.), erläutert, daß die jungen Intellektuellen 1945 wie aus einem Tunnel »ins Reich

der geistigen Freiheit« auftauchten (S. 23). »Es war für die damals 16- bis 26-jährigen und noch älteren wie ein Rausch. Die Jahre zwischen 1945 und 1953 sind, intellektuell gesprochen, für die Generation von Grass, Walser, Enzensberger, Ingeborg Bachmann (sie entstammen fast alle den Jahrgängen 1927, 28, 29) ›unsere zwanziger Jahre‹ gewesen.« (S. 24). J. Kaiser, *Wie ich sie sah … und wie sie waren* (München, 1985).

6   Karasek, in: *Literatur der Bundesrepublik*, S. 537.

7   *Ibid.*, S. 581; ebenso in Daibers Kapiteln über das antifaschistische Theater in *Deutsches Theater seit 1945*, S. 57–75, und Henning Rischbieters Übersicht »Deutsches Theater 1945–1989« in: *Theater heute*, (Jahrbuch 1989), S. 124–144.

8   Zitiert von Luft, in Karasek, *Literatur der Bundesrepublik*, S. 558.

9   *Theater in unserer Zeit* (Frankfurt, 1976), S. 266.

10   Zitiert von Minetti, *Erinnerungen eines Schauspielers*, S. 168. Auch Piscator übte 1951 scharfe Kritik: »Das deutsche Theater ist unwahrhaftig, falsch, verlogen kalte Stilmache. Stil-Inszenierung und Schauspieler werden in den Dunst einer Pseudo-Wirklichkeit gestellt.« Zitiert von G. Rühle in *Theater heute*, Jahrbuch 1999, S. 32.

11   *Ibid.*, S. 168f.

12   Zitiert in Ulrike Dibbelt, *Vom Mysterium der Gnade zur Korruption durch Macht. Shakespeares »Maß für Maß« in Westdeutschland: die Geschichte seiner Rezeption in Literaturwissenschaft und Theater 1946–1979* (Bonn, 1980), S. 180.

13   Zitiert von Dibbelt, *ibid.*, S. 181.

14   »Probleme der Shakespeare-Regie«, in *Shakespeare-Jahrbuch* 91 (1955), 229.

15   Dieter Hadamczik, Jochen Schmidt, Werner Schulze-Reimpell, *Was spielten die Theater. Bilanz der Spielpläne der Bundesrepublik Deutschland 1947–1975* (Remagen, o. J.), S. 33. Die geringe Zahl der Brecht-Inszenierungen in den ersten beiden Nachkriegsjahrzehnten läßt sich unschwer auf den erbitterten westlichen Antikommunismus zurückführen, der Aufführungen des »Ostberliner Stalinpreisträgers« be-, wenn nicht verhinderte.

16   »Shakespeare auf süddeutschen Bühnen nach dem Kriege«, *Shakespeare-Jahrbuch* 91 (1955), 260.

17   *Theater. Die Münchner Kammerspiele 1911–1972* (München, 1973), S. 424.

18   »Shakespeare in Europa nach dem Zweiten Weltkrieg«, *Shakespeare-Jahrbuch* 82/83 (1948), 158.

19   Unter Viktor Warsitz in Lübeck im Frühling 1950. Vgl. *Shakespeare-Jahrbuch* 84/86 (1950), 230. Zehn Tage nach der Premiere hatte sich der konservative Teil der Zuschauer soweit vom Schock erholt, daß sie die Vorstellung mit Trillerpfeifen und »Wir wollen Shakespeare und keinen Boogie-Woogie« unterbrachen, bis die Polizei einschritt, um dem modernisierten Shakespeare Gehör zu verschaffen. Siehe die Besprechung in der *Hamburger Freien Presse* zitiert in: *Mitteilungen der Deutschen Shakespeare-Gesellschaft*, Juni 1950, 10.

20   *Shakespeare-Jahrbuch* 91 (1955), 227.

21   *Frankfurter Allgemeine Zeitung*, 11. April 1987.

22   *Theater der Gegenwart* (Frankfurt, 1956), S. 22.

23   *Ibid.*, S. 54 und 66.

24   *Wirklichkeit des Theaters* (Frankfurt, 1977), S. 177.

25   Zitiert in Edda Kühlken, *Die Klassiker-Inszenierungen von Gustaf Gründgens*, (Meisenheim, 1972), S. 66.

26   *Ibid.*, S. 68.

27   Zitiert von Kühlken, in *ibid.*, S. 77.

28   Harald Kunz, »Wiener Shakespeare-Aufführungen 1952/54«, in: *Shakespeare-Jahrbuch* 91 (1955), 268.

29   *Reden und Aufsätze* (Zürich, 1972), S. 37 und 38.

30   Harald Kunz in *Shakespeare-Jahrbuch* 91 (1955), 273.

31   *Ibid.*

32   In Jauslins Nachwort zu Lindtbergs *Reden und Aufsätze*, S. 300. Siehe daselbst auch Lindtbergs Aufsatz »Shakespeares Königsdramen«, S. 90ff. Auch Dieter Dorns Idee der Doppelbesetzung Theseus/Oberon und Hippolyta/Titania in *Ein Mittsommernachtstraum* (Kammerspiele München, 29. Sept. 1978), die gewöhnlich Peter Brook (Stratford, 1970) zugeschrieben wird, ist bereits 1966 von Lindtberg in seiner Salzburger Inszenierung verwirklicht worden. (Jauslin, *Shakespeare-Jahrbuch* 1980, 213).

33   *Ibid.*

34   Zitiert in Georg Zivier, *Ernst Deutsch und das deutsche Theater* (Berlin, 1964), S. 80.

35   Doris Eisner, »Sieben Jahre Shakespeare in Österreich 1945–1951«, *Shakespeare-Jahrbuch* 87/88 (1951/52), 192.

36   Harald Kunz in *Shakespeare-Jahrbuch* 91 (1955), 271.

37   Karl Brinkmann, »Bühnenbericht 1957/58«, *Shakespeare-Jahrbuch* 94 (1958), 234. Leopold Biberti erfreute sich ähnlicher Triumphe als Othello, nicht nur während des Krieges in seiner Schweizer Heimat, sondern bis in die sechziger Jahre an vielen deutschen Theatern. Siehe *Shakespeare-Jahrbuch* 100 (1964), 235. Die Virtuosen griffen auf Techniken von vor dem Ersten Weltkrieg zurück, was aber auf das Publikum immer noch einen großen Reiz ausübte.

38   Walter Karsch über eine Inszenierung von Karl Heinz Stroux in Düsseldorf (Januar 1957), in: *Wort und Spiel. Aus der Chronik eines Theaterkritikers 1945–1962* (Berlin, 1962), S. 72.

39   Kurt Dörnemann, *Shakespeare-Theater. Bochum 1919–1979* (Bochum, 1979), S. 66.

40   Vgl. Christiane Vielhaber, *Shakespeare auf dem Theater Westdeutschlands* (Diss. Köln, 1977), S. 285 und 292.

41   *Ibid.*, S. 287.

42   *Ibid.*

43   *Ibid.*, S. 288.

44   *Ibid.*, S. 289.

45   *Ibid.*, S. 288.

46   Karsch, *Wort und Spiel*, S. 54.

47   *Ibid.*

48   *Ibid.*, S. 55.

49   Minetti, *Erinnerungen eines Schauspielers*, S. 184.

50   Heinz Beckmann in: Gustav Rudolf Sellner und Werner Wien, *Theatralische Landschaft*, Werner Wien (Hg.), (Bremen, 1962), S. 58.

51   *Glück gehabt* (Frankfurt, 1994), S. 185.

52   *Theatralische Landschaft*, S. 46.

53   *Ibid.*

54 Georg Hensel, Kritiken – *Ein Jahrzehnt Sellner-Theater in Darmstadt* (Darmstadt, o. D.), S. 101.

55 Claus Bremer in Sellner, *Theatralische Landschaft*, S. 101.

56 Hensel, *Kritiken*, S. 237.

57 *Ibid.*, S. 19 und 21.

58 *Ibid.*, S. 51.

59 Hermann Kaiser, *Vom Zeittheater zur Sellner-Bühne* (Darmstadt, 1981), S. 118.

60 *Theatralische Landschaft*, S. 56.

61 *Theater heute* (Jahrbuch 1986), 135.

62 *Theatralische Landschaft*, S. 99.

63 *Ibid.*, S. 102 und 100.

64 »In Sellners Theater wurde der Mensch immer nur existentiell gesehen, nie soziologisch ...« (S.38) »Sellners Theater konstatierte zwar gesellschaftliche Zwänge, doch rief es nicht dazu auf, sie zu ändern.« (S.40) Hensel in *Theater heute* (Oktober 1970).

65 Hierbei griff er auf Ideen zurück, die er in Vorträgen und Essays entwickelt und 1929 in einem Sammelband *Das Politische Theater* veröffentlicht hatte. Eine Neuauflage erfolgte 1963, eine weitere 1986 unter dem Titel *Zeittheater*. *»Das Politische Theater« und weitere Schriften von 1915 bis 1966* (Reinbek bei Hamburg).

66 *Schriften zum Theater* (München, 1970), S. 266.

67 *Aller Tage Abend* (München, 1969), S. 307.

68 *Ibid.*

69 Zitiert in Klaus Völker, *Fritz Kortner. Schauspieler und Regisseur* (Berlin, 1987), S. 336.

70 *Aller Tage Abend*, S. 306.

71 »Über die Darstellung von Helden«, in: Völker, *Kortner*, S. 358.

72 *Ibid.*, S. 357.

73 In einem Brief an Teo Otto (6. Juni, 1964), zitiert in Völker, *Kortner*, S. 222.

74 *Aller Tage Abend*, S. 315.

75 Aus einer Besprechung zitiert in Vielhaber, *Shakespeare*, S. 176.

76 *Ibid.*

77 »Widerstreit des Lebendigen mit sich selbst«. Kortner in einem Radio-Interview.

78 Zitiert in Vielhaber, *Shakespeare*, S. 179.

79 Vielhaber, *Shakespeare*, S. 181.

80 Zitiert in Vielhaber, *Shakespeare*, S. 181.

81 Klaus Völker spricht zwar von »eingreifenden Textbearbeitungen«, doch ihr Studium belege nur, »daß sie eine maßgebliche Voraussetzung und stimulierender Ausgangspunkt seiner Regiearbeit gewesen sind, sie besagen wenig über die Besonderheit seines Vorgehens beim Inszenieren, über die Intensität seiner psychologisierenden Recherche, seinen Witz, seine Unerbittlichkeit, seine Zartheit – und sie geben keinen Aufschluß über das tatsächliche Resultat und die Wirkungen seiner Inszenierungen.« (Völker, *Fritz Kortner*, S. 413)

82 *Aller Tage Abend*, S. 307.

83 *Ibid.*

84 *Ibid.*, S. 309.

85 So etwa über *Richard III.* (1963), Melchinger in *Theater*

heute, 8, 1963, 8, und Petzet, *Theater*, S. 466f., oder Ivan Nagel über den instruktiven Unterschied zwischen dem »ungeheuren, monumentalen Mißlingen« von Kortners *Timon von Athen* in den Münchner Kammerspielen (1961), wo Genie und Größe selbst in der Niederlage gezeigt werde, und der deklamatorischen Routine von Kurt Meisels gleichzeitigem *Hamlet* im Münchner Residenztheater, »einem glatten Publikumserfolg«. *Theater heute* (Jahrbuch 1985), 12.

86 *Theater heute* 8, 1962, 12.

87 Z. B. Hanns Braun in *Shakespeare Jahrbuch* 1963, 117 über *Heinrich IV.* (6. Juni 1956 im Residenztheater in München), doch die Klage war allgemein.

88 Z. B. Friedrich Luft über *Hamlet* in *Berliner Theater 1945–1961*, S. 271.

89 Z. B. Joachim Kaiser über *Othello* in *Theater heute*, 8, 1962, 12.

90 *Theater heute*, Jahressonderheft 1963, 22.

91 *Wort und Spiel*, S. 66.

92 Besprechung zitiert in Völker, *Kortner*, S. 380.

93 *Theater heute*, 4, 1961, 4.

94 *Shakespeare-Jahrbuch* (West), 1965, 77.

95 Christiane Vielhaber, *Shakespeare*, S. 299.

96 *Kortner-Zadek-Stein* (München, 1989), S. 13.

Kapitel 5

1 Übersetzung und Bearbeitung von Martin Sperr, unter Mitarbeit von Peter Zadek und Burkhard Mauer. Zitiert nach der in *Spielräume – Arbeitsergebnisse. Theater Bremen 1962–1973* (Hg. Burkhard Mauer) abgedruckten Fassung.

2 Eine detaillierte Analyse dieses frappanten Wandels in der Rezeption von *Maß für Maß* auf den westdeutschen Nachkriegsbühnen findet sich in der Dissertation von Ulrike Dibbelt. Zur Kennzeichnung der besonderen erotischen Qualität dieser und anderer Zadek-Inszenierungen siehe Andreas Höfele, »The Erotic in the Theatre of Peter Zadek«, *New Theatre Quarterly* 7 (August 1991), 229–237.

3 Zum Wandel der politischen, sozialen und moralischen Normen im Nachkriegs-Deutschland siehe u. a. Richard Löwenthal und H. P. Schwarz (Hrsg.), *Die zweite Republik* (Stuttgart, 1974).

4 Das *Shakespeare-Jahrbuch* (West) 1965, 326, listet 3981 Aufführungen (in 209 Inszenierungen von 30 Stücken) auf im Vergleich zum vorhergehenden Jahresdurchschnitt von 2300 Aufführungen. Diese Zahl schließt weder die 33 Fernseh- oder Radio- noch die 47 Operninszenierungen ein, die noch einmal 343 Aufführungen ausmachen.

5 Zitiert in Henning Rischbieters Überblick »Theater 1960–1980«, in *Theater heute*, Jahressonderheft 1980, 103. Mit einem so rigorosen (und psychologisch sicher auch kontraproduktiven) Aufklärungsprogramm war dreißig Jahre später niemand mehr zu schockieren. Thomas Ostermeier schaffte es dennoch. »Kunstkacke«, gab der designierte Leiter der Berliner Schaubühne zu Protokoll, wolle

er nicht mehr. Auch ein Standpunkt. (*Theater heute*, Jahrbuch 1998, 102).

6 Siehe Peter Zadek, *Das wilde Ufer. Ein Theaterbuch* (Köln, 1990), S. 108ff und 139ff.

7 In Theaterkreisen war der Slogan »Nun tanket alle Kott« im Schwange.

8 Zu »Georgio Strehlers Einrichtung von *Henry VI.*« siehe Christian Jauslin, *Shakespeare-Jahrbuch* (West) 1976, 15–22.

9 Zitiert in Erken, *Königsdramen*, S. 80f. Erken bringt ebenda auch einen aufschlußreichen Vergleich der unterschiedlichen Ansätze von Strehler und Palitzsch.

10 Horst Zander, *Shakespeare »bearbeitet«. Eine Untersuchung am Beispiel der Historien-Inszenierungen 1945–1975 in der Bundesrepublik Deutschland* (Tübingen, 1983), S. 206

11 1.8., zitiert nach Zander, S. 214.

12 *Ibid.*, S. 200.

13 Programmheft der Inszenierung von 1972, zitiert nach Erken, *Königsdramen*, S. 92. Es verdient festgehalten zu werden, daß Falckenberg schon Jahrzehnte zuvor zu ähnlichen Einsichten gekommen war, siehe Kap. 2, S.123. Es wäre verfehlt, alle Umdeutungen, die Shakespeare in der jüngsten Vergangenheit erfahren hat, über einen Leisten schlagen zu wollen. Nähe zu Text und Geist des Originals ist so verschieden wie Form und Intention der Eingriffe. Ulrich Broich hat in das Dickicht der Umtextierungen dringend benötigtes begriffliches Licht gebracht, siehe »Montage und Collage in Shakespeare-Bearbeitungen der Gegenwart«, *Poetica*, 4 (1971), 333–360.

14 Erken identifizierte vier Wesensmerkmale bei der zeitgenössischen Rezeption und Adaption der Historien: »Sympathieverlust der ›Herrschenden‹« … »Demontage alles ›Heldischen‹« … »das Ausspielen von Kollektive[n] gegen Einzelfiguren« und die Verdächtigung von ›poetischer‹ Sprache »als Verstellung und Propaganda«. *Königsdramen*, S. 31.

15 2.1., S. 202. Zitate dieses Stücks sind der Ausgabe von *König Johann. Nach Shakespeare*, in: *Komödien III* (Zürich, 1972) entnommen. Weitere Angaben jeweils im Text.

16 Zitiert nach Rudolf Stamm »King John – König Johann. Vom Historienspiel zur politischen Moralität«, in: *Shakespeare-Jahrbuch* (West) 1970, 42.

17 Stamm, *ibid.*, S. 41.

18 Zitiert nach Roland Petersohn, *Heiner Müllers Shakespeare-Rezeption. Texte und Kontexte* (Frankfurt am Main, 1993), S. 81.

19 Siehe Klaus Peter Steiger, *Moderne Shakespeare-Bearbeitungen* (Stuttgart, 1990), S. 46–57.

20 Siehe dazu auch Günter Grass' Rede *Der Traum der Vernunft* zur Eröffnung der Veranstaltungsreihe »Vom Elend der Aufklärung« in der Akademie der Künste, Berlin, Juni 1985, abgedruckt in: *Werkausgabe in 10 Bänden*, Bd. 9, S. 886 ff. (Darmstadt, 1987)

21 *Hamletmaschine. Heiner Müllers Endspiel*, hg. von Theo Girshausen (Köln, 1978), S. 19.

22 Nach Knut Lennartz (*Die Deutsche Bühne*, 2/1996, S. 13f.) war Müllers *Macbeth*-Inszenierung von 1982 »eine neue Art Theater in der DDR, ungewohnt das düstere Bühnenbild

von Hans-Joachim Schlieker, ein trister Hinterhof, so wie man ihn vom Prenzlauer Berg her kannte. Ungewohnter noch die Brutalität, aufgeschlitzte Körper, abgeschnittene Penisse, ungewohnt auch die Figurensplittung. Die Figuren wurden zu Nummern, dreigeteilt. Ein ›Menschenbild‹, ein sozialistisches gar, war nicht auszumachen.«

23 Zitiert in Steiger, *Shakespeare-Bearbeitungen*, S. 50.

24 Zitate des Textes, abgedruckt in *Spielplatz 1. Jahrbuch für Theater* 71/72, hrg. von Karlheinz Braun und Klaus Völker (Berlin, 1972), 82.

25 *Literatur und Interesse. Eine politische Ästhetik mit zwei Beispielen aus der englischen Literatur*, 2 Bände (München, 1977).

26 Siehe z. B. die Diskussion zwischen Peter Rühmkorf, Bazon Brock und Klaus Reichert in *Die Zeit*, 25. November 1977.

27 Zu Shakespeare im Zeichen der Postmoderne siehe Kap. 6.

28 Solche Textarbeit im Namen der Revolution hatte auch die willkommene kapitalistische Nebenwirkung, daß sie 10 Prozent der Abendeinnahmen einbrachte, normalerweise das Honorar für den Autor bzw. Übersetzer, aber auch, seit Kortners Bearbeitungen, für den Ersteller der jeweils verwendeten Bühnenfassung.

29 Eine weitere *Titus Andronicus*-Inszenierung, die wenige Monate später aufgeführt wurde (4. März 1970 in Kassel, in einer neuen Übersetzung von Claus Bremer und Renate Voss), überschwemmte die Bühne mit Blut, während Dürrenmatts Version desselben Stücks, zuerst in Düsseldorf (12. Dezember 1970) aufgeführt, einen Skandal und ›Nieder mit Dürrenmatt!‹-Rufe auslöste. (*Shakespeare-Jahrbuch* (West) 1971, 193); s. auch Shakespeare-*Jahrbuch* (West) 1972, 73–98 für Urs H. Mehlins erhellenden Vergleich der drei Versionen.

30 Joachim Kaiser in *Theater heute*, September 1970, 23.

31 *Ibid.*, S. 24.

32 Hellmuth Karasek, *Theater heute*, Dezember 1970, 26.

33 »Theater in Grenzen«, *Maske und Kothurn* 23 (1977), S. 222 und 223.

34 Laut Günter Rühle (*Theater heute*, Jahressonderheft 1979, 32) inszenierte Tragelehn am Ende des Jahrzehnts noch so, »wie Inszenierungen [im Westen] von 1970 aussahen, roh, aggressiv, obszön, unmittelbar«, und sein mangelnder Kontakt zur westlichen Szene zeige, »wieviel er ›nachholt‹.« Eine detaillierte Analyse findet sich bei Dibbelt, *Vom Mysterium der Gnade*, S. 336–345.

35 Zitiert in Zander, *Shakespeare ›bearbeitet‹*, S. 162, S. 41 des Textes.

36 Zitiert in ›Geist und Buchstabe‹, *Shakespeare-Jahrbuch* (West) 1977, 7–24, aber auch schon vorher erwähnt in anderen Kritiken.

37 Peter Wenzel, »German Shakespeare-Translation: The State of the Art«, in: Werner Habicht, D. J. Palmer, Roger Pringle (Hg.), *Images of Shakespeare* (Newark, 1988), S. 319. Siehe auch Ulrich Suerbaum, »Shakespeare auf deutsch – eine Zwischenbilanz«, *Shakespeare-Jahrbuch* (West) 1972, 242–266.

38 Rudolf Stamm, »Erich Fried als Shakespeare-Übersetzer«, in: *Shakespeare-Jahrbuch* (West) 1971, 25.

39   Zitiert in *ibid.*, S. 26.

40   Der Verlag *ars vivendi* kündigt für den Zeitraum 2000–2009 sogar eine exklusiv ausgestattete zweisprachige Shakespeare-Gesamtausgabe mit den Güntherschen Übersetzungen in 39 Bänden an.

41   Der Begriff hat enorme Beachtung erfahren, läßt sich aber nicht genau festlegen. Eine der besten Definitionen verbirgt sich in Herbert Iherings Beschreibung von Brechts speziellem Stil: »Diese Sprache ist voll von Bildern ohne absichtlich poetisch zu sein, sie ist symbolisch ohne literarisch selbstbewußt zu sein. Brecht ist ein Dramaturg, weil man seine Sprache körperlich und räumlich zugleich fühlen kann.« (Zitiert in Hans Mayer, *Ein Deutscher auf Widerruf* (Frankfurt, 1988), Band II, S. 146)

42   Kott, *Shakespeare heute*, S. 276 und 285.

43   *Das wilde Ufer*, S. 201.

44   Ibid., S. 199.

45   Ibid., S. 205.

46   Programm, zitiert in *ibid.*, S. 80.

47   Hermann Beil, *Theaternarren leben länger*, S. 124. »Zadeks Prinzipienlosigkeit ist auf wundersame Weise schöpferisch … Der Schein trügt bei Zadek immer, denn keine Lehre verfängt bei ihm, keine Erwartung wird von ihm bestätigt.«

48   Die allererste deutschsprachige Nachkriegsinszenierung des *Kaufmann* kam am 7. Sept. 1945 in Basel auf die Bühne, mit Hermann Gallinger als Shylock und Maria Becker als Porzia. Regisseur Franz Schnyder hatte verlautbart, er wolle sich nicht durch die »Empfindlichkeit mancher Kreise« beirren lassen, sondern durch »Poesie« und »zauberhafte Musik« vielmehr die »lieben Theaterbesucher erheitern, rühren und erheben.« (siehe Blubacher, *Befreiung von der Wirklichkeit!*, S. 311) Der Holocaust war bekannt, aber daß er auch den *Kaufmann von Venedig* verändert hatte, war offenbar noch nicht allen bewußt. Zu Datierungsfragen der frühen Nachkriegsinszenierungen siehe auch Christian Jauslin in *Shakespeare-Jahrbuch* 1996, 203f.

49   Programm, zitiert in Goerden, *Shylock*, S. 42.

50   Programm, zitiert in Goerden, *Shylock*, S. 43. Siehe Kennedy, *Looking at Shakespeare*, S. 199–202, für eine datailleirte Analyse von Piscators *Kaufmann* und der visuellen Elemente, die der Regisseur einsetzte, um Hintergrund und Botschaft zu verdeutlichen.

51   *Das wilde Ufer*, S. 116.

52   Ibid.

53   *Theater heute*, Juni 1973, S. 16.

54   Goerden, *Shylock*, S. 46.

55   Einen ganz anderen Weg ging der israelische Regisseur Hanan Snir (Deutsches Nationaltheater, Weimar, 8. April 1995), der anläßlich des 50. Jahrestags der Befreiung des Konzentrationslagers Buchenwald sein Szenario ins Offizierskasino der SS-Bewacher des Lagers verlegt, wo jüdische Häftlinge gezwungen werden, zusammen mit SS-Leuten den *Kaufmann* zu spielen. Adolf Dresens Kurzformel für das deutsche Dilemma »Buchenwald liegt bei Weimar«, war inzwischen allgemein bekannt. Zu Wirkung und Problematik dieser Inszenierung siehe Maik Hamburger, *Shakespeare-Jahrbuch* 1996, 174 ff.

56   Rischbieter, *Theaterlexikon*, S. 1261.

57   Georg Hensel in *Dokumentation einer Theaterarbeit*, hg. von Andrea Welker und Tine Berger (München, 1979), S. 12.

58   Ibid., S. 62.

59   Markus Moninger in einem Vortrag zu den Shakespeare-Tagen in Weimar 1999.

60   Zitiert in Dibbelt, *Vom Mysterium der Gnade*, S. 216.

61   Benjamin Henrichs, *Die Zeit*, 21. Februar 1986, S. 54.

62   *Theater heute*, Juli 1976, S. 17.

63   *Ibid.*

64   *Theater heute*, Juli 1976, S. 21.

65   *Das wilde Ufer*, S. 199.

66   Vgl. Hensel, *Theater der siebziger Jahre*, S. 323.

67   »Der Wille, der Spaß, die Phantasie und die Kunst. Bericht über elf Jahre Theaterarbeit in Bremen«, in: Burkhard Mauer (Hg.), *Spielräume – Arbeitsergebnisse, Theater Bremen 1962–1973*, S. 232 und 243. Neben Zadek und Stein empfingen auch Hans Hollmann, Rainer Werner Faßbinder, Hans Neuenfels, Klaus Michael Grüber und Wilfried Minks in Bremen prägende Eindrücke.

68   *Das wilde Ufer*, S. 103.

69   Ernst Wendt in *Theater heute*, Dezember 1966, 34.

70   Eine ausgezeichnete Beschreibung und Analyse der Brechtschen Elemente der Inszenierung findet sich in dem entsprechenden Kapitel von Michael Pattersons *Peter Stein. Germany's Leading Theatre Director* (Cambridge, 1981), S. 15–29.

71   Rühle, *Spielräume – Arbeitsergebnisse*, S. 233.

72   Patterson, *Peter Stein*, S. 124.

73   *Theater heute*, Februar 1977, S. 22.

74   Hensel, *Theater der siebziger Jahre*, S. 201.

75   Werner Habicht in *Shakespeare Quarterly* (1978), 299.

76   *Theater heute*, November 1977, 16.

77   Erken, *Königsdramen*, S. 66.

78   Siehe dazu Günther Erken »Der Auszug aus den Häusern. Theater in Schuppen und Hallen«, in: *Deutsche Architekten- und Ingenieurzeitschrift*, 12/1978. »Nicht der mobile, jedem Regiewunsch gefügige Spielraum, die vorgefertigte Klimahülle um jedwede Interaktion war und ist gefragt, sondern der Raum als starker, eigenständiger Partner. Nicht der beliebige Raum aus der Retorte, sondern der geschichtliche mit Spuren früherer Nutzung.« (S. 20)

79   *The Revolutions of Stage Design in the Twentieth Century* (New York, 1976), S. 257.

80   Siehe Günter Schoop, *Shakespeare Jahrbuch* 92 (1956), 305–314.

81   *Süddeutsche Zeitung*, 16. Januar 1984.

82   Zitiert von Melchinger, *Theater heute*, Juni 1969, 30.

83   »Wie ich Shakespeare inszeniere«, *ibid.*, 23.

84   *Theater heute*, August 1995, 64.

85   *Theater heute* 1979, Jahressonderheft, 28.

Kapitel 6

1 Zitiert von Sibylle Wirsing in *Theater heute*, Jahrbuch 1984, 48. Auf der Expo 2000 in Hannover sollte Stein sein Bekenntnis zur Texttreue in der wortwörtlichen Wiedergabe beider Teile des *Faust* in einer 21-stündigen Mammutproduktion noch einmal nachdrücklich bekräftigen.

2 *Theater heute*, Jahrbuch 1985, 7.

3 *Theater heute*, Jahrbuch 1984, 107

4 *Ibid.*, 108.

5 »Das erstickte Drama«, *Frankfurter Allgemeine Zeitung*, 14. Dezember 1979.

6 »Die Krise im Theater«, *Frankfurter Allgemeine Zeitung*, 6. Dezember 1979.

7 Ibid.

8 »A Theatre of Exhaustion? ›Posthistoire‹ in Recent German Shakespeare Productions«, *Shakespeare Quarterly* 43 (1992), 80–86.

9 *Frankfurter Allgemeine Zeitung*, 21. August 1989.

10 *Shakespeare heute*, S. 73.

11 »Dekonstruktions-Effekte auf dem Theater und das Problem der Notation«, in Erika Fischer-Lichte (Hg.), *Das Drama und seine Inszenierung* (Tübingen 1985), S. 156.

12 *Shakespeare Quarterly* 43 (1992), 81.

13 *Ibid.*

14 Moninger, *Shakespeare inszeniert*, S. 210.

15 Siehe Höfele, *Shakespeare Quarterly* 43 (1992), 81.

16 Siehe dazu Kap. 8, »Shakespeare-Recycling«.

17 Wenn man die Größe der Ereignisse bedenkt, so war die sie begleitende Rhetorik der linken Kritiker aus dem Westen mager, z. T. sogar ausgesprochen nörglerisch. Über ihre Schwierigkeiten, mit der neuen Situation klarzukommen, siehe Brigitte Seebacher-Brandt, *Die Linke und die Einheit* (Berlin, 1991).

18 Moninger, *Shakespeare inszeniert*, S. 227.

19 Kritik in *Die Deutsche Bühne*, Dezember 1990.

20 Andreas Rossmann in der *Frankfurter Allgemeinen Zeitung*, 19. Oktober 1990.

21 Kritik in der *Neuen Zürcher Zeitung*, 12. November 1990.

22 Kritik im *Mannheimer Morgen*, 29. November 1990.

23 Reinhard Kill in der *Rheinischen Post*, 20. Oktober 1990.

24 *Frankfurter Allgemeine Zeitung*, 19. Oktober 1990.

25 *Theater heute*, Jahrbuch 1986, S. 53 (Ruckhäberle).

26 Ibid., S. 58 (Ruckhäberle).

27 Michael Wachsmann, im Gespräch mit dem Verfasser am 19.5.1995.

28 *Theater heute*, Jahrbuch 1986, S. 53.

29 Siehe dazu Abb. 122 und 123 sowie die ausführliche Deutung vom Regisseur selbst im Gespräch mit Christian Jauslin in *Shakespeare-Jahrbuch* (West) 1982, 27ff.

30 Peter von Becker in *Theater heute*, April 1992, 15.

31 Übersetzung Michael Wachsmann. Die oben stehende Version ist die von Baudissin.

32 *Theater heute*, Jahrbuch 1995, 51.

33 *Theater heute*, Jahrbuch 1986, 57.

34 *Die Zeit*, 27. Mai 1988.

35 *Ibid.*

36 *Ibid.*

37 *Ibid.*

38 *Theater heute*, Jahrbuch 1995, 51.

39 *Die Zeit*, 27. Mai 1988.

40 »Claus Peymann, par un coup de béret, renverse deux siècles de tradition«, in: *Libération*, zitiert nach *Das Bochumer Ensemble*, S. 574. Inspiriert wurde Peymann offensichtlich durch einen Essay der kalifornischen Germanistin Ruth Klüger aus dem Jahre 1977, dessen (nicht autorisierte) Übersetzung im Programmbuch abgedruckt wurde. Nach Klüger war die »dem Stück innewohnende Dialektik von Gemeinschaftsanspruch und persönlichen Gefühlen« in politisch gefärbten Deutungen meist übersehen worden; Peymann machte sie zum Fundament seiner Interpretation. Ruth Klüger, *Katastrophen. Über deutsche Literatur* (München, 1997), S. 134.

41 Tastende, aber noch von mancherlei abseitigen Einfällen unterbrochene Schritte in dieser Richtung ging er 1972 mit seiner Inszenierung des *König Lear* in Wuppertal, für Bernhard Minetti in der Titelrolle jedoch ein Schlüsselerlebnis. »Seit damals spüre ich Lebensgefühle des Lear in mir. Peymann hat sie mir zuerst vermittelt.« (*Erinnerungen eines Schauspielers*, S. 279).

42 Peter v. Becker in *Theater heute*, Jahrbuch 1987, 108.

43 Rolf Michaelis in *Theater heute*, März 1987, 29.

44 Ulrich Weinzierl in *Frankfurter Allgemeine Zeitung*, 7. Februar 1987.

45 *Theater heute*, Jahrbuch 1987, 108.

46 Weinzierl in *Frankfurter Allgemeine Zeitung*, 7. Februar 1987.

47 *Frankfurter Rundschau*, 7. Februar 1987.

48 Z. B. Gerhard Stadelmaier in *Frankfurter Allgemeine Zeitung*, 17. Februar 1992, aber der Vorwurf war allgemein, ebenso die Enttäuschung. »Mißglückte Spätgeburt«, »Schaden für die Nation?«, »Die Enttäuschung der Saison«, lauteten die hämischeren Titel, »Macbeth – wie Shakespeare ihn schrieb«, »Bewahrer der Vorlage« und »William Shakespeare pur« die Titel der Traditionalisten.

49 Siehe Peter von Beckers Übersicht in *Theater heute*, März 1988, 6–10.

50 *Theater heute*, März 1990, 12.

51 Benjamin Henrichs in *Die Zeit*, 21. Februar 1992.

52 Hellmuth Karasek in *Der Spiegel*, 9/1992, S. 229.

53 Benjamin Henrichs in *Die Zeit*, 21. Februar 1992.

54 Gerhard Stadelmaier in *Frankfurter Allgemeine Zeitung*, 17. Februar 1992.

55 Benjamin Henrichs in *Die Zeit*, 21. Februar 1992.

56 *Ibid.*

57 Siehe Peter von Becker, *Theater heute*, März 1988, 7.

58 Siehe Erinnya Wolf, *Das Abendland versuchen: Theater an der Ruhr*, Mülheim (Köln, 1991).

59 Zur Geschichte der BSC siehe Daniel Brunner, »Shakespeares fröhliche Missionarren« (Frankfurter Allgemeine Zeitung, 3. Februar 1990) und »›Die ganze Welt ist eine Bühne‹: Ein Porträt der Bremer Shakespeare Company. Fred Manthei im Gespräch mit dem Organisator, Schau-

spieler und Regisseur Norbert Kentrup.« (*Shakespeare-Jahrbuch* 1997, 166–177).

60 Interview mit dem Verfasser am 17. Dezember 1987.

61 Hille Darjes und Chris Alexander im selben Interview.

62 Noch bevor das Globe ganz fertiggestellt war, gastierte die BSC 1993 dort mit den *Lustigen Weibern von Windsor*, und 1998 ging der Wunsch des inzwischen verstorbenen Globe-Begründers Sam Wanamaker in Erfüllung: Norbert Kentrup spielte im Globe in einem internationalen, in der Mehrzahl jedoch englisch besetzten Ensemble (Regie: Richard Olivier) den Shylock 64mal, ein großer persönlicher Erfolg, der auch von der englischen Presse bestätigt wurde.

Kapitel 7

1 Die Zahl der Studien über die Entstehung und Entwicklung der DDR ist endlos, siehe z. B. die Bibliographien in Kurt Sontheimer und Wilhelm Bleek, *Die DDR. Politik, Gesellschaft, Wirtschaft* (Hamburg, 1972), oder in Hermann Weber, *Geschichte der DDR* (München, 1999). Entsprechendes für die Bundesrepublik findet sich unter anderem in Helmut Kistler, *Die Bundesrepublik Deutschland. Vorgeschichte und Geschichte 1945–1983* (Bonn, 1985).

2 Nach den Zahlen der ersten demographischen Konferenz der DDR am 28. November 1989 verließen darüber hinaus 800 000 Bewohner das Land nach dem Mauerbau (in jedem einzelnen Fall ein Vorgang, der schmerzhafte Repressalien nach sich zog).

3 Die Frage einer eigenen DDR-Identität hat auch zehn Jahre nach der Wiedervereinigung nichts von ihrer Brisanz verloren; ja es scheint, als gehöre eine teils nostalgische und nur in Maßen kritische Erinnerung an die früheren Verhältnisse zum neuen Selbstverständnis vieler ehemaliger DDR-Bürger.

4 Diese Zahl aus den kürzlich zugänglich gemachten KGB-Archiven wird allgemein für zu niedrig gehalten. Siehe auch Norman M. Naimark, *Die Russen in Deutschland. Die sowjetische Besatzungszone 1945–1949.* (Berlin, 1997).

5 In bezug auf den ersten Aspekt siehe die Studien von Georg Lukács über Balzac, Goethe und die deutsche Literatur des 19. Jahrhunderts. In bezug auf den zweiten siehe Mikhail Bakhtin über Rabelais und Robert Weimann über Shakespeare und die Tradition des Volkstheaters.

6 Siehe Horst Duhnke, *Stalinismus in Deutschland. Die Geschichte der Sowjetischen Besatzungszone* (Köln, 1955).

7 Siehe z. B. Uwe Wittstock, *Von der Stalinallee zum Prenzlauer Berg – Wege der DDR-Literatur* (München, 1989); Wolfgang Emmerich, *Kleine Literaturgeschichte der DDR* (Darmstadt, 1989); oder *Literatur der Deutschen Demokratischen Republik. Einzeldarstellungen*, herausgegeben durch ein Autorenkollektiv unter Leitung von Hans-Jürgen Geerds, 3 Bände (Berlin (Ost) 1976, 1979, 1987). Schriftsteller, die sich besonders mit dem Problem befaßt haben, sind u. a. Christa Wolf, Uwe Johnson, Stephan Hermlin, Thomas Brasch, Jürgen Fuchs und Günther de Bruyn; das Thema

ließ sich in der schriftstellerischen Praxis nur schwer vermeiden.

8 Hans Koch, *Marxismus und Ästhetik* (Berlin (Ost), 1962), S. 598 und 602.

9 Maik Hamburger, »Schatztruhe – Mein Leben mit *Sinn und Form*«, in *Freitag*, 31/1999, 16.

10 Es ist schwer, zu exakten Zahlen zu gelangen. Das Thema wurde von beiden Seiten mit größter Geheimhaltung behandelt, wenn auch aus verschiedenen Gründen. G. Finn, *Politischer Strafvollzug in der DDR* (Köln, 1981), kommt auf 16 808 politische Gefangene, die in den Jahren von 1963 bis 1980 auf diese Weise freigekauft wurden. Karl-Wilhelm Fricke, *Politik und Justiz in der DDR* (Köln, 1979), nennt die Zahl von 45 000 registrierten politischen Verurteilungen (d. h. solchen, die im Westen bekannt wurden) für den Zeitraum von 1950–1968, während der jüngste *Salzgitter-Report* von Heiner Sauer und Hans-Otto Plumeyer (Frankfurt am Main, 1991) 30 752 registrierte Verurteilungen für den Zeitraum von 1961–1990 angibt und zu dem Schluß kommt, daß »Vermutungen in DDR-Zirkeln, nach denen wesentlich mehr als 200 000 politische Verurteilungen« stattgefunden hätten, korrekt seien. Das paßt zu der Schätzung von Eberhard Wendel, dem designierten Präsidenten des obersten Gerichts der DDR, der in einem Interview mit der DDR-Tageszeitung *Der Morgen* (11. Mai 1990) erklärte, daß es etwa 250 000 Opfer des Stalinismus gäbe, die auf Wiedergutmachung Anspruch hätten. (*Chronik der Ereignisse*, S. 90)

11 Eine in diesem Zusammenhang ebenso spannende wie tiefschürfende Lektüre vermittelt die Sammlung von Schriften Adolf Dresens, *Wieviel Freiheit braucht die Kunst?*, hg. von Maik Hamburger (Berlin, 2000).

12 *Die Revolution entläßt ihre Kinder* (Köln, 1955), S. 519.

13 Siehe Ilse Spittmann und Gisela Helwig (Hg.), *Chronik der Ereignisse in der DDR* (Köln, 1990).

14 »Ost und West«, in: Knut Lenartz, *Vom Aufbruch zur Wende. Theater in der DDR* (Velber, 1992), S. 71.

15 »Theater, Deutsche, Rettung«, in *ibid.*, S. 74f.

16 Zitiert in Lennartz, *Vom Aufbruch zur Wende*, S. 85.

17 *Ein Deutscher auf Widerruf. Erinnerungen* (Frankfurt am Main, 1988), Band II, S. 60.

18 Lennartz, *Vom Aufbruch zur Wende*, S. 18

19 *Kleines politisches Wörterbuch*, 4. Auflage (Berlin (Ost), 1983).

20 *Ibid.*

21 Zitiert in Lennartz, *Vom Aufbruch zur Wende*, S. 88.

22 Einige der bekannteren Schauspieler und Regisseure, die den Wunsch der Partei ausnutzten, nicht-konformistische Künstler loszuwerden, waren Matthias Langhoff, Manfred Karge, Manfred Krug, Hilmar Thate, B. K. Tragelehn, Einar Schleef, Jürgen Gosch, Katharina Thalbach, Angelika Domröse und Jutta Hoffmann.

23 »Kann das Publikum wollen? Zur Zuschauersituation im DDR-Schauspieltheater und darüber, was das Publikum heute in den ostdeutschen Theatern wollen könnte«, *Theater der Zeit*, März/April 1999, 20 und 19.

24 Über den zeitweiligen Niedergang des Berliner Ensembles während dieser Jahre siehe Christoph Funke und Wolfgang Jensen, *Theater am Schiffbauerdamm* (Berlin, 1992), S. 186–198.

25 Kurt Böwe, einer der bedeutenden Schauspieler am Deutschen Theater, in einem TV-Feature auf N3: »Wir wollten eine wirklich sozialistische, d. h. bessere Republik.« In diesem Einsatz sei »das ›DT‹ immer die Spitze, immer kritisch« gewesen, habe aber ständig gegen staatliche Eingriffe kämpfen müssen und dabei nicht selten den kürzeren gezogen. Siehe dazu auch Alexander Weigel, *Das Deutsche Theater. Eine Geschichte in Bildern* (Berlin, 1999).

26 »Theater im Übergang«, in: Lennartz, *Vom Aufbruch zur Wende*, S. 91.

27 An den Städtischen Bühnen Erfurt, 1981. Regisseur: Ekkehard Kiesewetter, Miranda: Gabriele Streichhahn.

28 »Are You a Party in this Business«, *Shakespeare Survey* 48 (1995), 171–184; »New Concepts of Staging *A Midsummer Night's Dream*«, *Shakespeare Survey* 40 (1988) 51–61; »A Spate of *Twelfth Nights*: Illyria Rediscovered?«, in: W. Habicht, D. J. Palmer und R. Pringle (Hg.), *Images of Shakespeare* (Newark, London und Toronto, 1986) S. 236–244; »*Hamlet* at World's End: Heiner Müller's Production in East Berlin«, in: Tetsuo Kishi, R. Pringle und S. Wells (Hg.), *Shakespeare and Cultural Traditions* (Newark, London und Toronto, 1991) S. 280–284. Die beiden Teilkapitel »Regionaltheater« und »1989–1990: *Hamlet* im Zeitenriß«. Heiner Müllers Inszenierung in Ostberlin« wurden eigens für diesen Band geschrieben.

29 Armin-Gerd Kuckhoff, *Das Drama William Shakespeares* (Berlin, 1964), S. 695.

30 Inge von Wangenheim, »Horst Caspar«, in: Michael Kuschnia (Hg.), *100 Jahre Deutsches Theater Berlin. 1883–1983* (Berlin, 1983), S. 143 (Geschrieben 1975). Der Kritiker Paul Rilla vertritt in seiner Rezension eine andere Meinung: »Es gab wieder den jugendlichen Helden. Aber er hatte die Unruhe und das Ungenügen einer auch künstlerisch aufgestörten Zeit in sich aufgenommen.« (»Horst Caspar als Hamlet«, in: Paul Rilla, *Theaterkritiken* (Berlin, 1978), S. 44).

31 DNZ, München, 17. Dezember 1945.

32 »Über meine Hamlet-Inszenierung. Ansprache an die jugendlichen Zuschauer«. Zit. nach *Shakespeare-Jubiläum 1964* (Weimar, 1964), S. 61f.

33 Programmheft *Othello*, Deutsches Theater Berlin, Spielzeit 1953/54, S. 9f.

34 Busch hatte es den meisten Kritikern besonders angetan. Vgl. etwa Heinz Hofmann in der *Nationalzeitung* vom 3. September 1953 »[Ernst Busch] wurde so überlegen, daß der Abend beinahe – was der Tragödie ins Gesicht schlagen würde! – ›Jago‹ hieß.«

35 Werner Mittenzwei u. a., *Theater in der Zeitenwende* (Berlin, 1972), Bd. 1, S. 325.

36 Diesen humanistischen, auch mannigfaltig realistischen Grundkonsens hatte sich das Deutsche Theater von seiner Gründung durch L'Arronge an über wechselvolle Leiter wie Otto Brahm, Max Reinhardt, Heinz Hilpert, Wolfgang Langhoff, Wolfgang Heinz, Gerhard Wolfram bis hin zu Dieter Mann und Thomas Langhoff bewahrt.

37 Vgl. Gisela May, »Nicht einverstanden!«, *Theater der Zeit* 8/1957, 13. Als Wolfgang Heinz 1958 nach Kleinaus tragischem Unfalltod die Rolle übernahm, »wurde die Gestalt – und mit ihr zugleich das Drama, das sie beherrscht – endlich auch in ihren geistigen Dimensionen ausgefüllt«. So H. U. E. (d. i. Hans Ulrich Eylau) »Vertrauen zum Theater«, in: *Sonntag*, 12. April 1959.

38 H. U. Eylau, *Berliner Zeitung*, 26. Mai 1957.

39 *Neues Deutschland*, 30. Mai 1957.

40 Stalins Chefideologe A. A. Schdanow setzte 1946 eine schonungslose Kampagne gegen allen »westlichen« Einfluß auf die Künste in Szene. Schdanow selber starb 1948, doch die Angriffe auf Künstler, die man als »dekadent« ansah, wurden bis zu Stalins Tod 1953 ungemindert fortgesetzt.

41 Am 21. April 1964 verzeichnet das Inspizientenbuch nicht weniger als 73 Vorhänge und 14 »Eiserne«. Es steht zu vermuten, daß es sich um eine Festvorstellung anläßlich des Shakespeare-Jahres handelte.

42 Anlaß für Langhoffs Absetzung als Intendant war die Produktion von Peter Hacks' Gegenwartsdrama *Die Sorgen und die Macht* (1962/63). Als Regisseur begann er noch die Probenarbeit an *Heinrich IV.* in einer Bearbeitung von Hacks, konnte das Projekt aber wegen seiner gebrochenen Gesundheit nicht mehr beenden. Gleichsam als späte Wiedergutmachung inszenierte sein Sohn Thomas das Geschichtsdrama 1996 am Deutschen Theater.

43 Werner Mittenzwei u. a., *Theater in der Zeitenwende*, 2 Bde. (Berlin, 1972), Bd. II, S. 197.

44 Bertolt Brecht, *Schriften zum* Theater, 7 Bde. (Berlin und Weimar, 1964), Bd. V, S. 133.

45 Die nachbrechtsche Zeit des Berliner Ensembles gipfelte in der außerordentlichen Inszenierung von Brechts Parabelstück *Der aufhaltsame Aufstieg des Arturo Ui* (23. März 1959) durch Manfred Wekwerth und Joachim Tenschert. In den Sechzigern begann dann der Prozeß der Erstarrung.

46 Friedrich Dieckmann, »Die Tragödie des Coriolan«, *Sinn und Form* 17 (1965), 471.

47 Vgl. Dieckmann, »Die Tragödie des Coriolan«, Fußnote S. 467.

48 Vgl. Manfred Wekwerth, *Notate* (Berlin und Weimar, 1967), S. 122.

49 Wekwerth, *Notate*, S. 117. Vgl. auch Käthe Rülicke-Weiler, *Die Dramaturgie Brechts* (Berlin, 1966), S. 147.

50 Manfred Nössig, »Die Tragödie des Coriolan«, *Theater der Zeit* 21 (Berlin, 1964), 7.

51 Peter Brook, *The Empty Space* (Harmondsworth, 1980), S. 91ff.

52 Siehe z. B. »Zum Thema ›Details‹«, in: Adolf Dresen, *Wieviel Freiheit braucht die Kunst?*, (Berlin, 2000), S 64f.

53 S. Anmerkung 45.

54 B. K. Tragelehn, *Theater Arbeiten* (Berlin, 1988), S. 109.

55 Friedrich Engels, *Dialektik der Natur* (Einleitung), MEW Bd. 20, (Berlin, 1962).

56 Es war unausweichlich, daß diese erhabenen Ideale mit der profanen Realität kollidierten. So kam es 1964 in Greifswald zu einem lachhaften Vorfall, als B. K. Tragelehn Ben Jonsons *Volpone* in diesem Sinne inszenierte und die Titelfigur als eine Art Rabelaisschen Riesen auffaßte. Um die Inszenierung abzustützen, füllte er das Programmheft mit Beispielen großer Renaissance-Persönlichkeiten. Ironischerweise hatte niemand etwas gegen das Stück einzuwenden, das Programmheft wurde aber wegen der darin abgebildeten Aktdarstellungen verboten.

57 Mehrere zeitgenössische Stücke handelten von Riesenmenschen, so Hartmut Langes *Marski* (1962/63) und Volker Brauns *Der totale Mensch* (1962), in einer späteren Bearbeitung *Kipper Paul Bauch* (1963–1965). In Peter Hacks' *Moritz Tassow* wird das anarchische Individuum wieder relativiert.

58 Vgl. Eva Walch, »Shakespeare in heutiger Bearbeitung. Maik Hamburger, Heiner Müller, B. K. Tragelehn im Gespräch mit Eva Walch«, in: *Theater der Zeit* 25/7 (1970), 7–11. Christoph Müller, »Shakespeares Stücke sind komplexer als jede Aneignung … Maik Hamburger, Heiner Müller, B. K. Tragelehn im Gespräch mit Christoph Müller«, in: *Theater heute* 16/7 (1975), 32–37. Maik Hamburger, »From Goethe to Gestus: Shakespeare into German«, in: Lawrence Guntner und Andrew McLean (Hg.), *Shakespeare Redefined* (Newark, London und Toronto, 1997).

59 Alexander Abusch, *Shakespeare, Realist und Humanist, Genius der Weltliteratur. Ansprache auf dem Festakt zum 400. Geburtstag von William Shakespeare im Deutschen Nationaltheater zu Weimar am 22. April 1964* (Berlin und Weimar, 1964).

60 Ulf Keyn, »Hamlet unser Zeitgenosse«, in: *Theater der Zeit* 8 (1964), 20.

61 Hans Dieter Mäde, »Hamlet und das Problem des Ideals«, in: *Shakespeare-Jahrbuch* 102 (1966), 7–22.

62 Bereits zur Premiere gab es (nicht nur in der SED-Presse) Jubelschreie: »Ohne jede Sensationshascherei wuchs so in treuem Dienst am Werk eine übersichtliche, plastische, mitreißende Aufführung, die den weiten Horizont der Weltgeschichte spiegelnden Tragödie mit der leidenschaftlichen Innerlichkeit des individuellen Seelenkampfes in einzigartiger Weise verschmolz.« Christoph Funke in *Der Morgen*, 19. Februar 1964.

63 Armin-Gerd Kuckhoff, »Zur Shakespeare-Rezeption auf den Bühnen der DDR (1945–1980)«, *Shakespeare-Jahrbuch* 118 (1982), 113.

64 Alexander Weigel, »Von der Schwierigkeit der Realisierung«, *Theater der Zeit* 8 (1964), 20–22. Ders., »Von der Realisierung des Ideals«, *Theater der Zeit* 15 (1964), 8–10.

65 Mitgeteilt von A. Weigel.

66 Peter Ullrich, »Erinnerungen an Hamlet«, Shakespeare-Jahrbuch 1994, 145f.

67 Zitate nach *Hamlet*, Spielfassung des Deutschen Theaters Berlin, 1964, S. 75ff., S. 81 und S. 127.

68 Adolf Dresen, »Alte Stücke lesen«, *Siegfrieds Vergessen*, (Berlin, 1992), S. 9. Auch in *Wieviel Freiheit braucht die Kunst.*

69 Dresen, *Siegfrieds Vergessen*, S. 15.

70 C. U. Wiesner, »Theater-Eule«, *Der Eulenspiegel*, 15/30 (1964), 6.

71 Mitteilung von Wolfhard Theile, seinerzeit Grafiker am Theater.

72 Christa Wolf, *Auf dem Weg nach Tabou. Texte 1990–1994*, (Köln, 1994), S. 63f.

73 Vgl. Adolf Dresen, *Wieviel Freiheit braucht die Kunst?*, Berlin, 2000, S. 113f; Alexander Weigel, *Das Deutsche Theater. Eine Geschichte in Bildern*, Berlin, 1999, S. 261ff.

74 Robert Weimann, *Shakespeare und die Tradition des Volkstheaters. Soziologie, Dramaturgie, Gestaltung* (Berlin, 1967). Das Buch bildet auch die theoretische Plattform für die 1983 gegründete bremer shakespeare company, s. a. diesen Band S. 367ff.

75 Weimann, *Volkstheater*, S. 262

76 Clive Barker, »Theatre in East Germany«, in: Ronald Hayman (Hg.), *The German Theatre* (London, 1975), S. 199.

77 Vgl. S. 449f.

78 Der *Sommernachtstraum* war nach dem Krieg nur einmal in Ostberlin gespielt worden: 1956 an der Volksbühne in einer Inszenierung von Fritz Wisten und mit einem Bühnenbild von Max Schwimmer.

79 *Weltbühne*, 29. April 1980; *Berliner Zeitung*, 15. April 1980.

80 Auch die Wissenschaft befaßte sich intensiv mit der Bezogenheit von Geschichtlichkeit und Gegenwart. Vgl. Robert Weimann, Vorwort zu *Shakespeare und die Tradition des Volkstheaters*, und ders., *Literaturgeschichte und Mythologie* (Berlin und Weimar, 1971), S. 210–217

81 Vgl. S. 454f.

82 André Müller, *Shakespeare ohne Geheimnis*, (Leipzig, 1980).

83 Roswitha Schubert, die vielversprechende Regisseurin, starb 1987 an Leukämie.

84 Das normalerweise dem Clown zugeordnete Lied wurde hier vom »Geschwisterpaar« gesungen.

85 Programmheft zu *Was ihr wollt*, Deutsches Nationaltheater Weimar, Spielzeit 1985/86.

86 Programmheft zu *Die tragische Geschichte von Hamlet, Prinz von Dänemark*, Mecklenburgisches Staatstheater Schwerin, Spielzeit 1972/73, Heft 19.

87 Aufgrund der geringen Eintrittspreise und durch Anreiz mit Abonnentenangeboten machten Jugendliche einen beträchtlichen Anteil des Publikums mit eigenem Geschmack und eigenen Vorlieben aus. Sie waren ein lebhafter, nie völlig kontrollierbarer Faktor im Zuschauerraum und nahmen damit auch Einfluß auf die Entwicklung des Theaters.

88 Die Debatte wurde hauptsächlich in *Weimarer Beiträge* und *Sinn und Form* ausgetragen. Eine gute Chronik und Bibliographie sind bei Manfred Nössig, *Die Schauspieltheater der DDR und das Erbe (1970–1974)*, (Berlin, 1976), zu finden.

89 Liane Pfelling, »Viermal *Hamlet* und viele Fragen offen«, in: *Theater der Zeit* 29/4 (1974), 24ff. Pfelling war wissenschaftliche Assistentin am Institut für Gesellschaftswissenschaften beim ZK der SED.

90 Siehe *Theater der Zeit* 29/4 und 7 (1974). Die Debatte wurde in Nössig, *Schauspieltheater*, mit einem zusätzlichen Kommentar von Maik Hamburger abgedruckt. Nössig ließ

als Herausgeber von *Theater der Zeit* einige wirklich kontroverse Diskussionen in der Zeitschrift führen.

91　Vgl. Neubert-Herwig, Christa und Lily Leder, *Benno Bessons Versuche mit Shakespeare*, Shakespeare-Jahrbuch 114 (1978); und Christa Neubert-Herwig (Hg.), *Benno Besson. Theater spielen in acht Ländern* (Berlin, 1998). Bisher hat Besson nur *Hamlet* unter den Tragödien inszeniert, diese dafür aber siebenmal in verschiedenen Ländern.

92　Robert Weimann, »Eigenes und Fremdes in Hamlet«, *Shakespeare-Jahrbuch* 114 (1978), 90.

93　Mitteilung an den Verfasser, 1995.

94　Norbert Peschke, »Polonius vorm Monitor«, *Weltbühne*, 21. Februar 1984, 247ff.

95　Ein persönliches Erlebnis: Auf der Potsdamer Premierenfeier nahmen mich drei renommierte Funktionäre nacheinander beiseite, um sich für ihre einstige harsche Kritik am Greifswalder *Hamlet* (1964) zu entschuldigen.

96　Vgl. S. 454.

97　Nössig, *Schauspieltheater*, 214f.

98　Ein von Philip Brockbank, dem Direktor des Englischen Shakespeare-Instituts, unternommener Versuch, den ungewöhnlichen *König Johann* nach Stratford-upon-Avon einzuladen, scheiterte an Geld- und Bürokratieklippen.

99　Die anderen Inszenierungen waren von Eugen Dovides und Fred Granick in Greifswald (1976), Albert R. Pasch in Meiningen (1982), Klaus Dieter Kirst in Dresden (1985). Kirst hat sich mit mehreren Shakespeare-Produktionen verdient gemacht, darunter *Sommernachtstraum* und beide Teile von *Henry IV.*

100　»Shakespeares Strukturgedanke und die kompositorische Technik seiner Stücke waren prägend für meine gesamte Regietätigkeit, der andere bestimmende Einfluß ging von Brecht aus, nicht von seinen Stücken, sondern von seiner Lyrik und der Haltung des ›eingreifenden Denkens‹. ... Shakespeare ist immer geheimnisbewahrend. Seine Laborhaltung wurde meine Regiehaltung. Er wirbelte meine Gedanken und Bilder auf, die sich auf meinen Gehirnmeeresboden gelagert hatten, und brachte mich zu neuen Kombinationen.« Klaus Fiedler, »Prägung des Regisseurs«, handschriftliche Notiz 1999.

101　Die zwei Jahre, in denen Klaus Fiedler mit einer jungen Truppe am C-Klasse-Theater in Rudolstadt für Aufregung sorgte, verdienen eine ausführlichere Behandlung, als sie in diesem Rahmen möglich ist. Unter Fiedler arbeiteten damals Christine Emig-König, Ekkehard Emig, Martin Meltke, Herbert Olschok, Bärbel Röhl, Günter Zschäckel sowie der spätere Dramatiker und Shakespeare-Übersetzer Werner Buhss. Die Truppe erhielt von Politbüromitglied Werner Lamberz politische Deckung, die nach dessen Tod bei einem Flugzeugunglück fehlte.

102　Erika Stephan, »Sommernachtstraum-Spiele«, *Sonntag* 34, 1986.

103　Das prachtvolle Schweriner Theater stand unter Rekonstruktion.

104　Christoph Schroth im Programmheft zu *Romeo und Julia* und *Das Wintermärchen*, Mecklenburgisches Staatstheater Schwerin, 1986.

105　Vgl. S. 446.

106　Eine Beschreibung der ersten drei Szenen ist bei Siegfried Wilzopolski, *Theater des Augenblicks* (Berlin, 1992), S. 33ff. zu finden.

107　Achim Gebauer, »Die häßlichen Menschen des William Shakespeare«, *Theater der Zeit* 37/4 (1982). Vgl. auch Armin-Gerd Kuckoff, »Theaterschau«, *Shakespeare-Jahrbuch* 119 (1983), 145.

108　Mitgeteilt von Martin Meltke.

109　Maik Hamburger, »Theaterschau«, *Shakespeare-Jahrbuch* 125 (1989), 161ff.

110　Vgl. Maik Hamburger, »Theaterschau«, *Shakespeare-Jahrbuch* 128 (1992), 176ff.

111　Zu Heiner Müllers Auseinandersetzung mit Shakespeare vgl. S. 253ff. und 455ff. Ferner sei auf die umfangreiche Literatur verwiesen.

112　Der gegenwärtigen Tendenz zur postmodernen Shakespeare-Fragmentisierung steht eine weltweit wachsende Zahl von Globe-Replikaten gegenüber, die wieder auf ein shakespearenahes Bühne-Zuschauer-Verhältnis zielen.

113　*Theater der Zeit* 5 (1990), 10ff.

Kapitel 8

1　Am 13. November erfuhren die Mitglieder der Volkskammer zum ersten Mal von der ihnen bis dahin verheimlichten Staatsverschuldung von 130 Milliarden DM.

2　Eine vergleichbare technoide Verschandelung mußten die Kammerspiele des Deutschen Theaters in Berlin über sich ergehen lassen.

3　*Die Zeit*, 23. Oktober 1992.

4　*Frankfurter Allgemeine Zeitung*, 28. Juni 1993. Zum Zinkeimer als Theatermetapher der neunziger Jahre siehe auch Abb. 141.

5　*Theater heute*, Jahrbuch 1993, 97.

6　*Ibid.*

7　*Ibid.*, 98.

8　Programm zu *Hamlet* (Schauspiel Köln 1988/89), S. 6, in einem Interview mit Joachim Lux.

9　In dem beigefügten Heftchen zum Programm, Interview mit Walburg Schwenke, keine Seitenangabe.

10　*Ibid.*

11　*Ibid.*

12　»Brecht and Beyond: Shakespeare on the East German Stage«, in: Dennis Kennedy (Hg.), *Foreign Shakespeare. Contemporary Performance* (Cambridge, 1993), S. 135.

13　*Frankfurter Allgemeine Zeitung*, 27. April 1989.

14　*Rheinische Post*, 21. April 1989.

15　Moninger, *Shakespeare inszeniert*, S. 267.

16　Z. B. von Helmut Schödel in *Die Zeit*, 7. April 1995.

17　Thomas Medicus in *Der Tagesspiegel*, 18. Februar 1993.

18　Ein Titel, der ihm von Franz Wille (*Theater heute*, 12 (1992), 12) und anderen verliehen wurde.

19　*Theater heute*, Jahrbuch 1989, 83.

20　Michael Merschmeier in *Theater heute*, 12 (1991), 7.

21　*Theater heute*, Jahrbuch 1993, 94.

22 Interview mit Roland Koberg, zitiert in *Theater heute*, Jahrbuch 1993, 92.

23 Erwähnt u. a. in den Artikeln von Schödel und Medicus, siehe oben, und auch von Castorf selbst.

24 *Frankfurter Allgemeine Zeitung*, 7. Januar 1995. Schon vorher hatte Georg Hensel »bei Regisseuren wie Frank Castorf oder Einar Schleef die Allgegenwart des Ordinären und der Pissoir-Poesie« diagnostiziert. »Sie zertrümmern die Stücke aus der Lust am Kaputtmachen ... es ist zum Programm geworden.« Daß die beiden bald den Kortner-Preis zugesprochen bekommen würden, konnte er sich schwerlich vorstellen. (*Glück gehabt*, S. 201 f.)

25 *Theater heute*, Mai 1992, 12.

26 Sigrid Löffler in *Die Zeit*, 5. August 1999.

27 Der Mord an den Handwerkern konnte jedoch auch als Neuenfels' witziger und verzweifelter Kommentar auf den damaligen vom Berliner Senat begangenen »Theatermord« aufgefaßt werden, der sich sogar im Text belegen läßt: »Kein Epilog, ich bitte Euch; Euer Stück bedarf keiner Entschuldigung ... Entschuldigt nur nicht: wenn alle Schauspieler tot sind, braucht man keinen zu tadeln.« (5.1.) Das Schillertheater wurde innerhalb weniger Wochen nach dieser letzten Inszenierung geschlossen.

28 Tabori im Programm zu *Lears Schatten*, S. 25.

29 Sigrid Löffler in *Theater heute*, 8 (1990), 14.

30 *Ibid.*

31 Programmheft, S. 26.

32 Diese allgemein gelobte Inszenierung, die an der Schaubühne in Berlin am 9. Juli 1985 unter der Regie von Klaus Michael Grüber Premiere hatte, wurde auch für Minetti selbst unverständlicherweise nach weniger als einem halben Dutzend Aufführungen abgesetzt.

33 Otto Heuer in *Rheinische Post*, 27. Mai 1993.

34 Z. B. Stadelmaier in *Frankfurter Allgemeine Zeitung*, 19. Oktober 1992, und Rolf Michaelis in *Theater heute*, Dezember 1992, 26.

35 *Westdeutsche Allgemeine Zeitung*, 22. Oktober 1992.

36 Sommerreitschule von Salzburgs Fürstbischöfen seit 1662. Das Areal und die Gebäude wurden zum ersten Mal 1924 für Festspielzwecke umgebaut und später mehrere Male verändert. Das Auditorium faßt nun 1549 Plätze. Die weitläufige, unüberdachte Bühne ist nach hinten durch eine dreistufige in den Fels geschlagene Galerie begrenzt.

37 Peter von Becker, *Theater heute*, 9 (1992), 20.

38 Rolf Michaelis in *Die Zeit*, zitiert in der Festspielzeitung für 1993.

39 Sigrid Löffler in *Profil*, zitiert in *ibid.*

40 Sigrid Löffler, Festspielzeitung für 1993.

41 Peter von Becker in *Theater heute*, September 1992, 22.

42 Peter von Becker in *Theater heute*, September 1993, 11.

43 Zitiert von Peter von Becker in *Theater heute*, September 1993, 12, aus einer Rezension in der *Süddeutschen Zeitung*.

44 Michael Merschmeier in *Theater heute*, 9 (1994), 6.

45 *Frankfurter Allgemeine Zeitung*, 9. Mai 1994.

46 *Theater heute*, 6 (1994), 1.

47 *Times Literary Supplement*, 2. September 1994, 18.

48 *Frankfurter Allgemeine Zeitung*, 9. Mai 1994.

49 *Theater heute*, 6 (1994), 1.

50 *Frankfurter Allgemeine Zeitung*, 9. Mai 1994.

51 *Theater heute*, Jahrbuch 1995, 89.

52 Stadelmaier in *Frankfurter Allgemeine Zeitung*, 9. Mai 1994.

53 *Theater heute*, Jahrbuch 1995, 89.

54 Aus einer Diskussion zwischen jungen Regisseuren, aufgenommen von Anke Roeder in Roeder/Ricklefs, *Junge Regisseure* (Frankfurt am Main, 1993), S. 146.

55 *Ibid.*, S. 120 und 121.

56 *Ibid.*, S. 123.

57 *Theater heute*, 8 (1995), 2.

58 »Rede über den Schauspieler« (1929), in: Manfred Brauneck, *Theater im 20. Jahrhundert. Programmschriften, Stilperioden, Reformmodelle* (Reinbek, 1982), S. 353.

59 Stadelmaier in der *Frankfurter Allgemeinen Zeitung*, 26. Oktober 1993.

60 Gerhard Rohde in *Frankfurter Allgemeine Zeitung*, 4. Mai 1992. Ein »Exercice der Erinnerung« in der Tat. Haußmann zitierte hier die Schlußsequenz von Otto Falckenbergs *Wie es euch gefällt* (1917), in der der Wald (allerdings der Ardenner, nicht wie hier der Athener) noch einmal seinen Zauber entfaltet. Falckenberg beschreibt ihn so: »Dann verloren sich die lachenden Stimmen und farbigen Lichter der Paare mehr und mehr in den Tiefen des sommernächtlichen Waldes, bis nur noch ein schleierumwehtes elfenhaftes Wesen – die zauberhaft schlanke, sechzehnjährige Lala Herdmenger – im Mondschein silbern aufleuchtete und erlosch.« (in: Petzet, *Theater*, S. 12). Ein hochromantischer Schluß, den Haußmann bewundernd nachstellt – und hinterfragt.

61 *Die Zeit*, 26. März 1993.

62 20. Januar 1993.

63 Barbara Villiger Heilig, 16. Januar 1993.

64 Bernd C. Sucher in *Süddeutsche Zeitung*, 16./17. Januar 1993.

65 Rolf Boysen, *Nachdenken über Theater. Essays, Gespräche* (Frankfurt am Main, 1997), S. 70.

66 Oft erwähnt in Rezensionen, ursprünglich aus einem Interview mit einer Kölner Studentenzeitung.

67 Andreas Rossmann in *Frankfurter Allgemeine Zeitung*, 29. September 1994.

68 Reinhard Kill in *Rheinische Post*, 26. September 1994.

69 *Frankfurter Allgemeine Zeitung*, 3. September 1997.

70 *Shakespeare-Jahrbuch* 1999, 158.

71 Bezeichnenderweise hat Karin Beier in ihren folgenden Shakespeare-Inszenierungen (*Was ihr wollt*, Hamburg 1996, und *Maß für Maß*, Hamburg 1998) diese radikale Sprachauflösung nicht fortgesetzt. Sie war wohl auch schwierig zu organisieren, weil so viele Schauspieler von so entfernten Orten kurzzeitig aus ihren Verträgen freikommen mußten. Zudem gab es weniger aufwendige Formen der Hybridisierung, an der jüngere Regisseure wachsenden Gefallen zu finden schienen.

72 Programmatisch etwa in Jürgen Kruses *Tryin' Macbeth (as an unfinished play)*, Bochum, 1997 oder in der Gemeinschaftsproduktion des Badischen Staatstheaters Karlsruhe

und des Theaters an der Ruhr *Hamlet. Dritter Akt* (Mülheim/Ruhr, 1994, Regie: Fritz Schediwy).

73 Siehe dazu den hochkarätigen, von Christian Thomsen und Irmela Schneider herausgegebenen Band *Hybridkultur. Medien, Netze, Künste* (Köln, 1997).

74 Ciulli schoß auch hier den Vogel ab. In seinem *Macbeth* (Theater an der Ruhr, 1993) redeten die Hexen über Olympiasieger im Eiskunstlauf und Macbeth (Fritz Schediwy), der streckenweise als Dr. Mengele auftrat, zitierte aus *Dantons Tod* und Texte von Leonardo da Vinci und Schopenhauer.

75 *Frankfurter Allgemeine Zeitung*, 14. September 1998.

76 *Theater heute*, 1 (1999), 43. In das weitere Umfeld des Hybridisierungsphänomens gehören auch die berühmten interkulturellen Shakespeare-Inszenierungen von Ariane Mnouchkine, Yukio Ninagawa oder Tadashi Zuzuki; im übrigen sind interkulturelle Hybridisierungen ein theoretisch brisantes Kapitel, in dem die Erzeuger solcher kulturüberspannenden Produktionen mit Vorwürfen wie Stilmischmasch, Neokolonialismus und orientierungslose Ansiedlung im kulturellen Niemandsland zu rechnen haben. Wichtige Teilnehmer an dieser sich ausweitenden Debatte, neben den Regisseuren selbst, sind Erika Fischer-Lichte, Patrice Pavice, Rustom Bharucha, Richard Schechner, Marvin Carlson, John Russell Brown und Dennis Kennedy.

77 *Theater heute*, 8 (1995), 23.

78 *Frankfurter Allgemeine Zeitung*, 31. Mai 1995

79 Ulrich Schreiber in *Theater heute*, 11 (1998), 56.

Ausgewählte Bibliographie

Ahrens, Gerhard (Hg.), *Das Theater des deutschen Regisseurs Jürgen Fehling* (Berlin, 1985).

Akademie der Künste (Hg.), *Geschlossene Vorstellung. Der Jüdische Kulturbund in Deutschland 1933–1941* (Berlin, 1992).

Andermann, Walter Th., *Bis der Vorhang fiel* (Dortmund, 1947).

Asmus, Walter, *Die moderne Volksbühnenbewegung* (Leipzig, 1909).

Aufricht, Ernst Josef, *Erzähle damit Du Dein Recht erweist* (Berlin, 1966).

Bab, Julius, *Das Theater der Gegenwart. Geschichte der dramtischen Bühne seit 1870* (Leipzig, 1928).

Bablet, Denis und Jean Jacquot (Hg.), *L'Expressionisme dans le Théâtre Européen* (Paris, 1971).

Bablet, Denis und Marie-Louise Bablet (Hg.), *Adolphe Appia 1862–1928, acteur – espace – lumière* (Zürich, 1981).

Bablet, Denis, *The Revolutions of Stage Design in the 20th Century* (Paris und New York, 1976).

Bachmann, Dieter und Rolf Schneider (Hg.), *Das verschonte Haus. Das Zürcher Schauspielhaus im Zweiten Weltkrieg* (Zürich, 1987).

Bahr, Hermann, *Schauspielkunst* (Leipzig, 1923).

Behr, Hermann, *Die Goldenen Zwanziger Jahre. Das fesselnde Panorama einer entfesselten Zeit* (Hamburg, 1964).

Behrens, Peter, *Feste des Lebens und der Kunst* (Leipzig, 1900).

Beil, Hermann, Uwe Jens Jensen, Claus Peymann und Vera Sturm (Hg.), *Das Bochumer Ensemble. Ein deutsches Stadttheater 1979–1986* (Bochum, 1986).

Beil, Hermann, *Theaternarren leben länger* (Wien, 2000)

Berger, Ludwig, *Theatermenschen. So sah ich sie* (Velber, 1962).

Berger, Ludwig, *Wir sind vom gleichen Stoff aus dem die Träume sind. Summe eines Lebens* (Tübingen, 1953).

Berns, Ulrich, *Das Virtuosengastspiel auf der deutschen Bühne* (Köln, 1951).

Berry, Ralph und Christian Jauslin, *Shakespeare inszenieren. Gespräche mit Regisseuren* (Bottmingen/BL, 1978).

Berstl, Julius, *Odyssee eines Theatermannes, Erinnerungen aus sieben Jahrzehnten* (Berlin, 1963).

Biedrzynski, Richard, *Schauspieler, Regisseure, Intendanten* (Heidelberg, Berlin und Leipzig, 1944).

Biener, Joachim, *Alfred Kerr und Herbert Ihering. Ein Beitrag zur Geschichte der neueren Theaterkritik* (Diss. Berlin: Humboldt Univ., 1973).

Blubacher, Thomas, *Befreiung von der Wirklichkeit? Das Schauspiel am Stadttheater Basel 1933–1945* (Basel, 1995)

Bluth, Karl Theodor, *Leopold Jeßner* (Berlin, 1928).

Boehe, Jutta, »Theater und Jugendstil – Feste des Lebens und der Kunst«, in: Gerhard Bott (Hg.), *Von Morris zum Bauhaus. Eine Kunst gegründet auf Einfachheit* (Hanau, 1977).

Bohaumilitzky, Walter, *Caspar Nehers Bühnenbild in den 20er Jahren. Sein Frühwerk (1923–1930)* (Diss. Wien, 1968).

Bott, Gerhard (Hg.), *Von Morris zum Bauhaus. Eine Kunst gegründet auf Einfachheit* (Hanau, 1977).

Braulich, Heinrich, *Max Reinhardt* (Berlin, 1969).

Brauneck, Manfred, *Theater im 20. Jahrhundert. Programmschriften, Stilperioden, Reformmodelle* (Reinbek, 1982).

Brecht, Bertolt, *Gesammelte Werke* (Frankfurt am Main, 1967).

Brook, Peter, *The Empty Space* (Harmondsworth, 1980).

Canaris, Volker, *Peter Zadek. Der Theatermann und Filmemacher* (München, 1979).

Daiber, Hans, *Deutsches Theater seit 1945* (Stuttgart, 1976).

Daiber, Hans, *Schaufenster der Diktatur. Theater im Machtbereich Hitlers* (Stuttgart, 1995).

Dibbelt, Ulrike, *Vom Mysterium der Gnade zur Korruption durch Macht. Shakespeares* Maß für Maß *in Westdeutschland: die Geschichte seiner Rezeption in Literaturwissenschaft und Theater 1946–1979* (Bonn, 1980).

Die Szene. Sonderheft: Klassiker-Bearbeitungen (Oktober/November 1929).

Diebold, Bernhard, *Anarchie im Drama. Kritik und Darstellung der modernen Dramatik* (Berlin, 1928).

Dietrich, Margret (Hg.), *Das Burgtheater und sein Publikum*, Band 1 (Wien, 1976).

Dietrich, Margret, »Neuerungen in Bühnenbild, Bühnentechnik und Theaterarchitektur«, *Maske und Kothurn*, 15 (1965).

Dillmann, Michael, *Heinz Hilpert. Leben und Werk* (Berlin, 1990).

Dörnemann, Kurt, *Shakespeare-Theater. Bochum 1919–1979* (Bochum, 1979).

Dreifuss, Alfred, *Deutsches Theater Berlin Schumannstrasse 13a.*

Fünf Kapitel aus der Geschichte einer Schauspielbühne (Berlin, 1983).

Dresen, Adolf, *Siegfrieds Vergessen* (Berlin, 1992).

Dresen Adolf, *Wieviel Freiheit braucht die Kunst? Reden, Briefe, Verse, Spiele.* (Berlin, 2000).

Drewniak, Boguslaw, *Das Theater im NS-Staat, Szenarium deutscher Zeitgeschichte 1933–1945* (Düsseldorf, 1983).

Drews, Berta (Hg.), *Heinrich George. Ein Schauspielerleben* (Hamburg, 1959).

Dumont, Hervé, *Das Zürcher Schauspielhaus von 1921–1938* (Lausanne, 1973).

Durieux, Tilla, *Eine Tür steht offen. Erinnerungen* (Berlin, München und Wien, 1964).

Dürrenmatt, Friedrich, *König Johann. Nach Shakespeare*, in: *Komödien III* (Zürich, 1972)

Eggl, Kurt, *Das Expressionistische Bühnenbild in Wien* (Diss. Wien, 1952).

Emmel, Felix, *Das ekstatische Theater* (Prien, 1924).

Emmel, Felix, *Theater aus deutschen Wesen* (Berlin, 1937).

Engel, Erich, *Schriften über Theater und Film* (Berlin, 1971).

Erken, Günther, *Shakespeares Königsdramen auf der deutschen Bühne* (Bochum, 1978).

Euler, Friederike, *Der Regisseur und Schauspielerpädagoge Otto Falckenberg. Falckenberg-Inszenierungen an den Münchner Kammerspielen* (München, 1976).

Fehling, Jürgen, *Die Magie des Theaters. Äußerungen und Aufzeichnungen* (Velber, 1965).

Fenkohl, Jörg, *Dramen Shakespeares auf der Bühne des deutschen Expressionismus* (Diss. Berlin: FU, 1973).

Fetting, Hugo (Hg.), *Leopold Jeßner. Schriften. Theater der zwanziger Jahre* (Berlin, 1979).

Fetting, Hugo (Hg.), *Von der Freien Bühne zum Politischen Theater. Drama und Theater im Spiegel der Kritik* (Leipzig, 1987).

Fiedler, Leonhardt M., *Max Reinhardt* (Reinbek, 1975).

Fischer-Lichte, Erika, *Das Drama und seine Inszenierung* (Tübingen, 1985).

Freeden, Herbert, *Jüdisches Theater in Nazideutschland* (Tübingen, 1964).

Fuchs, Georg, *Die Revolution des Theaters. Ergebnisse aus dem Münchener Künstler-Theater* (München und Leipzig, 1909).

Fulda, Ludwig, *Deutsche Kultur und Ausländerei* (Leipzig, 1916).

Funke, Christoph und Wolfgang Jensen, *Theater am Schiffbauerdamm* (Berlin, 1992).

Funke, Christoph, Hofmann-Ostwald, Daniel, Otto, Hans-Gerald (Hg.), *Theater-Bilanz 1945–1969. Eine Bilddokumentation über die Bühne der Deutschen Demokratischen Republik* (Berlin, 1971).

Gebhart, Hans, *Über die Kunst des Schauspielers. Gespräche mit Otto Falckenberg* (München, 1947/48).

Geisel, Eike und Henryk M. Broder, *Premiere und Pogrom. Der Jüdische Kulturbund 1933–1941. Texte und Bilder* (Berlin, 1992).

Geerdts, Hans Jürgen et al. (Hg.), *Literatur der Deutschen Demokratischen Republik. Einzeldarstellungen*, 3 Bände (Berlin, 1976, 1979, 1987).

Girshausen, Theo, *Hamletmaschine. Heiner Müllers Endspiel* (Köln, 1978).

Gleber, Klaus, *Theater und Öffentlichkeit. Produktions- und Rezeptionsbedingungen politischen Theaters am Beispiel Piscators 1920–1966* (Frankfurt am Main, 1979).

Goebbels, Joseph, »Die Entwicklung des Theaters im 3. Reich«, in: *Die Bühne*, 10 Juni 1937.

Goerden, Elmar, *Shylock on the German Stage* (unveröffentlichte Magisterarbeit, University of Rochester, N.Y., 1989).

Goertz, Heinrich, *Erwin Piscator in Selbstzeugnissen und Bilddokumenten* (Reinbek, 1974).

Gregor, Joseph, *Große Regisseure der modernen Bühne. Die Theaterregie in der Welt unseres Jahrhunderts* (Wien, 1958).

Grohmann, Walter, *Das Münchner Künstlertheater in der Bewegung der Szenen- und Theaterformen* (Berlin, 1935).

Grossmann, Manfred (Hg.), *Max Reinhardt. Regiebuch zu Macbeth* (Basel, 1966).

Gründgens, Gustaf, *Wirklichkeit des Theaters* (Frankfurt am Main, 1977).

Gundolf, Friedrich, *Shakespeare und der deutsche Geist* (Berlin, 1927[8]).

Hadamczik, Dieter, Jochen Schmidt und Werner Schulze-Reimpell, *Was spielten die Theater. Bilanz der Spielpläne in der Bundesrepublik Deutschland 1947–1975* (Remagen, o.J.).

Hamann, Richard und Jost Hermand, *Expressionismus* (Berlin, 1975).

Hamann, Richard und Jost Hermand, *Stilkunst um 1900. Deutsche Kunst und Kultur von der Gründerzeit bis zum Expressionismus* (Berlin, 1967).

Hayman, Ronald, (Hg.), *The German Theatre* (London, 1975).

Heinrichs, Heinz-Dieter, *Das Rose-Theater. Ein volkstümliches Familientheater in Berlin von 1906–1944* (Berlin, 1965).

Hensel, Georg, *Das Theater der siebziger Jahre. Kommentar, Kritik, Polemik* (Stuttgart, 1980).

Hensel, Georg, *Kritiken – ein Jahrzehnt Sellner-Theater in Darmstadt* (Darmstadt, o. J.).

Hensel, Georg, *Spiel's noch einmal. Theater der achtziger Jahre* (Frankfurt am Main, 1991[2]).

Hensel, Georg, *Glück gehabt. Szenen aus einem Leben* (Darmstadt, 1994).

Hilpert, Heinz, *Formen des Theaters* (Wien, 1944).

Höfele, Andreas, »Leopold Jessner's Shakespeare Productions 1920–1930«, in: *Theater History Studies*, 1992.

Hollaender, Felix, *Lebendiges Theater. Eine Berliner Dramaturgie* (Berlin, 1932).

Huesmann, Heinrich, *Welttheater Reinhardt. Bauten, Spielstätten, Inszenierungen* (München, 1983).

Iden, Peter, *Theater als Widerspruch. Plädoyer für die zeitgenössische Bühne* (München, 1984).

Ihering, Herbert, *Die zwanziger Jahre* (Berlin, 1948).

Ihering, Herbert, *Regie* (Berlin, 1943).

Ihering, Herbert, *Reinhardt, Jeßner, Piscator oder Klassikertod?* (Berlin, 1929).

Ihering, Herbert, *Theater in Aktion. Kritiken aus 3 Jahrzehnten 1913–1933* (Berlin, 1987).

Jacobsohn, Siegfried, *Jahre der Bühne. Theaterkritische Schriften*, hg. von Walther Karsch (Hamburg, 1965).

Jelavich, Peter, *Munich and Theatrical Modernism* (Cambridge, Mass. und London 1985).

Kachler, Karl Gotthilf und Gustava Iselin-Haeger, *Lebendiges Theater in schwieriger Zeit. Ein Kapitel Basler Theatergeschichte 1936–1946 mit Skizzen von Gustava Iselin-Haeger (1978–1962), in:* Schweizerische Gesellschaft für Theaterkultur, Schriften Nr. 16, 1982 (Basel, 1982).

Kahane, Arthur, *Tagebuch des Dramaturgen* (Berlin, 1928).

Kaiser, Hermann, *Modernes Theater in Darmstadt. 1910–1933* (Darmstadt, 1955).

Kaiser, Hermann, *Vom Zeittheater zur Sellner-Bühne* (Darmstadt, 1981).

Kaiser, Joachim, *Wie ich sie sah ... und wie sie waren* (München, 1985).

Karsch, Walther, *Wort und Spiel. Aus der Chronik eines Theaterkritikers 1945–1962* (Berlin, 1962).

Kennedy, Dennis (Hg.), *Foreign Shakespeare. Contemporary Performance* (Cambridge, 1993).

Kennedy, Dennis; *Looking at Shakespeare. A visual history of twentieth century performance.* (Cambridge, 1993).

Kerr, Alfred, *Mit Schleuder und Harfe. Theaterkritiken aus drei Jahrzehnten* (Berlin, 1982).

Kiaulehn, Walter, *Berlin. Schicksal einer Weltstadt* (München, 1976).

Kindermann, Heinz, *Shakespeare und das Burgtheater* (Wien, 1964).

Kindermann, Heinz, *Die europäische Sendung des deutschen Theaters* (Wien, 1994).

Klüger, Ruth, *Katastrophen. Über deutsche Literatur* (München, 1997).

Koch, Hans, *Marxismus und Ästhetik* (Berlin, 1962).

Kortner, Fritz, *Aller Tage Abend* (München, 1969).

Kott, Jan, *Shakespeare heute* (München, 1970).

Krauß, Werner, *Das Schauspiel meines Lebens* (Stuttgart, 1958).

Kreuzer, Helmut (Hg.), *Deutsche Dramaturgie der Sechziger Jahre* (Tübingen, 1974).

Krull, Edith, *Erinnerungen an das Rosetheater* (Berlin, 1960).

Kühlken, Edda, *Die Klassikerinszenierungen von Gustaf Gründgens* (Meisenheim am Glan, 1972).

Kuckhoff, Armin-Gerd, *Das Drama William Shakespeares* (Berlin, 1964).

Kunstamt Kreuzberg und Institut für Theaterwissenschaft der Universität Köln (Hg.), *Weimarer Republik* (Berlin und Hamburg, 1977).

Kuschnia, Michael (Hg.), *100 Jahre Deutsches Theater Berlin 1883–1983* (Berlin, 1983).

Lehmann, Hans-Thies, *Postdramatisches Theater* (Frankfurt am Main, 1999).

Leiser, Erwin (Hg.), *Leopold Lindtberg. »Du weisst ja nicht wie es in mir schäumt«. Schriften-Bilder-Dokumente* (Zürich, 1985).

Lelyverld, Toby, *Shylock on the Stage* (London, 1961).

Lennartz, Knut, *Vom Aufbruch zur Wende. Theater in der DDR* (Velber, 1992).

Liese, Wolf, *Louise Dumont. Ein Leben für das Theater* (Hamburg und Düsseldorf, 1971).

Lindemann, Gustav (Hg.), *Louise Dumont. Vermächtnisse* (Düsseldorf, 1932).

Lindtberg, Leopold, *Reden und Aufsätze* (Zürich, 1972).

Linke, Manfred, *Gustav Lindemann. Regie am Düsseldorfer Schauspielhaus* (Düsseldorf, 1969).

Ludwigg, Heinz (Hg.), *Fritz Kortner* (Berlin, 1928).

Luft, Friedrich, *Berliner Theater 1945–1961* (Velber, 1962).

Maser, Werner, *Heinrich George. Die politische Biographie* (Berlin, 1997).

Mauer, Burkhard und Barbara Krauss (Hg.), *Spielräume – Arbeitsergebnisse. Theater Bremen 1962–1973* (Bremen, 1973).

Mayer, Hans, *Ein Deutscher auf Widerruf*, 2 Bände (Frankfurt am Main, 1982/1988).

Meier, Bettina, *Die Münchner Kammerspiele während der Intendanz Erich Engels. Wiederaufbau und Neubeginn 1945–1947* (Diss. München, 1982).

Melchinger, Siegfried, *Theater der Gegenwart* (Frankfurt am Main, 1956).

Merschmeier, Michael, *Aufklärung – Theaterkritik – Öffentlichkeit. Mit einem zeitgenössischen Exkurs*, (Diss. Berlin: FU, 1985).

Mesalla, Horst, *Heinrich George. Versuch der Rekonstruktion der schauspielerischen Leistung unter besonderer Berücksichtigung der zeitgenössischen Publizistik* (Berlin, 1969).

Mierendorff, Marta und Walter Wicclair, *Im Rampenlicht der »dunklen Jahre«. Aufsätze zum Theater im »Dritten Reich«, Exil und Nachkrieg* (Berlin, 1989).

Minetti, Bernhard, *Erinnerungen eines Schauspielers* (Stuttgart, 1985).

Mittenzwei, Werner, *Theater in der Zeitenwende*, 2 Bände (Berlin, 1972).

Mittenzwei, Werner, *Das Zürcher Schauspielhaus 1933–1945 oder Die letzte Chance* (Berlin, 1979).

Moninger, Markus, *Shakespeare inszeniert. Das Westdeutsche Regietheater und die Theatertradition des ›dritten deutschen Klassikers‹* (Stuttgart, 1996).

Müllenmeister, Horst, *Leopold Jeßner. Geschichte eines Regiestils*, (Diss. Köln, 1956).

Müller, André, *Shakespeare ohne Geheimnis* (Leipzig, 1980).

Müller, Henning, *Theater der Restauration. Westberliner Bühnen, Kultur und Politik im Kalten Krieg* (Berlin, 1981).

Naef, Louis und Christian Jauslin (Hg.), Ausgangspunkt Schweiz. Nachwirkung des Exiltheaters, in: *Jahrbuch der Schweizerischen Gesellschaft für Theaterkultur* 50/1989 (Willisau, 1989).

Nagel, Ivan, *Kortner-Zadek-Stein* (München, 1989).

Niessen, Carl, *Der Szeniker Ludwig Sievert. Ein Leben für die Bühne* (Köln, 1959).

Niessen, Carl, *Max Reinhardt und seine Bühnenbildner* (Köln, 1958).

Nössig, Manfred, *Die Schauspieltheater der DDR und das Erbe (1970–1974)* (Berlin, 1976).

Nüssel, Heide, *Rekonstruktionen der Shakespeare-Bühne auf dem deutschen Theater* (Diss. Köln, 1967).

Otten, Karl (Hg.), *Schrei und Bekenntnis. Expressionistisches Theater* (Darmstadt, Berlin und Neuwied, 1959).

Patterson, Michael, *The Revolution in German Theatre 1900–1933* (London, 1981).

Patterson, Michael, *Peter Stein. Germany's leading theatre director* (Cambridge, 1981).

Petersohn, Roland, *Heiner Müllers Shakespeare-Rezeption. Texte und Kontexte* (Frankfurt am Main u. a., 1993).

Petzet, Wolfgang, *Die Münchner Kammerspiele 1911–1972* (München, 1973).

Petzet, Wolfgang, *Otto Falckenberg. Mein Leben – Mein Theater. Nach Gesprächen und Dokumenten aufgezeichnet von W. Petzet* (München, Wien und Leipzig, 1944).

Pierwoss, Klaus, *Der Szenen- und Kostümbildner Emil Pirchan. Eine Darstellung seines Gesamtwerkes unter besonderer Berücksichtigung seiner Zusammenarbeit mit dem Regisseur Leopold Jeßner* (Wien, 1970).

Prieberg, Fred K., *Musik im NS-Staat* (Frankfurt am Main, 1982).

Quadflieg, Will, *Wir spielen immer* (Frankfurt am Main, 1976).

Raab, Michael, *Des Widerspenstigen Zähmung. Moderne Shakespeare-Inszenierungen in Deutschland und England* (Rheinfelden, 1985).

Reich, Bernhard, *Im Wettlauf mit der Zeit. Erinnerungen aus fünf Jahrzehnten deutscher Theatergeschichte* (Berlin, 1970).

Reich-Ranicki, Marcel, *Mein Leben* (Stuttgart 1999).

Reinhardt, Gottfried, *Der Liebhaber. Erinnerungen seines Sohnes Gottfried Reinhardt an Max Reinhardt* (München, 1973).

Reinhardt, Max, »Rede über den Schauspieler«, in: Manfred Brauneck *Theater im 20. Jahrhundert. Programmschriften, Stilperioden, Reformmodelle* (Reinbek, 1982).

Reinhardt, Max, *Ich bin nichts als ein Theatermann, Briefe, Reden, Aufsätze, Interviews, Auszüge aus Regiebüchern*, hg. von Hugo Fetting (Berlin, 1989).

Riess, Curt, *Gustaf Gründgens. Eine Biographie* (Hamburg, 1965).

Riess, Curt, *Sein oder Nichtsein. Der Roman eines Theaters (Zürcher Schauspielhaus)*, (Zürich, 1963).

Rischbieter, Henning, *Bühne und bildende Kunst im XX. Jahrhundert. Maler und Bildhauer arbeiten für das Theater* (Velber, 1968).

Rischbieter, Henning (Hg.), *Theater-Lexikon* (Zürich, 1983).

Roos, Peter (Hg.), *Exil. Die Ausbürgerung Wolf Biermanns aus der DDR* (Köln, 1977).

Rose, Paul, *Berlins große Theaterzeit. Schauspieler-Porträts der zwanziger und dreißiger Jahre* (Berlin, 1959).

Rosenberg, Arthur, *Geschichte der Weimarer Republik* (Frankfurt am Main, 1973).

Rothe, Hans, *Der Kampf um Shakespeare* (Baden-Baden, 1956[4]).

Rühle, Günther, *Zeit und Theater. Diktatur und Exil 1933–1945* (Berlin, 1974).

Rühle, Günther, *Theater in unserer Zeit* (Frankfurt am Main, 1976).

Rühle, Günther, *Anarchie in der Regie* (Frankfurt am Main, 1982).

Rühle, Günther (Hg.), *Bernhard Minetti, Erinnerungen eines Schauspielers* (Stuttgart, 1985).

Rühle, Günther, *Theater für die Republik. 1917–1933 im Spiegel der Kritik* (Berlin, 1988).

Rülicke-Weiler, Käthe, *Die Dramaturgie Brechts* (Berlin, 1966).

Runge, Erika, *Vom Wesen des Expressionismus im Drama und auf der Bühne* (Diss. Frankfurt am Main, 1962).

Ruppel, Karl Heinz, *Grosses Berliner Theater* (München, 1962).

Sandig, Holger (Hg.), *Klassiker heute* (München, 1972).

Schauspielhaus Bochum und Stadtarchiv Bochum (Hg.), *Saladin Schmitt der Theatergründer. Eine Dokumentation* (Bochum, 1983).

Scheperlmann-Rieder, Erika, *Emil Pirchan und das expressionistische Bühnenbild* (Wien, 1964).

Schlösser, Rainer, *Das Volk und seine Bühne, Bemerkungen zum Aufbau des deutschen Theaters*. Bücherei für Spiel und Theater, Band 1 (Berlin, 1935).

Scholz, Hans, *Rekonstruktionsversuch der sprachlichen und szenischen Regieführung, dargelegt am Inszenierungswerk Richard Weicherts* (Diss. Dresden, 1956).

Schöndienst, Eugen, *Geschichte des deutschen Bühnenvereins seit 1945* (Frankfurt am Main, 1981).

Schoop, Günther, *Das Zürcher Schauspielhaus im zweiten Weltkrieg* (Zürich, 1959).

Schrage, Hermann Dieter, *Saladin Schmitt am Stadttheater Bochum (1919–1949)* (Diss. Wien, 1967).

Schuh, Oscar Fritz, *So war es – war es so? Notizen und Erinnerungen eines Theatermannes* (Berlin, 1980).

Schuh, Oscar Fritz und Franz Willnauer, *Bühne als geistiger Raum* (Bremen, 1963).

Schuh, Oscar Fritz, *Salzburger Dramaturgie* (Salzburg, 1969).

Schultes, Paul, *Expressionistische Regie* (Diss. Köln, 1981).

Schültke, Bettina, *Theater oder Propaganda? Die Städtischen Bühnen Frankfurt am Main 1933–1945* (Frankfurt am Main, 1997)

Schumacher, Erich, *Shakespeares Macbeth auf der deutschen Bühne* (Emsdetten, 1938).

Schumacher, Ernst, »Szenographie der Veränderung, Szenographie in Veränderung«, in: *Maske und Kothurn*, 27 (1981).

Seebacher-Brandt, Brigitte, *Die Linke und die Einheit* (Berlin, 1991).

Seelig, Ludwig, *Geschäftstheater oder Kulturtheater?* (Berlin, 1914).

Sellner, Gustav Rudolf und Werner Wien, *Theatralische Landschaft* (Bremen, 1962).

Siedhoff, Thomas, *Das Neue Theater in Frankfurt/M. 1911–1935. Versuch einer systematischen Würdigung eines Theaterbetriebs* (Frankfurt am Main, 1985).

Sievert, Ludwig, *Lebendiges Theater* (München, 1944).

Sinsheimer, Hermann, *Shylock. The History of Character* (London, 1947).

Spittmann, Ilse und Gisela Helwig (Hg.), *Chronik der Ereignisse in der DDR* (Köln, 1990).

Stadler, Edmund, »Bühne und Abstraktion von der Urzeit bis heute«, in: *Bühnenformen – Bühnenräume – Bühnendekorationen. Beiträge zur Entwicklung des Spielorts*, Hg. von Rolf Badenhausen, und Harald Zielske (Berlin, 1974).

Stadt Bochum (Hg.), *Saladin Schmitt. Blätter der Erinnerung* (Bochum, 1964).

Stadt Braunschweig (Hg.), *300 Jahre Theater in Braunschweig 1690–1900* (Braunschweig, 1990).

Stahl, Ernst Leopold, *Das Mannheimer Nationaltheater* (Mannheim, 1929).

Stahl, Ernst Leopold, *Shakespeare und das deutsche Theater* (Stuttgart, 1947).

Steiger, Klaus Peter, *Moderne Shakespeare-Bearbeitungen* (Stuttgart, 1990).

Stroedel, Wolfgang, *Shakespeare auf der Deutschen Bühne. Vom Ende des Weltkriegs bis zur Gegenwart* (Weimar, 1938).

Styan, J. L., *Max Reinhardt* (Cambridge, 1982).

Styan, J. L., *Modern drama in theory and practice 3. Expressionism and Epic Theatre* (Cambridge, 1981).

Tragelehn, B. K., *Theater Arbeiten* (Berlin, 1988).

Verein der Freunde des Bayerischen Staatsschauspiels (Hg.), *... und dann spielten sie wieder. Das Bayerische Staatsschauspiel 1946–1986* (München, 1986).

Vielhaber, Christiane, *Shakespeare auf dem Theater Westdeutschlands 1945–1975* (Diss. Köln, 1977).

Viertel, Berthold, *Schriften zum Theater* (München, 1970).

Vietta, Egon, *Katastrophe oder Wende des deutschen Theaters* (Düsseldorf, 1955).

Völker, Klaus, *Fritz Kortner. Schauspieler und Regisseur* (Berlin, 1987).

Voigt, Felix A. und Walter A. Reichert, *Hauptmann und Shakespeare. Ein Beitrag zur Geschichte des Fortlebens Shakespeares in Deutschland* (Goslar, 1947).

Vondung, Klaus (Hg.), *Das wilhelminische Bildungsbürgertum. Zur Sozialgeschichte seiner Ideen* (Göttingen, 1967).

Vortisch, Karla-Ludwiga, *Horst Caspar (1913–1952). Ein Schauspieler im Wandel seiner Epoche* (Berlin, 1966).

Wagner, Ludwig, *Der Szeniker Ludwig Sievert. Studie zur Entwicklungsgeschichte des Bühnenbildes im letzten Jahrzehnt* (Berlin, 1926).

Wälterlin, Oskar, *Bekenntnis zum Theater* (Zürich, 1955).

Wardetzky, Jutta, *Theaterpolitik im faschistischen Deutschland, Studien und Dokumente* (Berlin, 1983).

Weber, Verena, *Das Schauspielhaus Zürich 1945–1965* (Diss. Wien, 1970).

Wehner, Hans Magnus, *Vom Glanz und Leben deutscher Bühne. Eine Münchner Dramaturgie. Aufsätze und Kritiken 1933–1941* (Hamburg, 1944).

Weilen, Alexander von, »Der Dresdner *Hamlet*«, *Bühne und Welt*, XII, 1 (1909).

Weimann, Robert, »Shakespeare on the modern stage: past significance and present meaning«, *Shakespeare Survey*, 1967 (20), 113–120.

Weimann, Robert, *Shakespeare und die Tradition des Volkstheaters* (Berlin, 1967).

Weinzierl, Brigitte, *Spielplanpolitik im Dritten Reich und das Spielplanprofil 1932/33 bis 1943/44 des Bayrischen Staatsschauspiels München* (Diss. München, 1981).

Wekwerth, Manfred, *Notate* (Berlin und Weimar, 1967).

Wekwerth, Manfred, *Theater in Diskussion. Notate, Gespräche, Polemiken* (Berlin, 1982).

Willett, John, *The New Sobriety. Art and Politics in the Weimar Period 1917–1933* (London, 1978).

Willett, John, *The Theatre of the Weimar Republic* (NewYork und London, 1988).

Williams, Simon, *Shakespeare on the German Stage. Vol 1: 1586–1914* (Cambridge, 1989).

Wilzopolski, Siegfried, *Das Theater des Augenblicks* (Berlin, 1992).

Winterstein, Eduard von, *Mein Leben und meine Zeit. Ein halbes Jahrhundert deutscher Theatergeschichte* (Berlin, 1947).

Wolf, Christa, *Auf dem Weg nach Tabou. Texte 1990–1994* (Köln, 1994).

Wulf, Joseph, *Theater und Film im Dritten Reich. Eine Dokumentation* (Gütersloh, 1964).

Zadek, Peter, *Das wilde Ufer. Ein Theaterbuch* (Köln, 1990).

Zadek, Peter, *My Way. Eine Autobiographie* (Köln, 1998).

Zander, Horst, *Shakespeare »bearbeitet«. Eine Untersuchung am Beispiel der Historien-Inszenierungen 1945–1975 in der Bundesrepublik Deutschland* (Tübingen, 1983).

Zivier, Georg, *Ernst Deutsch und das deutsche Theater* (Berlin, 1964).

Zuckmayer, Carl, *Als wär's ein Stück von mir* (Frankfurt am Main, 1966).

REGISTER

Personen

Werke

Orte

Bildnachweis

Acimovic, Elke, 329; Archiv des Verfassers, 23 o., 29, 45 o., 46, 47, 62, 71, 77, 82, 85, 87, 100, 110, 122, 124, 144, 158 (Foto: Willy Saeger), 176, 180 o., 183, 193, 195, 214, 219 (Foto: Pit Ludwig), 243 (Foto: Werner Schloske), 288 (Foto: Günter Vierow), 295 (Foto: Stefan Odry), 322 (Foto: Ruth Walz), 328 o. (Foto: Inge Rambow), 398 (Foto: Willy Saeger), 400 u. (Foto: Georg Meyer Hanno), 403 (Foto: Siegfried Huth), 414, 416, 417 (Foto: Eva Gathen), 420 (Foto: Gisela Brandt), 423 (Foto: Neues Theater Halle), 432, 439 l., 448 u., 474, 483; atelier rosalie, 338; Baltzer, David, 475, 476 (Foto: Quenz); Banse, Jürgen, 424; Theater Basel, 255, 261, 262 (Foto: Peter Stöckli); Baus, Hermann und Clärchen, 331, 334, 335; Berliner Stadtmuseum, 75, 129; Beu, Thilo, 374; Böhme, Hans Ludwig, 461; Brandt, Gisela, 421; Brend'amour, Simhart & Co., 34; Bruell, J. H., 315; Deutsches Nationaltheater Weimar, 446 (Foto: Karl Röser); Deutsches Theater, 133 o., 395 (Foto: Willi Saeger); 400 o. (Foto: Georg Meyer-Hanno), 412 (Junge Welt-BHD/ Oberst), 413 (Foto: Dietlind Krönig), 427, 458, 459 (Foto: Wolfhard Theile); Deutsches Theatermuseum München, 26, 37, 38, 39, 42, 43, 44; 95, 96 (Archiv Hanns Holdt), 102, 117, 120; 139 u., 147, 166 (Archiv Willy Saeger), 200, 225 (Archiv Rudolf Betz), 229 (Archiv Heinz Köster), 230 (Archiv H. Steinmetz), 240 (Archiv Ilse Buhs), 274, 276, 281, 283, 284 (Archiv Roswitha Hecke), 290 (Archiv Ilse Buhs), 301 (Archiv Abisag Tüllmann); Dietel, Günter, 447 (Presse-Bühnen-Foto Erfurt); Sammlung Kurt Dörnemann, 113; Dumont-Lindemann-Archiv, Theatermuseum Düsseldorf, 33, 130 (Foto: Becker& Maass), 173 (Foto: Rosemarie Clausen), 271 (Foto: Liselotte Strelow), 272 (Foto: Elfi Hess); Düsseldorf Schauspielhaus, 198 (Foto: Lore Bermbach); Ecken, Dominique 325; Engel, Pepita, 426; Festersen, Peter, 451; Goldberg, Robert, 370; Gregor, 471; Hamburger Theatersammlung, 249 (Archiv Rosemarie Clausen) ; Hans-Otto-Theater Potsdam, 444 (Foto: Jutta Oloff); Harich, Gisela 428; Henschel Verlag, 177, 441; Hoffmann, W., 449; Institut für Stadtgeschichte der Stadt Frankfurt am Main, 83; Laskus, Artur, 234; Lefebvre, Klaus, 343, 345, 521; Maron, Knut, 339; Meixner, Sigrid, 452; Menke, Marianne, 373 l., 373 r.; Nitsche, Klaus, 437, 438; Österreichisches Theatermuseum, 150, 205, 207 u.; Ohlbaum, Isolde, 277; Praefke, Hans, 434; Pölking, Hermann, 210, 211, 259; Rambow, Inge 155; Redl-von Peinen, Margarete, 361; Saeger, Willy, 160; Schatton, Robert, 115, 484; Scheidler, Gisela, 280, 304, 346, 347, 360; Schmidt, Wolfram, 429, 430, 448 o.; Staatstheater Cottbus, 422 (Foto: Marlies Kross); Städtische Theater Karl-Marx-Stadt (Chemnitz), 410 (Foto: Weickert); Stadtarchiv Heidelberg, 358 (Foto: Alfred Dammer); Stadtarchiv Zürich, 175, 180 u., 181, 182 o.; Stadttheater Basel, 252; Steinfeldt, Maria, 435; Sternberg, Oda, 266, 267, 312 u., 313, 314, 355, 356; Stiftung Archiv der Akademie der Künste Berlin, 48, 50, 52, 53, 55, 57, 59, 73, 78, 80, 89, 101, 132, 148, 153, 156, 162, 163, 182 u., 207 o. (Leopold Lindtberg Archiv); Stiftung Stadtmuseum Berlin, 49, 64, 92 (Foto: Abraham Pisarek); 137, 138, 203 l., 203 M., 203r., 215, 244 (Fotosiegel Ulm im Salzstadel), 273, 321, 337 (Foto: Harry Croner), 23 u. (Foto: Rudolf Dührkopp), 394, 397, 402 (Foto: Eva Kemlein), 406 (Abraham Pisarek), 407, 409, 425, 439 r., 469 (Ludwig Binder/Marianne Thiele), 479 (Foto: Eva Kemlein); Tenschert, Vera, S 405 o.l., 405 u.; Theaterwissenschaftliche Sammlung Universität zu Köln (Köln-Wahn), 36, 65, 98 232; Tüllmann, Abisag 363, 481; Ullstein Bilderdienst, 45 u. (Foto: Ernst Schneider); 67, 99, 127, 133 u. (Foto: Abraham Pisarek); 178, 191, 236, 254, 289 (Foto: Regine Will) 294 (Foto: Erika Rabau), 312 o. (Foto: Ilona Jeismann-Schrumpf), 318 l. (Foto: Binder/ Thiele), M. (Foto: Bernd Kammerer), r. (Foto: Photoline); 332 (Foto: Virginia), 333 (Foto: Fred Noack), 341 (Foto: David Baltzer), 349 (Foto: Regine Will), 382 (Foto: Peter Leibing), 462, 465 (Foto: Hans-Albert Scherhaufer), 486 (Foto: Regine Will); Vierow, Günter, 308; Volksbühne Berlin, 442 (Foto: Adelheit Beyer); Walz, Ruth, 292, 324, 481, 482, 483 l., r.; Wyss, Kurt, 248; Zür, 396.